한국사
능력검정시험
심화 기출분석
예상문제

한국사능력검정 연구회

2026
한국사능력검정시험
심화대비 기출분석 예상문제

인쇄일 2026년 1월 1일 5판 1쇄 인쇄   **발행처** 시스컴 출판사
발행일 2026년 1월 5일 5판 1쇄 발행   **발행인** 송인식
등 록 제17-269호   **지은이** 한국사능력검정 연구회
판 권 시스컴2026

ISBN 979-11-6941-829-4 13910
정 가 19,000원

주소 서울시 금천구 가산디지털1로 225, 513호(가산포휴) | **홈페이지** www.nadoogong.com
E-mail siscombooks@naver.com | **전화** 02)866-9311 | **Fax** 02)866-9312

발간 이후 발견된 정오 사항은 홈페이지 도서정오표에서 알려드립니다(홈페이지 → 자격증 → 도서정오표).

이 책의 무단 복제, 복사, 전재 행위는 저작권법에 저촉됩니다. 파본은 구입처에서 교환하실 수 있습니다.

머리말

역사는 시대의 거울이자 과거와 현재의 생생한 기록이다. 그러나 아직까지도 역사를 과거의 전유물로 인식하는 사람들이 많고, 주변 국가들은 역사 교과서를 왜곡하고 심지어 역사 전쟁을 도발하고 있다. 한국사의 위상 제고가 시급한 실정에서, 우리가 살아온 발자취와 삶의 다양한 흔적을 담고 있는 역사를 올바르게 아는 것은 매우 중요한 일이다.

국사편찬위원회가 주관하는 한국사능력검정시험은 우리 역사에 대한 관심을 제고하고 한국사에 대한 폭넓고 올바른 지식을 공유함으로써 균형 잡힌 역사의식을 갖도록 하는 것을 목적으로 한다. 이를 위해 한국사능력검정시험은 역사에 대한 기본 지식의 습득과 적용, 보다 수준 높은 역사 지식의 이해와 창의적 문제 해결 능력의 함양 등을 평가기준으로 하여 문항을 구성하고 있다.

이 책은 국사편찬위원회가 주관하는 한국사능력검정시험 기출문제를 분석한 예상문제를 수록하여 수험생들이 단시간 내에 문제를 충실하게 이해하고, 보다 효과적으로 시험을 대비할 수 있도록 돕고자 출간되었다. 구체적으로는 다음과 같은 특징을 지니고 있다.

첫째, 최신 기출문제를 분석한 예상문제 각 10회분을 회차별로 풀어볼 수 있도록 구성하여 한국사 시험을 처음 접하는 수험생들도 시험의 패턴과 문제 유형을 쉽게 익힐 수 있도록 하였다.

둘째, 이론을 뛰어넘는 상세하고 구체적인 해설을 통해, 따로 이론서를 깊게 공부하지 않아도 시험에 자주 나오는 핵심 내용들을 간파할 수 있도록 하였다.

셋째, 문항별로 핵심 키워드와 암기 요소들을 정리하여 출제의도를 보다 빨리 파악하고 반드시 알아야 할 내용을 쉽게 학습할 수 있도록 하였다.

본서는 단기간에 한국사능력검정시험에 합격하고자 하는 수험생들에게 최적의 교재가 되길 바라는 마음으로 출간되었다. 이 책과 함께한 수험생 모두에게 좋은 결과가 있기를 바란다.

시험 안내

1 한국사능력검정시험이란?

한국사능력검정시험은 우리 역사에 관한 패러다임의 혁신과 한국사 교육의 위상을 강화하기 위하여 국사편찬위원회에서 주관하고 시행하는 시험이다. 국사편찬위원회는 우리 역사에 대한 관심을 제고하고, 한국사 전반에 걸쳐 역사적 사고력을 평가하는 다양한 유형의 문항을 개발하고 있다. 이를 통해 한국사 교육의 올바른 방향을 제시하고, 자발적 역사학습을 통해 고차원적 사고력과 문제해결 능력을 배양하고자 한다.

2 한국사능력검정시험의 목적

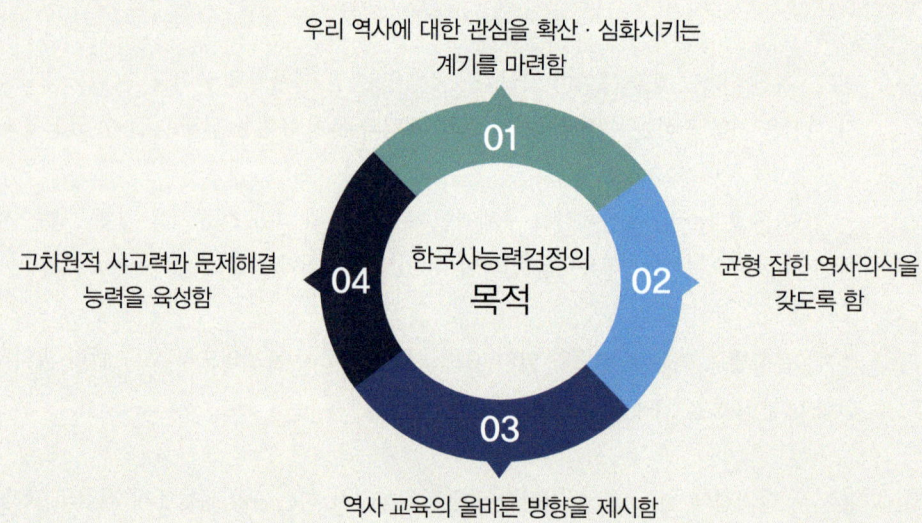

3 한국사능력검정시험의 응시 대상

- 한국사에 관심 있는 대한민국 국민 (외국인도 가능)
- 한국사 학습자
- 상급 학교 진학 희망자
- 공공기관이나 기업체 취업 및 해외 유학 희망자 등

4 한국사능력검정시험의 출제 유형

역사 지식의 이해	역사 탐구에 필요한 기본적인 지식, 즉 역사적 사실·개념·원리 등의 이해 정도를 묻는 영역이다.
연대기의 파악	역사의 연속성과 변화 및 발전을 이해하고 있는지를 묻는 영역이다. 역사 사건이나 상황을 시대순으로 정확하게 이해하고 인과 관계를 파악할 수 있는가를 묻는다.
역사 상황 및 쟁점의 인식	제시된 자료에서 해결해야 할 구체적 역사 상황과 핵심적인 논쟁점, 주장 등을 찾을 수 있는지를 묻는 영역이다. 문헌 자료, 도표, 사진 등의 형태로 주어진 자료에서 해결해야 할 과제를 포착하거나 변별해내는 능력이 있는지를 측정한다.
역사 자료의 분석 및 해석	자료에 나타난 정보를 해석하여 그 의미를 파악할 수 있는가를 묻는 영역이다. 정보의 분석을 바탕으로 자료의 시대적 배경과 사회적 의미를 해석할 수 있는가를 측정한다.
역사 탐구의 설계 및 수행	제시된 문제의 성격과 목적을 고려하여 절차와 방법에 따라 역사 탐구를 설계하고 수행할 수 있는 능력이 있는가를 묻는 영역이다.
결론의 도출 및 평가	주어진 자료의 타당성을 판별하고, 여러 자료를 종합하여 결론을 도출할 수 있는가를 묻는 영역이다.

5 한국사능력검정시험의 특징

한국사능력검정시험은 한 나라의 국민으로서 가져야 하는 기본적인 역사적 소양을 측정하고, 역사에 대한 전 국민적 공감대를 형성하기 위한 시험으로 다음과 같은 특징을 갖고 있다.

한국사 학습능력을 측정할 수 있는 대표적인 시험이다.

한국사 전반에 걸친 지식을 폭넓게 이해할 수 있는 시험으로서, 역사를 올바르게 이해할 수 있도록 심층적인 지식을 제공한다.

응시자의 계층이 매우 다양하다.

한국사능력검정시험은 입시생이나 각종 채용 시험과 같은 동일한 집단이 아니라, 다양한 연령층과 직업군을 가진 사람들이 응시하고 있다. 한국사에 대한 관심과 애정만 있다면 응시자의 학력수준이나 연령 등은 더욱 다양해질 것이다.

국가기관인 국사편찬위원회가 주관한다.

국사편찬위원회는 우리 역사에 대한 자료를 관장하고 있는 교육부 직속 기관이다. 한국사능력검정시험은 우리나라 역사에 관한 자료를 조사·연구·편찬하는 국사편찬위원회가 주관·시행을 함으로써, 수준 높고 참신한 문항과 공신력 있는 관리를 통해 안정적인 시험 운영을 하고 있다.

참신한 문항 개발에 노력하고 있다.

매회 시험마다 단순 암기 위주의 보편적인 문항보다는, 다양한 영역에서 여러 접근 방법을 통해 풀 수 있는 참신한 문항을 새로 개발하고 있다. 또한 탐구력을 증진할 수 있는 문항 개발을 통해 기존 시험의 틀을 탈피하려고 노력하고 있다.

'선발 시험'이 아니라 '인증 시험'이다.

합격의 당락을 결정하는 선발 시험의 성격이 아니라, 한국사의 학습 능력을 인증하는 시험이다.

6 응시자 유의사항

- 입실 시간 및 고사실 확인
  - 시험 당일 고사실 입실은 08:30 부터 10:00 까지 가능하다(10시부터 고사실이 있는 건물의 출입문 통제).
  - 오전 10시 20분(시험 시작) 이후에는 고사실(교실)에 들어갈 수 없다.
  - 시험장을 착오한 응시생은 시험에 응시할 수 없다.
  - 수험번호대로 고사실의 지정된 자리에 앉아 응시해야 한다.

- 시험 진행 중 유의사항
  - 시험 시간 중에는 신분증과 수험표를 자기 책상의 좌측 상단에 놓아야 한다.
  - 시험 종료 15분 전까지는 퇴실할 수 없다.
  - 시험 중 퇴실할 경우에는 답안지를 감독관에게 직접 제출하며 다른 응시자에게 방해가 되지 않도록 조용히 퇴실해야 한다.
  - 시험 도중 화장실 이용 등으로 부득이하게 고사실을 출입할 상황 발생시에는 복도감독관의 인솔 하에 이동하여야 한다.

7 평가 내용

시험 종류	평가 내용
심화	한국사 심화과정으로서 한국사에 대한 체계적인 이해를 바탕으로 한국사의 주요 사건과 개념을 종합적으로 이해하고, 역사 자료를 분석하고 해석하는 능력, 한국사의 흐름 속에서 시대적 상황 및 쟁점을 파악하는 능력을 평가
기본	한국사 기본과정으로서 기초적인 역사 상식을 바탕으로 한국사의 필수 지식과 기본적인 흐름을 이해하는 능력을 평가

8 한국사능력검정시험의 시험 종류 및 인증 등급

시험 종류	심화	기본
인증 등급	1급(80점 이상) 2급(70점~79점) 3급(60점~69점)	4급(80점 이상) 5급(70점~79점) 6급(60점~69점)
문항 수	50문항(5지 택 1형)	50문항(4지 택 1형)

※ 100점 만점(문항별 1점~3점 차등배점)

9 한국사능력검정시험의 활용 및 특전

- 2급 이상 합격자에 한해 인사혁신처에서 시행하는 5급 국가공무원 공개경쟁채용시험 및 외교관후보자 선발시험에 응시자격 부여
- 한국사능력검정시험 3급 이상 합격자에 한해 교원임용시험 응시자격 부여
- 국비 유학생, 해외 파견 공무원, 이공계 전문연구요원(병역) 선발 시 한국사 시험을 한국사능력검정시험 3급 이상 합격으로 대체
- 2급 이상 합격자에 한해 인사혁신처 시행 지역인재 7급 수습직원 선발시험에 추천 자격요건 부여
- 공무원 경력경쟁채용시험 가산점 부여
- 4대 사관학교(공군·육군·해군·국군간호사관학교) 입시 가산점 부여
- 군무원 경력경쟁채용시험에서 한국사 과목을 한국사능력검정시험으로 대체
- 일부 공기업 및 민간기업의 직원 채용이나 승진 시 반영
- 경찰청 및 해양경찰청 순경 등 공개경쟁채용시험에서 한국사 과목을 한국사능력검정시험으로 대체

10 시험 시간

시험 종류	시간	내용	소요 시간
심화	10:00~10:10	오리엔테이션(시험시 주의 사항)	10분
	10:10~10:15	신분증 확인(감독관)	5분
	10:15~10:20	문제지 배부	5분
	10:20~11:40	시험 실시(50문항) ※ 파본 확인	80분
기본	10:00~10:10	오리엔테이션(시험시 주의 사항)	10분
	10:10~10:15	신분증 확인(감독관)	5분
	10:15~10:20	문제지 배부	5분
	10:20~11:30	시험 실시(50문항) ※ 파본 확인	70분

한국사능력검정 시험과 관련된 각종 수험정보는 위의 내용과 다르게 변경될 수 있으므로, 시험 주관처의 홈페이지(www.historyexam.go.kr)에서 꼭 확인하시기 바랍니다.

구성과 특징

심화대비 기출분석 예상문제

최신 기출문제 분석
예상문제 10회분 수록

예상문제 총 10회분을 회차별로
풀어볼 수 있도록 구성하여
한국사 시험의 패턴과
문제 유형을 쉽게 익힐 수
있도록 하였다.

01

밑줄 그은 '이 시대'의 생활 모습으로 옳은 것은? [1점]

① 주로 동굴이나 바위 그늘에서 살았다.
② 청동 방울 등을 의례 도구로 사용하였다.
③ 따비와 괭이로 땅을 갈아 농사를 지었다.
④ 거푸집을 이용하여 세형동검을 제작하였다.
⑤ 빗살무늬 토기를 만들어 식량을 저장하였다.

02

(가), (나) 나라에 대한 설명으로 옳은 것은? [1점]

(가) 귀신을 믿기 때문에 국읍마다 한 사람을 세워 천신의 제사를 주관하게 하니 천군이라고 하였다. 또 나라마다 별읍이 있으니 소도라 하였다. 그곳에서는 큰 나무를 세우고 방울과 북을 매달아 놓고 귀신을 섬겼다. 그 안으로 도망쳐 온 사람들은 모두 돌려보내지 않았다.

(나) 여자의 나이가 열 살이 되기 전에 혼인을 약속하고, 신랑 집에서 맞이하여 장성할 때까지 기른다. 여자가 장성하면 여자 집으로 돌아가게 한다. 여자 집에서는 돈을 요구하는데, 신랑 집에서 돈을 지불한 후 다시 데려와서 아내로 삼는다.

① (가) - 목지국 등 많은 소국들로 이루어졌다.
② (가) - 12월에 영고라는 제천 행사를 열었다.
③ (나) - 단궁, 과하마, 반어피 등의 특산물이 유명하였다.
④ (나) - 가족의 유골을 한 목곽에 안치하는 풍습이 있었다.
⑤ (가), (나) - 한 무제가 파견한 군대의 공격으로 멸망하였다.

정답 및 해설

제01회 기출분석 예상문제 정답 및 해설

01 구석기 시대의 생활 모습
정답 ①

암기박사 동굴, 바위 그늘 ⇒ 구석기 시대

정답 해설
연천 전곡리는 대표적인 구석기 시대의 유적지로 뗀석기의 한 종류인 주먹도끼가 발견된 곳이다. 구석기 시대에는 주로 동굴이나 바위 그늘에 살면서 도구를 사용하여 사냥을 하거나 어로, 채집 생활을 하였다.

오답 해설
② 청동 방울 : 의례 도구 → 청동기 시대
청동기 시대에는 청동 방울과 거울 등을 의식을 행하기 위한 의례 도구로 사용하였다. → 동경, 방패형, 팔주령 등
③ 따비와 괭이 : 농기구 → 철기 시대
철기 시대에는 쟁기날을 뽑거나 밭을 가는 데 쓰는 농기구인 따비와 괭이로 땅을 갈아 농사를 지었다.
④ 거푸집 : 세형 동검 제작 → 철기 시대
철기 시대에는 거푸집을 이용하여 한국식 동검인 세형 동검을 제작하였다.
⑤ 빗살무늬 토기 : 식량 저장 → 신석기 시대
신석기 시대에는 빗살무늬 토기를 만들어 음식을 조리하거나 식량을 저장하였다.

02 삼한과 옥저
정답 ④

암기박사 (가) 천군 / 소도 ⇒ 삼한
(나) 가족 공동묘 ⇒ 옥저

정답 해설
(가) 삼한 : 천신의 제사를 주관하는 천군과 소도라는 별읍이 있던 나라는 삼한이다.
(나) 옥저 : 혼인을 약속한 여자 아이를 데려다 키워서 며느리로 삼는 민며느리제가 있었던 나라는 옥저이다. 옥저에는 가족의 유골을 한 목곽에 안치하는 가족 공동묘의 매장 풍습이 있었다.

오답 해설
① 목지국 등 많은 소국으로 구성 → 마한
삼한 중 세력이 가장 컸던 마한은 54개의 많은 소국으로 이루어졌는데, 그 중 정치 세력이었던 목지국이 마한을 통합하고 백제로 발전하였다.
② 영고 : 제천 행사 → 부여
부여는 매년 음력 12월에 영고(迎鼓)라는 제천 행사를 개최하였는데, 맞이굿이라고도 하며 하늘에 제사를 지내고 노래와 춤을 즐기며 죄수를 풀어 주기도 하였다.
③ 특산물 : 단궁, 과하마, 반어피 → 동예
동예는 토지가 비옥하고 해산물이 풍부하여 농경·어로 등 경제 생활이 윤택하였으며 단궁, 과하마, 반어피 등의 특산물이 유명하였다.
⑤ 한 무제의 공격으로 멸망 → 고조선
고조선은 한 무제가 파견한 군대의 공격으로 왕검성(평양성)이 함락되고 우거왕이 피살되어 멸망하였다.
→ 위만 조선의 마지막 왕

핵심노트 ▶ 옥저의 생활 모습
• 왕이 없고, 각 읍락에는 읍군(邑君)·삼로(三老)라는 군장이 있어서 자기 부족을 통치하였으나, 큰 정치 세력을 형성하지는 못함
• 소금과 어물 등 해산물이 풍부하였으며, 이를 고구려에 공납으로 바침
• 토지가 비옥하여 농사가 잘되어 오곡이 풍부
• 고구려와 같은 부여족 계통으로, 주거·의복·예절 등에 있어 고구려와 유사 → 혼인풍속 등에서는 차이도 존재
• 매매혼의 일종인 민며느리제(예부제)가 존재
• 가족의 시체를 가매장하였다가 나중에 그 뼈를 추려 가족 공동묘인 커다란 목곽에 안치 → 세골장제, 두벌 묻기
• 가족 공동묘의 목곽 입구에는 죽은 자의 양식으로 쌀을 담은 항아리를 매달아 놓기도 함

03 대가야의 문화유산
정답 ①

암기박사 고령 지산동 : 금동관 ⇒ 대가야의 문화유산

정답 해설
고령 지산동 고분군은 대가야의 무덤으로 순장 돌덧널을 통해 부여, 고구려, 신라와 마찬가지로 대가야에서도 순장이 행해졌음을 확인할 수 있다. 지산동에서 발견된 금동관은 대가야의 문화유산으로, 신라의 관과 구별되는 독특한 형식적 특징을 보인다.

오답 해설
② 연가 7년명 금동 여래 입상 → 고구려 문화유산
두꺼운 의상과 긴 얼굴 모습에서 북조 양식을 따르고 있으나, 강인한 인상과 은은한 미소에는 고구려의 독창성이 보인다.
③ 금제관식 → 백제 문화유산
불꽃이 타오르는 것 같은 형태로 만들어진 금관 장신구로 백제 무령왕릉에서 출토된 금제관식이다.
④ 천마도 → 신라 문화유산
경주 천마총에서 출토된 천마도는 마구에 그린 그림으로 신라의 힘찬 화풍을 보여준다.
⑤ 돌사자상 → 발해 문화유산
발해의 돌사자상은 정혜공주 무덤에서 출토된 두 개의 화강암 사자상이 대표적인데, 당나라의 돌사자상보다 크기가 작지만 강한 힘을 표현한 조각 수법이 돋보인다.

핵심노트 ▶ 가야 연맹
• 전기 가야 연맹 : 김수로왕의 금관가야(김해) → 신라 법흥왕 때 멸망(532년)
• 후기 가야 연맹 : 이진아시왕의 대가야(고령) → 신라 진흥왕 때 멸망(562년)

04 신라의 경제 상황
정답 ②

암기박사 관영 상점 ⇒ 고려

정답 해설
일본 도다이사 쇼소인에서 발견된 신라 촌락 문서에는 서원경 부근 4개 촌락의 인구 현황, 토지의 종류와 면적 등이 기록되어 있다. 한편, 고려 시대에는 서경을 비롯한 개경, 동경 등의 대도시에 서적점, 다점 등의 관영 상점이 운영되었다. → 민정문서, 신라장적

목차

심화대비 기출분석 예상문제

제01회	제02회	제03회	제04회	제05회
14	32	49	66	83

제06회	제07회	제08회	제09회	제10회
99	116	132	148	164

정답 및 해설

제01회	제02회	제03회	제04회	제05회
184	199	214	230	245

제06회	제07회	제08회	제09회	제10회
260	275	290	305	321

한국사능력검정시험

한국사능력검정시험 기출분석 예상문제

심화대비

| 01회 | 02회 | 03회 | 04회 | 05회 |
| 06회 | 07회 | 08회 | 09회 | 10회 |

제01회

01
밑줄 그은 '이 시대'의 생활 모습으로 옳은 것은? [1점]

① 주로 동굴이나 바위 그늘에서 살았다.
② 청동 방울 등을 의례 도구로 사용하였다.
③ 따비와 괭이로 땅을 갈아 농사를 지었다.
④ 거푸집을 이용하여 세형동검을 제작하였다.
⑤ 빗살무늬 토기를 만들어 식량을 저장하였다.

02
(가), (나) 나라에 대한 설명으로 옳은 것은? [1점]

> (가) 귀신을 믿기 때문에 국읍마다 한 사람을 세워 천신의 제사를 주관하게 하니 천군이라고 하였다. 또 나라마다 별읍이 있으니 소도라 하였다. 그곳에서는 큰 나무를 세우고 방울과 북을 매달아 놓고 귀신을 섬겼다. 그 안으로 도망쳐 온 사람들은 모두 돌려보내지 않았다.
>
> (나) 여자의 나이가 열 살이 되기 전에 혼인을 약속하고, 신랑 집에서 맞이하여 장성할 때까지 기른다. 여자가 장성하면 여자 집으로 돌아가게 한다. 여자 집에서는 돈을 요구하는데, 신랑 집에서 돈을 지불한 후 다시 데리고 와서 아내로 삼는다.

① (가) - 목지국 등 많은 소국들로 이루어졌다.
② (가) - 12월에 영고라는 제천 행사를 열었다.
③ (나) - 단궁, 과하마, 반어피 등의 특산물이 유명하였다.
④ (나) - 가족의 유골을 한 목곽에 안치하는 풍습이 있었다.
⑤ (가), (나) - 한 무제가 파견한 군대의 공격으로 멸망하였다.

03

(가) 나라의 문화유산으로 옳은 것은? [2점]

①  ②

③  ④

⑤

04

(가) 국가의 경제 상황으로 옳지 않은 것은? [2점]

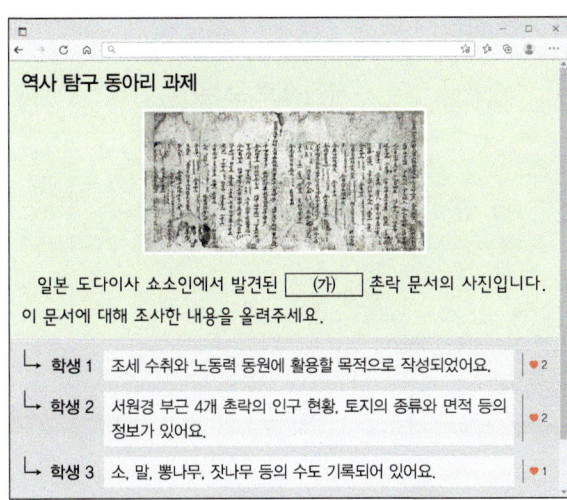

① 수도에 서시와 남시를 설치하였다.
② 서적점, 다점 등의 관영 상점을 운영하였다.
③ 청해진을 중심으로 해상 무역이 번성하였다.
④ 신라방을 형성하여 중국과 활발히 교역하였다.
⑤ 울산항을 통해 아라비아 상인들과 교류하였다.

05

다음 전시회에 전시될 사진으로 적절한 것을 <보기>에서 고른 것은? [1점]

특별 사진전
사진으로 보는 백제의 도교 문화

도교는 세시 풍속과 신앙, 예술 등 우리 전통 문화 형성에 적지 않은 영향을 미쳤습니다. 우리 ○○박물관에서는 백제의 도교 문화를 살펴볼 수 있는 특별 사진전을 마련하였습니다. 관심 있는 분들의 많은 관람 바랍니다.

- 기간: 2025년 △△월 △△일~△△일
- 장소: ○○ 박물관

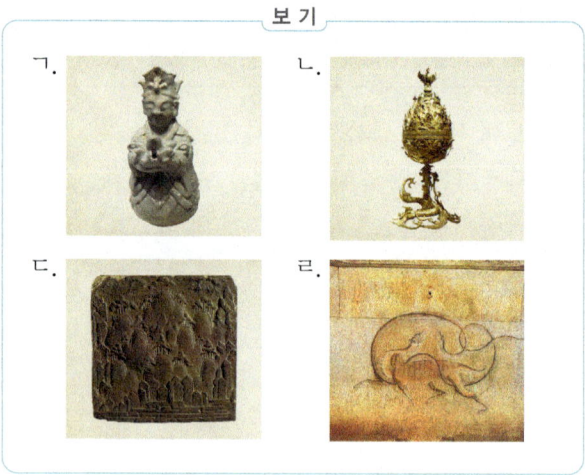

보 기
ㄱ. ㄴ. ㄷ. ㄹ.

① ㄱ, ㄴ   ② ㄱ, ㄷ   ③ ㄴ, ㄷ
④ ㄴ, ㄹ   ⑤ ㄷ, ㄹ

06

(가)에 들어갈 내용으로 옳은 것은? [2점]

대흥이라는 독자적인 연호를 사용하여 당과 대등한 의식을 표방한 발해의 제3대 왕에 대해 말해 볼까요?

수도를 중경 현덕부에서 상경 용천부로 옮겼어요.

(가)

① 낙랑군을 몰아냈어요.
② 국호를 남부여로 바꿨어요.
③ 장문휴를 보내 등주를 공격했어요.
④ 3성 6부의 중앙 관제를 정비했어요.
⑤ 5경 15부 62주의 지방 행정 제도를 확립했어요.

07

밑줄 그은 '왕'의 정책으로 옳은 것은? [2점]

설화 속에 담긴 역사

○ 왕이 한여름날 설총에게 이야기를 청하였다. 설총이 아첨하는 미인 장미와 충언하는 백두옹(白頭翁: 할미꽃)을 두고 누구를 택할까 망설이는 화왕(花王)에게 백두옹이 간언한 이야기를 해 주었다. 이에 왕이 정색하고 낯빛을 바꾸며 "그대의 우화 속에는 실로 깊은 뜻이 있구나. 이를 기록하여 임금된 자의 교훈으로 삼도록 하라."고 하고, 드디어 설총을 높은 벼슬에 발탁하였다.

○ 왕이 행차에서 돌아와 대나무로 피리를 만들어 월성의 천존고(天尊庫)에 간직하였다. 이 피리를 불면, 적병이 물러가고 병이 나으며, 가뭄에는 비가 오고 장마는 개며, 바람이 잦아들고 물결이 평온해졌으므로 이를 만파식적(萬波息笛)이라 부르고 국보로 삼았다.

① 9주의 명칭을 중국식으로 바꾸었다.
② 국학을 설립하여 유학을 교육하였다.
③ 병부와 상대등을 설치하고 관등을 정비하였다.
④ 자장의 건의로 황룡사 구층 목탑을 건립하였다.
⑤ 위홍과 대구화상에게 삼대목을 편찬하도록 하였다.

제01회

08
(가) 인물에 대한 설명으로 옳은 것은? [2점]

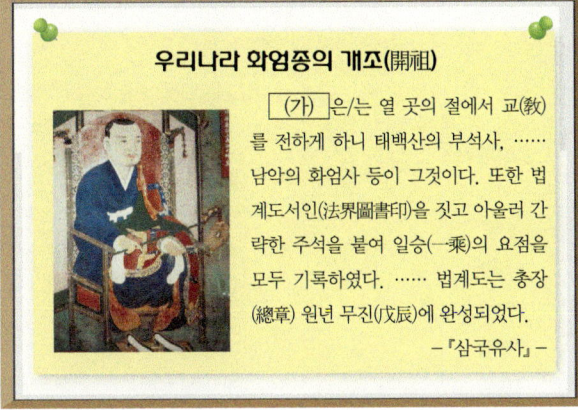

① 무애가를 지어 불교 대중화에 노력하였다.
② 보현십원가를 지어 불교 교리를 전파하였다.
③ 승려들의 전기를 기록한 해동고승전을 남겼다.
④ 현세의 고난에서 구제받고자 하는 관음 신앙을 강조하였다.
⑤ 종파 간의 사상적 대립을 해소하기 위해 십문화쟁론을 저술하였다.

10
(가) 인물에 대한 설명으로 옳은 것은? [3점]

① 웅천주를 기반으로 반란을 일으켰다.
② 광평성 등 각종 정치 기구를 마련하였다.
③ 금산사에 유폐된 후 왕건에게 귀부하였다.
④ 일리천 전투에서 왕건의 고려군에게 패배하였다.
⑤ 정계와 계백료서를 지어 관리의 규범을 제시하였다.

09
다음 인물에 대한 설명으로 옳은 것은? [1점]

역사 인물 카드
- 생몰: 595년~673년
- 가계: 수로왕의 12대손
- 생애
  - 화랑이 되어 용화 향도를 이끎
  - 벼슬이 태대각간까지 오름
  - 무열왕을 도와 삼국 통일에 기여
  - 사후 흥무대왕에 봉해짐

① 별무반을 편성하여 여진을 정벌하였다.
② 안시성 싸움에서 당의 군대를 물리쳤다.
③ 당으로 건너가 군사 동맹을 체결하였다.
④ 황산벌에서 계백이 이끄는 군대를 물리쳤다.
⑤ 임존성에서 소정방이 지휘하는 당군을 격퇴하였다.

11
다음 장면에 등장하는 왕에 대한 설명으로 옳은 것은? [2점]

짐은 일찍이 유학에 깊은 관심을 가져 학사를 두어 경전을 강론하게 하였고, 교육 장학 재단인 양현고를 두어 선비를 양성하게 하였다. 이번엔 국자감에 전문 강좌인 7재를 개설토록 하라.

① 광덕, 준풍 등의 독자적 연호를 사용하였다.
② 신돈을 중심으로 전민변정 사업을 추진하였다.
③ 청연각과 보문각을 두어 학문 연구를 장려하였다.
④ 정계와 계백료서를 지어 관리의 규범을 제시하였다.
⑤ 최승로의 시무 28조를 받아들여 통치 체제를 정비하였다.

12

밑줄 그은 '이 왕'의 재위 기간에 있었던 사실로 옳은 것은? [2점]

> 이곳에는 이 왕과 그의 왕비인 노국 대장 공주의 영정이 봉안되어 있습니다. 조선의 종묘에 고려 왕의 신당이 조성되었다는 점이 특이합니다. 이 왕은 신돈을 등용하여 전민변정도감을 설치하고 개혁을 단행하였습니다.

① 유인우, 이자춘 등이 쌍성총관부를 수복하였다.
② 나세, 심덕부 등이 진포에서 왜구를 격퇴하였다.
③ 좌별초, 우별초, 신의군의 삼별초가 조직되었다.
④ 서희가 외교 담판을 벌여 강동 6주를 회득하였다.
⑤ 명의 철령위 설치에 반발하여 요동 정벌이 추진되었다.

13

(가)~(다)의 토지 제도에 대한 설명으로 옳은 것을 <보기>에서 고른 것은? [3점]

사료로 보는 ○○시대 토지 제도의 변천

(가) 경종 원년, 처음으로 직관(職官)과 산관(散官) 각 품의 전시과(田柴科)를 제정하였다.
(나) 목종 원년, 문무 양반 및 군인의 전시과를 개정하였다.
(다) 문종 30년, 양반전시과를 다시 고쳐 정하였다.

보기

ㄱ. (가) – 인품과 공복을 기준으로 하였다.
ㄴ. (나) – 관직을 기준으로 토지를 지급하였다.
ㄷ. (다) – 현직 관리를 중심으로 토지를 지급하였다.
ㄹ. (가), (나) – 경기 지역으로 한정하여 토지를 지급하였다.

① ㄱ, ㄴ   ② ㄴ, ㄷ   ③ ㄷ, ㄹ
④ ㄱ, ㄴ, ㄷ   ⑤ ㄴ, ㄷ, ㄹ

14

(가)~(마)에 들어갈 내용으로 옳은 것은? [3점]

한국사 탐구 보고서

- 주제: 인물로 보는 무신 정권
- 방법: 문헌 조사, 인터넷 검색 등
- 조사 내용

인물	내 용
정중부	(가)
경대승	(나)
이의민	(다)
최충헌	(라)
최우	(마)

① (가) – 야별초를 좌·우별초로 나누어 편성하였다.
② (나) – 조위총의 난을 진압하여 상장군이 되었다.
③ (다) – 보현원에서 이의방 등과 정변을 일으켰다.
④ (라) – 봉사 10조를 올려 시정 개혁을 요구하였다.
⑤ (마) – 신변 보호를 위해 사병 집단인 도방을 설치하였다.

15

(가)에 들어갈 문화유산으로 옳은 것은? [2점]

문화유산 카드
- 종목: 국보 제18호
- 소재지: 경상북도 영주시
- 소개: 지붕의 형태는 팔작 지붕이며, 처마를 받치기 위한 공포를 기둥 위에만 올린 주심포 양식이다. 기둥은 배흘림 기법으로 세워졌으며, 건물 내부에는 소조여래 좌상이 있다.

①  봉정사 극락전
②  수덕사 대웅전
③  쌍계사 대웅전
④  화엄사 각황전
⑤  부석사 무량수전

16

(가) 역사서에 대한 설명으로 옳은 것은? [2점]

서울시는 보물 제723호 (가) 의 국보 승격을 문화재청에 신청하였다고 밝혔습니다. 이 책은 1145년(인종 23)에 편찬된 정사(正史)로서 고대 삼국부터 통일신라까지의 역사를 기술하였습니다.

① 남북국이라는 용어를 처음 사용하였다.
② 유교 사관에 기초하여 기전체 형식으로 서술하였다.
③ 사초, 시정기 등을 바탕으로 실록청에서 편찬하였다.
④ 불교사를 중심으로 고대의 민간 설화 등을 수록하였다.
⑤ 고구려 건국 시조의 일대기를 서사시 형태로 서술하였다.

17

밑줄 그은 '임금'에 대한 설명으로 옳은 것은? [2점]

그리운 벗에게
연경에 도착해 이제야 소식을 전하네. 예전에 임금께서 원의 화가를 불러 그리게 한 나의 초상을 기억하는가? 잃어버렸던 그 그림을 오늘 찾았다네. 그림을 보니 만권당에서 원의 학자들과 함께 공부하던 나의 젊은 시절이 생각난다네. 혼탁한 세상 편치만은 않지만 곧 개경에서 볼 수 있기를 바라네.
영원한 벗, 익재

① 사림원을 설치하여 개혁을 실시하였다.
② 국호를 마진으로 바꾸고 철원으로 천도하였다.
③ 김흠돌을 비롯한 진골 귀족 세력을 숙청하였다.
④ 정계와 계백료서를 지어 관리의 규범을 제시하였다.
⑤ 오월(吳越)에 사신을 보내고 검교태보의 직을 받았다.

18

다음 가상 뉴스 이전에 있었던 사실로 옳은 것은? [1점]

① 권문세족이 도평의사사를 장악하였다.
② 일본 원정을 위해 정동행성이 설치되었다.
③ 매를 기르고 훈련시키는 응방이 설치되었다.
④ 지배층을 중심으로 변발과 호복이 유행하였다.
⑤ 망이·망소이가 가혹한 수탈에 저항하여 봉기하였다.

19

다음 검색창에 들어갈 왕의 재위 시기의 사회 모습으로 옳은 것은? [2점]

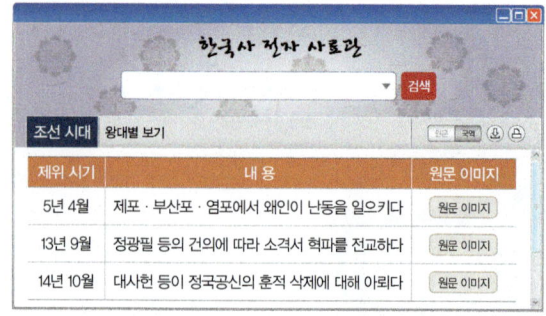

① 왕에게 직계하는 이조 판서
② 임꺽정 무리를 토벌하는 관군
③ 동몽선습을 공부하는 서당 학생
④ 동의보감을 요청하는 중국 사신
⑤ 시장에 팔기 위해 담배를 재배하는 농민

20

다음 대화를 통해 알 수 있는 사화에 대한 설명으로 옳은 것은? [3점]

① 김일손 등의 신진 사류가 화를 입었다.
② 동인이 남인과 북인으로 나뉘게 되었다.
③ 중전이 폐위되고 남인이 집권하게 되었다.
④ 서인이 환국을 통해 권력을 독점하게 되었다.
⑤ 현량과를 통해 등용된 신진 세력들이 희생되었다.

21

다음 검색창에 들어갈 인물에 대한 설명으로 옳은 것은? [2점]

① 계유정난을 통해 권력을 장악하였다.
② 만권당에서 원의 성리학자들과 교유하였다.
③ 군사력 강화를 위해 훈련도감 설치를 건의하였다.
④ 다양한 개혁 방안을 제시한 동호문답을 저술하였다.
⑤ 재상 중심의 정치를 강조한 조선경국전을 편찬하였다.

22

(가) 신분에 대한 설명으로 옳은 것은? [1점]

① 매매, 증여, 상속의 대상이 되었다.
② 장례원을 통해 국가의 관리를 받았다.
③ 공장안에 등록되어 수공업 제품 생산을 담당하였다.
④ 양인이지만 천역을 담당하는 신량역천으로 분류되었다.
⑤ 관직 진출 제한을 없애달라는 소청 운동을 전개하였다.

23

다음에서 발표하는 교육 기관에 대한 설명으로 옳은 것은? [1점]

① 좌수와 별감을 선발하여 운영하였다.
② 지방의 사림 세력이 주로 설립하였다.
③ 전국의 부·목·군·현에 하나씩 설립되었다.
④ 최고의 관립 교육 기관으로 성현의 제사도 지냈다.
⑤ 흥선 대원군에 의해 47개소를 제외하고 철폐되었다.

24

(가)에 해당하는 문화유산으로 옳은 것은? [2점]

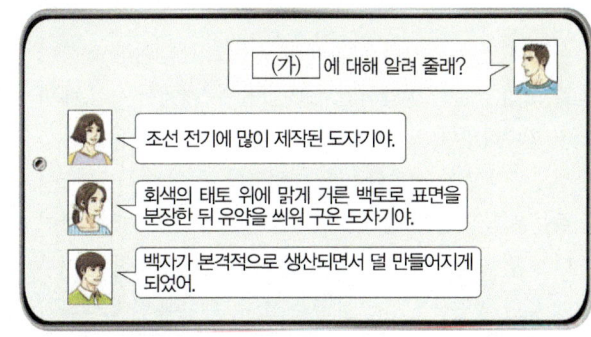

25

(가) 인물에 대한 설명으로 옳은 것은? [2점]

> 서울에 있는 간사한 무리가 경주인(京主人)이라고 하며 각 도의 공물을 방납하면서 그 값을 두 배에서 수십 배까지 징수하였다. …… 영의정 (가) 이/가 대동법을 충청도에서 먼저 시험할 것을 청하였다. 왕이 여러 차례 신하들에게 의견을 물었으나 서로 엇갈렸다. 이때에 왕이 다시 김육 등 여러 신하들을 불러 그것이 편리한지 여부에 대한 의견들을 듣고 비로소 호서(湖西)에 먼저 행하기로 정하였다.

① 기대승과 사단칠정 논쟁을 전개하였다.
② 북한산비가 진흥왕 순수비임을 고증하였다.
③ 양명학을 연구하여 강화학파를 형성하였다.
④ 청으로부터 시헌력을 도입하자고 건의하였다.
⑤ 열하일기에서 수레와 선박의 사용을 강조하였다.

26

밑줄 친 '이 왕'의 재위 기간에 있었던 사실로 옳은 것은? [3점]

이 책은 이승원이 무신난(戊申亂)의 전개 과정을 기록한 일기로, 경상도 거창에서 반란군을 이끌던 정희량 세력의 활동 내용 등이 기록되어 있습니다. 무신난은 이인좌, 정희량 등이 세제(世弟)였던 이 왕의 즉위 과정에 의혹을 제기하며 일으킨 반란입니다.

① 박규수의 건의로 삼정이정청이 설치되었다.
② 자의 대비의 복상 문제로 예송이 전개되었다.
③ 신해통공으로 시전 상인의 특권을 축소하였다.
④ 준천사(濬川司)를 설치해 청계천을 준설하였다.
⑤ 한양을 기준으로 한 역법서인 칠정산 내편을 편찬하였다.

27

(가) 군사 조직에 대한 설명으로 옳은 것은? [2점]

> [왕이] 비망기로 전교하였다. "…… 적의 난리를 겪는 2년 동안 군사 한 명을 훈련시키거나 무기 하나를 수리한 것이 없이, 명의 군대만을 바라보며 적이 제 발로 물러가기만을 기다렸으니 불가하지 않겠는가. …… 과인의 생각에는 따로 (가) 을/를 설치하여 합당한 인원을 차출해서 장정을 뽑아 날마다 활을 익히기도 하고 조총을 쏘기도 하여 모든 무예를 훈련시키도록 하고 싶으니, 의논하여 처리하라."라고 하였다.

① 최씨 무신 정권의 군사적 기반이었다.
② 국경 지역인 북계와 동계에 배치되었다.
③ 응양군과 용호군으로 구성된 친위 부대였다.
④ 포수·사수·살수의 삼수병으로 구성되어 있다.
⑤ 국왕의 친위 부대로 수원 화성에 외영을 두었다.

28

(가) 일행의 활동에 대한 설명으로 옳은 것은? [2점]

> **시(詩)로 만나는 실학자**
>
> 육지의 재화는 연경과 통하지 않고
> 바다의 상인은 왜의 물건을 실어 오지 않네
> 비유컨대 들판의 우물물과 같아
> 긷지 않으면 저절로 말라 버리네
>
> [해설] 이 시는 박제가가 (가) 의 일원으로 청에 다녀온 후 지은 것이다. 서얼 출신으로 규장각 검서관에 발탁된 그는 시의 내용처럼 재화를 우물물에 비유하며 소비 촉진을 통한 생산력의 증대를 주장하였다.

① 새로운 역법으로 수시력이 도입되었다.
② 서양의 과학 지식과 기술이 전래되었다.
③ 만권당을 통해 성리학 관련 서적들이 들어왔다.
④ 화북 지방의 농법을 집대성한 농상집요가 소개되었다.
⑤ 지배층을 중심으로 변발과 호복의 풍습이 받아들여졌다.

제01회

29

(가)~(마) 지역에 대한 탐구 주제로 가장 적절한 것은?

[3점]

① (가) – 신미양요의 발단이 된 제너럴 셔먼호 사건
② (나) – 고액 소작료에 반발한 암태도 소작 쟁의
③ (다) – 반구대 암각화로 보는 선사 시대 생활
④ (라) – 신립 장군이 배수의 진을 친 탄금대 전투
⑤ (마) – 벽란도에서 이루어진 고려와 송의 국제 무역

31

다음 기사에 보도된 (가) 인물의 활동으로 옳은 것은?

[2점]

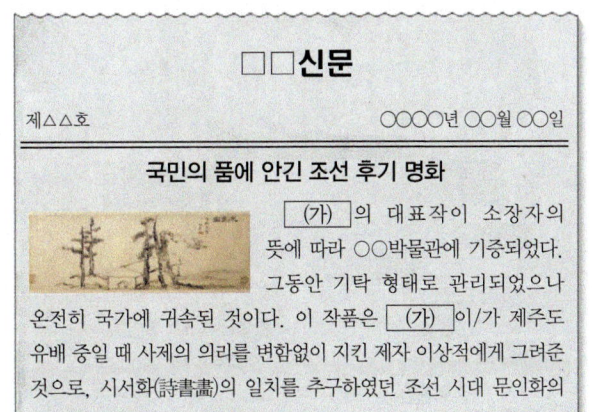

① 100리 척을 사용하여 동국지도를 제작하였다.
② 무한 우주론을 주장한 의산문답을 집필하였다.
③ 명에서 천리경, 자명종, 홍이포 등을 들여왔다.
④ 침구술을 집대성하여 침구경험방을 저술하였다.
⑤ 북한산비가 진흥왕 순수비임을 처음으로 고증하였다.

30

밑줄 그은 ㉠이 원인이 되어 발생한 사건에 대한 탐구 활동으로 가장 적절한 것은? [2점]

> 해군 제독 로즈 귀하
> 당신이 지휘하는 해군 병력에 주저없이 호소합니다. ㉠ 프랑스인 주교 2명과 선교사 9명을 희생시킨 사건이 조선에서 벌어졌습니다. 이에 대한 확실한 복수가 필요합니다. 당신의 지휘로 가능한 모든 수단을 사용하여 조선에 대한 공격을 최대한 빨리 개시하도록 간곡히 요청합니다.
> 7월 13일 베이징에서
> 벨로네

① 운요호 사건의 결과를 알아본다.
② 오페르트 도굴 사건의 영향을 파악한다.
③ 외규장각 도서의 약탈 과정을 조사한다.
④ 조·미 수호 통상 조약의 내용을 검색한다.
⑤ 광성보 전투에서 어재연 장군의 활약을 살펴본다.

32

(가) 인물이 실시한 정책을 〈보기〉에서 고른 것은? [2점]

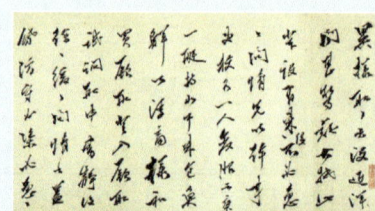

자료는 고종의 즉위로 권력을 장악한 (가) 이/가 쓴 편지이다. 그는 이양선(異樣船)의 접근에 대한 대응 방안으로 서리와 장교를 상인으로 위장시켜 서서히 동정을 살피라고 하고 있다. 이 편지를 통해 서양 세력의 침략적 접근에 대처하고자 했던 그의 통상 수교 거부 의지를 단편적으로나마 살펴볼 수 있다. 이러한 통상 수교 거부 의지는 신미양요 직후 그가 세운 척화비를 통해서도 확인할 수 있다.

〈보 기〉

ㄱ. 속대전을 편찬하여 통치 체제를 정비하였다.
ㄴ. 국가 재정 확충을 위해 호포제를 실시하였다.
ㄷ. 신유박해로 수많은 천주교인들을 처형하였다.
ㄹ. 사창제를 실시하여 환곡의 폐단을 시정하고자 하였다.

① ㄱ, ㄴ ② ㄱ, ㄷ ③ ㄴ, ㄷ
④ ㄴ, ㄹ ⑤ ㄷ, ㄹ

33

다음 전시회에 전시될 그림으로 적절하지 <u>못한</u> 것은? [1점]

①  ②

③  ④

⑤

34

다음 가상 대화가 이루어진 왕의 재위 기간에 있었던 사실로 옳은 것은? [2점]

① 훈련 교범인 무예도보통지가 간행되었다.
② 전통 한의학을 정리한 동의보감이 저술되었다.
③ 음악 이론 등을 집대성한 악학궤범이 완성되었다.
④ 유교 윤리의 보급을 위해 삼강행실도가 편찬되었다.
⑤ 군정, 재정의 내용을 정리한 만기요람이 만들어졌다.

35

(가) 운동에 대한 설명으로 옳은 것은? [1점]

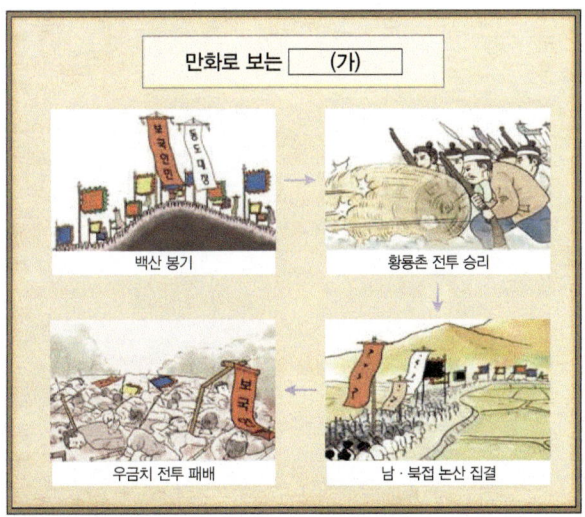

① 을사늑약에 반발하여 봉기하였다.
② 농민군이 고부 관아를 습격하였다.
③ 왕이 도성을 떠나 공산성으로 피란하였다.
④ 유계춘을 중심으로 봉기하여 진주성을 점령하였다.
⑤ 홍의장군으로 불린 곽재우가 의병장으로 활약하였다.

36

(가) 단체에 대한 설명으로 옳은 것을 <보기>에서 고른 것은? [3점]

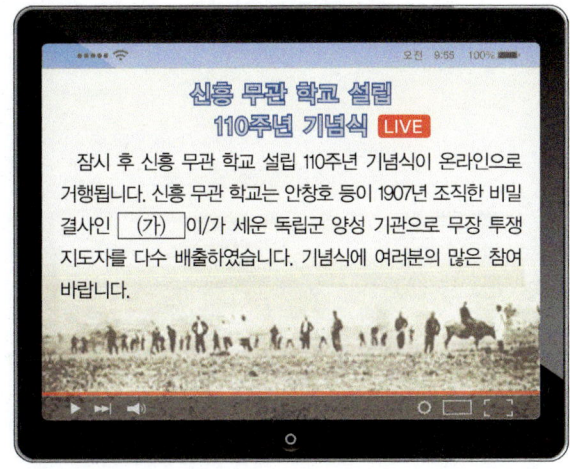

보기
ㄱ. 태극 서관을 운영하였다.
ㄴ. 105인 사건으로 와해되었다.
ㄷ. 이륭양행에 교통국을 설치하였다.
ㄹ. 입헌 군주제 수립을 목표로 하였다.

① ㄱ, ㄴ ② ㄱ, ㄷ ③ ㄴ, ㄷ
④ ㄴ, ㄹ ⑤ ㄷ, ㄹ

37

(가)~(마) 단체에 대한 설명으로 옳은 것은? [3점]

한국사 과제 안내문

■ 다음 국외 독립 운동 단체 중 하나를 선택하여 보고서를 제출하시오.
- 간민회 ·· (가)
- 부민단 ·· (나)
- 대한 광복회 ···································· (다)
- 대한인 국민회 ································· (라)
- 대조선 국민 군단 ···························· (마)

■ 조사 방법 : 문헌 조사, 인터넷 검색 등
■ 제출 기간 : 2025년 ○○월 ○○일~○○월 ○○일
■ 분량 : A4 용지 3장 이상

① (가) – 샌프란시스코에 중앙 총회를 두었다.
② (나) – 숭무 학교를 설립하여 독립군을 양성하였다.
③ (다) – 권업신문을 발행하여 민족 의식을 고취하였다.
④ (라) – 2·8 독립 선언서를 작성하여 발표하였다.
⑤ (마) – 독립군 사관을 양성할 목적으로 하와이에서 조직되었다.

38

(가) 인물에 대한 설명으로 옳은 것은? [2점]

> 전 호조 참판 (가) 아룁니다. …… 다행히 성상의 뜻이 척화에 있는 데 힘입어 기정진과 이항로가 상소를 하여 강화가 불가함을 말하자 전하께서 그 말을 받아들여 주셨습니다. 이런 연유로 10년 동안에는 양적들이 우리를 탐내었으나 감히 그 뜻을 펴지 못하였습니다. …… 옛날의 왜인들은 이웃 나라였으나 지금의 왜인들은 도적들이니, 강화할 수 없습니다. 왜인들이 양적들의 앞잡이가 되었기 때문입니다.

① 고종의 밀지를 받아 독립 의군부를 조직하였다.
② 도쿄에서 일왕이 탄 마차를 향해 폭탄을 던졌다.
③ 을사늑약이 체결되자 태인에서 의병을 일으켰다.
④ 명동 성당 앞에서 이완용을 습격하여 중상을 입혔다.
⑤ 13도 창의군을 지휘하여 서울 진공 작전을 전개하였다.

39

(가)에 들어갈 운동으로 옳은 것을 <보기>에서 고른 것은? [2점]

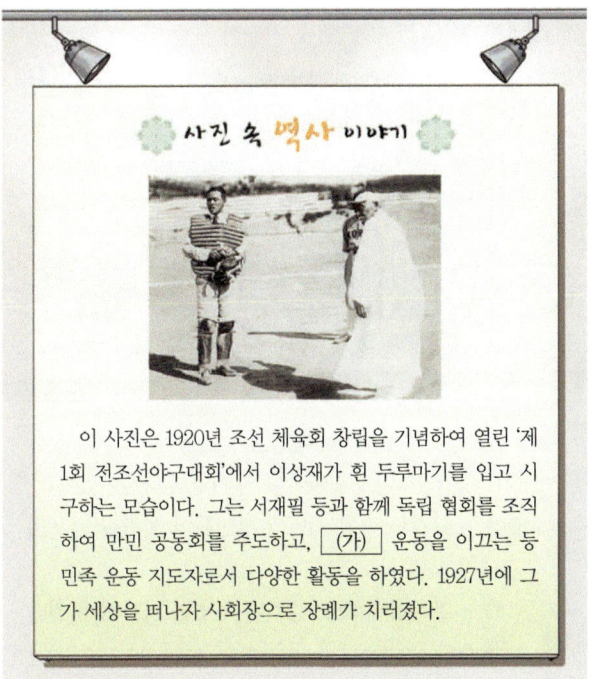

이 사진은 1920년 조선 체육회 창립을 기념하여 열린 '제1회 전조선야구대회'에서 이상재가 흰 두루마기를 입고 시구하는 모습이다. 그는 서재필 등과 함께 독립 협회를 조직하여 만민 공동회를 주도하고, (가) 운동을 이끄는 등 민족 운동 지도자로서 다양한 활동을 하였다. 1927년에 그가 세상을 떠나자 사회장으로 장례가 치러졌다.

보 기
ㄱ. 브나로드 운동
ㄴ. 물산 장려 운동
ㄷ. 국채 보상 운동
ㄹ. 민립 대학 설립 운동

① ㄱ, ㄴ   ② ㄱ, ㄷ   ③ ㄴ, ㄷ
④ ㄴ, ㄹ   ⑤ ㄷ, ㄹ

40

다음 검색창에 들어갈 잡지가 발간되던 기간에 있었던 사실로 옳은 것은? [2점]

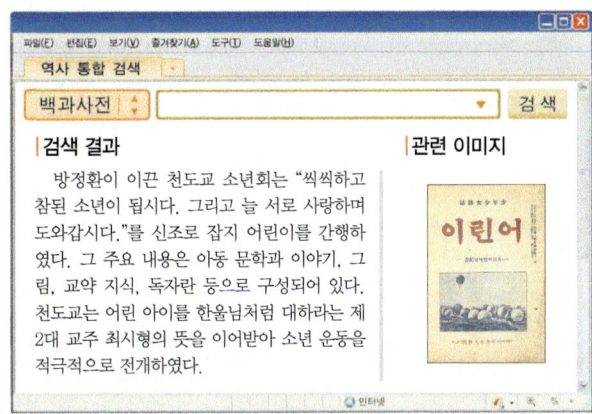

① 김창술 등이 카프(KAPF)를 조직하였다.
② 안국선이 신소설 금수회의록을 집필하였다.
③ 국내 최초의 서양식 극장인 원각사가 건립되었다.
④ 박은식이 일제의 침략 과정을 서술한 한국통사를 저술하였다.
⑤ 주시경이 국문 연구소를 세워 한글을 체계적으로 연구하였다.

41

다음 법령이 공포된 이후에 있었던 사실로 옳은 것은? [3점]

제1조 국체를 변혁하거나 사유 재산 제도를 부인하는 것을 목적으로 결사를 조직하거나 또는 사정을 알고 이에 가입한 자는 10년 이하의 징역 또는 금고에 처한다. 전항의 미수죄도 처벌한다.
제2조 전조 제1항의 목적으로 그 목적이 되는 사항의 실행에 관하여 협의를 한 자는 7년 이하의 징역 또는 금고에 처한다.

① 김상옥이 종로 경찰서에 폭탄을 투척하였다.
② 박상진의 주도로 대한 광복회가 조직되었다.
③ 민족 유일당 운동의 일환으로 신간회가 창립되었다.
④ 고액 소작료에 반발하여 암태도 소작 쟁의가 발생하였다.
⑤ 일제가 데라우치 총독 암살 미수 사건을 계기로 105인 사건을 날조하였다.

42

(가)의 활동으로 옳지 않은 것은? [2점]

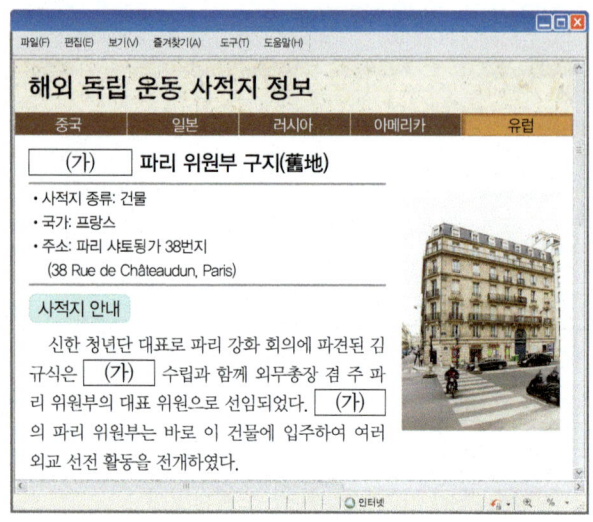

① 구미 위원부를 설치하여 외교 활동을 추진하였다.
② 독립 의식을 고취하기 위해 독립신문을 간행하였다.
③ 독립운동 자금 마련을 위해 독립 공채를 발행하였다.
④ 이륭양행에 교통국을 설치하여 국내와 연락을 취하였다.
⑤ 태극 서관을 설립하여 조선 광문회에서 발간한 서적을 보급하였다.

43

(가)~(라)에 들어갈 내용으로 옳은 것을 〈보기〉에서 고른 것은? [3점]

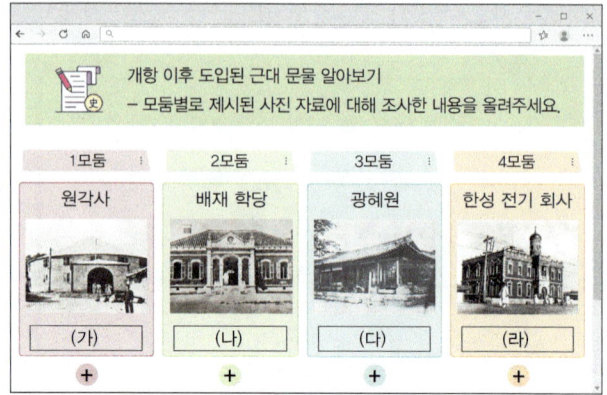

〈보 기〉

ㄱ. (가) – 이인직이 설립한 최초의 서양식 극장이었어요.
ㄴ. (나) – 함경도 덕원 지방의 관민들이 설립한 최초의 근대적 사립 학교였어요.
ㄷ. (다) – 알렌의 건의로 세워진 최초의 서양식 병원이었어요.
ㄹ. (라) – 서대문과 청량리 사이를 오가는 전차를 운영하였어요.

① ㄱ, ㄴ   ② ㄱ, ㄷ   ③ ㄴ, ㄷ
④ ㄱ, ㄷ, ㄹ   ⑤ ㄴ, ㄷ, ㄹ

44

다음의 (가) 운동에 대한 설명으로 옳은 것은? [1점]

이 탑에는 (가) 운동을 주도한 단체가 표방한 '공평(公平)은 사회의 근본이요, 애정(愛情)은 인류의 본량(本良)이다.'라는 내용이 새겨져 있습니다. (가) 운동은 그들의 모욕적 칭호를 폐지하고, 교육을 장려하며, 참다운 인간이 되는 것을 목표로 하고 있습니다.

① 한일 학생 간의 충돌에서 비롯되었다.
② 조만식, 이상재 등의 주도로 시작되었다.
③ 백정에 대한 사회적 차별 철폐를 목표로 하였다.
④ 배우자 가르치자 다함께 브나로드를 구호로 내세웠다.
⑤ 고종의 인산(因山)을 기회로 삼아 대규모 시위를 전개하였다.

45

(가), (나) 사이의 시기에 있었던 사실로 옳은 것은? [3점]

(가) 천수평에서 북로 군정서의 기습 공격을 받아 참패한 일본군은 그들을 추격하여 어랑촌으로 들어갔다. 어랑촌 전투는 해가 질 때까지 계속되었는데, 북로 군정서는 지형적 이점을 활용하여 일본군의 공격을 효과적으로 방어하였다. 교전 중 독립군 연합 부대가 합류하였고, 치열한 접전 끝에 일본군에 큰 승리를 거두었다.

(나) 조선 총독부 경무국장 미쓰야와 중국 봉천성 경무처장 위전 사이에 독립군의 활동을 방해하기 위한 협정이 체결되었다. 그 내용은 만주 지역에서 활동하는 항일 한인 단체의 해산과 무기 몰수 그리고 지도자 체포 및 인도 등이었다.

① 박상진이 주도하여 대한 광복회를 결성하였다.
② 일제가 이른바 남한 대토벌 작전을 전개하였다.
③ 조선 혁명군이 영릉가에서 일본군에 승리하였다.
④ 간도 참변 이후 조직을 정비하고 자유시로 이동하였다.
⑤ 조선 민족 전선 연맹 산하에 조선 의용대가 조직되었다.

46

다음 자료가 발표된 시기를 연표에서 옳게 고른 것은? [2점]

이제 우리는 무기 휴회된 공위가 재개될 기색도 보이지 않으며, 통일 정부를 고대하나 여의케 되지 않으니, 우리는 남방만이라도 임시 정부, 혹은 위원회 같은 것을 조직하여 38도선 이북에서 소련이 철퇴하도록 세계 공론에 호소하여야 될 것이다.
⋮

1945.8	1945.12	1946.3	1946.10	1947.5	1948.5
	(가)	(나)	(다)	(라)	(마)
광복	모스크바 3국 외상 회의	제1차 미·소 공동 위원회	좌·우 합작 7원칙 발표	제2차 미·소 공동 위원회	5·10 총선거

① (가) ② (나) ③ (다)
④ (라) ⑤ (마)

47

다음 사건으로 인한 결과로 옳은 것은? [3점]

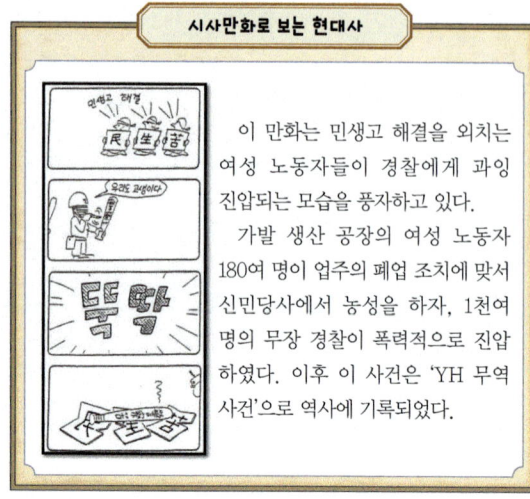

이 만화는 민생고 해결을 외치는 여성 노동자들이 경찰에게 과잉 진압되는 모습을 풍자하고 있다. 가발 생산 공장의 여성 노동자 180여 명이 업주의 폐업 조치에 맞서 신민당사에서 농성을 하자, 1천여 명의 무장 경찰이 폭력적으로 진압하였다. 이후 이 사건은 'YH 무역 사건'으로 역사에 기록되었다.

① 신군부의 비상계엄이 확대되었다.
② 야당 총재의 국회의원직이 제명되었다.
③ 호헌 철폐와 독재 타도 등의 구호를 내세웠다.
④ 경무대로 향하던 시위대가 경찰의 총격을 받았다.
⑤ 박종철 고문 치사 사건의 진상 규명을 요구하였다.

48

다음 뉴스가 보도된 정부 시기의 경제 상황으로 옳은 것은? [2점]

오늘 대전에서는 향토 예비군 창설식이 열렸습니다. 1월 21일 북한 무장 공비의 청와대 습격 시도 사건을 계기로 자주적 방위 태세를 강화하기 위한 조치입니다.

① 포항 제철소 1기 설비가 준공되었다.
② 미국과 자유 무역 협정(FTA)을 체결하였다.
③ 3저 호황으로 물가가 안정되고 수출이 증가하였다.
④ 대통령의 긴급 명령으로 금융 실명제를 실시하였다.
⑤ 대통령 직속 자문 기구로 노사정 위원회가 구성되었다.

49

(가) 민주화 운동에 대한 설명으로 옳은 것은? [2점]

① 4·13 호헌 조치의 철폐를 요구하였다.
② 신군부 세력이 집권하는 배경이 되었다.
③ 3·15 부정 선거에 항의하는 시위에서 시작되었다.
④ 굴욕적인 대일 외교 반대를 주장하는 6·3 시위가 일어났다.
⑤ 긴급 조치 철폐를 요구하는 3·1 민주 구국 선언이 발표되었다.

50

(가)~(마)에 대한 설명으로 옳지 않은 것은? [2점]

> **역사 돋보기 우리나라의 연호(年號)**
>
> 연호는 군주가 자기의 치세 연차(年次)에 붙이는 칭호이다. 중국에서 시작되었으며 그 영향으로 우리나라, 일본, 베트남 등에서도 사용되었다. 연호는 원칙적으로 황제만 사용 가능하고, 제후 왕은 독자적인 연호를 쓸 수 없었다.
> 우리나라에서 최초로 확인되는 연호는 고구려 (가) 의 영락이다. 신라도 (나) 이 건원이라는 연호를, 뒤를 이은 진흥왕은 개국·태창·홍제 등의 연호를 사용하였다.
> 발해 고왕은 연호를 천통으로 했으며, (다) 은/는 인안, 문왕은 대흥, 선왕은 건흥이라는 연호를 사용하였다.
> 고려 태조는 천수를 사용하고, (라) 은/는 광덕·준풍을 연호로 삼았다.
> 조선은 고종 대에 개국기년(開國紀年)을 공문서에 사용하다가 건양, 광무로 연호를 정하였다. 그 뒤를 이은 (마) 은/는 융희라는 연호를 사용하였다.

① (가) – 후연을 격파하고 백제를 공격하였다.
② (나) – 병부를 설치하고 율령을 반포하였다.
③ (다) – 대문예를 보내 흑수 말갈을 정벌하였다.
④ (라) – 쌍기의 건의로 과거제가 도입되었다.
⑤ (마) – 인산일에 3·1 만세 운동이 전개되었다.

한국사능력검정시험 심화대비
기출분석 예상문제
제02회

|정답 및 해설| 199p

01

(가) 시대에 처음 제작된 유물로 옳은 것은? [1점]

이것은 강화 부근리에 있는 고인돌입니다. 고인돌은 (가) 시대에 처음 만들어졌으며, 권력을 가진 군장이 출현했음을 보여줍니다.

02

(가)에 들어갈 학생의 답변으로 옳은 것은? [2점]

12월에 영고라는 제천 행사를 열었던 이 나라에 대해 발표해 볼까요?

(가)

이 나라의 사람들은 금과 은으로 만든 장신구로 치장하는 것을 즐겼다고 합니다.

① 읍군, 삼로 등의 군장이 있었습니다.
② 혼인 풍속으로 민며느리제가 있었습니다.
③ 여러 가(加)들이 별도로 사출도를 주관하였습니다.
④ 단궁, 과하마, 반어피 등이 대표적인 특산물입니다.
⑤ 대가들이 사자, 조의, 선인 등의 관리를 거느렸습니다.

03

(가) 국가의 경제 상황에 대한 설명으로 옳은 것은? [2점]

금동 대향로

부여 능산리에서 발견된 금동 대향로는 (가) 를 대표하는 문화유산으로 국보로 지정되어 있습니다. 용이 받치고 있는 연꽃 형태의 몸체 위에 산봉우리로 둘러싸인 반원형의 뚜껑이 있고, 그 꼭대기에는 봉황이 자리 잡고 있습니다. 불교와 도교 요소가 복합적으로 표현된 걸작입니다.

① 수도에 동시전이 설치되었다.
② 집집마다 부경이라는 창고가 있었다.
③ 금속 화폐인 건원중보가 주조되었다.
④ 솔빈부의 말이 특산품으로 수출되었다.
⑤ 곡물을 대여하고 이자를 받은 내용을 좌관대식기에 남겼다.

04

(가) 국가의 문화유산으로 옳은 것은? [1점]

#51. 서재 안

최치원이 책상 앞에 앉아 표문을 쓰고 있다. 화면이 표문을 비추며 최치원의 목소리로 내레이션이 흐른다.

내레이션: 지난날 (가) 의 왕자 대봉예가 자신들의 자리를 신라 위에 있게 해 달라고 청하였습니다. 황제 폐하께서 '나라의 순서는 원래 강약에 따라 정하는 것이 아니다.'라는 조칙을 내려 순서를 바로잡아 주셨습니다. 이에 오래된 신하가 소외되는 근심은 덜었으나, 앞으로 같은 일이 생길까 우려됩니다.

①
②
③
④
⑤

05

다음 비석을 세운 왕이 시행한 정책으로 옳은 것은? [3점]

① 원광에게 걸사표를 짓게 하였다.
② 국학을 설립하여 유학을 교육하였다.
③ 대가야를 정복하여 영토를 확장하였다.
④ 집사부를 설치하고 장관을 중시라고 하였다.
⑤ 지방관을 감찰하기 위하여 외사정을 설치하였다.

06

(가) 인물에 대한 설명으로 옳은 것은? [3점]

부석사 창건 설화

당에 유학했던 (가) 이/가 공부를 마치고 귀국길에 오르자 그를 사모했던 선묘라는 여인이 용으로 변하여 귀국길을 도왔다. 신라에 돌아온 (가) 은/는 불법을 전파하던 중 자신이 원하는 절을 찾았다. 그런데 그곳은 이미 다른 종파의 무리들이 있었다. 이때 선묘룡이 나타나 공중에서 커다란 바위로 변신하여 절의 지붕 위에서 떨어질 듯 말 듯 하자 많은 무리들이 혼비백산하여 달아났다. 이러한 연유로 이 절을 '돌이 공중에 떴다'는 의미의 부석사(浮石寺)로 불렀다.

① 황룡사 구층 목탑의 건립을 건의하였다.
② 무애가를 지어 불교 대중화에 노력하였다.
③ 보현십원가를 지어 불교 교리를 전파하였다.
④ 인도와 중앙아시아를 다녀와서 왕오천축국전을 남겼다.
⑤ 현세의 고난에서 구제받고자 하는 관음 신앙을 강조하였다.

07

(가)~(다)의 문화유산을 제작된 순서대로 옳게 나열한 것은? [2점]

(가)  (나)  (다)

① (가) - (나) - (다)   ② (가) - (다) - (나)
③ (나) - (가) - (다)   ④ (다) - (가) - (나)
⑤ (다) - (나) - (가)

08

지도와 같이 행정 구역을 정비한 국가에 대한 설명으로 옳은 것은? [2점]

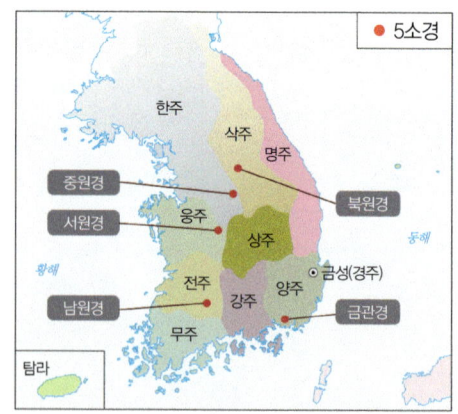

① 경재소를 두어 유향소를 통제하였다.
② 지방의 22담로에 왕족을 파견하였다.
③ 전국의 주요 지역에 12목을 설치하였다.
④ 지방관을 감찰하기 위해 외사정을 두었다.
⑤ 관찰사를 보내어 관할 고을의 수령을 감독하였다.

09

교사의 질문에 대한 학생의 답변으로 옳은 것은? [1점]

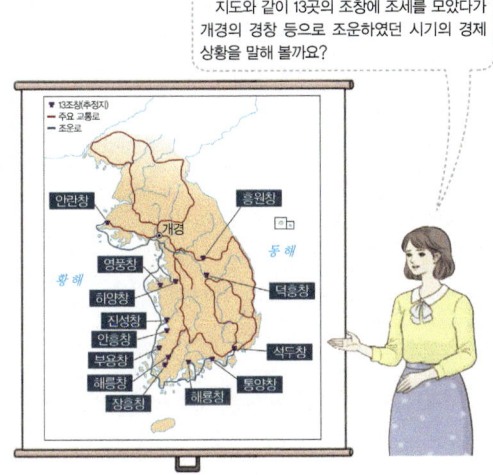

지도와 같이 13곳의 조창에 조세를 모았다가 개경의 경창 등으로 조운하였던 시기의 경제 상황을 말해 볼까요?

① 책문 후시를 통한 교역이 활발하였어요.
② 송상이 전국 각지에 송방을 설치하였어요.
③ 감자, 고구마 등이 구황 작물로 재배되었어요.
④ 경시서의 관리들이 수도의 시전을 감독하였어요.
⑤ 광산을 전문적으로 경영하는 덕대가 나타났어요.

10

밑줄 그은 '왕'의 재위 기간에 있었던 사실로 옳은 것은? [2점]

왕은 인안(仁安)이라는 독자적인 연호를 사용하여 당과 대등하다는 의식을 표방하였어.

그리고 왕은 동생 대문예를 보내 흑수말갈 정벌을 추진하였어.

① 3성 6부의 중앙 관제를 정비하였다.
② 한성을 공격하여 개로왕을 전사시켰다.
③ 장문휴를 보내 당의 등주를 공격하였다.
④ 5경 15부 62주의 지방 행정 제도를 확립하였다.
⑤ 고구려 유민을 이끌고 지린 성 동모산에서 건국하였다.

11

다음 문서가 제작되기 시작한 시기를 연표에서 옳게 고른 것은? [3점]

이 문서는 1933년 일본 도다이 사(東大寺) 쇼소인(正倉院)에서 발견되었다. 이 문서에는 촌락마다 호(戶)의 등급과 변동 상황, 성별·연령별 인구의 규모가 파악되어 있으며, 논·밭의 면적 등이 기록되어 있다.

676	698	722	788	822	901
	(가)	(나)	(다)	(라)	(마)
삼국 통일	발해 건국	정전 지급	독서삼품과 실시	김헌창의 난	후고구려 건국

① (가)　② (나)　③ (다)
④ (라)　⑤ (마)

12

(가) 인물에 대한 설명으로 옳은 것은? [2점]

○ (가) 이/가 완산주에 이르니 백성들이 환영하고 고마움을 표하였다. 그는 인심을 얻은 것을 기뻐하여 좌우에 이르기를, "신라의 김유신이 흙먼지를 날리며 황산을 거쳐 사비에 이르러 당의 군대와 함께 백제를 공격하여 멸망시켰다. 지금 내가 감히 완산에 도읍하여 의자왕의 오랜 울분을 씻지 않겠는가." 라고 하였다.

○ (가) 이/가 요청하여 말하기를, "늙은 신하가 멀리 바다를 건너 성군(聖君)의 교화에 투항하였으니, 바라건대 그 위엄에 기대어 역적인 아들을 베고자 할 뿐입니다."라고 하였다.

① 경주의 사심관으로 임명되었다.
② 양길의 휘하에서 세력을 키웠다.
③ 후당, 오월에 사신을 파견하였다.
④ 일리천 전투에서 고려군에게 패배하였다.
⑤ 정계와 계백료서를 지어 관리의 규범을 제시하였다.

13

밑줄 그은 '폐하'에 대한 설명으로 옳은 것은? [2점]

폐하께서 실시한 흑창에 대해 말씀해 주십시오.

가난한 백성에게 곡식을 빌려주었다가 추수기에 상환하도록 하는 빈민 구제 기관입니다.

① 12목을 설치하고 지방관을 파견하였다.
② 서경을 북진 정책의 전진 기지로 삼았다.
③ 신돈을 등용하고 전민변정도감을 두었다.
④ 주전도감을 설치하여 해동통보를 발행하였다.
⑤ 광덕, 준풍 등의 독자적인 연호를 사용하였다.

14

(가)~(다)에 들어갈 기구로 바르게 나열된 것은? [2점]

〈무신 집권기 주요 기구〉

명칭	성격
(가)	최씨 무신 정권에서 국정을 총괄한 최고 권력 기구
(나)	최우의 집에 설치된 인사 행정 담당 기구
(다)	국정 자문을 위한 문신들의 숙위(宿衛) 기구

	(가)	(나)	(다)
①	정방	서방	교정도감
②	정방	교정도감	서방
③	서방	정방	교정도감
④	교정도감	정방	서방
⑤	교정도감	서방	정방

15

(가)~(라)를 일어난 순서대로 옳게 나열한 것은? [3점]

(가) 왕이 소손녕의 봉산군 공격 소식을 듣고 서희를 보내 화의를 요청하니 소손녕이 침공을 중지하였다.

(나) 강감찬 등이 귀주에서 거란군을 맞아 싸웠다. 고려군이 맹렬하게 공격하니 거란군이 북으로 도망쳤다.

(다) 양규가 무로대에서 거란군을 습격하여 2천여 명을 죽이고, 포로가 되었던 남녀 3천여 명을 되찾았다.

(라) 거란이 장차 침입하려 하므로 군사 30만 명을 선발하여 광군이라 부르고 광군사를 설치하였다.

① (가) – (나) – (라) – (다)
② (나) – (가) – (라) – (다)
③ (다) – (가) – (나) – (라)
④ (다) – (라) – (나) – (가)
⑤ (라) – (가) – (다) – (나)

16

밑줄 그은 '이 왕'의 업적으로 옳은 것은? [1점]

그림으로 보는 한국사   고려 시대

이 그림은 현재 국립 고궁 박물관에 소장되어 있는 고려의 제31대 왕과 그 왕비인 노국 대장 공주의 초상이다. 이 왕은 원·명 교체기에 적극적인 개혁을 추진하였다.

① 인사권을 장악하기 위하여 정방을 폐지하였다.
② 좌별초, 우별초, 신의군의 삼별초가 조직되었다.
③ 나세, 심덕부 등이 진포에서 왜구를 격퇴하였다.
④ 서희가 외교 담판을 벌여 강동 6주를 획득하였다.
⑤ 전국에 12목을 처음으로 설치하고 지방관을 파견하였다.

17

지도에서 밑줄 그은 '이 곳'으로 옳은 것은? [2점]

국외 소재 우리 문화유산을 찾기 위해 헌신한 박병선 박사를 조명하는 다큐멘터리가 방영될 예정입니다. 그녀는 <u>이 곳</u>에서 금속 활자로 간행된 직지심체요절을 프랑스 국립 도서관에서 발견하였습니다. 또한 외규장각 의궤의 반환을 위해서도 노력하였습니다.

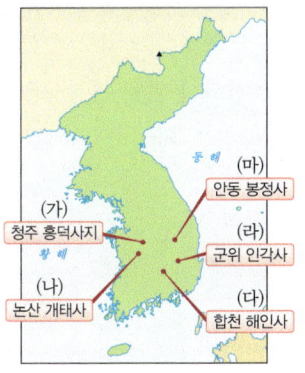

① (가)   ② (나)   ③ (다)
④ (라)   ⑤ (마)

18

(가)에 해당하는 문화유산으로 옳은 것은? [1점]

- 우리 고장의 문화유산에 대해 말해 보자.
- 보물 제93호로 지정된 고려 시대의 마애이불입상인 (가) 이/가 있어.
- 천연암벽을 몸체로 삼아 그 위에 목, 머리, 갓 등을 따로 만들어 얹어놓았어.

한국사능력검정시험 심화대비 기출분석 예상문제

19

밑줄 그은 '이 왕'의 업적으로 옳은 것은? [2점]

이 책은 동래선생교정북사상절(東萊先生校正北史詳節)의 일부로 이 왕 때 주자소에서 제작한 계미자를 이용하여 간행되었습니다. 또한 이 왕 때에는 신문고를 설치하고 호패법을 시행하였습니다.

① 전통 한의학을 정리한 동의보감을 간행하였다.
② 역대 문물을 정리한 동국문헌비고가 편찬되었다.
③ 세계 지도인 혼일강리역대국도지도가 제작되었다.
④ 경국대전을 반포하여 국가 통치 규범을 마련하였다.
⑤ 한양을 기준으로 한 역법서인 칠정산 내편을 편찬하였다.

20

(가) 교육 기관에 대한 설명으로 옳은 것은? [2점]

(가) 은/는 풍기 군수 주세붕이 안향을 제사하기 위해 사당을 세운 것이 시초입니다.

동아시아에 전파되었던 성리학이 지역화되고 변형되는 독특한 과정을 통합적으로 보여준다는 점 등을 인정받아 (가) 은/는 유네스코 세계유산으로 등재되었습니다.

① 학술 연구 기구로 청연각이 설치되었다.
② 중앙에서 파견된 교수나 훈도가 지도하였다.
③ 전국의 부·목·군·현에 하나씩 설립되었다.
④ 유학을 비롯하여 율학, 서학, 산학을 교육하였다.
⑤ 국왕으로부터 현판과 함께 노비 등을 받기도 하였다.

21

밑줄 그은 ㉠에 대한 조선의 대외 정책으로 옳은 것은? [2점]

이 작품은 야연사준도로 김종서가 ㉠두만강 일대에 흩어져 살던 야인들을 몰아내고 동북면의 6진을 개척한 뒤의 일화를 그린 것이다. 그림 속에는 연회 중 갑자기 화살이 날아와 큰 술병에 꽂히자, 다른 장수들은 겁을 먹었지만 김종서는 침착하게 연회를 진행하였다는 이야기가 묘사되어 있다.

① 박위를 파견하여 대마도를 정벌하였다.
② 세견선에 관한 계해약조를 체결하였다.
③ 경성과 경원에 무역소를 설치하여 회유하였다.
④ 북벌 정책을 추진하기 위해 어영청을 확대하였다.
⑤ 박권을 보내 국경을 확정하는 백두산 정계비를 세웠다.

22

밑줄 그은 '왕'의 재위 기간에 있었던 사실로 옳은 것은? [2점]

제시된 사료는 이 왕이 삼남 지방의 주민을 북방으로 이주시킨 사민 정책(徙民政策)의 내용입니다.

왕 16년, 옛 땅의 회복을 논의하였다. 소다로(所多老)의 땅이 넓고 기름지며 적들이 오가는 요충지이기 때문에, 옛 터전의 북쪽인 회질가(會叱家)의 땅에다 벽성(壁城)을 설치하고, 남도(南道)의 민호(民戶)를 이주시켜 채우고 경원 도호부를 옮겨 판관과 토관을 두었다.

① 훈련 교범인 무예도보통지가 편찬되었다.
② 전통 한의학을 정리한 동의보감이 간행되었다.
③ 최초로 100리 척을 사용한 동국지도가 제작되었다.
④ 우리 풍토에 맞는 농법을 소개한 농사직설이 간행되었다.
⑤ 각 도의 지리, 풍속 등이 수록된 동국여지승람이 편찬되었다.

23

(가)에 대한 설명으로 옳은 것은? [2점]

① 최씨 무신 정권의 군사적 기반이었다.
② 급료를 받는 상비군이 주축을 이루었다.
③ 국경 지역인 북계와 동계에 배치되었다.
④ 이종무의 지휘 아래 대마도 정벌에 참여하였다.
⑤ 국왕의 친위 부대로 수원 화성에 외영을 두었다.

25

(가) 상인에 대한 설명으로 옳은 것은? [2점]

역사 용어 해설

금난전권

[(가)]이/가 왕실이나 관청에 물품을 공급하는 대신 부여받은 독점 판매권이다. 금난전권의 '난전'은 전안(시전의 상행위자에 대해 등록한 대장)에 등록되지 않은 자의 상행위 또는 판매 허가를 받지 않은 상품을 성 안에서 판매하는 행위를 말하는데, 난전으로 상권이 침해된 [(가)] 들은 이의 금지를 정부에 요청하였다. 육의전을 제외한 금난전권은 정조 15년 신해통공으로 폐지되었다.

① 청과의 후시 무역을 주도하였다.
② 전국에 송방이라는 지점을 설치하였다.
③ 주로 왜관을 중심으로 무역 활동을 하였다.
④ 포구에서의 중개·금융·숙박업에 주력하였다.
⑤ 상권 수호를 위해 황국 중앙 총상회를 조직하였다.

24

다음 사건을 계기로 일어난 사실로 옳은 것은? [2점]

> 정국공신을 개정하는 일로 전지하기를, "충신이 힘을 합쳐 나를 후사(後嗣)로 추대하여 선왕의 유업을 잇게 하니, 그 공이 적다 할 수 없으므로 훈적(勳籍)에 기록하여 영구히 남기도록 명하였다. 그러나 초기에 일이 황급하여 바르게 결단하지 못하고 녹공(錄功)을 분수에 넘치게 하여 뚜렷한 공신까지 흐리게 하였으니 …… 이 때문에 여론이 거세게 일어나 갈수록 울분이 더해 가니 …… 내 어찌 공훈 없이 헛되이 기록된 것을 국시(國是)로 결단하지 않을 수 있겠는가? …… 추가로 바로 잡아서 공권(功券)*을 맑게 하라."라고 하였다.
>
> *공권(功券): 공신에게 지급하던 포상 문서

① 왕자의 난이 일어나 정도전 등이 피살되었다.
② 성삼문 등이 상왕의 복위를 꾀하다 처형되었다.
③ 김종직의 조의제문이 빌미가 되어 사화가 일어났다.
④ 도학 정치를 주장한 조광조 등의 신진 사류가 제거되었다.
⑤ 폐비 윤씨 사사 사건의 전말이 알려져 관련자들이 화를 입었다.

26

밑줄 그은 '임금'이 재위했던 시기의 사실로 옳은 것은? [3점]

① 사림이 동인과 서인으로 나뉘게 되었다.
② 여진족을 몰아내고 4군 6진을 설치하였다.
③ 홍경래 등이 봉기하여 정주성을 점령하였다.
④ 외척 간의 대립으로 을사사화가 발생하였다.
⑤ 자의 대비의 복상 문제로 예송이 전개되었다.

27

(가)에 들어갈 내용으로 옳은 것은? [1점]

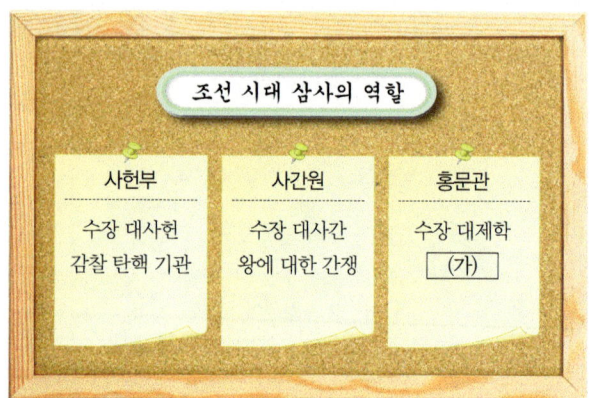

① 왕의 자문과 경연을 관장하였다.
② 수도의 행정과 치안을 담당하였다.
③ 검서관에 서얼 출신 학자들이 기용되었다.
④ 임진왜란을 거치면서 국정 전반을 총괄하였다.
⑤ 국왕 직속 사법 기구로 반역죄, 강상죄 등을 처결하였다.

28

밑줄 그은 '중건' 시기에 볼 수 있는 모습으로 가장 적절한 것은? [2점]

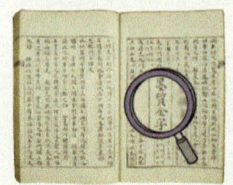 경복궁 영건일기는 한성부 주부 원세철이 경복궁 중건의 시작부터 끝날 때까지의 상황을 매일 기록한 것이다. 이 일기에 광화문 현판이 검은색 바탕에 금색 글자였음을 알려 주는 '묵질금자(墨質金字)'가 적혀 있어 광화문 현판의 옛 모습을 고증하는 근거가 되었다.

① 동의보감을 집필하는 의관
② 만동묘 복구를 건의하는 유생
③ 훈민정음을 연구하는 집현전 학자
④ 계해약조의 초안을 작성하는 관리
⑤ 성균관에 탕평비 건립을 명하는 국왕

29

다음 인물에 대한 설명으로 옳은 것은? [2점]

역사 인물 카드
- 생몰: 1737년~1805년
- 호: 연암(燕巖)
- 주요 저서: 「열하일기」, 「과농소초」
- 주요 주장
  - 화폐의 유통
  - 상업적 농업 장려
  - 수레와 선박의 이용
  ……

① 양반전에서 양반의 위선과 무능을 풍자하였다.
② 북학의에서 절약보다 적절한 소비를 강조하였다.
③ 곽우록에서 토지 매매를 제한하는 한전론을 제시하였다.
④ 우서에서 사농공상의 직업적 평등과 전문화를 주장하였다.
⑤ 색경에서 담배, 수박 등의 상품 작물 재배법을 소개하였다.

30

다음 사건에 대한 설명으로 옳은 것은? [1점]

역사 신문

제△△호   1866년 ○○월 ○○일

천총 양헌수 서양 오랑캐에 맞서다!

서양 오랑캐가 강화에 쳐들어왔는데 적의 형세가 더욱 커졌다. 순무사 이경하가 천총 양헌수를 선발하여 통진에 진을 치고 주둔하게 하였다. 10월 초하룻날 밤에 손돌목을 건너 정족산성으로 들어가 웅거하였다. 초삼일에 적이 성 아래에 가까이 쳐들어오니 양헌수는 힘을 내어 싸움을 독촉하여 한꺼번에 총포를 쏘아댔다.

① 조·미 수호 통상 조약이 체결되었다.
② 운요호가 강화도 초지진을 공격하였다.
③ 외규장각 도서가 약탈당하는 피해를 입었다.
④ 어재연 부대가 광성보 전투에서 결사 항전하였다.
⑤ 독일 상인 오페르트가 남연군 묘 도굴을 시도하였다.

31

다음 퀴즈의 정답으로 옳은 것은? [2점]

이것은 현재 남아 있는 동양 최고(最古)의 세계 지도로 1402년 김사형, 이무가 발의하고 이회가 실무를 맡아 제작하였습니다. 이 지도에는 아시아·유럽·아프리카 대륙과 주요 도시가 표시되어 있습니다. 이 지도는 무엇일까요?

①
혼일강리역대국도지도

②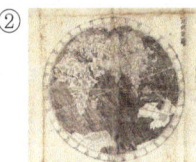
지구전도

③
천하도

④
여지전도

⑤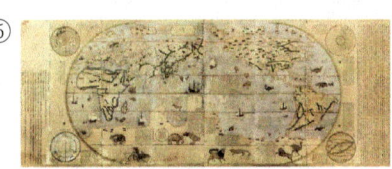
곤여만국전도

32

(가) 사건에 대한 설명으로 옳은 것은? [2점]

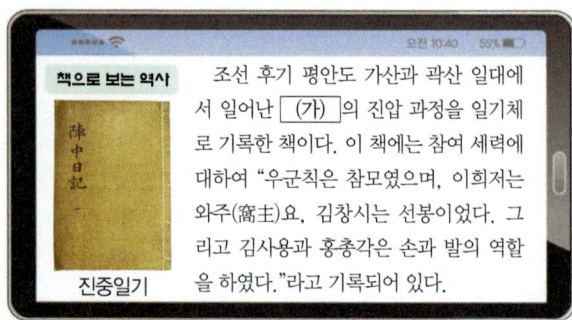

① 청의 군대에 의해 진압되었다.
② 척왜양창의를 기치로 내걸었다.
③ 몰락 양반 유계춘이 주도하였다.
④ 선혜청과 일본 공사관을 공격하였다.
⑤ 서북인에 대한 차별에 반발하여 일어났다.

33

다음 자료에 나타난 사건의 결과로 옳은 것은? [3점]

> 난군(亂軍)이 궐을 침범하였다는 소식을 들었다. 이때에 나라 재정이 고갈되어 각 영이 군인에게 지급할 봉급을 몇 개월 동안 지급하지 못하였다. 영에 소속된 군인이 어느 날 밤에 부대를 조직하고 갑자기 궐내로 진입하여 멋대로 난리를 일으켰다. 중전의 국상(國喪)이 공포되자 선생은 가평 관아로 달려가 망곡례를 행하였다. 얼마 후 국상이 와전되어 사실이 아님을 알고, 군중과는 달리 상복을 입지 않고 집밖으로 나가지 않았다.
> - 『성재집』 -

① 청에 영선사가 파견되었다.
② 5군영이 2영으로 개편되었다.
③ 스티븐스가 외교 고문으로 임명되었다.
④ 개화 정책을 총괄하는 통리기무아문이 설치되었다.
⑤ 일본 공사관 경비병의 주둔을 인정한 제물포 조약이 체결되었다.

34

(가) 시기에 전개된 동학 농민군의 활동으로 옳은 것은? [2점]

백산 봉기 → (가) → 전주성 점령

① 남접과 북접이 논산에서 연합하였다.
② 우금치에서 일본군과 관군에 맞서 싸웠다.
③ 집강소를 중심으로 폐정 개혁안을 실천하였다.
④ 황룡촌 전투에서 장태를 이용하여 승리하였다.
⑤ 조병갑의 탐학에 저항하여 고부 관아를 습격하였다.

35

(가) 단체의 활동으로 옳은 것은? [1점]

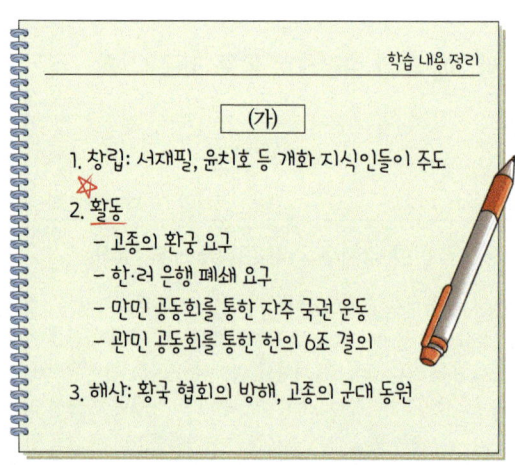

① 고종 강제 퇴위 반대 운동을 주도하였다.
② 일제의 황무지 개간권 요구를 저지시켰다.
③ 중추원 개편을 통한 의회 설립을 추진하였다.
④ 태극 서관을 설립하여 계몽 서적을 보급하였다.
⑤ 한·일 관계 사료집을 편찬하고 독립신문을 발행하였다.

36

밑줄 그은 '만세 시위 운동'에 대한 설명으로 옳은 것은? [2점]

사진은 일본군에 의한 참혹한 학살이 자행된 제암리의 모습입니다. 이는 최근 만세 시위 운동이 전국적으로 확산되는 과정에서 가해진 일본군의 탄압으로 보입니다.

폐허가 된 제암리

① 105인 사건의 원인이 되었다.
② 대한민국 임시 정부가 수립되는 계기가 되었다.
③ 대한매일신보의 후원으로 전국적으로 확산되었다.
④ 연해주에서 대한 광복군 정부가 수립되는 배경이 되었다.
⑤ 시위를 준비하는 과정에서 사회주의자들이 대거 검거되었다.

37

(가)~(마) 문화유산에 대한 설명으로 옳지 않은 것은? [2점]

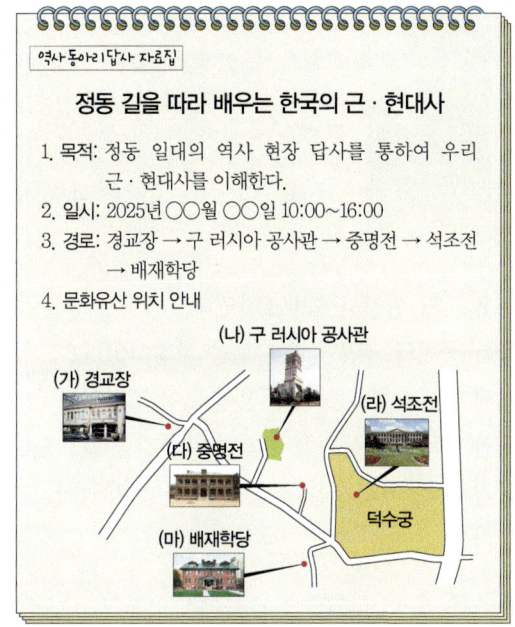

① (가) – 광복 이후 이승만의 집무실과 사저로 이용되었다.
② (나) – 고종이 을미사변 이후 거처를 옮긴 곳이다.
③ (다) – 외교권을 강탈당한 을사늑약이 체결된 곳이다.
④ (라) – 미·소 공동 위원회가 개최된 곳이다.
⑤ (마) – 미국의 개신교 선교사 아펜젤러가 선교 목적으로 세운 학교이다.

38

밑줄 그은 '이 단체'에 대한 설명으로 옳은 것은? [3점]

이것은 총사령 박상진이 이끌었던 이 단체 소속의 김한종 의사 순국 기념비이다. 김한종 의사는 이 단체의 충청도 지부장으로, 군자금 모금을 방해한 아산의 도고 면장인 박용하 처단을 주도하였다. 일제 경찰에 체포되어 박상진과 함께 대구 형무소에서 순국하였다. 1963년 건국 훈장 독립장이 추서되었다.

① 무오 독립 선언서를 발표하였다.
② 공화 정체의 국민 국가 수립을 지향하였다.
③ 연해주 이주 한인들이 중심이 되어 조직되었다.
④ 조선 총독부에 폭탄을 투척하는 의거를 일으켰다.
⑤ 국권 반환 요구서를 조선 총독부에 제출하고자 하였다.

39

(가) 종교의 활동으로 옳은 것은? [2점]

○○신문

오석(吾石) 김혁, (가) 에 귀의

대한 제국 육군 무관 학교 출신의 김혁은 나철이 창시한 (가) 에 귀의하였다. 자유시 참변 이후 그는 북만주 일대의 독립운동 단체를 통합하여 신민부를 조직하고 최고 책임자로 활동하였다. 성동 사관학교를 설립하여 교장으로 활동하며, 부교장 김좌진과 함께 500여 명의 독립군을 양성하였다. 정부는 선생의 업적을 기려 1962년 건국 훈장 독립장을 추서하였다.

① 개벽, 신여성 등의 잡지를 발행하였다.
② 항일 무장 단체인 중광단을 결성하였다.
③ 배재 학당을 세워 신학문 보급에 기여하였다.
④ 만주에서 의민단을 조직하여 무장 투쟁을 전개하였다.
⑤ 어린이 등의 잡지를 발간하여 소년 운동을 주도하였다.

40

(가) 부대에 대한 설명으로 옳은 것은? [1점]

이것은 대한민국 임시 정부 산하의 (가) 총사령부 건물로, 지난 3월 이곳 충칭의 옛 터에 복원되었습니다. 과거 임시 정부가 중국의 도움으로 (가) 을/를 창설하였듯이, 오늘날 이 총사령부 건물도 양국의 노력으로 세울 수 있었습니다.

① 자유시 참변으로 큰 타격을 입었다.
② 미국과 연계하여 국내 진공 작전을 계획하였다.
③ 신흥 무관 학교를 설립하여 독립군을 양성하였다.
④ 중국 관내(關內)에서 결성된 최초의 한인 무장 부대였다.
⑤ 중국 호로군과 연합 작전을 통해 항일 전쟁을 전개하였다.

41

밑줄 그은 '이 운동'을 지원한 단체에 대한 설명으로 옳은 것은? [2점]

 이것은 '학생의 날' 기념우표이다. 학생의 날은 1929년 한일 학생 간 충돌을 계기로 광주에서 일어나 전국으로 확산된 이 운동을 기리기 위해 1953년에 제정되었다. 우표는 이 운동의 기념탑과 당시 학생들의 울분을 함께 형상화하여 도안되었다. 학생의 날은 2006년부터 '학생 독립운동 기념일'로 명칭이 변경되었다.

① 정우회 선언의 영향으로 결성되었다.
② 일제가 꾸며낸 105인 사건으로 해체되었다.
③ 일제가 치안 유지법을 적용하여 탄압하였다.
④ 백산 상회를 통해 독립운동 자금을 마련하였다.
⑤ 국권 반환 요구서를 조선 총독에게 제출할 것을 계획하였다.

42

다음 공보가 발표된 이후 대한민국 임시 정부의 활동으로 옳은 것은? [3점]

대한민국 임시 정부 포유문

본 정부는 이번 제32회 임시 의정원 회의에 임시 약헌 개정으로 제출하여 임시 정부의 조직 기구를 변경하였으니 …… 국무위원회 주석과 국무 위원을 모두 의회에서 선출하여 종전에 국무 위원끼리 주석을 호선하던 제도를 폐하였다. 또 국무위원회 주석은 일반 국무를 처리함에는 총리격을 가졌고, 그 외 정부를 대표하여 국군을 총감하는 권리를 설정하였으니 이 방면으로는 국가 원수격을 가지게 되었다.

① 삼균주의에 바탕을 둔 건국 강령을 발표하였다.
② 무장 투쟁을 위해 육군 주만 참의부를 조직하였다.
③ 독립군 비행사 양성을 위해 한인 비행 학교를 설립하였다.
④ 국민 대표 회의를 개최하여 독립 운동의 방향을 논의하였다.
⑤ 파리 강화 회의에 대표단을 파견하여 외교 활동을 전개하였다.

43

다음 서술형 평가의 답안에 들어갈 내용으로 옳은 것은? [2점]

> **서술형 평가** ○학년 ○○반 이름: ○○○
>
> ◎ 다음 글을 쓴 인물의 활동에 대해 서술하시오.
>
> 우리 조선의 역사적 발전의 전 과정은 …… 외관상의 이른바 특수성이 다른 문화 민족의 역사적 발전 법칙과 구별될 만큼 독자적인 것은 아니며, 세계사적인 일원론적 역사 법칙에 의해 다른 여러 민족과 거의 같은 궤도의 발전 과정을 거쳐 왔던 것이다. …… 여기에서 조선사 연구의 법칙성이 가능하게 되며, 그리고 세계사적 방법론 아래에서만 과거의 민족 생활 발전사를 내면적으로 이해함과 동시에 현실의 위압적인 특수성에 대해 절망을 모르는 적극적인 해결책을 발견할 수 있을 것이다.
>
> 답안

① 삼균주의를 바탕으로 건국 강령을 기초하였다.
② 실증주의 사학의 연구를 위해 진단 학회를 창립하였다.
③ 한국독립운동지혈사에서 독립 투쟁 과정을 서술하였다.
④ 식민 사학을 반박하는 조선봉건사회경제사를 저술하였다.
⑤ 민중의 직접 혁명을 주장하는 조선 혁명 선언을 집필하였다.

44

(가), (나) 사이의 시기에 있었던 사실로 옳은 것은? [2점]

> (가) 북간도에 주둔한 아군 7백 명은 북로 사령부 소재지인 봉오동을 향해 행군하다가 적군 3백 명을 발견하였다. 아군을 지휘하는 홍범도, 최진동 두 장군은 즉시 적을 공격하여 120여 명을 살상하고 도주하는 적을 추격하였다.
> – 『독립신문』 –
>
> (나) 조선 혁명군 총사령 양세봉, 참모장 김학규 등은 병력을 이끌고 중국 의용군과 합세하였다. …… 아군은 승세를 몰아 적들을 30여 리 정도 추격한 끝에 영릉가성을 점령하였다.
> – 『광복』 –

① 3·1 운동이 전국적으로 전개되었다.
② 자유시 참변 이후 3부가 조직되었다.
③ 광복에 대비하여 조선 건국 동맹이 결성되었다.
④ 조선 민족 전선 연맹 산하에 조선 의용대가 조직되었다.
⑤ 스탈린에 의해 많은 한인이 중앙아시아로 강제 이주되었다.

45

다음 자료를 발표한 단체에 대한 설명으로 옳은 것은? [1점]

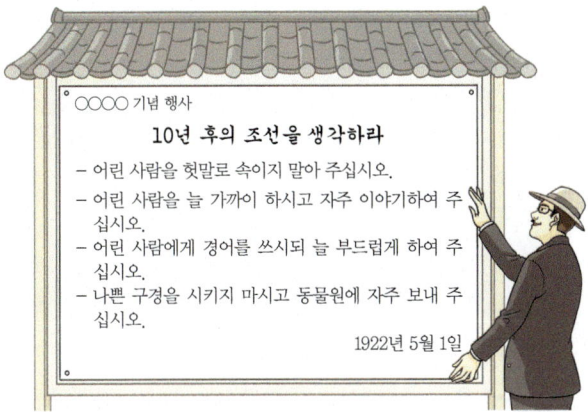

① 잡지 근우를 발간하였다.
② 천도교 세력이 중심이 되어 추진하였다.
③ 발명 학회와 과학 문명 보급회를 창립하였다.
④ 가갸날을 제정하고 기관지인 한글을 발행하였다.
⑤ 대한매일신보의 지원을 받아 전국적으로 확산되었다.

46

다음 뉴스가 보도한 사건에 대한 설명으로 옳은 것은?
[3점]

① 4·13 호헌 조치에 저항하며 일어났다.
② 장면의 민주당 정권이 들어서는 계기가 되었다.
③ 남한만의 단독 정부 수립에 대한 반발로 일어났다.
④ 3·15 부정 선거에 항의하는 시위에서 비롯되었다.
⑤ 전개 과정에서 3·1 민주 구국 선언이 발표되었다.

47

밑줄 그은 '선거'에 대한 설명으로 옳은 것은? [1점]

① 비례 대표제가 적용되었다.
② 6·25 전쟁 중에 진행되었다.
③ 유신 헌법에 따라 실시되었다.
④ 우리나라 최초의 보통 선거였다.
⑤ 3·15 부정 선거로 불리게 되었다.

48

교사의 질문에 대한 학생의 답변으로 옳은 것은? [2점]

① 남북한이 유엔에 동시 가입하였어요.
② 10·4 남북 공동 선언을 발표하였어요.
③ 남북한이 한반도 비핵화 공동 선언에 서명하였어요.
④ 남북 조절 위원회를 설치하여 통일 방안을 논의하였어요.
⑤ 남북한의 교류 협력을 위한 개성 공업 지구 건설에 착수하였어요.

49

밑줄 그은 '선거'가 실시된 배경으로 옳은 것을 〈보기〉에서 고른 것은? [2점]

보기

ㄱ. 호헌 철폐와 독재 타도 등의 구호를 내세웠다.
ㄴ. 5년 단임의 대통령 직선제 개헌을 이끌어 냈다.
ㄷ. 계엄군의 무력 진압으로 시민들이 희생되었다.
ㄹ. 국민의 요구에 굴복하여 대통령이 하야하였다.

① ㄱ, ㄴ ② ㄱ, ㄷ ③ ㄴ, ㄷ
④ ㄴ, ㄹ ⑤ ㄷ, ㄹ

50

다음 뉴스가 보도된 정부 시기의 통일 노력으로 옳은 것은? [2점]

① 남북한이 한반도 비핵화 공동 선언을 채택하였다.
② 최초의 이산가족 고향 방문과 예술 공연단 교환이 이루어졌다.
③ 남북한의 교류 협력을 위한 개성 공업 지구 조성에 합의하였다.
④ 10·4 남북 공동 선언문이 채택되어 기본 8개 조항에 합의하였다.
⑤ 7·4 남북 공동 성명을 실천하기 위한 남북 조절 위원회를 구성하였다.

한국사능력검정시험 심화대비

기출분석 예상문제

제03회

|정답 및 해설| 214p

01

(가) 시대의 생활 모습으로 옳은 것은? [1점]

경기도 고양시 도내동 유적 발굴 현장에서는 약 4~7만 년 전에 사용되었던 주먹도끼, 찌르개, 돌날 등 (가) 시대의 도구들이 8,000여 점이나 출토되었습니다. 이 유적지는 대규모의 석기 제작 공간이 있었던 것으로 추정됩니다.

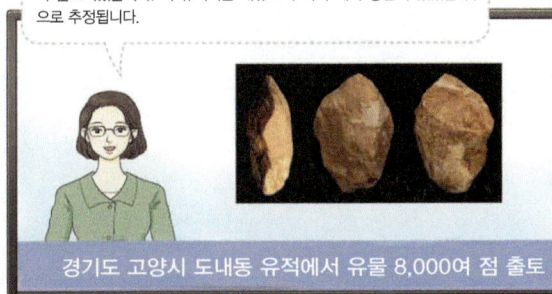

경기도 고양시 도내동 유적에서 유물 8,000여 점 출토

① 가락바퀴를 이용하여 실을 뽑았다.
② 주로 동굴이나 강가의 막집에서 살았다.
③ 지배층의 무덤으로 고인돌을 축조하였다.
④ 쟁기, 쇠스랑 등의 철제 농기구를 사용하였다.
⑤ 빗살무늬 토기를 이용하여 식량을 저장하였다.

02

(가) 왕에 대한 설명으로 옳은 것을 <보기>에서 고른 것은? [2점]

누선장군 양복이 병사 7천 명을 거느리고 먼저 왕검성에 이르렀다. 고조선의 (가) 이 성을 지키고 있다가 양복의 군사가 적음을 알고 곧 성을 나와 공격하자, 양복의 군사가 패배하여 흩어져 달아났다. 한편 좌장군 순체는 패수서군을 공격하였지만 이를 깨뜨리고 나아가지 못하였다. 한 무제는 두 장군이 이롭지 못하다 생각하고, 이에 위산으로 하여금 군사의 위엄을 갖추고 가서 (가) 을 회유하도록 하였다.

<보 기>

ㄱ. 준왕을 몰아내고 왕이 되었다.
ㄴ. 진번과 임둔을 복속시켜 세력을 확장하였다.
ㄷ. 한 무제가 파견한 군대에 맞서 싸웠다.
ㄹ. 위만 조선의 마지막 왕이다.

① ㄱ, ㄴ ② ㄱ, ㄷ ③ ㄴ, ㄷ
④ ㄴ, ㄹ ⑤ ㄷ, ㄹ

03

(가), (나) 나라에 대한 설명으로 옳은 것은? [2점]

> (가) 동이 지역 중에서 가장 평탄하고 넓은 곳으로 토질은 오곡이 자라기에 알맞다. 전쟁을 하게 되면 그때에도 하늘에 제사를 지내고, 소를 잡아서 그 발굽으로 길흉을 점친다.
> (나) 대군장이 없고, 한(漢) 이래로 후(侯)·읍군·삼로가 있어서 하호를 통치하였다. 그 풍속은 산천을 중요시하여 산과 내마다 각기 구분이 있어 함부로 들어가지 않는다. 동성끼리는 결혼하지 않는다.

① (가) - 여러 가(加)들이 별도로 사출도를 다스렸다.
② (가) - 특산물로 단궁, 과하마, 반어피 등이 있었다.
③ (나) - 제가 회의에서 나라의 중대사를 결정하였다.
④ (나) - 사회 질서의 유지를 위해 범금 8조를 만들었다.
⑤ (가), (나) - 제사장인 천군과 신성 지역인 소도가 있었다.

04

다음 사건 이후의 사실로 옳은 것은? [2점]

> 경자년에 왕이 보병과 기병 5만 명을 보내어 신라를 구원하게 하였다. [고구려군이] 남거성을 거쳐 신라성에 이르니, 그곳에 왜적이 가득하였다. 고구려군이 막 도착하니 왜적이 퇴각하였다. 그 뒤를 급히 추격하여 임나가라의 종발성에 이르니 성이 곧 항복하였다. …… 예전에는 신라 매금이 몸소 [고구려에 와서] 보고를 하여 명을 받든 적이 없었는데, …… 신라 매금이 …… 조공하였다.

① 고구려가 옥저를 복속시켰다.
② 백제가 고구려의 평양성을 공격하였다.
③ 가야 연맹이 대가야를 중심으로 재편되었다.
④ 신라 지배자의 칭호가 차차웅으로 바뀌었다.
⑤ 고구려가 대방군을 축출하고 영토를 확장하였다.

05

(가) 나라의 문화유산으로 옳은 것은? [1점]

문화재청은 (가) 고분군의 유네스코 세계유산 등재를 추진한다고 밝혔습니다. 여기에는 김해 대성동, 고령 지산동, 함안 말이산 등 7개 고분군이 포함되어 있습니다.

(가) 고분군, 유네스코 세계유산 등재 추진

①
②
③
④
⑤

06

다음 대화의 왕의 업적으로 옳은 것은? [2점]

① 백성에게 정전을 지급하였다.
② 국가적인 조직으로 화랑도를 개편하였다.
③ 국학을 설립하여 유학 교육을 실시하였다.
④ 최고 지배자의 칭호를 마립간이라 하였다.
⑤ 지방관 감찰을 위하여 외사정을 파견하였다.

08

(가) 왕의 재위 기간에 있었던 사실로 옳은 것은? [2점]

> 이 비는 백제 (가) 때 사택지적이라는 사람이 세월의 덧없음을 한탄하면서 만든 비로서, 도교의 노장사상을 반영하고 있다.

① 익산에 미륵사를 창건하였다.
② 사비로 천도하고 국호를 남부여로 고쳤다.
③ 수와 외교 관계를 맺고 친선을 도모하였다.
④ 평양성을 공격하여 고국원왕을 전사시켰다.
⑤ 계백의 결사대를 보내 신라군에 맞서 싸웠다.

07

다음 상황이 나타난 시기를 연표에서 옳게 고른 것은? [3점]

> ○ 흑치상지가 흩어진 무리들을 모으니, 열흘 사이에 따르는 자가 3만여 명이었다. 소정방의 공격을 흑치상지가 막아내 승리하고 2백여 성을 되찾으니 소정방이 이길 수 없었다.
> ○ 복신과 승려 도침이 옛 왕자인 부여풍을 맞이하여 왕으로 세우고, 웅진성에서 머물던 유인원을 포위하였다.

612	618	645	660	676	698
	(가)	(나)	(다)	(라)	(마)	
살수대첩	당 건국	안시성 전투	황산벌 전투	기벌포 전투	발해 건국

① (가) ② (나) ③ (다)
④ (라) ⑤ (마)

09

(가) 국가에 대한 설명으로 옳은 것은? [2점]

> 대무예가 대장 장문휴를 보내 수군을 거느리고 등주를 공격하였다. 당 현종은 급히 대문예에게 유주의 군사를 거느리고 반격하게 하고, 태복경 김사란을 보내 신라군으로 하여금 (가) 의 남쪽을 치게 하였다. 날씨가 매우 추운 데다 눈이 한 길이나 쌓여서 군사들이 태반이나 얼어 죽으니, 공을 거두지 못하고 돌아왔다.

① 평양을 서경으로 삼아 중시하였다.
② 후연을 격파하고 백제를 공격하였다.
③ 지방에 22담로를 두어 왕족을 파견하였다.
④ 완도에 청해진을 설치해 해상 무역을 장악하였다.
⑤ 고구려와 당의 양식이 혼합된 벽돌무덤을 만들었다.

10

(가) 국가의 문화유산으로 옳은 것은? [2점]

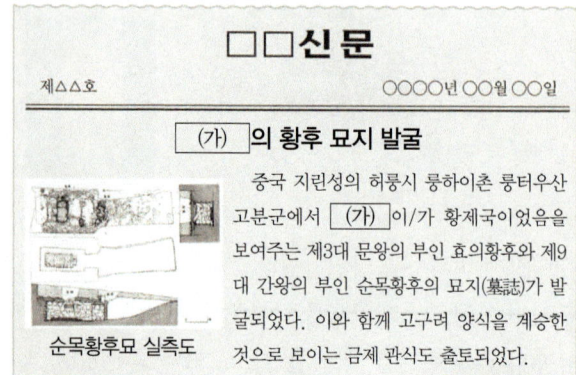

①  ②  ③

④  ⑤

11

(가)~(다)를 일어난 순서대로 옳게 나열한 것은? [3점]

(가) 왕이 교서를 내려 말하기를, "경전에 통하고 전적(典籍)을 널리 읽은 자들을 선발하여 경학박사와 의학박사로 삼아, 12목에 각각 1명씩 파견하여 돈독하게 가르치고 깨우치게 하라."라고 하였다.

(나) 왕이 한림학사 쌍기를 지공거로 임명하고, 시(詩)·부(賦)·송(頌)과 시무책을 시험하여 진사를 뽑게 하였다. 위봉루에 친히 나가 급제자를 발표하여, 갑과에 최섬 등 2명, 명경에 3명, 복업에 2명을 합격시켰다.

(다) 왕규가 광주원군을 옹립하려고 도모하였다. 왕이 깊이 잠든 틈을 타서 그의 무리로 하여금 침실에 잠입시켜 왕을 해하려 하였다.

① (가) – (나) – (다)
② (가) – (다) – (나)
③ (나) – (가) – (다)
④ (나) – (다) – (가)
⑤ (다) – (나) – (가)

12

(가) 인물에 대한 설명으로 옳은 것은? [3점]

① 김흠돌 등 진골 세력을 숙청하였다.
② 고창 전투에서 고려군에게 패하였다.
③ 금성을 습격하여 경애왕을 죽게 하였다.
④ 금산사에 유폐된 후 왕건에게 귀부하였다.
⑤ 국호를 마진으로 바꾸고 철원으로 천도하였다.

13

밑줄 그은 '정책'으로 옳은 것을 <보기>에서 고른 것은?

[2점]

최근 최충의 9재 학당을 비롯한 사학 12도로 학생들이 모여들어 관학이 많이 위축되었다는군.

지공거 출신들이 세운 사학이 많아 과거 준비에 유리한 모양일세. 그래서 정부에서는 관학 진흥을 위한 정책을 마련한다고 들었네.

─── 보 기 ───
ㄱ. 독서삼품과를 마련하여 인재를 등용하였다.
ㄴ. 양현고를 설치하여 장학 기금을 마련하였다.
ㄷ. 국자감에 전문 강좌인 7재를 두어 운영하였다.
ㄹ. 수도에 4부 학당을 두어 유학 경전을 교육하였다.

① ㄱ, ㄴ   ② ㄱ, ㄷ   ③ ㄴ, ㄷ
④ ㄴ, ㄹ   ⑤ ㄷ, ㄹ

14

(가) 인물에 대한 설명으로 옳은 것은? [2점]

이곳은 (가) 이/가 불교계 개혁 운동을 전개한 순천 송광사입니다. 그는 불교계의 타락상을 비판하고 수선사 결사 운동을 전개하였습니다.

① 무애가를 지어 불교 대중화에 힘썼다.
② 화엄일승법계도를 지어 화엄 사상을 정리하였다.
③ 불교 교단 통합을 위해 해동 천태종을 개창하였다.
④ 인도와 중앙아시아를 여행하고 왕오천축국전을 남겼다.
⑤ 돈오점수를 주장하며 수행 방법으로 정혜쌍수를 내세웠다.

15

다음 교서를 내린 왕에 대한 설명으로 옳은 것은? [3점]

> 우리 태조께서 흑창을 두어 가난한 백성에게 진대(賑貸)하게 하셨다. 지금 백성들이 점차 늘어나고 있는데 저축한 바는 늘어나지 않았으니, 미(米) 1만 석을 더하고 이름을 의창(義倉)으로 고친다. 또한 모든 주와 부에도 각각 의창을 설치하도록 하라.

① 천수라는 독자적인 연호를 사용하였다.
② 관학을 진흥하고자 양현고를 설치하였다.
③ 독서삼품과를 실시하여 관리를 채용하였다.
④ 쌍성총관부를 공격하여 철령 이북을 수복하였다.
⑤ 최승로의 시무 28조를 받아들여 통치 체제를 정비하였다.

16

밑줄 친 '적군'이 포함되어 있는 문항은? [1점]

> 적군이 귀주를 지날 때, 강감찬 등이 동쪽 교외에서 맞아 싸웠다. …… 고려군이 용기백배하여 맹렬하게 공격하니, 적군이 북으로 도망치기 시작하였다. …… 시신이 들판에 널렸고, 사로잡은 포로와 획득한 말, 낙타, 갑옷, 무기는 헤아릴 수 없이 많았다. 살아서 돌아간 자가 겨우 수천 명이었으니, 패배가 이토록 심한 적이 없었다.
> ―『고려사』―

① 개경까지 침입한 홍건적을 몰아냈어요.
② 몽골군의 침략을 처인성에서 물리쳤어요.
③ 쌍성총관부를 공격하여 철령 이북의 땅을 수복했어요.
④ 강동 6주의 반환 등을 요구한 거란의 침략을 격퇴했어요.
⑤ 내륙까지 쳐들어와 약탈하던 왜구를 황산에서 무찔렀어요.

17

다음 글이 작성된 시기의 경제 상황으로 옳은 것은? [2점]

① 집집마다 부경이라는 창고가 있었다.
② 경시서가 수도의 시전을 감독하였다.
③ 감자, 고구마 등의 구황 작물이 재배되었다.
④ 모내기법 등을 소개한 농가집성이 편찬되었다.
⑤ 국경 지대에서 개시 무역과 후시 무역이 이루어졌다.

18

(가) 인물에 대한 설명으로 옳은 것은? [2점]

이것은 (가) 의 행적을 새긴 비석으로 개성의 영통사에 있다. 고려 숙종의 동생인 (가) 는 국청사를 중심으로 해동 천태종을 개창하고, 교종을 중심으로 선종을 통합하여 당시 불교계의 문제를 해결하려 하였다.

① 법화 신앙에 중점을 둔 백련 결사를 주도하였다.
② 정혜사를 결성하여 불교계를 개혁하고자 하였다.
③ 유불 일치설을 주장하여 심성의 도야를 강조하였다.
④ 승려들의 전기를 정리하여 해동고승전을 편찬하였다.
⑤ 이론의 연마와 실천을 함께 강조하는 교관겸수를 제창하였다.

19

다음 인물의 활동으로 옳은 것은? [2점]

나는 충선왕을 수행하여 중국의 여러 지역을 다녔습니다. 또한 원의 연경에 독서당인 만권당을 세워 원의 학자들과 교유하였습니다.

① 고려에 성리학을 최초로 소개하였다.
② 9재 학당을 세워 유학 교육에 힘썼다.
③ 유교 사관에 입각하여 사략을 저술하였다.
④ 양명학을 연구하여 강화 학파를 형성하였다.
⑤ 성리학을 도식으로 설명한 성학십도를 저술하였다.

20

(가)에 들어갈 음식으로 가장 적절한 것은? [1점]

①  송편
② 팥죽
③ 화전
④ 오곡밥
⑤ 수리취떡

21

다음 대화의 왕이 재위했던 시기의 사실로 옳은 것은? [3점]

① 집현전을 계승한 홍문관이 설치되었다.
② 전통 한의학을 정리한 동의보감이 간행되었다.
③ 강우량을 측정하기 위한 측우기가 제작되었다.
④ 역대 문물을 정리한 동국문헌비고가 편찬되었다.
⑤ 세계 지도인 혼일강리역대국도지도가 제작되었다.

22

(가)에 들어갈 문화유산으로 옳은 것은? [2점]

국보 제55호인 (가) 은 현존하는 유일한 조선 시대 목탑으로 임진왜란 때 불타 없어졌는데, 인조 때 다시 조성된 것입니다.

①  법주사 팔상전

② 금산사 미륵전

③ 화엄사 각황전

④ 무량사 극락전

⑤  마곡사 대웅보전

23

밑줄 그은 '그'에 대한 설명으로 옳은 것은? [2점]

이곳은 기묘사화로 희생당한 그의 위패를 모신 심곡 서원입니다. 그는 위훈 삭제 등 개혁 정치를 추진하다가 훈구파의 반발로 유배되어 사사되었습니다.

① 사화의 발단이 된 조의제문을 작성하였다.
② 소학의 보급과 공납의 개선을 주장하였다.
③ 기축봉사를 올려 명에 대한 의리를 강조하였다.
④ 예안 향약을 시행하여 향촌 교화를 위해 노력하였다.
⑤ 사변록에서 유교 경전에 대한 독자적 해석을 시도하였다.

24

(가)에 대한 설명으로 옳은 것은? [2점]

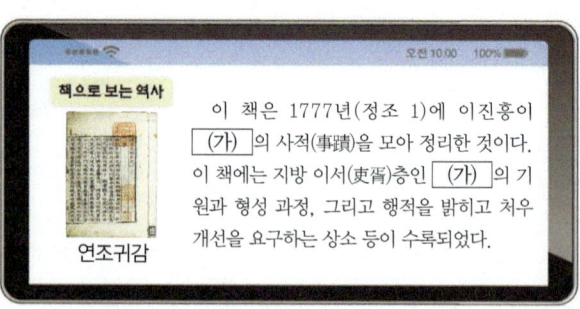

책으로 보는 역사

연조귀감

이 책은 1777년(정조 1)에 이진흥이 (가) 의 사적(事蹟)을 모아 정리한 것이다. 이 책에는 지방 이서(吏胥)층인 (가) 의 기원과 형성 과정, 그리고 행적을 밝히고 처우 개선을 요구하는 상소 등이 수록되었다.

① 신량역천으로 분류되었다.
② 매매, 상속, 증여의 대상이었다.
③ 고려 시대에는 화척이라 불렸다.
④ 단안(壇案)이라는 명부에 등재되었다.
⑤ 시전을 운영하며 관청의 수요품을 조달하였다.

25

(가) 국가에 대한 조선의 정책으로 옳은 것을 <보기>에서 고른 것은? [2점]

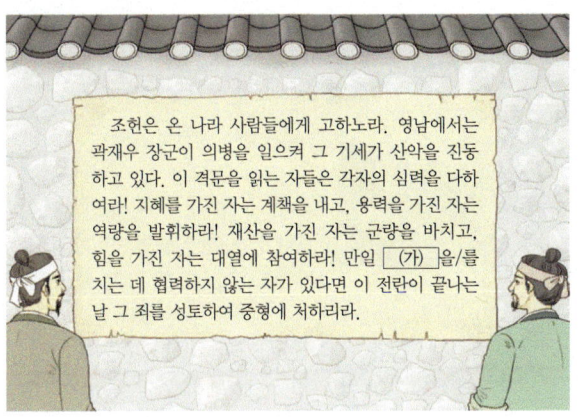

보기
ㄱ. 막부의 요청에 따라 통신사를 파견하였다.
ㄴ. 한성에 동평관을 두어 무역을 허용하였다.
ㄷ. 하정사, 성절사, 동지사 등 사절단을 보내었다.
ㄹ. 어윤중을 서북 경략사로 임명하여 사무를 관장하였다.

① ㄱ, ㄴ ② ㄱ, ㄷ ③ ㄴ, ㄷ
④ ㄴ, ㄹ ⑤ ㄷ, ㄹ

26

검색창에 들어갈 왕에 대한 설명으로 옳지 <u>않은</u> 것은? [2점]

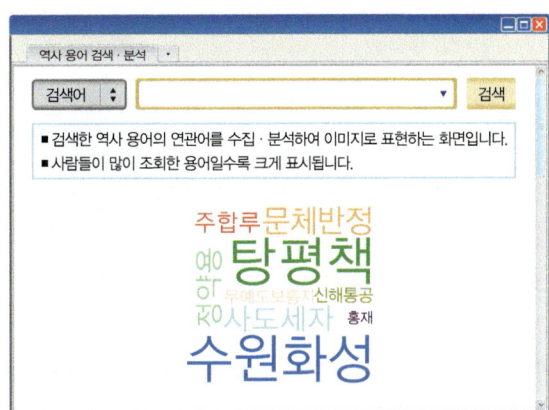

① 국왕의 친위 부대인 장용영을 설치하였다.
② 초계문신제를 시행하여 문신들을 재교육하였다.
③ 서얼 출신 학자들을 규장각 검서관에 기용하였다.
④ 육의전을 제외한 시전 상인의 금난전권을 폐지하였다.
⑤ 우리 풍토에 맞는 농법을 소개한 농사직설을 편찬하였다.

27

(가)에 해당하는 작품으로 옳은 것은? [2점]

역사 인물 카드

- 생몰: 1786년~1856년
- 호: 추사(秋史), 완당(阮堂) 등
- 출신지: 충청남도 예산
- 주요 활동
  - 역대 서체를 연구하여 추사체 창안
  - 제주도 유배 생활 중 (가) 를 그림
  - 옹방강, 완원 등 청의 학자들과 교류

①  ②

③  ④

⑤

28

(가) 종교에 대한 설명으로 옳은 것은? [1점]

역사 신문

제△△호   ○○○○년 ○○월 ○○일

박해를 피해, 배론 성지로

충청북도 제천에 소재한 배론 성지는 조선 정부의 탄압을 피해 숨어 들어온 (가) 신자들이 화전을 일구며 신앙생활을 하던 곳이다. 신유박해(1801) 당시 황사영은 이곳으로 피신하여 서양의 도움을 요청하는 백서를 작성하였다.

① 하늘에 제사 지내는 초제를 거행하였다.
② 왕조 교체를 예언하며 백성의 호응을 얻었다.
③ 인내천 사상을 내세워 인간 평등을 주장하였다.
④ 청을 다녀온 사신들에 의하여 서학으로 소개되었다.
⑤ 유·불·선을 바탕으로 민간 신앙의 요소까지 포함하였다.

29

(가) 인물에 대한 설명으로 옳은 것은? [2점]

이곳은 경기도 안산에 있는 첨성사로, (가) 의 위패를 모신 사당입니다. (가) 은/는 성호사설, 곽우록 등을 저술하였고, 안정복을 비롯한 많은 제자들을 양성하였습니다.

① 양명학을 연구하여 강화학파를 형성하였다.
② 사변록을 통해 주자의 경전 해석을 비판하였다.
③ 지방 행정의 개혁안을 담은 목민심서를 저술하였다.
④ 영업전 설정 및 매매 금지를 주장하는 한전론을 제시하였다.
⑤ 발해고를 저술하여 고대사 연구 시야를 만주 지방까지 넓혔다.

30

밑줄 그은 '이 자료'에 대한 설명으로 옳지 <u>않은</u> 것은? [1점]

이 자료는 조선 역대 왕들의 역사를 후대에 남기기 위해 사초와 시정기 등을 근거로 편찬되었습니다.

① 편년체 형식으로 서술되었다.
② 고종 때까지의 기록이 남아 있다.
③ 유네스코 세계 기록 유산에 등재되었다.
④ 춘추관 관원들이 편찬 업무에 참여하였다.
⑤ 임진왜란 이전에는 4대 사고에 보관되었다.

31

(가) 사절단에 대한 설명으로 옳은 것은? [2점]

한국사 동영상 제작 계획안

　(가)　, 서양의 근대 문물을 직접 목격하다

◆ 기획 의도
　미국 공사의 부임에 대한 답례로 파견된　(가)　의 발자취를 통해 근대 문물을 시찰한 과정을 살펴본다.

◆ 장면별 구성
　#1. 대륙 횡단 열차를 타고 워싱턴에 도착하다
　#2. 뉴욕에서 미국 대통령 아서를 접견하다
　#3. 보스턴 만국 박람회를 참관하다
　#4. 병원, 전신 회사, 우체국 등을 시찰하다

① 기기창 설립의 계기가 되었다.
② 회답 겸 쇄환사로 파견되었다.
③ 조선책략을 처음으로 소개하였다.
④ 민영익, 홍영식, 서광범 등이 참여하였다.
⑤ 개화 반대 여론으로 인해 비밀리에 출국하였다.

32

밑줄 그은 '개혁'에 대한 설명으로 옳은 것은? [3점]

외무성 아시아국장 카프니스트 백작님께
　요즘 상하이에 거주하는 유럽인들이 조선인 망명자 살해 사건으로 들썩이고 있습니다. 그는 일본인들의 협력을 기반으로 새로운 질서를 마련하기 위해 청프 전쟁이 벌어진 틈을 타서 자기의 뜻을 펼치기 시작하였습니다. 이에 [정변을 일으켜] 기존의 대신들을 대부분 몰아내고, 스스로 참판에 오르는 등 새로운 관료 조직을 구성하였습니다. 그러나 일본에 대한 뿌리 깊은 증오심으로 조선 민중은 일본인들의 협력을 전제로 한 그의 개혁에 적대감을 갖게 되었습니다. ……
베이징 주재 러시아 공사 보르

① 김기수를 수신사로 일본에 파견하였다.
② 구본신참에 입각한 개혁을 추진하였다.
③ 국가 재정을 호조로 일원화하고자 하였다.
④ 개화 정책을 총괄하는 통리기무아문을 설치하였다.
⑤ 개혁의 기본 방향을 제시한 홍범 14조를 반포하였다.

33

밑줄 그은 '조약'의 후속 조치를 <보기>에서 옳게 고른 것은? [2점]

이번에 우리측 대표 신헌과 일본측 대표 구로다가 조약을 체결했다는군.

그렇다네. 작년에 일어났던 운요호 사건을 빌미로 일본이 요구했다더군.

보 기
ㄱ. 일본 화폐의 유통이 허용되었다.
ㄴ. 최혜국 대우를 처음으로 규정하였다.
ㄷ. 거중 조정에 대한 내용이 포함되었다.
ㄹ. 개항장에서 쌀과 잡곡의 수출입을 허용하였다.

① ㄱ, ㄴ　② ㄱ, ㄹ　③ ㄴ, ㄷ
④ ㄴ, ㄹ　⑤ ㄷ, ㄹ

34
(가)~(마)에 들어갈 내용으로 옳은 것은? [3점]

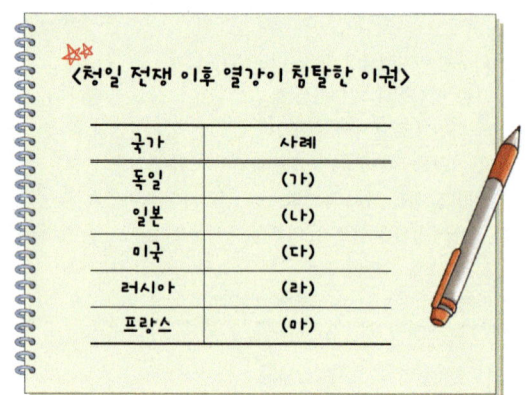

① (가) – 운산 금광 채굴권
② (나) – 당현 금광 채굴권
③ (다) – 경부선 철도 부설권
④ (라) – 울릉도 삼림 채벌권
⑤ (마) – 경인선 철도 부설권

35
다음 사건으로 일어난 의병에 대한 설명으로 옳은 것은? [2점]

> 일본 장교는 군사의 대오를 정렬하여 합문을 에워싸고 지키도록 명령하여, 흉악한 일본 자객들이 왕후 폐하를 수색하는 것을 도왔다. 이에 자객 20~30명이 …… 전각으로 돌입하여 왕후를 찾았다. …… 자객들은 각처를 찾더니 마침내 깊은 방 안에서 왕후 폐하를 찾아내고 칼로 범하였다. …… 녹원 수풀 가운데로 옮겨 석유를 그 위에 바르고 나무를 쌓아 불을 지르니 다만 해골 몇 조각만 남았다.
> – 고등재판소 보고서 –

① 단발령의 시행에 반발하여 봉기하였다.
② 민종식이 이끈 부대가 홍주성을 점령하였다.
③ 국제법상 교전 단체로 승인해 줄 것을 요구하였다.
④ 의병 부대가 연합하여 서울 진공 작전을 전개하였다.
⑤ 조선 총독부에 국권 반환 요구서를 제출하고자 하였다.

36
(가) 신문에 대한 설명으로 옳은 것은? [2점]

> 여기는 양기탁과 함께 (가) 을/를 창간하여 항일 언론 활동을 전개한 베델의 묘입니다. 그는 "나는 죽지만, (가) 은/는 영원히 살려 한국 동포를 구하시오."라는 유언을 남겼습니다.

① 박문국에서 발간하였다.
② 최초로 상업 광고를 실었다.
③ 을사늑약의 부당성을 주장하였다.
④ 우리나라 최초의 민간 신문이었다.
⑤ 일장기를 삭제한 손기정 사진을 게재하였다.

37
(가) 인물의 활동으로 옳은 것은? [1점]

> 이곳은 서울 효창 공원의 삼의사 묘역입니다. 여기에는 삼의사의 묘 외에 하얼빈 역에서 이토 히로부미를 사살한 (가) 의 가묘도 함께 조성되어 있습니다. 그는 광복이 되면 자신의 유해를 고국에 묻어 달라고 유언하였으나, 오늘날까지 찾지 못해 가묘로 남아 있습니다.

① 동양 척식 주식회사에 폭탄을 투척하였다.
② 간도의 청산리 대첩에서 일본군을 대파하였다.
③ 단지 동맹을 맺고 '大韓獨立'이란 혈서를 썼다.
④ 일제 강점기 대표적인 저항시인 광야를 지었다.
⑤ 조선 혁명 선언을 행동 강령으로 의열단을 조직하였다.

38

다음 자료에 나타난 (가) 민족 운동에 대한 설명으로 옳은 것을 <보기>에서 고른 것은? [2점]

> (가) 에 대한 반대 측 의견을 종합하건대 크게 두 가지 논점이 있는 것 같다. 하나는 일본인 측이나 또는 관청의 일부분에서 일종의 일본 제품 배척 운동으로 간주하고 불온한 사상이라고 공격하는 것이다. 또 하나는 소위 사회주의자 중 일부 논객이 주장하는 것인데, (가) 은/는 유산 계급의 이익을 위한 것이며 무산 계급에는 아무 관련이 없으니 유산 계급만의 운동으로 남겨 버리자는 것이다.
> – 동아일보 –

<보기>
ㄱ. 조만식 등의 주도로 평양에서 시작되었다.
ㄴ. 자작회, 토산 애용 부인회 등이 활동하였다.
ㄷ. 국채 보상 기성회를 중심으로 전개되었다.
ㄹ. 일본, 프랑스 등의 노동 단체로부터 격려 전문을 받았다.

① ㄱ, ㄴ ② ㄱ, ㄷ ③ ㄴ, ㄷ
④ ㄴ, ㄹ ⑤ ㄷ, ㄹ

39

다음 지역에서 있었던 사실로 옳은 것은? [3점]

① 제2차 미소 공동 위원회가 개최되었다.
② 한국인 원폭 피해자 지원 조례가 제정되었다.
③ 김광제 등의 발의로 국채 보상 운동이 일어났다.
④ 노동자 강주룡이 을밀대 지붕에서 고공 농성을 벌였다.
⑤ 백정에 대한 차별 철폐를 위해 조선 형평사가 창립되었다.

40

(가), (나) 사이의 시기에 있었던 사실로 옳은 것은? [3점]

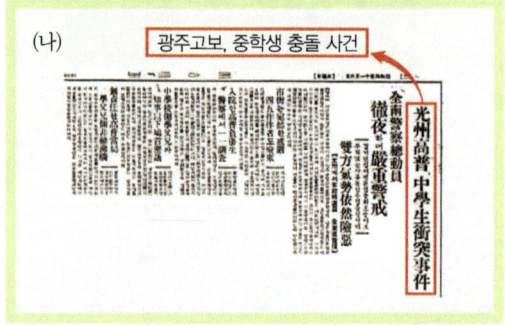

① 김상옥이 종로 경찰서에 폭탄을 투척하였다.
② 동아일보를 중심으로 브나로드 운동이 전개되었다.
③ 고액 소작료에 반발하여 암태도 소작 쟁의가 발생하였다.
④ 사회주의 세력의 활동 방향을 밝힌 정우회 선언이 발표되었다.
⑤ 일제가 데라우치 총독 암살 미수 사건을 계기로 105인 사건을 날조하였다.

41

밑줄 그은 '이 분'의 활동으로 옳은 것은? [2점]

① 한국독립운동지혈사에서 독립 투쟁 과정을 서술하였다.
② 유물 사관을 토대로 식민 사학의 정체성론을 반박하였다.
③ 진단 학회를 창립하여 실증주의 사학을 발전시켰다.
④ 독사신론을 발표하여 민족을 역사 서술의 중심에 두었다.
⑤ 조선학 운동을 주도하며 여유당전서를 간행하였다.

42

밑줄 그은 '시기'에 볼 수 있는 모습으로 적절하지 <u>않은</u> 것은? [1점]

① 국민학교에서 공부하는 학생
② 징병제를 찬양하는 친일 지식인
③ 국민 징용령에 의해 끌려가는 청년
④ 황국 신민 서사를 암송하는 어린이
⑤ 조선 태형령을 관보에 게재하는 총독부 관리

43

다음 검색창에 들어갈 인물의 종교 활동으로 옳은 것은? [2점]

① 항일 무장 단체인 중광단을 결성하였다.
② 경향신문을 발간하여 민중 계몽에 기여하였다.
③ 배재 학당을 세워 신학문을 보급하고자 노력하였다.
④ 만주에서 의민단을 조직하여 독립 전쟁을 전개하였다.
⑤ 어린이 등의 잡지를 발간하여 소년 운동을 주도하였다.

44

다음 인물이 작성한 자료에 대한 설명으로 옳은 것은? [3점]

강도(强盜) 일본을 쫓아내려면 오직 혁명으로만 가능하며, 혁명이 아니고는 강도 일본을 쫓아낼 방법이 없는 바이다. ……
민중은 우리 혁명의 대본영(大本營)이다. 폭력은 우리 혁명의 유일한 무기이다. 우리는 민중 속에 가서 민중과 손을 잡아 끊임없는 폭력, 암살, 파괴, 폭동으로써 강도 일본의 통치를 타도하고 우리 생활에 불합리한 일체 제도를 개조하여 인류로써 인류를 압박하지 못하며 사회로써 사회를 약탈하지 못하는 이상적 조선을 건설할지니라.

① 민족 대표 33인이 선언에 참여하였다.
② 대한민국 임시 정부의 건국 강령이었다.
③ 의열단 단장인 김원봉의 요청으로 작성되었다.
④ 일본 유학생을 중심으로 도쿄에서 발표되었다.
⑤ 독립 청원을 위해 파리 강화 회의에 제출되었다.

45

다음 성명서를 발표한 단체의 활동으로 옳은 것은? [2점]

우리는 삼천만의 한국인 및 정부를 대표하여 중국, 영국, 미국, …… 기타 국가들이 일본에 대해 전쟁을 선포한 것을 삼가 축하한다. 이것은 일본을 격패(擊敗)시키고 동아시아를 재건하는 가장 유효한 수단이다. 이에 특별히 다음과 같이 성명한다.
1. 한국 전체 인민은 현재 이미 반침략 전선에 참여한 상태이며 하나의 전투 단위로서 추축국에 전쟁을 선포한다.
2. 1910년의 합병 조약 및 일체 불평등 조약이 무효임을 재차 선포한다. 아울러 반침략 국가가 한국에 지닌 합리적 기득 권익을 존중한다.
3. 왜구를 한국, 중국 및 서태평양에서 완전히 축출하기 위하여 혈전으로 최후의 승리를 거둔다.

① 좌우 합작 7원칙을 발표하였다.
② 개벽, 신여성 등의 잡지를 간행하였다.
③ 조선 혁명 선언을 활동 지침으로 삼았다.
④ 한글 맞춤법 통일안과 표준어를 제정하였다.
⑤ 삼균주의를 기초로 하는 건국 강령을 선포하였다.

46

다음 법령이 시행된 시기의 사실로 옳지 않은 것은? [1점]

제1조 소학교는 국민 도덕의 함양과 국민 생활에 필수적인 보통의 지능을 갖게 함으로써 충량한 황국 신민을 육성하는데 있다.
……
제13조 심상 소학교의 교과목은 수신, 국어, 산술, 국사, 지리, 이과, 직업, 도화, 수공, 창가, 체조이다. 조선어는 수의(隨意) 과목으로 한다.

① 노동력 동원을 위해 국민 징용령을 시행하였다.
② 한국인에 한해 적용되는 조선 태형령을 공포하였다.
③ 농민의 자력갱생을 내세운 농촌 진흥 운동을 실시하였다.
④ 독립운동 탄압을 위한 조선 사상범 보호 관찰령을 공포하였다.
⑤ 국가 총동원법을 제정하여 인력과 물자를 강제 동원하였다.

47

다음 인물에 대한 설명으로 옳은 것은? [2점]

역사 인물 카드
- 생몰 연대: 1864년~1930년
- 주요 활동
  - 신민회 가입
  - 자기(磁器) 회사 설립
  - 태극 서관 경영
  - 105인 사건으로 옥고를 치름
  - 3·1 운동 당시 민족 대표 33인 중 기독교 측 대표로 활동
- 서훈 내용
  1962년 건국 훈장 대한민국장 추서

① 민족 교육을 위해 오산 학교를 설립하였다.
② 삼균주의에 바탕을 둔 건국 강령을 발표하였다.
③ 서유견문을 집필하여 서양 근대 문물을 소개하였다.
④ 국문 연구소를 세워 한글의 문자 체계를 정리하였다.
⑤ 독립군 비행사 양성을 위해 한인 비행 학교를 설립하였다.

48

밑줄 그은 '한국 정부' 시기의 외교 정책으로 옳은 것은? [2점]

> 귀하는 한국 정부가 월남 정부로부터 월남에 대한 한국 전투 부대 증파에 관한 요청을 접수하였다고 본인에게 통고하였습니다. 귀하는 또한 한국 정부가 헌법 절차에 따라 국회의 승인을 얻는 대로 1개 연대 전투 부대를 4월에, 1개 사단 병력을 7월에 각각 도착하게 하는 방식으로, 월남 정부에서 요청받은 원조를 월남 정부에 제공하기로 결정하였다고 진술하였습니다.

① 남북한이 유엔에 동시 가입하였다.
② 중화 인민 공화국과 국교를 수립하였다.
③ 경제 협력 개발 기구(OECD)에 가입하였다.
④ 칠레와 자유 무역 협정(FTA)을 체결하였다.
⑤ 한·일 협정을 체결하여 국교 정상화를 추진하였다.

49

다음 자료에 해당하는 민주화 운동의 계기로 가장 적절한 것은? [1점]

> 광주 시민들에 따르면, 공수 부대가 학생들의 시위에 잔인하게 대응하면서 상호 간에 폭력적인 결과를 가져왔다고 한다. 계엄령 해제와 수감된 야당 지도자의 석방을 요구하는 학생들이 행진하면서 돌을 던졌다고 하지만, 그렇게 폭력적이지는 않았다고 한다. 광주에 거주하는 25명의 미국인들 – 대부분 선교사, 교사, 평화 봉사단 단원들 – 가운데 한 사람은 "가장 놀랐던 것은 군인들이 저지른 무차별적 폭력이었다."라고 증언하였다.
> – 당시 상황을 보도한 외신 기사 –

① 3·15 부정 선거가 실시되었다.
② 베트남 파병에 관한 브라운 각서가 체결되었다.
③ 대통령의 3선이 가능하도록 헌법이 개정되었다.
④ 신군부 세력이 쿠데타를 일으켜 권력을 장악하였다.
⑤ 국민의 직선제 요구를 거부한 4·13 호헌 조치를 발표하였다.

50

다음 뉴스가 보도된 정부 시기의 사실로 옳은 것은? [2점]

① 남북 기본 합의서를 교환하였다.
② 7·4 남북 공동 성명을 발표하였다.
③ 개성 공업 지구 조성에 합의하였다.
④ 10·4 남북 공동 선언을 채택하였다.
⑤ 이산 가족 고향 방문을 최초로 성사시켰다.

기출분석 예상문제

제04회

|정답 및 해설| 230p

01

(가) 시대의 생활 모습으로 옳은 것은? [1점]

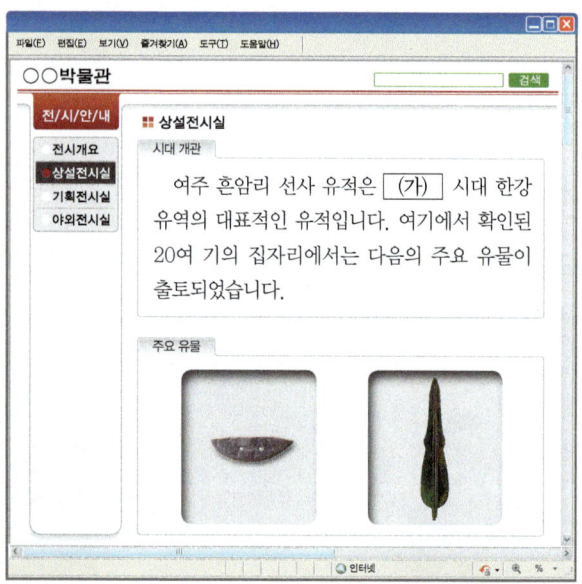

① 슴베찌르개를 이용하여 사냥을 하였다.
② 거푸집을 사용하여 도구를 제작하였다.
③ 주로 동굴이나 강가의 막집에서 살았다.
④ 계급이 없는 평등한 공동체 생활을 하였다.
⑤ 빗살무늬 토기를 이용하여 식량을 저장하였다.

02

밑줄 그은 '이 나라'에 대한 설명으로 옳은 것은? [2점]

> 이 나라는 현도의 북쪽 천 리 쯤에 있다. 남쪽은 고구려와 동쪽은 읍루와 서쪽은 선비와 접해 있고, 북쪽에는 약수(弱水)가 있다. 이 나라에서 사람이 죽어 장사 지낼 때는 곽은 사용하나 관은 쓰지 않고, 사람을 죽여서 순장하는데 많을 때는 100명 가량이 된다. 왕의 장례에는 옥갑을 사용하므로 한(漢)의 조정에서는 언제나 옥갑을 미리 현도군에 갖다 두어, 왕이 죽으면 그 옥갑을 취하여 장사 지내게 하였다.

① 민며느리제라는 혼인 풍습이 있었다.
② 12월에 영고라는 제천 행사를 열었다.
③ 단궁, 과하마 등의 특산물이 유명하였다.
④ 읍락 간의 경계를 중시하는 책화가 있었다.
⑤ 제사장인 천군과 신성 지역인 소도가 있었다.

03

다음 검색창에 들어갈 왕의 업적으로 옳은 것은 [2점]

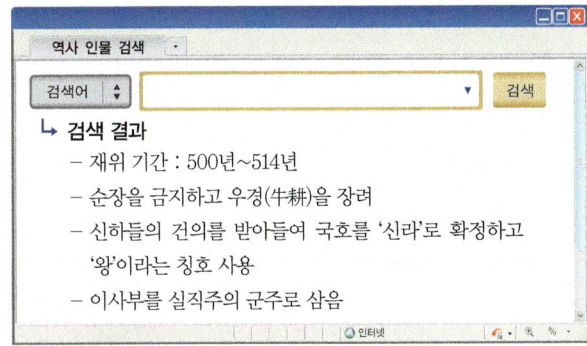

① 동시전을 설치하여 시장을 관리하였다.
② 서안평을 공격하여 영토를 확장하였다.
③ 전진의 순도를 통해 불교를 수용하였다.
④ 건원이라는 독자적인 연호를 사용하였다.
⑤ 당의 침략에 대비하여 천리장성을 축조하였다.

04

(가), (나) 사이의 시기에 있었던 사실로 옳은 것은? [3점]

> (가) 겨울 10월에 백제 왕이 병력 3만을 거느리고 평양성을 공격해 왔다. 왕이 군대를 내어 막다가 흐르는 화살[流矢]에 맞아 이 달 23일에 서거하였다. 고국(故國)의 들에 장사지냈다.
> ― 『삼국사기』 ―
> (나) 고구려왕 거련(巨璉)이 병사 3만 명을 거느리고 와서 한성을 포위하였다. …… 왕은 상황이 어렵게 되자 어찌할 바를 모르다가 기병 수십 명을 거느리고 성문을 나가 서쪽으로 달아났는데, 고구려 병사가 추격하여 왕을 살해하였다.
> ― 『삼국사기』 ―

① 의자왕이 대야성을 함락하였다.
② 미천왕이 서안평을 점령하였다.
③ 동성왕이 나·제 동맹을 강화하였다.
④ 성왕이 한강 하류 지역을 수복하였다.
⑤ 장수왕이 국내성에서 평양으로 천도하였다.

05

(가) 나라의 문화유산으로 옳은 것은? [2점]

06

밑줄 그은 '이 왕'의 재위 기간에 있었던 사실로 옳은 것은? [2점]

> 소정방이 당의 내주에서 출발하니, 많은 배가 천 리에 이어져 물길을 따라 동쪽으로 내려왔다. …… 무열왕이 태자 법민을 보내 병선 100척을 거느리고 덕물도에서 소정방을 맞이하게 하였다. 소정방이 법민에게 말하기를, "나는 백제의 남쪽에 이르러 대왕의 군대와 만나서 이 왕의 도성을 격파하고자 한다."라고 말하였다.

① 익산에 미륵사를 창건하였다.
② 사비로 천도하고 국호를 남부여로 고쳤다.
③ 수와 외교 관계를 맺고 친선을 도모하였다.
④ 평양성을 공격하여 고국원왕을 전사시켰다.
⑤ 계백의 결사대를 보내 신라군에 맞서 싸웠다.

07

밑줄 그은 '그 나라'의 고분 벽화로 적절하지 <u>않은</u> 것은? [1점]

> 그 나라의 풍속에 혼인을 할 때는 말로 미리 정한 다음, 여자 집에서는 본채 뒤에 작은 집을 짓는데 그 집을 서옥(壻屋)이라 부른다.
> – 『삼국지』 동이전 –

①    ②

③    ④

⑤

08

다음 자료를 활용한 탐구 주제로 가장 적절한 것은? [1점]

이것은 중국에서 발견된 백제 장군의 묘지석 탁본이다. 묘지문에는 그의 이름은 상지이고, 조상은 부여 씨로부터 나왔는데 흑치 지방에 봉해졌기 때문에 이를 씨(氏)로 삼았으며, 그 가문은 대대로 달솔을 역임하였다고 쓰여 있다.

묘지석 탁본

① 발해의 멸망 원인
② 고구려의 영토 확장
③ 백제 부흥 운동의 전개
④ 신라의 불교 공인 과정
⑤ 전기 가야 연맹의 해체 배경

09

(가) 왕에 대한 설명으로 옳은 것은? [2점]

이곳은 산동반도의 등주성입니다. (가) 이/가 이 지역에 장문휴를 보내 당의 군대를 격파하였습니다.

① 3성 6부의 중앙 관제를 정비하였다.
② 중경 현덕부에서 상경 용천부로 천도하였다.
③ 고구려 유민을 이끌고 동모산에서 건국하였다.
④ 대문예로 하여금 흑수 말갈을 정벌하게 하였다.
⑤ 5경 15부 62주의 지방 행정 제도를 확립하였다.

10

(가)~(마)에 들어갈 내용으로 옳은 것은? [2점]

〈2025년도 하계 한국사 강좌〉

인물로 보는 신라 불교사

우리 학회에서는 신라 승려들의 활동을 통해 불교사의 흐름을 파악하는 자리를 마련하였습니다. 관심 있는 분들의 많은 참여를 바랍니다.

◈ 강좌 주제 ◈

제1강 자장,	(가)
제2강 원광,	(나)
제3강 원효,	(다)
제4강 도선,	(라)
제5강 의상,	(마)

- 기간: 2025년 ○○월 ○○일 ~ ○○월 ○○일
  매주 목요일 오전 10시
- 장소: □□박물관 대강당
- 주최: △△학회

① (가) - 세속 오계를 제시하다
② (나) - 풍수지리설을 들여오다
③ (다) - 대승기신론소를 저술하다
④ (라) - 영주에서 부석사를 창건하다
⑤ (마) - 황룡사 구층 목탑 건립을 건의하다

11

교사의 질문에 대한 학생의 답변으로 옳은 것은? [2점]

① 중앙군으로 9서당을 편성하였다.
② 왕의 친위 부대인 장용영을 설치하였다.
③ 국경 지대인 양계에 병마사를 파견하였다.
④ 삼수병으로 구성된 훈련도감을 운영하였다.
⑤ 좌·우별초와 신의군으로 삼별초를 조직하였다.

12

(가) 인물에 대한 설명으로 옳은 것은? [2점]

금산사 미륵전

- 종목: 국보 제62호
- 소재지: 전라북도 김제시

이 건축물은 (가) 이 유폐되었던 사찰 내에 있다. 임진왜란 때 소실된 것을 인조 13년(1635)에 지은 것으로 17세기 이후의 대표적인 불교 건축물 중의 하나이다.

① 양길의 휘하에서 세력을 키웠다.
② 후당, 오월에 사신을 파견하였다.
③ 일리천 전투에서 고려군에게 패배하였다.
④ 정계와 계백료서를 지어 관리의 규범을 제시하였다.
⑤ 완도에 청해진을 설치하여 해상 무역을 전개하였다.

13

다음 제도를 운영한 국가의 지방 통치에 대한 설명으로 옳은 것은? [2점]

> 왕이 한림학사 쌍기를 지공거로 임명하고, 시(詩)·부(賦)·송(頌)과 시무책을 시험하여 진사를 뽑게 하였다. 위봉루에 친히 나가 급제자를 발표하여, 갑과에 최섬 등 2명, 명경 3명, 복업 2명을 합격시켰다.

① 전국을 5경 15부 62주로 나누었다.
② 특수 행정 구역으로 향, 부곡, 소가 있었다.
③ 지방 장관으로 욕살, 처려근지 등을 두었다.
④ 상수리 제도를 실시하여 지방 세력을 견제하였다.
⑤ 수도의 위치가 치우친 것을 보완하기 위해 5소경을 설치하였다.

14

(가), (나) 사이의 시기에 있었던 사실로 옳은 것은? [3점]

> (가) 혜종이 병으로 자리에 눕자 왕규는 다른 뜻을 품었다. 이에 정종이 은밀하게 왕식렴과 함께 변란에 대응할 계획을 세웠다. 왕규가 난을 일으키자, 왕식렴은 평양에서 군대를 거느리고 (개경으로) 들어와 지켰다.
> (나) 최승로가 상서하기를, "…… 지금 살펴보면 지방의 세력가들은 매번 공무를 핑계 삼아 백성을 침탈하므로 백성이 그 명을 감당하지 못합니다. 청컨대 외관(外官)을 두소서."라고 하였다.

① 5도 양계의 지방 제도가 확립되었다.
② 민생 안정을 위해 흑창이 처음 설치되었다.
③ 전국에 12목이 설치되고 지방관이 파견되었다.
④ 직관·산관 각 품의 전시과가 처음 제정되었다.
⑤ 관학 진흥을 위해 전문 강좌인 7재가 개설되었다.

15

지도에 표시된 군사 활동에 대한 설명으로 옳은 것은? [2점]

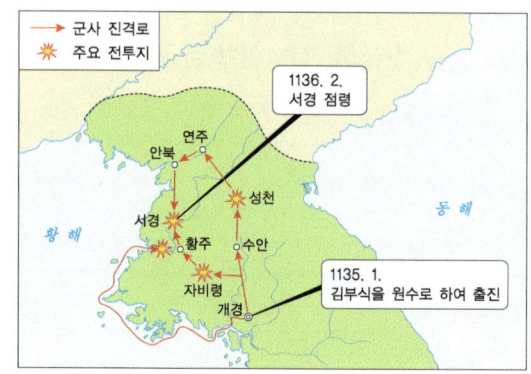

① 이성계가 위화도에서 회군하여 최영을 제거하였다.
② 왕실의 외척인 이자겸이 척준경과 함께 난을 일으켰다.
③ 묘청 일파가 김부식이 이끄는 관군에 의해 토벌되었다.
④ 조위총이 군사를 일으켜 정중부 등의 제거를 도모하였다.
⑤ 강조가 정변을 일으켜 김치양을 제거하고 목종을 폐위하였다.

16

(가), (나) 역사서에 대한 설명으로 옳은 것은? [3점]

> (가) 임금이 장차 일어날 때는 부명(符命)을 받고 도록(圖籙)을 얻어 반드시 보통 사람과는 다른 점이 있으니, 그런 뒤에야 큰 변화를 타서 기회를 잡아 대업을 이루었다. …… 삼국의 시조들이 모두 신이(神異)한 일로 탄생했음이 어찌 괴이 하겠는가. 이것이 기이(紀異)편을 책 첫머리에 실은 까닭이며, 그 뜻도 여기에 있다.
>
> (나) 흥망성쇠의 같고 다름을 비교하여 매우 중요한 점을 간추려 운(韻)을 넣어 읊고 거기에 비평의 글을 덧붙였나이다.
> ……
> 요동에 따로 한 천지가 있으니
> 뚜렷이 중국과 구분되어 나누어져 있도다.

① (가) – 시정기, 사초 등을 토대로 편찬되었다.
② (가) – 청주 흥덕사에서 금속 활자본으로 간행되었다.
③ (나) – 유네스코 세계 기록 유산으로 등재되었다.
④ (나) – 조선 왕조의 역사가 기사본말체로 서술되었다.
⑤ (가), (나) – 단군의 건국 이야기가 수록되어 있다.

17

다음 사건이 일어난 시기를 연표에서 옳게 고른 것은? [2점]

> 정중부 등이 왕을 모시던 신하 20여 명을 살해하였다. 왕은 수문전(修文殿)에 앉아서 술을 마시며 영관(伶官)*들에게 음악을 연주하게 하였으며 밤중에야 잠이 들었다. 이고와 채원이 왕을 시해하려고 했으나 양숙이 막았다. …… 정중부가 왕을 협박하여 군기감으로 옮기고, 태자는 영은관으로 옮겼다.
> *영관(伶官): 음악을 맡아보던 벼슬아치

918	1009	1104	1174	1270	1388
(가)	(나)	(다)	(라)	(마)	
고려 건국	강조의 정변	별무반 편성	조위총의 난	개경 환도	위화도 회군

① (가) ② (나) ③ (다)
④ (라) ⑤ (마)

18

(가) 지역에서 있었던 사실로 옳은 것은? [2점]

① 유형원이 반계수록을 저술하였다.
② 안승을 왕으로 하는 보덕국이 세워졌다.
③ 금속 활자로 직지심체요절이 간행되었다.
④ 백제와 신라 사이에 황산벌 전투가 벌어졌다.
⑤ 전태일이 근로 기준법 준수를 외치며 분신하였다.

19

다음 상황 이후에 일어난 사실로 옳은 것은? [2점]

① 대표적인 친원 세력인 기철이 숙청되었다.
② 김윤후가 처인성에서 몽골군을 물리쳤다.
③ 정중부 등이 정변을 일으켜 권력을 장악하였다.
④ 최충이 9재 학당을 세워 유학 교육을 실시하였다.
⑤ 만적을 비롯한 노비들이 신분 해방을 도모하였다.

20

(가) 기구에 대한 설명으로 옳은 것은? [1점]

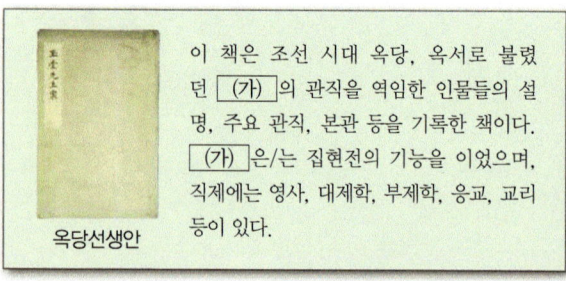

① 수도의 행정과 치안을 담당하였다.
② 고려의 삼사와 같은 기능을 수행하였다.
③ 실록을 보관하고 관리하는 업무를 관장하였다.
④ 왕에게 경서와 사서를 강론하는 경연을 주관하였다.
⑤ 국왕 직속 사법 기구로 반역죄, 강상죄 등을 처결하였다.

21

(가)에 들어갈 내용으로 옳지 않은 것은? [2점]

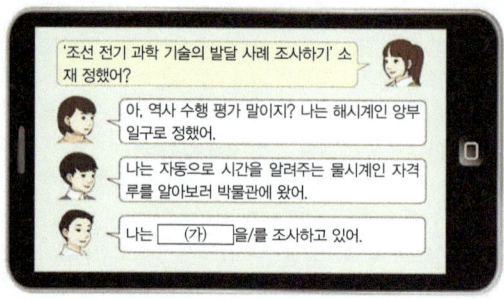

① 신무기인 신기전과 화차
② 훈련 교범인 무예도보통지
③ 천체의 운행을 측정하는 혼천의
④ 국산 약재와 치료 방법을 정리한 향약집성방
⑤ 강희맹이 자신의 경험을 바탕으로 저술한 금양잡록

22

(가) 인물에 대한 설명으로 옳은 것은? [2점]

> (가), 남은, 심효생 등이 여러 왕자를 해치려 꾀하다가 성공하지 못하고 참형을 당하였다. …… 이에 정안군이 도당(都堂)으로 하여금 백관을 거느리고 소를 올리게 하였다. "후계자를 세울 때에 장자로 하는 것은 만세의 상도(常道)인데, 전하께서 장자를 버리고 어린 아들을 세웠으며, (가) 등이 세자를 감싸고서 여러 왕자를 해치고자 하니 화를 예측할 수 없었습니다. 다행히 친지와 종사의 신령에 힘입게 되어 난신(亂臣)이 참형을 당하였으니, 원컨대 전하께서는 적장자인 영안군을 세워 세자로 삼으십시오."라고 하였다.

① 고려에 성리학을 처음 소개하였다.
② 만권당에서 원의 학자들과 교유하였다.
③ 황산 대첩을 승리로 이끌어 백성들의 지지를 얻었다.
④ 경제문감을 저술하여 재상 중심의 정치를 주장하였다.
⑤ 화약과 화포 제작을 위한 화통도감의 설치를 건의하였다.

23

(가)에 해당하는 섬에 대한 설명으로 옳은 것은? [1점]

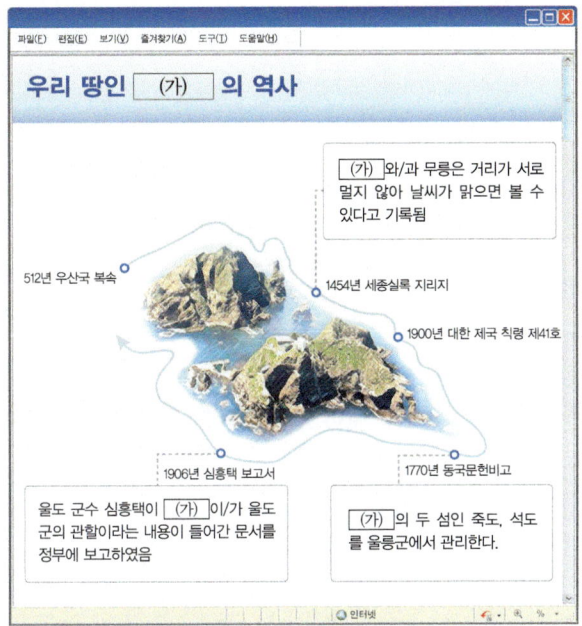

① 양헌수 부대가 프랑스군을 격퇴하였다.
② 러시아가 저탄소 설치를 위하여 조차를 요구하였다.
③ 네덜란드 상인인 하멜 일행이 표류하여 도착하였다.
④ 안용복이 일본으로 건너가 조선의 영토임을 확인시켰다.
⑤ 정약전이 섬의 어종을 조사하여 자산어보를 저술하였다.

24

다음 제도를 시행한 왕의 재위 기간에 있었던 사실로 옳은 것은? [2점]

> 국가에 토지를 여섯 등급으로 나누는 법이 있고, 세를 거둘 때 아홉 등급으로 나누는 제도가 있다. …… 그런데 등급을 나누어 세를 내게 할 때 모두 하하(下下)를 따른다. 중(中)이나 상(上)이 있는 법을 알지 못하고 되풀이하여 답습하다 보니 마침내 일상적인 규정이 되어 버렸다.

① 어영청을 중심으로 북벌이 추진되었다.
② 국왕의 친위 부대인 장용영이 설치되었다.
③ 강홍립 부대가 사르후 전투에 참전하였다.
④ 에도 막부의 요청에 따라 통신사가 파견되었다.
⑤ 제한된 범위의 무역을 허용한 계해약조가 체결되었다.

25

(가) 붕당에 대한 설명으로 옳은 것은? [3점]

> 김효원이 이조 전랑의 물망에 올랐을 때, 심의겸이 이전의 잘못을 지적하였다. 그 후에 심의겸의 동생 심충겸이 이조 전랑으로 천거되자, 이번에는 김효원이 나서 외척이라 하여 반대하였다. 이로 인해 양쪽으로 편이 갈라져 서로 배척하였는데, 김효원을 지지하는 사람들을 (가) , 심의겸을 지지하는 사람들을 서인으로 부르기 시작했다.

① 광해군을 축출한 인조반정으로 집권하였다.
② 이이와 성혼의 문인을 중심으로 형성되었다.
③ 정여립 모반 사건으로 인해 기축옥사를 당하였다.
④ 기해 예송에서 자의 대비의 기년복을 주장하였다.
⑤ 선조 때 왕세자 책봉 문제로 정치적 입지가 약화되었다.

26
밑줄 그은 '군인'에 대한 설명으로 옳은 것은? [2점]

> 주상께서 도감을 설치하여 군사를 훈련시키라고 명하시고 나를 도제조로 삼으시므로, 내가 청하기를, "당속미* 1천 석을 군량으로 하되 한 사람 당 하루에 2승씩 준다 하여 군인을 모집하면 응하는 자가 사방에서 모여들 것입니다."라고 하였다. …… 얼마 안 되어 수천 명을 얻어 조총 쏘는 법과 창칼 쓰는 기술을 가르치고 …… 또 당번을 정하여 궁중을 숙직하게 하고, 국왕의 행차가 있을 때 이들로써 호위하게 하니 민심이 점차 안정되었다.
> — 「서애집」 —
>
> *당속미(唐粟米): 명에서 들여온 좁쌀

① 최씨 무신 정권의 군사적 기반이었다.
② 급료를 받는 상비군이 주축을 이루었다.
③ 국경 지역인 북계와 동계에 배치되었다.
④ 이종무의 지휘 아래 대마도 정벌에 참여하였다.
⑤ 국왕의 친위 부대로 수원 화성에 외영을 두었다.

27
밑줄 그은 '왕'의 업적으로 옳은 것은? [3점]

○○신문   ○○○○년 ○○월 ○○일

도성 안의 도랑이 막혀 물길이 넘쳐서 많은 여염집이 물에 잠겨 백성이 편히 살지 못하므로, 왕께서 준천사(濬川司)를 설치하여 돌을 캐어다 높이 쌓고 도랑을 쳐서 잘 흘러가게 하였다. 이로 인해 마을 집들이 잠기지 않아서 모두 편히 지냈다. 신문고를 다시 설치하여 하정(下情)을 통하게 하였다.

수문상친림관역도

① 대동법을 전국으로 확대 실시하였다.
② 왕의 친위 부대인 장용영을 설치하였다.
③ 명과 후금 사이에서 중립 외교를 추진하였다.
④ 동국문헌비고를 간행하여 역대 문물을 정리하였다.
⑤ 청의 요청으로 나선 정벌을 위해 조총 부대를 파견하였다.

28
다음 주장이 제기된 시기에 볼 수 있는 모습으로 적절하지 않은 것은? [2점]

> 우리나라 은화는 연경과의 무역에 모두 써버린다. 하늘이 낸 이 보화를 가지고 비단·식물·그릇·사치품 따위를 멀리서 사들여 와 하루도 못가서 소비해 버린다. 나라에서 생산하는 은이 부족한 까닭에, 일본 은을 들여다가 간신히 채우려고 하지만 나라의 은이 모두 바닥이 난다. 병화(兵禍)가 생긴다면 장차 어떻게 대처할 것인가?
> — 『성호사설』 —

① 담배를 밭에 심고 있는 농민
② 염포의 왜관에서 교역하는 상인
③ 장시에서 탈춤 공연을 벌이는 광대
④ 시사(詩社)를 조직하여 활동하는 중인
⑤ 물주의 자금으로 광산을 경영하는 덕대

29
(가)에 들어갈 내용으로 옳은 것은? [2점]

〈수행 평가 보고서〉

주제 : 조선 후기 국학 연구

1. 배경
   - 중국 중심의 세계관 탈피 추구
   - 우리의 전통과 현실에 대한 관심 확대
2. 내용
   - 우리말의 음운을 연구한 훈민정음운해
   - (가)

① 국가의 의례를 정비한 국조오례의
② 조선의 헌법이라 불리는 조선경국전
③ 전국의 지리 정보를 정리한 팔도지리지
④ 우리나라의 역사 지리를 정리한 아방강역고
⑤ 고조선부터 고려까지의 역사를 정리한 동국통감

30

다음 다큐멘터리에서 볼 수 있는 장면으로 적절하지 않은 것은? [2점]

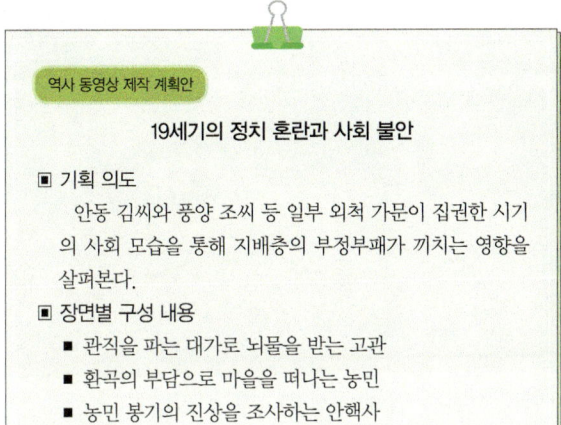

① 이양선의 출몰을 보고하는 수군
② 군정의 문란으로 고통 받는 농민
③ 삼정이정청 설치를 건의하는 관리
④ 조선통보를 주조하는 관청 소속 장인
⑤ 왕조의 교체를 예언한 정감록을 읽고 있는 양반

31

다음 인물들의 활동 이후의 사실로 옳은 것은? [3점]

① 고종이 국외 중립을 선언하였다.
② 김옥균 등 개화 세력이 정변을 일으켰다.
③ 군국기무처를 중심으로 개혁이 추진되었다.
④ 보안회가 일제의 황무지 개간권 요구를 철회시켰다.
⑤ 13도 창의군이 결성되어 서울 진공 작전을 전개하였다.

32

(가)~(마)에 대한 설명으로 옳은 것은? [2점]

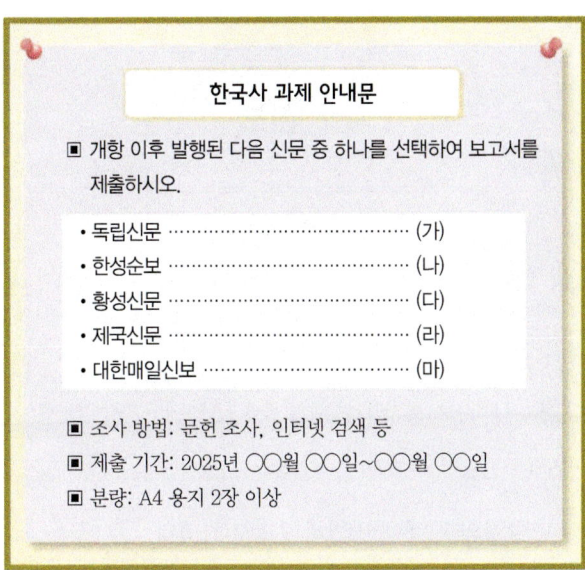

① (가) - 최초로 상업 광고가 게재되었다.
② (나) - 정부에서 발행하는 순 한문 신문이었다.
③ (다) - 국채 보상 운동을 적극적으로 후원하였다.
④ (라) - 국권 피탈 후 총독부의 기관지로 전락하였다.
⑤ (마) - 외국인이 읽을 수 있도록 영문으로도 발행되었다.

33

밑줄 그은 '이 사건'에 대한 설명으로 옳은 것은? [2점]

> 전에는 개화당을 꾸짖는 자도 많이 있었으나, 오히려 개화가 이롭다는 것을 말하면 듣는 사람들도 감히 크게 꺾으려 들지는 않았다. 그런데 김옥균 등이 주도한 이 사건을 겪은 뒤부터 조야(朝野)에서 모두 말하기를, "이른바 개화당이라고 하는 자들은 충의를 모르고 외국인과 연결하여 나라를 팔고 종사(宗社)를 배반하였다."라고 하고 있다.

① 신식 군대인 별기군이 창설되었다.
② 김기수가 수신사로 일본에 파견되었다.
③ 이만손 등의 영남 유생들이 만인소를 올렸다.
④ 개화 정책을 담당하는 통리기무아문이 설치되었다.
⑤ 3일 만에 실패로 끝나 주동자들이 해외로 망명하였다.

34

밑줄 그은 '13도 창의군'에 대한 설명으로 옳은 것은? [2점]

□□신보

제△△호   ○○○○년 ○○월 ○○일

한국 13도 창의군이 일본 원정대를 몰살하다

지금 서울 근처 각 지방에 의병이 많이 모여 서울을 치고자 하는 모양인데, 수효는 얼마나 되는지 알 수 없으나 한 곳에는 800명 정도 된다고 한다. 해산된 한국 군인들이 선봉이 되어 기동하는데 곳곳의 철로와 전선을 끊고 일본 순검이나 철로와 전보국의 사무원을 만나는 대로 죽인다 하며 …… 녹도 땅에 의병을 치러 갔던 일본 원정대는 처참하게 몰살되었다고 한다.

① 단발령의 시행에 반발하여 봉기하였다.
② 고종의 해산 권고 조칙에 따라 해산하였다.
③ 민종식이 이끈 부대가 홍주성을 점령하였다.
④ 국제법상 교전 단체로 승인해 줄 것을 요구하였다.
⑤ 조선 총독부에 국권 반환 요구서를 제출하고자 하였다.

35

(가) 운동에 대한 설명으로 옳은 것을 <보기>에서 고른 것은? [1점]

이 비석은 외세의 경제적 침탈에 맞서 일어난 (가) 운동을 기념하기 위해 세워졌습니다. 여기에는 이와 같은 글이 새겨져 있습니다.

보 기

ㄱ. 대한매일신보의 후원을 받았다.
ㄴ. 러시아의 절영도 조차 요구를 저지하였다.
ㄷ. 일제의 황무지 개간권 요구를 철회시켰다.
ㄹ. 금주·금연을 통한 차관 갚기 운동을 전개하였다.

① ㄱ, ㄴ   ② ㄱ, ㄹ   ③ ㄴ, ㄷ
④ ㄴ, ㄹ   ⑤ ㄷ, ㄹ

36

(가) 인물에 대한 설명으로 옳은 것은? [2점]

이것은 스승인 최익현과 함께 의병을 일으켰다가 체포되어 쓰시마 섬으로 끌려갔던 (가) 의 순지비(殉址碑)입니다. 유배에서 돌아와 의병 봉기를 도모하던 중 고종의 밀지를 받아 독립의군부를 조직하였습니다.

① 민족 교육을 위해 대성 학교를 설립하였다.
② 조선 총독부에 국권 반환 요구서를 제출하였다.
③ 영국인 베델과 제휴하여 대한매일신보를 창간하였다.
④ 헤이그에서 열린 만국 평화 회의에 특사로 파견되었다.
⑤ 독립 협회의 제안을 받아들여 중추원 관제 개편을 추진하였다.

37

(가), (나) 사이의 시기에 볼 수 있는 모습으로 가장 적절한 것은? [3점]

(가) 천지에 고하는 제사를 지냈다. 왕태자가 배참(陪參)하였다. 예를 마치고 의정부 의정(議政) 심순택이 백관을 거느리고 무릎을 꿇고 아뢰기를, "제례를 마치었으므로 황제의 자리에 오르소서."라고 하였다. 왕이 부축을 받으며 단에 올라 금으로 장식한 의자에 앉았다. 심순택이 나아가 12장문(章文)의 곤면(袞冕)을 입혀 드리고 옥새를 올렸다. 왕이 두 번 세 번 사양하다가 친히 옥새를 받고 황제의 자리에 올랐다.

(나) 경인 철도 회사에서 어제 개업 예식을 거행하는데 …… 화륜거 구르는 소리는 우레 같아 천지가 진동하고 기관차 굴뚝 연기는 반공에 솟아오르더라. 수레를 각기 방 한 칸씩 되게 만들어 여러 수레를 철구로 연결하여 수미상접하게 이었는데, 수레 속은 상·중·하 3등으로 수장하여 그 안에 배포한 것과 그 밖에 치장한 것은 이루 형언할 수 없더라.

① 박은식 등이 조선 광문회를 조직하였다.
② 안국선이 신소설 금수회의록을 집필하였다.
③ 시전 상인들이 황국 중앙 총상회를 조직하였다.
④ 국내 최초의 서양식 극장인 원각사가 건립되었다.
⑤ 주시경이 국문 연구소를 세워 한글을 체계적으로 연구하였다.

38

(가) 부대가 창설될 당시의 일제 정책으로 옳은 것은? [2점]

중국 광시성[廣西省] 구이린[桂林]에 위치한 이 건물 터는 김원봉이 조직한 (가) 이/가 주둔했던 곳입니다. 이 부대는 중·일 전쟁 발발 직후 중국 국민당 정부의 지원을 받아 후베이성[湖北省] 우한[武漢]에서 창설되었고, 주로 일본군에 대한 심리전이나 후방 공작 활동을 전개하였습니다.

① 일제에 의하여 경성 제국 대학이 설립되었다.
② 노동력 동원을 위해 국민 징용령을 시행하였다.
③ 한국인에 한해 적용되는 조선 태형령을 공포하였다.
④ 쌀 수탈을 목적으로 하는 산미 증식 계획을 실시하였다.
⑤ 회사 설립 시 총독의 허가를 받도록 하는 회사령을 제정하였다.

39

다음 자료의 운동에 대한 설명으로 옳은 것을 <보기>에서 고른 것은? [1점]

○○○○ 기념 행사

10년 후의 조선을 생각하라

- 어린 사람을 헛말로 속이지 말아 주십시오.
- 어린 사람을 늘 가까이 하시고 자주 이야기하여 주십시오.
- 어린 사람에게 경어를 쓰시되 늘 부드럽게 하여 주십시오.
- 나쁜 구경을 시키지 마시고 동물원에 자주 보내 주십시오.

1922년 5월 1일

보 기

ㄱ. 김기전, 방정환 등이 주도하였다.
ㄴ. 발명 학회와 과학 문명 보급회를 창립하였다.
ㄷ. 천도교를 중심으로 체계적인 운동이 전개되었다.
ㄹ. 가갸날을 제정하고 기관지인 한글을 발행하였다.

① ㄱ, ㄴ ② ㄱ, ㄷ ③ ㄴ, ㄷ
④ ㄴ, ㄹ ⑤ ㄷ, ㄹ

40

(가) 부대의 활동으로 옳은 것은? [2점]

이것은 (가) 의 총사령관으로서 항일 독립 전쟁을 이끈 지청천의 친필 일기입니다. 이 일기에는 광복 후 그의 활동과 과거 독립운동을 함께 했던 인물들에 대한 회상이 담겨져 있습니다.

① 동북 항일 연군으로 개편되어 유격전을 전개하였다.
② 대전자령 전투에서 일본군을 상대로 승리를 거두었다.
③ 간도 참변 이후 조직을 정비하고 자유시로 이동하였다.
④ 홍범도 부대와 연합하여 청산리에서 일본군과 교전하였다.
⑤ 조선 혁명당 군사 조직으로 남만주 지역에서 활약하였다.

41

다음의 창립 대회에 대한 설명으로 옳은 것은? [1점]

형평사 창립 대회

사칙(社則)
제2조 본사의 위치는 진주에 둔다. 단, 각 도에는 지사, 군에는 분사를 둔다.
제3조 본사는 계급 타파, 모욕적 칭호 폐지, 교육 권장, 상호의 친목을 목적으로 한다.
제4조 본 사원의 자격은 조선인은 하인(何人)을 불문하고 입사할 수 있다.

① 원불교를 중심으로 전개되었다.
② 민족 자본의 보호와 육성을 추구하였다.
③ 여학교 설립을 통해 여성 교육에 매진하였다.
④ 백정에 대한 사회적 차별 철폐를 목표로 하였다.
⑤ 언론사의 주관으로 진행된 농촌 계몽 운동이었다.

42

(가) 무장 투쟁에 대한 설명으로 옳은 것은? [2점]

> **기전사가(祈戰死歌)**
>
> 1920년 10월, 백운평·완루구·어랑촌 등지에서 일본군에 맞서 싸운 (가) 당시 독립군들이 불렀던 노래 가사의 일부로, 독립군들의 비장한 각오를 잘 보여주고 있다.
>
> 하늘을 미워한다
> 배달족의 자유를 억탈하는 왜적 놈들을
> 삼천리 강산에 열혈이 끓어
> 분연히 일어나는 우리 독립군
> 맹세코 싸우고 또 싸우리니
> 성결한 전사를 하게 하소서

① 조선 의용대가 화북 지방에서 일본군과 벌인 전투이다.
② 대한 독립군 등이 봉오동에서 일본군을 격파한 전투이다.
③ 한국 독립군이 대전자령에서 일본군을 크게 이긴 전투이다.
④ 북로 군정서 중심의 연합 부대가 일본군에게 대승을 거둔 전투이다.
⑤ 조선 혁명군이 중국 의용군과 함께 연합 작전을 펼쳐 승리한 전투이다.

43

다음 지역에 대한 설명으로 적절하지 <u>않은</u> 것은? [2점]

> 〈답사 보고서〉
>
> ■ 주제: 우리 고장의 일제 강점기 군사 시설
> ■ 날짜: 2025년 ○○월 ○○일
> ■ 답사지 개관
>   우리 고장에는 삼별초의 마지막 근거지인 항파두리 항몽 유적이 있다. 한편 일제가 주민들을 강제 동원하여 건설한 군사 시설 등의 유적도 있는데, 대표적인 것으로 비행장과 격납고, 그리고 연합군의 상륙에 대비해 해안 절벽에 굴을 뚫어 만든 동굴 진지가 있다.
> ■ 유적지 사진

알뜨르 비행장

송악산 해안 동굴 진지

① 추사 김정희가 세한도를 그린 곳이다.
② 하멜 일행이 표류하다가 도착한 곳이다.
③ 원 간섭기에 탐라총관부가 설치된 곳이다.
④ 거상 김만덕이 빈민 구제 활동을 펼친 곳이다.
⑤ 러시아가 저탄소 설치를 이유로 조차를 요구한 곳이다.

44

(가) 운동에 대한 설명으로 옳은 것은? [2점]

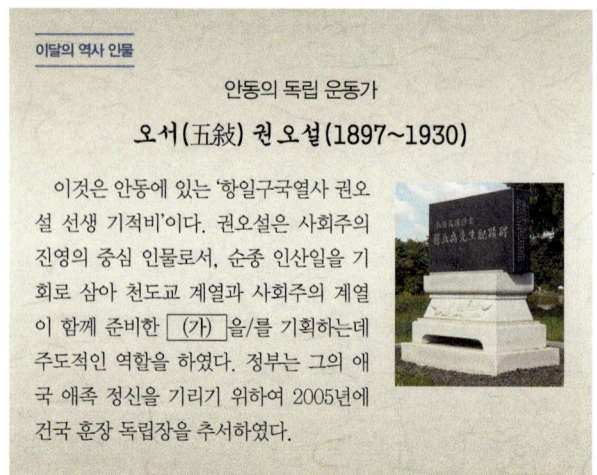

① 미쓰야 협정이 체결되는 배경이 되었다.
② 신간회가 조사단을 파견하여 지원하였다.
③ 대한매일신보의 후원으로 전국적으로 확산되었다.
④ 국내에서 민족 유일당 운동이 전개되는 계기가 되었다.
⑤ 배우자 가르치자 다 함께 브나로드를 구호로 내세웠다.

45

(가)~(다) 학생이 발표한 법령을 공포된 순서대로 옳게 나열한 것은? [2점]

① (가) - (나) - (다)   ② (가) - (다) - (나)
③ (나) - (가) - (다)   ④ (나) - (다) - (가)
⑤ (다) - (가) - (나)

46

밑줄 그은 '헌법'의 적용 계기가 되었던 민주화 운동으로 옳은 것은? [3점]

① 굴욕적 대일 외교 반대를 주장하는 6·3 시위가 일어났다.
② 긴급 조치 철폐를 요구하는 3·1 민주 구국 선언이 발표되었다.
③ 부정 선거에 항거하는 4·19 혁명이 전국 각지에서 전개되었다.
④ 4·13 호헌 조치 철폐를 요구하는 전 국민적인 저항이 벌어졌다.
⑤ 김영삼과 김대중을 공동 의장으로 한 민주화 추진 협의회가 조직되었다.

47

다음 법령을 제정한 국회에 대한 설명으로 옳은 것은?

[2점]

> 제1조 일본 정부와 통모하여 한일 합병에 적극 협력한 자, 한국의 주권을 침해하는 조약 또는 문서에 조인한 자와 모의한 자는 사형 또는 무기 징역에 처하고 그 재산과 유산의 전부 혹은 2분의 1 이상을 몰수한다.
> ⋮
> 제3조 일본 치하 독립운동자나 그 가족을 악의로 살상, 박해한 자 또는 이를 지휘한 자는 사형, 무기 또는 5년 이상의 징역에 처하고 그 재산의 전부 혹은 일부를 몰수한다.

① 민의원, 참의원의 양원으로 운영되었다.
② 한 · 미 자유 무역 협정(FTA)을 비준하였다.
③ 초대 대통령에 한해 중임 제한을 철폐하였다.
④ 유상 매수 · 유상 분배 원칙의 농지 개혁법을 제정하였다.
⑤ 의원 정수 3분의 1이 통일 주체 국민 회의에서 선출되었다.

48

다음 대화에 나타난 민주화 운동에 대한 설명으로 옳은 것은? [1점]

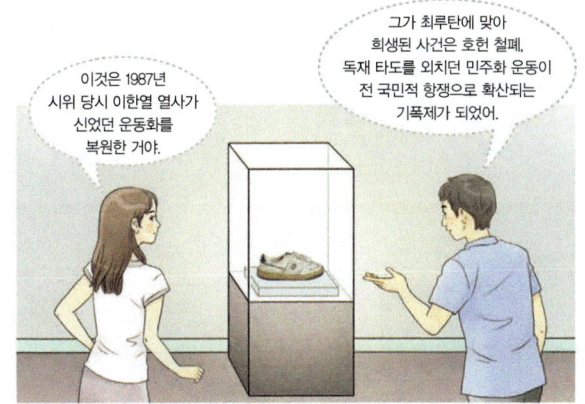

① 신군부의 비상 계엄 확대가 원인이 되었다.
② 3 · 15 부정 선거에 항의하는 시위에서 시작되었다.
③ 관련 자료가 유네스코 세계 기록 유산으로 등재되었다.
④ 5년 단임의 대통령 직선제 개헌이 이루어지는 계기가 되었다.
⑤ 국민들의 요구에 굴복하여 대통령이 하야하는 결과를 가져왔다.

49

(가)에 들어갈 사진을 <보기>에서 옳게 나열한 것은? [3점]

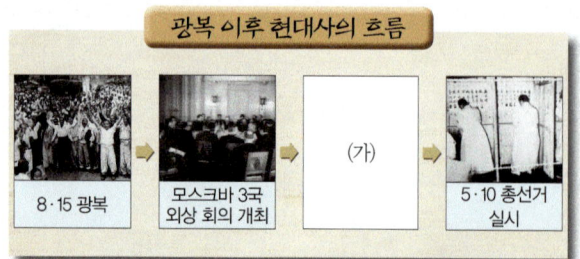

① ㄱ → ㄴ → ㄷ → ㄹ
② ㄱ → ㄷ → ㄹ → ㄴ
③ ㄴ → ㄱ → ㄹ → ㄷ
④ ㄴ → ㄷ → ㄱ → ㄹ
⑤ ㄷ → ㄴ → ㄹ → ㄱ

50

다음 선언을 발표한 정부의 통일 노력으로 옳은 것은?

[2점]

> 1. 남과 북은 나라의 통일 문제를 그 주인인 우리 민족끼리 서로 힘을 합쳐 자주적으로 해결해 나가기로 하였다.
> 2. 남과 북은 나라의 통일을 위한 남측의 연합제 안과 북측의 낮은 단계의 연방제 안이 서로 공통성이 있다고 인정하고 앞으로 이 방향에서 통일을 지향시켜 나가기로 하였다.
> ⋮

① 10·4 남북 공동 선언을 채택하였다.
② 남북한이 한반도 비핵화 공동 선언에 서명하였다.
③ 남북 조절 위원회를 설치하여 통일 방안을 논의하였다.
④ 남북한의 교류 협력을 위한 개성 공업 지구 건설에 합의하였다.
⑤ 최초의 이산가족 고향 방문과 예술 공연단 교환을 실현하였다.

한국사능력검정시험 심화대비

기출분석 예상문제

제05회

|정답 및 해설| 245p

01

(가) 시대의 생활 모습으로 옳은 것은? [1점]

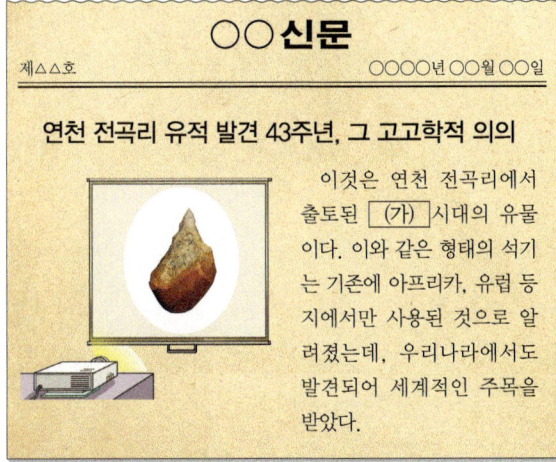

① 가락바퀴를 이용하여 실을 뽑았다.
② 지배자의 무덤으로 고인돌을 만들었다.
③ 거푸집을 이용하여 도구를 제작하였다.
④ 주로 동굴이나 강가의 막집에서 거주하였다.
⑤ 빗살무늬 토기를 사용하여 식량을 저장하였다.

02

(가), (나) 나라에 대한 설명으로 옳은 것은? [3점]

(가) 그 나라의 넓이는 사방 2천 리인데, 큰 산과 깊은 골짜기가 많으며 사람들은 산골짜기에 의지하여 산다. …… 혼인에 있어서는 [신랑이] 신부의 집에 가서 살다가 자식을 낳아 장성한 뒤에야 남자의 집으로 돌아온다. …… 금과 은, 재물을 모두 써 성대하게 장례를 치르며, 돌을 쌓아 봉분을 만들고 소나무와 잣나무를 심는다.
― 『후한서』 ―

(나) 현도의 북쪽 천 리 쯤에 있으며, 본래 예(濊)의 땅이다. 사람이 죽어 장사 지낼 때는 곽은 사용하나 관은 쓰지 않고, 사람을 죽여서 순장하는데 많을 때는 100명 가량이 된다. 왕의 장례에는 옥갑을 사용하므로 한(漢)의 조정에서는 언제나 옥갑을 미리 현도군에 갖다 두어, 왕이 죽으면 그 옥갑을 취하여 장사 지내게 하였다.
― 『후한서』 ―

① (가) ― 10월에 무천이라는 제천 행사를 열었다.
② (가) ― 읍락 간의 경계를 중시하는 책화가 있었다.
③ (나) ― 여러 가(加)들이 별도로 사출도를 주관하였다.
④ (나) ― 박, 석, 김의 3성이 교대로 왕위를 계승하였다.
⑤ (가), (나) ― 제사장인 천군과 신성 지역인 소도가 있었다.

03

다음 지역에 있었던 가야 소국에 대한 설명으로 옳은 것은? [1점]

① 김수로왕에 의해 건국되었다.
② 후기 가야 연맹을 주도하였다.
③ 신라 진흥왕에 의해 멸망하였다.
④ 이사금이라는 지배자 칭호를 사용하였다.
⑤ 박, 석, 김의 3성이 교대로 왕위를 계승하였다.

04

(가) 왕의 정책으로 옳은 것은? [2점]

① 백성에게 정전을 지급하였다.
② 국가적인 조직으로 화랑도를 개편하였다.
③ 국학을 설립하여 유학 교육을 실시하였다.
④ 최고 지배자의 칭호를 마립간이라 하였다.
⑤ 지방관 감찰을 위하여 외사정을 파견하였다.

05

(가)~(마) 문화유산에 대한 설명으로 옳은 것은? [3점]

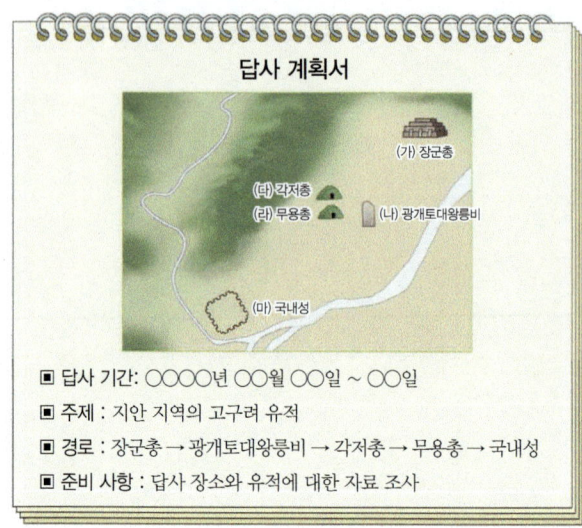

① (가) - 서울 석촌동 고분군과 같은 무덤 양식이다.
② (나) - 김정희의 금석과안록에서 설립 시기가 고증되었다.
③ (다) - 돌무지덧널무덤으로 다양한 껴묻거리가 출토되었다.
④ (라) - 씨름을 하는 모습이 그려진 씨름도 벽화가 남아 있다.
⑤ (마) - 당의 장수 계필하력이 이끄는 나·당 연합군이 공격한 곳이다.

06

(가)에 들어갈 문화유산으로 옳은 것은? [2점]

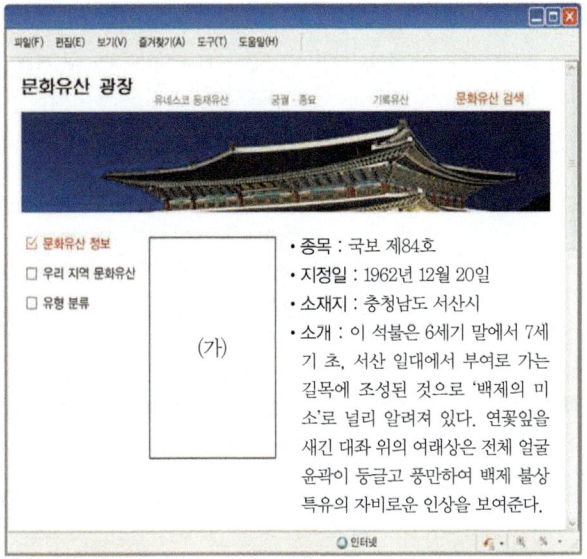

- 종목 : 국보 제84호
- 지정일 : 1962년 12월 20일
- 소재지 : 충청남도 서산시
- 소개 : 이 석불은 6세기 말에서 7세기 초, 서산 일대에서 부여로 가는 길목에 조성된 것으로 '백제의 미소'로 널리 알려져 있다. 연꽃잎을 새긴 대좌 위의 여래상은 전체 얼굴 윤곽이 둥글고 풍만하여 백제 불상 특유의 자비로운 인상을 보여준다.

①
②
③
④
⑤

07

(가) 인물에 대한 설명으로 옳은 것은? [1점]

당, 신라, 일본을 잇는 해상 무역권을 장악했던 (가) 의 이름을 딴 기념관이 완도에 만들어졌습니다. 기념관 내부에는 (가) 가 설치했던 청해진이 모형으로 재현되어 있습니다.

청해진 모형 전시물

① 수의 군대를 살수에서 크게 물리쳤다.
② 안시성 전투에서 당의 군대를 물리쳤다.
③ 산둥반도의 신라방에 법화원을 건립하였다.
④ 당의 침략에 대비하여 천리장성을 축조하였다.
⑤ 인도와 중앙아시아를 여행하고 왕오천축국전을 남겼다.

08

다음 사건이 일어난 시기를 연표에서 옳게 고른 것은? [2점]

> 고구려의 대장 겸모잠(鉗牟岑: 검모잠)이 무리를 거느리고 반란을 일으켜 보장왕의 외손 안순(安舜: 안승)을 세워 왕으로 삼았다. 고간을 동주도행군총관으로, 이근행을 연산도행군총관으로 삼아 토벌케 하였다. 사평태상백 양방을 보내어 도망치고 남은 무리를 불러들이게 하였다. 안순이 겸모잠을 죽이고 신라로 달아났다.
> —「신당서」—

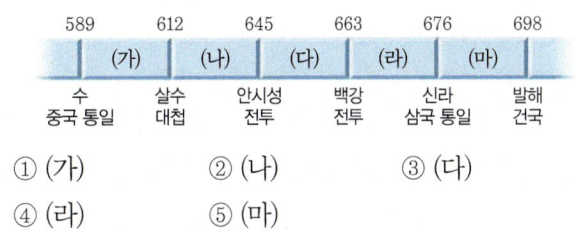

① (가) ② (나) ③ (다)
④ (라) ⑤ (마)

09

(가), (나) 인물에 대한 설명으로 옳은 것은? [2점]

인물로 보는 신라 불교

(가) 모든 진리는 한마음에서 나온다는 일심 사상을 주장하였으며, 대승기신론소 등을 저술하였다.

(나) 화엄 사상을 바탕으로 조화를 강조하였으며, 화엄일승법계도를 짓고 부석사를 창건하였다.

① (가) – 황룡사 구층 목탑의 건립을 건의하였다.
② (가) – 무애가를 지어 불교 대중화에 노력하였다.
③ (나) – 화랑도의 규범으로 세속 5계를 제시하였다.
④ (나) – 국청사를 창건하고 해동 천태종을 개창하였다.
⑤ (가), (나) – 유불 일치설을 주장하여 심성의 도야를 강조하였다.

10

(가) 국가에 대한 설명으로 옳은 것은? [2점]

본인 소개와 함께 (가) 의 지방 관제에 대해 말씀해 주시기 바랍니다.

나는 주의 장관인 도독이오. 우리나라의 지방 관제는 상경·중경·남경·동경·서경의 5경과 15부 62주로 조직되어 있소.

① 중앙 정치 조직으로 3성 6부를 두었다.
② 지방관 감찰을 위해 외사정을 파견하였다.
③ 지방을 통제하기 위해 22담로를 설치하였다.
④ 집사부 외 13부를 두고 행정 업무를 분담하였다.
⑤ 상수리 제도를 시행하여 지방 세력을 견제하였다.

11

(가), (나) 인물의 활동으로 옳은 것은? [3점]

○ 진성왕 즉위 5년에 (가) 은/는 죽주의 적괴 기훤에게 의탁하였다. 기훤이 업신여기고 잘난 체하며 예우하지 않았다. 답답하고 스스로 불안해져서 몰래 기훤 휘하의 원회, 신훤과 결연하여 친구가 되었다. 그는 임자년에 북원의 도적 양길에게 의탁하였다.
– 『삼국사기』

○ 서쪽으로 순행하여 완산주에 이르니 주(州)의 백성들이 환영하였다. (나) 은/는 인심을 얻은 것에 기뻐하며 주위의 사람들에게 말하기를, "…… 이제 어찌 내가 완산에 도읍을 세워 의자왕의 쌓인 울분을 갚지 않겠는가?"라고 하였다.
– 『삼국사기』

① (가) – 완산주를 도읍으로 하여 후백제를 세웠다.
② (가) – 국호를 마진으로 바꾸고 철원으로 천도하였다.
③ (나) – 송악을 도읍으로 정하고 후고구려를 건국하였다.
④ (나) – 서경을 중시하여 북진 정책의 전진 기지로 삼았다.
⑤ (가), (나) – 황산 전투에서 왕건의 고려군에게 패배하였다.

12
밑줄 그은 '도자기'에 해당하는 문화유산으로 옳은 것은? [1점]

12세기경 고려 도공들에 의해 처음으로 제작된 도자기입니다. 성형한 그릇이 반 건조 상태일 때 무늬를 음각한 후, 표면 전체에 백토나 흑토를 붓으로 칠하여 메우고 그 표면을 깎아냅니다. 이후 초벌구이를 한 다음 유약을 바르고 재벌구이를 합니다.

① 　② 　③

④ 　⑤

13
(가) 왕의 정책으로 옳은 것은? [2점]

이것은 과거제를 도입한 (가) 에게 대사(大師) 법계를 받고 금광선원 등에서 활동한 승려 지종(智宗)의 탑비입니다.

(가) 은/는 승과를 통해 지종 등 여러 승려들을 선발하였는데, 그들 중 일부는 훗날 왕사 또는 국사의 지위에 올랐습니다.

① 12목을 설치하고 지방관을 파견하였다.
② 신돈을 등용하고 전민변정도감을 두었다.
③ 민생 안정을 위해 흑창을 처음 설치하였다.
④ 주전도감을 설치하여 해동통보를 발행하였다.
⑤ 광덕, 준풍 등의 독자적인 연호를 사용하였다.

14
(가)~(다)를 일어난 순서대로 옳게 나열한 것은? [2점]

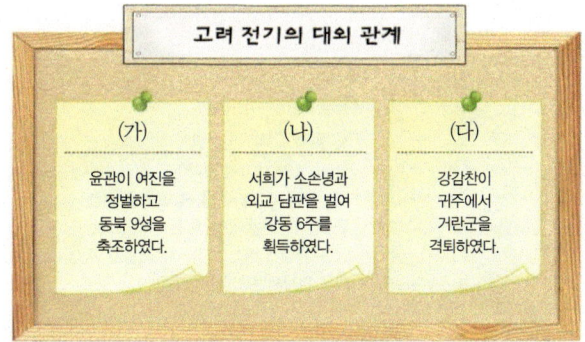

① (가) - (나) - (다)
② (가) - (다) - (나)
③ (나) - (가) - (다)
④ (나) - (다) - (가)
⑤ (다) - (나) - (가)

15

다음 사건에 대한 탐구 활동으로 가장 적절한 것은? [2점]

> "국가에는 경계(庚癸)의 난 이래로 귀족 고관들이 천한 노예들 가운데서 많이 나왔다. 장수와 재상들의 씨가 따로 있는 것이 아니다. 때가 오면 아무나 할 수 있는 것이다. 우리들은 어찌 힘 드는 일에 시달리고 채찍질 아래에서 고생만 하고 지내겠는가." 이에 노비들이 모두 찬성하고 다음과 같이 약속하였다. "우리들은 성 안에서 봉기하여 먼저 최충헌을 죽인 뒤 각각 상전들을 죽이고 천적(賤籍)을 불살라 버려 삼한에 천인을 없애자. 그러면 공경장상(公卿將相)을 우리 모두 할 수 있다."

① 진대법을 실시한 목적을 알아본다.
② 임술 농민 봉기의 결과를 분석한다.
③ 천리장성이 축조된 배경에 대해 살펴본다.
④ 무신 집권기에 발생한 봉기에 대해 조사한다.
⑤ 신라 말기 호족 세력이 성장하게 된 계기를 파악한다.

16

다음 인물의 활동으로 옳은 것은? [2점]

① 고려에 성리학을 최초로 소개하였다.
② 9재 학당을 세워 유학 교육에 힘썼다.
③ 만권당에서 원의 학자들과 교유하였다.
④ 양명학을 연구하여 강화 학파를 형성하였다.
⑤ 성리학을 도식으로 설명한 성학십도를 저술하였다.

17

교사의 질문에 대한 답변으로 옳은 것은? [2점]

① 대광현 등 발해의 유민을 받아들였어요.
② 빈민 구제를 위해 흑창을 처음 두었어요.
③ 쌍기의 건의에 따라 과거제를 실시했어요.
④ 신돈을 기용하고 전민변정도감을 설치했어요.
⑤ 광덕, 준풍 등의 독자적인 연호를 사용했어요.

18

(가) 문화유산에 대한 설명으로 옳은 것은? [2점]

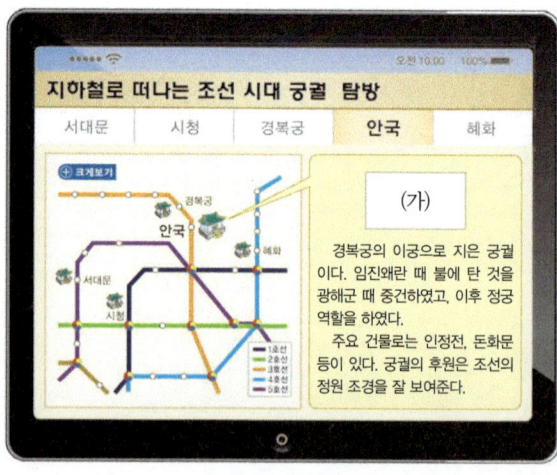

① 고종이 아관 파천 이후에 환궁한 곳이다.
② 도성 내 북쪽에 있어 북궐이라고 하였다.
③ 태종이 한양 재천도를 위하여 건립하였다.
④ 일제에 의해 창경원으로 격하되기도 하였다.
⑤ 정도전이 궁궐과 주요 전각의 명칭을 정하였다.

19

다음 대화에 등장하는 관리에 대한 설명으로 옳은 것은? [2점]

S#9. 궁궐 편전 안

국왕: 8도의 부, 목, 군, 현에 파견되는 그대가 마땅히 해야 할 7사(七事)가 무엇인가?
관리: 예, 전하. 농업과 양잠을 성하게 하고, 호구를 늘리고, 학교를 일으키고, 군정을 잘 다스리고, 부역을 고르게 하고, 소송을 간소화하고, 간사함과 교활함을 없애는 일입니다.
국왕: 옳도다. 그대는 이를 잊지 말고 성실히 수행하도록 하라.

① 직역이 대대로 세습되었다.
② 6조 직계제의 실시로 권한이 약화되었다.
③ 지방의 행정·사법·군사권을 행사하였다.
④ 유향소의 우두머리로 향회에서 선출되었다.
⑤ 호장, 기관, 장교, 통인 등으로 분류되었다.

20

(가) 인물에 대한 설명으로 옳은 것은? [3점]

이 비는 (가) 의 건의로 대동법이 호서 지방에 시행된 것을 기념하고 널리 알리기 위해 삼남 지방으로 통하는 길목에 세워졌다. (가) 은/는 경기도에서 처음 시행된 대동법을 호서 지방에도 실시하여 방납의 폐단으로 고통받는 백성의 부담을 줄이고자 하였다.

① 조선인 최초로 세례를 받았다.
② 북경에 다녀온 뒤 연행록을 남겼다.
③ 청으로부터 시헌력 도입을 건의하였다.
④ 100리 척을 사용한 지도를 제작하였다.
⑤ 흑산도 귀양 중 자산어보를 저술하였다.

21

(가) 왕의 재위 기간에 있었던 사실로 옳은 것은? [2점]

이곳은 창경궁의 정문인 홍화문입니다. 창경궁은 (가) 이/가 정희 왕후 등 세 분의 대비를 모시기 위해 수강궁을 수리하여 조성한 궁궐입니다. 이 시기에 악학궤범, 동국여지승람, 국조오례의 등이 편찬되었습니다.

① 현량과를 통해 신진 사림이 등용되었다.
② 조선의 기본 법전인 경국대전이 완성되었다.
③ 영창 대군이 사사되고 인목 대비가 유폐되었다.
④ 왕위 계승을 둘러싸고 왕자의 난이 발생하였다.
⑤ 붕당의 폐해를 경계하기 위한 탕평비가 건립되었다.

22

(가) 인물에 대한 설명으로 옳은 것은? [1점]

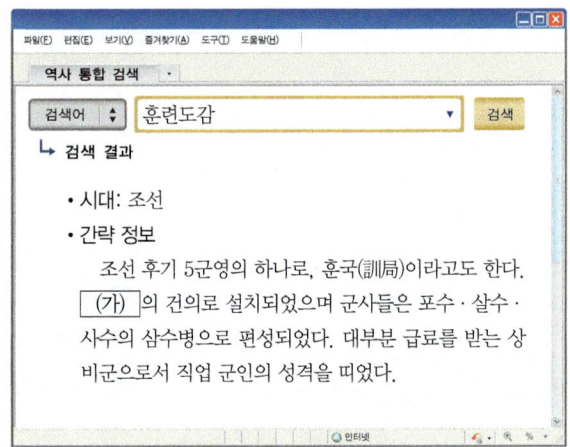

역사 통합 검색

검색어: 훈련도감

검색 결과
• 시대: 조선
• 간략 정보
조선 후기 5군영의 하나로, 훈국(訓局)이라고도 한다. (가) 의 건의로 설치되었으며 군사들은 포수·살수·사수의 삼수병으로 편성되었다. 대부분 급료를 받는 상비군으로서 직업 군인의 성격을 띠었다.

① 시무책을 지시한 6두품 지식인
② 절개와 의리를 지킨 마지막 충신
③ 전쟁의 참상을 기록한 징비록의 저자
④ 화약과 화포를 사용해 왜구를 격퇴한 장수
⑤ 반봉건·반외세의 기치를 든 동학 농민군 지도자

23

다음과 같은 과정을 거쳐 제작된 책에 대한 설명으로 옳은 것은? [2점]

① 편년체 형식으로 기록하였다.
② 남북국이라는 용어를 처음 사용하였다.
③ 국왕의 비서 기관에서 발행한 관보이다.
④ 현존하는 우리나라 최고(最古)의 역사서이다.
⑤ 정조가 세손 시절부터 쓴 일기에서 유래하였다.

24

다음 명령에 따라 전개된 사실로 옳은 것은? [3점]

① 자의 대비의 복상 문제로 예송이 전개되었다.
② 정여립 모반 사건으로 서인이 정국을 주도하였다.
③ 이괄의 난이 일어나 반란군이 도성을 장악하였다.
④ 북인이 서인과 남인을 배제한 채 정국을 독점하였다.
⑤ 인현 왕후가 폐위되고 희빈 장씨가 왕비로 책봉되었다.

25

다음 상황이 전개된 시기를 연표에서 옳게 고른 것은? [2점]

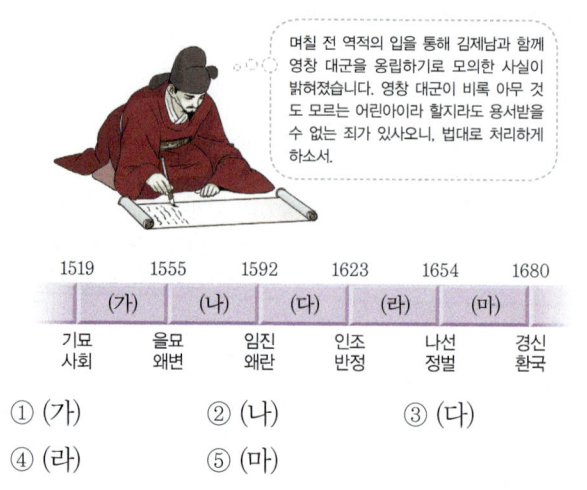

① (가) ② (나) ③ (다)
④ (라) ⑤ (마)

26

(가) 왕의 업적으로 옳은 것은? [2점]

① 왕권을 강화하기 위해 장용영을 설치하였다.
② 청과의 국경을 정하는 백두산정계비를 세웠다.
③ 동국문헌비고를 편찬하여 역대 문물을 정리하였다.
④ 삼정의 문란을 해결하고자 삼정이정청을 설치하였다.
⑤ 붕당 정치의 폐해를 극복하고자 탕평비를 건립하였다.

27

다음 책을 저술한 인물의 활동으로 옳은 것은? [2점]

검소하다는 것은 물건이 있어도 남용하지 않는 것을 말하는 것이지, 자신에게 물건이 없다 하여 스스로 단념하는 것을 말하는 것이 아니다. 지금 우리나라 안에는 구슬을 캐는 집이 없고 시장에 산호 따위의 보배가 없다. 또 금과 은을 가지고 가게에 들어가도 떡을 살 수 없는 형편이다. …… 이것은 물건을 이용하는 방법을 모르기 때문이다. 이용할 줄 모르니 생산할 줄 모르고, 생산할 줄 모르니 백성은 나날이 궁핍해지는 것이다.

북학의

① 양반전을 지어 양반의 허례와 무능을 풍자하였다.
② 북한산 신라 진흥왕 순수비를 처음으로 고증하였다.
③ 서얼 출신으로 규장각 검서관에 발탁되어 활동하였다.
④ 곽우록에서 토지 매매를 제한하는 한전론을 제시하였다.
⑤ 우서를 통해 사농공상의 직업적 평등과 전문화를 주장하였다.

28

다음 시나리오에 등장하는 왕의 재위 기간에 있었던 사실로 옳은 것은? [3점]

S# 36. 궁궐 안
  왕이 승지와 사관을 내보내고 이조 판서 송시열과 단 둘이 은밀하게 대화하고 있다.
왕: 저 오랑캐는 반드시 망하게 될 형편에 처할 것이오. 정예병 10만을 양성하여 기회를 보아 곧장 청으로 쳐들어가고자 하오. 그렇게 되면 중원의 의사(義士)와 호걸 중에 어찌 호응하는 자가 없겠소?
송시열: 전하의 뜻이 이와 같으시니 우리나라뿐만 아니라 실로 천하 만대의 다행이옵니다.
  ⋮

① 조총 부대가 파견되어 러시아 군대와 교전하였다.
② 명의 요청에 따라 강홍립이 이끄는 부대가 파병되었다.
③ 후금의 침입에 대비하여 이괄이 평안도에 주둔하였다.
④ 용골산성에서 정봉수와 이립이 의병을 이끌고 항전하였다.
⑤ 포수, 살수, 사수의 삼수병으로 구성된 훈련도감이 설치되었다.

29
(가) 사건에 대한 설명으로 옳은 것은? [1점]

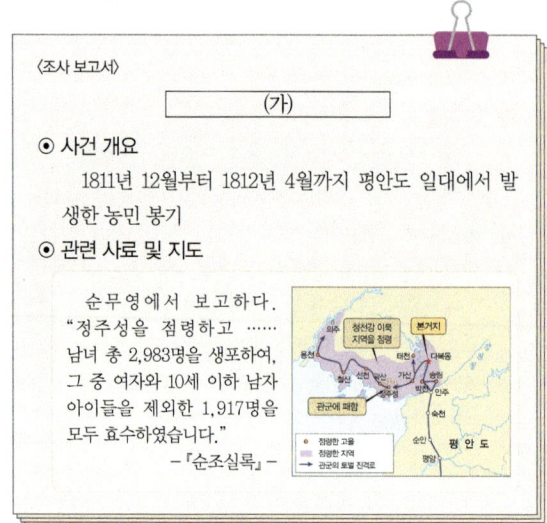

① 박규수가 안핵사로 파견되었다.
② 조병갑의 탐학이 계기가 되었다.
③ 선혜청과 일본 공사관을 공격하였다.
④ 서북인에 대한 차별에 반발하여 일어났다.
⑤ 남접과 북접이 연합하여 조직적으로 전개되었다.

30
(가)~(마) 지역에서 있었던 사실로 옳은 것은? [2점]

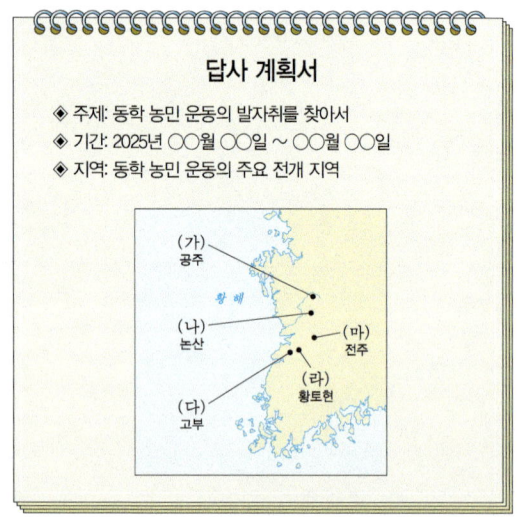

① (가) – 남접과 북접이 집결하여 연합하였다.
② (나) – 동학 농민군이 관군과 화약을 맺었다.
③ (다) – 농민들이 군수 조병갑의 탐학에 저항하였다.
④ (라) – 동학 농민군이 관군과 일본군에게 패하였다.
⑤ (마) – 동학 농민군이 관군에게 처음으로 승리하였다.

31
(가)에 들어갈 교육 기관에 대한 설명으로 옳은 것은? [2점]

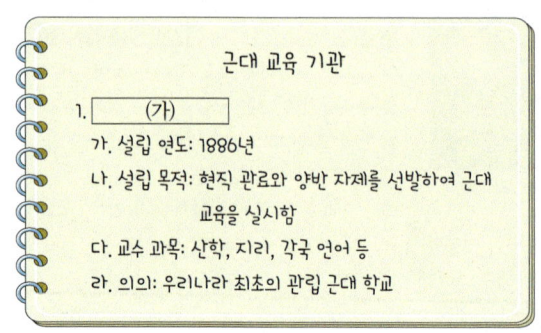

① 안창호가 평양에 설립한 학교이다.
② 개신교 선교사가 선교 목적으로 세웠다.
③ 교육 입국 조서 반포를 계기로 설립되었다.
④ 덕원 지방의 관민들이 합심하여 설립하였다.
⑤ 헐버트, 길모어 등 외국인이 교사로 초빙되었다.

32
(가) 기구에 대한 설명으로 옳은 것은? [3점]

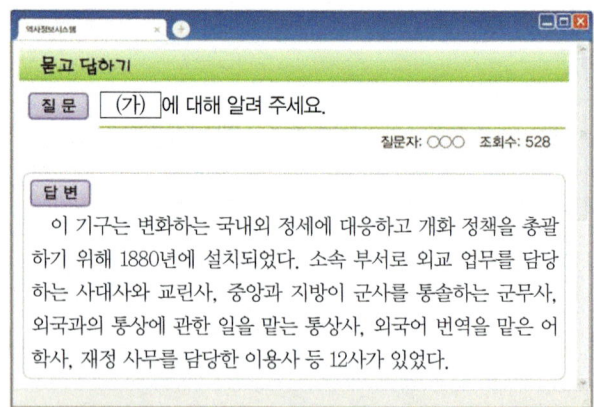

① 교원 양성을 위해 한성 사범 학교를 설립하였다.
② 외교 활동을 펼치기 위해 구미 위원부를 설치하였다.
③ 개혁의 기본 방향을 제시한 홍범 14조를 반포하였다.
④ 구(舊) 백동화를 제일은행권으로 교환하는 사업을 시행하였다.
⑤ 영선사를 파견하여 근대식 무기 제조 기술을 도입하고자 하였다.

33

(가) 인물의 활동으로 옳은 것은? [2점]

○○신문

제△△호 ○○○○년 ○○월 ○○일

이은숙의 회고록으로 본 국외 민족 운동

한국 독립운동사의 일면을 살펴볼 수 있는 책이 발간되었다. 이 책은 (가) 의 아내이자 독립운동가로 파란만장한 삶을 살았던 이은숙이 일제 강점기에 겪은 일을 중심으로 기록한 수기이다. 이 책에는 국권 피탈 직후 서간도 지역으로 이주하여 한인 자치 기관인 경학사를 조직하고, 비밀 행동 조직인 흑색 공포단을 조직하였으며, 다롄에서 일본 경찰에 검거되어 모진 고문 끝에 순국하기까지 (가) 의 독립운동 과정이 잘 드러나 있다.

① 의열단을 창설하여 무장 투쟁을 전개하였다.
② 신흥 강습소를 설립하여 독립군을 양성하였다.
③ 미군과 연계하여 국내 진공 작전을 추진하였다.
④ 한국 독립군을 이끌고 대전자령 전투에 참여하였다.
⑤ 중국 의용군과 연합하여 흥경성 전투를 지휘하였다.

34

다음 신문에 대한 설명으로 옳은 것은? [1점]

皇城新聞

아, 저 개돼지만도 못한 소위 우리 정부의 대신이란 자들은 자기 일신의 영달과 이득이나 바라고 거짓 위협에 겁먹어 머뭇대거나 벌벌 떨며 나라를 팔아먹는 역적이 되는 것을 달갑게 여겨서 사천 년의 강토와 오백 년의 종묘사직을 남에게 들어 바치고, 이천만 백성을 남의 노예가 되도록 하였도다.

① 천도교의 기관지로 발행되었다.
② 장지연의 논설을 게재하여 정간 당했다.
③ 국채 보상 운동을 적극적으로 후원하였다.
④ 정부의 지원을 받았으며 영문으로도 발행되었다.
⑤ 순 한문 신문으로 열흘마다 발행하는 것이 원칙이었다.

35

교사의 질문에 대한 학생의 답변으로 옳은 것은? [2점]

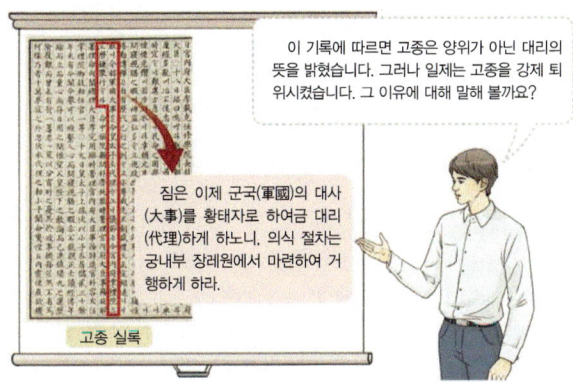

① 헤이그 만국 평화 회의에 특사를 파견하였어요.
② 13도 창의군이 서울 진공 작전을 전개하였어요.
③ 중추원 관제 개편을 통한 의회 설립을 추진하였어요.
④ 구식 군대가 난을 일으켜 일본 공사관을 습격하였어요.
⑤ 영국군이 러시아를 견제하기 위해 거문도를 불법 점령하였어요.

36

(가)~(다) 주장에 대한 설명으로 옳지 않은 것은? [3점]

(가) 미국으로 말하면 우리가 원래 잘 모르던 나라입니다. …… 만일 그들이 우리나라의 허점을 알고서 우리가 힘이 약한 것을 업신여겨 따르기 어려운 요구를 강요하고 비용을 떠맡긴다면 장차 어떻게 응대하겠습니까?

(나) 저들이 비록 왜인이라고 하지만 본질적으로 서양 오랑캐와 다를 것이 없습니다. 강화가 이루어지면 사악한 서적과 천주교가 다시 들어와 사악한 기운이 온 나라를 덮게 될 것입니다.

(다) 지금 국론이 두 가지 주장으로 맞서 있습니다. 서양의 적을 공격하는 것이 옳다고 말하는 것은 우리나라 쪽 사람의 주장이고, 서양의 적과 화친하는 것이 옳다고 말하는 것은 적국 쪽 사람의 주장입니다. 전자를 따르면 나라 안의 전통이 보전되고, 후자를 따르면 인류가 금수의 지경에 빠질 것입니다.

① (가)-조선책략의 유포로 인해 일어났다.
② (나)-강화도 조약의 체결에 반대하였다.
③ (나)-단발령과 을미사변을 계기로 제기되었다.
④ (다)-이항로와 기정진 등이 대표적인 인물이다.
⑤ (다)-흥선 대원군의 통상 수교 거부 정책을 뒷받침하였다.

37

(가) 단체에 대한 설명으로 옳은 것은? [1점]

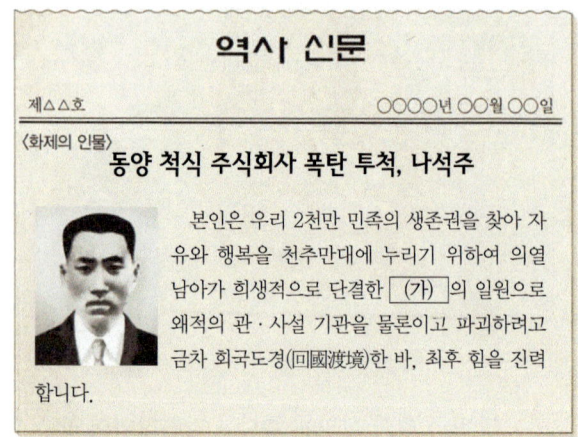

① 김구에 의해 상하이에서 결성되었다.
② 일제의 황무지 개간권 요구를 저지하였다.
③ 고종의 강제 퇴위에 반대하는 시위를 주도하였다.
④ 신채호의 조선 혁명 선언을 활동 지침으로 삼았다.
⑤ 일제가 조작한 105인 사건으로 조직이 해체되었다.

38

(가) 단체에 대한 설명으로 옳은 것은? [2점]

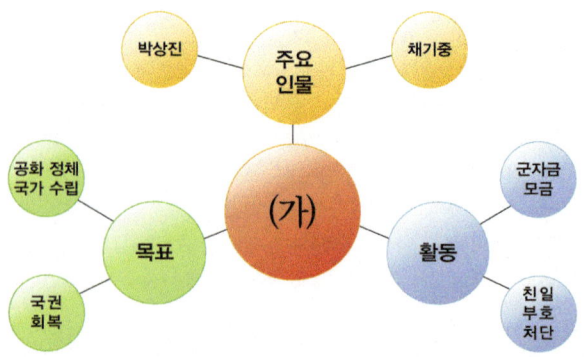

① 3·1 운동 이전에 조직되어 활동하였다.
② 대한민국 임시 정부의 주도로 결성되었다.
③ 봉오동에서 일본군을 상대로 승리를 거두었다.
④ 구미 위원부를 설치하여 외교 활동을 전개하였다.
⑤ 중국군과 함께 영릉가 전투에서 큰 전과를 올렸다.

39

(가)~(다) 학생이 발표한 내용을 일어난 순서대로 옳게 나열한 것은? [2점]

① (가) – (나) – (다)
② (가) – (다) – (나)
③ (나) – (가) – (다)
④ (나) – (다) – (가)
⑤ (다) – (나) – (가)

40

다음 기사가 보도될 당시에 볼 수 있는 모습으로 가장 적절한 것은? [3점]

역 사 신 문

제△△호   ○○○○년 ○○월 ○○일

조선 관세령 폐지되다

오늘 총독부가 조선 관세령 폐지를 발표하였다. 당국은 일선융화를 위해 내린 조처라 말하지만, 앞으로 조선인들의 부담이 늘어날 것은 뻔한 이치이다. 일본산 상품이 조선에 물밀 듯 밀려와 시장을 독점하여 자본과 기술에서 열세에 놓여 있는 조선의 공업을 흔적도 없게 만들 우려가 크기 때문이다. 이번 조치로 인해 조선의 제조업자들이 심각한 타격을 받을 것으로 예상된다.

① 카프(KAPF)에서 활동하는 신경향파 작가
② 원각사에서 은세계 공연을 관람하는 학생
③ 육영 공원에서 영어를 가르치는 미국인 교사
④ 전차 개통식에 참여하는 한성 전기 회사 직원
⑤ 손기정 선수의 올림픽 우승 소식을 보도하는 기자

41

다음 계획서에 발표된 사건 이후의 사실로 옳은 것은? [3점]

탐구 활동 계획서

1. 발생 장소: 함경남도 덕원군
2. 발단: 문평 라이징 선 석유회사 일본인 감독 고다마의 조선인 노동자 구타
3. 전개
   - 문평제유노동조합을 중심으로 파업 시작
   - 노동연합회가 지원하면서 파업 확대
   - 노동 조건 개선을 요구하며 파업 지속
4. 결과: 함남노동회를 이용한 회유 및 일제 경찰의 탄압으로 실패
4. 의의: 1920년대 최대 규모의 파업

① 조선 노동 총동맹과 조선 농민 총동맹이 성립되었다.
② 경성 고무 여자 직공 조합이 아사 동맹을 결성하였다.
③ 노동자 강주룡이 을밀대 지붕에서 고공 농성을 전개하였다.
④ 전국 단위의 노동 운동 단체인 조선 노동 공제회가 조직되었다.
⑤ 백정에 대한 차별 철폐를 요구하는 조선 형평사가 창립되었다.

42

다음 사건에 진상 조사단을 파견한 단체에 대한 설명으로 옳은 것은? [2점]

지난 10월 30일에 광주여자고등보통학교 학생 박기옥이 광주에서 돌아와 나주역을 나오려 할 때, 광주중학교 학생 후쿠다 등이 앞을 막고 희롱하였다. 이에 박기옥의 사촌 동생인 광주고등보통학교 학생 박준채가 그 무리들을 질책하니 일본인 중학생들은 도리어 고함을 치며 덤벼들었다.

① 민족 유일당 운동의 일환으로 결성되었다.
② 이상설, 이동휘를 정·부통령에 선임하였다.
③ 일제가 조작한 105인 사건으로 조직이 해체되었다.
④ 조선 총독부에 국권 반환 요구서를 발송하려 하였다.
⑤ 오산 학교와 대성 학교를 세워 민족 교육을 실시하였다.

43

다음 검색창에 들어갈 단체에 대한 설명으로 옳은 것은? [1점]

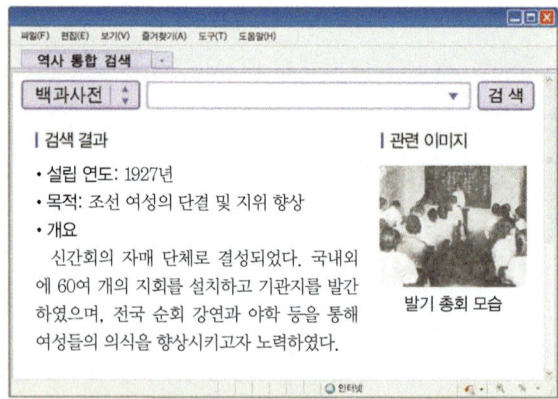

① 잡지 근우를 발간하였다.
② 김기전, 방정환 등이 주도하였다.
③ 발명 학회와 과학 문명 보급회를 창립하였다.
④ 가갸날을 제정하고 기관지인 한글을 발행하였다.
⑤ 대성 학교와 오산 학교를 설립하여 민족 교육을 실시하였다.

44

밑줄 그은 '이 전쟁'에 참가한 독립군 부대에 대한 설명으로 옳은 것은? [3점]

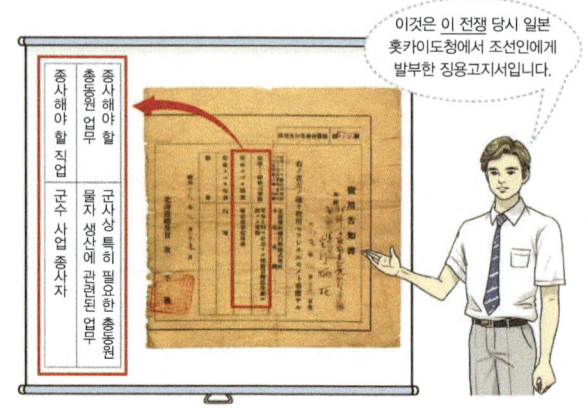

① 자유시 참변으로 큰 타격을 입었다.
② 미국과 연계하여 국내 진공 작전을 계획하였다.
③ 신흥 무관 학교를 설립하여 독립군을 양성하였다.
④ 중국 관내(關內)에서 결성된 최초의 한인 무장 부대였다.
⑤ 중국 호로군과 연합 작전을 통해 항일 전쟁을 전개하였다.

45

(가)에 들어갈 인물에 대한 설명으로 옳은 것은? [2점]

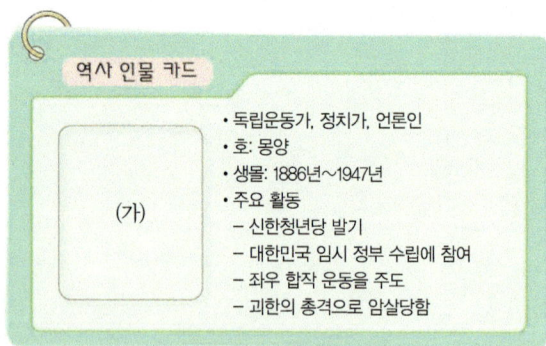

① 대조선 국민 군단을 조직하였다.
② 한국광복군 부사령관으로 활약하였다.
③ 하얼빈 역에서 이토 히로부미를 사살하였다.
④ 한국 독립군을 이끌고 쌍성보 전투에서 승리하였다.
⑤ 일제의 패망과 광복에 대비하여 조선 건국 동맹을 결성하였다.

46

(가), (나) 사이의 시기에 있었던 사실로 옳은 것은? [2점]

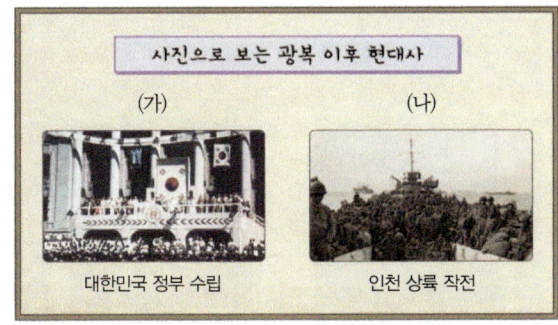

① 통일 주체 국민 회의 대의원이 선출되었다.
② 반민족 행위 특별 조사 위원회가 구성되었다.
③ 농촌 근대화를 표방한 새마을 운동이 전개되었다.
④ 사회 정화를 명분으로 삼청 교육대가 설치되었다.
⑤ 한·독 정부 간의 협정에 따라 서독으로 광부가 파견되었다.

47

밑줄 그은 '이 법령'이 실시된 시기의 사실로 옳은 것은? [2점]

① 일본군의 보복으로 간도 참변이 발생하였다.
② 일제가 중국 군벌과 미쓰야 협정을 체결하였다.
③ 농촌을 계몽하기 위한 브나로드 운동이 시작되었다.
④ 한국 독립군이 대전자령 전투에서 일본군을 격퇴하였다.
⑤ 일제가 한국인의 성과 이름을 일본식으로 바꾸도록 강요하였다.

48

밑줄 그은 '정부' 시기에 볼 수 있는 모습으로 옳은 것은? [2점]

① 경기장에서 프로 축구를 관람하는 회사원
② 개성 공단 착공식에 참석하고 있는 공무원
③ 금융 실명제에 따라 신분증을 요구하는 은행 직원
④ 거리에서 자를 들고 미니 스커트를 단속하는 경찰
⑤ 외환 위기 극복을 위한 금 모으기 운동에 참여하는 학생

49

(가) 민주화 운동에 대한 설명으로 옳은 것은? [2점]

① 장면 내각이 출범하는 배경이 되었다.
② 5년 단임의 대통령 직선제 개헌을 이끌어 냈다.
③ 신군부의 비상 계엄 확대가 원인이 되어 일어났다.
④ 3·15 부정 선거에 항의하는 시위에서 시작되었다.
⑤ 3·1 민주 구국 선언을 통해 긴급 조치 철폐 등을 요구하였다.

50

다음 정부의 통일 정책으로 옳은 것은? [1점]

① 남북 기본 합의서를 채택하였다.
② 금강산 관광 사업을 시작하였다.
③ 경의선 복원 공사를 시작하였다.
④ 남북 조절 위원회를 설치하였다.
⑤ 제2차 남북 정상 회담을 개최하였다.

제06회

01

(가) 시대의 유물로 적절한 것을 <보기>에서 옳게 고른 것은? [1점]

이곳은 제주도 고산리 유적 발굴 현장입니다. 이 유적의 최하층에서 이른 민무늬 토기가 출토됨에 따라 (가) 시대가 기원전 8000년경부터 시작되었음을 알게 되었습니다.

<보기>

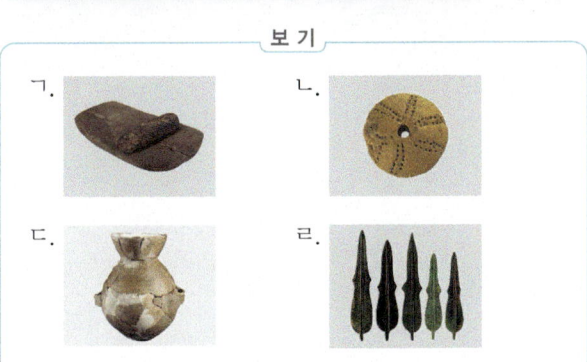

① ㄱ, ㄴ   ② ㄱ, ㄷ   ③ ㄴ, ㄷ
④ ㄴ, ㄹ   ⑤ ㄷ, ㄹ

02

밑줄 그은 '이 나라'에 대한 설명으로 옳은 것은? [1점]

이 유물은 지린성 마오얼산 유적에서 출토된 장신구입니다. 이 나라의 사람들은 금과 은으로 만든 장신구로 치장하는 것을 즐겼다고 합니다. 또한 왕 아래에 가축의 이름을 딴 4가(加)들이 별도로 사출도(四出道)를 주관하였습니다.

① 민며느리제라는 혼인 풍습이 있었다.
② 12월에 영고라는 제천 행사를 열었다.
③ 소도라고 불린 신성 지역이 존재하였다.
④ 대가들이 사자, 조의, 선인 등의 관리를 거느렸다.
⑤ 사회 질서를 유지하기 위하여 범금 8조를 두었다.

03

(가) 나라의 문화유산으로 옳은 것은? [2점]

호계사의 파사석탑(婆娑石塔)은 옛날 이 고을이 (가) 이었을 때, 시조 수로왕의 왕비 허황옥이 동한(東漢) 건무 24년에 서역 아유타국에서 싣고 온 것이다. …… 탑은 사각형에 5층인데, 그 조각은 매우 기이하다. 돌에는 희미한 붉은 무늬가 있고 그 질이 매우 연하여 우리나라에서 나는 돌이 아니다.
— 『삼국유사』 —

①  ②  ③

④  ⑤

04

(가), (나) 사이의 시기에 있었던 사실로 옳은 것은? [3점]

(가) "생각건대 신라가 우리의 땅을 빼앗아 군현으로 삼아서, [그곳의] 백성들이 가슴 아파하고 원망스러워하며 부모의 나라를 잊은 적이 없습니다. 원컨대 대왕께서는 저를 어리석고 못나다 생각하지 마시고 저에게 군사를 주신다면, 단번에 우리 땅을 반드시 되찾겠습니다."라고 온달이 왕에게 아뢰었다. …… 마침내 온달이 출전하여 신라군과 아단성 아래에서 전투를 하였는데, 날아오는 화살에 맞아 쓰러져 사망하였다.

(나) 여러 대인(大人)과 왕은 몰래 [연개소문을] 죽이고자 논의하였는데 일이 새어나갔다. [연개]소문은 부병(部兵)을 모두 모아 놓고 마치 군대를 사열할 것처럼 꾸몄다. …… 손님이 이르자 모두 살해하니, 1백여 명이었다. [그리고] 말을 달려 궁궐로 들어가 왕을 시해하였다. …… [연개소문은] 왕제(王弟)의 아들인 장(臧)을 세워 왕으로 삼고 스스로 막리지가 되었다.

① 나·당 연합군이 평양성을 공격하였다.
② 수 양제가 대군을 보내 고구려를 침공하였다.
③ 관구검이 이끄는 위의 군대가 고구려를 침략하였다.
④ 안시성의 군사와 백성들이 이세민의 대군을 격파하였다.
⑤ 평양에 설치된 안동도호부를 요동의 신성으로 축출하였다.

05

밑줄 그은 '대책'으로 옳은 것은? [1점]

고구려에서 찾은 사회 보장 제도

사회 보장 제도란 빈곤, 질병 등 사회적 위험으로부터 국민을 보호하기 위한 국가의 조직적 행정을 말한다. 전통 사회의 구휼 정책도 그 범주에 넣을 수 있는데, 고구려에서도 유사한 사례를 찾을 수 있다. 삼국사기에 따르면, 사냥을 나갔던 고국천왕이 길에서 슬피 우는 사람을 만나 그 연유를 물었더니, "가난하여 품을 팔며 어머니를 간신히 모셨는데, 올해는 흉년이 극심해 품을 팔 곳도 찾을 수 없고 곡식을 구하기도 어려워 어찌 어머니를 봉양할까 걱정되어 울고 있습니다."라고 답하였다. 왕이 그를 불쌍히 여겨 위로하고, 재상 을파소와 논의하여 대책을 마련하였다.

① 병자에게 약을 지급하는 혜민국을 설치하였다.
② 백성들에게 곡식을 빌려주는 진대법을 마련하였다.
③ 호구를 정확하게 파악하기 위한 호패법을 시행하였다.
④ 강제로 노비가 된 자를 해방시키는 노비안검법을 실시하였다.
⑤ 기금을 모아 그 이자로 빈민을 구제하는 제위보를 운영하였다.

06

(가) 왕의 업적으로 옳은 것은? [2점]

> (가) 의 이름은 명농이니 무령왕의 아들이다. 지혜와 식견이 뛰어나고 일을 처리함에 결단성이 있었다. 무령왕이 죽고 왕위에 올랐다. … (가) 이 신라군을 습격하고자 몸소 보병과 기병 모두 50명을 거느리고 밤에 구천(狗川)에 이르렀다. 신라의 복병이 나타나 그들과 싸우다가 혼전 중에 왕이 신라군에게 살해되었다.
> ― 『삼국사기』 ―

① 안승을 보덕국왕으로 임명하였다.
② 신라를 공격하여 대야성을 점령하였다.
③ 사비로 천도하고 국호를 남부여로 고쳤다.
④ 백제의 한성을 공격하여 개로왕을 전사시켰다.
⑤ 당의 침략에 대비하여 천리장성을 축조하였다.

07

다음 비석을 세운 왕이 시행한 정책으로 옳은 것은? [3점]

왕이 인민을 많이 얻어 …… 이리하여 영토를 순수(巡狩)하면서 민심을 (살피고) 노고를 위로하고자 한다.

적성(赤城)의 야이차에게 하교 하시기를 …… 옳은 일을 하는 데 힘을 쓰다가 죽게 되었으므로 …… 이(利)를 허락하였다.

① 원광에게 걸사표를 짓게 하였다.
② 이사부를 보내 우산국을 복속시켰다.
③ 거칠부에게 국사를 편찬하도록 하였다.
④ 집사부를 설치하고 장관을 중시라고 하였다.
⑤ 국호를 신라로 정하고 왕의 칭호를 사용하였다.

08

(가)~(라)를 시행한 순서대로 옳게 나열한 것은? [2점]

〈조사 보고서〉

삼국사기로 보는 통일 신라의 토제 제도

(가) 처음으로 백성에게 정전을 나누어 주었다.
(나) 교서를 내려 문무 관료전을 지급하되 차등을 두었다.
(다) 내외(內外) 관료에게 매달 지급하던 녹봉을 없애고 다시 녹읍을 주었다.
(라) 내외(內外) 관료의 녹읍을 폐지하고, 해마다 조(租)를 차등있게 하사하고 이를 항식(恒式)*으로 삼았다.

* 항식(恒式): 항상 따라야 하는 형식이나 정해진 법식

① (가) ― (나) ― (다) ― (라)
② (가) ― (다) ― (라) ― (나)
③ (나) ― (라) ― (가) ― (다)
④ (다) ― (나) ― (가) ― (라)
⑤ (라) ― (가) ― (나) ― (다)

09

다음 자료에 나타난 시기의 사실로 옳은 것은? [2점]

해인사 묘길상탑기

당나라 19대 소종이 중흥을 이룰 때에 전쟁과 흉년의 재앙이 서쪽[중국]에서는 멈추었으나 동쪽으로 오니, 악 중의 악이 없는 곳이 없었고 굶어 죽고 싸우다 죽은 시체가 들판에 즐비하였다. 해인사의 별(別)대덕(大德)인 승훈(僧訓)이 이를 애통해 하더니 도사(導師)의 힘을 베풀어 미혹한 무리들의 마음을 이끌며 각자 벼 한 줌을 내게 하여 함께 옥돌로 삼층을 쌓았다. ……

— 최치원 지음

① 김흠돌이 반란을 도모하였다.
② 최승로가 시무 28조를 올렸다.
③ 원광이 세속 5계를 제시하였다.
④ 원종과 애노가 사벌주에서 봉기하였다.
⑤ 김춘추가 진골 출신 최초로 왕위에 올랐다.

10

(가)에 들어갈 세시 풍속에 대한 설명으로 옳지 않은 것은? [2점]

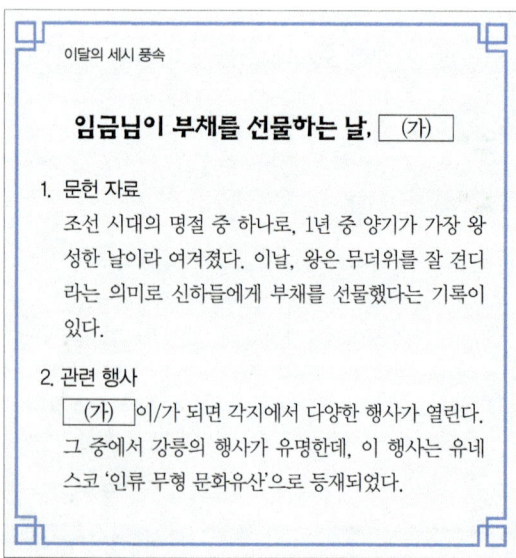

① 앵두로 화채를 만들어 먹었다.
② 창포를 삶은 물로 머리를 감았다.
③ 들판에 쥐불을 놓으며 풍년을 기원했다.
④ 그네뛰기, 씨름 등의 민속놀이를 즐겼다.
⑤ 수레바퀴 모양의 수리취떡을 만들어 먹었다.

11

(가) 국가에 대한 설명으로 옳지 않은 것은? [2점]

○○신문

○○○○년 ○○월 ○○일

러시아 연해주의 크라스키노 성 유적에 대해 한·러 공동 발굴을 실시한 결과 37, 40, 41구역에서 고구려의 영향을 받은 연화문 와당 등이 출토되었고, 온돌이 확인되었다. 이번 발굴로 (가) 이/가 고구려의 문화를 계승하였음을 다시 한번 알 수 있게 되었다.

연화문 와당

① 전성기에 해동성국이라 불렸다.
② 고려 국왕을 표방하고 일본과 교류하였다.
③ 정당성의 장관인 대내상이 국정을 총괄하였다.
④ 5경 15부 62주의 지방 행정 제도를 마련하였다.
⑤ 지방 세력의 통제를 위해 상수리 제도를 실시하였다.

12

밑줄 그은 '이 불상'으로 옳은 것은? [1점]

발해의 수도였던 동경 용원부 유적지에서 발굴된 이 불상은 고구려 양식을 계승하고 있으며, 법화 신앙과 관련이 있습니다.

13

밑줄 그은 '이곳'에 대한 설명으로 옳지 않은 것은? [3점]

훈요 10조
......
나는 삼한 산천 신령의 도움을 받아 왕업을 이루었다. 이곳은 수덕(水德)이 순조로워 우리나라 지맥의 근본이 되니 만대 왕업의 땅이다. 마땅히 계절마다 가서 1년에 100일 이상 머물러 안녕을 이루어야 할 것이다.
......

① 묘청이 풍수지리설에 근거하여 천도를 주장하였다.
② 임진왜란 때 조·명 연합군에 의해 왜군으로부터 탈환되었다.
③ 조선 후기 전국에 송방이라는 지점을 설치한 송상의 근거지였다.
④ 당나라가 한반도의 지배 야욕을 보이며 안동도호부를 설치하였다.
⑤ 일제 강점기에 조만식 등의 주도로 물산 장려 운동이 시작되었다.

14

(가), (나) 제도에 대한 설명으로 옳은 것은? [2점]

(가) 국초에 향리의 자제를 뽑아 개경에서 볼모로 삼고 또한 출신지의 일에 대한 자문에 대비하도록 하였는데, 이를 기인(其人)이라 하였다.
- 「고려사」 -

(나) 신라왕 김부가 와서 항복하자 신라국을 없애 경주라 하고, 김부를 경주의 사심(事審)으로 임명하여 부호장 이하 관직 등을 주관토록 하였다.
- 「고려사」 -

① (가) - 후주 출신 쌍기의 건의로 도입되었다.
② (가) - 좌수와 별감이라는 향임직을 두어 운영되었다.
③ (나) - 5품 이상 문무 관리를 대상으로 마련되었다.
④ (나) - 젊고 유능한 관리를 재교육하기 위해 시행되었다.
⑤ (가), (나) - 지방 세력에 대한 통제를 목적으로 실시되었다.

15

(가)에 들어갈 정치 기구에 대한 설명으로 옳은 것은? [1점]

역사 용어 카드

(가)

고려의 중앙 정치 기구로 2품 이상의 추신(추밀)과 3품 이하의 승선으로 구성되어 있으며 장은 판원사이다. 이 기구의 고위 관원은 중서문하성의 재신과 함께 도병마사에 참여하여 국가의 중대사를 논의하였다.

① 국방과 군사 문제를 처리하였다.
② 관리의 부정과 비리를 감찰하였다.
③ 국정을 총괄하고 정책을 결정하였다.
④ 군사 기밀과 왕명의 출납을 관장하였다.
⑤ 재정의 출납과 회계 업무를 담당하였다.

16

(가)에 들어갈 내용으로 옳은 것은? [2점]

<２０２５년 인문학 특강>

고려 불교사의 이해

이번 특강에서는 고승들의 행적을 통해 고려 불교사의 흐름을 다루고자 합니다.

● 주제 ●
제1강 대각국사 의천, 천태종을 개창하다
제2강 보조국사 지눌, 수선사 결사를 제창하다
제3강 진각국사 혜심, 유불 일치설을 주장하다
제4강 원묘국사 요세, (가)

• 일시: 2025년 ○○월 ○○일 ~ ○○월 ○○일
  매주 목요일 오후 1시
• 장소: □□대학교 대강당
• 주최: △△학회

① 불교 통합을 위해 국청사를 창건하였다.
② 법화 신앙을 바탕으로 신앙 결사를 이끌었다.
③ 정혜사를 결성하고 불교 개혁 운동을 전개하였다.
④ 해동고승전을 저술하여 승려들의 전기를 기록하였다.
⑤ 삼국유사를 집필하여 불교 중심의 설화, 야사 등을 정리하였다.

17

(가)~(라) 제도를 시행된 순서대로 옳게 나열한 것은? [3점]

(가) 왕 1년 4월, (대왕대비가) 전지하기를, "직전(職田)의 세는 소재지의 관리로 하여금 감독하여 거두어 주도록 하라." 하였다.
(나) 왕 3년 5월, 도평의사사에서 왕에게 글을 올려 과전법을 제정할 것을 요청하니 왕이 이 제의를 따랐다.
(다) 왕 1년 11월, 처음으로 직관(職官)·산관(散官) 각 품의 전시과를 제정하였다.
(라) 왕 16년 3월, 중앙과 지방의 여러 관리들에게 매달 주던 녹봉을 없애고 다시 녹읍을 주었다.

① (가) – (나) – (다) – (라)
② (가) – (나) – (라) – (다)
③ (나) – (가) – (다) – (라)
④ (다) – (라) – (나) – (가)
⑤ (라) – (다) – (나) – (가)

18

다음 인물에 대한 설명으로 옳은 것은? [2점]

역사 인물 카드

• 생몰: 1342년~1398년
• 호: 삼봉(三峯)
• 주요 경력 및 활동
  – 조선 개국 1등 공신
  – 재상 중심의 정치 운영 지향
  – 조선의 헌법인 조선경국전 편찬

① 불씨잡변을 지어 불교를 비판하였다.
② 계유정난을 통해 정권을 장악하였다.
③ 일본에 다녀와서 해동제국기를 편찬하였다.
④ 기축봉사를 올려 명에 대한 의리를 내세웠다.
⑤ 성학십도에서 군주의 도를 도식으로 설명하였다.

19

밑줄 그은 '왕'의 재위 기간에 있었던 사실로 옳은 것은? [1점]

경복궁 흠경각

흠경각은 장영실이 왕의 명을 받아 제작한 옥루(玉漏)가 설치되었던 전각이다. 옥루는 물의 흐름을 통해 각종 기계 장치가 자동으로 작동되면서 시각을 알려 주도록 고안되었다. 이와 함께 흠경각에는 천문 관측기구인 혼의와 해시계인 앙부일구 등도 보관되었다.

① 훈련 교범인 무예도보통지가 편찬되었다.
② 전통 한의학을 정리한 동의보감이 간행되었다.
③ 최초로 100리 척을 사용한 동국지도가 제작되었다.
④ 우리 풍토에 맞는 농법을 소개한 농사직설이 간행되었다.
⑤ 각 도의 지리, 풍속 등이 수록된 동국여지승람이 편찬되었다.

20

다음 사건의 (가) 인물에게 일어난 사실로 옳은 것은? [2점]

(가) 이/가 귀양 간 지 한 달 남짓 되어도 왕의 노여움은 아직 풀리지 않았으나, 그를 죽이자고 청하는 사람이 없으므로 흔쾌히 결단하지 못하였다. 생원 황이옥 등이 상소하여 그를 헐뜯었다. 왕이 상소를 보고 곧 (가) 등에게 사약을 내리고, 황이옥 등을 칭찬하며 술을 내려 주라고 명하였다.

① 정여립 모반 사건으로 기축옥사가 일어났다.
② 남곤 등의 고변으로 조광조 일파가 축출되었다.
③ 양재역 벽서 사건으로 이언적 등이 화를 입었다.
④ 조의제문이 발단이 되어 김일손 등이 처형되었다.
⑤ 공신 책봉에 불만을 품고 이괄이 반란을 일으켰다.

21

(가) 사건에 대한 설명으로 옳은 것은? [2점]

이곳 세검정은 (가) (으)로 광해군을 폐위한 세력이 칼을 씻은 것에서 그 이름이 유래되었다고 합니다. (가) 이후 조선은 친명배금 정책을 추진하였습니다.

① 서인이 반정을 일으켜 정권을 장악하였다.
② 외척 간의 갈등으로 을사사화가 일어났다.
③ 폐비 윤씨 사사 사건을 빌미로 사화가 발생하였다.
④ 왕의 폭정으로 반정이 일어나 진성대군이 왕위에 올랐다.
⑤ 이조 전랑 임명을 둘러싸고 김효원과 심의겸이 대립하였다.

22

밑줄 그은 '이 전쟁' 중에 있었던 사실로 옳은 것은? [3점]

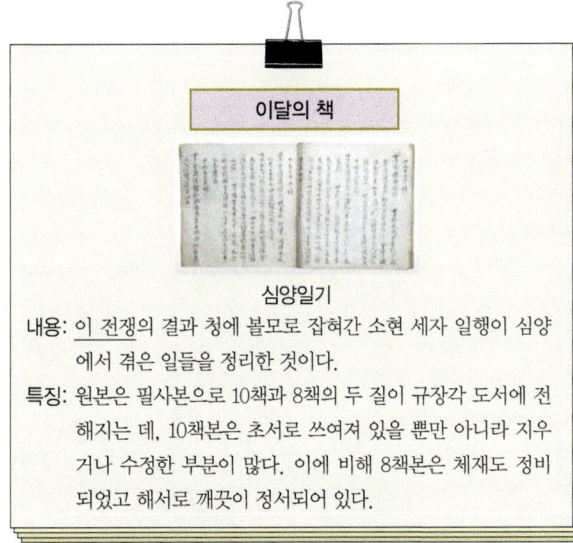

이달의 책

심양일기

내용: 이 전쟁의 결과 청에 볼모로 잡혀간 소현 세자 일행이 심양에서 겪은 일들을 정리한 것이다.

특징: 원본은 필사본으로 10책과 8책의 두 질이 규장각 도서에 전해지는 데, 10책본은 초서로 쓰여져 있을 뿐만 아니라 지우거나 수정한 부분이 많다. 이에 비해 8책본은 체재도 정비되었고 해서로 깨끗이 정서되어 있다.

① 김상용이 강화도에서 순절하였다.
② 정문부가 길주에서 의병을 이끌었다.
③ 조명 연합군이 평양성을 탈환하였다.
④ 정봉수와 이립이 용골산성에서 항전하였다.
⑤ 포수, 사수, 살수로 구성된 훈련도감이 설치되었다.

23

(가)~(다) 학생이 발표한 내용을 일어난 순서대로 옳게 나열한 것은? [2점]

① (가) – (나) – (다)
② (가) – (다) – (나)
③ (나) – (가) – (다)
④ (나) – (다) – (가)
⑤ (다) – (나) – (가)

24

밑줄 그은 '이 왕'이 추진한 정책으로 옳은 것은? [2점]

① 나선 정벌에 조총 부대를 파견하였어요.
② 청과의 경계를 정한 백두산정계비를 세웠어요.
③ 문신 재교육을 위한 초계문신제를 시행하였어요.
④ 시전 상인의 특권을 축소하는 신해통공을 실시하였어요.
⑤ 붕당 정치의 폐해를 경계하기 위해 탕평비를 건립하였어요.

25

(가) 상인에 대한 설명으로 옳은 것은? [2점]

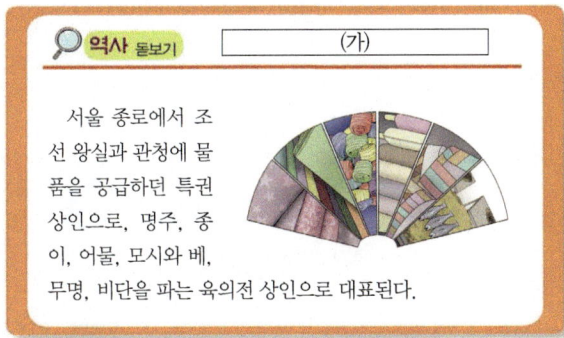

서울 종로에서 조선 왕실과 관청에 물품을 공급하던 특권 상인으로, 명주, 종이, 어물, 모시와 베, 무명, 비단을 파는 육의전 상인으로 대표된다.

① 혜상공국을 통해 정부의 보호를 받았다.
② 왜관을 중심으로 대외 무역을 전개하였다.
③ 전국 각지에 송방이라는 지점을 설치하였다.
④ 책문 후시를 통해 청과의 무역을 주도하였다.
⑤ 금난전권을 행사해 사상의 활동을 억압하였다.

26

다음 안내문의 인물에 대한 설명으로 옳지 않은 것은? [2점]

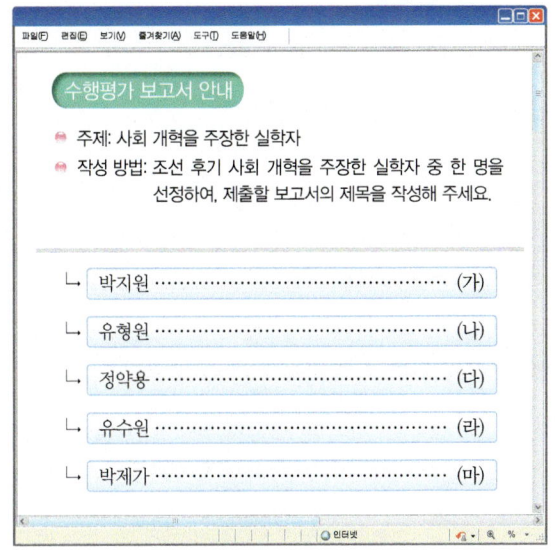

수행평가 보고서 안내

주제: 사회 개혁을 주장한 실학자
작성 방법: 조선 후기 사회 개혁을 주장한 실학자 중 한 명을 선정하여, 제출할 보고서의 제목을 작성해 주세요.

ㄴ 박지원 ·················· (가)
ㄴ 유형원 ·················· (나)
ㄴ 정약용 ·················· (다)
ㄴ 유수원 ·················· (라)
ㄴ 박제가 ·················· (마)

① (가) - 양반전에서 양반의 위선과 무능을 풍자하였다.
② (나) - 반계수록에서 토지 제도 개혁론을 제시하였다.
③ (다) - 경세유표를 저술하여 국가 제도의 개혁 방향을 제시하였다.
④ (라) - 우서에서 사농공상의 직업적 평등과 전문화를 주장하였다.
⑤ (마) - 색경에서 담배, 수박 등의 상품 작물 재배법을 소개하였다.

27

(가)에 대한 설명으로 옳은 것은? [1점]

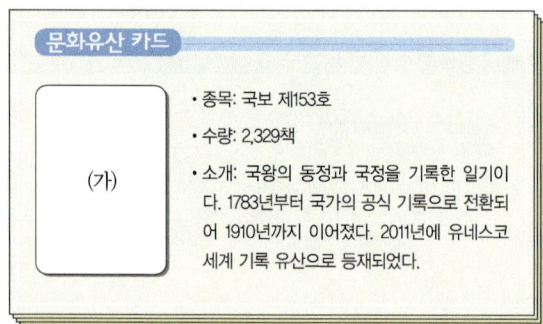

① 광해군 때부터 기록되기 시작하였다.
② 춘추관 관원들이 편찬 업무에 참여하였다.
③ 현존하는 우리나라 최고(最古)의 역사서이다.
④ 정조가 세손 시절부터 쓴 일기에서 유래하였다.
⑤ 국왕의 비서 기관에서 왕명 출납 등을 기록한 책이다.

28

(가)~(마)에 대한 설명으로 옳은 것은? [3점]

① (가) - 촉의 장수인 관우를 제사지내는 곳이다.
② (나) - 역대 국왕과 왕비의 신주가 모셔져 있다.
③ (다) - 신농씨와 후직씨에게 풍년을 기원하는 곳이다.
④ (라) - 토지와 곡식의 신에게 제사를 지내는 공간이다.
⑤ (마) - 일제에 의해 경내에 조선 총독부 청사가 세워졌다.

29

(가) 지역에 대한 설명으로 옳은 것은? [2점]

이 그림은 세한도입니다. 김정희가 (가) 에서 유배 중일 때 제자 이상적이 귀한 책들을 청에서 구해다 준 것에 대한 답례로 그려 준 것입니다.

① 몽골에 항전할 때 임시 수도였다.
② 정약전이 자산어보를 저술한 섬이다.
③ 양헌수 부대가 프랑스군을 격퇴한 장소이다.
④ 거상 김만덕이 빈민 구제 활동을 펼친 곳이다.
⑤ 대한 제국 칙령 제41호에서 관할 영토로 명시한 곳이다.

30

다음 설명에 해당하는 지도로 옳은 것은? [2점]

> 이것은 중국에서 활동하던 선교사 마테오 리치가 제작한 세계 지도입니다. 이광정 등에 의해 조선에 소개되어 조선인들의 세계관에 영향을 끼쳤습니다. 이 지도는 무엇일까요?

①
혼일강리역대국도지도

②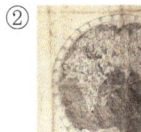
지구전도

③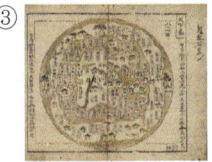
천하도

④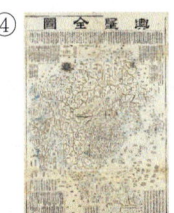
여지전도

⑤
곤여만국전도

31

(가), (나) 두 조약의 공통점으로 옳은 것은? [3점]

> (가) 제7관 조선국 연해의 섬과 암초는 종전에 자세히 조사한 적이 없어 지극히 위험하므로 일본국 항해자가 수시로 해안을 측량하는 것을 허락하여 위치와 깊이를 재고 지도를 제작하여 ……
>
> (나) 제1관 사후 대조선국 군주와 대미국 대통령과 아울러 그 인민은 각각 모두 영원히 화평하고 우호를 다진다. 만약 타국이 어떤 불공평하게 하고 경시하는 일이 있으면 통지를 거쳐 반드시 서로 도와주며 중간에서 잘 조정해 두터운 우의와 관심을 보여준다.

① 무관세 조항을 담고 있다.
② 조선책략의 영향을 받았다.
③ 외국 군대의 주둔을 허용하였다.
④ 치외법권의 내용이 포함되어 있다.
⑤ 상대국에 대한 최혜국 대우를 규정하고 있다.

32

다음 자료에 나타난 사건 이후에 있었던 사실로 옳은 것은? [2점]

> 미우라 고로는 "20년간 지속되어 온 조선의 화근을 제거하고자 하는데, 실로 이 한 번의 거사에 달려 있다."라고 말하고, 마침내 궁궐에 들어가 왕후를 시해하라는 뜻을 교사하였다. …… 자객들은 여러 방을 샅샅이 조사하여 마침내 조금 더 깊은 방안에서 왕후를 찾아내고는, 칼날로 베어 그 자리에서 시해하였다.
>
> - 「대한계년사」 -

① 건양이라는 연호를 제정하였다.
② 전국 8도를 23부로 개편하였다.
③ 황제 직속의 원수부를 설치하였다.
④ 박문국을 설치하여 한성순보를 발행하였다.
⑤ 공사 노비법을 혁파하고 과거제를 폐지하였다.

33

밑줄 그은 '그'의 활동으로 옳은 것은? [2점]

 그는 1883년에 보빙사의 일원으로 미국을 방문하였다가 1년 여 동안 유학 생활을 하였으며, 귀국길에 유럽 등을 둘러보았다. 그리고 1894년에 군국기무처에 발탁되어 여러 개혁 법안을 입안하였다. 갑신정변 이후 독일 부영사 부들러와 함께 조선 중립화론을 제기하였다.

① 여유당전서를 간행하고 조선학 운동을 전개하였다.
② 서유견문을 집필하여 서양 근대 문명을 소개하였다.
③ 한국독립운동지혈사에서 독립 투쟁 과정을 서술하였다.
④ 독사신론을 발표하여 민족을 역사 서술의 중심에 두었다.
⑤ 조선사회경제사에서 식민 사학의 정체성 이론을 반박하였다.

34

(가) 신문에 대한 설명으로 옳은 것은? [1점]

 사진은 서울 양화진 외국인 선교사 묘원에 위치한 영국인 베델의 묘비이다. 베델은 양기탁과 함께 (가) 을/를 창간하여 신민회의 기관지로 일제의 국권 침탈을 비판하였다.

① 천도교의 기관지로 발행되었다.
② 상업 광고가 처음으로 게재되었다.
③ 국채 보상 운동의 확산에 기여하였다.
④ 농촌 계몽을 위해 브나로드 운동을 전개하였다.
⑤ 순 한문 신문으로 열흘마다 발행하는 것이 원칙이었다.

35

밑줄 그은 '정변'에 대한 설명으로 옳은 것은? [2점]

 서재필은 정변 실패 후 일본을 거쳐 미국으로 망명하여 의사로 활동하다가 정부의 요청으로 귀국하였다. 그 후 독립신문을 창간하고, 개화 지식인들과 협력하여 독립 협회를 창립하였다.

① 청군의 개입으로 3일 만에 실패하였다.
② 보국안민, 제폭구민을 기치로 내세웠다.
③ 제물포 조약을 체결하는 결과를 가져왔다.
④ 신식 군대인 별기군이 창설되는 배경이 되었다.
⑤ 김윤식을 청에 영선사로 파견하는 계기가 되었다.

36

(가), (나) 사이의 시기에 있었던 사실로 옳은 것은? [3점]

(가) 우리 정부는 왕명을 받들어 교정청을 설치하여 당상관 15명을 두고 먼저 폐정 몇 가지를 개혁하니, 이는 모두 동학당[東黨]이 호소한 일이다. 자주 개혁을 점진적으로 추진하여 일본인들의 개입을 막고자 하였다. …… 6월 16일 교정청에서 혁폐 조목을 의정하였다.

(나) 러시아 장교 4명과 수병(水兵) 100여 명이 공사관 보호를 명목으로 한성에 들어왔고, 왕과 왕태자는 다음날 이른 아침 궁녀의 가마를 타고 위장하여 러시아 공사관으로 처소를 옮겼다.

① 조 · 미 수호 통상 조약이 체결되었다.
② 영국이 거문도를 불법 점령하였다.
③ 13도 창의군이 서울 진공 작전을 전개하였다.
④ 삼국 간섭으로 일본이 요동반도를 반환하였다.
⑤ 고종이 환구단에서 황제 즉위식을 거행하였다.

37

다음 상황이 나타난 시기를 연표에서 옳게 고른 것은? [2점]

> 경인 철도 회사에서 어제 개업 예식을 거행하는데 …… 화륜거 구르는 소리는 우레 같아 천지가 진동하고 기관차 굴뚝 연기는 반공에 솟아오르더라. 수레를 각기 방 한 칸씩 되게 만들어 여러 수레를 철구로 연결하여 수미상접하게 이었는데, 수레 속은 상·중·하 3등으로 수장하여 그 안에 배포한 것과 그 밖에 치장한 것은 이루 형언할 수 없더라.

1876	1884	1894	1904	1910	1919
(가)	(나)	(다)	(라)	(마)	
강화도 조약	갑신 정변	갑오 개혁	러·일 전쟁	국권 피탈	대한민국 임시 정부 수립

① (가) ② (나) ③ (다)
④ (라) ⑤ (마)

38

다음 가상 뉴스에서 보도하는 정책에 대한 설명으로 옳은 것은? [1점]

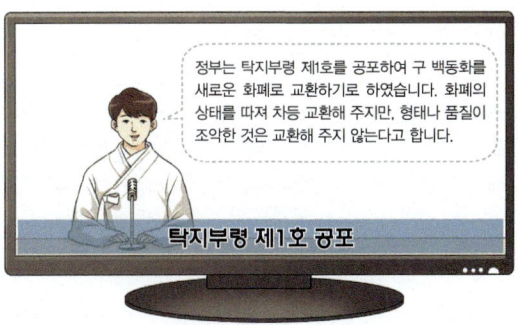

정부는 탁지부령 제1호를 공포하여 구 백동화를 새로운 화폐로 교환하기로 하였습니다. 화폐의 상태를 따져 차등 교환해 주지만, 형태나 품질이 조악한 것은 교환해 주지 않는다고 합니다.

탁지부령 제1호 공포

① 화폐 발행을 위해 전환국이 설치되었다.
② 재정 고문 메가타의 주도로 시행되었다.
③ 은본위제가 본격적으로 실시되는 배경이 되었다.
④ 황국 중앙 총상회가 중심이 되어 반대 운동을 전개하였다.
⑤ 함경도 관찰사 조병식이 방곡령을 선포하는 계기가 되었다.

39

다음 법령이 시행된 시기의 사실로 옳은 것은? [2점]

> 제1조 3개월 이하의 징역 또는 구류에 처하여야 할 자는 그 정상에 따라 태형에 처할 수 있다.
> ……
> 제7조 태형은 태 30 이하일 경우 이를 한 번에 집행하고, 30을 넘길 때마다 1회를 증가시킨다. 태형의 집행은 하루 한 회를 넘길 수 없다.
> ……
> 제11조 태형은 감옥 또는 즉결 관서에서 비밀리에 집행한다.
> ……
> 제13조 본령은 조선인에 한하여 적용한다.

① 제2차 조선 교육령을 시행하였다.
② 범죄 즉결례에 의해 한국인을 처벌하였다.
③ 조선 사상범 예방 구금령을 통해 독립운동을 탄압하였다.
④ 농민의 자력갱생을 내세운 농촌 진흥 운동을 실시하였다.
⑤ 국가 총동원법을 제정하여 인력과 물자를 강제 동원하였다.

40

(가)에 들어갈 인물에 대한 설명으로 옳은 것은? [2점]

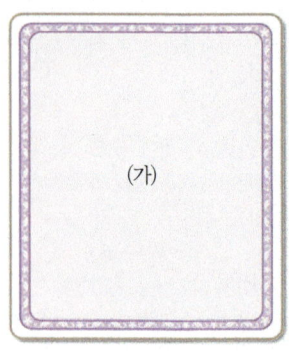

(앞면)

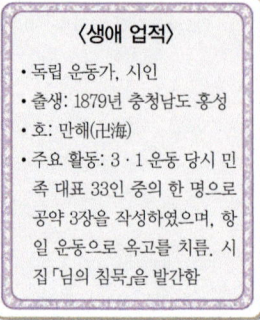

〈생애 업적〉
- 독립 운동가, 시인
- 출생: 1879년 충청남도 홍성
- 호: 만해(卍海)
- 주요 활동: 3·1 운동 당시 민족 대표 33인 중의 한 명으로 공약 3장을 작성하였으며, 항일 운동으로 옥고를 치름. 시집 「님의 침묵」을 발간함

(뒷면)

① 일제 강점기 대표적 저항시인 광야를 지었다.
② 을사오적을 처단하기 위해 자신회를 결성하였다.
③ 독사신론을 저술하여 민족주의 사관의 기초를 마련하였다.
④ 독립 투쟁 과정을 정리한 한국독립운동지혈사를 저술하였다.
⑤ 조선 불교 유신론을 저술하여 불교 개혁 운동을 주도하였다.

41

(가), (나)에 들어갈 내용으로 옳은 것은? [2점]

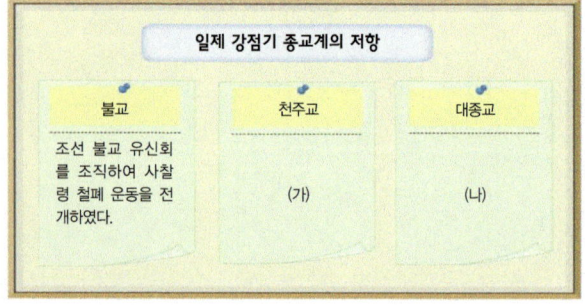

① (가) - 의민단을 조직하여 무장 투쟁을 전개하였다.
② (가) - 잡지 개벽을 발행하여 민족 의식을 고취하였다.
③ (나) - 경향신문을 발간하여 민중 계몽에 힘썼다.
④ (나) - 배재 학당을 세워 신학문 보급에 기여하였다.
⑤ (가), (나) - 을사오적을 처단하기 위해 자신회를 결성하였다.

42

다음 성명서가 발표될 당시에 볼 수 있는 모습으로 가장 적절한 것은? [3점]

> 금반 우리의 노동 정지는 다만 국제 통상 주식회사 원산 지점이 계약을 무시하고 부두 노동 조합 제1구에 대하여 노동을 정지시킨 것으로 인하여 각 세포 단체가 동정을 표한 것뿐이다. 그러므로 결코 동맹 파업을 행한 것은 아니다. 그럼에도 불구하고 재향 군인회, 소방대가 출동한다 하여 온 도시를 경동케 함은 실로 이해할 수 없는 현상이니 …… 또한 원산 상업 회의소가 우리 연합회 회원과 그 가족 만여 명을 비(非) 시민과 같이 보는 행동을 감행하고 있는 것이 사실임으로 …… 상업 회의소에 대하여 입회 연설회를 개최할 것을 요구하였다.
> — 동아일보 —

① 카프(KAPF)에서 활동하는 신경향파 작가
② 원각사에서 은세계 공연을 관람하는 학생
③ 육영 공원에서 영어를 가르치는 미국인 교사
④ 전차 개통식에 참여하는 한성 전기 회사 직원
⑤ 손기정 선수의 올림픽 우승 소식을 보도하는 기자

43

(가) 부대에 대한 설명으로 옳은 것은? [2점]

> 때는 해동 무렵이어서 얼음이 풀린 소자강은 수심이 깊었다. 게다가 얼음덩이가 뗏목처럼 흘러내렸다. 하지만 앞에 있는 이 강을 건너지 못하면 영릉가로 쳐들어갈 수 없었다. 밤 12시까지 영릉가에 들어가 반드시 공격을 알리는 신호탄을 울려야만 했다. (가) 의 총사령인 양세봉은 전사들에게 소자강을 건너라고 명령하고 자기부터 강물에 뛰어들었다.

① 남만주에서 중국군과 연합 작전을 전개하였다.
② 연합군의 일원으로 인도·미얀마 전선에 파견되었다.
③ 간도 참변 이후 조직을 정비하고 자유시로 이동하였다.
④ 중국 관내(關內)에서 조직된 최초의 한인 무장 부대였다.
⑤ 홍범도 부대와 연합하여 청산리에서 일본군과 교전하였다.

44
다음 두 주장의 결과로 가장 적절한 것은? [1점]

> ○ 우리는 피로써 건립한 독립국과 정부가 이미 존재하였음을 다시 선언한다. 5천 년의 주권과 3천 만의 자유를 전취하기 위하여 자기의 정치 활동을 옹호하고 외래의 탁치 세력을 배격함에 있다.
> ○ 신탁 제도 역시 그 내용이 조선 독립을 달성하는 순서상 과도적 방도인 한 충분히 진보적 역할을 하는 것이며, 8월 15일 해방으로부터의 위대한 일보 전진이다. 그것은 을사조약이나 위임 통치와는 전연 다른 것일 뿐 아니라 우리가 통상 이해하는 신탁과도 아주 판이할 것이다.

① 좌우 합작 7원칙이 발표되었다.
② 조선 건국 준비 위원회가 결성되었다.
③ 모스크바 3국 외상 회의가 개최되었다.
④ 반민족 행위 특별 조사 위원회가 구성되었다.
⑤ 유상 매수, 유상 분배 원칙의 농지 개혁법이 제정되었다.

45
(가), (나) 사이의 시기에 있었던 사실로 옳은 것은? [2점]

> (가) 자유당은 당시 대통령에 한하여 중임 제한을 적용하지 않는다는 내용을 골자로 하는 개헌을 추진하였다. 그해 11월, 개헌안은 의결 정족수에 1명이 부족하여 부결되었는데, 사사오입의 논리를 내세워 개헌안이 다시 통과된 것으로 번복하였다.
> (나) 첫째는 국민이 원하면 대통령직을 사임할 것이며, 둘째는 지난번 정·부통령 선거에 많은 부정이 있었다고 하니, 선거를 다시 하도록 지시하였고, 셋째는 선거로 인연한 모든 불미스러운 것을 없애게 하기 위해서, 이미 이기붕 의장이 공직에서 완전히 물러가겠다고 결정한 것이다.

① 정부 형태가 내각 책임제로 바뀌었다.
② 장기 독재를 가능하게 한 유신 헌법이 공포되었다.
③ 평화 통일론을 주장한 진보당의 조봉암이 구속되었다.
④ 임시 수도 부산에서 대통령 직선제 개헌안이 통과되었다.
⑤ 공산당과의 내통 구실로 반민 특위 소속 국회의원들을 구속하였다.

46
다음 인물의 사망 직전 사건으로 옳은 것은? [3점]

> ○○○ 연보
> 1918년 평안북도 의주 출생
> 1942년 도쿄 일본신학교 재학
> 1944년 학병 강제 징집
> 1947년 조선 민족 청년단 활동
> 1953년 사상계 창간 주도
> 1962년 막사이사이상(賞) 수상
> 1967년 제7대 총선에서 옥중 출마하여 국회의원에 당선
> 1973년 민주 회복을 위한 개헌 청원 백만인 서명 운동 주도
> ○○○○년 사망
> 1991년 건국 훈장 애국장 추서

① 부정 선거에 항거하여 4·19 혁명이 일어났다.
② 4·13 호헌 조치 발표로 6월 민주 항쟁이 촉발되었다.
③ 군부 세력의 쿠데타에 5·18 민주화 운동이 발발하였다.
④ 유신 체제 반대 운동을 벌인 민청학련 사건이 발발하였다.
⑤ 신민당 당사의 YH 사건으로 부·마 민주 항쟁이 발발하였다.

47

(가)에 들어갈 세시 음식으로 가장 적절한 것은? [1점]

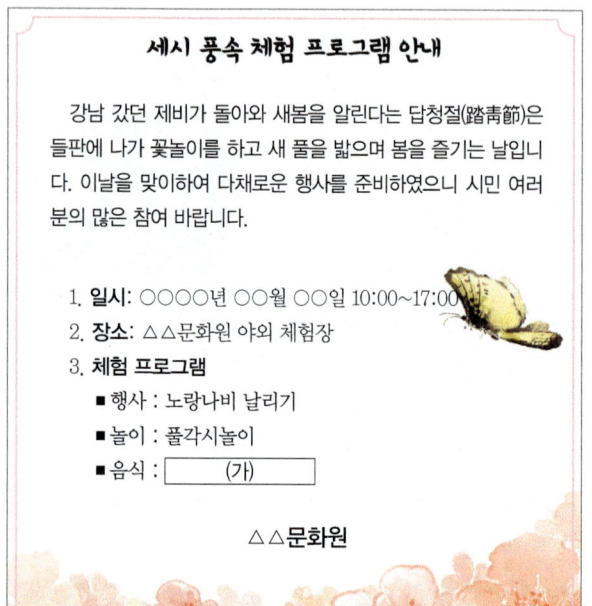

①  송편　② 팥죽　③ 화전
④ 오곡밥　⑤ 수리취떡

48

밑줄 그은 '사태'와 관련된 민주화 운동에 대해 옳게 설명한 것은? [2점]

80만 광주 시민의 결의

- 이번 사태의 모든 책임은 과도 정부에 있다. 과도 정부는 모든 피해를 보상하고 즉각 물러나라!
- 무력 탄압만 계속하는 명분 없는 계엄령을 즉각 해제하라!
- 정부와 언론은 이번 광주 의거를 허위 조작, 왜곡 보도하지 말라!
- 우리가 요구하는 것은 단지 피해 보상과 연행자 석방만이 아니다. 우리는 진정한 '민주 정부 수립'을 요구한다!

① 시민군을 조직하여 계엄군에 대항하였다.
② 한·일 국교 정상화에 반대하여 일어났다.
③ 4·13 호헌 조치에 국민들이 저항하며 시작되었다.
④ 3·15 부정 선거에 항의하는 시위에서 비롯되었다.
⑤ 3·1 민주 구국 선언을 통해 긴급 조치 철폐 등을 요구하였다.

49

(가) ~ (다)를 발표된 순서대로 옳게 나열한 것은? [2점]

(가) 국가의 미래요 소망인 꽃다운 젊은이를 야만적인 고문으로 죽여 놓고 그것도 모자라서 국민을 속이려 했던 현 정권에게 국민의 분노가 무엇인지 분명히 보여 주고, 국민적 여망인 개헌을 일방적으로 파기한 4·13 폭거를 철회시키기 위한 민주 장정을 시작한다.

(나) 오늘로 3·1절 쉰일곱 돌을 맞으면서 우리는 1919년 3월 1일 전 세계에 울려 퍼지던 이 민족의 함성, 자주 독립을 부르짖던 그 아우성이 쟁쟁히 울려와서 이대로 앉아있는 것은 구국 선열들의 피를 땅에 묻어버리는 죄가 되는 것 같아 우리의 뜻을 모아 '민주 구국 선언'을 국내외에 선포하고자 한다.

(다) 우리는 이제 3선 개헌을 감행하여 자유 민주에의 반역을 기도하는 어떤 명분이나 위장된 강변에도 현혹됨이 없이 헌정 20년 간 모든 호헌 세력들이 공통된 신념과 결단 위에서 전 국민의 힘을 뭉쳐 단호히 이에 대처하려 한다.

① (가) - (나) - (다)
② (가) - (다) - (나)
③ (나) - (가) - (다)
④ (나) - (다) - (가)
⑤ (다) - (나) - (가)

50

밑줄 그은 '정부' 시기의 사건을 표현한 사진으로 적절한 것은? [2점]

□□신문

제△△호 ○○○○년 ○○월 ○○일

개성 공단 착공식 개최

정부는 30일 11시 개성 공단 착공식이 북한 개성 현지 1단계 지구에서 남측과 북측 인사 300여 명이 참석한 가운데 열린다고 발표하였다. 남북이 분단 이후 처음으로 공동 조성하는 대규모 수출 공업 단지인 개성 공단은 남측의 기술력 및 대외 무역 능력과 북측의 노동력을 바탕으로 만들어지는 남북 경협의 마중물이 될 것으로 기대된다.

①
서울 올림픽 대회

②
정주영 북한 방문

③
7·4 남북 공동 성명 발표

④
남북 학생 회담 요구 집회

⑤
10·4 남북 공동 선언 채택

기출분석 예상문제

제07회

|정답 및 해설| 275p

01

(가) 시대의 사회 모습으로 옳은 것은? [1점]

① 빗살무늬 토기를 제작하였다.
② 가락바퀴를 이용하여 실을 뽑았다.
③ 주로 동굴이나 강가의 막집에서 살았다.
④ 지배층의 무덤으로 고인돌을 축조하였다.
⑤ 반달 돌칼을 사용하여 곡물을 수확하였다.

02

(가) 나라에 대한 설명으로 옳은 것은? [2점]

① 소도라고 불리는 신성 지역이 있었다.
② 읍락 간의 경계를 중시한 책화가 있었다.
③ 화백 회의에서 나라의 중대사를 결정하였다.
④ 사회 질서를 유지하기 위해 범금 8조를 만들었다.
⑤ 대가들이 사자, 조의, 선인 등의 관리를 거느렸다.

제07회

03

(가), (나) 시기에 있었던 사실로 옳은 것은? [2점]

> (가) 주나라가 쇠약해지자, 연나라가 스스로 왕(王)이라 칭하고 동쪽으로 침략하려 하니, 조선의 후(侯) 역시 스스로 왕을 칭하고 군사를 일으켜 연나라를 공격하려 하였다.
> - 「삼국지」 동이전 -
>
> (나) 위만이 망명하여 호복(胡服)을 하고 동쪽의 패수를 건너 준왕에게 투항하였다. …… 준왕은 그를 믿고 총애하여 …… 백 리의 땅을 봉해 서쪽 변경을 지키도록 하였다.
> - 「삼국지」 동이전 -

① 진번과 임둔을 복속시켜 세력을 확장하였다.
② 한나라 무제가 군대를 보내 왕검성을 공격하였다.
③ 한(漢)과 진국(辰國) 사이에서 중계 무역을 하였다.
④ 부왕(否王) 등 강력한 왕이 등장하여 왕위를 세습하였다.
⑤ 조선상 역계경이 무리를 이끌고 진국(辰國)으로 남하하였다.

04

밑줄 그은 '이 단체'에 대한 설명으로 옳은 것은? [1점]

> 국선도, 풍월도라고도 하는 이 단체는 명산 대천을 돌아다니며 도의를 연마하였고, 무예를 수련하여 유사시 전투에 참여하였다. 학문과 인격 도야, 국가에 대한 충성 등을 맹세한 임신서기석의 비문에도 그 정신이 잘 나타나 있으며, 신라가 삼국을 통일하는 데 크게 기여하였다.

① 국학 내에 설치되었다.
② 경당에서 책을 읽고 활쏘기를 배웠다.
③ 진흥왕 때 국가적인 조직으로 정비되었다.
④ 귀족들로 구성되어 만장일치제로 운영되었다.
⑤ 유교 경전을 가르치기 위해 박사와 조교를 두었다.

05

다음 전쟁에 대한 설명으로 옳은 것을 <보기>에서 고른 것은? [2점]

> 적의 군사가 강을 반쯤 건넜을 때 아군은 뒤에서 적군을 공격하여 우둔위장군(右屯衛將軍) 신세웅을 죽였다. …… 처음 적의 군대가 요하에 이르렀을 때에는 30만 5천여 명이었는데, 요동성으로 돌아갔을 때에는 겨우 2천 7백 명뿐이었다.
> - 「삼국사기」 -

보 기

ㄱ. 을지문덕이 살수에서 승리를 거두었다.
ㄴ. 수를 멸망하게 한 원인 중 하나가 되었다.
ㄷ. 안시성의 군사와 백성들이 이세민의 대군을 격파하였다.
ㄹ. 평양에 설치된 안동도호부를 요동의 신성으로 축출하였다.

① ㄱ, ㄴ   ② ㄱ, ㄷ   ③ ㄴ, ㄷ
④ ㄴ, ㄹ   ⑤ ㄷ, ㄹ

06

(가), (나) 사이에 있었던 사실로 옳은 것은? [3점]

> (가) 고구려 왕 거련이 몸소 군사를 거느리고 백제를 공격하였다. 백제 왕 경이 아들 문주를 보내 구원을 요청하였다. 왕이 군사를 내어 구해주려 했으나 미처 도착하기도 전에 백제가 이미 무너졌다. 경 또한 피살되었다.
> - 「삼국사기」 -
>
> (나) 백제 왕이 신라군을 습격하고자 몸소 보병과 기병 모두 50명을 거느리고 밤에 구천(狗川)에 이르렀다. 신라의 복병이 나타나 그들과 싸우다가 혼전 중에 왕이 신라군에게 살해되었다.
> - 「삼국사기」 -

① 고구려가 낙랑군을 축출하였다.
② 신라가 금관가야를 멸망시켰다.
③ 신라가 매소성에서 당을 물리쳤다.
④ 고구려의 광개토 대왕이 백제를 공격하였다.
⑤ 백제와 고구려가 동맹을 맺고 신라에 대항하였다.

07

다음 정책을 추진한 왕의 재위 기간에 있었던 사실로 옳은 것은? [2점]

> ○ 3년 3월, 주주(州主)와 군주(郡主)에게 농사를 권장하도록 명하니, 비로소 우경(牛耕)이 시작되었다.
> ○ 6년 2월, …… 실직주(悉直州)를 설치하고, 이사부를 군주(軍主)로 임명하였다.
>
> – 『삼국사기』 –

① 병부와 상대등이 설치되었다.
② 독서삼품과 제도를 마련하였다.
③ 불국사 삼층 석탑이 건립되었다.
④ 지방관 감찰을 목적으로 외사정이 파견되었다.
⑤ 국호를 신라로 확정하고 왕이라는 칭호를 사용하였다.

08

밑줄 그은 '문서'를 제작한 국가의 경제 상황에 대한 설명으로 옳은 것은? [2점]

이것은 1933년 일본 도다이 사(東大寺) 쇼소인(正倉院)에서 발견된 문서로, 호구를 남녀별·연령별로 구분하여 파악하고 있다.

① 모내기법이 전국적으로 확산되었다.
② 빈민 구제를 위한 진대법이 실시되었다.
③ 시장을 감독하는 관청인 동시전이 있었다.
④ 감자, 고구마 등의 구황 작물이 재배되었다.
⑤ 우리 풍토에 맞는 농법을 기록한 농사직설이 편찬되었다.

09

(가)에 들어갈 문화유산으로 옳은 것은? [3점]

삼국 시대의 탑

중국 길림성 장백산 북서쪽 탑산에 있는 탑으로, 1908년에 청나라 관리가 이 탑을 보고 공자 사당의 영광전처럼 오랜 세월에도 의연히 남아 있다고 하여 이 이름을 붙였다.

①
②
③
④
⑤

10

(가) 국가의 경제 상황에 대한 설명으로 옳은 것은? [2점]

이것은 (가) 의 수도였던 동경 용원부에서 출토된 삼존불상입니다. 십자가 모양의 장신구를 걸고 있는 보살상을 통해 다양한 국가와 다양한 문화 교류가 있었음을 짐작할 수 있습니다.

① 울산항이 국제 무역항으로 번성하였다.
② 특산품으로 솔빈부의 말이 유명하였다.
③ 청해진을 설치하여 해상 무역을 전개하였다.
④ 건원중보를 발행하여 화폐 유통을 추진하였다.
⑤ 시장을 관리하는 관청인 동시전을 설치하였다.

11

밑줄 그은 '왕'의 재위 기간에 있었던 사실로 옳은 것은? [2점]

역사 신문

제△△호 ○○○년 ○○월 ○○일

발해 왕자 대광현에게 왕씨 성(姓) 하사

얼마 전 발해 왕자 대광현이 이끄는 무리가 거란의 침략을 피해 우리나라로 넘어 왔다. 왕은 대광현에게 왕씨 성을 하사하였으며 종실의 족보에 기록하였다. 또한 대광현을 따라온 장군 신덕 등 신하들에게 벼슬을 내리고 토지와 집을 주는 등 후하게 대접하였다.

① 12목에 지방관을 파견하였다.
② 서경을 북진 정책의 전진 기지로 삼았다.
③ 국자감에 7재라는 전문 강좌를 개설하였다.
④ 쌍기의 건의를 받아들여 과거제를 시행하였다.
⑤ 노비안검법을 시행하여 호족과 공신 세력을 견제하였다.

12

(가)에 들어갈 설명으로 옳은 것은? [1점]

월간 역사 ○○○○년 8월호

특집 대각국사 의천의 활동
- 화폐 주조 및 유통을 주장하였다.
- 교장도감을 설치하고 교장을 간행하였다.
- (가)
- 교관겸수를 내세워 이론 연마와 실천을 함께 중시하였다.

① 국청사를 중심으로 해동 천태종을 창시하였다.
② 법화 신앙에 중점을 둔 백련 결사를 주도하였다.
③ 정혜사를 결성하여 불교계를 개혁하고자 하였다.
④ 유불 일치설을 주장하여 심성의 도야를 강조하였다.
⑤ 승려들의 전기를 정리하여 해동고승전을 편찬하였다.

13

밑줄 그은 '정책'으로 옳지 않은 것은? [3점]

최충의 문헌공도를 비롯한 사학 12도에서 교육받은 학생들이 과거에서 좋은 성적을 거두어 관학이 위축되고 있습니다. 이에 정부에서는 관학을 진흥하기 위한 정책을 마련하였습니다.

정부, 관학 진흥에 나서다

① 중등 교육 기관으로 4부 학당을 설립하였다.
② 국자감에 전문 강좌인 7재를 두어 운영하였다.
③ 경사 6학을 중심으로 교육 제도를 정비하였다.
④ 장학 기금을 마련하기 위해 양현고를 설치하였다.
⑤ 청연각과 보문각을 설치하여 학문 연구를 장려하였다.

14

다음 사건이 일어난 시기를 연표에서 옳게 고른 것은? [2점]

> 묘청 등이 왕에게 말하기를, "신들이 보건대 서경의 임원역은 음양가들이 말하는 대화세(大華勢)이니 만약 이곳에 궁궐을 세우고 옮기시면 천하를 병합할 수 있을 것이요, 금나라가 공물을 바치고 스스로 항복할 것이며, 36개 나라들이 모두 신하가 될 것입니다." 라고 하였다.
>
> - 『고려사』 -

918	1009	1126	1232	1356	1392
	(가)	(나)	(다)	(라)	(마)
고려 건국	강조의 정변	이자겸의 난	강화 천도	쌍성총관부 탈환	고려 멸망

① (가) ② (나) ③ (다)
④ (라) ⑤ (마)

15

다음 자료의 (가) 인물에 대한 설명으로 옳은 것은? [3점]

> 우왕7년 8월, 도성의 물가가 폭등하여 상인들이 사소한 이익을 둘러싸고 다투었다. (가) 이/가 이를 매우 싫어하여, 모든 시장의 물건에 대해 감독관청에서 가격을 정하고 세금을 납부하였다는 도장을 찍은 후 비로소 매매할 수 있도록 허락하였다.

① 별무반을 보내 동북 9성을 축조하였다.
② 개경에 나성을 쌓아 침입에 대비하였다.
③ 화통도감을 설치하여 화약과 화포를 제작하였다.
④ 명의 철령위 설치에 반발하여 요동 정벌을 추진하였다.
⑤ 쌍성총관부를 공격하여 철령 이북의 땅을 수복하였다.

16

다음 대화에 해당하는 문화유산으로 옳은 것은? [1점]

주제: 고려 시대 불교 문화유산

고려 초기에 제작된 석조 불상이야.

2018년 4월 국보 제 323호로 승격된 불상에 대해 얘기해 보자.

은진 미륵이라고도 불리는데, 거대하고 투박하면서도 지역적 특색을 담고 있지.

17

다음 주장을 펼친 인물의 활동으로 옳은 것은? [2점]

> 지금 요동을 정벌하는 일에는 네 가지의 옳지 못한 점이 있습니다. 작은 나라로서 큰 나라에 거역하는 것이 첫 번째 옳지 못함이요, 여름철에 군사를 동원하는 것이 두 번째 옳지 못함이요, 온 나라의 군사를 동원하여 멀리 정벌하러 가면 왜적이 그 허술한 틈을 탈 것이니 세 번째 옳지 못함이요, 이제 곧 덥고 비가 많이 올 것이므로 활의 아교가 풀어지고 많은 군사가 전염병을 앓을 것이니 네 번째 옳지 못함입니다.

① 학문 연구 기관인 집현전을 설치하였다.
② 한양으로 천도하면서 경복궁을 창건하였다.
③ 국가의 의례를 정비한 국조오례의를 완성하였다.
④ 백성의 유망을 막기 위하여 호패법을 실시하였다.
⑤ 궁궐의 공사비 마련을 위하여 당백전을 발행하였다.

18

(가) 인물에 대한 설명으로 옳은 것은? [2점]

경교명승첩 중 '압구정'(정선)

이 작품은 조선 시대 압구정의 모습을 그린 것이다. 압구정은 세조를 도와 정치적 실권을 장악한 (가) 이/가 지은 정자이다.

① 계유정난을 통해 정권을 장악하였다.
② 불씨잡변을 지어 불교를 비판하였다.
③ 금위영을 설치하여 5군영 체제를 완성하였다.
④ 두 차례 왕자의 난을 통해 반대파를 제거하였다.
⑤ 삼군부를 부활시켜 군국 기무를 전담하게 하였다.

19

밑줄 그은 '왕'의 재위 기간에 있었던 사실로 옳은 것은? [2점]

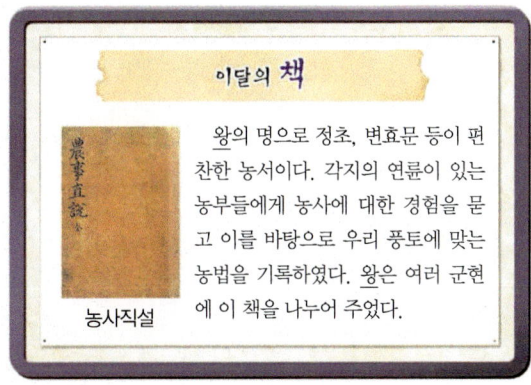

이달의 책

농사직설

왕의 명으로 정초, 변효문 등이 편찬한 농서이다. 각지의 연륜이 있는 농부들에게 농사에 대한 경험을 묻고 이를 바탕으로 우리 풍토에 맞는 농법을 기록하였다. 왕은 여러 군현에 이 책을 나누어 주었다.

① 개량된 금속 활자인 갑인자가 주조되었다.
② 조선의 기본 법전인 경국대전을 반포하였다.
③ 궁중 음악을 집대성한 악학궤범을 편찬하였다.
④ 균역법을 실시하여 군역의 부담을 줄이고자 하였다.
⑤ 현직 관리에게만 수조권을 지급하는 직전법을 실시하였다.

20

밑줄 그은 '왕'의 재위 기간에 있었던 사실로 옳은 것은? [2점]

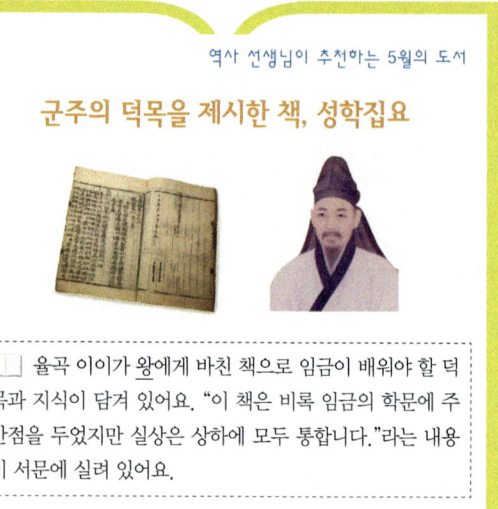

역사 선생님이 추천하는 5월의 도서
군주의 덕목을 제시한 책, 성학집요

□ 율곡 이이가 왕에게 바친 책으로 임금이 배워야 할 덕목과 지식이 담겨 있어요. "이 책은 비록 임금의 학문에 주안점을 두었지만 실상은 상하에 모두 통합니다."라는 내용이 서문에 실려 있어요.

① 공신 책봉 문제로 이괄의 난이 일어났다.
② 정여립 모반 사건으로 옥사가 발생하였다.
③ 허적과 윤휴 등 남인들이 대거 축출되었다.
④ 북인이 서인과 남인을 배제하고 권력을 장악하였다.
⑤ 인현 왕후가 폐위되고 희빈 장씨가 왕비로 책봉되었다.

21

밑줄 그은 '이 책'이 집필된 곳으로 옳은 것은? [3점]

이로 보건대 삼국의 시조가 모두 신비로운 데에서 탄생하였다고 하여 이상할 것이 없다. 이 책 머리에 기이(紀異)편을 싣는 까닭도 바로 여기에 있는 것이다.

① (가) ② (나) ③ (다)
④ (라) ⑤ (마)

22

다음 서술형 평가의 답안에 들어갈 내용으로 옳은 것은? [1점]

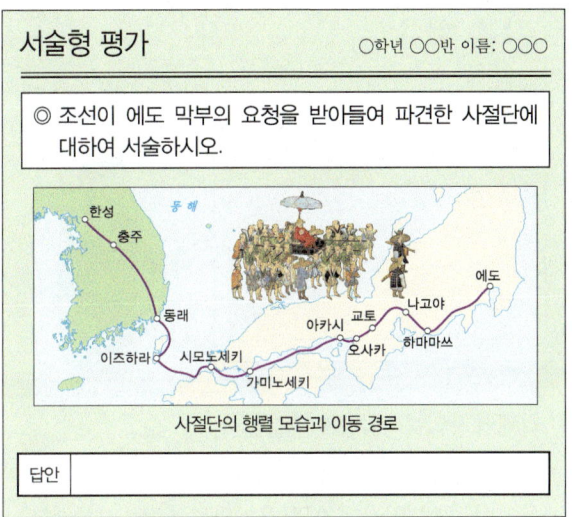

① 매년 정기적으로 파견되었다.
② 다녀온 여정을 연행록으로 남겼다.
③ 하정사, 성절사, 천추사 등이 있었다.
④ 사절 왕래를 위하여 북평관을 개설하였다.
⑤ 19세기 초까지 파견되어 문화 교류의 역할을 하였다.

23

(가) 전쟁 중 최초의 전투로 옳은 것은? [2점]

> 이것은 일본 규슈에 있는 조선인 도공 이삼평의 기념비입니다. (가) 때 일본에 끌려간 그는 백자를 만들어 일본 도자기 기술 발전에 기여하였습니다.

① 김시민이 진주성에서 혈전을 벌였다.
② 권율이 행주산성에서 크게 승리하였다.
③ 첨사 정발이 부산진 전투에서 분전하였다.
④ 이순신이 한산도 해전에서 대승을 거두었다.
⑤ 신립이 탄금대에서 배수의 진을 치고 싸웠다.

24

(가) 인물이 왕위에 오르기 전 사건으로 옳은 것은? [3점]

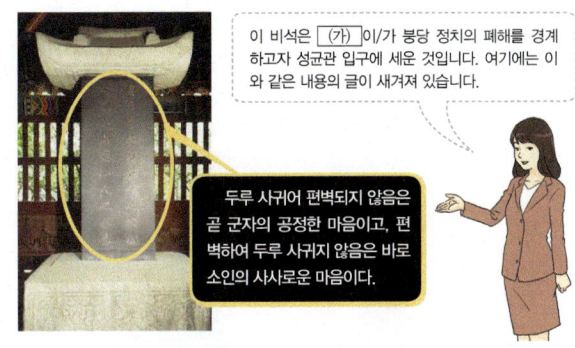

① 폐비 윤씨 사사 사건의 관련자들이 화를 입었다.
② 왕통 문제와 관련하여 소론이 노론을 숙청하였다.
③ 자의 대비의 복상 문제로 기해 예송이 전개되었다.
④ 외척 세력인 대윤과 소윤의 대립으로 사화가 일어났다.
⑤ 희빈 장씨 소생의 원자 책봉 문제로 환국이 발생하였다.

25

다음 대화와 관련 있는 전쟁의 영향으로 옳은 것은? [2점]

① 북방에 4군 6진이 개척되었다.
② 이종무에 의해 대마도가 정벌되었다.
③ 노론의 영수 송시열이 북벌론을 주장하였다.
④ 계해약조가 체결되어 세견선의 입항이 허가되었다.
⑤ 외적에 대비하기 위해 비변사가 처음으로 설치되었다.

26

다음 대화가 있었던 시기의 상황으로 옳은 것은? [2점]

① 신유박해로 다수의 천주교도가 처형되었다.
② 박규수의 건의로 삼정이정청이 설치되었다.
③ 명의 요청으로 강홍립의 부대가 파견되었다.
④ 붕당의 폐해를 경계하기 위한 탕평비가 건립되었다.
⑤ 통치 체제를 정비하기 위해 대전회통이 편찬되었다.

27

(가)~(마) 상인에 대한 설명으로 옳은 것은? [2점]

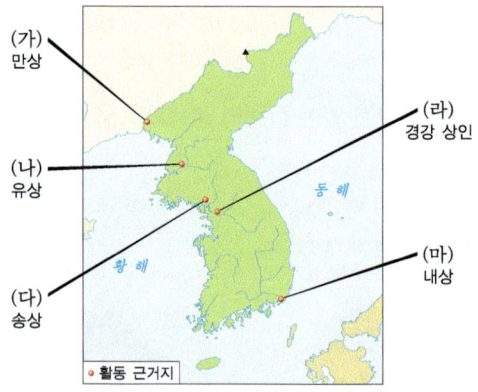

① (가) – 왜관을 중심으로 대일 무역을 전개하였다.
② (나) – 책문 후시를 통해 대외 무역에 종사하였다.
③ (다) – 유경을 근거지로 만상과 송상을 연결하였다.
④ (라) – 선박을 이용한 세곡 운송에 종사하며 성장하였다.
⑤ (마) – 사개치부법이라는 독자적인 회계법을 창안하였다.

28

다음 사건에 대한 설명으로 옳은 것은? [2점]

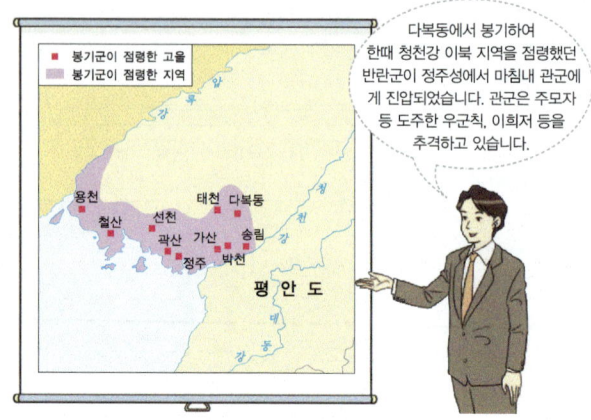

① 척왜양창의를 기치로 내걸었다.
② 몰락 양반 유계춘이 주도하였다.
③ 청군이 파병되는 결과를 가져왔다.
④ 남접과 북접이 연합하여 전개되었다.
⑤ 서북인에 대한 차별에 반발하여 일어났다.

29

(가) 종교에 대한 설명으로 옳지 않은 것은? [1점]

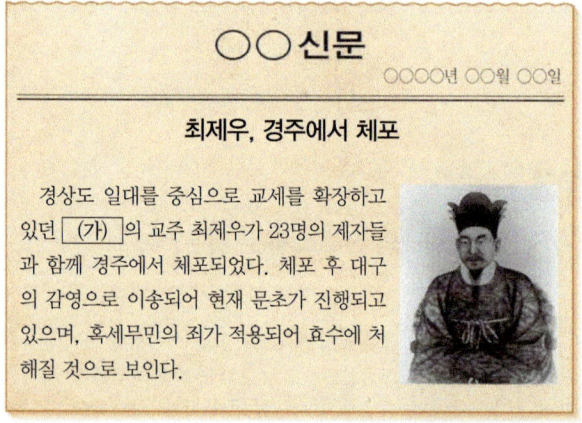

① 동경대전과 용담유사를 경전으로 삼았다.
② 인내천 사상을 내세워 인간 평등을 주장하였다.
③ 마음속에 한울님을 모시는 시천주를 강조하였다.
④ 제사와 신주를 모시는 문제로 정부의 탄압을 받았다.
⑤ 유·불·선을 바탕으로 민간 신앙의 요소까지 포함하였다.

30

(가) 서적에 서술된 내용으로 옳은 것은? [2점]

이곳은 유형원이 낙향하여 학문 연구에 전념했던 전라북도 부안군의 한 서당입니다. 그는 이곳에서 제자들을 양성하며 (가) 을/를 저술하였습니다.

① 신분에 따라 토지를 차등 분배하자고 하였다.
② 마을 단위 토지 분배와 공동 경작을 제안하였다.
③ 사농공상의 직업적 평등과 전문화를 강조하였다.
④ 자영농 몰락을 막기 위해 영업전 설정을 주장하였다.
⑤ 재물을 우물에 비유하여 절약보다 소비를 권장하였다.

31

(가)에 대한 설명으로 옳은 것은? [2점]

> 나라 안의 서원과 사묘(祠廟)를 모두 철폐하고 남긴 것은 48개소에 불과하였다. …… (가) 은/는 철폐한 후 그 황묘위판(皇廟位版)은 북원*의 대보단으로 옮겨 봉안하였다. …… 서원을 창설할 때에는 매우 좋은 뜻으로 시작하였지만 오랜 세월이 흐르는 동안 날로 폐단이 심하였다. …… 그러므로 서원 철폐령을 내린 것을 어찌 막을 수 있겠는가? 그 일이 흥선 대원군으로부터 나온 것이라고 해서 모두 비방할 일은 아니다.
>
> *북원: 창덕궁 금원
>
> - 『매천야록』 -

① 역대 국왕과 왕비의 신주가 모셔져 있다.
② 촉의 장수인 관우를 제사지내는 사당이다.
③ 토지와 곡식의 신에게 제사를 지내는 공간이다.
④ 국왕이 신농씨와 후직씨에게 풍년을 기원하는 곳이다.
⑤ 임진왜란 때 도와준 명나라에 대한 보답으로 지은 사당이다.

32

다음 사건으로 인한 결과를 <보기>에서 고른 것은? [2점]

> 지난 달 조선에서 국왕의 명령에 의해, 선교 중이던 프랑스인 주교 2명과 선교사 9명, 조선인 사제 7명과 무수히 많은 남녀노소 천주교도들이 학살되었습니다. …… 며칠 내로 우리 군대가 조선을 정복하기 위해 출발할 것입니다. …… 이제 우리는 중국 정부의 조선 왕국에 대한 어떤 영향력도 인정하지 않을 것임을 선언합니다.
>
> - 『베이징 주재 프랑스 대리공사 벨로네의 서한』 -

보 기

ㄱ. 양헌수 부대가 정족산성에서 격퇴하였다.
ㄴ. 러시아의 절영도 조차 요구를 저지시켰다.
ㄷ. 어재연 부대가 광성보에서 결사 항전하였다.
ㄹ. 외규장각 도서가 약탈당하는 피해를 입었다.

① ㄱ, ㄴ   ② ㄱ, ㄹ   ③ ㄴ, ㄷ
④ ㄴ, ㄹ   ⑤ ㄷ, ㄹ

33

(가) 가 지은 책을 유포한 인물에 대한 설명으로 옳은 것은? [3점]

> 진실로 (가) 의 말처럼 러시아가 비록 병탄할 힘과 침략할 뜻이 있다고 해도, 장차 만 리 밖의 구원을 앉아 기다리면서 홀로 가까운 오랑캐들과 싸우겠습니까? 이야말로 이해 관계가 뚜렷한 것입니다. 지금 조정은 어찌 백해무익한 일을 해서 러시아 오랑캐에게는 없는 마음을 갖게 하고, 미국에게는 일도 아닌 것을 일로 삼게 하여 오랑캐를 불러들이려 합니까?

① 영선사의 단장으로 청에 파견되었다.
② 보빙사의 전권 대사로 미국에 파견되었다.
③ 통신사로 일본에 다녀와 해동제국기를 남겼다.
④ 해국도지, 영환지략을 들여와 국내에 소개하였다.
⑤ 수신사로 일본에 다녀와 개화 정책에 영향을 미쳤다.

34

밑줄 그은 '이 단체'의 활동으로 옳은 것은? [1점]

이것은 광복 70주년을 기념하여 제작된 안창호 기념 메달입니다. 그가 양기탁 등과 함께 조직한 비밀 결사인 이 단체는 일제가 꾸며낸 105인 사건으로 해체되었습니다.

① 만세보를 발행하여 민중 계몽에 힘썼다.
② 일본의 황무지 개간권 요구를 저지하였다.
③ 중추원 개편을 통한 의회 설립을 추진하였다.
④ 독립운동 자금 마련을 위해 독립 공채를 발행하였다.
⑤ 대성 학교와 오산 학교를 설립하여 인재를 양성하였다.

35

(가), (나) 조약이 체결된 공통적인 사건으로 옳은 것은? [2점]

(가) 제3관 조선국이 지불한 5만 원은 피해를 입은 일본 관원의 유족 및 부상자에게 지급하여 특별히 돌보아 준다.
⋮
제5관 일본 공사관에 일본군 약간 명을 두어 경비를 서게 한다.

(나) 제4조 규정에 따라 조선 상인이 북경에서 교역하는 경우와 중국 상인이 조선의 양화진과 서울에 들어가 영업소를 개설하는 경우를 제외하고, 각종 화물을 내지로 운반하여 상점을 차리고 파는 것을 허가하지 않는다.

① 구식 군인들이 임오군란을 일으켰다.
② 영국이 거문도를 불법으로 점령하였다.
③ 고종이 러시아 공사관으로 거처를 옮겼다.
④ 전봉준이 이끄는 농민군이 전주성을 점령하였다.
⑤ 김옥균 등이 우정총국 개국 축하연을 기회로 정변을 일으켰다.

36

다음 사건을 일으킨 단체의 활동으로 옳지 않은 것은? [3점]

김익상이 일본인 노동자로 행세하며 곧바로 조선 총독부에 들어가서 2층으로 올라가 비서과와 회계과를 향하여 폭탄을 던지니, 그 소리가 천지를 뒤흔들었다. …… 그는 우리나라 사람이 하는 여관에 들어가면 반드시 수색이 있을 것이라고 여겨 일본 요리점으로 갔다. 철공(鐵工)의 옷을 사서 변장하고 열차로 평양으로 가서 며칠을 보낸 다음 다시 북경으로 향하였다.
-「기려수필」-

① 김원봉이 만주 길림성에서 조직하였다.
② 김지섭이 일본 황궁 침입을 시도하였다.
③ 강우규가 사이토 총독에게 폭탄을 투척하였다.
④ 신채호의 조선 혁명 선언을 활동 지침으로 삼았다.
⑤ 나석주가 동양 척식 주식회사에 폭탄을 투척하였다.

37

(가) 민족 운동을 지원한 신문에 대한 설명으로 옳은 것은? [1점]

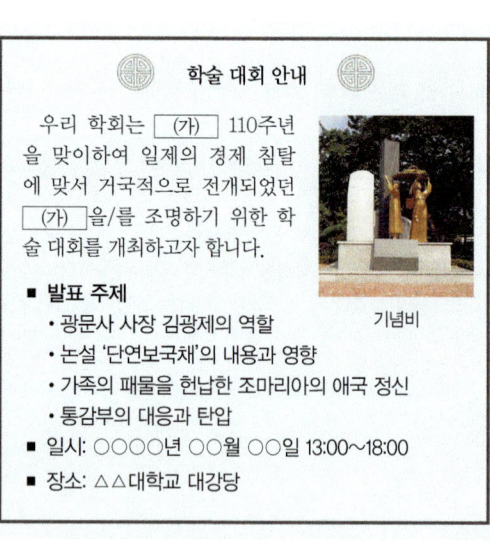

학술 대회 안내

우리 학회는 (가) 110주년을 맞이하여 일제의 경제 침탈에 맞서 거국적으로 전개되었던 (가) 을/를 조명하기 위한 학술 대회를 개최하고자 합니다.

■ 발표 주제
• 광문사 사장 김광제의 역할
• 논설 '단연보국채'의 내용과 영향
• 가족의 패물을 헌납한 조마리아의 애국 정신
• 통감부의 대응과 탄압
■ 일시: ○○○○년 ○○월 ○○일 13:00~18:00
■ 장소: △△대학교 대강당

기념비

① 천도교의 기관지로 발행되었다.
② 정부가 발행하는 순한문 신문이었다.
③ 신문지법의 적용을 받아 폐간되었다.
④ 시일야방성대곡이라는 논설을 실었다.
⑤ 영국인 베델과 양기탁이 공동 창간하였다.

38

(가)~(마)에 대한 설명으로 옳은 것은? [2점]

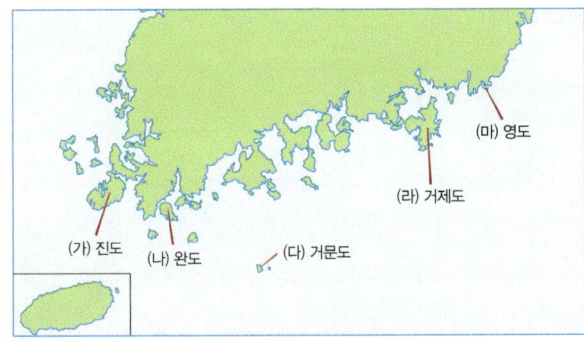

① (가) – 6·25 전쟁 때 포로 수용소가 설치되었다.
② (나) – 삼별초가 용장성을 쌓고 몽골에 대항하였다.
③ (다) – 통일 신라 때 장보고가 청해진을 설치하였다.
④ (라) – 영국이 러시아의 남하를 구실로 불법 점령하였다.
⑤ (마) – 러시아가 저탄소 설치를 명분으로 조차를 요구하였다.

39

다음 글을 작성한 인물에 대한 탐구 활동으로 옳은 것은? [2점]

> **제3장 건국**
> 1. 적의 일체 통치 기구를 국내에서 완전히 박멸하고 국가의 수도를 정하고 …… 국가의 정령이 자유로 행사되어 삼균 제도의 강령과 정책을 국내에 시행하기 시작하는 과정을 건국의 제1기라 함.
> 2. 삼균 제도를 골자로 한 헌법을 실시하여 정치와 경제와 교육의 민주적 시설로 실제상 균형을 도모하며 전국의 토지와 대생산 기관의 국유가 완성되고 전국 학령 아동의 전체가 고급 교육의 무료 수학이 완성되고 보통 선거 제도가 구속 없이 완전히 실시되어 …… 문화 수준이 제고 보장되는 과정을 건국의 제2기라 함.

① 숭무 학교의 설립 목적을 파악한다.
② 대조선 국민군단의 활동 내용을 분석한다.
③ 동제사를 통한 한중 교류 상황을 알아본다.
④ 중광단이 북로 군정서로 개편된 과정을 조사한다.
⑤ 민중의 직접 혁명을 주장한 조선 혁명 선언을 살펴본다.

40

다음 대화에 나타난 일제의 정책이 시행된 시기에 볼 수 있는 모습으로 적절한 것은? [2점]

① 노동력 동원을 위해 국민 징용령을 시행하였다.
② 한국인에 한해 적용되는 조선 태형령을 공포하였다.
③ 쌀 수탈을 목적으로 하는 산미 증식 계획을 실시하였다.
④ 독립운동 탄압을 위한 조선 사상범 보호 관찰령을 공포하였다.
⑤ 회사 설립 시 총독의 허가를 받도록 하는 회사령을 제정하였다.

41

(가)~(마)에 들어갈 내용으로 적절한 것은? [2점]

〈2025 추계 한국사 특강〉

우리 역사 속의 여성들

우리 학회에서는 역사 속 여성들의 삶을 조명하는 자리를 마련하였습니다. 관심 있는 분들의 많은 참여를 부탁드립니다.

■ 특강 내용 ■

- 제1강 남자현, (가)
- 제2강 박애순, (나)
- 제3강 권기옥, (다)
- 제4강 윤희순, (라)
- 제5강 나혜석, (마)

- 일시: 2025년 ○○월 ○○일 10:00 ~ 17:00
- 장소: △△ 대학교 대강당
- 주관: ◇◇학회

① (가) – 독립군의 어머니
② (나) – 우리나라 최초의 여성 비행사
③ (다) – 우리나라 최초의 여성 서양화가
④ (라) – 3·1 만세 운동에 참여한 여교사
⑤ (마) – 우리나라 최초의 여성 의병 지도자

42

다음의 사회 운동을 주도한 종교에 대한 설명으로 옳은 것은? [1점]

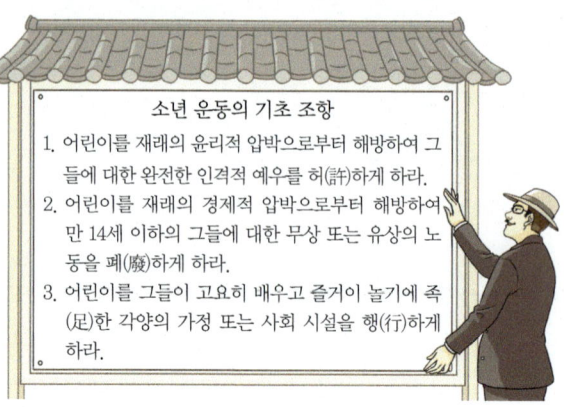

소년 운동의 기초 조항
1. 어린이를 재래의 윤리적 압박으로부터 해방하여 그들에 대한 완전한 인격적 예우를 허(許)하게 하라.
2. 어린이를 재래의 경제적 압박으로부터 해방하여 만 14세 이하의 그들에 대한 무상 또는 유상의 노동을 폐(廢)하게 하라.
3. 어린이를 그들이 고요히 배우고 즐거이 놀기에 족(足)한 각양의 가정 또는 사회 시설을 행(行)하게 하라.

① 개벽, 신여성 등의 잡지를 발행하였다.
② 하늘에 제사 지내는 초제를 거행하였다.
③ 동경대전과 용담유사를 경전으로 삼았다.
④ 박중빈을 중심으로 새생활 운동을 추진하였다.
⑤ 만주에서 의민단을 조직하여 독립 전쟁을 전개하였다.

43

(가) 인물에 대한 설명으로 옳은 것은? [2점]

신간회는 1927년 2월 '민족 유일당 민족 협동 전선'이라는 기치 아래 비타협적 민족주의 진영과 사회주의 진영이 제휴하여 창립한 단체이다. 창립 총회에서 (가) 을/를 회장으로 선출하였고, 창립 10개월 만에 지회가 100개를 돌파할 정도로 성장하였다.

① 대한민국 임시 정부 대통령으로 활동하였다.
② 일제의 침략 과정을 서술한 한국통사를 저술하였다.
③ 새로운 국가 건설의 이념으로 삼균주의를 주창하였다.
④ 일제의 패망과 광복에 대비하여 조선 건국 동맹을 결성하였다.
⑤ 조선 민립 대학 기성회를 조직하고 모금 운동을 전개하였다.

44

(가) 지역에서 전개된 민족 운동에 대한 설명으로 옳은 것은? [2점]

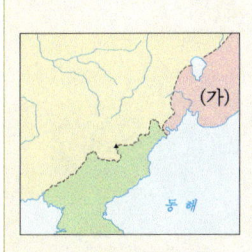

이 지역으로의 한인 이주는 1860년대에 함경도 농민들이 두만강을 건너 정착하면서부터 시작되었다. 이후 한인들의 이주가 증가하면서 신한촌이 건설되었다. 일제의 대륙 침략이 본격화된 1937년에는 이 지역의 한인들이 중앙아시아로 강제 이주를 당하였다.

① 신흥 강습소를 세워 독립군을 양성하였다.
② 해조신문을 발간하여 국권 회복에 힘썼다.
③ 서전서숙을 설립하여 민족 교육을 실시하였다.
④ 대한인 국민회를 중심으로 외교 활동을 펼쳤다.
⑤ 조선 독립 동맹을 결성하여 대일 항전을 준비하였다.

45

다음 성명서가 발표된 후 조직된 군대에 대한 설명으로 옳은 것은? [2점]

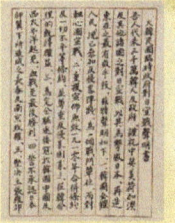

오인(吾人)은 삼천만 한인(韓人)과 정부를 대표하여 삼가 중, 영, 미, 화(和), 가(加), 호(濠) 기타 제국의 대일 선전이 일본을 격패 시키고 동아를 재건하는 가장 유효한 수단이 됨을 축하하여 자(茲)에 특히 다음과 같이 성명하노라.

1. 한국 전체 인민은 현재 이미 반침략 전선에 참가하였으니 한 개의 전투 단위로서 추축국에 선전한다.
2. 1910년의 합병 조약 및 일체 불평등 조약의 무효를 거듭 선포하며 아울러 반침략 국가의 한국에서의 합리적 기득 권익을 존중한다. (하략)

① 영릉가 전투에서 일본군에게 승리하였다.
② 미군과 연계하여 국내 진공 작전을 계획하였다.
③ 동북 항일 연군으로 개편되어 유격전을 펼쳤다.
④ 쌍성보에서 중국 호로군과 연합 작전을 전개하였다.
⑤ 중국 관내(關內)에서 결성된 최초의 한인 무장 부대였다.

46

(가) 운동의 시기를 연표에서 옳게 고른 것은? [3점]

이달의 독립운동가

춘암 박인호

선생은 1908년 천도교 제4세 대도주가 된 후 동덕 여학교와 보성 학교 등을 운영하여 민족의식을 갖춘 인재를 양성하였다. 사회주의자들이 (가) 을/를 준비할 때, 선생은 이들과 연계하여 '대한 독립 만세', '조선인 교육은 조선인 본위로' 등의 전단 수만 장을 인쇄할 수 있도록 지원하는 등 적극 참여하였다. 정부는 선생의 공적을 기려 1990년 건국 훈장 독립장을 추서하였다.

1910	1919	1931	1937	1941	1945
	(가)	(나)	(다)	(라)	(마)
국권 피탈	3·1 운동	만주 사변	중·일 전쟁	태평양 전쟁	8·15 광복

① (가) ② (나) ③ (다)
④ (라) ⑤ (마)

47

다음 법령을 제정한 국회에 대한 설명으로 옳지 <u>않은</u> 것은? [2점]

> 제1조 대한민국은 민주공화국이다.
> ......
> 제53조 대통령과 부통령은 국회에서 무기명투표로써 각각 선거한다.
> ......
> 제55조 대통령과 부통령의 임기는 4년으로 한다. 단 재선에 의하여 1차중임할 수 있다.
> ......

① 우리나라 최초의 보통 선거를 통해 구성되었다.
② 대통령을 행정부 수반으로 규정한 헌법을 제정하였다.
③ 유상 매수, 유상 분배 원칙의 농지 개혁법을 통과시켰다.
④ 일제가 남긴 재산 처리를 위한 귀속 재산 처리법을 제정하였다.
⑤ 초대 대통령에 한해 중임 제한을 폐지하는 내용의 개헌안을 통과시켰다.

48

(가)~(라)를 일어난 순서대로 옳게 나열한 것은? [2점]

① (가) – (나) – (다) – (라)
② (가) – (다) – (라) – (나)
③ (나) – (다) – (라) – (가)
④ (나) – (라) – (다) – (가)
⑤ (다) – (나) – (가) – (라)

49

다음 자료에서 볼 수 있는 정부 시기의 상황으로 옳지 않은 것은? [1점]

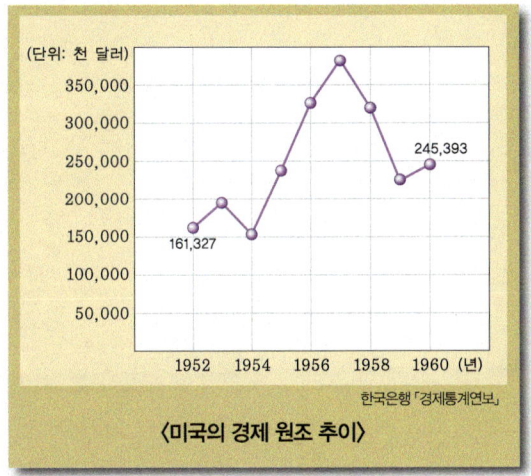

① 한·미 상호 방위 조약이 체결되었다.
② 6·3 시위가 전개되고 비상 계엄령이 선포되었다.
③ 평화 통일론을 주장한 진보당의 조봉암이 구속되었다.
④ 개헌 당시의 대통령에 한하여 중임 제한이 철폐되었다.
⑤ 여당 부통령 후보 당선을 위한 3·15 부정 선거가 자행되었다.

50

(가) 정부 시기에 있었던 사실로 옳은 것은? [3점]

① 양성 평등의 실현을 위해 호주제를 폐지하였다.
② 사회 통합을 위한 다문화 가족 지원법을 시행하였다.
③ 공직자 윤리법을 개정하여 재산 등록을 의무화하였다.
④ 언론의 통폐합이 단행되고 언론 기본법을 제정하였다.
⑤ 최저 생활 보장을 위한 국민 기초 생활 보장법이 실시되었다.

01

(가) 시대의 사회 모습으로 옳은 것은? [1점]

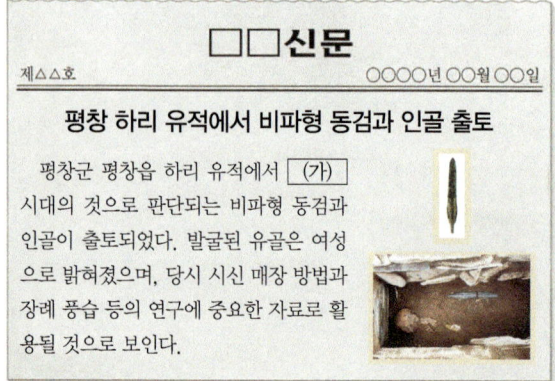

① 우경이 널리 보급되었다.
② 주로 동굴과 막집에서 거주하였다.
③ 계급이 없는 평등한 공동체 생활을 하였다.
④ 많은 인력이 고인돌 축조 현장에 동원되었다.
⑤ 농경과 목축을 통한 식량 생산이 시작되었다.

02

(가) 나라에 대한 설명으로 옳은 것은? [2점]

① 서옥제라는 혼인 풍습이 있었다.
② 신지, 읍차 등의 지배자가 있었다.
③ 영고라는 제천 행사를 거행하였다.
④ 특산물로 단궁, 과하마, 반어피가 있었다.
⑤ 가족의 유골을 한 목곽에 모아 두는 풍습이 있었다.

03

다음 연보의 (가)에 들어갈 내용으로 옳은 것은? [2점]

○ 500년 즉위
○ 502년 순장을 금지하고 우경(牛耕)을 장려
○ 503년 신하들의 건의를 받아들여 국호를 '신라'로 확정하고 '왕'이라는 칭호 사용
○ 505년 이사부를 실직주의 군주로 삼음
○ 509년   (가)

① 독서삼품과 제도를 마련하였다.
② 관료전을 지급하고 녹읍을 폐지하였다.
③ 김씨에 의한 왕위 계승권을 확립하였다.
④ 율령을 반포하여 통치 체제를 정비하였다.
⑤ 시장을 관리하는 관청인 동시전을 설치하였다.

04

밑줄 그은 '동맹'이 결렬된 계기로 옳은 것은? [2점]

① 무령왕이 22담로에 왕족을 파견하였다.
② 진흥왕이 한강 하류 지역을 점령하였다.
③ 장수왕이 수도를 국내성에서 평양으로 옮겼다.
④ 연개소문이 정변을 일으켜 권력을 장악하였다.
⑤ 법흥왕이 병부를 설치하여 군사력을 강화하였다.

05

다음 상황이 나타난 시기의 사건으로 옳은 것은? [3점]

> (영류왕) 14년 당(唐)이 광주사마 장손사를 보내 수(隋) 병사의 유해가 묻힌 곳에 와서 제사 지내게 하고, (고구려가) 세운 경관(京觀)*을 허물어 버렸다. 봄 2월에 왕이 많은 사람들을 동원하여 동북의 부여성에서부터 동남의 바다에 이르기까지 천여 리에 걸쳐 장성(長城)을 축조하기 시작하였다.
> ―「삼국사기」―
>
> *경관(京觀): 적의 유해를 묻은 곳에 세운 승전기념물

① 진흥왕이 대가야를 공격하여 멸망시켰다.
② 의자왕이 윤충을 보내 대야성을 함락시켰다.
③ 장수왕이 백제를 공격하여 한성을 함락시켰다.
④ 계백이 이끄는 군대가 황산벌에서 결사 항전하였다.
⑤ 근초고왕이 평양성을 공격하여 고국원왕을 전사시켰다.

06

(가) 인물의 신분에 대한 설명으로 옳은 것은? [2점]

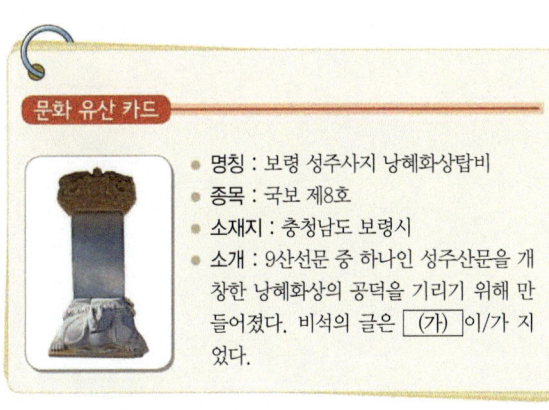

문화 유산 카드
● 명칭 : 보령 성주사지 낭혜화상탑비
● 종목 : 국보 제8호
● 소재지 : 충청남도 보령시
● 소개 : 9산선문 중 하나인 성주산문을 개창한 낭혜화상의 공덕을 기리기 위해 만들어졌다. 비석의 글은 (가) 이/가 지었다.

① 지방의 주요 지역인 담로에 파견되었다.
② 성리학을 바탕으로 불교의 폐단을 비판하였다.
③ 화백 회의에 참여하여 국가의 중대사를 결정하였다.
④ 어려서부터 경당에 들어가 유학과 활쏘기를 배웠다.
⑤ 신라 말기 호족과 연계하여 사회 개혁을 추구하기도 하였다.

07

밑줄 그은 '인물'이 활동하던 시기에 볼 수 있는 모습으로 적절한 것은? [2점]

① 농상집요를 소개하는 관리
② 만권당에서 대담을 나누는 학자
③ 매소성 전투에서 당군과 싸우는 군인
④ 빈공과를 준비하는 6두품 출신 유학생
⑤ 주류성에서 백제 부흥 운동을 벌이는 귀족

08

(가)에 들어갈 문화유산으로 옳은 것은? [2점]

09

(가) 나라에 대한 설명으로 옳지 않은 것은? [1점]

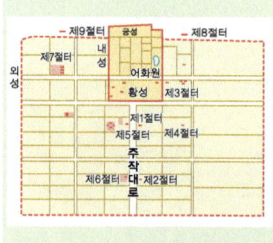

(가)의 수도였던 상경성은 내성과 외성으로 이루어졌고, 남북을 가로지르는 주작대로가 있었다. 내성은 왕이 거주하는 궁성구와 관아가 있는 황성구로 나뉘었다. 외성 안팎에서는 절터, 집터 등이 발견되었다.

① 전성기에 해동성국이라고도 불렸다.
② 중앙 6부의 명칭을 유교식으로 정하였다.
③ 인안, 대흥 등의 독자적 연호를 사용하였다.
④ 지방관을 감찰하기 위하여 외사정을 두었다.
⑤ 5경 15부 62주의 지방 행정 제도를 갖추었다.

10

밑줄 그은 '이 나라'의 문화유산으로 옳은 것은? [2점]

정효 공주 묘지석에는 대흥이라는 독자적인 연호가 새겨져 있습니다. 이를 통해 이 나라가 당과 대등하다는 의식을 갖고 있었음을 알 수 있습니다.

…… 아, 공주는 대흥 56년 여름 6월 9일 임진일에 사망하니, 나이는 36세였다. ……

정효 공주 묘지석

①
②
③
④
⑤

11

다음 시나리오에서 밑줄 그은 '첫째 왕자'에 대한 설명으로 옳은 것은? [3점]

S# 17. 완산주의 궁궐 안

왕이 넷째 왕자인 금강을 총애하여 왕위를 물려주려 하자, 첫째 왕자가 신하 신덕과 영순의 권유를 받아들여 왕을 금산사에 유폐한 뒤 앞으로의 대책을 논의한다.

첫째 왕자: 이제 어찌하면 좋겠소?
신덕: 금강을 살려두면 반드시 후환이 생길 것입니다.
영순: 옳습니다. 속히 사람을 보내 처치하십시오.

① 후당, 오월에 사신을 파견하였다.
② 광평성 등 각종 정치 기구를 마련하였다.
③ 일리천 전투에서 왕건의 고려군에게 패배하였다.
④ 고려 태조에게 항복하고 경주의 사심관이 되었다.
⑤ 정계와 계백료서를 지어 관리의 규범을 제시하였다.

12

(가)~(마)에 들어갈 내용으로 옳은 것은? [2점]

Q 궁금합니다.
고려 시대에 있었던 사회 제도에 대해 알려 주세요.

A 답변입니다.

	활동
의창	(가)
제위보	(나)
상평창	(다)
혜민국	(라)
구제도감	(마)

① (가) - 물가를 조절하기 위해 두었어요.
② (나) - 빈민을 구휼할 목적으로 조성했어요.
③ (다) - 질병 확산에 대처하기 위해 운영했어요.
④ (라) - 흉년 때 빈민을 구제하기 위해 만들었어요.
⑤ (마) - 백성들에게 약을 제공하기 위해 설치했어요.

13

다음 사건을 구실로 침입한 국가에 대한 고려의 대응으로 옳은 것은? [3점]

> 강조의 군사들이 궁문으로 마구 들어오자, 목종이 모면할 수 없음을 깨닫고 태후와 함께 목 놓아 울며 법왕사로 옮겼다. 잠시 후 황보유의 등이 대량원군(大良院君) [순(詢)]을 받들어 왕위에 올렸다. 강조가 목종을 폐위하여 양국공으로 삼고, 군사를 보내 김치양 부자와 유행간 등 7인을 죽였다. …… 적성현에 이르자 강조가 사람을 시켜 목종을 죽인 후 자결하였다고 보고하였으며, 그 시신은 문짝으로 만든 관에 넣어 객관에 임시로 안치하였다.
> — 『고려사』 —

① 별무반을 편성하고 동북 9성을 축조하였다.
② 김윤후의 활약으로 처인성에서 승리하였다.
③ 화포를 이용하여 진포에서 대승을 거두었다.
④ 초조 대장경을 만들어 적을 물리치기를 기원하였다.
⑤ 쌍성총관부를 공격하여 철령 이북의 땅을 수복하였다.

14

밑줄 그은 '이 책'이 편찬되기 전의 상황으로 옳은 것은? [2점]

① 인사 행정을 담당하던 정방이 폐지되었다.
② 만적이 개경에서 신분 해방을 도모하였다.
③ 묘청이 중심이 되어 서경 천도를 주장하였다.
④ 정중부 등이 정변을 일으켜 권력을 장악하였다.
⑤ 외적의 침입을 받아 황룡사 구층 목탑이 소실되었다.

15

(가)에 들어갈 내용으로 옳은 것은? [1점]

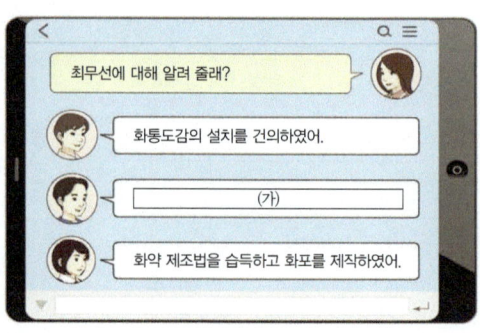

① 4군 6진을 개척하였어.
② 위화도에서 회군하였어.
③ 나선 정벌에 참여하였어.
④ 처인성 전투에서 활약하였어.
⑤ 진포 대첩에서 왜구를 격퇴하였어.

16

(가)에 들어갈 내용으로 적절한 것은? [2점]

① 원효가 무애가를 지어 불교 대중화에 힘썼습니다.
② 의상이 화엄일승법계도를 지어 화엄 사상을 정리하였습니다.
③ 의천이 불교 교단의 통합을 위해 해동 천태종을 개창하였습니다.
④ 혜초가 인도와 중앙아시아를 여행하고 왕오천축국전을 남겼습니다.
⑤ 지눌이 돈오점수를 주장하며 수행 방법으로 정혜쌍수를 내세웠습니다.

17

다음 화폐를 발행한 왕의 재위 기간의 사실로 옳은 것은? [1점]

지금 보시는 유물은 은병입니다. 기록에 따르면 처음에는 은 1근으로 만들었는데, 나중에는 이것처럼 작게 제작하였다고 합니다.

① 해동통보가 주조되어 유통되었다.
② 전환국에서 백동화가 발행되었다.
③ 중국 화폐인 명도전, 반량전이 널리 사용되었다.
④ 공인이 상평통보를 사용하여 물품을 조달하였다.
⑤ 궁궐 중건 비용을 마련하기 위해 당백전을 발행하였다.

18

(가)에 들어갈 책으로 옳은 것은? [2점]

이달의 책

(가) 이 책은 중국의 역법을 따르면서 생기는 문제점을 해결하기 위해 한양을 기준으로 천체 운동을 계산한 역법서로 정인지 등에 의해 편찬되었다. 이를 통해 일식과 월식 등을 보다 정확하게 알 수 있게 되었다.

①  농사직설
②  동의보감
③  육전조례
④ 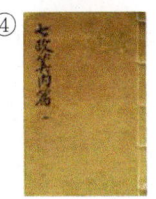 칠정산 내편
⑤  직지심체요절

한국사능력검정시험 심화대비 기출분석 예상문제

19

(가)에 들어갈 내용으로 옳은 것은? [2점]

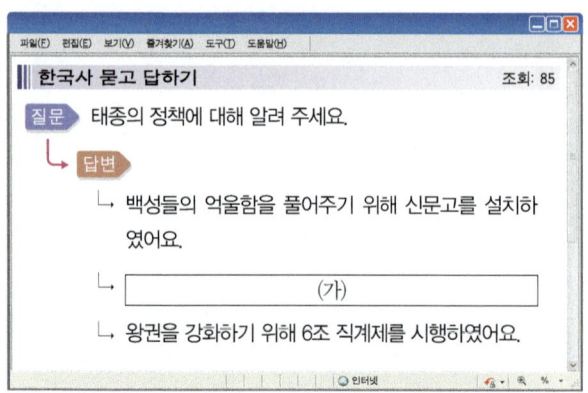

① 경복궁 중건을 위해 당백전을 발행하였어요.
② 백성의 유망을 막기 위해 호패법을 시행하였어요.
③ 방납의 폐단을 시정하기 위해 대동법을 실시하였어요.
④ 줄어든 재정 수입을 보충하기 위해 결작을 부과하였어요.
⑤ 삼정의 문란을 바로잡기 위해 삼정이정청을 설치하였어요.

20

(가) 전쟁의 기간에 있었던 사실로 옳은 것은? [3점]

① 정발이 부산진성 전투에서 전사하였다.
② 김상용이 강화도 남문루에서 순절하였다.
③ 정봉수와 이립이 용골산성에서 항전하였다.
④ 명의 요청으로 강홍립의 부대가 파견되었다.
⑤ 이순신이 명량 해협에서 적의 수군을 격파하였다.

21

(가) 상인에 대한 설명으로 옳은 것은? [1점]

① 혜상공국을 통해 보호받았다.
② 금난전권이라는 특권을 부여받았다.
③ 전국에 송방이라는 지점을 설치하였다.
④ 책문 후시를 통해 대청 무역을 주도하였다.
⑤ 포구에서 중개·금융·숙박업 등에 주력하였다.

22

(가) 왕의 재위 기간에 있었던 사실로 옳은 것은? [2점]

① 유자광의 고변을 계기로 남이를 처형하였다.
② 에도 막부의 요청에 따라 통신사가 파견되었다.
③ 변급, 신류 등을 파견하여 나선 정벌을 단행하였다.
④ 함길도 토착 세력이 일으킨 이시애의 난을 진압하였다.
⑤ 유능한 인재를 양성하기 위해 초계문신제를 시행하였다.

23

(가) 인물에 대한 설명으로 옳은 것은? [3점]

이곳은 도동 서원으로 김굉필의 위패를 모시고 있습니다. 김굉필은 (가) 의 제자라는 이유로 무오사화 당시 유배에 처해졌으나, 이후 연산군 10년에 일어난 갑자사화로 인해 많은 사림이 피해를 입었을 때 그도 참형을 당했습니다.

① 갑술환국으로 정계에서 축출되었다.
② 반정 공신의 위훈 삭제를 주장하였다.
③ 무호사화의 발단이 된 조의제문을 작성하였다.
④ 색경을 저술하여 농업 기술 반절에 이바지하였다.
⑤ 양명학을 연구하여 강화 학파 형성의 기초를 마련하였다.

24

다음 사료에 나타난 시기의 경제 상황으로 옳지 않은 것은? [2점]

> 진안의 담배밭, 전주의 생강밭, 임천과 한산의 모시밭, 안동과 예안의 왕골밭은 우리나라에서 으뜸이다. 이것들은 부유한 이들이 이익을 독차지하는 물자이다. …… 부유한 상인이나 큰 장사꾼은 한곳에 앉아서 물건을 파는데, 남쪽으로는 일본과 통하고 북쪽으로는 청의 연경과 통한다. 몇 년 동안 천하의 물자를 실어다 팔아서 수백만 금의 재물을 모은 자도 있다.
> ─『택리지』

① 담배, 면화 등이 상품 작물로 재배되었다.
② 경기 지역에 한하여 과전법이 실시되었다.
③ 국경 지대에서 개시 무역과 후시 무역이 이루어졌다.
④ 모내기법의 확산으로 벼와 보리의 이모작이 성행하였다.
⑤ 설점수세제의 시행으로 민간의 광산 개발이 활기를 띠었다.

25

밑줄 그은 '정치 분쟁'에 대한 설명으로 옳은 것은? [2점]

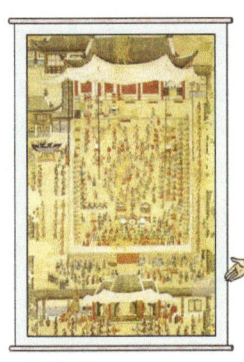

이 그림은 혜경궁 홍씨의 회갑연을 화성 행궁의 봉수당에서 성대하게 거행한 모습을 그린 것입니다. 그녀는 정치 분쟁과 은밀한 궁중 내의 음모 속에서 남편을 잃고 친정이 풍비박산되는 아픔을 겪었습니다.

① 벽파와 시파의 대립이 심화되었다.
② 왕권 강화를 위해 비변사가 혁파되었다.
③ 자의 대비의 복상 기간을 둘러싼 예송이 발생하였다.
④ 조의제문의 내용이 빌미가 되어 무오사화가 일어났다.
⑤ 이조 전랑 임명을 둘러싸고 사림이 동인과 서인으로 나뉘었다.

26

다음 건의를 추진한 왕의 업적으로 옳은 것은? [2점]

> 난전을 금하는 법은 국역을 지는 육의전의 이익을 보장해 주려는 것입니다. 그러나 근래에는 무뢰배들이 스스로 시전이라 칭하며 사람들의 일용품을 독점하고 있습니다. 마땅히 수십 년 사이에 새로 만든 작은 시전들을 조사하여 모조리 혁파하시옵소서. 그리고 육의전 이외의 시전 상인들에 의해 난전 행위로 잡혀온 자들은 처벌하지 마시고, 반대로 그들을 잡아온 시전 상인들을 처벌하시옵소서.

① 홍문관을 처음으로 설치하였다.
② 서얼 출신의 학자들을 검서관에 기용하였다.
③ 신진 인사를 등용하기 위해 현량과를 실시하였다.
④ 만권당을 설치하여 중국 학자들과 교류를 확대하였다.
⑤ 관학 진흥을 위해 국자감에 7재라는 전문 강좌를 개설하였다.

27

다음 특별전에서 볼 수 있는 작품으로 적절하지 않은 것은? [1점]

①  ②

③  ④

⑤

28

(가) 교육 기관에 대한 설명으로 옳은 것은? [2점]

> 사족이 있는 곳마다 평민을 못살게 하지만 가장 심한 자들은 (가) 에 모여 있다. 흥선 대원군이 크게 노하여 "진실로 백성에게 해되는 것이 있으면 비록 공자가 다시 살아난다 하더라도 내가 용서하지 않겠다. 하물며 (가) 은/는 우리나라 선유(先儒)를 제사한다면서 도둑의 소굴이 되었음에랴."라고 하였다.
> ― 「근세조선정감」 ―

① 입학 자격은 생원, 진사를 원칙으로 하였다.
② 중앙에서 교관인 교수나 훈도가 파견되었다.
③ 전국의 부·목·군·현에 하나씩 설립되었다.
④ 유학을 비롯하여 율학, 서학, 산학을 교육하였다.
⑤ 국왕으로부터 편액과 함께 서적 등을 받기도 하였다.

29

(가) 인물에 대한 설명으로 옳은 것은? [3점]

> 관상대 위에 진열된 여러 기구들은 천문을 관측하는 혼천의와 비슷해 보였다. 뜰 한복판에 놓인 것들 중에는 나의 벗 정철조의 집에서 본 물건과 유사한 것도 있었다. …… 언젠가 (가) 와/과 함께 정철조의 집에 찾아 갔는데, 두 사람은 서로 황도와 적도, 남극과 북극을 화제로 대화를 나누었다. 더러 머리를 흔들기도 하고 혹 고개를 끄덕이기도 하였으나, 주장이 모두 심오하여 이해하기 어려웠기에 나는 잠이 들어 듣지 못하였다.

① 지전설과 무한우주론을 주장하였다.
② 남북국이라는 용어를 처음 사용하였다.
③ 북한산비가 진흥왕 순수비임을 고증하였다.
④ 서얼 출신으로 규장각 검서관에 등용되었다.
⑤ 여전론을 통해 마을 단위 토지 분배와 공동 경작을 주장하였다.

30

밑줄 그은 '사건' 이후에 전개된 사실로 옳은 것은? [2점]

> **대원군 귀하**
> 남의 무덤을 파는 것은 예의가 없는 행동이지만 무력을 동원하여 백성을 도탄에 빠뜨리는 것보다 낫기 때문에 하는 수 없이 그렇게 하였소. …… 귀국의 안위가 귀하의 처리에 달려 있으니 좋은 대책을 강구하는 것이 어떻겠소.

> **영종 첨사 회답**
> 너희들이 이번 덕산 묘소에서 저지른 사건은 어찌 인간의 도리상 차마 할 수 있는 일이겠는가? …… 따라서 우리나라 신하와 백성은 있는 힘을 다하여 너희와는 같은 하늘을 이고 살 수 없다는 것을 맹세한다.

① 비변사가 상설 기구로 변화되었다.
② 프랑스 군대가 외규장각을 약탈하였다.
③ 평양 군민이 제너럴 셔먼호를 불태웠다.
④ 천주교 신부와 신자가 처형된 병인박해가 발생하였다.
⑤ 척화비를 건립하는 등 통상 수교를 거부하는 정책이 강화되었다.

31

(가) 기구에 대한 설명으로 옳은 것은? [2점]

> (가) 은/는 1894년에 의정부 산하의 정책 의결 기구로 설치되었다. 여기서 채택된 의안은 국왕의 재가를 거친 후에 국법으로서 효력을 발휘할 수 있었다. 총재에 김홍집, 부총재에 박정양이 임명되었으며, 189개의 개혁 안건을 포함하여 약 210건의 의안을 심의·통과시켰다.

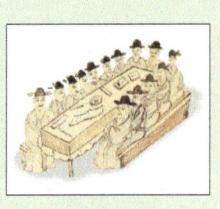

회의 모습

① 공사 노비법의 폐지를 결정하였다.
② 임술 농민 봉기를 계기로 설치되었다.
③ 조광조를 비롯한 사림의 건의로 혁파되었다.
④ 임진왜란을 거치면서 국정 최고 기구로 자리 잡았다.
⑤ 소속 부서로 교린사, 군무사, 통상사 등의 12사를 두었다.

32

(가) 지역에서 있었던 사실로 옳지 않은 것은? [3점]

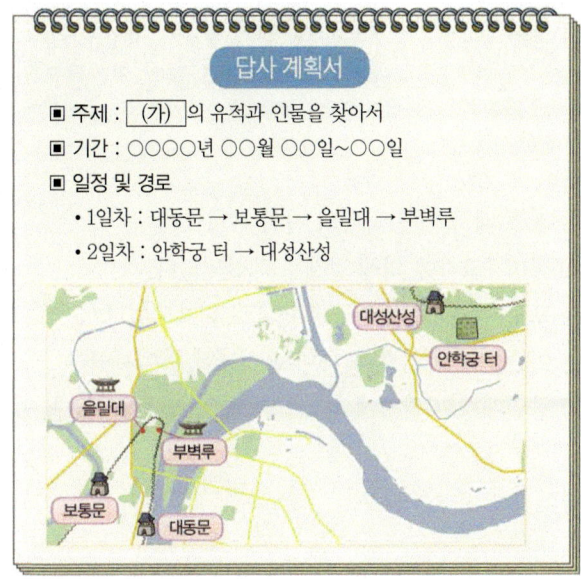

답사 계획서
- 주제: (가) 의 유적과 인물을 찾아서
- 기간: ○○○○년 ○○월 ○○일~○○일
- 일정 및 경로
  - 1일차: 대동문 → 보통문 → 을밀대 → 부벽루
  - 2일차: 안학궁 터 → 대성산성

① 묘청이 수도를 옮길 것을 주장하며 난을 일으켰다.
② 안창호가 민족 교육을 위해 대성 학교를 설립하였다.
③ 미국 상선 제너럴 셔먼호가 관민들에 의해 불태워졌다.
④ 김구가 김규식과 함께 남북 대표자 연석회의에 참석하였다.
⑤ 노동 조건 개선을 요구하며 1920년대 최대의 총파업이 전개되었다.

33

밑줄 그은 '한국 군대'에 대한 설명으로 옳은 것은? [2점]

> 해산 결의 이틀 전 오전에 군부 대신과 하세가와 대장이 통감부에 모여 현재 한국 군대를 해산하기로 결정한 결과로, 같은 날 오후 9시 40분에 총리와 법부 대신이 황제에게 아뢴 후에 조칙을 반포하였더라.

① 정조 때 설치된 국왕의 친위 부대였다.
② 정미 7조약에 의해 강제로 해산되었다.
③ 포수, 사수, 살수의 삼수병으로 편제되었다.
④ 이종무의 지휘 아래 대마도 정벌에 참여하였다.
⑤ 양인개병의 원칙에 따라 의무병으로 구성되었다.

34

(가) 인물에 대한 설명으로 옳은 것은? [2점]

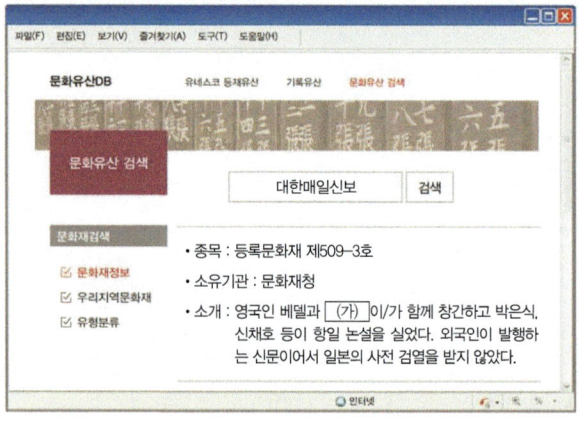

- 종목 : 등록문화재 제509-3호
- 소유기관 : 문화재청
- 소개 : 영국인 베델과 (가) 이/가 함께 창간하고 박은식, 신채호 등이 항일 논설을 실었다. 외국인이 발행하는 신문이어서 일본의 사전 검열을 받지 않았다.

① 조선어 학회 사건으로 구속되었다.
② 비밀 결사 단체인 신민회를 조직하였다.
③ 샌프란시스코에서 흥사단을 조직하였다.
④ 고종의 밀지를 받아 독립 의군부를 조직하였다.
⑤ 의열단의 활동 지침인 조선 혁명 선언을 집필하였다.

35

(가)에 들어갈 내용으로 옳은 것은? [1점]

<역사 다큐멘터리 기획안>

독립 협회, 근대적 자주 독립 국가를 꿈꾸다

■ 기획 의도
자주 독립 국가를 목표로 창립된 독립 협회의 활동을 4부작 다큐멘터리로 제작하여 그 역사적 의미를 살펴본다.

■ 회차별 방송 내용
- 1회. 만민 공동회를 통한 자주 국권 운동 전개
- 2회. 관민 공동회를 통한 헌의 6조 결의
- 3회. (가)
- 4회. 황국 협회의 습격과 단체의 해산

① 고종 강제 퇴위 반대 운동 주도
② 일제의 황무지 개간권 요구 저지
③ 중추원 개편을 통한 의회 설립 추진
④ 태극 서관을 설립하여 계몽 서적 보급
⑤ 한·일 관계 사료집을 편찬하고 독립신문 발행

36

(가)~(라)에 들어갈 단체를 옳게 나열한 것은? [2점]

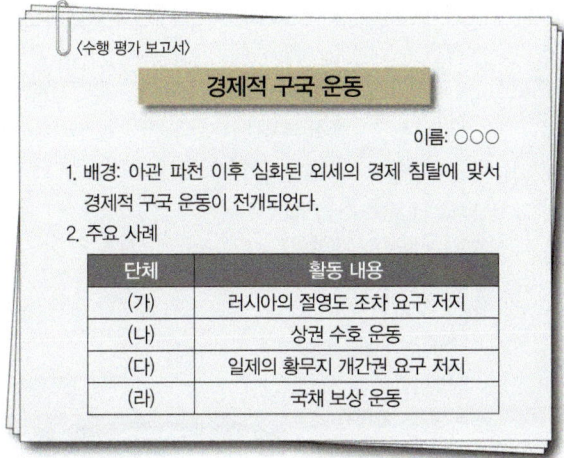

① 독립 협회 – 황국 중앙 총상회 – 보안회 – 국채 보상 기성회
② 독립 협회 – 보안회 – 황국 중앙 총상회 – 국채 보상 기성회
③ 보안회 – 독립 협회 – 황국 중앙 총상회 – 국채 보상 기성회
④ 보안회 – 황국 중앙 총상회 – 독립 협회 – 국채 보상 기성회
⑤ 황국 중앙 총상회 – 독립 협회 – 보안회 – 국채 보상 기성회

37

(가) 인물에 대한 설명으로 옳은 것은? [1점]

① 대종교를 창시하였다.
② 영남 만인소를 주도하였다.
③ 한국독립운동지혈사를 저술하였다.
④ 친일 미국인 스티븐스를 사살하였다.
⑤ 을사늑약 체결의 불법성을 폭로하였다.

38

밑줄 그은 '이 사건'이 일어난 곳에 대한 설명으로 옳은 것은? [2점]

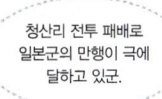
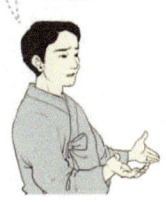

① 프랑스가 병인박해를 구실로 침략하였다.
② 영국이 러시아를 견제하기 위해 점령하였다.
③ 일본이 러·일 전쟁 중에 불법적으로 편입하였다.
④ 러시아가 저탄소 설치를 위해 조차를 요구하였다.
⑤ 일본이 안봉선 철도 부설권을 얻는 대가로 청에 귀속시켰다.

39

(가), (나) 사건에 대한 설명으로 옳은 것은? [2점]

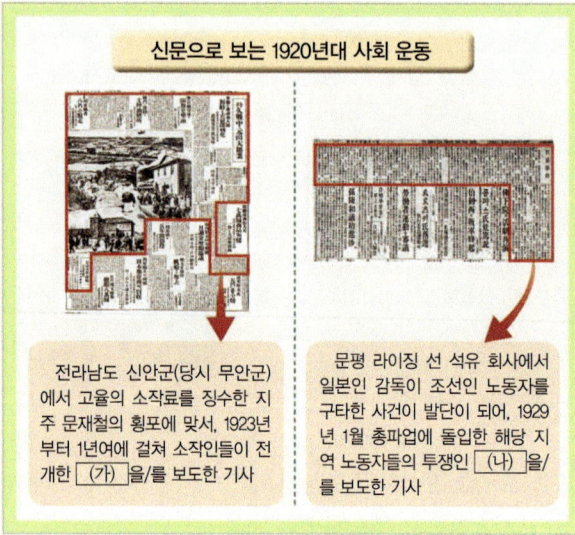

① (가) – 조선 노동 총동맹 결성으로 이어졌다.
② (가) – 혁명적 농민 조합을 중심으로 펼쳐졌다.
③ (나) – 노동자 강주룡이 을밀대 지붕에서 고공 농성을 벌였다.
④ (나) – 일본, 프랑스 등지의 노동 단체로부터 격려 전문을 받았다.
⑤ (가), (나) – 일제가 이른바 문화 통치를 실시하는 배경이 되었다.

40

다음 극장이 운영되던 기간에 있었던 사실로 옳은 것은? [3점]

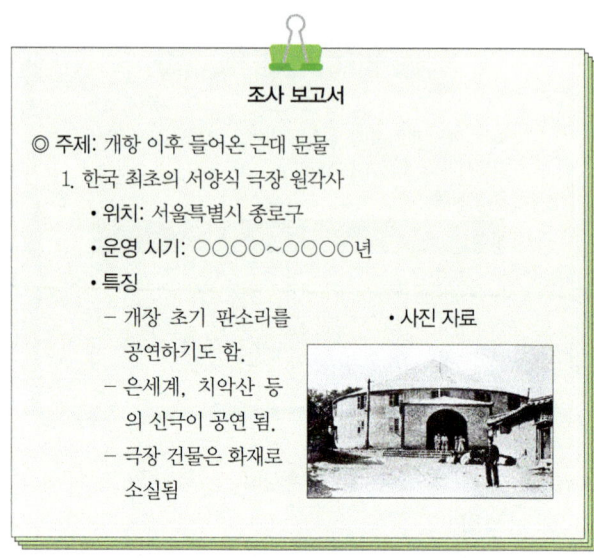

① 박은식 등이 조선 광문회를 조직하였다.
② 안국선이 신소설 금수회의록을 집필하였다.
③ 나운규가 제작한 영화 아리랑이 처음 개봉되었다.
④ 오세창이 천도교의 후원을 받아 만세보를 발행하였다.
⑤ 주시경이 국문 연구소를 세워 한글을 체계적으로 연구하였다.

41

밑줄 그은 '이 운동'에 대한 설명으로 옳은 것은? [1점]

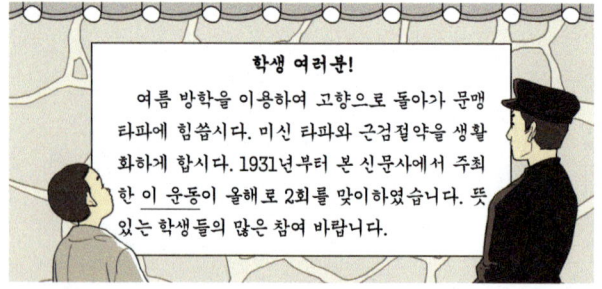

① 천도교의 소년회가 주도하였다.
② 조선 형평사를 중심으로 추진되었다.
③ 김광제, 서상돈 등의 발의로 본격화되었다.
④ 동아일보의 적극적인 지원을 받아 진행되었다.
⑤ 조만식 등이 중심이 되어 평양에서 시작되었다.

42

다음 선언서가 발표된 계기로 옳은 것은? [3점]

> 본 국민 대표 회의는 이천만 민중의 공정한 뜻에 바탕을 둔 국민적 대회합으로 최고의 권위를 지녀 …… 독립을 완성하기를 기도하고 이에 선언하노라. …… 본 대표 등은 국민이 위탁한 사명을 받들어 국민적 대단결에 힘쓰며 독립운동이 나아갈 방향을 확립하여 통일적 기관 아래서 대업을 완성하고자 하노라.

① 신탁 통치에 반대하는 운동을 전개하였다.
② 국제 연맹에 위임 통치 청원을 시도하였다.
③ 중도파가 중심이 되어 좌우 합작 위원회를 조직하였다.
④ 의거 활동을 전개하기 위해 한인 애국단을 결성하였다.
⑤ 분단을 막기 위해 평양에 가서 김일성 등과 회담하였다.

43

다음 법령이 발표되던 시기의 일제 정책으로 옳지 <u>않은</u> 것은? [2점]

> 제1조 본 법령은 경작을 목적으로 하는 토지의 임대차에 적용한다.
> ⋮
> 제3조 임대인이 마름 등 소작지의 관리자를 둘 때에는 조선 총독이 정하는 바에 의하여 부윤, 군수 또는 도사에게 신청한다.
> ⋮
> 제7조 소작지의 임대차 기간은 3년 이하로 할 수 없다.
> ⋮
> 제19조 임대인은 임차인의 배신행위가 없는 한 임대차의 갱신을 거절할 수 없다. 단, 임대인에게 정당한 사유가 있을 경우에는 이 조항의 적용을 받지 않는다.

① 노동력 동원을 위해 국민 징용령을 시행하였다.
② 도 평의회, 부·면 협의회 등의 자문 기구를 설치하였다.
③ 농민의 자력갱생을 내세운 농촌 진흥 운동을 실시하였다.
④ 국가 총동원법을 제정하여 인력과 물자를 강제 동원하였다.
⑤ 독립운동 탄압을 위한 조선 사상범 보호 관찰령을 공포하였다.

44

(가) 지역의 독립 운동에 대한 설명으로 옳은 것은? [1점]

이 건물은 옛 중앙 학교 숙직실을 복원한 것입니다. (가) 유학생 송계백은 중앙 학교 교사 현상윤을 찾아와 (가) 유학생들의 거사 계획을 알리고 독립 선언서 초안을 전달하였습니다. 현상윤은 이곳 숙직실에서 송진우 등과 향후 계획을 협의하였고, 이는 3·1 운동과 대한민국 임시 정부 수립이 추진되는 계기 중 하나가 되었습니다.

① 권업신문을 발간하여 민족 의식을 고취하였다.
② 한인 무관 양성 학교인 숭무 학교를 설립하였다.
③ 대한인 국민회를 중심으로 독립운동을 전개하였다.
④ 신한청년당을 결성하여 파리 강화 회의에 대표를 파견하였다.
⑤ 조선 청년 독립단을 중심으로 2·8 독립 선언서를 발표하였다.

45

다음 사건이 있었던 시기를 연표에서 옳게 고른 것은? [2점]

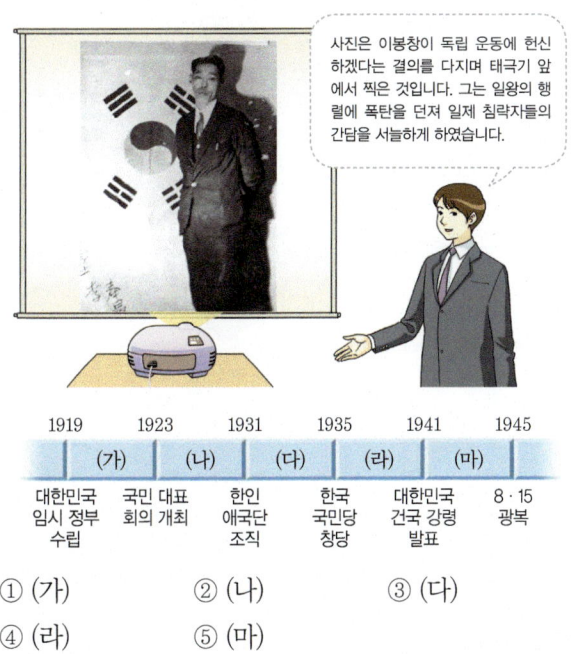

사진은 이봉창이 독립 운동에 헌신하겠다는 결의를 다지며 태극기 앞에서 찍은 것입니다. 그는 일왕의 행렬에 폭탄을 던져 일제 침략자들의 간담을 서늘하게 하였습니다.

1919	1923	1931	1935	1941	1945
	(가)	(나)	(다)	(라)	(마)
대한민국 임시 정부 수립	국민 대표 회의 개최	한인 애국단 조직	한국 국민당 창당	대한민국 건국 강령 발표	8·15 광복

① (가)　　② (나)　　③ (다)
④ (라)　　⑤ (마)

46

(가) 인물에 대한 설명으로 옳은 것은? [2점]

> S# 31. 1923년 5월, 경성 지방 법원 형사부 제7호 법정
> (판사 앞에 여섯 명의 피고가 일본 경찰의 감시하에 서 있다. 피고의 양쪽으로 변호사와 검사가 앉아 있다.)
> 판사: 의열단의 단장인 (가) 이/가 보낸 폭탄을 받아서 던질 사람에게 전달하라는 부탁을 받은 적이 있는가?
> 피고1: 작년 9월 중순에 (가) 으로부터 사람이 와서 승낙한 적이 있다.
> 판사: 지난 2월 3일에 김상옥의 지시로 남대문에서 폭탄과 권총, 불온 문서가 들어있는 트렁크를 찾아 왔는가?
> 피고2: 그렇소.
> 판사: 종로 경찰서에 폭탄이 터졌을 때 김상옥이 찾아 왔는가?
> 피고3: 그렇소. 내가 볼 일이 있어 남대문에 갔다가 여덟 시쯤 집에 오니 그가 와 있었소.

① 하와이에서 대조선 국민 군단을 조직하였다.
② 민족의식의 고취를 위해 명동 학교를 설립하였다.
③ 홍커우 공원에서 일본군 장성과 고관을 처단하였다.
④ 조선 혁명군을 이끌고 영릉가 전투에서 승리하였다.
⑤ 중국 우한에서 군사 조직인 조선 의용대를 창설하였다.

47

(가)~(마) 헌법의 내용으로 옳은 것은? [2점]

대한민국 헌법의 주요 변천 과정

구분	주요 특징
(가) 제헌 헌법(1948)	대통령 간선제
(나) 1차 개헌(1952)	대통령 직선제
(다) 3차 개헌(1960)	의원 내각제
(라) 7차 개헌(1972)	대통령 중임 제한 철폐
(마) 9차 개헌(1987)	대통령 임기 5년 단임제

① (가) – 대통령의 임기를 7년 단임제로 하였다.
② (나) – 민의원과 참의원의 양원제 국회를 운영하였다.
③ (다) – 대통령 선출 방식으로 간선제를 채택하였다.
④ (라) – 대통령을 통일 주체 국민 회의에서 선출하였다.
⑤ (마) – 개헌 당시 대통령에 한해 중임 제한을 적용하지 않았다.

48

다음 단체의 (가) 인물에 대한 설명으로 옳은 것은? [3점]

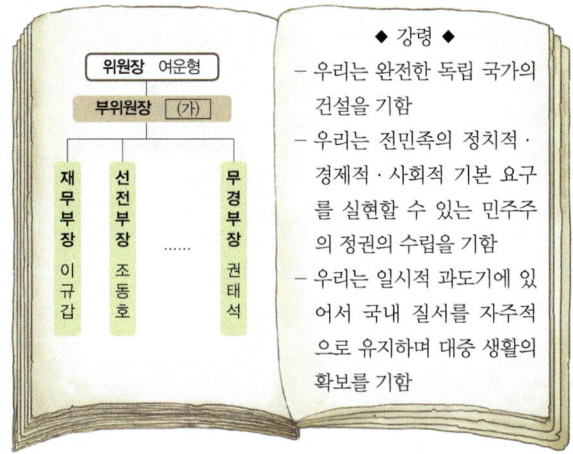

① 진단 학회를 창립하고 진단 학보를 발행하였다.
② 여유당전서를 간행하고 조선학 운동을 주도하였다.
③ 한국독립운동지혈사에서 독립 투쟁 과정을 정리하였다.
④ 독사신론을 저술하여 민족주의 사관의 기초를 마련하였다.
⑤ 조선사회경제사에서 식민 사학의 정체성 이론을 반박하였다.

49

밑줄 그은 '시위'의 결과로 옳은 것은? [1점]

> 4월 13일에 대통령은 개헌에 대한 정치권의 합의가 이루어지지 않았다는 것을 구실로 헌법을 그대로 유지한 채 선거를 치르겠다고 발표하였다. 이에 반발한 시민들은 민주 헌법 쟁취 국민 운동 본부를 중심으로 '호헌 철폐, 독재 타도' 등의 구호를 외치며 시위를 전개하였다.

① 3당 합당으로 민주 자유당이 창당되었다.
② 5년 단임의 대통령 직선제 개헌안이 발표되었다.
③ 국제 통화 기금(IMF)의 구제 금융을 받게 되었다.
④ 비상 계엄이 선포된 가운데 발췌 개헌안이 통과되었다.
⑤ 여당 부통령 후보 당선을 위한 3·15 부정 선거가 자행되었다.

50

다음 기사 내용이 보도된 정부 시기의 사실로 옳은 것은? [2점]

① 프로 야구단이 정식으로 창단되었다.
② 금강산 해로 관광 사업이 시작되었다.
③ 제1차 경제 개발 5개년 계획이 추진되었다.
④ 외환 위기 극복을 위해 금 모으기 운동이 전개되었다.
⑤ 대통령의 긴급 명령으로 금융 실명제가 전격 실시되었다.

한국사능력검정시험 심화대비

기출분석 예상문제

제09회

|정답 및 해설| 305p

01

밑줄 그은 '이 시대'의 생활 모습으로 옳은 것은? [1점]

> **학술 대회 안내**
>
> '서울 암사동 유적'은 정착 생활이 시작된 <u>이 시대</u>의 대표적인 유적지입니다. 지난 2년간 이곳에서 새로 발굴된 유적을 통해 <u>이 시대</u>의 문화를 재조명하는 자리를 마련하였으니 많은 참여 바랍니다.
>
> ◈ 발표주제 ◈
> - 빗살무늬 토기의 형태 비교
> - 불에 탄 주거지를 통해 본 움집의 구조
> - 농경과 정착 생활의 의미
>
> ■ 일시: ○○○○년 ○○월 ○○일 13:00~17:00
> ■ 장소: 암사동선사유적박물관
> ■ 주최: □□고고학연구회

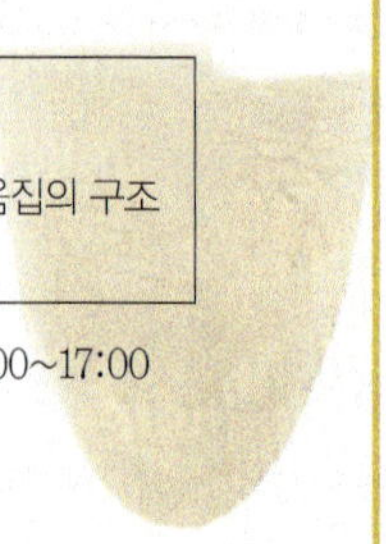

① 철제 쟁기로 밭을 갈았다.
② 거친무늬 거울을 제작하였다.
③ 소를 이용하여 농사를 지었다.
④ 가락바퀴를 사용하여 실을 뽑았다.
⑤ 지배층의 무덤으로 고인돌을 만들었다.

02

(가) 인물이 통치한 나라에 대한 설명으로 옳은 것은? [2점]

> 중국은 반고로부터 금(金)까지이고, 우리나라는 단군으로부터 본조(本朝)까지이온데, …… 흥망성쇠의 같고 다름을 비교하여 매우 중요한 점을 간추려 운(韻)을 넣어 읊고 거기에 비평의 글을 덧붙였나이다.
>
> 요동에 따로 한 천지가 있으니
> 뚜렷이 중국과 구분되어 나누어져 있도다.
> ……
> 처음 누가 나라를 열고 풍운을 일으켰던가.
> 하느님[釋帝]의 손자 그 이름하여 (가) 이라.
>
> -「제왕운기」-

① 영고라는 제천 행사를 열었다.
② 졸본에서 국내성으로 도읍을 옮겼다.
③ 전국을 5경 15부 62주로 나누어 다스렸다.
④ 범금 8조를 만들어 사회 질서를 유지하였다.
⑤ 화백 회의에서 국가의 중대사를 결정하였다.

제09회

03

(가), (나) 나라에 대한 설명으로 옳은 것은? [2점]

> ○ (가) 의 백성들은 노래와 춤을 좋아하며 촌락마다 밤이 되면 남녀가 무리지어 모여 서로 노래하며 즐긴다. …… 10월에 지내는 제천 행사는 국중대회(國中大會)로서 동맹이라 부른다. 그 나라의 풍속에 혼인을 할 때에는 말로 미리 정한 다음, 여자 집에서는 본채 뒤에 작은 집을 짓는데 그 집을 서옥이라 부른다.
> – 「삼국지」 동이전 –
>
> ○ (나) 은/는 해마다 5월이면 씨뿌리기를 마치고 귀신에게 제사를 지낸다. 무리지어 모여서 노래와 춤을 즐긴다. 술을 마시고 노는데 밤낮을 가리지 않는다. 춤은 수십 명이 모두 일어나서 뒤를 따라가고, 땅을 밟고 몸을 구부렸다 펴면서 손과 발로 장단을 맞추며 춘다. …… 10월에 농사일을 마치고 나서도 이렇게 한다.
> – 「삼국지」 동이전 –

① (가) – 여러 가(加)들이 별도로 사출도를 주관하였다.
② (가) – 철이 많이 생산되어 낙랑과 왜에 수출하였다.
③ (나) – 읍락 간의 경계를 중시하는 책화가 있었다.
④ (나) – 제사장인 천군과 신성 지역인 소도가 있었다.
⑤ (가), (나) – 물건을 훔친 자는 12배로 배상하게 하였다.

04

밑줄 그은 '매금(寐錦)'을 의미하는 왕의 업적으로 옳은 것은? [3점]

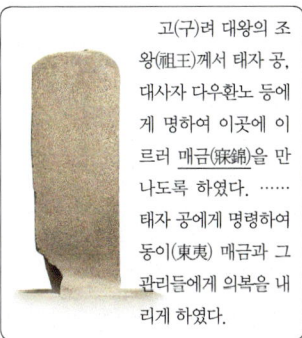 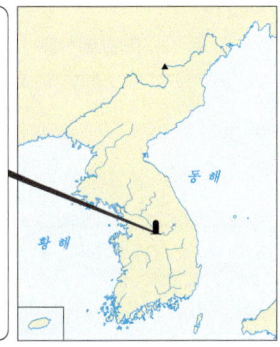

고(구)려 대왕의 조왕(祖王)께서 태자 공, 대사자 다우환노 등에게 명하여 이곳에 이르러 매금(寐錦)을 만나도록 하였다. …… 태자 공에게 명령하여 동이(東夷) 매금과 그 관리들에게 의복을 내리게 하였다.

① 독서삼품과 제도를 마련하였다.
② 관료전을 지급하고 녹읍을 폐지하였다.
③ 김씨에 의한 왕위 계승권을 확립하였다.
④ 율령을 반포하여 통치 체제를 정비하였다.
⑤ 국호를 신라로 확정하고 왕이라는 칭호를 사용하였다.

05

(가)에 들어갈 내용으로 옳은 것은? [2점]

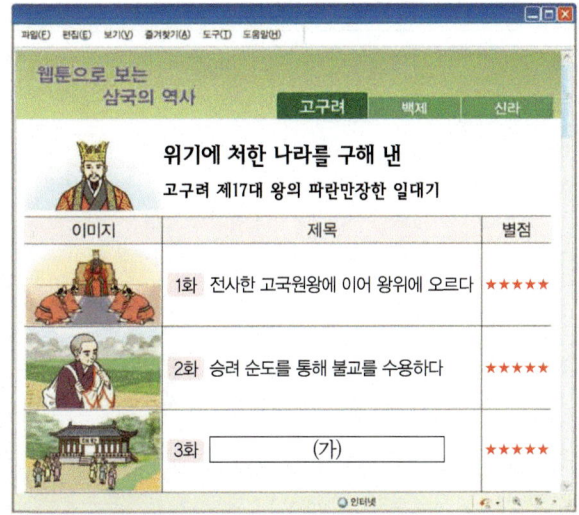

① 국립 교육 기관인 태학을 설립하였다.
② 을파소의 건의로 진대법을 실시하였다.
③ 거칠부에게 국사를 편찬하도록 하였다.
④ 건원이라는 독자적인 연호를 사용하였다.
⑤ 동진에서 온 마라난타를 통해 불교를 수용하였다.

06

(가)에 들어갈 문화유산으로 옳은 것은? [2점]

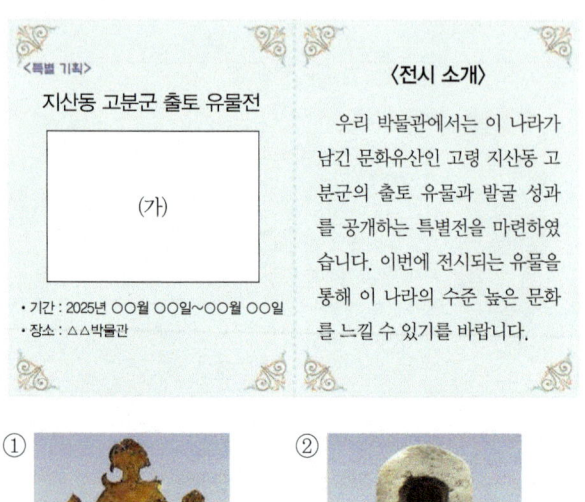

<특별 기획>
지산동 고분군 출토 유물전

(가)

• 기간 : 2025년 ○○월 ○○일~○○월 ○○일
• 장소 : △△박물관

<전시 소개>
우리 박물관에서는 이 나라가 남긴 문화유산인 고령 지산동 고분군의 출토 유물과 발굴 성과를 공개하는 특별전을 마련하였습니다. 이번에 전시되는 유물을 통해 이 나라의 수준 높은 문화를 느낄 수 있기를 바랍니다.

①
②
③
④
⑤

07

(가), (나) 사이의 시기에 있었던 사실로 옳은 것은? [3점]

(가) 영락 10년, 왕이 보병과 기병 도합 5만 명을 보내어 신라를 구원하게 하였다. [고구려군이] 남거성을 거쳐 신라성에 이르니 그곳에 왜적이 가득하였다. 고구려군이 도착하니 왜적이 퇴각하였다.

(나) 고구려왕 거련이 몸소 군사를 거느리고 백제를 공격하였다. 백제왕 경(慶)이 아들 문주를 [신라에] 보내 구원을 요청하였다. 왕이 군사를 내어 구해 주려 하였으나 미처 도착하기도 전에 백제가 이미 [고구려에] 함락되었고, 경(慶) 역시 피살되었다.

① 의자왕이 윤충을 보내 대야성을 함락하였다.
② 진흥왕이 화랑도를 국가 조직으로 개편하였다.
③ 소수림왕이 태학을 설립하고 율령을 반포하였다.
④ 개로왕이 고구려를 견제하고자 북위에 국서를 보냈다.
⑤ 근초고왕이 평양성을 공격하여 고국원왕을 전사시켰다.

08

(가)에 들어갈 탐구 활동 내용으로 가장 적절한 것은? [2점]

1단계 : 수도를 사비로 옮긴 배경을 알아본다.
2단계 : 국호를 남부여로 변경한 이유를 파악한다.
3단계 : (가)

제시된 탐구 활동을 종합하여 알 수 있는 백제 제26대 왕은 누구일까요?

① 임신서기석의 내용을 분석한다.
② 관산성 전투의 원인을 살펴본다.
③ 청해진이 설치된 배경을 알아본다.
④ 칠지도에 새겨진 명문의 내용을 찾아본다.
⑤ 위만 집권 이후 변화된 경제 상황을 조사한다.

09

(가)에 들어갈 문화유산으로 옳은 것은? [1점]

① 삼강행실도 ② 왕오천축국전
③ 직지심체요절 ④ 화성성역의궤
⑤ 무구정광대다라니경

10

다음 사신을 파견한 국가에 대한 설명으로 옳지 않은 것은? [2점]

① 중앙군으로 9서당을 편성하였다.
② 중정대를 두어 관리를 감찰하였다.
③ 전성기에 해동성국이라고도 불렸다.
④ 인안, 대흥 등의 연호를 사용하였다.
⑤ 5경 15부 62주의 지방 행정 제도를 마련하였다.

11

다음 정책을 시행한 왕의 업적으로 옳은 것은? [2점]

> ○ 명주의 순식이 무리를 이끌고 조회하러 오니, 왕씨 성을 내려주고 대광으로 임명하였으며, …… 관경에게도 왕씨 성을 내려주고 대승으로 임명하였다.
> ― 『고려사절요』 ―
>
> ○ 가을 7월, 발해국의 세자 대광현이 무리 수만을 거느리고 와서 항복하자, 성명을 하사하여 '왕계(王繼)'라 하고 종실의 족보에 넣었다.
> ― 『고려사』 ―

① 12목에 처음으로 지방관을 파견하였다.
② 서경을 북진 정책의 전진 기지로 삼았다.
③ 쌍기의 건의를 받아들여 과거제를 실시하였다.
④ 전시과 제도를 마련하여 관리에게 토지를 지급하였다.
⑤ 권문세족을 견제하기 위해 전민변정도감을 설치하였다.

12

(가)에 대한 고려의 대응으로 옳은 것은? [1점]

위인 메달 시리즈 제○○호 출시

앞면에는 윤관 장군의 표준 영정과 함께 군대를 이끌고 (가) 을/를 정벌한 업적을, 뒷면에는 경기도 파주시에 있는 사당 '여충사'를 새겼습니다.

① 화포를 사용하여 진포에서 격퇴하였다.
② 별무반을 편성하여 동북 9성을 개척하였다.
③ 개경에 나성을 축조하여 침입에 대비하였다.
④ 이종무로 하여금 근거지를 정벌하게 하였다.
⑤ 도읍을 강화도로 옮겨 장기 항쟁을 준비하였다.

13

(가) 인물에 대한 설명으로 옳은 것은? [3점]

불교 인물 카드

(가)

국청사의 주지로 있으면서 처음으로 천태교를 강의하였다. 이 천태교는 옛날에 이미 우리나라에 전해졌으나 점차 쇠퇴하였다. 천태교를 다시 일으켜 진흥시킬 뜻을 가진 뒤로 일찍이 하루도 마음에서 잊은 적이 없었다. 인예태후가 이를 듣고 기뻐하며 절을 짓기 시작하였고, 숙종이 이어서 마침내 불사를 끝냈다.

① 금강삼매경론을 저술하였다.
② 신편제종교장총록을 편찬하였다.
③ 정혜쌍수와 돈오점수를 내세웠다.
④ 법화 신앙을 바탕으로 백련 결사를 이끌었다.
⑤ 화엄일승법계도를 지어 화엄 사상을 정리하였다.

14

밑줄 그은 '폐하'의 재위 기간에 있었던 사실로 옳은 것은? [2점]

폐하께 아룁니다.
옛날 여러 나라들은 제각기 사관을 두어 기록을 남겼습니다. 폐하께서도 "오늘날의 학자들이 중국의 경전과 역사에는 능통하나, 우리나라 역사는 잘 알지 못하니 걱정스러운 일이다."라고 말씀하셨습니다. 이에 신(臣) 김부식이 감수국사로 명을 받아 본기 28권, 연표 3권, 지 9권, 열전 10권을 찬술하여 올리나이다.

① 최충헌이 봉사 10조를 올렸다.
② 명학소의 망이·망소이가 봉기하였다.
③ 최무선의 건의로 화통도감이 설치되었다.
④ 강조가 정변을 일으켜 김치양을 제거하였다.
⑤ 묘청이 수도를 서경으로 옮길 것을 주장하였다.

15

(가)에 들어갈 문화유산으로 옳은 것은? [3점]

사진으로 보는 우리나라의 탑

(가)

- 종목: 국보 48-1호
- 소재지: 강원도 평창군
- 소개: 고려 시대에 다각형의 다층 석탑이 유행하면서 세워진 탑이다. 2단의 기단 위에 탑신부와 상륜부를 세웠으며, 탑 앞에는 공양하는 모습의 석조 보살 좌상이 있다.

①  ②  ③

④  ⑤

16

(가) 인물에 대한 설명으로 옳은 것은? [2점]

> 엎드려 보건대, 적신(賊臣) 이의민은 성품이 사납고 잔인하여 윗사람을 업신여기고 아랫사람을 능멸하였습니다. 임금 자리를 흔들고자 하니, 재앙의 불길이 커져 백성이 살 수 없으므로 신(臣) (가) 등이 폐하의 위령(威靈)에 힘입어 일거에 소탕하였습니다. 원컨대 폐하께서는 옛 정치를 고쳐 새로운 정치를 도모하시고, 태조의 바른 법을 행하여 빛나게 중흥하소서. 삼가 봉사 10조를 올립니다.

① 정방을 설치하여 인사권을 행사하였다.
② 교정별감이 되어 국정 전반을 장악하였다.
③ 처인성에서 몽골 장수 살리타를 사살하였다.
④ 전민변정도감의 책임자로서 개혁을 이끌었다.
⑤ 거란의 침입에 대비하여 개경에 나성을 축조하였다.

17

(가) 역사서에 대한 설명으로 옳은 것은? [2점]

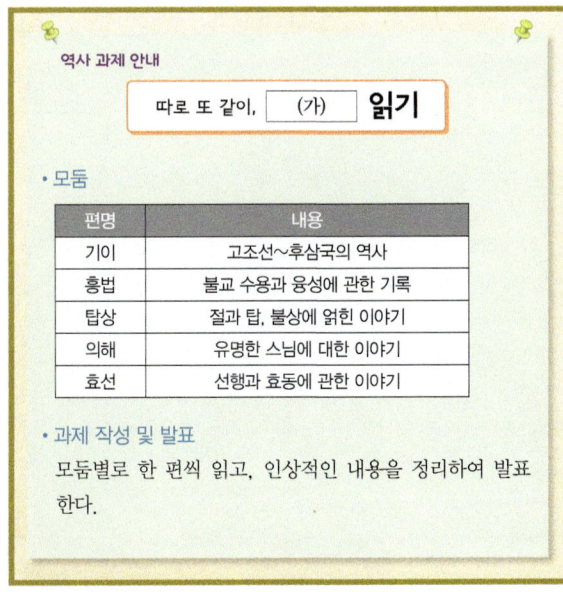

① 기전체 형식으로 서술되었다.
② 조선 건국의 정통성을 강조하였다.
③ 남북국이라는 용어를 처음 사용하였다.
④ 사초, 시정기 등을 바탕으로 편찬되었다.
⑤ 단군왕검의 건국 이야기가 기록되어 있다.

18

밑줄 그은 '왕'의 재위 기간에 있었던 사실로 옳은 것은? [1점]

> 왕이 즉위하기 전에는 총명하고 인자하면서 중후하여 백성들의 기대가 모두 그에게 돌아갔다. 즉위함에 이르러 온 힘을 다하여 정치에 힘쓰니, 중앙과 지방에서 크게 기뻐하면서 태평 시대를 기대하였다. 노국 공주가 죽은 뒤로는 지나치게 슬퍼하다가 뜻을 잃고 정치를 신돈에게 위임하여 공이 있는 신하와 어진 신하를 내쫓고 죽였다.
> ― 『고려사절요』

① 유인우, 이자춘 등이 쌍성총관부를 수복하였다.
② 나세, 심덕부 등이 진포에서 왜구를 격퇴하였다.
③ 좌별초, 우별초, 신의군의 삼별초가 조직되었다.
④ 서희가 외교 담판을 벌여 강동 6주를 획득하였다.
⑤ 명의 철령위 설치에 반발하여 요동 정벌이 추진되었다.

19

밑줄 그은 '법전'을 반포한 왕의 업적으로 옳은 것은? [2점]

조선 시대 국가 행정을 체계화하기 위해 국가 조직, 재정, 의례, 군사 제도 등 통치 전반에 걸친 법령을 종합하여 만든 법전입니다.

① 전통 한의학을 정리한 동의보감을 간행하였다.
② 문하부 낭사를 분리하여 사간원으로 독립시켰다.
③ 붕당 정치의 폐해를 극복하고자 탕평비를 건립하였다.
④ 한양을 기준으로 한 역법서인 칠정산 내편을 편찬하였다.
⑤ 각 도의 지리, 풍속 등이 수록된 동국여지승람을 편찬하였다.

20

밑줄 그은 '이 전쟁' 중에 있었던 사실로 옳은 것은? [3점]

이곳은 조헌과 영규가 이끄는 의병들이 묻힌 칠백의 총입니다. 이 전쟁 당시 이들은 금산으로 진격한 왜군과 혈전을 벌이다 순절하였습니다.

① 김상용이 강화도에서 순절하였다.
② 원적과 한온이 적을 막다 전사하였다.
③ 변급, 신유 등이 조총부대를 이끌었다.
④ 정봉수와 이립이 용골산성에서 항전하였다.
⑤ 고경명, 김천일 등이 의병장으로 활약하였다.

22

(가)에 대한 설명으로 옳은 것을 <보기>에서 고른 것은? [2점]

요즘 (가) 에서 의정부가 할 일을 모두 처리하고 있어 문제가 되고 있습니다. 원래 변방 방비를 담당하기 위해 임시로 설치된 기구였지만, 임진왜란을 거치면서 기능이 확대·강화되기 시작하여 국정 전반을 총괄하게 되었다고 합니다.

의정부의 기능, 유명무실해져

보기
ㄱ. 을묘왜변을 계기로 상설 기구화되었다.
ㄴ. 조광조를 비롯한 사림의 건의로 혁파되었다.
ㄷ. 세도 정치 시기에 외척의 세력 기반이 되었다.
ㄹ. 어사대의 관원과 중서문하성의 낭사로 구성되었다.

① ㄱ, ㄴ   ② ㄱ, ㄷ   ③ ㄴ, ㄷ
④ ㄴ, ㄹ   ⑤ ㄷ, ㄹ

21

(가)~(마)의 관직에 대한 설명으로 옳은 것은? [2점]

○○○의 관직 경력표

시기	관직	역할
1611년(광해군 3)	좌부승지	(가) 승정원
1611년(광해군 3)	강원도 관찰사	(나) 관찰사
1623년(인조 1)	대사헌	(다) 사헌부
1625년(인조 3)	형조판서	(라) 6조
1628년(인조 6)	영의정	(마) 영의정

① (가) - 국정 전반을 총괄하였다.
② (나) - 왕명의 출납을 담당하였다.
③ (다) - 관리의 비리를 감찰하였다.
④ (라) - 군현의 수령을 감독하였다.
⑤ (마) - 법과 형벌에 관한 일을 주관하였다.

23

밑줄 그은 '책'으로 옳은 것은? [1점]

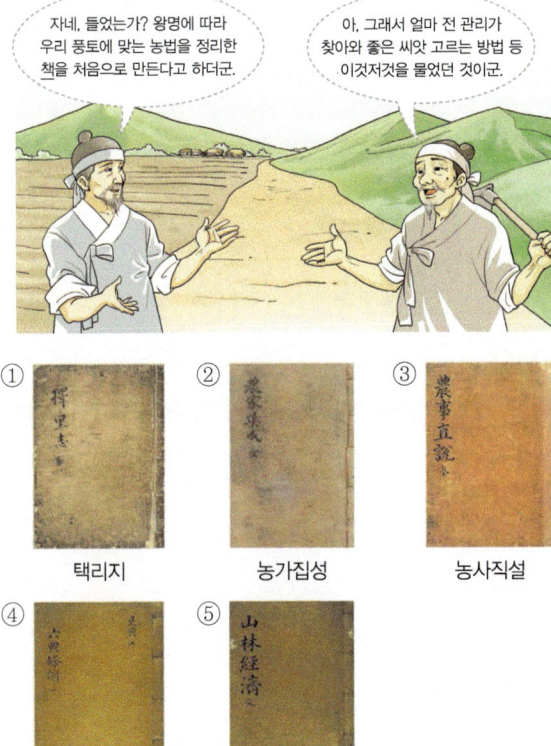

① 택리지　② 농가집성　③ 농사직설
④ 육전조례　⑤ 산림경제

24

다음 사극의 시대 배경으로 가장 적절한 것은? [2점]

사극 기획안

▶ 제목: 임꺽정의 난
▶ 시대 배경:
▶ 기획 의도
　황해도의 의적 임꺽정이 난을 통해 부패한 관리들을 벌하고 억울한 백성들을 구하는 권선징악의 모습을 실감나게 그려본다.

① 자의 대비의 복상 문제로 예송이 전개되었다.
② 외척 간의 권력 다툼으로 을사사화가 발생하였다.
③ 김종직 등 사림이 중앙 정계에 진출하기 시작하였다.
④ 사림이 이조 전랑 임명을 둘러싸고 동인과 서인으로 나뉘었다.
⑤ 폐비 윤씨 사사 사건의 전말이 알려져 관련자들이 화를 입었다.

25

밑줄 그은 '이 왕'의 업적으로 옳은 것을 〈보기〉에서 고른 것은? [2점]

이 법전은 경국대전 완성 이후 만들어진 법령을 정리해 이 왕 때 편찬된 것입니다. 당시 실정에 맞게 형률을 늘리고 형량은 가볍게 만든 것이 특징입니다.

속대전

보 기

ㄱ. 준천사를 설치하여 청계천을 준설하였다.
ㄴ. 붕당의 폐해를 경계하고자 탕평비를 세웠다.
ㄷ. 왕실의 권위를 세우고자 경복궁을 중건하였다.
ㄹ. 신해통공으로 시전 상인의 특권을 축소하였다.

① ㄱ, ㄴ　② ㄱ, ㄷ　③ ㄴ, ㄷ
④ ㄴ, ㄹ　⑤ ㄷ, ㄹ

26

(가) 사건에 대한 설명으로 옳은 것은? [3점]

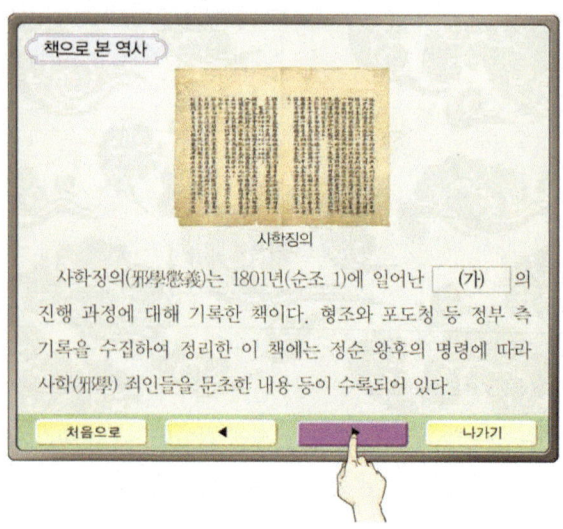

① 황사영 백서(帛書) 사건이 발생하였다.
② 프랑스 신부와 남종삼 등이 처형되었다.
③ 백성들에게 척사윤음(斥邪綸音)을 반포하였다.
④ 한국 최초의 천주교 신부인 김대건 신부가 처형되었다.
⑤ 윤지충이 신주를 소각하고 모친상을 천주교식으로 지냈다.

27

(가) 인물에 대한 설명으로 옳은 것은? [1점]

① 양반전에서 양반의 위선과 무능을 풍자하였다.
② 북학의에서 절약보다 적절한 소비를 강조하였다.
③ 곽우록에서 토지 매매를 제한하는 한전론을 제시하였다.
④ 우서에서 사농공상의 직업적 평등과 전문화를 주장하였다.
⑤ 색경에서 담배, 수박 등의 상품 작물 재배법을 소개하였다.

28

(가) 왕의 재위 기간에 있었던 사실로 옳은 것은? [2점]

이곳은 강화도의 용흥궁으로 (가) 이/가 왕위에 오르기 전에 살았던 곳이다. 농사를 짓던 그는 헌종이 후사 없이 승하하자 안동 김씨인 순원 왕후의 영향력으로 왕위에 올랐다. 그는 순원 왕후의 수렴청정을 받고, 김문근의 딸을 왕비로 맞이하면서 안동 김씨의 세도에 눌려 제대로 된 정치를 할 수 없었다. 이러한 상황은 소수의 외척 가문이 비변사의 요직을 독점하여 권력을 장악한 시기에 왕권이 약화된 모습을 보여준다.

① 허적과 윤휴 등 남인들이 대거 축출되었다.
② 박규수의 건의로 삼정이정청이 설치되었다.
③ 자의 대비의 복상 문제로 예송이 전개되었다.
④ 붕당의 폐해를 경계하기 위한 탕평비가 건립되었다.
⑤ 왕조의 통치 규범을 재정비한 대전통편이 편찬되었다.

29

다음 상황이 나타난 시기의 경제 모습으로 옳지 않은 것은? [2점]

> 백목전 상인이 말하기를, "서양목(西洋木)이 나온 이후 토산 면포가 소용이 없게 되어 망할 지경이 되었습니다. 연경을 왕래하는 상인들의 물건 수입을 일절 금지하거나 아니면 우리 전에 오로지 속하게 해야 할 것입니다."라고 하였다.
> — 『일성록』 —

① 덕대가 광산을 전문적으로 경영하였다.
② 담배와 면화 등이 상품 작물로 재배되었다.
③ 수조권이 세습되는 수신전, 휼양전이 있었다.
④ 송상, 만상이 대청 무역으로 부를 축적하였다.
⑤ 왜관에서 개시 무역과 후시 무역이 이루어졌다.

30

다음 개혁의 내용으로 옳은 것은? [1점]

① 미국에 보빙사를 파견하였다.
② 신식 군대인 별기군을 창설하였다.
③ 종두법과 우편 제도를 실시하였다.
④ 박문국을 설치하여 한성순보를 발간하였다.
⑤ 청과 조·청 상민 수륙 무역 장정을 체결하였다.

31

(가) 사건이 일어난 배경으로 옳은 것은? [2점]

□□신문

서울시, 양헌수 장군 문집과 이력 등 유형문화재 지정

서울시는 (가) 때 정족산성 전투를 지휘한 양헌수 장군의 문집인 하거집과 일기 등을 서울시 유형문화재로 지정하였다. (가) 은/는 로즈 제독의 함대가 강화도를 침략한 사건으로, 양헌수 장군은 정족산성에서 이를 물리치는 데 크게 기여하였다.

하거집
양헌수가 관직 생활을 하면서 남긴 글을 모은 책

① 운요호가 강화도 초지진을 공격하였다.
② 오페르트가 남연군 묘 도굴을 시도하였다.
③ 조선 정부가 프랑스인 선교사들을 처형하였다.
④ 함경도 관찰사 조병식이 방곡령을 선포하였다.
⑤ 영국이 러시아를 견제하기 위해 거문도를 불법 점령하였다.

32

밑줄 그은 '이 시기'에 있었던 사실로 옳은 것은? [2점]

① 이만손 등이 영남 만인소를 올렸다.
② 박문국에서 한성순보가 발행되었다.
③ 조선 형평사 창립 대회가 개최되었다.
④ 러시아가 용암포를 점령하고 조차를 요구하였다.
⑤ 제너럴 셔먼호 사건을 구실로 미군이 강화도를 침략하였다.

33

(가) 인물에 대한 설명으로 옳은 것은? [2점]

학술 대회 안내

우리 학회에서는 1894년 동학 농민 운동이 전개되던 상황에서 군국기무처가 추진하였던 갑오개혁의 성격과 의의를 조명하기 위해 학술 대회를 개최하고자 합니다.

■ 발표 주제
- 제1차 (가) 내각의 구성과 역할
- 조혼 금지와 과부 재가 허용의 의미
- 과거제의 폐지와 관리 임용 제도의 변화

■ 일시: ○○○○년 ○○월 ○○일 13:00~18:00
■ 장소: △△대학교 소강당

① 을사늑약에 반대하여 항일 의병을 이끌었다.
② 입헌 군주제를 꿈꾸며 갑신정변을 일으켰다.
③ 반침략 기치를 들고 우금치 전투에 참여하였다.
④ 황준헌이 지은 조선책략을 국내에 처음 소개하였다.
⑤ 평민 의병장에서 대한 독립군 사령관으로 활약하였다.

34

다음 자료의 사건이 일어난 직후의 사실로 옳은 것은? [2점]

이날 밤 우정국에서 낙성연을 열었는데 총판 홍영식이 주관하였다. 연회가 끝나갈 무렵 담장 밖에 불길이 일어나는 것이 보였다. 이때 민영익도 우영사로서 연회에 참가하였다가 불을 끄기 위해 먼저 일어나 문 밖으로 나갔다. 밖에 흉도 여러 명이 휘두른 칼을 맞받아치다가 민영익이 칼에 맞아 당상 위로 돌아와 쓰러졌다. …… 왕이 경우궁으로 거처를 옮기자 각 비빈과 동궁도 황급히 따라갔다. …… 깊은 밤, 일본 공사 다케조에 신이치로(竹添進一郞)가 군대를 이끌고 와 호위하였다.
— 『고종실록』 —

① 영국이 거문도를 불법 점령하였다.
② 청일 전쟁에서 일본이 승리하였다.
③ 구식 군인들이 임오군란을 일으켰다.
④ 시전 상인들이 철시 투쟁을 전개하였다.
⑤ 운요호가 강화도에 접근하여 무력 시위를 벌였다.

35

(가) 기관이 설립될 시기의 사실과 가장 거리가 먼 것은? [3점]

이달의 인물

한글을 사랑한 ○○○

- 호: 한힌샘, 백천(白泉)
- 생몰: 1876년~1914년
- 주요 활동
  - 독립신문 교보원 활동
  - 국문동식회 조직
  - (가) 설립
  - 국어문법, 말의 소리 저술
- 서훈: 1980년 건국 훈장 대통령장

① 박은식 등이 조선 광문회를 조직하였다.
② 안국선이 신소설 금수회의록을 집필하였다.
③ 나운규가 제작한 영화 아리랑이 처음 개봉되었다.
④ 이인직이 최초의 서양식 극장인 원각사를 건립하였다.
⑤ 김약연 등이 북만주 명동촌에 명동 학교를 설립하였다.

36

(가) 민족 운동에 대한 설명으로 옳은 것은? [1점]

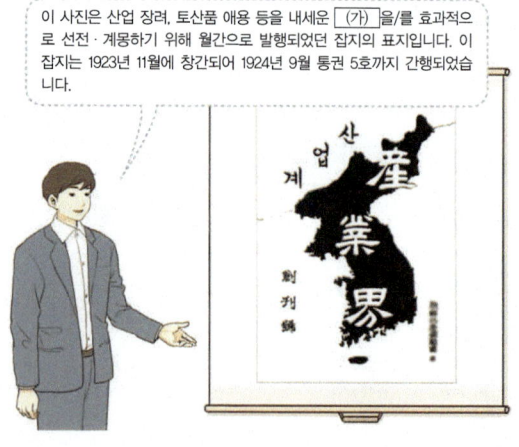

이 사진은 산업 장려, 토산품 애용 등을 내세운 (가) 을/를 효과적으로 선전·계몽하기 위해 월간으로 발행되었던 잡지의 표지입니다. 이 잡지는 1923년 11월에 창간되어 1924년 9월 통권 5호까지 간행되었습니다.

① 조선 노동 총동맹의 주도로 추진되었다.
② 진주에서 시작되어 전국으로 확산되었다.
③ 국민의 성금을 모아 국채를 갚고자 하였다.
④ 조선 사람 조선 것이라는 구호를 내세웠다.
⑤ 농민 단체를 결성하여 소작 쟁의를 전개하였다.

37

(가)에 들어갈 내용으로 옳은 것은? [2점]

① 한국독립운동지혈사를 저술하였습니다.
② 고종의 밀지를 받아 독립 의군부를 조직하였습니다.
③ 왜양일체론을 내세워 강화도 조약 체결에 반대하였습니다.
④ 13도 창의군을 지휘하여 서울 진공 작전을 전개하였습니다.
⑤ 보국안민을 기치로 우금치에서 일본군 및 관군과 맞서 싸웠습니다.

38

(가) 단체의 활동으로 옳은 것은? [1점]

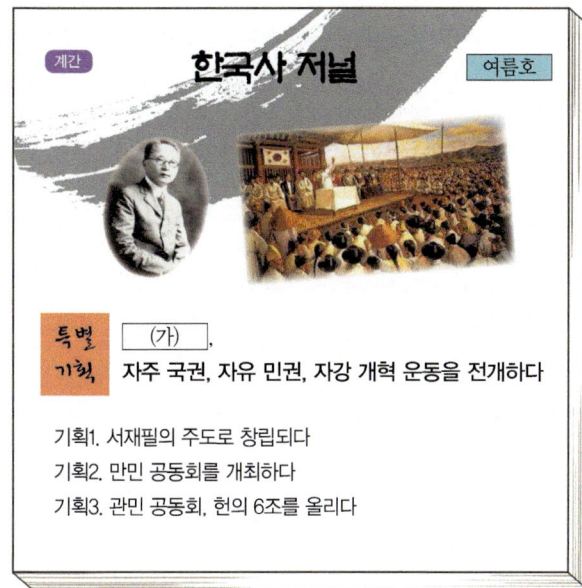

① 일본의 황무지 개간권 요구를 저지하였다.
② 러시아의 절영도 조차 요구에 반대하였다.
③ 고종의 강제 퇴위 반대 운동을 전개하였다.
④ 계몽 서적 출판을 위해 태극 서관을 설립하였다.
⑤ 일본에게 진 빚을 갚자는 국채 보상 운동을 주도하였다.

39

다음 조서가 반포된 계기로 옳은 것은? [2점]

> 짐이 정부에 명하여 학교를 널리 세우고 인재를 양성하는 것은 너희들 신하와 백성의 학식으로 나라를 중흥시키는 큰 공로를 이룩하기 위해서이다. 너희는 임금에게 충성하고 나라를 사랑하는 마음으로 덕성, 체력, 지혜를 기르라. 왕실의 안전도 신하와 백성의 교육에 달려 있고, 나라의 부강도 신하와 백성의 교육에 달려 있다.

① 김기수를 수신사로 일본에 파견하였다.
② 구본신참에 입각한 개혁을 추진하였다.
③ 개화 정책을 총괄하는 통리기무아문을 설치하였다.
④ 개혁의 기본 방향을 제시한 홍범 14조를 반포하였다.
⑤ 김옥균 등이 우정총국 개국 축하연을 기회로 정변을 일으켰다.

40

밑줄 그은 '그'와 관련된 운동으로 옳은 것은? [2점]

조선 후기의 실학자인 그는 유배지인 강진에서 목민관이 지켜야 할 지침을 밝히는 책을 저술하였다. 그는 이 책의 서문에서 "군자의 학문은 수신이 반이요, 목민이 반이다. …… 요즈음 목민관들은 이익을 추구하는 데만 급급하고 어떻게 목민해야 할 것인가는 모르고 있다."라고 하였다.

① 민족 유일당 운동이 추진되어 신간회가 창립되었다.
② 청년 단체를 망라하여 조선 청년 연합회가 결성되었다.
③ 우리 말과 역사를 연구하는 조선학 운동이 전개되었다.
④ 실력 양성과 무장 투쟁을 함께 추구하는 신민회가 조직되었다.
⑤ 임시 정부의 노선 갈등을 해결하기 위해 국민 대표 회의가 열렸다.

41

(가) ~ (마) 문화유산에 대한 설명으로 옳은 것은? [2점]

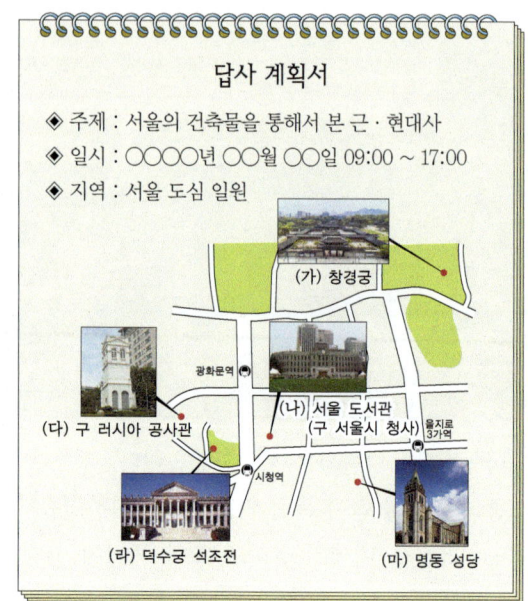

답사 계획서
◆ 주제 : 서울의 건축물을 통해서 본 근·현대사
◆ 일시 : ○○○○년 ○○월 ○○일 09:00 ~ 17:00
◆ 지역 : 서울 도심 일원

(가) 창경궁
(나) 서울 도서관 (구 서울시 청사)
(다) 구 러시아 공사관
(라) 덕수궁 석조전
(마) 명동 성당

① (가) – 을미사변 이후 고종이 피신하였다.
② (나) – 일제 때 경성부 청사로 사용되었다.
③ (다) – 일제에 의해 동물원 등이 설치되었다.
④ (라) – 6월 민주 항쟁 당시 시위대가 농성하였다.
⑤ (마) – 제1차 미·소 공동 위원회가 개최된 곳이다.

42

다음 자료에 나타난 민족 운동에 대한 설명으로 옳은 것은? [3점]

> 어제 오전 8시에 돈화문을 떠나기 시작한 순종 황제의 인산 행렬이 황금정 거리에까지 뻗쳤다. 대여(大轝)가 막 관수교를 지나가시며 그 뒤에 이왕 전하, 이강 공 전하가 타신 마차가 지나는 오전 8시 40분경에 그 행렬 동편에 학생 수십 인이 활판으로 인쇄한 격문 수만 매를 뿌리며 조선 독립 만세를 불렀다. 이러한 소동 중에 바람에 날리는 격문이 이왕 전하 마차 부근에까지 날렸으며, 경계하고 있던 경관과 기마 경관대는 학생들과 충돌하였다. …… 현장에서 학생 30여 명이 체포되었고 …… 시내 장사동 247번지 부근에서도 시내 남대문통 세브란스 의학 전문 학생이 격문을 뿌리다가 현장에서 4명이 체포되었다더라.

① 신간회의 지원 속에 전국 각지로 확산되었다.
② 이른바 문화 통치로 전환되는 배경이 되었다.
③ 대한민국 임시 정부가 수립되는 데 영향을 주었다.
④ 한·일 학생 사이의 충돌 사건이 발단이 되어 일어났다.
⑤ 국내에서 민족 유일당 운동이 전개되는 계기를 마련하였다.

43

(가)~(다) 학생이 발표한 내용을 일어난 순서대로 옳게 나열한 것은? [2점]

① (가) - (나) - (다)
② (가) - (다) - (나)
③ (나) - (가) - (다)
④ (나) - (다) - (가)
⑤ (다) - (나) - (가)

44

(가) 인물에 대한 설명으로 옳은 것은? [2점]

> 총사령관 (가) 이/가 이끄는 독립군은 사격과 함께 바위를 굴려 일본군을 살상하고 자동차와 우마차를 파괴하거나 운행 불능의 상태에 빠뜨리며 적을 완전히 포위하여 고립시켰다. …… 독립군과 중국 호로군 부대는 절대적으로 유리한 지형에서 조직적으로 맹공을 퍼부었기 때문에, 매복에 걸려든 일본군은 중무기와 차량 등을 버리고 도주하고자 하였으나 결국 거의 궤멸되고 말았다.

① 숭무 학교를 설립하여 독립군을 양성하였다.
② 쌍성보 전투에서 한·중 연합 작전을 전개하였다.
③ 독립군 비행사 육성을 위해 한인 비행 학교를 세웠다.
④ 독립군 연합 부대를 이끌고 청산리 전투에서 승리하였다.
⑤ 일제 패망과 광복에 대비하여 조선 건국 동맹을 결성하였다.

45

교사의 질문에 대한 답변으로 옳지 않은 것은? [3점]

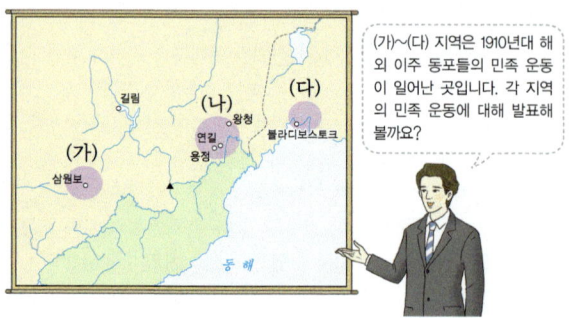

① (가) – 한인 자치 기구인 경학사를 결성하였습니다.
② (가) – 신흥 강습소를 세워 독립군을 양성하였습니다.
③ (나) – 서전서숙을 설립하여 민족 교육에 이바지하였습니다.
④ (나) – 대조선 국민 군단을 결성하여 군사 훈련을 실시하였습니다.
⑤ (다) – 대한 광복군 정부를 수립하여 무장 독립 전쟁을 준비하였습니다.

46

(가) 인물에 대한 설명으로 옳은 것은? [2점]

대한민국 임시 정부 공보 제42호
- 3월 18일 임시 의정원에서 임시 정부 대통령 이승만 각하를 임시 헌법 제21조 제14항에 의하여 탄핵하고 심판에 회부하다.
- 3월 23일 임시 의정원에서 임시 정부 대통령 이승만 각하를 심판, 면직하다.
- 3월 23일 임시 의정원에서 (가) 각하를 임시 헌법 제12조에 의하여 임시 정부 대통령으로 선거하다.

① 조선사 편수회에 들어가 조선사 편찬에 참여하였다.
② 진단 학회에 참여하여 진단 학보 발간에 기여하였다.
③ 한국독립운동지혈사에서 독립 투쟁 과정을 서술하였다.
④ 독사신론을 발표하여 민족을 역사 서술의 중심에 두었다.
⑤ 조선사회경제사에서 식민주의 사학의 정체성 이론을 반박하였다.

47

(가) 법령을 제정한 국회에 대한 설명으로 옳지 않은 것은? [2점]

① 우리나라 최초의 보통 선거를 통해 구성되었다.
② 대통령을 행정부 수반으로 규정한 헌법을 제정하였다.
③ 유상 매수, 유상 분배 원칙의 농지 개혁법을 통과시켰다.
④ 일제가 남긴 재산 처리를 위한 귀속 재산 처리법을 제정하였다.
⑤ 초대 대통령에 한해 중임 제한을 폐지하는 내용의 개헌안을 통과시켰다.

48

밑줄 그은 '6월 민주 항쟁'에 대한 설명으로 옳은 것은? [1점]

이곳은 옛 치안 본부 남영동 대공분실로, 고문의 효과를 극대화하기 위한 구조로 설계되었다고 합니다. 이 건물에서 박종철 대학생이 물고문 끝에 사망한 사건은 6월 민주 항쟁의 도화선이 되었습니다.

① 굴욕적 대일 외교 반대를 주장하는 6·3 시위가 일어났다.
② 긴급 조치 철폐를 요구하는 3·1 민주 구국 선언이 발표되었다.
③ 부정 선거에 항거하는 4·19 혁명이 전국 각지에서 전개되었다.
④ 4·13 호헌 조치 철폐를 요구하는 전 국민적인 저항이 벌어졌다.
⑤ 김영삼과 김대중을 공동 의장으로 한 민주화 추진 협의회가 조직되었다.

49

(가)~(라)의 경제 상황을 일어난 순서대로 옳게 나열한 것은? [2점]

(가) 외환 위기로 인해 국제 통화 기금(IMF)에 구제 금융 지원을 요청하였다.
(나) 제1차 석유 파동으로 원유 가격이 폭등하여 경제 불황에 직면하였다.
(다) 저금리, 저유가, 저달러의 '3저 호황'으로 연 10%가 넘는 고도성장을 하였다.
(라) 칠레, 유럽 연합(EU), 미국 등과 자유 무역 협정(FTA)을 체결하였다.

① (가) – (나) – (다) – (라)
② (가) – (다) – (라) – (나)
③ (나) – (다) – (가) – (라)
④ (나) – (다) – (다) – (가)
⑤ (다) – (나) – (가) – (라)

50

다음 연설이 진행된 정부 시기에 있었던 사실로 옳은 것은? [3점]

나는 3년 전 이 자리에서 서울 올림픽의 감명을 전했습니다. …… 며칠 전 남북한이 다른 의석으로 유엔에 가입한 것은 가슴 아픈 일이지만 통일을 위해 거쳐야 할 중간 단계입니다. 남북한의 두 의석이 하나로 되는 데는 오랜 시간이 걸리지 않을 것으로 믿습니다.

① 전국 민주 노동조합 총연맹이 창립되었다.
② 국제 통화 기금(IMF)의 채무를 조기 상환하였다.
③ 경제 정의 실천 시민 연합 창립 대회가 개최되었다.
④ 중학교 입시 제도를 폐지하고 무시험 추첨제를 실시하였다.
⑤ 진실·화해를 위한 과거사 정리 위원회가 처음으로 출범하였다.

한국사능력검정시험 심화대비
기출분석 예상문제
제10회

[정답 및 해설] 321p

01

(가) 시대의 생활 모습으로 옳은 것은? [1점]

제주 고산리 유적
(가) 시대를 열다

위의 유물은 제주도 고산리 유적의 최하층에서 발굴된 이른 민무늬 토기입니다. 이 토기가 출토됨에 따라 (가) 시대가 기원전 8000년경부터 시작되었음을 알게 되었습니다. 이 외에도 화살촉, 갈돌, 갈판 등의 석기가 출토되었습니다.

① 권력을 가진 군장이 백성을 다스렸다.
② 소를 이용한 깊이갈이가 일반화되었다.
③ 반량전, 명도전 등의 화폐를 사용하였다.
④ 지배층의 무덤으로 고인돌을 축조하였다.
⑤ 정착 생활이 시작되면서 움집이 나타났다.

02

(가) 인물이 통치한 나라의 탐구 활동으로 가장 적절한 것은? [2점]

옛날에 환인의 아들 환웅이 천하에 자주 뜻을 두어, 인간 세상을 구하고자 하였다. 아버지가 아들의 뜻을 알고 삼위태백을 내려다 보니 인간을 널리 이롭게 할 만한지라. …… 웅녀는 혼인할 사람이 없었으므로 날마다 신단수 아래에서 잉태하기를 빌었다. 환웅이 잠시 사람으로 변하여 그녀와 혼인하였다. 웅녀가 잉태하여 아들을 낳으니 (가) (이)라 하였다.

① 진대법을 실시한 계기에 대해 알아본다.
② 22담로에 왕족을 파견한 목적을 조사한다.
③ 사회질서법인 범금 8조의 내용을 살펴본다.
④ 하남 위례성에 도읍을 정한 배경을 검색한다.
⑤ 동맹이라는 제천 행사를 개최한 이유를 파악한다.

03

밑줄 그은 '이 나라'의 경제 생활에 대한 설명으로 옳은 것은? [2점]

> 이 나라의 동쪽에는 큰 굴이 있는데, 수혈(隧穴)이라 부른다. 10월에는 온 나라 사람이 크게 모여 수신(隧神)을 맞아 나라의 동쪽 강가로 모시고 가서 제사를 지내는데, 나무로 만든 수신을 신(神)의 자리에 모신다.
> - 「삼국지」 동이전

① 수도에 동시전을 설치하였다.
② 낙랑, 왜 등과 활발하게 교역하였다.
③ 집집마다 부경이라는 창고가 있었다.
④ 조공을 위해 맥포(貊布)를 거두어들였다.
⑤ 단궁, 과하마, 반어피 등의 특산물이 있었다.

04

(가), (나) 사이의 시기에 있었던 사실로 옳은 것은? [3점]

> (가) 전진 왕 부견이 사신과 승려 순도를 파견하여 불상과 경문을 보내왔다. 왕이 사신을 보내 답례로 방물(方物)을 바쳤다. 태학을 세우고 자제를 교육시켰다.
>
> (나) 왕이 보병과 기병 5만 명을 보내 신라를 구원하게 하였다. (고구려군이) 남거성을 통해 신라성에 이르렀는데, 그곳에 왜적이 가득하였다. 고구려군이 도착하자 왜적이 퇴각하였다.

① 연개소문이 정변을 일으켜 권력을 장악하였다.
② 이문진이 유기(留記)를 간추린 신집을 편찬하였다.
③ 관구검이 이끄는 위의 군대가 고구려를 공격하였다.
④ 장수왕이 평양으로 천도하고 남진 정책을 본격화하였다.
⑤ 침류왕이 동진에서 온 마라난타를 통해 불교를 수용하였다.

05

(가) 국가의 문화유산으로 옳은 것은? [2점]

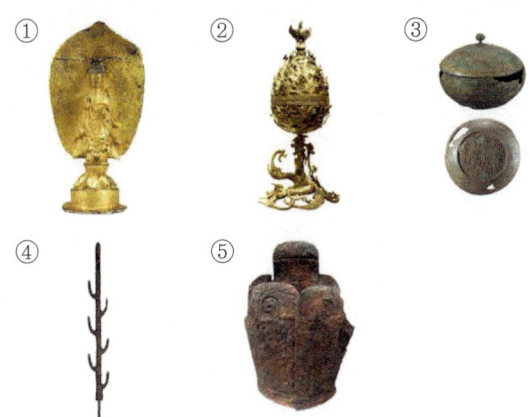

06

(가), (나) 사이의 시기에 있었던 사실로 옳은 것은? [3점]

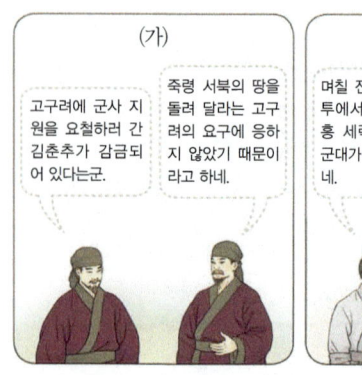

① 당이 안동도호부를 요동 지역으로 옮겼다.
② 고구려가 살수에서 수의 대군을 격파하였다.
③ 신라가 당의 군대에 맞서 매소성에서 승리하였다.
④ 고구려 안승이 신라에 의해 보덕국왕으로 임명되었다.
⑤ 고구려가 당의 침입에 대비하여 천리장성을 완성하였다.

07

(가) 제도에 대한 설명으로 옳은 것은? [2점]

> S# 12. 당 황제와 관리의 대화
> 황제: 고구려와의 전투에서 용맹하게 싸우다 죽은 이 자는 누구인가?
> 관리: 신라에서 온 설계두입니다.
> 황제: 외국인 우리를 위해 목숨을 바쳤으니 어떻게 그 공을 갚겠는가? 그의 소원이 무엇이더냐?
> 관리: 설계두는 본국에서 (가) 에 따라 진골이 고위 관직을 독점하는 데 불만을 품고 우리나라에 오게 되었다고 합니다. 그의 소원은 고관대작이 되어 천자의 곁에 출입하는 것이었습니다.
> 황제: 그에게 대장군의 관직을 주고 예를 갖추어 장례를 치르도록 하라.

① 진대법이 실시되는 배경이 되었다.
② 원성왕이 인재 등용 제도로 제정하였다.
③ 후주 출신인 쌍기의 건의로 실시되었다.
④ 권문세족에 대한 견제를 목적으로 시행되었다.
⑤ 집과 수레의 크기 등 일상생활까지 규제하였다.

08

다음 정책을 추진한 왕의 업적으로 옳은 것은? [2점]

> ○ 3월에 서울과 지방의 관리에게 지급하던 월봉을 없애고, 다시 녹읍을 주었다.
> ○ 12월에 사벌주를 상주로 고치고, 1주 10군 30현을 거느리도록 하였다. …… 한산주를 한주로 고치고, 1주 1소경 27군 46현을 거느리도록 하였다.
> - 「삼국사기」 -

① 건원이라는 독자적인 연호를 사용하였다.
② 독서삼품과를 실시하여 관리를 채용하였다.
③ 지방 행정 제도를 9주 5소경으로 정비하였다.
④ 성덕 대왕 신종을 완성하여 봉덕사에 안치하였다.
⑤ 국학을 태학감으로 변경하여 유학 교육을 강화하였다.

09

밑줄 그은 '본국'에서 볼 수 있는 모습으로 가장 적절한 것은? [1점]

> 중대성이 일본국 태정관에게 보내는 첩(牒)
> 본국에서 알현할 사신 정당성 좌윤 하복연과 그 일행 105명을 파견합니다. …… 일본 땅은 동쪽으로 멀리 있고, 요양(遼陽)은 서쪽으로 멀리 있으니, 양국이 서로 떨어져 있는 거리가 1만 리나 되고도 남음이 있습니다. ……

① 녹읍 폐지를 명하는 국왕
② 백강 전투에서 참전하는 왜의 수군
③ 청해진에서 교역 물품을 점검하는 군졸
④ 솔빈부의 특산물인 말을 판매하는 상인
⑤ 지방에 설치된 22담로에 파견되는 왕족

10

(가), (나) 왕에 대한 설명으로 옳은 것은? [3점]

> 백제의 (가) 은/는 흉포하고 무도하며, 난을 일으키기를 좋아하여 임금을 죽이고 백성들에게 가혹하게 하였습니다. 태조께서 이를 듣고 잠을 자고 식사를 할 겨를도 없이 군사들을 이끌고 가서 토벌하여 마침내 위태로운 나라를 구하였으니, 그 옛 임금을 잊지 않고 기울어지고 위태로웠던 신라를 바로잡고 도우심이 또한 이러하였습니다. …… (나) 께서는 정종의 고명(顧命)을 받으셨는데 …… 쌍기가 투탁하여 온 이후로는 문사(文士)를 존숭하고 중히 여겨 은혜를 베풀고 예우함이 과도하게 후하였습니다.

① (가) - 후당, 오월에 사신을 파견하였다.
② (가) - 광평성 등 각종 정치 기구를 마련하였다.
③ (나) - 민생 안정을 위해 흑창을 처음 설치하였다.
④ (나) - 주전도감을 설치하여 해동통보를 발행하였다.
⑤ (가), (나) - 현직 관리에게 전지와 시지를 지급하였다.

11

밑줄 그은 '이것'에 대한 설명으로 옳은 것은? [1점]

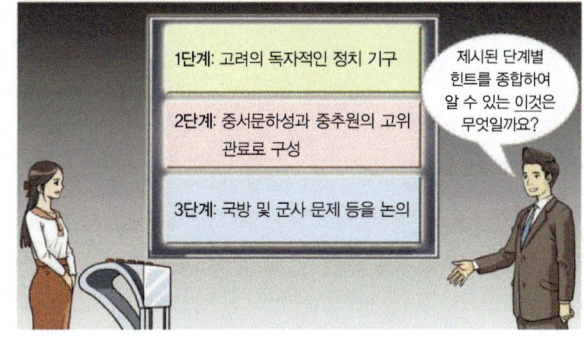

① 원 간섭기에 첨의부로 격하되었다.
② 고려 말에 도평의사사로 명칭이 바뀌었다.
③ 소속 관원이 낭사와 함께 대간으로 불렸다.
④ 공민왕 때 내정 개혁의 일환으로 운영되었다.
⑤ 최씨 무신 정권의 최고 권력 기구로 활용되었다.

12

밑줄 그은 '폐하'의 업적으로 옳은 것은? [2점]

① 흑창을 처음 설치하여 민생을 안정시켰다.
② 국자감을 설립하여 유학 교육 진흥에 힘썼다.
③ 노비안검법을 시행하여 호족 세력을 견제하였다.
④ 정계와 계백료서를 지어 관리의 규범을 제시하였다.
⑤ 전시과 제도를 마련하여 관리에게 토지를 지급하였다.

13

다음 시나리오의 상황이 나타난 시기를 연표에서 옳게 고른 것은? [2점]

> #39. 고려 서경 궁궐
>
> 신하 1: 소손녕이 항복을 요구하니 서경 이북의 땅을 거란에게 떼어주는 것이 좋을 듯합니다.
> 성 종: 경의 뜻을 다르겠소. 그렇다면 적이 군량미로 사용하지 못하도록 서경의 곡식을 대동강에 버리는 것이 어떻겠소?
> 신하 2: 식량은 백성들의 생명인데 어찌 강에다 버리려 하십니까? 땅을 떼어주는 것 또한 만세의 치욕이니 그들과 싸워본 뒤에 다시 의논하셔도 늦지 않습니다.

918	1009	1126	1170	1270	1388
	(가)	(나)	(다)	(라)	(마)
고려 건국	강조의 정변	이자겸의 난	무신 정변	개경 환도	위화도 회군

① (가)　　② (나)　　③ (다)
④ (라)　　⑤ (마)

14

(가), (나) 사이의 시기에 있었던 사실로 옳은 것은? [3점]

> (가) 내시지후 김찬과 내시녹사 안보린이 동지추밀원사 지녹연, 상장군 최탁, 오탁, 대장군 권수, 장군 고석 등과 함께 이자겸과 척준경을 암살하려고 시도하였으나 이루지 못하였다. 이자겸과 척준경이 군사를 동원하여 궁궐을 침범하였다.
> (나) 정중부 등이 왕을 모시던 신하 20여 명을 살해하였다. 왕은 수문전(修文殿)에 앉아서 술을 마시며 영관(伶官)*들에게 음악을 연주하게 하였으며 밤중에야 잠이 들었다. 이고와 채원이 왕을 시해하려고 했으나 양숙이 막았다.
> *영관(伶官): 음악을 맡아보던 벼슬아치

① 임경업이 백마산성에서 항전하였다.
② 만적이 개경에서 신분 해방을 도모하였다.
③ 묘청이 중심이 되어 서경 천도를 주장하였다.
④ 홍경래가 난을 일으켜 정주성 등을 장악하였다.
⑤ 외적의 침입을 받아 황룡사 구층 목탑이 소실되었다.

15

(가) 인물의 활동으로 옳은 것은? [2점]

이곳은 처인성 터입니다. 고려가 수도를 강화도로 옮기고, 외적의 침입에 항전했던 시기에, 승려 (가) 이/가 이곳에서 적장 살리타를 사살하였습니다.

① 별무반을 조직하여 동북 9성을 개척하였다.
② 외적의 침입에 대비하여 천리장성을 축조하였다.
③ 화통도감을 설치하고 화약과 화포를 제조하였다.
④ 쌍성총관부를 공격하여 철령 이북의 땅을 수복하였다.
⑤ 노비를 비롯한 하층민들과 충주성에서 적군을 물리쳤다.

16

(가)~(마)에 들어갈 내용으로 적절하지 않은 것은? [3점]

<답사 안내>

고려 시대 불교 문화를 찾아서

우리 박물관에서는 고려 시대의 불교 문화를 탐색하기 위한 문화유산 답사를 실시합니다. 시민 여러분들의 많은 관심과 참여 바랍니다.

◆ 답사 기간 : ○○○○년 ○○월 ~ ○○월
　※ 매월 마지막 주 토요일 09:00~17:00

◆ 답사 일정

순서	답사 장소	답사 주제
1회차	논산 관촉사	(가)
2회차	순천 송광사	(나)
3회차	안동 봉정사	(다)
4회차	영주 부석사	(라)
5회차	강진 백련사	(마)

◆ 주관 : □□ 박물관

① (가) – 석조 미륵보살 입상의 조형적 특징
② (나) – 보조국사 지눌의 생애와 주요 활동
③ (다) – 모란과 들국화를 그린 대웅전 벽화 감상
④ (라) – 무량수전을 통해 본 목조 건축 양식 분석
⑤ (마) – 법화 신앙을 바탕으로 한 요세의 신앙 결사 운동

제10회

17
다음 자료에 나타난 시기의 사실로 옳은 것은? [2점]

> 공주의 겁령구* 등에게 성과 이름을 하사하였는데 홀랄대는 인후로, 삼가는 장순룡으로, 차홀대는 차신으로 하고 관직은 모두 장군으로 하였다. …… 첨의부에서 아뢰기를, "제국 대장 공주의 겁령구와 관료들이 좋은 땅을 많이 차지하여 산천으로 경계를 정하고 사패(賜牌)를 받아 조세를 납입하지 않으니, 청컨대 사패를 도로 거두소서."라고 하였다.
> *겁령구 : 시종인

① 쌍기의 건의로 과거제가 도입되었다.
② 이제현이 만권당에서 유학자들과 교류하였다.
③ 최충이 유학을 교육하는 9재 학당을 설립하였다.
④ 망이·망소이가 가혹한 수탈에 저항하여 봉기하였다.
⑤ 의천이 불교 교단 통합을 위해 천태종을 개창하였다.

18
다음 정책이 추진된 시기의 경제 상황으로 옳은 것은? [1점]

> 왕이 이르기를, "금과 은은 천지(天地)의 정수(精髓)이자 국가의 보물인데, 근래에 간악한 백성들이 구리를 섞어 몰래 주조하고 있다. 지금부터 은병에 모두 표지를 새겨 이로써 영구한 법식으로 삼도록 하라. 어기는 자는 엄중히 논하겠다."라고 하였다.
> 이때에 비로소 은병을 화폐로 쓰기 시작하였다. 그 제도는 은 1근으로 만들어 본국의 지형을 본뜨도록 하였으니, 속칭 활구라고 하였다.

① 집집마다 부경이라는 창고가 있었다.
② 서적점, 다점 등의 관영 상점이 운영되었다.
③ 청해진을 중심으로 해상 무역이 전개되었다.
④ 감자, 고구마 등의 구황 작물을 널리 재배하였다.
⑤ 일본과의 무역을 허용하고 계해약조를 체결하였다.

19
다음 역사서가 편찬된 시기의 문화유산으로 옳은 것은? [2점]

> ○ 대체로 옛 성인들은 예악으로 나라를 일으키고 인의로 가르침을 베푸는 데 있어 괴력난신(怪力亂神)을 말하지 않았다. 그러나 제왕이 장차 일어날 때에는 …… 보통사람과는 다른 점이 있기 마련이다. …… 이로 보건대 삼국의 시조가 모두 신비로운 데에서 탄생하였다고 하여 이상할 것이 없다. 이 책머리에 기이(紀異)편을 싣는 까닭도 바로 여기에 있는 것이다.
>
> ○ 신(臣) 이승휴가 지어서 바칩니다. 예로부터 제왕들이 서로 계승하여 주고받으며 흥하고 망한 일은 세상을 경영하는 군자가 밝게 알지 않아서는 안 되는 바입니다. …… 그 선하여 본받을 만한 것과 악하여 경계로 삼을 만한 것은 모두 일마다 춘추필법에 따랐습니다.

①
②
③
④
⑤

20

(가)에 들어갈 내용으로 옳은 것은? [2점]

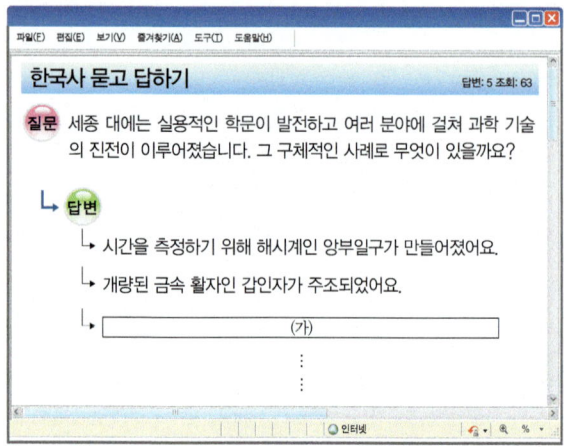

① 폭탄의 일종인 비격진천뢰가 만들어졌어요.
② 기기도설을 참고하여 거중기가 설계되었어요.
③ 100리 척을 사용한 동국지도가 제작되었어요.
④ 사상 의학을 정립한 동의수세보원이 편찬되었어요.
⑤ 한양을 기준으로 한 역법서인 칠정산이 편찬되었어요.

21

다음 도서가 출간된 시기에 있었던 사실로 옳은 것은? [3점]

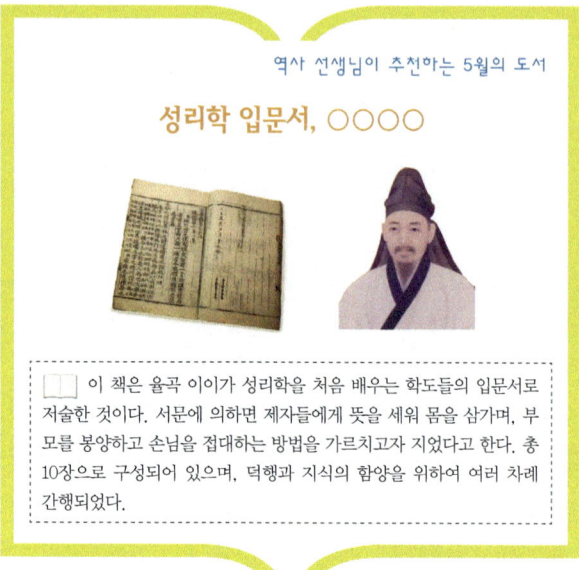

① 신유박해로 천주교인들이 처형되었다.
② 사림이 동인과 서인으로 나뉘게 되었다.
③ 홍경래 등이 봉기하여 정주성을 점령하였다.
④ 외척 간의 대립으로 을사사화가 발생하였다.
⑤ 자의 대비의 복상 문제로 예송이 전개되었다.

22

(가) 왕에 대한 설명으로 옳은 것은? [2점]

```
역사 용어 해설

승정원

1. 개요
2. 조선 (가) 대에 독립된 기구로 개편된 중앙 관서로, 경국대전에 의하면 도승지·좌승지·우승지·좌부승지·우부승지·동부승지 모두 6인의 승지가 있었다.
3. 관련 사료
   승지에 임명되는 당상관은 이조나 대사간을 거쳐야 맡을 수 있었고, 인망이 마치 신선과 같으므로 세속 사람들이 '은대(銀臺) 학사'라고 부른다.
                              - 『임하필기』 -
```

① 어영청을 중심으로 북벌을 추진하였다.
② 경국대전을 완성하여 법령을 정비하였다.
③ 청과의 국경을 정하는 백두산정계비를 세웠다.
④ 초계문신을 선발하여 학문 연구에 힘쓰도록 하였다.
⑤ 의정부의 권한을 약화시키고 6조 직계제를 실시하였다.

23

(가)에 대한 설명으로 옳은 것은? [2점]

```
한, 나이가 많고 덕망과 학술을 지닌 1인을 여러 사람들이 도약정(都約正)으로 추대하고, 학문과 덕행을 지닌 2인을 부약정으로 삼는다. (가) 의 구성원 중에서 교대로 직월(直月)과 사화(司貨)를 맡는다. ……
한, 세 가지 장부를 두어 (가) 에 가입하기를 원하는 자들, 덕업(德業)이 볼 만한 자들, 과실(過失)이 있는 자들을 각각의 장부에 기록한다. 이를 직월이 맡았다가 매번 모임이 있을 때 약정에게 알려서 각각 그 순위를 매긴다.
                              - 『율곡전서』 -
```

① 좌수, 별감을 두어 운영하였다.
② 문묘를 세워 선현에 제사를 지냈다.
③ 중앙에 설치되어 지방을 통제하였다.
④ 흥선 대원군에 의해 대폭 정리되었다.
⑤ 풍속 교화와 향촌 자치의 기능이 있었다.

24

밑줄 그은 '이 법'에 대한 설명으로 옳은 것은? [2점]

이 그림은 김육의 초상화로, 그는 충청도에서 이 법의 시행을 건의한 인물입니다. 각 지방의 특산물로 징수하면서 나타난 방납의 폐단을 막고 백성들의 부담을 줄여주기 위해 실시되었습니다.

① 양반에게도 군포를 납부하게 하였다.
② 풍흉에 따라 9등급으로 나누어 전세를 부과하였다.
③ 어장세, 염전세, 선박세를 거두어 군사비로 충당하였다.
④ 재정 부족 문제를 해결하기 위해 지주에게 결작을 징수하였다.
⑤ 관청에 필요한 물품을 납부하는 공인이 등장하는 배경이 되었다.

25

(가)~(라)의 문화유산을 제작된 순서대로 옳게 나열한 것은? [3점]

① (가) - (나) - (다) - (라)
② (가) - (나) - (라) - (다)
③ (나) - (가) - (다) - (라)
④ (나) - (라) - (가) - (다)
⑤ (다) - (나) - (가) - (라)

26

밑줄 그은 '폐하'의 재위 기간에 있었던 사실로 옳은 것은? [2점]

> 고금천하의 법 중에 군율보다 엄격한 것은 없습니다. 그런데 강홍립, 김경서 등은 중국 군대와 함께 적지에 깊숙이 들어가서 힘껏 싸우다 죽지 않고 도리어 투항을 청하여 적의 뜰에 무릎을 꿇었으니, 신하의 대의가 땅을 쓸 듯이 완전히 없어졌습니다. …… 청컨대 폐하께서 강홍립·김경서의 가족들을 모조리 잡아서 구금하라고 명하심으로써 군율을 변경할 수 없다는 것을 분명히 보이소서.

① 나선 정벌에 조총 부대가 동원되었다.
② 왕권 강화를 위해 장용영이 설치되었다.
③ 청과의 경계를 정한 백두산정계비가 건립되었다.
④ 전통 한의학을 집대성한 동의보감이 완성되었다.
⑤ 한양을 기준으로 한 역법서인 칠정산을 만들었다.

28

(가) 왕의 업적으로 옳지 않은 것은? [2점]

○○신문
제△△호 ○○○○년 ○○월 ○○일

조선 왕실 어보, 세계 기록 유산으로 등재되다

조선 왕실 어보가 유네스코 세계 기록 유산으로 등재되었다. 이 가운데에는 왕세손이던 정조의 사도 세자에 대한 효심에 감동하여 (가) 이/가 내린 은도장이 포함되어 있다. 여기에는 역대 어보 가운데 유일하게 왕의 친필이 새겨져 있다.

① 속대전을 편찬하여 통치 체제를 정비하였다.
② 초계문신제를 실시하여 문신들을 재교육하였다.
③ 동국문헌비고를 간행하여 역대 문물을 정리하였다.
④ 균역법을 실시하여 군역의 부담을 줄이고자 하였다.
⑤ 탕평비를 건립하여 붕당의 폐해를 경계하고자 하였다.

27

다음 그림이 그려진 시기에 볼 수 있는 그림으로 적절하지 않은 것은? [1점]

이 그림은 김득신이 그린 풍속화로 병아리를 물고 도망가는 고양이와 이에 놀란 닭, 긴 담뱃대로 이를 제지하려는 남성의 모습 등이 묘사되어 있다. 조용한 여염집에서 벌어진 소동을 그렸기 때문에 파적도(破寂圖)라 불리기도 한다.

①
②
③
④
⑤

29

다음 자료가 나타난 시기의 사회 모습으로 옳지 <u>않은</u> 것은? [2점]

> 평안도에서는 …… 설점(設店)한 이후에 간사한 백성들이 때를 틈타 이익을 다투어 사사로이 잠채(潛採)하고 있다. 설점한 고을이 아니더라도 잠채하지 않는 곳이 없다. 묘지나 논밭을 가리지 않고 굴을 뚫고 땅을 파헤쳐서, 마을이 소란스러워짐이 말로 다할 수 없다. 쌀값이 크게 오르고 도둑질이 끊이지 않으며, 농사를 짓던 농민들도 생업을 팽개치고 이익을 좇는다.

① 이앙법으로 벼농사를 짓는 농민
② 상평통보로 토지를 매매하는 양반
③ 공명첩을 통해 면역의 혜택을 받은 상민
④ 한강을 무대로 운송업에 종사하는 경강상인
⑤ 직전법에 의해 토지의 수조권을 지급받는 관리

30

밑줄 그은 '소란'에 대한 설명으로 옳은 것은? [2점]

> 금번 진주의 난민들이 <u>소란</u>을 일으킨 것은 오로지 전 경상 우병사 백낙신이 탐욕스러워 백성을 침학했기 때문입니다. 경상 우병영의 환곡 결손[逋逋] 및 도결(都結)*에 대해 시기를 틈타 한꺼번에 6만 냥의 돈을 가호(家戶)에 배정하여 억지로 부과하려고 하니, 민심이 크게 들끓고 백성들의 분노가 폭발하여 전에 듣지 못했던 <u>소란</u>이 발생하기에 이른 것입니다.
> *도결 : 각종 명목의 조세를 토지에 부과하여 징수함

① 청의 군대에 의해 진압되었다.
② 최제우가 동학을 창시하는 계기가 되었다.
③ 왕이 도성을 떠나 공산성으로 피란하였다.
④ 남접과 북접이 연합하여 조직적으로 전개되었다.
⑤ 사건의 수습을 위해 박규수가 안핵사로 파견되었다.

31

(가) 신분에 대한 설명으로 옳은 것은? [1점]

> 지난 을축년 영중추부사 이원익이 정승으로 있을 때, …… (가) 의 관직 진출을 허용하도록 정하였습니다. 양첩 소생은 손자 대에 가서 허용하고, 천첩 소생은 증손 대에 가서 허용하며, 과거에 급제한 뒤에는 요직은 허용하되 청직은 허용하지 않는 것으로 임금님의 재가를 받았습니다. …… 지금부터는 전교하신 대로 재능에 따라 의망(擬望)*하는 것이 어떻겠습니까?
> *의망: 관직 후보자를 추천하는 것

① 화척, 양수척으로 불렸다.
② 신량역천으로 분류되었다.
③ 수차례 통청 운동을 전개하였다.
④ 장례원을 통해 국가의 관리를 받았다.
⑤ 차별 철폐를 위해 조선 형평사를 조직하였다.

32
다음 편지와 관련된 종교의 활동으로 옳은 것은? [2점]

> 베이징에 계신 주교님께
> …… 이 탄알만 한 나라가 홀로 명령에 순종하지 않을 뿐더러 도리어 강경하게 버티어 성교(聖敎)를 잔혹하게 해치고 성직자를 마구 학살 하였습니다. …… 군사를 보내어 문책해 주시기를 간곡히 청합니다.
> ○○월 ○○일
> 황사영 올림

① 개벽, 신여성 등의 잡지를 발행하였다.
② 항일 무장 단체인 중광단을 결성하였다.
③ 배재 학당을 세워 신학문 보급에 기여하였다.
④ 만주에서 의민단을 조직하여 무장 투쟁을 전개하였다.
⑤ 어린이 등의 잡지를 발간하여 소년 운동을 주도하였다.

33
밑줄 그은 '사건'이 일어난 시기를 연표에서 옳게 고른 것은? [2점]

> 이번 덕산 묘지에서 저지른 사건은 사람으로서 차마 할 수 없는 일이다. …… 따라서 우리나라 신하와 백성들은 있는 힘을 다하여 한마음으로 너희와 같은 하늘을 이고 살 수 없다는 것을 다짐할 뿐이다.

1862	1866	1871	1876	1884	1894
(가)	(나)	(다)	(라)	(마)	
임술 농민 봉기	병인 양요	신미 양요	강화도 조약	갑신 정변	갑오 개혁

① (가)   ② (나)   ③ (다)
④ (라)   ⑤ (마)

34
다음 상소가 올려진 이후의 사실로 옳은 것은? [3점]

> 미국으로 말하면 우리가 원래 잘 모르던 나라입니다. …… 만일 그들이 우리나라의 허점을 알고서 우리가 힘이 약한 것을 업신여겨 따르기 어려운 요구를 강요하고 비용을 떠맡긴다면 장차 어떻게 응대하겠습니까? …… 하물며 러시아와 미국과 일본은 모두 같은 오랑캐들이니 그 사이에 누가 더하고 덜하다는 차이를 두기 어렵습니다.

① 조·미 수호 통상 조약이 체결되었다.
② 어재연 부대가 광성보에서 항전하였다.
③ 운요호가 강화도 초지진을 공격하였다.
④ 프랑스군이 외규장각 도서를 약탈하였다.
⑤ 제2차 수신사 김홍집이 조선책략을 들여왔다.

35
(가)~(마)에 들어갈 내용으로 옳지 못한 것은? [3점]

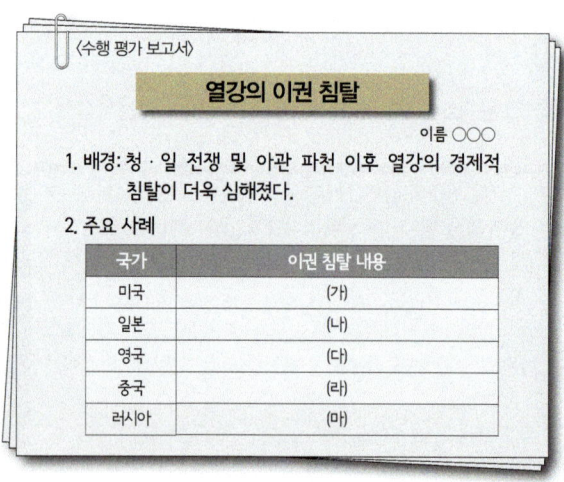

① (가) - 운산 금광 채굴권
② (나) - 경부선 철도 부설권
③ (다) - 서울 시내 전차 부설권
④ (라) - 한성과 의주를 연결하는 전신 가설권
⑤ (마) - 두만강 유역과 울릉도의 삼림 채벌권

36

밑줄 그은 '개혁안'의 내용으로 옳지 않은 것은? [1점]

① 횡포한 부호들을 엄징할 것
② 노비 문서를 불태워 버릴 것
③ 국가의 모든 재정을 호조에서 관할할 것
④ 탐관오리는 그 죄목을 조사하여 엄징할 것
⑤ 칠반천인의 대우를 개선하고 평량갓을 없앨 것

38

다음 가상 뉴스의 내용이 보도되기 직전 대한민국 임시 정부의 활동으로 옳은 것은? [3점]

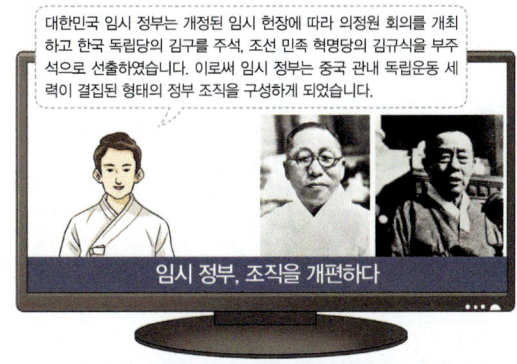

① 파리 강화 회의에 독립 청원서를 제출하였다.
② 삼균주의에 바탕을 둔 건국 강령을 발표하였다.
③ 무장 투쟁을 위해 육군 주만 참의부를 조직하였다.
④ 국민 대표 회의를 열어 독립운동의 방향을 논의하였다.
⑤ 임시 사료 편찬회를 두어 한·일 관계 사료집을 간행하였다.

37

다음 가상 일기의 (가)에 대한 설명으로 옳은 것은? [2점]

> ○○○○년 ○○월 ○○일
> 드디어 내일 우정총국에서 개국 축하연이 열린다. 이 연회에는 개화 정책의 최고 책임자들과 각국 공사 및 영사, 귀빈들이 참석한다고 한다. 우정총국은 (가) 의 일원으로 미국을 방문한 홍영식이 미국의 우편 제도를 보고 돌아와 임금님께 건의해 만들어진 기구로, 근대적 우편 사무를 담당한다. 앞으로 편지를 쉽게 보내고 받게 된다고 생각하니 벌써부터 마음이 설렌다.

① 보고 들은 내용을 해동제국기로 남겼다.
② 고종이 대한 제국을 선포한 이후 파견되었다.
③ 개화 반대 여론으로 인해 비밀리에 파견되었다.
④ 기기국에서 무기 제조 기술을 습득하고 돌아왔다.
⑤ 서양식 근대 교육 기관인 육영 공원을 설립하였다.

39

(가) 인물에 대한 설명으로 옳은 것은? [2점]

이 비석에는 장수왕이 아버지인 광개토 대왕의 업적을 기리는 내용이 담겨 있습니다. 후대의 역사가들은 그에 대해 어떻게 평가하였나요?

(가) 은/는 조선상고사에서 북방 세력을 제압하고 영토를 크게 넓혔다며 그의 정복 활동을 긍정적으로 보았습니다.

① 조선학 운동을 주도하며 여유당전서를 간행하였다.
② 진단 학회를 창립하여 실증주의 사학을 발전시켰다.
③ 한국독립운동지혈사에서 독립 투쟁 과정을 서술하였다.
④ 독사신론을 발표하여 민족을 역사 서술의 중심에 두었다.
⑤ 유물 사관을 토대로 식민 사학의 정체성론을 반박하였다.

40

다음 문서가 작성된 당시에 실시된 일제의 정책으로 옳은 것은? [1점]

> 생각건대, 장래의 운동은 작년 봄 행해진 만세 소요 같은 어린애 장난 같은 것은 아닐 것이고, 근저(根底) 있고 실력 있는 조직적 운동일 것이라는 점을 오늘날 미리 깨닫지 않으면 안 된다. …… 우리들은 어떠한 방책으로 이 경향을 이용하여, 오히려 일선 병합(日鮮倂合)의 대정신, 대이상인 일선 동화(日鮮同化)로 돌아오게 할 수 있을까? 그렇지만 이 방책은 다른 것이 아니다. 위력을 동반한 문화 운동 이것뿐이다.
>
> — 사이토 마코토 —

① 한국인에 한해 적용되는 조선 태형령이 공포되었다.
② 사회주의 운동을 탄압하기 위한 치안 유지법이 마련되었다.
③ 기한 내에 토지를 신고하게 하는 토지 조사령이 제정되었다.
④ 헌병대 사령관이 치안을 총괄하는 경무총감부가 신설되었다.
⑤ 회사 설립 시 총독의 허가를 얻도록 하는 회사령이 발표되었다.

41

다음 격문을 발표한 사건에 대한 설명으로 옳은 것은? [2점]

① 순종의 인산일을 계기로 일어났다.
② 일제의 무단 통치를 완화시키는 배경이 되었다.
③ 대한민국 임시 정부가 수립되는 계기가 되었다.
④ 대한매일신보의 후원 속에 전국적으로 확산되었다.
⑤ 전국 각지에서 일어난 동맹 휴학의 도화선이 되었다.

42

밑줄 그은 '이곳'에서의 민족 운동으로 옳은 것은? [2점]

① 권업회를 세우고 신문을 발행하였다.
② 한인 자치 기관인 경학사를 설치하였다.
③ 대한인 국민회를 중심으로 독립운동을 전개하였다.
④ 서전서숙, 명동 학교를 설립하여 민족 교육을 실시하였다.
⑤ 조선 청년 독립단을 조직하고 2·8 독립 선언서를 발표하였다.

43

(가) 단체에 대한 설명으로 옳은 것은? [1점]

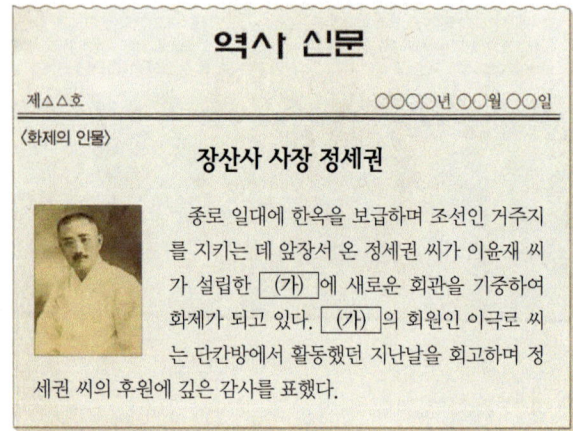

① 여유당전서 간행 사업을 계기로 조직되었다.
② 한글 맞춤법 통일안과 표준어를 제정하였다.
③ 국어의 이해 체계 확립을 위해 국문 연구소를 세웠다.
④ 개벽, 신여성 등의 잡지를 간행하여 민족의식을 높였다.
⑤ 인재 육성의 일환으로 민립 대학 설립 운동을 전개하였다.

44

다음 자료가 발행된 시기에 볼 수 있는 모습으로 적절한 것은? [2점]

① 원각사에서 은세계를 관람하는 청년
② 보안회가 개최한 집회에 참석한 상인
③ 교조 신원 운동에 참석하는 동학 교도
④ 국채 보상 기성회에 성금을 내는 여성
⑤ 황국 신민 서사 암송을 강요받는 학생

45

(가)에 들어갈 인물에 대한 설명으로 옳은 것은? [2점]

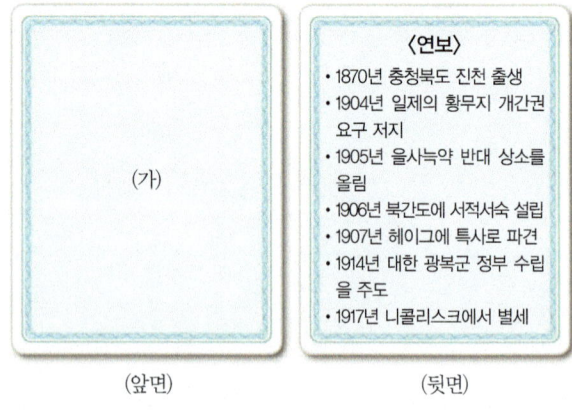

① 숭무 학교 설립과 무장 투쟁 준비
② 한인 애국단 결성과 항일 의거 활동
③ 권업회 조직과 대한 광복군 정부 수립
④ 한국 광복군 창설과 국내 정진군 훈련
⑤ 국민 대표 회의 참여와 대한민국 임시 정부 활동

46

다음 글이 발표되기 직전 상황으로 옳은 것은? [2점]

> **출발에 앞서 김구 선생 담화 발표**
>
> 내가 30년 동안 조국을 그리다가 겨우 이 반쪽에 들어온 지도 벌써 만 2년 반에 가까웠다. 그동안에 또 다시 안타깝게 그리던 조국의 저 반쪽을 찾아가서 이제 38선을 넘게 되었다. …… 이번 회담의 방안이 무엇이냐고 묻는 친구들이 많다. 그러나 우리는 미리부터 특별한 방안을 작성하지 않고 피차에 백지로 임하기로 약속되었다. …… 조국을 위하여 민주 자주의 통일 독립을 전취하는 현 단계에 처한 우리에게는 벌써 우리의 원칙과 노선이 명백히 규정되어 있는 까닭이다.

① 좌우 합작 7원칙이 발표되었다.
② 조선 건국 준비 위원회가 결성되었다.
③ 모스크바 3국 외상 회의가 개최되었다.
④ 반민족 행위 특별 조사 위원회가 구성되었다.
⑤ 유상 매수, 유상 분배 원칙의 농지 개혁법이 제정되었다.

47

(가) 전쟁 중에 있었던 사건으로 옳은 것은? [2점]

이곳은 부산의 유엔 기념 공원입니다. (가) 으로 전사하거나 실종된 4만여 명의 유엔군 전몰장병을 기리는 묘지입니다.

① 국교 정상화를 위한 한·일 회담이 개최되었다.
② 경찰이 반민족 행위 특별 조사 위원회를 습격하였다.
③ 정·부통령 직접 선거를 주 내용으로 하는 개헌이 이루어졌다.
④ 전조선 정당 사회 단체 지도자 협의회가 성명서를 발표하였다.
⑤ 일제가 남긴 재산 처리를 위한 귀속재산처리법이 처음 제정되었다.

한국사능력검정시험 심화대비 기출분석 예상문제

48

다음 뉴스가 보도된 정부 시기에 볼 수 있는 모습으로 옳은 것은? [1점]

① 경기장에서 프로 축구를 관람하는 회사원
② 개성 공단 착공식에 참석하고 있는 공무원
③ 금융 실명제에 따라 신분증을 요구하는 은행 직원
④ 거리에서 자를 들고 미니 스커트를 단속하는 경찰
⑤ 외환 위기 극복을 위한 금 모으기 운동에 참여하는 학생

49

밑줄 그은 '이 사건'에 대한 설명으로 옳은 것은? [2점]

① 한·일 국교 정상화에 반대하여 일어났다.
② 관련 기록물이 유네스코 세계 기록유산으로 등재되었다.
③ 대통령 중심제에서 의원 내각제로 바뀌는 계기가 되었다.
④ 3·1 민주 구국 선언을 통해 긴급 조치 철폐 등을 요구하였다.
⑤ 4·13 호헌 조치에 반발하여 호헌 철폐 등의 구호를 내세웠다.

50

다음 정부의 통일 노력으로 옳은 것은? [2점]

① 남북한이 유엔에 동시 가입하였다.
② 7·4 남북 공동 성명을 발표하였다.
③ 6·15 남북 공동 선언을 채택하였다.
④ 한반도 비핵화 공동 선언에 서명하였다.
⑤ 최초의 이산가족 고향 방문을 실현하였다.

한국사능력검정시험

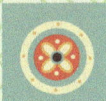

한국사능력검정시험 심화대비
정답 및 해설

제01회 정답 및 해설 ········ **184**	제06회 정답 및 해설 ······ **260**
제02회 정답 및 해설 ········ **199**	제07회 정답 및 해설 ······ **275**
제03회 정답 및 해설 ······ **214**	제08회 정답 및 해설 ······ **290**
제04회 정답 및 해설 ······ **230**	제09회 정답 및 해설 ······ **305**
제05회 정답 및 해설 ······ **245**	제10회 정답 및 해설 ········ **321**

한국사능력검정시험

빠른 정답 찾기

제01회

01 ①	02 ④	03 ①	04 ②	05 ③
06 ④	07 ②	08 ④	09 ④	10 ②
11 ③	12 ①	13 ④	14 ④	15 ⑤
16 ②	17 ①	18 ⑤	19 ③	20 ①
21 ⑤	22 ⑤	23 ④	24 ①	25 ④
26 ④	27 ④	28 ②	29 ①	30 ③
31 ⑤	32 ④	33 ④	34 ⑤	35 ②
36 ①	37 ⑤	38 ③	39 ④	40 ①
41 ③	42 ⑤	43 ④	44 ③	45 ④
46 ③	47 ②	48 ①	49 ③	50 ⑤

제02회

01 ①	02 ③	03 ⑤	04 ①	05 ③
06 ⑤	07 ④	08 ④	09 ④	10 ③
11 ③	12 ③	13 ④	14 ④	15 ④
16 ①	17 ①	18 ④	19 ③	20 ⑤
21 ④	22 ④	23 ④	24 ④	25 ④
26 ④	27 ①	28 ②	29 ①	30 ④
31 ①	32 ⑤	33 ⑤	34 ④	35 ④
36 ②	37 ①	38 ②	39 ②	40 ④
41 ①	42 ①	43 ④	44 ②	45 ④
46 ③	47 ④	48 ④	49 ①	50 ①

제03회

01 ②	02 ⑤	03 ①	04 ③	05 ③
06 ②	07 ④	08 ⑤	09 ⑤	10 ③
11 ⑤	12 ⑤	13 ③	14 ⑤	15 ⑤
16 ④	17 ②	18 ⑤	19 ③	20 ②
21 ⑤	22 ①	23 ②	24 ④	25 ①
26 ⑤	27 ⑤	28 ④	29 ④	30 ②
31 ②	32 ⑤	33 ④	34 ③	35 ①
36 ③	37 ③	38 ①	39 ②	40 ④
41 ①	42 ⑤	43 ①	44 ③	45 ⑤
46 ②	47 ①	48 ⑤	49 ④	50 ①

제04회

01 ②	02 ②	03 ①	04 ⑤	05 ②
06 ⑤	07 ⑤	08 ②	09 ④	10 ⑤
11 ①	12 ②	13 ②	14 ④	15 ③
16 ⑤	17 ③	18 ②	19 ①	20 ④
21 ②	22 ④	23 ④	24 ⑤	25 ③
26 ②	27 ④	28 ②	29 ④	30 ④
31 ⑤	32 ②	33 ⑤	34 ④	35 ⑤
36 ②	37 ③	38 ②	39 ②	40 ②
41 ④	42 ④	43 ⑤	44 ④	45 ⑤
46 ③	47 ④	48 ④	49 ③	50 ④

제05회

01 ④	02 ③	03 ①	04 ②	05 ①
06 ①	07 ③	08 ④	09 ②	10 ①
11 ②	12 ①	13 ⑤	14 ④	15 ④
16 ③	17 ④	18 ④	19 ③	20 ④
21 ②	22 ③	23 ①	24 ⑤	25 ③
26 ①	27 ②	28 ①	29 ④	30 ④
31 ⑤	32 ⑤	33 ②	34 ②	35 ①
36 ③	37 ④	38 ①	39 ④	40 ①
41 ①	42 ①	43 ①	44 ②	45 ⑤
46 ②	47 ⑤	48 ④	49 ②	50 ①

제06회

01 ①	02 ②	03 ①	04 ②	05 ②
06 ③	07 ③	08 ③	09 ④	10 ③
11 ⑤	12 ①	13 ③	14 ⑤	15 ④
16 ②	17 ⑤	18 ①	19 ④	20 ②
21 ①	22 ①	23 ④	24 ②	25 ⑤
26 ⑤	27 ④	28 ④	29 ④	30 ②
31 ④	32 ①	33 ③	34 ③	35 ①
36 ④	37 ③	38 ②	39 ②	40 ⑤
41 ①	42 ③	43 ①	44 ①	45 ③
46 ④	47 ③	48 ①	49 ⑤	50 ⑤

Quick Answer

제07회

01 ③	02 ⑤	03 ④	04 ③	05 ①
06 ②	07 ⑤	08 ③	09 ①	10 ②
11 ②	12 ①	13 ①	14 ①	15 ④
16 ②	17 ②	18 ①	19 ①	20 ②
21 ④	22 ⑤	23 ③	24 ②	25 ③
26 ①	27 ④	28 ③	29 ④	30 ④
31 ⑤	32 ②	33 ⑤	34 ⑤	35 ①
36 ③	37 ⑤	38 ⑤	39 ③	40 ③
41 ①	42 ①	43 ⑤	44 ②	45 ②
46 ②	47 ⑤	48 ⑤	49 ②	50 ①

제08회

01 ④	02 ②	03 ⑤	04 ②	05 ②
06 ⑤	07 ④	08 ②	09 ④	10 ③
11 ③	12 ②	13 ④	14 ③	15 ⑤
16 ⑤	17 ①	18 ④	19 ②	20 ②
21 ②	22 ②	23 ③	24 ②	25 ①
26 ②	27 ⑤	28 ⑤	29 ⑤	30 ②
31 ①	32 ⑤	33 ②	34 ②	35 ③
36 ①	37 ⑤	38 ⑤	39 ④	40 ②
41 ④	42 ⑤	43 ②	44 ⑤	45 ③
46 ⑤	47 ④	48 ②	49 ②	50 ⑤

제09회

01 ④	02 ④	03 ④	04 ③	05 ①
06 ①	07 ④	08 ②	09 ⑤	10 ①
11 ②	12 ②	13 ②	14 ⑤	15 ②
16 ②	17 ⑤	18 ①	19 ⑤	20 ⑤
21 ③	22 ②	23 ②	24 ②	25 ①
26 ①	27 ④	28 ②	29 ③	30 ②
31 ③	32 ④	33 ④	34 ①	35 ③
36 ④	37 ③	38 ②	39 ④	40 ⑤
41 ②	42 ⑤	43 ④	44 ②	45 ④
46 ③	47 ⑤	48 ④	49 ③	50 ③

제10회

01 ⑤	02 ③	03 ③	04 ⑤	05 ①
06 ⑤	07 ⑤	08 ⑤	09 ④	10 ①
11 ②	12 ②	13 ①	14 ③	15 ②
16 ③	17 ④	18 ②	19 ③	20 ⑤
21 ②	22 ⑤	23 ⑤	24 ⑤	25 ④
26 ④	27 ①	28 ②	29 ⑤	30 ⑤
31 ②	32 ④	33 ②	34 ①	35 ③
36 ③	37 ⑤	38 ②	39 ④	40 ②
41 ⑤	42 ②	43 ②	44 ⑤	45 ③
46 ①	47 ③	48 ④	49 ②	50 ③

제01회 기출분석 예상문제 정답 및 해설

01 구석기 시대의 생활 모습

정답 ①

암기박사 동굴, 바위 그늘 ⇒ 구석기 시대

정답 해설

연천 전곡리는 대표적인 구석기 시대의 유적지로 뗀석기의 한 종류인 주먹도끼가 발견된 곳이다. 구석기 시대에는 주로 동굴이나 바위 그늘에 살면서 도구를 사용하여 사냥을 하거나 어로, 채집 생활을 하였다.

오답 해설

② 청동 방울 : 의례 도구 → 청동기 시대
청동기 시대에는 청동 방울과 거울 등을 의식을 행하기 위한 의례 도구로 사용하였다. → 동령, 쌍두령, 팔주령 등

③ 따비와 괭이 : 농기구 → 철기 시대
철기 시대에는 풀뿌리를 뽑거나 밭을 가는 데 쓰는 농기구인 따비와 괭이로 땅을 갈아 농사를 지었다.

④ 거푸집 : 세형 동검 제작 → 철기 시대
철기 시대에는 거푸집을 이용하여 한국식 동검인 세형 동검을 제작하였다.

⑤ 빗살무늬 토기 : 식량 저장 → 신석기 시대
신석기 시대에는 빗살무늬 토기를 만들어 음식을 조리하거나 식량을 저장하였다.

02 삼한과 옥저

정답 ④

암기박사 (가) 천군 / 소도 ⇒ 삼한
(나) 가족 공동묘 ⇒ 옥저

정답 해설

(가) 삼한 : 천신의 제사를 주관하는 천군과 소도라는 별읍이 있던 나라는 삼한이다.

(나) 옥저 : 혼인을 약속한 여자 아이를 데려다 키워서 며느리로 삼는 민며느리제가 있었던 나라는 옥저이다. 옥저에는 가족의 유골을 한 목곽에 안치하는 가족 공동묘의 매장 풍습이 있었다.

오답 해설

① 목지국 등 많은 소국으로 구성 → 마한
삼한 중 세력이 가장 컸던 마한은 54개의 많은 소국으로 이루어졌는데, 그 중 영도 세력이었던 목지국이 마한을 통합하고 백제로 발전하였다.

② 영고 : 제천 행사 → 부여
부여는 매년 음력 12월에 영고(迎鼓)라는 제천 행사를 개최하였는데, 맞이굿이라고도 하며 하늘에 제사를 지내고 노래와 춤을 즐기며 죄수를 풀어 주기도 하였다.

③ 특산물 : 단궁, 과하마, 반어피 → 동예
동예는 토지가 비옥하고 해산물이 풍부하여 농경·어로 등 경제 생활이 윤택하였으며 단궁, 과하마, 반어피 등의 특산물이 유명하였다.

⑤ 한 무제의 공격으로 멸망 → 고조선
고조선은 한 무제가 파견한 군대의 공격으로 왕검성(평양성)이 함락되고 우거왕이 피살되어 멸망하였다. → 위만 조선의 마지막 왕

핵심노트 ▶ 옥저의 생활 모습

- 왕이 없고 각 읍락에는 읍군(邑君)·삼로(三老)라는 군장이 있어서 자기 부족을 통치하였으나, 큰 정치 세력을 형성하지는 못함
- 소금과 어물 등 해산물이 풍부하였으며, 이를 고구려에 공납으로 바침
- 토지가 비옥하여 농사가 잘되어 오곡이 풍부
- 고구려와 같은 부여족 계통으로, 주거·의복·예절 등에 있어 고구려와 유사 → 혼인풍속에서는 차이도 존재
- 매매혼의 일종인 민며느리제(예부제)가 존재
- 가족의 시체를 가매장하였다가 나중에 그 뼈를 추려 가족 공동묘인 커다란 목곽에 안치 → 세골장제, 두벌 묻기
- 가족 공동묘의 목곽 입구에는 죽은 자의 양식으로 쌀을 담은 항아리를 매달아 놓기도 함

03 대가야의 문화유산

정답 ①

암기박사 고령 지산동 : 금동관 ⇒ 대가야의 문화유산

정답 해설

고령 지산동 고분군은 대가야의 무덤으로 순장 돌덧널을 통해 부여, 고구려, 신라와 마찬가지로 대가야에서도 순장이 행해졌음을 확인할 수 있다. 지산동에서 발견된 금동관은 대가야의 문화유산으로, 신라의 관과 구별되는 독특한 형식적 특징을 보인다.

오답 해설

② 연가 7년명 금동 여래 입상 → 고구려 문화유산
두꺼운 의상과 긴 얼굴 모습에서 북조 양식을 따르고 있으나, 강인한 인상과 은은한 미소에는 고구려의 독창성이 보인다.

③ 금제관식 → 백제 문화유산
불꽃이 타오르는 것 같은 형태로 만들어진 금관 장신구로 백제의 무령왕릉에서 출토된 금제관식이다.

④ 천마도 → 신라 문화유산
경주 천마총에서 출토된 천마도는 마구에 그린 그림으로 신라의 힘찬 화풍을 보여준다.

⑤ 돌사자상 → 발해 문화유산
발해의 돌사자상은 정혜공주 무덤에서 출토된 두 개의 화강암 사자상이 대표적인데, 당나라의 돌사자상보다 크기가 작지만 강한 힘을 표현한 조각 수법이 돋보인다.

핵심노트 ▶ 가야 연맹

- 전기 가야 연맹 : 김수로왕의 금관가야(김해) → 신라 법흥왕 때 멸망(532년)
- 후기 가야 연맹 : 이진아시왕의 대가야(고령) → 신라 진흥왕 때 멸망(562년)

04 신라의 경제 상황

정답 ②

암기박사 서적점, 다점 : 관영 상점 ⇒ 고려

정답 해설

→ 민정문서, 신라장적
일본 도다이사 쇼소인에서 발견된 신라 촌락 문서에는 서원경 부근 4개 촌락의 인구 현황, 토지의 종류와 면적 등이 기록되어 있다. 한편, 고려 시대에는 서경을 비롯한 개경, 동경 등의 대도시에 서적점, 다점 등의 관영 상점이 운영되었다.

제01회

오답 해설

① 서시와 남시 설치 → 신라
  통일 신라 효소왕 때에는 지증왕 때 세워진 동시 외에 수도에 서시와 남시를 추가로 설치하였다.

③ 청해진 : 해상 무역 → 신라
  통일 신라 때 장보고가 완도의 청해진을 중심으로 해상 무역을 전개하고 국제 무역의 거점으로 번성하였다.

④ 신라방 형성 → 신라
  통일 신라 때 당의 산둥 반도와 양쯔강 하류 일대에 신라방을 형성하여 활발히 교역하였다.

⑤ 울산항 : 아라비아 상인 교류 → 신라
  통일 신라 시대에는 울산항을 통해 아라비아 상인들과 교류하는 등 울산항과 당항성이 국제 무역항으로 번성하였다.

05 백제의 도교 문화

암기박사 산수 무늬 벽돌, 금동 대향로 ⇒ 백제 : 도교 문화

정답 ③

정답 해설

ㄴ. 금동 대향로 : 부여의 능산리 절터에서 발견된 금동 대향로는 백제의 금속 공예 기술이 중국을 능가할 정도로 매우 뛰어났음을 보여 주는 걸작품으로, 불교와 도교의 요소를 반영하고 있다.

ㄷ. 산수 무늬 벽돌 : 충남 부여의 사비시대 절터에서 출토된 벽돌로, 불교적 요소와 도교적 요소를 함께 갖추고 있다. 산수 무늬의 화려한 장식은 당시 백제인들의 문화 수준과 이상적인 정신세계를 반영한다.

오답 해설

ㄱ. 청자 도교 인물 모양 주전자 → 고려
  고려 시대의 청자로 두 손에 선도(仙桃)를 받쳐 든 인물 모양의 주전자이다. 봉황이 장식된 관과 선도를 받쳐 든 모습에서 도교의 대표적 여자 신선인 서왕모일 것으로 추정된다.

ㄹ. 강서대묘 사신도 → 고구려
  강서대묘의 사신도는 도교의 영향을 받은 고구려 벽화로 색의 조화가 뛰어나며 정열과 패기를 지닌 걸작이다.

06 발해 문왕의 업적

암기박사 연호 대흥, 용천부 천도, 3성 6부 ⇒ 발해 문왕(대흠무)

정답 ④

정답 해설

발해 문왕(대흠무)은 '대흥'이라는 독자적인 연호를 사용하였으며, 수도를 중경 현덕부에서 상경 용천부로 옮겨 지배 체제를 정비하였다. 또한 3성 6부의 중앙 관제를 정비하였다. (당의 수도인 장안성을 모방)

오답 해설

① 낙랑군 축출 → 고구려 미천왕
  고구려 미천왕은 낙랑군을 축출하고 고조선의 옛 땅인 대동강 유역을 회복하였다.

② 국호 : 남부여 → 백제 성왕
  백제 성왕은 웅진에서 사비로 천도하고 국호를 남부여로 변경하였다.

③ 장문휴 : 당의 등주 공격 → 발해 무왕(대무예)
  발해 무왕(대무예)은 장문휴의 수군으로 등주(산둥 지방)를 공격하여 요서 지역에서 당과 격돌하였다.

⑤ 지방 행정 제도 : 5경 15부 62주 → 발해 선왕(대인수)
  발해 선왕(대인수)은 중흥기를 이루어 해동성국이라 불렸고, 5경 15부 62주의 지방 행정 제도를 확립하였다.

핵심노트 ▶ 문왕(대흠무, 737~793)

- 당과 친선 관계를 맺고 독립 국가로 인정받음 → 당은 발해군왕을 발해국왕으로 승격
- 당의 관제를 모방하여 3성 6부의 중앙 관제를 정비
- 당의 문물을 수용하고 장안성을 모방하여 주작대로를 건설하였으며, 유학생을 파견
- 신라와 상설 교통로(신라도)를 개설하고 친교에 노력 → 신라는 사신을 파견(790)
- 수도를 중경 현덕부에서 상경 용천부로 천도하여 지배 체제를 정비
- 대흥이라는 독자적 연호 사용, 주자감(국립대학) 설립

07 통일 신라 신문왕의 업적

암기박사 화왕계, 만파식적, 국학 설립 ⇒ 통일 신라 신문왕

정답 ②

정답 해설

○ 설총의 화왕계 : 설총은 원효의 아들로 신문왕에게 향락을 배격하고 경계로 삼도록 화왕계(花王戒)를 지어 올렸다.

○ 만파식적 : 해룡이 된 문무왕과 천신이 된 김유신이 합심하여 대나무로 만들어 신문왕에게 보냈다는 피리로, 신문왕의 전제 왕권 확립과 신라의 호국 이념을 상징한다.

• 통일 신라의 신문왕은 유학 교육을 위하여 국학(國學)을 설립하고 유교 이념을 확립하였다(682).

오답 해설

① 한화 정책 → 통일 신라 경덕왕
  통일 신라의 경덕왕은 9주의 명칭을 비롯해 지방 군현과 통치 기구 및 관직의 명칭을 중국식으로 바꾸는 한화(漢化) 정책을 실시하였다.

③ 병부와 상대등 설치 : 관등 정비 → 신라 법흥왕
  신라 법흥왕은 병부와 상대등을 설치하고 관등을 정비하였으며 율령 반포와 공복을 제정하여 통치 질서를 확립하였다.

④ 자장 : 황룡사 구층 목탑 건립 건의 → 신라 선덕여왕 (귀족 세력을 대표하는 신라 최고의 관직)
  신라 선덕여왕 때 자장(慈藏)의 건의로 황룡사 구층 목탑이 경주에 건립되었으나 몽골의 침입으로 소실되었다.

⑤ 위홍, 대구화상 : 삼대목 → 신라 진성여왕
  신라 진성여왕 때 위홍과 대구화상에게 삼대목을 편찬하도록 하였으나 전하지 않는다. → 향가를 수집하여 엮은 가집(歌集)

핵심노트 ▶ 신문왕(681~692)의 업적

- 김흠돌의 난을 계기로 귀족 세력을 숙청하면서 전제 왕권 강화 → 6두품을 조언자로 등용
- 중앙 정치 기구를 정비(6전 제도 완성, 예작부 설치)하고 군사 조직(9서당)과 지방 행정 조직(9주 5소경)을 완비
- 관리에게 관료전을 지급(687)하고 귀족의 경제 기반이었던 녹읍을 폐지(689)
- 유학 교육을 위하여 국학(國學)을 설립하고 유교 이념을 확립

08 의상의 화엄종

정답 ④

암기박사 화엄종 : 아미타 신앙 + 관음 신앙 ⇒ 의상

정답 해설

의상(義湘)은 해동 화엄의 시조로서 부석사를 창건하고 화엄일승법계도를 저술하여 화엄종을 설파하였다. 아미타 신앙과 함께 현세의 고난에서 구제받고자 하는 관음 신앙을 강조하였다.

오답 해설

① 무애가 : 불교 대중화 → 원효
원효는 일심과 화쟁 사상을 중심으로 몸소 아미타 신앙을 전개하고 무애가를 지어 불교 대중화에 노력하였다.

② 보현십원가 : 불교 교리 전파 → 균여 ┈▶ 모든 논쟁을 화합으로 바꾸려는 불교 사상
보현십원가는 고려 광종 때 균여대사가 지은 11수의 향가로, 불교의 교리를 전파하기 위해 지은 것이다.

③ 해동고승전 → 각훈
각훈은 화엄종의 대가로 삼국 시대의 승려 33명의 전기를 수록한 우리나라 최고(最古)의 승전인 해동고승전을 남겼다.

⑤ 십문화쟁론 → 원효
원효는 화쟁 사상을 주창하고, 종파 간의 사상적 대립을 해소하기 위해 십문화쟁론을 저술하였다.

핵심노트 ▶ 의상(義湘, 625~702)

- 당에 유학하여 중국 화엄종의 제2조인 지엄의 문하에서 화엄종을 연구
- 〈화엄일승법계도〉를 저술 ┈▶ 해동 화엄의 시조로서, 고려 균여에게 영향을 미침
- 화엄의 근본 도량이 된 부석사(浮石寺)를 창건하고, 화엄 사상을 바탕으로 교단을 형성
- 모든 사상을 보다 높은 차원에서 하나로 조화시키는 원융 사상을 설파하여 통일 후 갈등 해소와 왕권 전제화에 공헌
- 아미타 신앙과 함께 현세에서 고난을 구제받고자 하는 관음 신앙을 설파

09 김유신의 업적

정답 ④

암기박사 황산벌 전투 : 백제 계백 격파 ⇒ 신라 김유신

정답 해설

가야의 후손인 김유신은 신분적 한계를 뛰어넘어 삼국통일에 공을 세운 신라의 장군이다. 김유신이 지휘한 신라군은 탄현을 공격하고 황산벌에서 계백이 이끈 백제의 결사대를 격파한 뒤 사비성으로 진출하여 백제를 멸망에 이르게 하였다.

오답 해설

① 별무반 : 여진 정벌 → 윤관
고려 예종 때 윤관은 별무반을 이끌고 여진을 정벌하고 동북 9성을 축조하였다.

② 안시성 전투 → 양만춘
연개소문이 정변을 일으키자 당 태종(이세민)이 이를 빌미로 고구려를 공격하였고 양만춘이 안시성 전투에서 크게 승리하였다.

③ 나·당 연합군 결성 → 김춘추
신라 무열왕 김춘추는 당으로 건너가 군사 동맹을 체결하고 나·당 연합군을 결성하여 삼국 통일의 초석을 마련하였다.

⑤ 임존성 전투 : 당군 격파 → 흑치상지
복신과 도침이 왕자 풍을 왕으로 추대하여 주류성(한산)에서 백제 부흥 운동을 전개하였고, 흑치상지와 지수신은 임존성(대흥)에서 소정방이 이끄는 당군을 격퇴하였다.

10 후고구려의 궁예

정답 ②

암기박사 광평성 : 국정 총괄 ⇒ 후고구려 : 궁예

정답 해설

신라 왕족 출신의 궁예가 초적·도적 세력을 기반으로 반신라 감정을 자극하면서 세력을 확대한 후, 양길(梁吉)을 몰아내고 송악(개성)에서 후고구려를 건국하였다. 궁예는 국호를 마진(摩震)으로 고치고 철원으로 천도한 후 다시 국호를 태봉(泰封)으로 변경하였으며, 국정을 총괄하는 광평성(廣評省) 등 각종 정치 기구를 마련하고 9관등제를 실시하였다.

오답 해설

① 웅천주 반란 → 김헌창
신라 하대 헌덕왕 때 중앙 정부의 지방 통제력 약화가 계기가 되어 웅천주 도독 김헌창이 반란을 일으켰다.

③ 고려 왕건에게 귀부 → 견훤
왕위 계승 문제로 반란을 일으킨 견훤의 장남 신검에 의해 금산사에 유폐된 견훤이 탈출하여 왕건에게 귀부하였다.

④ 일리천 전투 → 신검 ┈▶ 스스로 와서 복종함
신검의 후백제군이 일리천 전투에서 왕건의 고려군에게 패배하여 후백제는 멸망하였다.

⑤ 정계와 계백료서 → 왕건
고려를 건국한 태조 왕건은 정계(政誡)와 계백료서(誡百僚書)를 지어 관리의 규범을 제시하였다.

핵심노트 ▶ 궁예의 후고구려 건국

- 건국 : 권력 투쟁에서 밀려난 신라 왕족 출신의 궁예가 초적·도적 세력을 기반으로 반신라 감정을 자극하면서 세력을 확대한 후, 양길(梁吉)을 몰아내고 송악(개성)에서 건국 ┈▶ 북진·패강진의 군진 세력
- 영토 확장 : 한강 유역을 차지한 후 조령(鳥嶺)을 넘어 상주·영주 일대를 차지하는 등 옛 신라 땅의 절반 이상을 확보
- 국호를 마진(摩震)으로 고치고(904) 철원으로 천도(905), 다시 국호를 태봉(泰封)으로 변경(911)
- 골품제도를 대신할 새로운 신분 제도 모색
- 국정을 총괄하는 광평성(廣評省)을 비롯한 여러 관서를 설치하고, 9관등제를 실시

11 고려 예종의 업적

정답 ③

암기박사 청연각·보문각 : 학문 연구 ⇒ 고려 예종

정답 해설

교육 장학 재단인 양현고를 설치하고, 국자감에 7재라는 전문 강좌를 개설한 왕은 고려 예종이다. 그는 관학을 진흥하기 위해 궁중에

학술 연구 기구로 청연각과 보문각을 두어 학문 연구를 장려하였다.

오답 해설

① 연호 : 광덕, 준풍 → 고려 광종
고려 광종은 국왕을 황제라 칭하고 광덕, 준풍 등의 독자적 연호를 사용하였으며 개경을 황도라 하였다.

② 신돈 : 전민변정도감 → 고려 공민왕
고려 공민왕 때 신돈이 전민변정도감의 판사로 임명되어 권문세족을 견제하고 전민변정 사업을 추진하였다.

④ 정계와 계백료서 → 고려 태조
고려 태조 왕건은 정계와 계백료서를 지어 신하의 임금에 대한 도리를 강조하고 관리의 규범을 제시하였다.

⑤ 최승로 : 시무 28조 → 고려 성종
고려 성종 때 최승로의 시무 28조를 받아들여 통치 체제를 정비하고 유교 정치 이념을 확립하였다.

핵심노트 ▶ 고려 예종의 관학 진흥책

- 국자감을 재정비하여 전문 강좌인 7재를 설치
- 교육 장학 재단인 양현고를 두어 관학의 재정 기반을 강화
- 궁중에 도서관 겸 학문 연구소인 청연각·보문각을 두어 유학을 진흥
- 국자감에서 3년 이상 수학한 자에게 예부시 응시 자격을 부여하여 국자감 위상을 정립

12 공민왕의 반원 정책

암기박사 유인우, 이자춘 : 쌍성총관부 수복 ⇒ 고려 공민왕

정답 ①

정답 해설

노국 대장 공주는 원나라와의 정략 결혼으로 혼인하게 된 공민왕의 왕비이다. 공민왕은 권문 세족을 견제하기 위해 신돈을 등용하여 전민변정도감을 운영하였으며 이 시기에 유인우, 이자춘 등이 쌍성총관부를 수복하여 원에 빼앗긴 철령 이북의 땅을 되찾았다.

오답 해설

② 진포 대첩 : 왜구 격퇴 → 고려 우왕
고려 우왕 때 나세, 심덕부 등은 최무선이 만든 화약과 화포를 실전에서 처음으로 사용하여 진포에서 왜구를 격퇴하였다.

③ 삼별초 조직 → 최우
좌·우별초와 신의군으로 조직된 삼별초는 고려 최씨 무신 정권 때의 특수 군대로, 최우의 집권시 설치하여 몽골의 침입 때 항쟁하였다.

④ 서희의 담판 : 강동 6주 획득 → 고려 성종
고려 성종 때 거란이 침입하자 고려는 청천강에서 거란의 침략을 저지하는 한편, 서희가 거란의 소손녕과 협상하여 강동 6주를 획득하였다.

⑤ 명 : 철령위 설치 → 고려 우왕
고려 우왕의 친원 정책에 명이 쌍성총관부가 있던 철령 이북의 땅에 철령위 설치를 통보하자 요동 정벌이 추진되었다.

핵심노트 ▶ 공민왕의 개혁 정치

반원 자주 정책	대내적 개혁 정책
• 원의 연호 폐지 • 친원파 숙청 • 정동행성 이문소 폐지 • 원의 관제 폐지 • 쌍성총관부 공격으로 철령 이북 땅 수복 • 동녕부 요양 정벌 • 원(나하추)의 침입 격퇴 • 친명 정책 전개 • 몽골풍의 폐지	• 정방 혁파 • 신돈의 등용 • 전민변정도감 운영 • 국자감 → 성균관으로 개칭 • 유학 교육 강화 • 과거 제도 정비

13 고려 시대 토지 제도의 변천

암기박사 (가) 경종 : 인품과 공복 기준 ⇒ 시정 전시과
(나) 목종 : 관직 기준 ⇒ 개정 전시과
(다) 문종 : 현직 관리 중심 ⇒ 경정 전시과

정답 ④

정답 해설

ㄱ. 시정(始定) 전시과(경종 1, 976) : 모든 전·현직 관리를 대상으로 관품과 인품·세력을 반영하여 전지와 시지를 지급하였다.

ㄴ. 개정(改定) 전시과(목종 1, 998) : 관직만을 고려하여 19품 관등에 따라 170~17결을 차등 지급하였으며, 현직자의 문관을 우대하고 군인전도 지급하였다.

ㄷ. 경정(更定) 전시과(문종 30, 1076) : 토지가 부족하게 되어 현직 관료에게만 지급하였으며, 5품 이상에게 공음전을 지급하였다.

오답 해설

ㄹ. 경기 지역 한정 → 과전법
전시과 제도는 전국을 대상으로 실시되어 전지와 시지를 지급하였으며, 지급된 토지에 대한 수조권을 인정하였다. 경기 지역으로 한정하여 토지를 지급한 것은 과전법에 해당한다.
→ 농작물을 수확할 수 있는 논이나 밭
→ 땔감을 얻을 수 있는 임야

핵심노트 ▶ 고려 시대 전시과(田柴科) 제도의 변화

(가) 시정(始定) 전시과(경종 1, 976)
- 모든 전·현직 관리를 대상으로 품관 인품·세력을 반영하여 토지(전지와 시지)를 지급 → 공복 제도와 역분전 제도를 토대로 만듦
- 역분전의 성격을 벗어나지 못함

(나) 개정(改定) 전시과(목종 1, 998)
- 관직만을 고려하여 19품 관등에 따라 170~17결을 차등 지급 → 토지 분급에 따른 관료 체제 확립
- 전·현직 관리(직·산관) 모두에게 지급하나 현직자를 우대
- 문·무관에게 모두 지급하나 문관을 우대
- 군인층도 토지 수급 대상으로 편성하여 군인전 지급

(다) 경정(更定) 전시과(문종 30, 1076)
- 토지가 부족하게 되어 현직 관료에게만 지급(170~15결)
- 전시과의 완성 형태로, 5품 이상에게 공음전을 지급하였으므로 공음 전시과라고도 함
- 문·무관의 차별을 완화 → 무인 지위 향상

한국사능력검정시험 심화대비 기출분석 예상문제 · **정답 및 해설**

14 고려 무신 정권

암기박사 봉사 10조 : 시정 개혁 ⇒ 최충헌

정답 ④

정답 해설

이의민을 제거하고 무신 간의 권력 쟁탈전을 수습하여 강력한 독재 정권을 이룩한 최충헌은 봉사 10조를 올려 시정 개혁을 요구하였으며, 교정별감이 되어 국방 전반을 장악하였다.

오답 해설

① 야별초 : 좌·우별초로 편성 → 최우
  최우는 수도의 치안 유지를 담당하던 야별초를 좌·우별초로 나누어 편성하였다.

② 조위총의 난 진압 → 이의민
  서경 유수 조위총이 무신정변의 주동자를 제거하고 나라를 바로잡는다는 명분으로 난을 일으키자 이의민이 이를 진압하고 상장군이 되었다.

③ 무신정변 → 정중부
  고려 의종이 보현원에 행차하였을 때, 정중부는 이의방 등의 무신들과 함께 다수의 문신을 제거하는 무신정변을 일으켰다.

⑤ 도방 설치 → 경대승
  경대승은 정중부를 제거하고 권력을 장악한 후 신변 보호를 위해 사병 집단인 도방을 설치하였다.

15 부석사 무량수전

암기박사 영주 : 부석사 무량수전 ⇒ 고려 최고의 목조 건축물

정답 ⑤

정답 해설

부석사 무량수전은 경북 영주시 부석사에 있는 고려 중기의 건물로 신라 문무왕 때 의상대사가 창건하였다. 주심포 양식과 배흘림기둥의 신라 양식을 계승한 고려 최고의 목조 건축물이다.

오답 해설

① 안동 : 봉정사 극락전 → 현존하는 가장 오래된 목조 건물
  봉정사 극락전은 경북 안동시 봉정사에 있는 고려 시대 주심포 양식의 건축물로, 현존하는 가장 오래된 목조 건물이다.

② 예산 : 수덕사 대웅전 → 모란과 들국화 벽화
  수덕사 대웅전은 충남 예산군 수덕사에 있는 고려 시대 주심포 양식의 건물로, 모란이나 들국화를 그린 벽화가 유명하다.

③ 논산 : 쌍계사 대웅전 → 겹처마 팔작지붕 건물
  쌍계사 대웅전은 충남 논산에 있는 조선 시대의 불전으로, 겹처마 팔작지붕에 앞면 5칸 옆면 3칸의 단층 건물이다.

④ 구례 : 화엄사 각황전 → 현존 중층 불전 중 가장 큼
  구례 화엄사의 각황전은 조선 숙종 때 계파대사가 중건한 중층의 대불전으로 현존하는 중층의 불전 중 규모가 가장 크다.

16 김부식의 삼국사기

암기박사 기전체 사서 ⇒ 김부식 : 삼국사기

정답 ②

정답 해설

삼국사기는 고려 인종 때 김부식 등이 왕명을 받아 편찬한 현존하는 우리나라 최고의 역사서로, 유교적 합리주의 사관에 기초하여 신라를 중심으로 서술한 기전체(紀傳體) 사서이다(1145).

오답 해설

① 남북국이라는 용어 최초 사용 → 유득공 : 발해고
  조선 후기 실학자 유득공은 발해고를 저술하여 발해를 북국, 신라를 남국으로 칭하며 한반도 중심의 협소한 사관을 극복하였다.

③ 사초, 시정기 근거 → 실록청 : 조선왕조실록
  조선왕조실록은 왕의 사후 사초와 시정기 등을 근거로 춘추관에 설치된 실록청에서 편찬하였다. → 조선 태조 때부터 철종 때까지 472년의 역사를 편년체 형식으로 기록

④ 불교사 중심의 민간 설화 수록 → 일연 : 삼국유사
  일연의 삼국유사에는 단군부터 고려 말까지의 불교사를 중심으로 고대의 민간 설화 등이 수록되어 있다.

⑤ 고구려 건국 시조 동명왕 → 이규보 : 동명왕편
  이규보의 동명왕편은 고구려 건국 시조인 동명왕의 업적을 칭송한 영웅 서사시로 고구려의 계승 의식을 반영하고 있다.

핵심노트 ▶ 삼국사기(인종 23, 1145)

- 시기 : 인종 때 김부식 등이 왕명을 받아 편찬
- 의의 : 현존하는 우리나라 최고의 역사서
- 사관 : 유교적 합리주의 사관에 기초하여 신라를 중심으로 서술
- 체제 : 본기·열전·지·연표 등으로 구분되어 서술된 기전체(紀傳體) 사서
- 구성 : 총 50권으로 구성

17 고려 충선왕의 업적

암기박사 사림원 설치 ⇒ 고려 충선왕

정답 ①

정답 해설

원의 만권당에서 원의 학자들과 교류한 인물은 이제현이며, 그 임금은 고려 충선왕이다. 충선왕은 왕명 출납과 인사 행정을 관장하는 사림원을 설치하여 개혁을 단행하였다.

오답 해설

② 국호 마진, 철원 천도 → 후고구려 궁예
  양길을 몰아내고 송악에서 후고구려를 건국한 궁예는 국호를 마진으로 바꾸고 철원으로 천도하였다.

③ 김흠돌의 반란 진압 → 통일 신라 신문왕
  통일 신라의 신문왕은 장인인 김흠돌이 반란을 일으키자 이를 진압하고 진골 세력을 숙청하였다.

④ 정계와 계백료서 → 고려 태조
  고려 태조 왕건은 정계와 계백료서를 지어 신하의 임금에 대한 도리를 강조하고 관리의 규범을 제시하였다.

⑤ 오월(吳越)에 사신 파견 → 후백제 견훤
  견훤은 중국의 오월(吳越)에 사신을 보내 조공하였고, 이에 대한 답례로 오월왕의 사신으로부터 검교태보의 직을 받았다.

제01회

18 원 간섭기의 사회 모습
정답 ⑤

암기박사 망이 · 망소이의 난 ⇒ 고려 무신 집권기

정답 해설

겁령구는 원 간섭기 때 고려의 왕비가 된 원 나라 공주를 따라온 시녀를 의미한다. 한편, 고려 무신 집권기 때 망이 · 망소이가 가혹한 수탈에 저항하여 공주 명학소에서 봉기하였다.

오답 해설

① 권문세족 : 도평의사사 장악 → 원 간섭기
   원 간섭기에 도병마사가 도평의사사로 개편되면서 최고 상설 기구로 발전하였고, 친원 세력인 권문세족이 도평의사사를 장악하였다.
② 정동행성 : 일본 원정 → 원 간섭기
   원 간섭기인 고려 충렬왕 때 원의 요청에 따라 일본 원정에 참여하기 위해 정동행성이 설치되었다.
③ 응방 : 매 사육 기관 → 원 간섭기
   원 간섭기 때 원 나라에 조공할 매를 기르고 훈련시키는 응방이 설치되었다.
④ 변발과 호복 유행 → 원 간섭기
   고려 시대 원 간섭기에는 지배층을 중심으로 몽골풍의 변발과 호복이 유행하였다.

19 조선 중종 재위 시기의 사회 모습
정답 ③

암기박사 박세무 : 동몽선습 ⇒ 조선 중종

정답 해설

삼포왜란, 소격서 혁파, 위훈삭제 등은 모두 조선 중종 때의 일이다. 동몽선습은 조선 중종 때 박세무가 지은 아동용 교과서로, 조선 시대의 사립 교육 기관인 서당에서 학생들을 가르치는 데 사용되었다.

오답 해설

① 육조 직계제 → 조선 세조
   조선 세조는 왕권 강화를 위해 의정부를 거치지 않고 왕의 명령을 6조에 직접 하달하는 육조 직계제를 부활하였다.
② 임꺽정의 난 → 조선 명종
   명종이 즉위한 후 문정왕후가 수렴청정을 하고 왕실 외척인 윤원형이 권력을 독점하자 임꺽정이 지배층의 횡포에 저항하였다.
④ 허준 : 동의보감 → 조선 광해군
   광해군 때에 허준이 우리나라와 중국의 의서를 망라한 동의보감을 간행하여 의료 지식을 민간에 보급하였다.
⑤ 상품 작물 재배 → 조선 후기
   조선 후기에는 담배를 비롯한 약재, 면화, 삼 등 시장에서 매매하기 위한 상품 작물의 재배가 활발해졌다.

20 무오사화의 원인
정답 ①

암기박사 김종직 : 〈조의제문〉 ⇒ 무오사화

정답 해설

연산군 때에 김종직이 지은 〈조의제문〉을 김일손이 사초(史草)에 올린 일을 문제 삼아 유자광 · 윤필상 등의 훈구파에 의해 사림파인 김일손 · 김굉필 등의 신진 사류가 화를 입은 무오사화가 발생하였다(1498).

오답 해설

② 동인의 분당 → 정여립 모반 사건
   동인은 정여립 모반 사건을 계기로 온건파인 남인(이황 학파)과 급진파인 북인(서경덕 · 조식 학파)으로 분당되었다.
③ 인현왕후 폐위, 남인 집권 → 기사환국
   조선 숙종 때 희빈 장씨 소생의 원자 명호(名號) 문제로 기사환국이 발생하여 송시열을 비롯한 서인들의 유배 · 사사와 인현왕후의 폐위로 남인이 집권하였다.
④ 서인의 집권 → 경신환국, 갑술환국
   서인은 경신환국 때에는 허적의 서자 허견 등이 역모를 꾀했다고 남인을 고변하여 숙청하였고, 갑술환국 때에는 인현왕후의 복위를 주장하며 이에 반대하는 남인을 몰아내고 권력을 독점하였다.
⑤ 신진 사림 세력 희생 → 기묘사화
   중종 때 조광조는 천거제의 일종인 현량과를 통해 사림을 대거 등용하였는데, 주초위왕의 모략을 꾸민 훈구 세력들에 의해 신진 세력들이 화를 입었다.

21 삼봉 정도전
정답 ⑤

암기박사 조선경국전 : 재상 중심의 정치 ⇒ 정도전

정답 해설

이성계를 도와 조선 건국을 주도하였으며, 도성의 축조 계획을 세우는 등 국가의 기틀을 다지는 데 핵심적인 역할을 한 인물은 삼봉 정도전이다. 정도전은 조선 초기의 개국공신으로 재상 중심의 정치를 주장하였으며, 조선의 헌법이라고 할 수 있는 조선경국전을 편찬하였다.

오답 해설

① 계유정난 → 수양대군(세조)
   수양대군(세조)은 정인지 · 권람 · 한명회 등과 함께 계유정난을 일으켜 정권을 장악하고 김종서 · 황보인 등의 중신과 안평대군을 축출하였다.
② 만권당 : 원의 학자들과 교유 → 이제현
   고려 충선왕 때 이제현은 만권당에서 원의 학자들과 교유하였고, 귀국 후 이색 등에게 영향을 주어 성리학 전파에 이바지하였다.
③ 임진왜란 : 훈련도감 설치 건의 → 유성룡
   훈련도감은 유성룡의 건의로 임진왜란 중 왜군의 조총에 대응하고 군사력을 강화하기 위해 설치되었다.
④ 동호문답 : 다양한 개혁 방안 제시 → 율곡 이이
   동호문답은 율곡 이이가 왕도정치의 이상을 문답형식으로 서술하여 선조에게 올린 글로, 이이는 동호문답을 통해 다양한 개혁 방

안을 제시하였다.

22 중인(中人)

암기박사 관직 진출 제한 폐지 : 소청 운동 ⇒ 중인

정답 ⑤

정답 해설

대화 내용 중 변승업은 사신을 수행하면서 무역에 관여하는 역관으로 의관, 천문관, 율관 등과 함께 중인(中人) 신분에 해당된다. 조선 후기에 중인(中人)들은 시사(詩社)를 조직해 활발한 문예 활동을 전개하였으며, 관직 진출 제한을 없애달라는 소청 운동을 전개하였다.
→ 대표적인 시사 : 천수경의 옥계시사, 최경흠의 직하시사 등

오답 해설

① · ② 매매 · 증여 · 상속의 대상 : 장례원에서 관리 → 노비
노비는 재산으로 간주되어 매매 · 증여 · 상속의 대상이 되었으며, 노비 문서 및 노비 범죄를 관장하는 기관인 장례원을 통해 국가의 관리를 받았다.

③ 공장안에 등록 : 수공업 제품 생산 → 장인(기술자)
장인(匠人)은 소(所)에 거주하는 기술자로 공장안(工匠案)에 등록되어 수공업 제품 생산을 담당하였다.
→ 국가에서 필요로 하는 무기, 기구 등의 물품 생산에 동원할 수 있는 기술자들을 조사하여 기록한 장부

④ 양인이지만 천역 담당 → 신량역천
신량역천(身良役賤)은 양인이지만 천역을 담당하는 사회계층으로 조졸(뱃사공), 수릉군(묘지기), 생선간(어부), 목자간(목축인), 봉화간(봉화 올리는 사람), 철간(광부), 염간(소금 굽는 사람), 화척(도살꾼), 재인(광대) 등이 이에 속한다.

핵심노트 ▶ 중인(中人)

- 넓은 의미 : 양반과 상민의 중간 신분 계층을 총칭하는 개념
- 좁은 의미 : 기술관을 지칭
- 성립 : 15세기부터 형성되어 16세기에 세습화되었고, 17세기 중엽 이후에 독립된 신분층으로 성립
- 사회적 예우 : 양반보다는 못하나 전문 기술이나 행정 실무를 담당하며 나름대로 지배층으로 행세
- 중인층의 관직 진출 : 법제상 중인층도 문 · 무과 응시가 가능했으나, 실제로는 서얼과 마찬가지로 천대받았으며 청요직 진출에도 제약이 따름

23 성균관

암기박사 조선 최고의 관립 교육 기관 ⇒ 성균관

정답 ④

정답 해설

조선 시대 최고의 관립 교육 기관인 성균관은 대성전과 명륜당을 중심으로 구성되어 있으며, 문묘(文廟)를 세워 성현의 제사도 지냈다.
→ 공자의 위패를 모시는 전각
→ 유학의 강의실
→ 공자와 여러 성현의 위패(位牌)를 모신 사당

오답 해설

① 좌수와 별감 운영 → 유향소
조선 시대의 유향소(留鄕所)는 좌수와 별감을 선발하여 운영하던 향촌 자치 기구로, 지방의 수령을 보좌하고 향리를 감찰하였다.

② 지방 사림 세력 설립 → 서원
풍기 군수 주세붕의 백운동 서원을 시작으로 주로 지방의 사림 세력에 의해 설립된 서원은 사림의 농촌 지배를 보다 강화하고 향촌 사림을 결집시켰다.
→ 최초의 사액 서원

③ 전국의 부 · 목 · 군 · 현에 하나씩 설립 → 향교
향교(鄕校)는 조선 시대 지방의 국립 중등 교육 기관으로 전국의 부 · 목 · 군 · 현에 하나씩 설립되었다.

⑤ 흥선 대원군 철폐 → 서원
흥선 대원군은 국가 재정을 좀먹고 백성을 수탈하며 붕당의 온상이던 서원을 정리하여, 600여 개소의 서원 가운데 47개소만 남긴 채 철폐하였다.

핵심노트 ▶ 조선 시대의 교육 기관

관학 국립 교육 기관	• 고등 교육 기관 : 국립대학인 성균관 • 중등 교육 기관 : 중앙의 4부 학당(4학)과 지방의 향교(鄕校)
사학 사립 교육 기관	• 서원 : 향음주례(鄕飮酒禮), 향촌 교화 • 서당 : 초등 교육을 담당한 사립 교육 기관

24 분청사기

암기박사 분청사기 박지연화어문 편병 ⇒ 조선 전기

정답 ①

정답 해설

회색의 태토 위에 맑게 거른 백토로 표면을 분장한 뒤 유약을 씌워 구운 도자기는 분청사기로 조선 전기에 많이 제작되었다. 분청사기 박지연화어문 편병은 조선 전기의 분청사기 편병으로, 회갈색의 바탕흙 위에 백토로 분장한 뒤 무늬 이외의 지면을 긁어내는 박지기법을 사용하였다.

오답 해설

② 청동 은입사 포류수금문 정병 → 고려청자
청동에 은입사 기법으로 물가의 버드나무와 물새 등을 표현한 고려 시대의 정병이다.

③ 청자 상감운학문 매병 → 고려청자
학과 구름을 상감기법으로 새겨 넣은 대표적인 고려 시대 상감청자 매병이다.

④ 백자 청화죽문 각병 → 청화백자
백자 청화죽문 각병은 회회청 또는 토청 등의 코발트 안료를 사용하여 만든 대표적인 청화백자이다.

⑤ 청자 참외모양 병 → 고려청자
참외 모양을 본뜬 고려 시대의 순수 청자 병으로 맑고 투명한 비취색 자기이다.

핵심노트 ▶ 분청사기

- 제작 방식 : 청자에 백토의 분을 칠한 것으로 백색의 분과 안료로 무늬를 만들어 장식
- 특징 : 안정된 모양과 소박하고 천진스러운 무늬가 어우러져 구김살 없는 우리의 멋을 잘 표현
- 침체 : 16세기부터 세련된 백자가 본격적으로 생산되면서 생산이 감소

25 김육의 활동

암기박사 시헌력 : 서양 천문학 ⇒ 김육

정답 ④

정답 해설

방납의 폐단을 줄이기 위해 대동법을 충청도에서 먼저 시험할 것을 건의한 인물은 김육이다. 조선 인조 때 김육은 서양 천문학의 영향을 받아 청에서 만들어진 시헌력을 도입하자고 건의하였다.

오답 해설

① 기대승 : 사단 칠정 논쟁 → 이황
퇴계 이황은 기대승과의 7년여에 걸친 사단 칠정 논쟁을 전개하여 성리학의 이해를 심화하였다.

② 북한산비 : 진흥왕 순수비 고증 → 김정희
추사 김정희는 금석학을 연구하고 금석과안록을 저술하여 북한산비가 진흥왕 순수비임을 고증하였다.

③ 양명학 : 강화학파 → 정제두
정제두는 성리학을 비판하고 지행합일의 실천성을 강조하는 양명학을 연구하여 강화학파를 형성하였다.

⑤ 열하일기 : 수레와 선박 사용 강조 → 박지원
조선 후기의 실학자 연암 박지원은 연행사를 따라 청에 다녀온 후 열하일기를 저술하고 수레와 선박의 필요성을 강조하였다.

26 영조 재위 기간의 사실

암기박사 준천사(濬川司) : 청계천 준설 공사 ⇒ 영조

정답 ④

정답 해설

이승원의 통정공 무신일기에 기록된 무신난은 이인좌, 정희량 등이 세제(世弟)였던 영조의 즉위 과정에 의혹을 제기하며 일으킨 반란이다. 영조는 한성의 홍수 예방을 위하여 준천사(濬川司)를 설치해 청계천 준설 공사를 시행하였다.

오답 해설

① 박규수 : 삼정이정청 설치 → 철종
철종 때 임술 농민 봉기가 발발하자 삼정의 문란을 해결하기 위해 안핵사 박규수의 건의로 삼정이정청이 설치되었다.

② 예송 논쟁 : 자의 대비의 복상 문제 → 현종
현종 때에는 자의 대비의 복상 문제를 둘러싸고 서인과 남인 사이에 두 차례에 걸쳐 예송이 전개되었다.

③ 신해통공 : 금난전권 폐지 → 정조
정조는 신해통공으로 시전 상인의 특권을 축소하였는데, 신해통공 실시로 육의전을 제외한 금난전권은 폐지되었다.

⑤ 칠정산 내편 편찬 → 세종
세종 때 중국의 수시력과 아라비아의 회회력을 참고로, 한양을 기준으로 한 역법서인 칠정산 내편을 편찬하였다.

27 훈련도감의 편제

암기박사 삼수병 : 포수 · 사수 · 살수 ⇒ 훈련도감

정답 ④

정답 해설

훈련도감은 임진왜란 중 왜군의 조총에 대응하고 국방력을 강화하기 위해 유성룡의 건의에 따라 설치된 부대로, 포수 · 사수 · 살수의 삼수병으로 구성되어 있으며 급료를 받는 상비군이 주축을 이루고 있다.

오답 해설

① 최씨 무신 정권의 군사적 기반 → 삼별초
수도의 치안 유지를 담당하던 야별초에 신의군을 합쳐 편성한 삼별초는 최씨 무신 정권의 군사적 기반이었다.

② 국경 지역인 북계와 동계에 배치 → 주진군
국경 지역인 북계와 동계에 배치된 주진군은 고려 시대의 지방군으로 국경 수비를 전담하는 상비군이다.

③ 응양군과 용호군으로 구성 → 2군
고려 시대의 중앙군은 2군 6위로, 2군은 응양군과 용호군으로 구성된 국왕의 친위 부대였다.

⑤ 국왕의 친위 부대 → 장용영
장용영은 정조 때 설치된 국왕의 친위 부대로 서울에는 내영, 수원 화성에는 외영이 배치되었다.

핵심노트 ▶ 훈련도감(1594)

- 설치 : 임진왜란 중 왜군의 조총에 대응하고 국방력을 강화하기 위해 유성룡의 건의에 따라 용병제를 토대로 설치
- 편제 : 삼수병(포수 · 사수 · 살수)으로 편성
- 성격 : 장기간 근무하며 일정 급료를 받는 장번급료병, 직업 군인의 성격(상비군)
- 폐지 : 1881년에 별기군이 창설되어 신식 군대 체제가 이루어지자 그 다음해 폐지됨

28 연행사의 활동

암기박사 조선 후기 : 청나라에 보낸 사신 ⇒ 연행사

정답 ②

정답 해설

조선 후기의 대표적인 실학자인 초정 박제가는 연행사의 일원으로 청에 다녀온 후 북학의를 저술하고 재화를 우물물에 비유하며 소비의 촉진을 통한 생산력의 증대를 주장하였다. 연행사는 조선 후기에 청나라의 도읍인 연경(燕京)에 간 사신이란 의미로, 청의 학자들과 교류하며 서양의 과학 지식과 기술을 전래하였다.

오답 해설

① 원의 수시력 도입 → 고려 : 충선왕
고려 충선왕 때 새로운 역법으로 원의 수시력이 도입되었다.

③ 이제현 : 만권당 → 고려 : 충선왕
고려 충선왕 때 이제현은 원의 만권당에서 성리학 관련 서적들을 들여와 귀국 후 성리학 전파에 이바지하였다.

④ 이암 : 농상집요 소개 → 고려 : 충정왕
고려 충정왕 때 이암이 중국 화북 지방의 농법을 집대성한 농상집요를 소개 · 보급하였다.

⑤ 변발과 호복 유행 → 고려 : 원 간섭기

고려 시대 원 간섭기에는 지배층을 중심으로 몽골풍의 변발과 호복이 유행하였다.

29 우리 지역의 역사

암기박사 제너럴 셔먼호 사건 ⇒ 평양   **정답** ①

정답 해설

대동강에 침입하여 통상을 요구하며 행패를 부리던 미국 상선 제너럴 셔먼호가 박규수와 평양 관민들에 의해 불태워졌고(1866), 이 사건을 구실로 미국이 강화도를 공격하여 신미양요가 발발하였다(1871).

오답 해설

② **암태도 소작 쟁의 : 농민운동 → (라) 목포**
암태도 소작 쟁의는 전남 신안군 암태도의 소작농민들이 전개한 농민운동으로, 지주들의 소작료 인상률 저지와 1920년대 각지의 소작운동에 큰 영향을 미쳤다.

③ **반구대 암각화 : 청동기 시대 → (마) 울산**
암각화는 바위에 새긴 그림으로, 울산 울주군의 반구대 암각화는 청동기 시대에 제작되었다.

④ **신립 : 탄금대 전투 → (다) 충주**
임진왜란 때 부산에 상륙한 왜군이 파죽지세로 쳐들어오자 도순변사 신립이 충주 탄금대에서 배수진을 치고 전투를 벌였으나 대패하였다.

⑤ **벽란도 : 고려 시대 국제 무역항 → (나) 인천**
고려 시대에는 대외 무역을 장려하여 예성강 어귀의 벽란도를 통해 송과의 국제 무역이 이루어졌으며, 일본·만양·아라비아 상인들도 내왕하였다.

핵심노트 ▶ 신미양요(1871)

원인	병인양요 직전에 미국 상선 제너럴셔먼호가 통상을 요구하다 평양 군민과 충돌하여 불타 침몰된 사건(제너럴셔먼호 사건)
경과	미국은 제너럴셔먼호 사건을 구실로 로저스 제독이 이끄는 5척의 군함으로 강화도를 공격
결과	어재연 등이 이끄는 조선의 수비대가 광성보와 갑곶(甲串) 등지에서 격퇴하고 척화비(斥和碑) 건립

30 병인양요

암기박사 병인박해 : 병인양요 발발 ⇒ 외규장각 도서 약탈   **정답** ③

정답 해설

프랑스인 주교 2명과 선교사 9명이 처형된 것은 병인박해 때의 일이다. 병인박해 때의 프랑스 신부 처형을 구실로 프랑스의 로즈 제독 함대가 강화도를 침입하여 병인양요가 발발하였고, 프랑스군은 철군 시 문화재에 불을 지르고 외규장각 도서를 약탈하였다(1866).

오답 해설

① **운요호 사건 → 강화도 조약 체결**
일본 군함 운요호가 강화해협을 불법 침입하여 조선 측의 포격을 받자(1875), 이를 빌미로 일본은 조선에 불평등 조약인 강화도 조약 체결을 강제하였다(1876).

② **오페르트 도굴사건 → 흥선 대원군 : 쇄국 정책**
독일 상인 오페르트가 통상을 거부당하자 충청남도 덕산에 있는 남연군의 묘를 도굴하다가 발각되었고, 이로 인해 흥선 대원군의 쇄국 의지는 더욱 강화되었다(1868).

④ **조·미 수호 통상 조약 체결 → 서양과 맺은 최초의 조약**
조·미 수호 통상 조약은 서양과 맺은 최초의 조약으로, 거중조정(상호 안전 보장), 치외법권, 최혜국 대우 등이 포함된 불평등 조약이다(1882).

⑤ **제너럴셔먼호 사건 → 신미양요 : 어재연 격퇴**
미국이 제너럴셔먼호 사건을 구실로 강화도를 공격하여 신미양요가 발발하자 어재연 등이 이끄는 조선의 수비대가 광성보에서 항전하였다(1871).

핵심노트 ▶ 병인양요(1866)

- 프랑스는 병인박해 때의 프랑스 신부 처형을 구실로 로즈 제독이 이끄는 7척의 군함을 파병하여 강화도 침략
- 대원군의 군은 항전 의지와 양헌수·한성근 부대의 항전으로 문수산성과 정족산성에서 프랑스 군을 격퇴
- 프랑스는 철군 시 문화재에 불을 지르고 외규장각에 보관된 유물 360여 점을 약탈, 이 중 도서 300여 권은 2011년에 반환됨

31 추사 김정희

암기박사 금석과안록 : 진흥왕 순수비 고증 ⇒ 김정희   **정답** ⑤

정답 해설

세한도는 화가가 아닌 선비가 그린 문인화의 대표작으로, 조선 후기의 학자 추사 김정희가 제주도에서 유배 생활 중에 제자 이상적이 청에서 귀한 책들을 구해다 준 것에 대한 답례로 그려준 작품이다. 김정희는 금석과안록에서 북한산비가 진흥왕 순수비임을 처음으로 고증하였다.

오답 해설

① **동국지도 : 100리 척의 축척 → 정상기**
정상기는 최초로 100리 척의 축척 개념을 사용하여 동국지도를 제작하였다.

② **의산문답 : 무한 우주론 주장 → 홍대용**
홍대용은 의산문답을 통해 지전설과 무한 우주론을 주장하며 중국 중심의 세계관을 비판하였다.

③ **천리경, 자명종, 홍이포 도입 → 정두원**
정두원은 조선 인조 때 진주사로 명나라에 갔다가 천리경, 자명종, 홍이포 등을 들여왔다. ← 명나라 때 네덜란드의 대포를 모방하여 만든 중국식 대포

④ **침구경험방 : 침구술 집대성 → 허임**
허임은 침구술을 집대성한 침구경험방을 저술하여 우리 나라 침구학 발전에 크게 기여하였다.

32 흥선 대원군의 개혁 정치

정답 ④

암기박사 호포제 실시, 사창제 실시 ⇒ 흥선 대원군

정답 해설

ㄴ. **호포제 실시** : 흥선 대원군은 군정의 문란을 개혁하고 국가 재정의 확충을 위해 양반에게도 군포를 징수하는 호포제(戶布制)를 실시하였다.

ㄹ. **사창제 실시** : 흥선 대원군은 가장 폐단이 심했던 환곡제를 사창제(社倉制)로 개혁하여 농민 부담을 경감하고 재정 수입을 확보하였다.

오답 해설

ㄱ. **속대전 편찬 : 통치 체제 정비 → 영조**
영조는 경국대전 시행 이후에 공포된 법령 중에서 시행할 만한 법령을 추려 속대전을 편찬하여 통치 체제를 정비하였다.

ㄷ. **신유박해 : 천주교 박해 → 순조**
순조 때 신유박해로 신부를 포함한 수많은 천주교도들이 처형되거나 유배되었다.

핵심노트 ▶ 흥선 대원군의 개혁 정치

- **왕권 강화 정책** : 사색 등용, 비변사 혁파, 경복궁 재건, 법치 질서 정비(대전회통, 육전조례)
- **애민 정책** : 서원 정리, 삼정의 개혁(양전 사업, 호포제, 사창제)

33 조선 후기의 미술

정답 ④

암기박사 강희안 : 고사관수도 ⇒ 조선 전기

정답 해설

고사관수도는 조선 전기의 사대부 화가 인재 강희안의 작품으로, 무념무상에 빠진 선비의 모습을 담고 있으며 세부 묘사는 생략하고 간결하고 과감한 필치로 인물의 내면세계를 표현하였다.

오답 해설

① **김홍도 : 춤추는 아이 → 조선 후기**
김홍도의 '춤추는 아이'는 악사들의 장단에 맞추어 춤을 추는 무동(舞童)의 춤사위를 익살과 해학으로 화폭에 담고 있다.

② **정선 : 금강전도 → 조선 후기**
금강전도는 조선 후기 진경산수화의 대가 겸재 정선의 작품으로, 금강내산을 부감(俯瞰) 형식의 원형구도로 그린 진경산수화이다.

③ **강세황 : 영통골 입구도 → 조선 후기**
영통골 입구도는 조선 후기의 화가 강세황이 그린 작품으로, 원근법과 명암법 등 서양화 기법을 반영하여 더욱 실감나게 표현하였다.

⑤ **김정희 : 세한도 → 조선 후기**
세한도는 조선 후기의 학자 추사 김정희가 그린 작품으로, 화가가 아닌 선비가 그린 문인화의 대표작이다.

34 조선 순조 재위 시기의 사실

정답 ⑤

암기박사 서영보 : 만기요람 ⇒ 조선 순조

정답 해설

조선 후기 순조 때 사학(邪學)에 대한 단속이 강화되어 이승훈과 정약종 등 천주교인들에 대한 신유박해가 단행되었다. 이 시기에 서영보, 심상규 등이 왕명으로 조선 후기의 군정, 재정의 내용을 정리한 만기요람을 편찬하였다.

오답 해설

① **이덕무 : 무예도보통지 → 조선 정조**
조선 정조 때 이덕무, 박제가, 백동수 등이 왕명으로 훈련 교범인 무예도보통지를 간행하였다.

② **허준 : 동의보감 → 조선 광해군**
조선 광해군 때 허준이 전통 한의학을 정리한 동의보감을 간행하여 의료 지식을 민간에 보급하였다.

③ **성현 : 악학궤범 → 조선 성종**
조선 성종 때 성현이 궁중의 음악 이론 등을 집대성한 악학궤범을 완성하였다.

④ **설순 : 삼강행실도 → 조선 세종**
조선 세종 때 설순이 모범적인 충신, 효자, 열녀를 알리기 위해 윤리서인 삼강행실도를 편찬하였다.

35 동학 농민 운동의 전개

정답 ②

암기박사 전봉준 : 고부 민란 ⇒ 동학 농민 운동

정답 해설

고부 군수 조병갑의 학정에 항거하여, 전봉준 등이 농민군을 이끌고 관아를 점령하여 동학 농민 운동을 일으켰다.

오답 해설

① **을사늑약에 반발 → 을사의병**
을사늑약이 체결되자 민종식, 최익현, 신돌석 등은 을사늑약의 폐기와 친일 내각 타도를 주장하며 을사의병을 일으켰다.

③ **인조 : 공산성으로 피란 → 이괄의 난**
인조반정을 주도한 서인은 광해군을 축출하고 정권을 장악하였으나, 이때 공신 책봉에 불만을 품은 이괄이 난을 일으켜 한양이 점령되자 인조는 도성을 떠나 공산성으로 피란하였다.

④ **유계춘 : 진주성 점령 → 임술 농민 봉기**
임술 농민 봉기는 삼정의 문란과 백낙신의 탐학이 발단이 되어 진주 지역 농민들이 몰락 양반 유계춘의 지휘 아래 진주성을 점령하며 일어났다.

⑤ **곽재우 : 홍의장군 → 임진왜란**
임진왜란 당시 최초의 의병으로 홍의장군으로 불린 곽재우가 경상도 의령에서 거병하여 진주성 혈전에서 김시민과 함께 의병장으로 활약하였다.

핵심노트 ▶ 동학 농민 운동의 전개

고부 민란 → 백산 재봉기 → 황토현 전투 → 장성 황룡촌 전투 → 청 · 일 개입 → 전주 화약 → 집강소 설치와 폐정 개혁안 → 남접과 북접의 연합 → 공주 우금치 혈전

36 신민회의 활동

암기박사 태극 서관 운영, 105인 사건 ⇒ 신민회

정답 ①

정답 해설

신흥 무관 학교는 안창호 등이 1907년 조직한 비밀결사인 신민회가 세운 독립군 양성 기관이다.

ㄱ. **태극 서관 운영** : 신민회는 민중 계몽을 위해 태극 서관을 운영하며 계몽 서적을 보급하였다.

ㄴ. **105인 사건** : 신민회는 일제가 데라우치 총독 암살 미수 사건이라고 날조한 105인 사건으로 와해되었다.

오답 해설

ㄷ. **이륭양행 : 교통국 설치 → 대한민국 임시 정부**
대한민국 임시 정부는 아일랜드계 영국인 조지 루이스 쇼가 중국 단둥에 설립한 무역선박 회사인 이륭양행에 교통국을 설치하여 국내와 비밀연락을 취하였다.

ㄹ. **입헌 군주제 수립 목표 → 헌정 연구회**
민족의 정치의식 고취와 입헌 군주제 수립을 목표로 이준, 양한묵, 윤호정 등이 헌정 연구회를 창설하였다.

핵심노트 ▶ 신민회의 활동

- **문화적·경제적 실력 양성 운동** : 자기 회사 설립(평양), 태극서관 설립(대구), 대성 학교·오산 학교·점진 학교 설립 등
- 양기탁 등이 경영하던 대한매일신보를 기관지로 활용했고, 1908년 최남선의 주도하에 〈소년〉을 기관 잡지로 창간
- **군사적 실력 양성 운동** : 이상룡·이시영이 남만주에 삼원보, 이승희·이상설이 밀산부에 한흥동을 각각 건설하여 항일 의병 운동에 이어 무장 독립 운동의 터전이 됨

37 해외 독립 운동 단체

암기박사 하와이 : 독립군 사관 양성 ⇒ 박용만 : 대조선 국민 군단

정답 ⑤

정답 해설

박용만은 하와이에 독립군 사관을 양성할 목적으로 대조선 국민 군단을 조직하고 군사 훈련을 실시하였다.

오답 해설

① **샌프란시스코 : 중앙 총회 → 대한인 국민회**
대한인 국민회는 하와이의 한인협성협회와 미국 샌프란시스코에 있던 안창호의 대한인 공립협회가 통합되어 조직된 단체로 샌프란시스코에 중앙 총회를 두었다.

② **숭무 학교 설립 → 멕시코 한인**
멕시코로 이주한 한인들이 이근영을 중심으로 멕시코 메리다 중심지에 한인 무관 양성 학교인 숭무 학교를 설립하고 독립군을 양성하였다.

③ **권업신문 발행 → 권업회**
연해주의 자치 조직인 권업회는 권업신문을 발행하여 민족 의식을 고취하였고 학교·도서관 등을 건립하였다.

④ **2·8 독립 선언서 발표 → 조선 청년 독립단**
미국 대통령 윌슨이 제창한 민족 자결주의의 영향을 받아 일본 도쿄 유학생들은 조선 청년 독립단을 중심으로 2·8 독립 선언서를 발표하였다.

38 최익현의 위적척사 운동

암기박사 을사의병 : 태인에서 거병 ⇒ 최익현

정답 ③

정답 해설

지부복궐척화의소는 강화도 조약 체결에 반대하여 위정척사 운동의 대표적 인물인 최익현이 올린 상소이다. 최익현은 을사늑약이 체결되자 태인에서 의병을 일으켰으나, 결국 체포되어 쓰시마 섬에서 유배 중 순국하였다.

오답 해설

① **독립 의군부 조직 → 임병찬**
고종의 밀지를 받아 독립 의군부를 조직한 임병찬은 조선 총독부에 국권 반환 요구서를 제출하려 하였다.

② **도쿄 의거 → 이봉창**
한인 애국단 소속의 이봉창이 도쿄에서 일왕이 탄 마차를 향해 폭탄을 던졌다.

④ **이완용 습격 → 이재명**
이재명은 명동 성당 앞에서 국권 피탈에 앞장섰던 친일파 이완용을 습격하여 중상을 입혔다.

⑤ **13도 창의군 : 서울 진공 작전 → 이인영, 허위**
정미의병이 확산되는 과정에서 총대장 이인영과 군사장 허위가 13도 창의군을 지휘하여 서울 진공 작전을 전개하였다.

39 민족 운동 지도자 이상재

암기박사 물산 장려 운동, 민립 대학 설립 운동 ⇒ 이상재

정답 ④

정답 해설

ㄴ. **물산 장려 운동** : 조만식, 이상재 등의 주도로 평양에서 조선 물산 장려회가 발족되고, '조선 사람 조선 것'이라는 구호 아래 전국적 민족 운동으로 확산되었다.

ㄹ. **민립 대학 설립 운동** : 총독부가 대학 설립 요구를 묵살하자 조선 교육회는 우리 손으로 대학을 설립하고자 조선 민립 대학 기성회를 중심으로 이상재 등이 주도하여 모금 운동을 전개하였다.

오답 해설

ㄱ. **브나로드 운동 → 동아일보사**
동아일보사에서 '배우자 가르치자 다 함께 브나로드' 구호를 내세우며 농촌 계몽 운동인 브나로드(Vnarod) 운동을 전개하였다. → 러시아어로 '민중 속으로'라는 의미

ㄷ. **국채 보상 운동 → 김광제**
정부의 외채를 국민의 힘으로 상환하여 국권을 회복하고자 대구에서 개최한 국민 대회에서 김광제 등의 발의로 국채 보상 운동이 시작되었다.

제01회

40 1920년대 사회·문화

정답 ①

암기박사 소년 운동, 카프(KAPF) 조직 ⇒ 1920년대

정답 해설

방정환이 이끈 천도교 소년회가 최초의 순수 아동 잡지인 「어린이」를 발간하여 소년 운동을 주도한 시기는 1920년대이다. 이 시기에 사회주의 사상이 지식인 사이에 퍼지면서 현실 비판 의식이 더욱 강화되자 김창술 등이 카프(KAPF)를 조직하여 식민지 현실을 고발하였다.
→ 조선 프롤레타리아 예술가 동맹

오답 해설

② 안국선 : 금수회의록 집필 → 1908년
  안국선이 동물들을 통하여 인간 사회의 모순과 비리를 풍자한 신소설인 금수회의록을 집필하였다.
③ 이인직 : 원각사 건립 → 1908년
  이인직은 우리나라 최초의 서양식 극장인 원각사를 건립하여 은세계, 치악산 등의 신극을 공연하였다.
④ 박은식 : 한국통사 저술 → 1915년
  박은식은 근대 이후 일본의 침략 과정을 서술한 한국통사를 저술하였다. → "나라는 형(形)이요, 역사는 신(神)이다."
⑤ 주시경 : 국문 연구소 설립 → 1907년
  주시경이 국문 연구소를 세워 한글을 체계적으로 연구하였으며 「국어문법」을 편찬하였다.

핵심노트 ▶ 1920년대 중반의 문학 사조

- 신경향파 문학의 대두 : 사회주의 문학, 1920년대 사회주의 사상이 지식인 사이에 퍼지면서 현실 비판 의식이 더욱 강화됨, 1925년 카프(KAPF, 조선 프롤레타리아 예술가 동맹)를 결성
- 프로 문학의 대두 : 신경향파 문학 이후 등장하여 극단적인 계급 노선을 추구
- 국민 문학 운동의 전개 : 민족주의 계열이 계급주의에 반대하고 문학을 통해 민족주의 이념을 전개 → 동반 작가라고 불림, 영상섭과 현진건 등이 대표적

41 일제의 치안 유지법 공포

정답 ③

암기박사 치안 유지법(1925) ⇒ 신간회 결성(1927)

정답 해설

치안 유지법은 일제가 제정한 사상 통제법으로, 공산주의 및 무정부주의 운동을 탄압하기 위해 제정한다고 했으나 사실상 독립 운동에 대한 전반적 탄압을 위해 만들어진 법률이었다(1925). 사회주의 세력이 정우회 선언을 발표함으로써 민족주의 계열인 조선 민흥회와 연합하여 민족 유일당인 신간회를 결성하였다(1927).

오답 해설

① 의열단 : 김상옥 → 종로 경찰서에 폭탄 투척(1923)
  의열단의 단원으로 활동한 김상옥은 종로 경찰서에 폭탄을 투척하였다.
② 박상진 → 대한 광복회 조직(1915)
  박상진은 대구에서 광복단과 조선 국권 회복단의 일부 인사를 통합하여 항일 독립 운동 단체인 대한 광복회를 조직하였다.

④ 농민운동 → 암태도 소작 쟁의(1923)
  암태도 소작 쟁의는 전남 신안군 암태도의 소작농민들이 전개한 농민운동으로, 지주들의 고액 소작료에 반발하여 소작 쟁의가 발생하였다.
⑤ 105인 사건 → 신민회 해체(1911)
  일제가 데라우치 총독 암살 미수 사건을 계기로 105인 사건을 날조하여 신민회가 해체되었다.

 핵심노트 ▶ 신간회 결성과 활동

- 결성 : 민족주의 진영과 사회주의 진영이 민족 유일당 운동의 일환으로, 조선 민흥회(비타협 민족주의 계열)와 정우회(사회주의 계열)가 연합하여 결성 (1927) → 회장 이상재·안재홍 등이 중심
- 조직 : 민족 운동계의 다수 세력이 참가하였으며, 전국에 약 140여 개소의 지회 설립, 일본과 만주에도 지회 설립이 시도됨
- 강령 : 민족의 단결, 정치, 경제적 각성 촉진, 기회주의자 배격
- 활동 : 민중 계몽 활동, 노동 쟁의·소작 쟁의·동맹 휴학 등 대중 운동 지도, 광주 학생 항일 운동 시 조사단 파견

42 대한민국 임시 정부의 활동

정답 ⑤

암기박사 태극 서관 : 계몽 서적 보급 ⇒ 신민회

정답 해설

태극 서관을 설립하여 조선 광문회에서 발간한 계몽 서적을 보급한 단체는 신민회이다. 신민회는 국권 회복과 공화정체의 국민 국가 건설을 목적으로 안창호와 양기탁이 중심이 되어 조직된 비밀 결사 단체이다.

오답 해설

① 구미 위원부 설치 → 대한민국 임시 정부
  대한민국 임시 정부는 미국에 구미 위원부를 설치하여 국제 연맹과 워싱턴 회의에 우리 민족의 독립 열망을 전달하는 외교 활동을 벌였다.
② 독립신문 간행 → 대한민국 임시 정부
  대한민국 임시 정부는 독립 의식을 고취하기 위해 기관지로 독립신문을 간행하여 배포하였다.
③ 독립 공채 발행 → 대한민국 임시 정부
  대한민국 임시 정부는 애국 공채를 발행하거나 국민의 의연금으로 독립운동에 필요한 군자금을 조달하였다.
④ 이륭양행 : 교통국 설치 → 대한민국 임시 정부
  대한민국 임시 정부는 아일랜드계 영국인 조지 루이스 쇼가 중국 단둥에 설립한 무역선박 회사인 이륭양행에 교통국을 설치하여 국내와 비밀연락을 취하였다.

핵심노트 ▶ 대한민국 임시 정부의 활동

- 군자금의 조달 : 애국 공채 발행이나 국민의 의연금으로 마련
- 외교 활동 : 파리 강화 회의에 김규식 파견, 미국에 구미 위원부 설치
- 문화 활동 : 독립신문 간행, 사료 편찬소를 두어 한·일 관계 사료집 간행
- 군사 활동 : 육군 무관 학교의 설립, 임시정부 직할대, 한국 광복군 창설

195

43 개항 이후 도입된 근대 문물

정답 ④

암기박사
- 이인직 : 은세계 공연 ⇒ 원각사
- 최초의 서양식 병원 ⇒ 광혜원
- 우리나라 최초의 전차 개통 ⇒ 한성 전기 회사

정답 해설

ㄱ. 원각사 : 이인직이 설립한 최초의 서양식 극장인 원각사에서 연극 은세계를 공연하였다.

ㄷ. 광혜원 : 미국인 선교사 알렌(Allen)의 건의로 최초의 서양식 병원인 광혜원이 설립되었다. → 후에 제중원으로 개칭

ㄹ. 한성 전기 회사 : 황실과 미국인 콜브란의 합자로 설립된 한성 전기 회사는 한국 최초의 전기 회사로, 서대문과 청량리 사이에 우리나라 최초의 전차를 개통하였다.

오답 해설

ㄴ. 아펜젤러 : 신학문 보급 → 배재 학당

배재 학당은 미국의 개신교 선교사 아펜젤러가 근대 교육을 위해 한양에 세운 학교로 신학문 보급에 기여하였다. 한편, 함경도 덕원 지방의 관민들이 설립한 최초의 근대적 사립 학교는 원산 학사이다.

44 조선 형평사 운동

정답 ③

암기박사 백정에 대한 사회적 차별 철폐 ⇒ 형평 운동

정답 해설

'공평(公平)은 사회의 근본이요, 애정(愛情)은 인류의 본량(本良)이다.'라는 내용을 표방하며 진주에서 시작된 운동은 형평 운동이다. 이 운동은 이학찬을 중심으로 한 백정들이 조선 형평사를 조직하고 백정에 대한 사회적 차별 철폐를 목표로 하였다(1923).

오답 해설

① 한·일 학생 간의 충돌 → 광주 학생 항일 운동

광주에서 발생한 한·일 학생 간의 충돌을 일본 경찰이 편파적으로 처리하여 광주 학생 항일 운동이 촉발되었다(1929).

② 조만식, 이상재 : 조선 물산 장려회 → 물산 장려 운동

조만식, 이상재 등의 주도로 평양에서 조선 물산 장려회가 발족되고, 조선 사람 조선 것이라는 구호 아래 물산 장려 운동이 전개되었다(1920).

④ 농촌 계몽 → 브나로드 운동

동아일보사에서 '배우자 가르치자 다 함께 브나로드' 구호를 내세우며 농촌 계몽 운동인 브나로드(Vnarod) 운동을 전개하였다(1931). → 러시아어로 '민중 속으로'라는 의미

⑤ 고종의 인산(因山)일 → 3·1 운동

3·1 운동은 고종의 인산(因山)을 기회로 삼아 최남선이 독립 선언서를 작성하고, 손병희·이승훈·한용운 등 민족 대표 33인의 이름으로 독립 선언서를 발표함으로써 전개되었다(1919).

핵심노트 ▶ 조선 형평사 운동(1923)
- 배경 : 백정들은 갑오개혁에 의해 법적적으로는 권리를 인정받았으나, 사회적으로는 오랜 관습 속에서 계속 차별
- 조직 : 이학찬을 중심으로 한 백정들은 진주에서 조선 형평사를 창립
- 전개 : 사회적으로 평등한 대우를 요구하는 형평 운동을 전개
- 변질 : 1930년대 중반 이후 경제적 이익 향상 운동으로 변질

45 항일 무장 투쟁

정답 ④

암기박사 어랑촌 전투(1920) ⇒ 자유시 이동(1921) ⇒ 미쓰야 협정(1925)

정답 해설

(가) 어랑촌 전투 : 김좌진의 북로 군정서군과 홍범도의 대한 독립군이 연합하여 일본군을 무찌른 청산리 대첩 중 가장 규모가 큰 전투이다(1920).

· 자유시 이동 : 봉오동·청산리 전투에서의 패배에 대한 일제의 보복으로 대한 독립 군단은 간도 참변 이후 조직을 정비하고 자유시로 이동하였다(1921).

(나) 미쓰야 협정 : 총독부 경무국장 미쓰야와 만주의 봉천성 경무처장 우징 사이에 맺어진 협정으로, 만주 지역의 한국인 독립 운동가를 체포해 일본에 인계한다는 조약이다(1925).

오답 해설

① 박상진 → 대한 광복회 결성

박상진은 대구에서 광복단과 조선 국권 회복단의 일부 인사를 통합하여 항일 독립 운동 단체인 대한 광복회를 결성하였다(1915).

② 일본 : 의병 진압 작전 → 남한 대토벌 작전

일본은 전라남도와 그 외곽 지대의 반일 의병 전쟁에 대한 초토화 작전으로 이른바 남한 대토벌 작전을 전개하였다(1909).

③ 조선 혁명군 → 영릉가 전투

양세봉의 조선 혁명군은 중국 의용군과 연합하여 영릉가 전투에서 일본군에 대승을 거두었다(1932).

⑤ 조선 민족 전선 연맹 산하 부대 → 조선 의용대

김원봉의 조선 의용대는 중국 관내(關內)에서 결성된 최초의 한인 무장 부대인데, 조선 민족 전선 연맹 산하 부대로 한커우에서 창설되었다(1938).

46 이승만의 정읍 발언

정답 ③

암기박사 미·소 공동위원회 개최 ⇒ 이승만의 정읍 발언 ⇒ 좌·우 합작 7원칙 발표

정답 해설

제1차 미·소 공동 위원회가 개최(1946. 3)되었으나 결렬되고, 남한만의 단독 정부 수립을 주장한 이승만의 정읍 발언이 있었다(1946. 6). 이에 분단을 우려한 여운형·김규식 등의 중도파가 중심이 되어 좌우 합작 위원회를 구성하고 우익 측을 대표한 김규식과 좌익 측을 대표한 여운형이 양측의 주장을 절충하여 좌·우 합작 7원칙을 발표하였다(1946. 10).

47 YH 무역 사건

정답 ②

암기박사 YH 무역 사건 ⇒ 김영삼 : 국회의원직 제명

정답 해설

신민당 당사에서 폐업에 항의하는 YH 무역 사건이 일어나자 박정희 정부가 야당 총재인 김영삼을 국회의원직에서 제명하여 부산과 마산에서 부마 민주 항쟁이 촉발되었다(1979).

오답 해설

① 신군부의 비상계엄 확대 → 5·18 민주화 운동
   전두환·노태우 등의 신군부 세력이 쿠데타를 일으켜 권력을 장악하고 비상계엄을 전국으로 확대하자 이에 저항하여 5·18 민주화 운동이 전개되었다.
③ 호헌 철폐, 독재 타도 → 6월 민주항쟁
   국민들의 대통령 직선제 요구를 거부하는 전두환 정부의 4·13 호헌 조치 발표로 호헌 철폐와 독재 타도 등의 구호를 내세운 6월 민주 항쟁이 촉발되었다.
④ 경무대 총격 → 4·19 혁명
   3·15 부정 선거로 4·19 혁명이 촉발되자 이승만 대통령의 하야를 요구하며 경무대로 향하던 시위대가 경찰의 총격을 받았다.
⑤ 박종철 고문 치사 진상 규명 → 6월 민주 항쟁
   6월 민주 항쟁의 시위대는 치안본부 대공 분실에서 숨진 박종철 고문 치사 사건의 진상 규명을 요구하였다.

48 박정희 정부의 경제 상황

정답 ①

암기박사 포항 제철소 1기 설비 준공 ⇒ 박정희 정부

정답 해설

북한 무장 공비가 청와대 습격을 시도한 1·21 사태가 벌어진 것은 박정희 정부 때의 일이다. 박정희 정부 때에는 장기적인 철강 공업 육성 계획에 따라 포항 제철소 1기 설비가 준공되었다(1973).

오답 해설

② 미국과 자유 무역 협정(FTA) 체결 → 노무현 정부 *발효는 이명박 정부 때부터 임*
   노무현 정부 때에 한·미 자유 무역 협정(FTA)이 체결되어 미국과의 무역 장벽을 허무는 계기가 되었다.
③ 3저 호황, 수출 증가 → 전두환 정부
   전두환 정부 때에 유가 하락, 달러 가치 하락, 금리 하락의 3저 호황으로 물가가 안정되고 수출이 증가하였다.
④ 금융 실명제 → 김영삼 정부
   김영삼 정부 때에 금융 거래의 투명성을 확보하고자 대통령의 긴급 명령으로 금융 실명제가 실시되었다.
⑤ 노사정 위원회 구성 → 김대중 정부
   김대중 정부 때에 대통령 직속 자문 기구로 노사정 위원회가 구성되어 고용 안정, 노사 협력, 경제 위기 극복 등의 현안을 논의하였다.

49 4·19 혁명

정답 ③

암기박사 3·15 부정 선거 ⇒ 4·19 혁명 : 이승만 대통령 하야

정답 해설

자유당 정권의 3·15 부정선거 규탄 시위에 대한 유혈 진압에 항거하여 4·19 혁명이 발발하였으며 그 결과 이승만 대통령이 하야하였다(1960).

오답 해설

① 4·13 호헌 조치 → 6월 민주 항쟁
   박종철 고문치사와 전두환 정부의 4·13 호헌 조치 발표로 호헌 철폐와 독재 타도 등을 외치며 6월 민주 항쟁이 촉발되었다(1987).
② 신군부: 5·17 비상계엄 확대 → 5·18 민주화 운동
   신군부의 5·17 비상계엄 확대에 맞서 민주화를 열망하는 국민의 요구는 5·18 민주화 운동으로 이어졌는데, 계엄군의 무자비한 진압으로 많은 시민과 학생들이 희생되었다(1980).
④ 한·일 회담: 굴욕적인 대일 외교 → 6·3 시위
   박정희 정부의 한·일 회담 진행 과정에서 굴욕적 대일 외교 반대를 주장하는 6·3 시위가 일어났다(1964).
⑤ 긴급 조치 철폐 → 3·1 민주 구국 선언
   박정희 정부의 유신 체제에 항거하여 긴급 조치 철폐 등을 주장하며 재야 정치인들과 가톨릭 신부, 개신교 목사, 대학 교수 등이 3·1 민주 구국 선언문을 발표하였다(1976).

핵심노트 ▶ 4·19 혁명의 전개(1960)

- 3월 15일: 선거 당일 부정 선거를 규탄하는 마산의거에서 경찰의 발포로 많은 사상자 발생 → *3.15 마산의거*
- 4월 11일: 마산의거에서 행방불명되었던 김주열 학생의 시신 발견
- 4월 18일: 고려대 학생들의 총궐기 시위 직후 정치 깡패들이 기습·폭행하여 수십 명의 사상자 발생 → *4.19 고대생 습격 사건*
- 4월 19일: 부정 선거와 강경 진압으로 인한 사상자 속출 등의 진상이 밝혀지면서 국민의 분노가 극에 달해 학생·시민들의 대규모 시위 발발 → *4.19 혁명*
- 4월 22일: 재야인사들의 이승만 대통령 퇴진 요구
- 4월 25일: 서울 시내 27개 대학 259명의 대학 교수들의 시국 선언문 발표 → *4.25 대학 교수단 선언*
- 4월 26일: 라디오 연설을 통한 이승만 대통령의 하야 발표, 자유당 정권 붕괴

50 우리나라의 연호(年號)

정답 ⑤

암기박사 연호 : 광무 ⇒ 고종 / 연호 : 융희 ⇒ 순종

정답 해설

융희는 대한제국의 마지막 황제인 순종이 사용한 연호로, 인산일을 기회로 삼아 6·10 만세 운동이 전개되었다. 한편, 3·1 만세 운동이 전개된 것은 순종의 아버지인 고종 때이며, 연호는 광무이다.

오답 해설

① **연호 : 영락 → 고구려 광개토 대왕**
고구려 광개토 대왕은 서쪽으로 선비족의 후연을 격파하여 요동 지역을 확보하였으며, 백제의 위례성을 공격하여 임진강·한강 선까지 진출하였다.

② **연호 : 건원 → 신라 법흥왕**
신라 법흥왕은 병부와 상대등을 설치하여 관등을 정비하고 율령 반포와 공복을 제정하여 통치 질서를 확립하였다.

③ **연호 : 인안 → 발해 무왕**
고왕(대조영)에 이어 왕위에 오른 발해 무왕(대무예)은 동생 대문예를 보내 흑수말갈을 정벌하였다.

④ **연호 : 광덕, 준풍 → 고려 광종**
고려 광종은 인재를 등용하기 위해 후주인 쌍기의 건의를 수용하여 과거제를 도입하였다.

제02회 심화대비 기출분석 예상문제 정답 및 해설

01 청동기 시대의 유물

정답 ①

암기박사 비파형 동검 : 무기 ⇒ 청동기 유물

정답 해설

(가) 시대는 청동기 시대로 지배층의 무덤인 고인돌을 통해 당시 지배 계층의 권력을 확인할 수 있다. 청동기 시대에 제작된 유물로는 무기로 사용된 비파형 동검이 있다.

오답 해설

② 낚싯바늘 : 어로 활동 → 신석기 유물
  신석기 시대에 제작된 낚싯바늘로 어로 활동에 사용되었다.
③ 슴베찌르개 : 사냥 도구 → 구석기 유물
  구석기 시대에 제작된 슴베찌르개로 끝이 뾰족하여 찌르거나 가르는 데 사용되던 사냥도구이다.
④ 빗살무늬 토기 : 식량 저장 → 신석기 유물
  신석기 시대의 빗살무늬 토기로 식량을 저장하는 데에 사용하였다.
⑤ 주먹도끼 : 뗀석기 → 구석기 유물
  구석기 시대에는 주먹에 쥐고 사용하는 도끼 형식의 뗀석기인 주먹도끼를 만들어 사용하였다.

핵심노트 ▶ 청동기 시대의 특징

- 우리나라의 경우 중국이 아닌 시베리아 등 북방 계통의 청동기가 전래
- 청동기 전래와 더불어 이전 시대의 석기(간석기)도 더욱 발달
- 벼농사가 시작되고 농업 생산력이 증가하는 등 생산 경제가 이전보다 발달
- 토지와 축적된 잉여 생산물을 두고 갈등이 생겨나면서 사유 재산 개념과 빈부의 차가 발생하고 계급·계층이 분화
- 정치권력과 경제력을 가진 지배자(군장)의 등장 → 불평등 사회의 도래

02 부여의 정치

정답 ③

암기박사 가(加) : 사출도(四出道) 주관 ⇒ 부여

정답 해설

부여 사람들은 금과 은으로 만든 장신구로 치장하는 것을 즐겼으며, 12월에는 영고(迎鼓)라는 제천 행사를 열어 하늘에 제사를 지냈다. 또한 여러 가(加)들이 별도로 사출도(四出道)를 주관하였으며, 왕이 직접 통치하는 중앙과 합쳐 5부를 구성하였다. → 마가(馬加)·우가(牛加)·저가(猪加)·구가(狗加)

오답 해설

① 군장 : 읍군, 삼로 → 옥저와 동예
  옥저와 동예에는 왕이 없고 각 읍락에는 읍군(邑君)·삼로(三老)라는 군장이 있어서 자기 부족을 통치하였다.
② 민며느리제 : 혼인 풍속 → 옥저
  민며느리제는 장래에 혼인할 것을 약속한 여자가 어렸을 때 남자의 집에 가서 지내다가 성장한 후에 남자가 예물을 치르고 혼인을 하는 옥저의 혼인 풍속이다.
④ 단궁, 과하마, 반어피 : 특산물 → 동예
  동예는 토지가 비옥하고 해산물이 풍부하여 농경·어로 등 경제 생활이 윤택하였으며, 단궁, 과하마, 반어피 등이 대표적인 특산물이다.

⑤ 사자, 조의, 선인 : 관리 → 고구려
  고구려는 왕 아래 대가(大加)들이 존재하였으며, 각기 사자·조의·선인 등의 관리를 거느리고 자치권을 유지하였다. → 상가, 대로, 패자, 고추가 등

핵심노트 ▶ 부여의 정치

- 왕 아래에 가축의 이름을 딴 마가(馬加)·우가(牛加)·저가(猪加)·구가(狗加)와 대사자·사자 등의 관리를 둠
- 4가(加)는 각기 행정 구획인 사출도(四出道)를 다스리고 있어서, 왕이 직접 통치하는 중앙과 합쳐 5부를 구성 → 5부족 연맹체
- 가(加)들은 왕을 제가 회의에서 추대하기도 하였고, 수해나 한해를 입어 오곡이 잘 익지 않으면 책임을 물어 왕을 교체 → 초기에는 왕권이 약하여 문책되어 사형당하기도 함
- 왕이 나온 대표 부족의 세력은 매우 강해서, 궁궐·성책·감옥·창고 등의 시설을 갖추고 부족장들이 통제

03 백제의 경제 상황

정답 ⑤

암기박사 좌관대식기 : 행정 문서 ⇒ 백제

정답 해설

부여의 능산리 절터에서 발견된 금동대향로는 백제의 문화유산으로, 불교와 도교 요소가 복합적으로 표현된 걸작이다. 백제는 곡물을 대여하고 이자를 받은 내용을 목간의 형태인 좌관대식기에 기록하였다. → 행정 문서

오답 해설

① 동시전 : 시장 감독 → 신라
  신라 지증왕 때 시장을 감독하는 관청인 동시전이 수도 경주에 설치되었다.
② 부경 : 창고 → 고구려
  고구려의 대가들과 지배층인 형(兄)은 농사를 짓지 않는 좌식 계층으로, 집집마다 부경이라는 창고가 있었다.
③ 건원중보 주조 → 고려
  고려 성종 때 우리나라 최초의 금속 화폐인 건원중보가 주조되었다.
④ 솔빈부의 특산물 : 말 → 발해
  솔빈부는 발해의 지방 행정 구역인 15부 중의 하나로, 그 지역의 특산물인 말이 주요 수출품으로 유명하였다.

04 발해의 문화유산

정답 ①

암기박사 돌사자상 ⇒ 발해 문화유산

정답 해설

왕자 대봉예는 남북국시대 때 하정사로 당나라에 방문했다가 신라 사신과 발해 사신의 자리다툼인 쟁장사건에 연루된 발해의 왕족이다. 발해의 문화유산인 돌사자상은 정혜공주 무덤에서 출토된 두 개의 화강암 사자상이 대표적인데, 당나라의 돌사자상보다 크기가 작지만 강한 힘을 표현한 조각 수법이 돋보인다.

오답 해설

② **금동 연가 7년명 여래 입상 → 고구려 문화유산**
   두꺼운 의상과 긴 얼굴 모습에서 북조 양식을 따르고 있으나, 강인한 인상과 은은한 미소에는 고구려의 독창성이 보인다.

③ **무령왕 금제관식 → 백제 문화유산**
   무령왕릉에서 출토된 금제관식은 백제의 문화유산으로, 불꽃이 타오르는 것 같은 형태로 만들어진 금관 장신구이다.

④ **철제 판갑옷 → 가야 문화유산**
   철제 판갑옷은 대표적인 가야의 문화유산으로, 당시 가야가 철의 나라라고 할 정도로 철이 많이 생산되었음을 알 수 있다.

⑤ **광개토 대왕명 호우 → 신라 문화유산**
   일명 호우명 그릇이라 불리는 광개토 대왕명 호우는 경주 호우총에서 발견되었는데, 그릇 밑바닥에 신라가 광개토대왕을 기리는 내용의 "을묘년국강상광개토지호태왕(乙卯年國岡上廣開土地好太王)"이라는 글씨가 새겨져 있어 당시에 신라와 고구려의 관계를 유추해볼 수 있다.

05 신라 진흥왕의 업적

정답 ③

암기박사 북한산비 ⇒ 진흥왕 순수비

정답 해설

북한산비는 신라 진흥왕이 백제가 점유하던 한강 하류 지역을 차지하고 세운 비로, 조선 후기 추사(秋史) 김정희가 고증하기 전까지 무학대사왕심비로 불렸다. 진흥왕은 고령의 대가야를 정복하는 등 낙동강 유역을 확보하고 창녕비를 세웠다.

오답 해설

① **원광 : 걸사표 → 신라 진평왕**
   신라 진평왕은 고구려가 신라 변경을 침범했을 때 원광에게 수나라에 군사적 도움을 청하는 걸사표(乞師表)를 짓게 하였다.

② **국학 설립 → 통일 신라 신문왕**
   통일 신라의 신문왕은 유학 교육을 위하여 국학(國學)을 설립하고 유교 이념을 확립하였다.

④ **집사부 설치 : 수상은 중시 → 신라 진덕 여왕**
   신라의 진덕 여왕은 행정 실무를 담당하는 집사부를 설치하고, 그 수상인 중시에게 기밀 사무를 처리하도록 하였다.

⑤ **외사정 설치 : 지방관 감찰 → 통일 신라 문무왕**
   문무왕은 당을 축출하여 통일을 완수한 후 지방관을 감찰하기 위해 처음으로 외사정을 설치하였다.

핵심노트 ▶ 신라 진흥왕의 업적

- 남한강 상류 지역인 단양 적성 점령 → 단양 적성비(551)
- 백제가 점유하던 한강 하류 지역 차지 → 북한산비(561)
- 고령의 대가야를 정복하고 낙동강 유역을 확보 → 창녕비(561)
- 원산만과 함흥평야 등을 점령하여 함경남도 진출 → 황초령비·마운령비(568)
- 화랑도를 공인, 거칠부로 하여금 〈국사(國史)〉 편찬 → 전하지 않음
- 황룡사·흥륜사를 건립하여 불교 부흥, 불교 교단을 정비하여 주통·승통·군통제 시행
- 최고 정무기관으로 품주(稟主) 설치

06 의상의 활동

정답 ⑤

암기박사 화엄종 : 아미타 신앙 + 관음 신앙 ⇒ 의상

정답 해설

의상은 해동 화엄의 시조로서 부석사를 창건하고 화엄일승법계도를 저술하여 화엄종을 설파하였다. 아미타 신앙과 함께 현세의 고난에서 구제받고자 하는 관음 신앙을 강조하였다.

오답 해설

① **황룡사 구층 목탑 : 건립 건의 → 자장**
   신라 선덕여왕 때 자장의 건의로 황룡사 구층 목탑이 경주에 건립되었으나 몽골의 침입으로 소실되었다.

② **무애가 : 불교 대중화 → 원효** → 모든 논쟁을 화합으로 바꾸려는 불교 사상
   원효는 일심과 화쟁 사상을 중심으로 몸소 아미타 신앙을 전개하고 무애가를 지어 불교 대중화에 노력하였다.

③ **보현십원가 : 불교 교리 전파 → 균여**
   보현십원가는 고려 광종 때 균여대사가 지은 11수의 향가로, 불교의 교리를 전파하기 위해 지은 것이다.

④ **왕오천축국전 : 인도와 중앙아시아 기행 → 혜초**
   왕오천축국전은 혜초가 인도와 중앙아시아의 풍물을 기록한 기행문으로 현재 프랑스 국립 도서관에 소장되어 있다.
   → 프랑스 학자 펠리오(Pelliot)가 간쑤성 동황의 석굴에서 발견

핵심노트 ▶ 의상(625~702)

- 당에 유학하여 중국 화엄종의 제2조인 지엄의 문하에서 화엄종을 연구
- 화엄일승법계도를 저술 → 해동 화엄의 시조로서, 고려 균여에게 영향을 미침
- 화엄의 근본 도량이 된 부석사를 창건하고, 화엄 사상을 바탕으로 교단을 형성
- 모든 사상을 보다 높은 차원에서 하나로 조화시키는 원융 사상을 설파하여 통일 후 갈등 해소와 왕권 전제화에 공헌
- 아미타 신앙과 함께 현세에서 고난을 구제받고자 하는 관음 신앙을 설파

07 석탑의 제작 시기

정답 ④

암기박사 분황사 모전 석탑(신라 상대) ⇒ 불국사 다보탑(신라 중대) ⇒ 쌍봉사 철감선사탑(신라 하대)

정답 해설

(다) 경주 : 분황사 모전 석탑 → 신라 상대
   경북 경주의 분황사에 있는 모전 석탑은 석재를 벽돌 모양으로 만들어 쌓은 탑으로, 현존하는 신라 석탑 중 가장 오래된 석탑이다.

(가) 경주 : 불국사 다보탑 → 신라 중대
   경북 경주의 불국사에 있는 다보탑은 신라 경덕왕 때 김대성이 건립한 석탑으로 다보여래의 사리를 모셔 두고 있다. 한국의 석탑 중 일반형을 따르지 않고 특이한 형태를 가진 걸작이다.

(나) 화순 : 쌍봉사 철감선사탑 → 신라 하대
   전라남도 화순군의 쌍봉사에 있는 통일 신라의 승탑으로, 철감선사 도윤의 사리가 봉인되어 있다. 8각 원당형에 속하는 통일 신라 시대의 부도 중에서 조식이 화려한 걸작품으로 신라 하대 선종의 유행과 깊은 관련이 있다.

제02회

08 통일 신라의 지방 통치 제도

정답 ④

암기박사 외사정 : 지방관 감찰 ⇒ 통일 신라

정답 해설

제시된 지도의 지방 행정 구역은 통일 신라의 9주 5소경이다. 통일 신라는 통일 전 5주 2소경을 9주 5소경 체제로 정비하여 중앙 집권 및 지방 통치력을 강화하였으며, 주·군에 감찰 기관인 외사정(감찰관)을 파견하여 지방관을 감찰하였다.

오답 해설

① 경재소 : 유향소 통제 → 조선
조선 시대의 경재소(京在所)는 현직 관료로 하여금 연고지의 유향소를 통제하게 하는 제도로, 중앙과 지방 간의 연락 업무를 담당하였다.

② 22담로 : 지방 행정 구역 → 백제
백제 무령왕은 지방 통제를 강화하기 위해 지방의 주요 지점에 22담로를 설치하고 왕자·왕족을 파견하였다.

③ 12목 설치, 지방관 파견 → 고려
고려 성종은 시무 28조에 따라 전국의 주요 지역에 12목을 설치하고 지방관(목사)을 파견하였다.

⑤ 관찰사 : 수령 감독 → 조선
조선 시대에는 전국을 8도로 나누고 각 도에 관찰사(종2품, 외직의 장)를 보내어 관할 고을의 수령을 감독하였다.

핵심노트 ▶ 통일 신라의 지방 통치 체제

- 통일 전 5주 2소경을 9주 5소경 체제로 정비 → 중앙 집권 및 지방 통제력 강화
- 말단 행정 단위인 촌은 토착 세력인 촌주가 지방관의 통제를 받으며 다스림
- 향·부곡의 특수 행정 구역 존재 → 향과 부곡민은 농업에 종사하는 하층 양인
- 지방관의 감찰을 위하여 주·군에 감찰 기관인 외사정(감찰관)을 파견
- 지방 세력을 견제하기 위하여 상수리 제도를 실시

09 고려 시대의 경제 상황

정답 ④

암기박사 경시서 : 시전 감독 ⇒ 고려 시대

정답 해설

지도와 같이 13곳의 조창에 조세를 모았다가 개경의 경창 등으로 조운하였던 시기는 고려 시대이다. 이 시기에 경시서의 관리들이 물가를 조절하고 상품 종류를 통제하여 수도의 시전을 감독하였다.

오답 해설

① 만상 : 책문 후시 → 조선 후기
조선 후기에는 의주의 만상이 책문 후시를 통해 대청 무역을 주도하며 활발히 교역하였다.

② 송상 : 송방 설치 → 조선 후기
조선 후기에는 개성의 송상이 전국 각지에 송방이라는 지점을 설치하고 청과 일본 사이의 중계 무역으로 부를 축적하였다.

③ 구황 작물 : 감자, 고구마 재배 → 조선 후기
조선 후기에는 청에서 들여 온 감자와 일본에서 들여 온 고구마 등의 구황 작물이 널리 재배되었다.

⑤ 덕대 : 광산 경영 → 조선 후기
조선 후기에는 상인 물주에게 자본을 조달받고 채굴업자와 채굴 노동자 등을 고용하여 광산을 전문적으로 경영하는 덕대가 나타났다.

핵심노트 ▶ 고려 시대의 상업 활동

- 상업 활동의 성격 : 주로 도시를 중심으로 하여 물물 교환의 형태로 이루어졌으며, 촌락의 상업 활동은 부진
- 시전 설치 : 개경에 시전(관허 상설 상점)을 설치, 경시서에서 관리·감독
- 관영 상점 : 개경·서경·동경 등의 대도시에 주로 설치, 주점·다점·서적점
- 비정기적 시장 : 대도시에 형성되어 도시 거주민의 일용품을 매매
- 경시서 설치 : 매점매석과 같은 상행위를 감독
- 상평창 설치 : 개경과 서경, 12목에 설치된 물가 조절 기관

10 발해 무왕의 업적

정답 ③

암기박사 장문휴 : 당의 등주 공격 ⇒ 발해 무왕(대무예)

정답 해설

고왕(대조영)에 이어 왕위에 오른 무왕(대무예)은 인안(仁安)이라는 독자적인 연호를 사용하였고, 부자 상속제로 왕권을 강화하였다. 동생 대문예를 보내 흑수말갈 정벌을 추진하였고, 장문휴의 수군으로 산둥 지방(등주)을 공격하여 당과 대립하였다.

오답 해설

① 중앙 관제 : 3성 6부 → 발해 문왕(대흠무)
발해 문왕(대흠무)은 대흥(大興)이라는 독자적인 연호를 사용하였으며, 당과 친선 관계를 맺고 당의 관제를 모방하여 3성 6부의 중앙 관제를 정비하였다.

② 백제 한성 공격 : 개로왕 전사 → 고구려 장수왕
고구려 장수왕은 수도를 국내성에서 평양성으로 천도한 뒤 남하 정책을 통해 백제의 수도 한성을 공격하고 개로왕을 전사시켰다.

④ 지방 행정 제도 : 5경 15부 62주 → 발해 선왕(대인수)
발해 선왕(대인수)은 중흥기를 이루어 해동성국이라 불렸고, 5경 15부 62주의 지방 행정 제도를 확립하였다.

⑤ 발해 건국 → 발해 고왕(대조영)
발해는 고구려 출신 대조영이 고구려 유민과 말갈 집단들을 규합하여 지린성의 동모산 기슭에서 건국하였다.

핵심노트 ▶ 발해 무왕(대무예, 719~737)

- 연호를 인안(仁安)으로 하고, 부자 상속제로 왕권 강화
- 동북방의 여러 세력을 복속하고 북만주 일대를 장악하여 동북아 세력의 균형 유지
- 일본과 외교 관계를 맺어 신라를 견제하고, 돌궐과 연결하여 당을 견제
- 동생 대문예로 하여금 흑수부 말갈 지역을 통합하여 영토 확장, 당이 이 지역과 직접 교류를 시도
- 무왕은 장문휴의 수군으로 산둥 지방(등주)을 공격하고 요서 지역에서 당과 격돌
- 당은 신라로 하여금 발해를 공격하게 하고, 이후 대동강 이남 지역을 신라의 통치 지역으로 인정

11 통일 신라의 민정 문서

정답 ③

암기박사 성덕왕 : 정전 지급(722) ⇒ 경덕왕 : 민정 문서(755) ⇒ 원성왕 : 독서삼품과(788)

정답 해설

민정 문서(신라장적)는 경덕왕 14년(755)부터 매년 자연촌을 단위로 변동사항을 조사하던 촌락에 대한 기록 문서로, 농민에 대한 요역(徭役)과 세원(稅源)의 확보 및 기준을 마련할 목적으로 제작되었다.

핵심노트 ▶ 민정문서(신라장적)

- **발견 시기 및 장소** : 1933년 일본 나라현 동대사(東大寺) 정창원(正倉院)에서 발견
- **조사 및 작성** : 경덕왕 14년(755)부터 매년 자연촌을 단위로 변동 사항을 조사, 촌주가 3년마다 다시 작성
- **작성 목적** : 농민에 대한 요역(徭役)과 세원(稅源)의 확보 및 기준 마련 → 노동력 자원의 파악 관리
- **대상지역** : 서원경(西原京, 청주) 일대의 4개 촌락
- **촌락의 구성 및 성격** : 10호 정도의 혈연집단으로 구성된 자연촌을 기준으로 편성되었으며, 3~4개의 자연촌이 하나의 지역촌을 형성 → 촌주가 관장하는 행정촌
- **조사 내용** : 촌락의 토지 면적 및 종류, 인구 수, 호구, 가축(소 · 말), 토산물, 유실수(뽕 · 잣 · 대추) 등을 파악 기록
- **의의** : 자원과 노동력을 철저히 편제하여 조세수취와 노동력 징발의 기준을 정하기 위한 것으로, 율령 정치(律令政治)의 발달을 엿볼 수 있음

12 후백제의 견훤

정답 ③

암기박사 후당, 오월에 사신 파견 ⇒ 후백제 : 견훤

정답 해설

제시된 사료는 상주 지방의 호족인 견훤이 완산주(전주)에서 후백제를 건국하는 내용과 나주를 통해 고려 왕건에게 투항하는 내용이다. 후백제는 중국의 후당(後唐)과 오월(吳越)에 사신을 파견하였고, 거란과도 외교 관계를 형성하였다.

오답 해설

① **경주의 사심관 → 통일 신라 : 경순왕**
고려 태조는 왕권 유지를 위한 호족 세력의 포섭책으로 사심관 제도를 시행하였는데, 신라의 마지막 왕인 경순왕 김부를 경주의 사심관에 임명한 것이 시초였다.

② **양길(梁吉)의 휘하 → 후고구려 : 궁예**
신라 왕족 출신의 궁예가 양길(梁吉)의 휘하에서 세력을 키운 후 송악(개성)에서 후고구려를 건국하였다.

④ **일리천 전투 → 후백제 : 신검**
신검의 후백제군이 일리천 전투에서 왕건의 고려군에게 패배하여 후백제는 멸망하였다. → 견훤의 장남

⑤ **정계와 계백료서 → 고려 : 태조**
고려 태조는 정계(政戒)와 계백료서(誡百僚書)를 지어 임금에 대한 신하의 도리와 관리가 지켜야 할 규범을 제시하였다.

핵심노트 ▶ 견훤의 후백제

- **건국** : 전라도 지방의 군사력과 호족 세력을 중심으로 완산주(전주)에서 견훤이 건국
- **영토 확장** : 차령 이남의 충청도와 전라도 지역을 차지하여 우수한 경제력과 군사적 우위를 확보
- **외교 관계** : 중국 오월(吳越) · 후당(後唐)과 통교하였고, 거란과 외교 관계를 추구하였으며, 일본과 교류하였으나 일본의 소극적 태도로 큰 진전을 이루지 못함
- **한계** : 확실한 세력 기반이 없었고 신라의 군사 조직을 흡수하지 못하였으며, 당시의 상황 변화에 적응하지 못함

13 고려 태조의 정책

정답 ②

암기박사 흑창 설치, 서경 중시 ⇒ 고려 태조

정답 해설

후삼국을 통일한 고려 태조(왕건)는 취민유도 정책으로 조세를 경감하여 세율을 10분의 1로 인하하였고, 민생 안정을 위해 흑창(黑倉)을 설치하였다. 또한 서경(지금의 평양)을 중시하여 북진 정책의 전진 기지로 삼았다.

오답 해설

① **12목 설치 : 지방관 파견 → 고려 성종**
고려 성종은 최승로의 시무 28조에 따라 전국에 12목을 처음으로 설치하고 지방관을 파견하였다.

③ **신돈 : 전민변정도감 설치 → 고려 공민왕**
고려 공민왕은 신돈을 등용하여 전민변정도감을 설치하고 권문세족에게 빼앗긴 토지와 노비를 본래의 소유주에게 돌려주거나 양민으로 해방시킴으로써 권문세족을 견제하였다.

④ **주전도감 : 해동통보 발행 → 고려 숙종**
고려 숙종은 화폐 유통의 촉진을 도모하기 위해 주전도감을 설치하고 해동통보를 발행하였으나 널리 사용되지는 못하였다.

⑤ **연호 : 광덕, 준풍 → 고려 광종**
고려 광종은 국왕을 황제라 칭하고 광덕 · 준풍 등의 독자적 연호를 사용하였으며 개경을 황도라 하였다.

핵심노트 ▶ 고려 태조의 정책

- **민족 융합 정책** : 호족 세력의 포섭 · 통합, 통혼 정책(정략적 결혼), 사성(賜姓) 정책(성씨의 하사), 사심관 제도와 기인 제도, 역분전 지급, 본관제, 〈정계(政戒)〉와 〈계백료서(誡百僚書)〉, 훈요 10조
- **민생 안정책** : 취민유도, 조세 경감, 흑창(黑倉), 노비 해방, 민심의 수습
- **숭불 정책** : 불교 중시, 연등회 · 팔관회, 사찰의 건립(법왕사, 왕수사, 흥국사, 개태사 등), 승록사(僧錄司) 설치
- **북진 정책** : 고구려 계승 및 발해 유민 포용, 서경 중시, 거란에 대한 강경 외교(국교 단절, 만부교 사건), 여진족 축출

14 무신 집권기 주요 기구

정답 ④

암기박사 (가) 최고 권력 기구 ⇒ 교정도감
(나) 인사 행정 담당 기구 ⇒ 정방
(다) 문신들의 숙위(宿衛) 기구 ⇒ 서방

정답 해설

(가) **교정도감** : 인재 천거, 조세 징수, 감찰, 재판 등 최고 집정부 역할을 하는 교정도감은 최씨 무신 정권에서 국정을 총괄한 최고 권력 기구이다.

제02회

(나) **정방**(政房) : 최우는 자신의 집에 정방을 설치하였는데, 이는 교정도감에서 인사 행정 기능을 분리한 것으로 문무 관직에 대한 인사권을 장악하였다.

(다) **서방**(書房) : 국정 자문을 위한 문신들의 숙위(宿衛) 기구로, 문학적 소양과 행정 실무 능력을 갖춘 문신들을 등용하여 정치 고문의 역할을 수행하게 하였다.
→ 궁궐 경비를 위해 궁궐 내에서 숙직하는 일

15 거란의 침입

정답 ⑤

암기박사 광군 창설 ⇒ 서희의 외교 담판(1차 침입) ⇒ 양규의 흥화진 전투(2차 침입) ⇒ 강감찬의 귀주대첩(3차 침입)

정답 해설

(라) **광군 창설**(정종, 947) : 고려 정종은 거란의 침입에 대비하기 위하여 상비군인 광군을 창설하고 청천강에 배치하였다.

(가) **서희의 외교 담판**(성종, 993) : 거란의 1차 침입 때 서희가 거란의 소손녕과 외교 담판을 벌여 강동 6주를 확보하였다.

(다) **양규의 흥화진 전투**(현종, 1010) : 강조의 정변을 구실로 강동 6주를 넘겨줄 것을 요구하며 거란이 2차 침입을 시도하자 양규가 흥화진 전투에서 항전하였다.

(나) **강감찬의 귀주대첩**(현종, 1019) : 강동 6주의 반환을 요구하며 3차 침략한 소배압의 10만 대군에 맞서 고려의 강감찬은 귀주에서 거란군을 격퇴하였다.

핵심노트 ▶ 거란의 침입

구분	원인	결과
1차 침입 (성종 993)	송과의 단절 요구, 정안국의 존재	서희의 외교 담판 → 강동 6주 획득
2차 침입 (현종 1010)	강조의 정변	양규의 흥화진 전투
3차 침입 (현종 1018)	현종의 입조 및 강동 6주 반환 거부	강감찬의 흥화진 전투 & 귀주대첩

16 공민왕의 업적

정답 ①

암기박사 개혁 정치 : 정방 혁파 ⇒ 고려 공민왕

정답 해설

원·명 교체기에 적극적인 개혁을 추진한 왕은 공민왕으로, 원의 연호를 폐지하고 내정을 간섭하던 정동행성 이문소를 폐지하였다. 또한 기철을 비롯한 친원 세력을 숙청하고 인사권을 장악하기 위하여 정방을 혁파함으로써 신진 사대부를 적극 등용하였다.

오답 해설

② 삼별초 조직 → 최우

좌·우별초와 신의군으로 조직된 삼별초는 고려 최씨 무신 정권 때의 특수 군대로, 최우의 집권시 설치하여 몽골의 침입 때 항쟁하였다.

③ 진포 대첩 : 왜구 격퇴 → 고려 우왕

고려 우왕 때 나세, 심덕부 등은 최무선이 만든 화약과 화포를 실전에서 처음으로 사용하여 진포에서 왜구를 격퇴하였다.

④ 서희의 담판 : 강동 6주 획득 → 고려 성종

고려 성종 때 거란이 침입하자 고려는 청천강에서 거란의 침략을 저지하는 한편, 서희가 거란의 소손녕과 협상하여 강동 6주를 획득하였다.

⑤ 12목 설치 : 지방관 파견 → 고려 성종

고려 성종은 최승로의 시무 28조에 따라 전국에 12목을 처음으로 설치하고 지방관을 파견하였다.

핵심노트 ▶ 공민왕의 개혁 정치

반원 자주 정책	대내적 개혁 정책
• 원의 연호 폐지 • 친원파 숙청 • 정동행성 이문소 폐지 • 원의 관제 폐지 • 쌍성총관부 공격으로 철령 이북 땅 수복 • 동녕부 요양 정벌 • 원(나하추)의 침입 격퇴 • 친명 정책 전개 • 몽골풍의 폐지	• 정방 혁파 • 신돈의 등용 • 전민변정도감 운영 • 국자감 →성균관으로 개칭 • 유학 교육 강화 • 과거 제도 정비

17 직지심체요절

정답 ①

암기박사 직지심체요절 ⇒ 청주 흥덕사

정답 해설

직지심체요절은 현존하는 세계 최고(最古)의 금속 활자본으로 청주 흥덕사에서 간행되었다. 박병선 박사가 프랑스 국립 도서관에서 발견하였으며 현재 유네스코 세계 기록 유산으로 등재되어 있다.

오답 해설

② 왕건 : 국립 개국 사찰 → 논산 개태사

논산 개태사는 태조 왕건이 후백제를 평정하고 국찰로 창건한 국립 개국 사찰이다.

③ 팔만대장경 → 합천 해인사

팔만대장경은 몽고의 침입으로 초조대장경이 소실된 후 부처의 힘으로 이를 극복하고자 간행된 것으로 현재 합천 해인사에 보관되어 있다.

④ 일연 : 삼국유사 → 군위 인각사

일연의 삼국유사는 단군부터 고려 말까지의 불교사를 중심으로 서술한 기사본말체 형식의 사서로 군위 인각사에서 집필되었다.

⑤ 극락전 → 안동 봉정사   ←공포(栱包)가 기둥 위에만 있는 양식

극락전은 경북 안동시 봉정사에 있는 고려 시대 주심포 양식의 건축물로, 현존하는 가장 오래된 목조 건축물이다.

한국사능력검정시험 심화대비 기출분석 예상문제 · 정답및 해설

18 파주 용미리 마애이불입상

정답 ④

🏷️ **암기박사** 파주 용미리 마애이불입상 ⇒ 고려 시대 2구의 거불 불상

정답 해설

파주 용미리 마애이불입상은 경기도 파주시 광탄면 용미리에 있는 고려 시대의 불상으로, 천연암벽을 몸체로 삼아 그 위에 목, 머리, 갓 등을 따로 만들어 얹어놓은 2구의 거불이다.

오답 해설

① 서산 용현리 마애여래삼존상 → '백제의 미소'
서산 용현리 마애여래삼존상은 충남 서산시 운산면 용현리에 있는 백제 시대의 불상으로 흔히 '백제의 미소'로 널리 알려져 있다. 이 마애불은 부처를 중심으로 좌우에 보살입상과 반가사유상이 배치된 특이한 삼존형식이다.

② 관촉사 석조 미륵보살입상 → 고려 최대의 석불입상
충남 논산의 관촉사에 있는 석조 미륵보살입상은 고려 시대 최대의 석불입상으로, 은진미륵이라고도 불리며 규모가 거대하고 인체 비례가 불균형하다.

③ 합천 치인리 마애여래입상 → 통일 신라 시대의 마애여래입상
합천 치인리 마애여래입상은 경상남도 합천군 가야면 해인사길에 있는 통일 신라 시대의 불상으로, 전체적으로 경직된 느낌과 법의 자락이 선각(線刻)화되는 경향이 없지 않으나 힘이 넘치고 당당하다.

⑤ 경주 배동 석조여래삼존입상 → 삼국 시대의 석조 삼존 불입상
경주 배동 석조여래삼존입상은 경북 경주시 배동 선방사곡 입구에 있는 삼국 시대의 석조 삼존불입상으로 아기 같은 짧은 체구와 얼굴, 묵중하고 단순화된 선 등에서 중국 북주(北周) 또는 수나라 불상과 유사한 양식을 보여준다.

19 조선 태종의 업적

정답 ③

🏷️ **암기박사** 계미자, 혼일강리역대국도지도 ⇒ 조선 태종

정답 해설

주자소는 조선 시대 활자 주조를 담당한 관청으로 태종 때에 설치되었다(1403). 이곳에서 조선 최초의 금속 활자인 계미자가 만들어졌다. 태종 때는 또한 권근 · 김사형 · 이회 등이 세계 지도인 혼일강리역대국도지도를 제작하였는데(1402), 이는 현존하는 동양 최고(最古)의 세계 지도이다.

오답 해설

① 허준 : 동의보감 간행 → 광해군
광해군 때 허준이 동의보감을 간행하여 전통 한의학을 체계적으로 정리하였고 의료 지식의 민간 보급에 기여하였다.

② 홍봉한 : 동국문헌비고 편찬 → 영조
조선 영조 때에는 홍봉한 등이 지리 · 정치 · 경제 · 문화 등을 체계적으로 정리한 한국학 백과사전인 동국문헌비고를 편찬하였다.

④ 경국대전 반포 → 성종
성종 때 조선 사회의 통치 방향과 이념을 제시한 기본 법전인 경국대전을 반포하여 국가 통치 규범을 마련하였다.

⑤ 칠정산 내편 편찬 → 세종
세종 때 중국의 수시력과 아라비아의 회회력을 참고로, 한양을 기준으로 한 역법서인 칠정산 내편을 편찬하였다.

👆 **핵심노트** ▶ 조선 태종의 업적

- **국왕 중심의 통치 체제 정비** : 의정부 권한의 약화, 육조 직계제(六曹直啓制) 채택, 사병 혁파, 언론 · 언관의 억제, 외척과 종친 견제
- **경제 기반의 안정** : 호패법 실시, 양전(量田) 사업 실시, 유향소 폐지, 노비변정도감 설치
- **억불숭유** : 사원 정리, 사원전 몰수, 서얼 차대법, 삼가 금지법
- **기타 업적** : 신문고 설치, 주자소 설치, 아악서 설치, 사섬서 설치, 5부 학당 설치
  → 계미자 등 동활자 주조   → 지폐인 저화(楮貨) 발행

20 백운동 서원

정답 ⑤

🏷️ **암기박사** 주세붕 : 백운동 서원 ⇒ 최초의 사액 서원

정답 해설

서원은 조선 시대의 사립 교육 기관으로 중종 때 주세붕이 설립한 백운동 서원이 시초이다. 백운동 서원은 안향의 봉사를 위해 설립한 최초의 사액 서원으로 국왕으로부터 현판과 함께 서적 · 토지 · 노비 등을 받았다.

오답 해설

① 학술 연구 기구 → 청연각
고려 예종 때 관학을 진흥하기 위해 궁중에 학술 연구 기구로 청연각이 설치되었으며 주로 경연의 장소로 이용되었다.

② · ③ 부 · 목 · 군 · 현에 하나씩 설립 : 교수 · 훈도가 지도 → 향교
향교(鄕校)는 조선 시대 지방의 국립 중등 교육 기관으로 전국의 부 · 목 · 군 · 현에 하나씩 설립되었으며, 중앙에서 파견된 교수나 훈도가 지방 관리와 서민의 자제들을 지도하였다.

④ 유학, 율학, 서학, 산학 교육 → 국자감
고려 시대 유학 교육을 위해 설립된 국립대학인 국자감에서는 유학을 비롯하여 율학, 서학, 산학을 교육하였다.

👆 **핵심노트** ▶ 서원

- **기원** : 중종 38년(1543)에 풍기 군수 주세붕이 안향의 봉사를 위해 설립한 백운동 서원
- **운영의 독자성** : 독자적인 규정을 통한 교육 및 연구
- **사액 서원의 특권** : 면세 · 면역, 국가로부터 서적 · 토지 · 노비 등을 받음
- **보급** : 사화로 인해 향촌에서 은거하던 사림의 활동 기반으로서 임진왜란 이후 급속히 발전
- **공헌** : 학문 발달과 지방 문화 발전에 기여
- **폐단** : 사림들의 농민 수탈 기구로 전락, 붕당 결속의 온상지 →정쟁을 격화

21 조선의 대외 정책

정답 ③

🏷️ **암기박사** 여진족 : 무역소 ⇒ 조선의 대외 정책

정답 해설

두만강 일대에 흩어져 살던 야인들을 몰아내고 동북면의 6진을 개척한 것은 조선 세종 때 김종서가 몰아낸 여진족을 의미한다. 조선 태종 때 국경 지방인 경성과 경원에 무역소를 두고 여진과의 국경 무역을 허락하였다.

204

제02회

오답 해설

① 박위 : 대마도 정벌 → 고려 창왕
  고려 창왕 때 박위를 파견하여 대마도를 정벌하였다.
② 계해약조 : 세견선에 관한 제약 → 조선 세종
  조선 세종 때 쓰시마 도주의 간청으로 부산포·제포·염포의 3포를 개항한 후, 세견선 등의 구체적인 제약을 내용으로 하는 계해약조가 체결되었다.
④ 어영청 확대 → 조선 효종
  처음에는 어영군으로 편제하였으나 인조 때 어영청을 설치하고 효종의 북벌 운동 전개 시 총포병과 기병 위주로 기능을 강화하였다.
⑤ 박권 : 백두산정계비 건립 → 조선 숙종
  숙종은 박권을 보내 조선과 청의 국경을 확정하는 백두산정계비를 세워, 동쪽으로 토문강과 서쪽으로 압록강을 경계로 삼았다.

22 세종대왕의 업적

암기박사 농사직설 : 우리나라 최초의 농서 ⇒ 세종대왕

정답 ④

정답 해설

세종대왕은 사민 정책(徙民政策)을 실시하여 삼남 지방의 주민을 북방으로 이주시켰다. 이 시기에 정초와 변효문은 우리나라 최초의 농서인 농사직설을 간행하여 우리 풍토에 맞는 농법을 소개하였다.

오답 해설

① 무예도보통지 : 훈련 교범 → 정조 : 이덕무·박제가·백동수
  무예도보통지는 조선 후기 정조 때 이덕무·박제가·백동수 등이 왕명으로 편찬한 훈련 교범으로, 종합 무예와 무기 사용법을 다루고 있다.
② 동의보감 : 전통 한의학 정리 → 광해군 : 허준
  광해군 때 허준은 전통 한의학을 체계적으로 정리하고 의료 지식의 민간 보급에 기여한 동의보감을 간행하였다.
③ 동국지도 : 100리 척의 축척 → 영조 : 정상기
  영조 때 정상기는 최초로 100리 척의 축척 개념을 사용한 동국지도를 제작하였다.
⑤ 동국여지승람 : 각 도의 지리, 풍속 수록 → 성종 : 서거정
  성종 때 서거정은 팔도지리지를 보완하여 각 도의 지리, 풍속 등이 수록된 동국여지승람을 편찬하였다.

핵심노트 ▶ 세종(1418~1450)의 문화 발전

- 활자 주조 : 경자자, 갑인자, 병진자, 경오자
- 한글 서적 : 용비어천가, 동국정운→운서, 석보상절→불경 언해서, 월인천강지곡→불교찬가
- 고려사, 육전등록, 치평요람, 역대요람, 팔도지리지, 효행록, 삼강행실도, 농사직설, 칠정산 내외편, 사시찬요, 총통등록, 의방유취, 향약집성방, 향약채취월령, 태산요록
- 관습도감 설치 : 박연으로 하여금 아악·당악·향악을 정리하게 함
- 불교 정책 : 5교 양종을 선교 양종으로 통합, 궁중에 내불당 건립
- 역법 개정 : 원의 수시력과 명의 대통력을 참고로 하여 칠정산 내편을 만들고 아라비아 회회력을 참조하여 칠정산 외편을 만듦 →독자성
- 과학 기구 발명 : 측우기, 자격루(물시계), 앙부일구(해시계), 혼천의(천체 운행 측정기)

23 훈련도감

암기박사 급료를 받는 상비군이 주축 ⇒ 훈련도감

정답 ②

정답 해설

5군영 중 가장 먼저 설치된 군영은 훈련도감이다. 훈련도감은 유성룡의 건의로 임진왜란 중 왜군의 조총에 대응하고 국방력을 강화하기 위해 설치되었다. 훈련도감의 군인은 급료를 받는 상비군이 주축이며 포수, 사수, 살수의 삼수병으로 편제되었다(1594).
→ 훈련도감 → 총융청 → 수어청 → 어영청 → 금위영

오답 해설

① 최씨 무신 정권의 군사적 기반 → 삼별초 좌·우별초 + 귀환 포로
  수도의 치안 유지를 담당하던 야별초에 신의군을 합쳐 편성한 삼별초는 최씨 무신 정권의 군사적 기반이었다.
③ 국경 지역인 북계와 동계에 배치 → 주진군
  국경 지역인 북계와 동계에 배치된 주진군은 고려 시대의 지방군으로 국경 수비를 전담하는 상비군이다.
④ 이종무 : 대마도 정벌 → 수군
  대일 강경책의 일환으로 세종 때 조선 수군은 이종무의 지휘 아래 대마도 정벌에 참여하였다.
⑤ 국왕의 친위 부대 → 장용영
  장용영은 정조 때 설치된 국왕의 친위 부대로 서울에는 내영, 수원 화성에는 외영이 배치되었다.

핵심노트 ▶ 훈련도감(1594)

- 설치 : 임진왜란 중 왜군의 조총에 대응하고 국방력을 강화하기 위해 유성룡의 건의에 따라 용병제를 토대로 설치 → 조선 후기 군제의 근간이 됨
- 편제 : 삼수병(포수·사수·살수)으로 편성
- 성격 : 장기간 근무하며 일정 급료를 받는 장번급료병, 직업 군인의 성격(상비군)
- 폐지 : 1881년에 별기군이 창설되어 신식 군대 체제가 이루어지자 그 다음해 폐지됨

24 기묘사화의 원인

암기박사 조광조 : 위훈 삭제 ⇒ 기묘사화

정답 ④

정답 해설

제시된 사료는 조선 중종 때 중종 반정의 공신 대다수가 거짓 공훈으로 공신에 올랐다 하여 그들의 관직을 박탈하려 한 조광조의 위훈 삭제(僞勳削除)의 내용이다. 이러한 조광조의 급격한 개혁은 공신들의 반발을 샀고, 주초위왕(走肖爲王)의 모략을 꾸민 남곤 등의 고변으로 조광조 일파가 축출되는 기묘사화가 일어났다(1519).
→ 주(走)와 초(肖)를 합치면 초(趙)가 되므로, 조씨 성을 가진 사람이 왕이 된다는 뜻

오답 해설

① 정도전 피살 → 제1차 왕자의 난
  조선 초기의 개국공신인 정도전은 제1차 왕자의 난 때 세자 방석과 함께 이방원에 의해 피살되었다(1398).
② 성삼문 : 사육신 → 단종 복위 운동
  성삼문은 세조의 왕위 찬탈에 저항하여 단종 복위를 꾀하다 처형되었다(1455). → 사육신 : 성삼문, 이개, 박팽년, 하위지, 유성원, 유응부

205

③ 김종직 : 조의제문 → 무오사화
　연산군 때에 김종직이 지은 〈조의제문〉을 김일손이 사초(史草)에 올린 일을 문제 삼아 김일손·김굉필 등의 사림파가 제거되는 무오사화가 발생하였다(1498).
⑤ 폐비 윤씨 사사 사건 → 갑자사화
　연산군의 친모인 폐비 윤씨의 사사 사건의 전말이 알려지면서 갑자사화가 발생하여 관련자들이 화를 당하였다(1504).

25 시전 상인의 활동

암기박사 금난전권, 상권 수호 운동 ⇒ 시전 상인　　**정답** ⑤

정답 해설

금난전권은 시전 상인이 왕실이나 관청에 물품을 공급하는 대신 부여받은 독점 판매권인데, 조선 정조는 신해통공을 실시하여 육의전을 제외한 금난전권을 폐지하였다(1791). 시전 상인들은 일본 상인들로부터 서울의 상권을 지키기 위해 황국 중앙 총상회를 만들어 상권 수호 운동을 전개하였다(1898).

오답 해설

① 청과의 후시 무역 주도 → 만상
　조선 후기 상업의 발달로 사상(私商)이 등장하였고, 의주의 만상은 청과의 밀무역인 후시 무역을 주도하였다.
② 송방 설치 → 송상
　개성의 송상은 전국에 송방이라는 지점을 설치하고 청과 일본 사이의 중계 무역으로 부를 축적하였다.
③ 왜관을 통한 무역 활동 → 내상
　동래의 내상은 주로 왜관을 중심으로 일본과의 해상 무역을 주도하였다.
④ 포구에서의 중개·금융·숙박업 → 선상·객주·여각
　선상(船商)·객주(客主)·여각(旅閣) 등이 포구를 거점으로 상행위를 전개하며 포구에서의 중개·금융·숙박업에 주력하였다.

26 명종 재위 시기의 사건

암기박사 을사사화 : 외척 간의 대립 ⇒ 명종　　**정답** ④

정답 해설

명종을 옹립한 소윤파 윤원로·윤원형 형제가 인종의 외척 세력인 대윤파 윤임 등을 축출하면서 외척 간의 권력 다툼인 을사사화가 발생하였다(1545). 이후 왕실 외척인 윤원형이 권력을 독점하면서 많은 폐단이 발생하자 백성 중에는 유민이 되거나 임꺽정과 같은 도적 떼에 가담하는 이가 늘었다.

오답 해설

① 이조 전랑 임명권 : 사림의 붕당 → 선조
　선조 때에는 언론 삼사 요직의 인사권과 추천권을 가진 이조 전랑 임명권을 둘러싼 대립으로 사람이 동인과 서인으로 나뉘며 붕당 정치가 시작되었다.

② 최윤덕·김종서 : 4군 6진 개척 → 세종
　조선 세종 때 여진족을 몰아내고 최윤덕은 압록강 유역의 4군을, 김종서는 두만강 유역의 6진을 개척하였다.
③ 홍경래의 난 : 정주성 점령 → 순조
　순조 때 서북민에 대한 차별과 가혹한 수취에 반발하여 홍경래 등이 봉기하여 정주성을 점령하였다. ←평안도민
⑤ 예송 논쟁 : 자의대비의 복상 문제 → 현종
　현종 때에는 자의대비의 복상 문제를 둘러싸고 서인과 남인 사이에 두 차례에 걸쳐 예송이 전개되었다. ←기해예송, 갑인예송

핵심노트 ▶ 을사사화(명종 1, 1545)

명종을 옹립한 소윤파 윤원로·윤원형 형제가 인종의 외척 세력인 대윤파 윤임 등을 축출하면서 대윤파에 동조하던 사림파를 함께 숙청한 사건

27 홍문관의 기능

암기박사 왕의 자문과 경연 관장 ⇒ 홍문관(옥당)　　**정답** ①

정답 해설

홍문관은 조선 성종 때 집현전을 계승하여 설치된 학술·언론 기관으로 '옥당'이라는 별칭이 있다. 사헌부, 사간원과 함께 삼사로 불렸으며, 왕의 자문에 응하거나 왕에게 경서와 사서를 강론하는 경연을 주관하였다.

오답 해설

② 수도의 행정과 치안 담당 → 한성부
　한성부는 수도의 행정과 치안을 담당하였으며 토지 및 가옥 소송도 관여하였다.
③ 서얼 출신 검서관 등용 → 규장각
　조선 정조 때 규장각 검서관에 박제가, 이덕무, 유득공 등의 서얼 출신 학자들이 기용되었다. ←규장각 각신의 보좌, 문서 필사 등의 업무를 맡은 관리
④ 임진왜란 : 국정 전반 총괄 → 비변사
　조선 중종 때 외적에 대비하기 위해 비변사가 처음으로 설치되었으며, 임진왜란을 거치면서 국정 전반을 총괄하는 국정 최고 기구로 자리 잡았다.
⑤ 국왕 직속의 사법 기구 → 의금부
　의금부는 국가의 큰 죄인을 다스리는 국왕 직속의 사법 기관으로 반역죄, 강상죄 등을 처결하였다.

핵심노트 ▶ 조선 삼사(三司)의 구성

- 사헌부 : 감찰 탄핵 기관, 사간원과 함께 대간(臺諫)을 구성하여 서경(署經)권 행사, 장은 대사헌(종2품)
- 사간원 : 언론(言官)으로서 왕에 대한 간쟁, 장은 대사간(정3품)
- 홍문관 : 경연을 관장, 문필·학술 기관, 고문 역할, 장은 대제학(정2품)

28 흥선 대원군 집권기

암기박사 만동묘 철폐 ⇒ 흥선 대원군　　**정답** ②

제02회

정답 해설

흥선 대원군은 왕실의 권위를 세우고 국가 위신의 제고를 위해 경복궁을 중건하였다. 흥선 대원군 집권기에 노론의 소굴이 되어 상소와 비판을 올리고 양민을 수탈하는 등 폐해가 심한 만동묘가 철폐되었다.

오답 해설

임진왜란 때 조선을 도와준 명나라에 대한 보답으로 지은 사당

① **동의보감 집필 → 조선 광해군**
  광해군 때에 허준이 전통 한의학을 체계적으로 정리한 동의보감을 집필하여 의료 지식을 민간에 보급하였다.
③ **훈민정음 연구 → 조선 세종**
  조선 세종은 집현전 학자들과 독창적인 문자인 훈민정음을 연구하였다.
④ **계해약조 체결 → 조선 세종**
  조선 세종 때 쓰시마 도주의 간청으로 부산포·제포·염포의 3포를 개항한 후 제한된 범위의 무역을 허용한 계해약조가 체결되었다.
⑤ **탕평비 건립 → 조선 영조**
  조선 영조는 붕당 정치의 폐해를 경계하기 위해 성균관 입구에 탕평비를 건립하였다.

> 👆 **핵심노트** ▶ 흥선 대원군의 개혁 정치
>
> - 왕권 강화 정책 : 사색 등용, 비변사 혁파, 경복궁 재건, 법치 질서 정비(대전회통, 육전조례)
> - 애민 정책 : 서원 정리, 삼정의 개혁(양전 사업, 호포제, 사창제)

29 연암 박지원

암기박사 열하일기, 양반전 ⇒ 연암 박지원

정답 ①

정답 해설

연암 박지원은 연행사를 따라 청에 다녀와 열하일기(熱河日記)를 저술하여 청의 문물을 소개하고 이를 수용할 것을 주장하였다. 또한 양반전에서 양반의 위선과 무능을 풍자하고 양반 사회의 모순과 부조리를 비판·풍자하였다.

오답 해설

② **북학의 : 적절한 소비 강조 → 박제가**
  박제가는 청에 다녀온 후 북학의를 저술하고 생산과 소비의 관계를 우물물에 비유하면서 절약보다 적절한 소비를 강조하였다.
③ **곽우록 : 한전론 제시 → 이익**
  이익은 곽우록에서 자영농의 몰락을 막기 위해 토지 매매를 제한하는 한전론을 제시하였다.
④ **우서 : 사농공상의 직업적 평등과 전문화 → 유수원**
  유수원은 우서(迂書)에서 사농공상의 직업적 평등과 전문화를 주장하였고, 중국과 우리 문물을 비교하면서 정치·경제·사회 전반의 개혁을 제시하였다.
⑤ **색경 : 상품 작물 재배법 소개 → 박세당**
  박세당은 농사 해설서인 색경에서 담배, 수박 등의 상품 작물 재배법을 소개하는 등 농업 기술 발전에 이바지하였다.

> 👆 **핵심노트** ▶ 연암 박지원
>
> - 열하일기(熱河日記) : 청에 다녀와 문물을 소개하고 이를 수용할 것을 주장
> - 농업 관련 저술 : 〈과농소초(課農小抄)〉·〈한민명전의(限民名田議)〉 등에서 영농 방법의 혁신, 상업적 농업의 장려, 수리 시설의 확충 등을 통한 농업 생산력 증대에 관심
> - 한전론의 중요성을 강조하면서 농업 생산력의 향상에 관심을 가짐
> - 상공업의 진흥을 강조하면서 수레와 선박의 이용, 화폐 유통의 필요성 등을 주장
> - 양반 문벌제도 비판 : 〈양반전〉, 〈허생전〉, 〈호질〉을 통해 양반 사회의 모순과 부조리·비생산성을 비판

30 병인양요

암기박사 외규장각 도서 약탈 ⇒ 병인양요

정답 ③

정답 해설

프랑스는 병인박해 때의 프랑스 신부 처형을 구실로 병인양요를 일으켰으나, 양헌수 부대의 항전으로 문수산성과 정족산성에서 프랑스군을 격퇴하였다. 프랑스군은 철군 시 문화재에 불을 지르고 외규장각에 보관된 유물 360여 점을 약탈하였다(1866).

오답 해설

① **조·미 수호 통상 조약 체결 → 서양과 맺은 최초의 조약**
  조·미 수호 통상 조약은 서양과 맺은 최초의 조약으로, 거중조정(상호 안전 보장), 치외법권, 최혜국 대우 등이 포함된 불평등 조약이다(1882).
② **일본 : 운요호 사건 → 강화도 조약**
  일본 군함 운요호가 연안을 탐색하다 강화도 초지진에서 조선 측의 포격을 받자 이를 구실로 불평등 조약인 강화도 조약이 체결되었다(1876).
④ **어재연 : 광성보 전투 → 신미양요**
  미국이 제너럴셔먼호 사건을 구실로 강화도를 공격하여 신미양요가 발발하자 어재연 부대가 광성보에서 결사 항전하였다(1871).
⑤ **오페르트 도굴사건 → 흥선 대원군 : 쇄국 정책**
  독일 상인 오페르트가 통상을 거부당하자 충청남도 덕산에 있는 남연군의 묘를 도굴하다가 발각되었고, 이로 인해 흥선 대원군의 쇄국 의지는 더욱 강화되었다(1868).

> 👆 **핵심노트** ▶ 병인양요(1866)
>
> - 프랑스는 병인박해 때의 프랑스 신부 처형을 구실로 로즈 제독이 이끄는 7척의 군함을 파병하여 강화도 침략
> - 대원군의 굳은 항전 의지와 양헌수·한성근 부대의 항전으로 문수산성과 정족산성에서 프랑스 군을 격퇴
> - 프랑스는 철군 시 문화재에 불을 지르고 외규장각에 보관된 유물 360여 점을 약탈, 이 중 도서 300여 권은 2011년에 반환됨

31 혼일강리역대국도지도

정답 ①

암기박사 동양 최고(最古)의 세계 지도 ⇒ 혼일강리역대국도지도

정답 해설

혼일강리역대국도지도는 현존하는 동양 최고(最古)의 세계 지도로, 조선 태종 때 권근·김사형·이회 등이 제작하였다(1402). 이 지도에는 중국과 조선이 가장 크게 그려져 있으며, 아메리카 대륙을 제외한 아시아·유럽·아프리카 대륙이 표시되어 있다.

오답 해설

② 김정호가 판각한 동서양반구도 → 지구전도
청의 장정부가 제작한 지구도를 최한기가 목판으로 중간하고, 김정호가 판각한 동서양반구도로 다른 하나는 지구후도이다.

③ 중국 중심의 세계관을 표현한 관념도 → 천하도
천하도는 중국 중심의 세계관을 표현한 작자 미상의 관념도로, 조선 중기 이후 여러 종류가 제작되어 민간에서 사용되었다.

④ 서구식 세계지도 → 여지전도
여지전도는 서구식 세계지도를 바탕으로 조선에서 새롭게 편집하여 제작된 목판인쇄 세계지도이다.

⑤ 마테오 리치의 세계지도 모사(模寫) → 곤여만국전도
천주교의 전도를 위해 중국에 온 이탈리아 선교사 마테오 리치가 제작한 세계지도를 조선에서 모사(模寫)한 지도이다.

32 홍경래의 난

정답 ⑤

암기박사 서북민(평안도민)에 대한 차별 ⇒ 홍경래의 난

정답 해설

가산 다복동에서 봉기하여 청천강 이북 지역을 점령했던 반란군이 정주성에서 관군에게 진압된 것은 홍경래의 난이다. 홍경래의 난은 서북인에 대한 차별에 반발하여 일어났다(1811).
→ 평안도민

오답 해설

① 청의 군대에 의해 진압 → 임오군란, 갑신정변
구식 군대의 차별로 일어난 임오군란은 명성황후 일파가 청에 군대 파견을 요청하여 진압되었고, 급진개혁파의 개화당 정부 수립을 위한 갑신정변은 청의 무력 개입으로 3일 만에 실패로 끝났다.

② 척왜양창의 → 동학 농민 운동
척왜양창의는 일본과 서양 세력을 배척하여 의병을 일으킨다는 뜻으로 동학 교도들은 보은집회에서 척왜양창의를 기치로 내걸었다.

③ 몰락 양반 유계춘의 주도 → 임술 농민 봉기
임술 농민 봉기는 삼정의 문란과 백낙신의 탐학이 발단이 되어 진주 지역 농민들이 몰락 양반 유계춘의 주도로 진주성을 점령하며 일어났다.

④ 선혜청과 일본 공사관 공격 → 임오군란
신식 군대(별기군)와의 차별에 반발하여 구식 군대는 명성황후 정권의 고관들을 살해하고 선혜청과 일본 공사관을 공격하였다.

핵심노트 ▶ 홍경래 난(평안도 농민 전쟁, 순조 11, 1811)

- 의의 : 세도 정치기 당시 농민 봉기의 선구
- 중심 세력 : 몰락 양반인 홍경래의 지휘 하에 광산 노동자들이 중심적으로 참여하였고, 영세 농민·중소 상인·유랑인·진반 등 다양한 세력이 합세
- 원인
  - 서북인(평안도민)에 대한 차별 및 가혹한 수취
  - 서울 특권 상인 등의 이권 보호를 위해 평안도 지역 상공인과 광산 경영인을 탄압·차별하고 상공업 활동을 억압
  - 세도 정치로 인한 관기 문란, 계속되는 가뭄·흉작으로 인한 민심 이반
- 경과 : 가산 다복동에서 발발하여 한때 청천강 이북의 7개 고을을 점령하였으나 5개월 만에 평정
- 영향 : 이후 각지의 농민 봉기 발생에 영향을 미침 → 관리들의 부정과 탐학은 시정되지 않음

33 임오군란의 결과

정답 ⑤

암기박사 임오군란 : 제물포 조약 ⇒ 일본 공사관에 경비병 주둔

정답 해설

제시된 사료에서 군인에게 봉급을 몇 개월 동안 지급하지 못해 난군(亂軍)이 궐을 침범한 것은 임오군란에 대한 내용이다. 임오군란의 결과 일본 공사관 경비병의 주둔을 인정한 제물포 조약이 체결되었다(1882).

오답 해설

① 개화 정책 → 청에 영선사 파견
고종은 개화 정책의 일환으로 청에 영선사를 파견하여 근대식 무기 제조 기술을 도입하였다(1881).

② 개화 정책 → 5군영을 2영으로 통합
고종은 종래의 5군영을 무위영·장어영의 2영으로 통합·개편하고 신식 군대인 별기군을 창설하였다(1881).

③ 1차 한·일 협약 → 스티븐스 : 외교 고문
일제는 러·일 전쟁의 전세가 유리하게 전개되자 한·일 협약의 체결을 강요하고 외교 고문으로 스티븐스를, 재정 고문으로 메가타를 임명하였다(1904).

④ 개화 정책 → 통리기무아문 설치
고종은 개화 정책 전담 기구인 통리기무아문을 설치하고 그 아래 12사를 두어 외교·군사·산업 등의 업무를 분장하였다(1880).

34 동학 농민 운동의 전개 과정

정답 ④

암기박사 백산 봉기 ⇒ 황룡촌 전투 ⇒ 전주성 점령

정답 해설

백산 봉기 후 농민군은 황토현 전투에서 관군을 물리치고 농민군 최대의 승리를 하였다. 그 후 동학 농민군은 전라도 장성 황룡촌에서 장태를 이용하여 관군과 싸워 승리한 후 전주성을 점령하였다.

오답 해설

① 논산 : 남접과 북접의 연합 → 전주성 점령 이후
동학 농민 운동은 남접(전봉준)과 북접(손병희)이 논산에서 연합한 후 서울로 북진하는 등 조직적으로 전개되었다.

제02회

② 우금치 전투 → 전주성 점령 이후
　남접(전봉준)과 북접(손병희)이 연합한 동학 농민군이 서울로 북진하다 공주 우금치에서 관군 및 일본군에 맞서 싸웠다.

③ 집강소 : 폐정 개혁안 → 전주성 점령 이후
　청·일군의 개입으로 전주 화약이 성립한 후, 농민군은 전라도 일대에 설치한 집강소를 중심으로 폐정 개혁안을 실천하였다.

⑤ 고부 민란 → 백산 봉기 이전
　고부 군수 조병갑의 탐학에 저항하여 전봉준이 농민들을 이끌고 고부 관아를 습격하면서 동학 농민 운동이 시작되었다.

핵심노트 ▶ 동학 농민 운동의 전개 과정

> 삼례 집회 → 경복궁 상소 → 보은 집회 → 고부민란 → 백산 집결 → 황토현 전투 → 황룡천 전투 → 전주성 점령 → 전주 화약 → 집강소 설치 → 일본군 경복궁 침입 → 청·일 전쟁 → 남접과 북접의 연합 → 공주 우금치 전투

35 독립 협회의 활동　　　　　　　　정답 ③

암기박사 중추원 개편 : 의회 설립 추진 ⇒ 독립 협회

정답 해설

만민 공동회와 관민 공동회 개최 후 헌의 6조를 결의하였으며, 황국 협회의 습격으로 해산된 단체는 독립 협회이다. 서재필을 중심으로 창립된 독립 협회는 중추원 개편을 통한 의회 설립을 추진하였다.

오답 해설

① 고종의 강제 퇴위 반대 운동 → 대한 자강회
　일제가 고종을 강제 퇴위시키고 순종을 즉위시킨 후 한·일 신협약(정미 7조약)을 체결하자 대한 자강회는 고종의 강제 퇴위 반대 운동을 주도하였다.

② 일제의 황무지 개간권 요구 저지 → 보안회
　보안회는 일제의 황무지 개간권 요구에 대한 지속적인 반대 운동을 벌여 일제의 황무지 개간권 요구를 저지시켰다.

④ 태극 서관 설립 → 신민회
　신민회는 국권 회복과 공화정체의 국민 국가 건설을 목적으로 안창호와 양기탁이 중심이 되어 조직된 비밀 결사 단체로, 민중 계몽을 위해 태극 서관을 설립하고 계몽 서적을 보급하였다.

⑤ 한·일 관계 사료집 편찬, 독립신문 발행 → 대한민국 임시 정부
　대한민국 임시 정부는 임시 사료 편찬 위원회를 설치하여 한·일 관계 사료집을 편찬하고 독립신문을 발행하였다.

핵심노트 ▶ 독립 협회의 활동

- **이권 수호 운동** : 러시아의 절영도 조차 요구 규탄, 한·러 은행 폐쇄
- **독립 기념물의 건립** : 자주 독립의 상징인 독립문을 세우고, 모화관을 독립관으로 개수
- **민중의 계도** : 강연회·토론회 개최, 독립신문의 발간 등을 통해 근대적 지식과 국권·민권 사상을 고취
- **만민 공동회 개최** : 우리나라 최초의 근대적 민중 대회 → 외국의 내정 간섭·이권 요구·토지 조사 요구 등에 대항하여 반환을 요구
- **관민 공동회 개최** : 만민 공동회의 규탄을 받던 보수 정부가 무너지고 개혁파 박정양이 정권을 장악하자, 정부 관료와 각계각층의 시민 등 만여 명이 참여하여 개최
- **의회 설립 추진** : 의회식 중추원 신관제를 반포하여 최초로 국회 설립 단계까지 진행(1898. 11)
- **헌의 6조** : 헌의 6조를 결의하고 국왕의 재가를 받음 → 실현되지는 못함

36 3·1 운동의 영향　　　　　　　　정답 ②

암기박사 3·1 운동 ⇒ 대한민국 임시 정부 수립 계기

정답 해설

제암리 학살 사건은 3·1 운동 당시 일본군이 수원 제암리에서 주민들을 집단 학살한 사건으로, 고종의 인산일(因山日)에 민족 대표 33인의 이름으로 독립 선언서를 발표함으로써 전개된 3·1 운동은 대한민국 임시 정부가 수립되는 계기가 되었다(1919).

오답 해설

① 105인 사건 → 신민회 해체
　일제가 총독 데라우치 마사타케의 암살 미수 사건을 날조한 후 신민회 회원 105명을 기소하여 신민회가 해체되었다(1911).

③ 대한매일신보의 후원 → 국채 보상 운동
　국채 보상 운동은 정부의 외채를 국민의 힘으로 상환하여 국권을 회복하자는 운동으로, 대한매일신보의 후원으로 전국적으로 확산되었다(1907).

④ 대한 광복군 정부 수립 → 이상설 : 권업회
　이상설을 중심으로 한 연해주 이주 한인들이 권업회를 조직하고 대한 광복군 정부를 수립하여 독립 운동을 전개하였다(1914).

⑤ 사회주의자들의 대거 검거 → 6·10 만세 운동
　순종의 인산일을 계기로 만세 시위 운동을 준비하였으나 사회주의자들이 대거 검거되어 학생들이 주도적으로 격문을 살포하고 6·10 만세 운동을 전개하였다(1926).

37 서울 정동의 문화유산　　　　　　정답 ①

암기박사 김구의 집무실 겸 사저 ⇒ 경교장

정답 해설

경교장은 대한민국 임시 정부의 주석을 지낸 백범 김구가 광복 이후 돌아와 암살되기 전까지 집무실 겸 사저로 이용된 곳이다.

오답 해설

② 고종 : 을미사변 이후 피신 → 구 러시아 공사관
　구 러시아 공사관은 을미사변 이후 신변에 위협을 느낀 고종이 피신한 곳(아관파천)으로, 한·러 수호 조약 체결 후 준공된 르네상스 양식의 건축물이다.

③ 을사늑약 체결 → 중명전
　중명전은 경운궁(덕수궁)의 별채로, 고종 때 외교권을 강탈당한 을사늑약이 체결된 비운의 장소이다.

④ 제1차 미·소 공동 위원회 개최 → 덕수궁 석조전
　덕수궁 석조전은 덕수궁 안에 지어진 최초의 서양식 석조 건물로, 르네상스식 건물로 지어졌으며 제1차 미·소 공동 위원회가 개최되었다.

⑤ 아펜젤러 : 선교 목적 → 배재 학당
　배재 학당은 미국의 개신교 선교사 아펜젤러가 선교를 목적으로 한양에 세운 학교이다.

209

38 대한 광복회의 활동

정답 ②

암기박사 공화 정체의 국민 국가 수립 지향 ⇒ 대한 광복회

정답 해설

대한 광복회는 박상진(총사령)과 김좌진(부사령)을 중심으로 공화 정체의 국민 국가 수립을 지향하며 군대식으로 조직되었으며, 만주에 독립 사관학교를 설립하고 독립군을 양성하여 친일파를 처단하였다.

오답 해설

① **최초의 독립 선언서 → 무오 독립 선언서**
무오 독립 선언서는 만주에서 조소앙, 박은식 등의 독립운동가들이 발표한 최초의 독립 선언서로 2·8 독립 선언과 3·1 독립 만세 운동의 기폭제가 되었다.

③ **연해주 독립 단체 → 대한 광복군**
연해주 이주 한인들이 중심이 되어 권업회를 조직하고 대한 광복군 정부를 수립하여 독립 운동을 전개하였다.

④ **조선 총독부에 폭탄 투척 → 의열단 : 김익상**
의열단 소속의 김익상은 조선 총독부에 폭탄을 투척하는 의거를 일으켰다.

⑤ **국권 반환 요구서 → 독립 의군부**
독립 의군부는 고종의 밀명으로 임병찬 등을 중심으로 결성된 복벽주의 단체로, 조선 총독부에 한국 침략의 부당성을 밝히고 국권 반환 요구서를 발송하려 하였다.

핵심노트 ▶ 대한 광복회(1915~1918)

- 조직 : 풍기의 대한 광복단과 대구의 조선 국권 회복단의 일부 인사가 모여 군대식으로 조직·결성, 각 도와 만주에 지부 설치, 박상진(총사령)·김좌진(부사령)·채기중
- 활동 : 군자금을 모아 만주에 독립 사관학교 설립, 연해주에서 무기 구입, 독립 전쟁을 통한 국권 회복을 목표로 함 → 1910년대 항일 결사 중에서 가장 활발한 활동 전개

39 대종교의 독립 활동

정답 ②

암기박사 항일 무장 단체 : 중광단 결성 ⇒ 대종교

정답 해설

→ 대종교의 3종사(宗師) : 나철, 김교헌, 서일

나철이 조직한 대종교는 천도교와 더불어 양대 민족 종교를 형성하였고 항일 무장 단체인 중광단을 결성하였다. 3·1 운동 직후 북로 군정서로 개편하여 청산리 대첩에 참여하였다.

오답 해설

① **개벽, 신여성 등의 잡지 발행 → 천도교**
천도교에서는 제2의 3·1 운동을 계획하여 자주 독립 선언문을 발표하였고, 개벽, 신여성 등의 잡지를 발행하여 민중의 자각과 근대 문물의 보급에 기여하였다.

③ **배재 학당 설립 → 개신교**
미국의 개신교 선교사 아펜젤러가 배재 학당을 세워 신학문 보급에 기여하였다.

④ **의민단 조직 → 천주교**
천주교는 만주에서 항일 운동 단체인 의민단을 조직하여 무장 투쟁을 전개하였다.

⑤ **소년 운동 → 천도교**
천도교 소년회는 '어린이'라는 말을 만들고 어린이날을 제정하였으며, 최초의 순수 아동 잡지인 〈어린이〉를 발간하여 소년 운동을 주도하였다.

핵심노트 ▶ 일제 강점기의 종교 활동

- **천도교** : 제2의 3·1 운동을 계획하여 자주 독립 선언문 발표, 〈개벽〉·〈어린이〉·〈학생〉 등의 잡지를 간행하여 민중의 자각과 근대 문물의 보급에 기여
- **개신교** : 천도교와 함께 3·1 운동에 적극 참여, 민중 계몽과 문화 사업을 활발하게 전개, 1930년대 후반에는 신사 참배를 거부하여 탄압을 받음
- **천주교** : 고아원·양로원 등 사회사업을 계속 확대하면서 〈경향〉 등의 잡지를 통해 민중 계몽에 이바지, 만주에서 항일 운동 단체인 의민단을 조직하여 항일 무장 투쟁 전개
- **대종교** : 지도자들은 항일 무장 단체인 중광단을 조직, 3·1 운동 직후 북로 군정서로 개편하여 청산리 대첩에 참여 → 천도교와 더불어 양대 민족 종교를 형성
- **불교** : 3·1 운동에 참여, 한용운 등의 승려들이 총독부의 정책에 맞서 민족 종교의 전통을 지키려 노력, 교육 기관을 설립하여 민족 교육 운동에 기여
- **원불교** : 박중빈이 창시(1916), 불교의 현대화와 생활화를 주창, 민족 역량 배양과 남녀평등, 허례허식의 폐지 등 생활 개선 및 새생활 운동에 앞장섬

40 한국 광복군의 독립 투쟁

정답 ②

암기박사 국내 진공 작전 계획 ⇒ 한국 광복군

정답 해설

대한민국 임시 정부 산하의 한국 광복군은 미국 전략정보처(OSS)의 지원 하에 미군과 연계하여 국내 진공 작전을 계획하였으나 일제의 패망으로 실현하지는 못했다.

오답 해설

① **자유시 참변 → 대한 독립군단**
간도 참변으로 인해 자유시로 이동한 대한 독립 군단은 적색군의 무장 해제 요구에 저항하다 공격을 받아 큰 타격을 입었다.

③ **신흥 무관 학교의 설립 → 신민회**
신민회는 서간도 삼원보의 경학사에 독립군을 양성하기 위해 군사 교육 기관인 신흥 강습소를 설립하였고 이후 신흥 무관 학교로 발전하였다.

④ **중국 관내에서 결성된 최초의 한인 무장 부대 → 조선 의용대**
김원봉의 조선 의용대는 중국 관내(關內)에서 결성된 최초의 한인 무장 부대로 포로 심문, 요인 사살, 첩보 작전을 수행하였다.

⑤ **중국 호로군과 연합 → 한국 독립군**
지청천의 한국 독립군은 중국군과 연합하여 호로군을 조직하고 쌍성보·사도하자·대전자령 전투 등에서 일본군에게 승리하였다.

핵심노트 ▶ 한국 광복군의 활동

- 대일 선전 포고(1941)
- 영국군과 연합 작전 전개(1943) → 인도, 미얀마 전선
- 국내 진입 작전(1945) → 미국 전략정보처(OSS)의 지원과 국내 정진군 특수 훈련

제02회

41 신간회의 결성

암기박사 정우회 선언 ⇒ 신간회

정답 ①

정답 해설

한일 학생 간 충돌을 계기로 광주에서 일어나 전국적으로 확산된 운동은 광주 학생 항일 운동이며, 이 운동을 지원한 단체는 신간회이다. 신간회는 사회주의 세력이 정우회 선언을 발표한 후 민족주의 계열인 조선 민흥회와 연합하여 결성되었다.

오답 해설

② 105인 사건으로 해체 → 신민회
    신민회는 국권 회복과 공화정체의 국민 국가 건설을 목적으로 안창호와 양기탁이 중심이 되어 조직된 비밀 결사 단체로, 일제가 꾸며낸 105인 사건으로 해체되었다.

③ 일제의 사상 통제법 → 치안 유지법
    치안 유지법은 일제가 제정한 사상 통제법으로, 공산주의 및 무정부주의 운동을 탄압하기 위해 제정한다고 했으나 사실상 독립 운동에 대한 전반적 탄압을 위해 만들어진 법률이었다.

④ 백산 상회 : 독립운동 자금 → 대한민국 임시 정부
    대한민국 임시 정부는 일제 강점기 안희제가 세운 민족기업인 백산 상회를 통해 독립운동 자금을 마련하였다.

⑤ 국권 반환 요구서 → 독립 의군부
    독립 의군부는 고종의 복위 및 대한 제국의 재건을 목표로 활동한 복벽주의 단체로, 국권 반환 요구서를 조선 총독에게 제출할 것을 계획하였다. *→ 나라를 되찾아 임금을 다시 세우겠다는 주장*

42 충칭 임시 정부

암기박사 충칭 임시 정부 : 삼균주의 ⇒ 대한민국 건국 강령

정답 ①

정답 해설

제시된 사료는 중국 충칭에서 발표된 임시 정부 포유문으로, 임시 정부의 지도 체계가 주석제로 바뀌었음을 알 수 있다. 충칭의 대한민국 임시 정부는 조소앙의 삼균주의에 바탕을 둔 건국 강령을 발표하여 정치 · 경제 · 교육의 균등을 주장하였다(1941).

오답 해설

② 임시 정부 직할 부대 → 육군 주만 참의부 조직
    독립군은 무장 투쟁을 위해 대한민국 임시 정부의 직할 부대인 육군 주만 참의부를 조직하였다(1923).

③ 독립군 비행사 양성 → 노백린 : 한인 비행 학교 설립
    독립운동가인 노백린 장군은 미국 캘리포니아주에 독립군 비행사 양성을 위해 한인 비행 학교를 설립하였다(1920).

④ 이승만 : 위임 통치 청원 → 국민 대표 회의 개최
    이승만의 위임 통치 청원을 이유로 상하이에서 국민 대표 회의가 개최되어 독립 운동의 방향을 논의하였다(1923).

⑤ 파리 강화 회의 → 김규식 파견
    상하이에서 결성된 신한 청년당은 파리 강화 회의에 김규식을 대표로 파견하여 외교 활동을 전개하였다(1918).

핵심노트 ▶ 대한민국 임시 정부의 시대 구분

- 1919~1932 : 제1기 상해 시대
- 1932~1940 : 제2기 이동 시대
- 1940~1945 : 제3기 충칭 시대

43 백남운의 저술 활동

암기박사 조선봉건사회경제사 : 식민 사학 반박 ⇒ 백남운

정답 ④

정답 해설

제시된 사료는 조선의 역사적 발전 과정이 세계사적 일원론에 따른다는 내용으로, 일제의 식민주의 사학의 조선 정체성 이론을 반박한 것이다. 백남운은 식민 사학을 반박하는 조선봉건사회경제사를 저술하였다.

오답 해설

① 삼균주의 : 건국 강령 기초 → 조소앙
    조소앙은 새로운 국가 건설의 이념으로 삼균주의를 바탕으로 한 대한민국 임시 정부의 건국 강령을 기초하였다.

② 진단 학회 창립 → 이병도, 손진태
    이병도, 손진태 등은 실증주의 사학의 연구를 위해 진단 학회를 창립하고 진단 학보를 발행하였다.

③ 한국독립운동지혈사 저술 → 박은식
    박은식은 일제 침략에 대항하여 독립 투쟁 과정을 서술한 한국독립운동지혈사를 저술하였다.

⑤ 조선 혁명 선언 : 민중의 직접 혁명 → 신채호
    신채호는 의열단의 행동 강령으로 민중의 직접 혁명을 주장하는 조선 혁명 선언을 집필하였다.

44 국외 무장 투쟁

암기박사 봉오동 전투(1920) ⇒ 3부 조직(1923~1925) ⇒ 영릉가 전투(1932)

정답 ②

정답 해설

(가) 봉오동 전투(1920) : 홍범도의 대한 독립군은 대한 국민회군과 연합하여 봉오동에서 간도 지역을 기습한 일본군을 상대로 승리를 거두었다.

- 3부 조직(1923~1925) : 자유시 참변 이후 독립군이 만주로 탈출하여 조직을 재정비하면서 참의부, 정의부, 신민부의 3부가 만주 지역에 조직되었다.

(나) 영릉가 전투(1932) : 양세봉의 조선 혁명군은 중국 의용군과 연합하여 영릉가 전투에서 일본군에 대승을 거두었다.

오답 해설

① 3 · 1 운동 → (가) 이전
    3 · 1 운동은 고종의 인산을 기회로 삼아 최남선이 독립 선언서를 작성하고, 손병희 · 이승훈 · 한용운 등 민족 대표 33인의 이름으로 독립 선언서를 발표함으로써 전개되었다(1919).

211

③ 조선 건국 동맹 결성 → (나) 이후
여운형은 일제의 패망과 광복에 대비하여 일제 타도와 민주국가 건설을 목표로 조선 건국 동맹을 결성하였다(1944).

④ 조선 의용대 조직 → (나) 이후
김원봉의 조선 의용대는 조선 민족 전선 연맹 산하 부대로 한커우에서 조직되었으며, 중국 관내(關內)에서 결성된 최초의 한인 군사 조직이다(1938).

⑤ 한인 강제 이주 정책 → (나) 이후
만주가 일제의 지배 하에 놓이자 일제가 연해주 한인들을 밀정으로 포섭할 것을 염려한 소련의 스탈린에 의해 많은 한인이 중앙아시아로 강제 이주되었다(1937).

45 일제 시대의 소년 운동

정답 ②

암기박사 천도교 ⇒ 김기전, 방정환 : 소년 운동

정답 해설

천도교는 김기전, 방정환 등이 주도하여 천도교 소년회를 조직한 후 '어린이'라는 말을 만들고 어린이날을 제정하였으며 최초의 순수 아동 잡지인 〈어린이〉를 발행하였다. 또한 전국적인 조직체로서 조선 소년 연합회를 조직하여 체계적인 소년 운동을 전개하였다.

오답 해설

① 잡지 근우 발간 → 근우회
근우회는 여성 노동자의 권익 옹호와 생활 개선을 위해 김활란 등을 중심으로 한 여성계의 민족 유일당 조직으로 잡지 근우를 발간하였다.

③ 발명 학회와 과학 문명 보급회 창립 → 김용관
한국 최초로 과학의 날을 만든 김용관은 과학의 생활화와 공업지식의 보급을 위해 발명 학회와 과학 문명 보급회를 창립하였다.

④ 가갸날 제정, 〈한글〉 발행 → 조선어 연구회
조선어 연구회는 3·1 운동 이후 이윤재·최현배 등이 국문 연구소의 전통을 이어 조직한 단체로, 가갸날을 제정하고 기관지인 〈한글〉을 발행하였다.

⑤ 대한매일신보의 지원 → 국채 보상 운동
국채 보상 운동은 정부의 외채를 국민의 힘으로 상환하여 국권을 회복하자는 운동으로, 대한매일신보의 지원을 받아 전국으로 확산되었다.

핵심노트 ▶ 소년 운동

① 인물 : 김기전, 방정환, 조철호
② 천도교 소년회(1921)
  • 천도교 청년회에서 독립하면서 소년 운동이 본격화, 전국적 확산
  • 어린이날 제정, 최초의 순수 아동 잡지 〈어린이〉 발행, '어린이'라는 말을 만듦
③ 조선 소년 연합회(1927) : 전국적 조직체로서 조직되어 체계적인 소년 운동 전개
④ 중단
  • 지도자들 간의 사상과 이념의 대립으로 분열
  • 일제는 중·일 전쟁 발발 후 한국의 청소년 운동을 일체 금지하고 단체를 해산

46 제주 4·3 사건

정답 ③

암기박사 제주 4·3 사건 ⇒ 남한 만의 단독 정부 수립 반대

정답 해설 제주 4·3 사건 진상 규명 및 희생자들의 명예 회복을 위한 특별법 제정(2000)

제주 4·3 사건은 제주도에서 남조선 노동당(남로당) 세력이 주도가 되어 벌어진 무장 항쟁 및 그에 대한 대한민국 군경과 극우 단체의 유혈 진압으로 발생하였다. 제주 4·3 사건은 5·10 총선거에 반대하여 남한만의 단독 정부 수립에 대한 반발로 일어났다.

오답 해설

① 4·13 호헌 조치 → 6월 민주 항쟁
박종철 고문치사와 국민들의 대통령 직선제 요구를 거부하는 전두환 정부의 4·13 호헌 조치 발표로 6월 민주 항쟁이 촉발되었다(1987).

② 4·19 혁명 → 장면 내각 출범
이승만 정권의 장기 독재와 자유당 정권의 3·15 부정선거로 4·19 혁명이 발발하였고, 그 결과 이승만 대통령이 하야하고 장면의 민주당 정권이 들어섰다(1960).

④ 3·15 부정 선거 → 4·19 혁명
자유당 정권의 3·15 부정선거 규탄 시위에 대한 유혈 진압에 항거하여 4·19 혁명이 발발하였으며 그 결과 이승만 대통령이 하야하였다(1960).

⑤ 긴급 조치 철폐 → 3·1 민주 구국 선언
박정희 정부의 유신 체제에 항거하여 긴급 조치 철폐 등을 주장하며 재야 정치인들과 가톨릭 신부, 개신교 목사, 대학 교수 등이 3·1 민주 구국 선언문을 발표하였다(1976).

핵심노트 ▶ 제주 4·3 사건

• 1948년 4월 3일부터 1954년 9월 21일까지 제주도에서 남조선 노동당(남로당) 세력이 주도가 되어 벌어진 무장 항쟁 및 그에 대한 대한민국 군경과 극우 단체의 유혈 진압
• 주장 : 남한 단독 선거 반대, 경찰과 극우 단체의 탄압에 대한 저항, 반미구국투쟁 등
• 진압 과정에서 무고한 주민들이 많이 희생됨

47 5·10 총선거

정답 ④

암기박사 우리나라 최초의 보통 선거 ⇒ 5·10 총선거

정답 해설

제헌 국회 구성을 위해 유엔 한국 임시 위원단의 감시 아래 실시된 선거는 5·10 총선거로, 남한 단독으로 실시된 우리나라 최초의 보통 선거였다(1948).

오답 해설

① 5·10 총선거 → 비례 대표제(×)
5·10 총선거는 비례 대표제가 아니라 인구 비례에 따른 총선거이다.

② 발췌 개헌 → 이승만 정부
이승만 정부와 자유당은 6·25 전쟁 중 부산에서 계엄령을 선포한 가운데 발췌 개헌안을 통과시켰다(1952).

제02회

③ 유신 헌법 → 박정희 정부
박정희 정부 때 유신 헌법에 따라 중임 제한을 철폐하고 통일 주체 국민회의에서 간선제로 대통령을 선출하였다(1972).

⑤ 3·15 부정 선거 → 이승만 정부
이승만 정부 때 여당 부통령 후보 당선을 위한 3·15 부정 선거가 자행되어 4·19 혁명이 촉발되었다(1960).

 핵심노트 ▶ 광복 이후의 현대사

8·15 광복(1945. 8) → 모스크바 3국 외상 회의 개최(1945. 12) → 제1차 미·소 공동 위원회 개최(1946. 3) → 좌·우 합작 위원회 구성(1946. 7) → 제2차 미·소 공동 위원회 개최(1947. 5) → 유엔 한국 임시 위원단 방한(1948. 1) → 김구의 남북 협상 참석(1948. 4) → 5·10 총선거 실시(1948. 5) → 대한 민국 헌법 공포(1948. 7) → 대한 민국 정부 수립(1948. 8)

48 박정희 정부의 통일 정책

정답 ④

암기박사 남북 조절 위원회 설치 ⇒ 박정희 정부

정답 해설

새마을 운동이 시작된 것은 박정희 정부 때의 일이다. 박정희 정부 때에는 7·4 남북 공동 성명을 실천하기 위해 남북 조절 위원회를 설치하여 통일 방안을 논의하였다.

오답 해설

① 남북한 유엔 동시 가입 → 노태우 정부
노태우 정부 때에 제46차 UN 총회에서 개별 회원국으로 남북한이 유엔에 동시 가입하였다.

② 10·4 남북 공동 선언 발표 → 노무현 정부
노무현 정부 때에 제2차 남북 정상회담이 개최된 후 10·4 남북 공동 선언을 발표하여 기본 8개 조항에 합의하고 공동으로 서명하였다.

③ 한반도 비핵화 공동 선언 → 노태우 정부
노태우 정부 때에 남북한이 한반도에서 핵무기의 보유나 사용금지 등을 규정한 한반도 비핵화 공동 선언에 서명하였다.

⑤ 개성 공업 지구 건설 착수 → 노무현 정부
노무현 정부 때에 남북한의 교류 협력을 위한 개성 공업 지구 건설에 착수하였다. ─ 조성 합의는 김대중 정부, 건설은 노무현 정부

49 6월 민주 항쟁

정답 ①

암기박사 4·13 호헌 조치 ⇒ 6월 민주 항쟁 ⇒ 6·29 민주화 선언

정답 해설

ㄱ. 박종철 고문치사와 전두환 정부의 4·13 호헌 조치 발표로 호헌 철폐와 독재 타도 등을 외치며 6월 민주 항쟁이 촉발되었다(1987).
ㄴ. 6월 민주 항쟁으로 노태우가 대통령 직선제, 평화적 정권 이양, 기본권 보장을 약속하는 6·29 민주화 선언을 발표하여 5년 단임의 대통령 직선제 개헌이 이루어졌다(1987).

오답 해설

ㄷ. 신군부 : 5·17 비상계엄 확대 → 5·18 민주화 운동
전두환·노태우 등의 신군부 세력이 쿠데타로 통치권을 장악하고 비상계엄을 확대하자 5·18 민주화 운동이 발발하였고, 계엄군의 무력 진압으로 많은 광주 시민과 학생들이 희생되었다(1980).

ㄹ. 3·15 부정 선거 → 4·19 혁명 : 이승만 대통령 하야
자유당 정권의 3·15 부정선거를 규탄하는 3·15 마산의거에서 경찰의 발포로 많은 사상자가 발생하자, 이에 항거하여 4·19 혁명이 발발하였으며 그 결과 이승만 대통령이 하야하였다(1960).

50 노태우 정부의 통일 정책

정답 ①

암기박사 한반도 비핵화 공동 선언 ⇒ 노태우 정부

정답 해설

노태우 정부 때에는 소련과 국교를 맺고 제46차 UN 총회에서 개별 회원국으로 남북한 유엔 동시 가입이 이루어졌다. 또한 한반도에서 핵무기의 보유나 사용금지 등을 규정한 한반도 비핵화 공동 선언이 채택되었다.

오답 해설

② 최초의 이산가족 고향 방문 → 전두환 정부
전두환 정부 때에는 최초로 이산가족의 고향 방문이 성사되어 평양에서 이산가족 고향 방문과 예술 공연단 교환을 실현하였다.

③ 개성 공업 지구 조성 합의 → 김대중 정부
김대중 정부 때에 평양에서 최초로 남북 정상회담이 개최되었고 남북한의 교류 협력을 위한 개성 공업 지구 조성에 합의하였다.

④ 10·4 남북 공동 선언 채택 → 노무현 정부
노무현 정부 때에 제2차 남북 정상회담이 개최된 후 10·4 남북 공동 선언문이 채택되어 기본 8개 조항에 합의하고 공동으로 서명하였다.

⑤ 남북 조절 위원회 구성 → 박정희 정부
박정희 정부 때에는 7·4 남북 공동 성명을 실천하기 위한 남북 조절 위원회를 구성하였다.

 핵심노트 ▶ 노태우 정부의 통일 정책

• 7·7선언(1988) : 북한을 적대의 대상이 아니라 상호 신뢰·화해·협력을 바탕으로 공동 번영을 추구하는 민족 공동체 일원으로 인식
• 한민족 공동체 통일 방안(1989) : 자주·평화·민주의 원칙 아래 제시
• 남북 고위급 회담, 남북한 유엔 동시 가입(1991) : 제46차 유엔 총회에서 남북한이 각각 별개의 의석을 가진 회원국으로 유엔에 가입
• 남북 기본 합의서 채택(1991. 12)·발효(1992) : 상호 화해와 불가침, 교류 및 협력 확대 등을 규정
• 한반도 비핵화 공동 선언 채택(1991. 12)·발효(1992) : 핵무기의 보유나 사용금지 등을 규정

제03회 기출분석 예상문제 정답 및 해설

01 구석기 시대의 생활 모습

> **암기박사** 동굴, 막집 ⇒ 구석기 시대

정답 ②

정답 해설

경기도 고양시 도내동 유적 발굴 현장에서 발견된 주먹도끼, 찌르개, 돌날 등은 모두 구석기 시대의 도구들로, 이 시기에는 주로 동굴이나 강가의 막집에서 살면서 도구를 사용하여 사냥을 하거나 어로, 채집 생활을 하였다.

오답 해설

① 가락바퀴 : 실을 뽑는 도구 → 신석기 시대
신석기 시대에는 농경과 정착 생활이 시작되었으며, 가락바퀴를 이용하여 실을 뽑고 뼈바늘로 옷을 지어 입었다. → 방추차

③ 고인돌 축조 → 청동기 시대 → 골침
많은 인력을 동원하여 지배층(족장)의 무덤인 고인돌을 축조한 시기는 청동기 시대로 당시 계급의 분화 및 지배층의 권력을 반영한다.

④ 쟁기, 쇠스랑 : 철제 농기구 → 철기 시대
철기 시대에는 기존의 석기나 목기 외에 쟁기, 쇠스랑 등의 철제 농기구를 사용하여 농사를 지었다.

⑤ 빗살무늬 토기 → 신석기 시대
신석기 시대에는 빗살무늬 토기를 이용하여 식량을 저장하였다.

> **핵심노트** ▶ 구석기 시대의 주거 생활
> - 대부분 자연 동굴에 거주하였으며, 바위 그늘(단양 상시리)이나 강가에 막집(공주 석장리)을 짓고 거주하기도 함
> - 구석기 후기의 막집 자리에는 기둥 자리와 담 자리, 불 땐 자리가 남아 있음
> - 주거지의 규모 : 작은 것은 3~4명, 큰 것은 10명 정도가 살 수 있을 정도의 크기

02 고조선의 우거왕

> **암기박사** 우거왕 : 위만 조선의 마지막 왕 ⇒ 한(漢)의 침략에 맞서 항전

정답 ⑤

정답 해설

ㄷ. 한 무제가 파견한 군대에 맞서 싸운 시기는 우거왕 때로, 고조선의 세력이 강해지자 한나라 무제가 사신 섭하의 살해를 빌미로 군대를 보내 왕검성을 공격하였다.
ㄹ. 한의 2차 침입에 성기(成己)가 항전하였으나, 고조선의 내분으로 위만 조선의 마지막 왕인 우거왕이 암살되고, 주화파의 항복으로 왕검성이 함락되었다.

오답 해설

ㄱ. 준왕을 몰아냄 → 위만
위만은 유이민 세력의 규합 및 세력 확대 그리고 고조선과 한(漢) 사이의 긴장 관계를 이용해 준왕을 몰아내고 스스로 왕이 되었다 (BC 194).

ㄴ. 진번·임둔 복속 → 위만
위만은 예(濊)·진번·임둔 등을 편입하고 옥저·동예를 복속하는 등 우세한 무력을 바탕으로 활발한 정복 사업을 전개하여 넓은 영토를 차지하였다.

> **핵심노트** ▶ 한(漢) 무제에 맞선 우왕의 항전
> - 1차 접전(패수)에서 고조선은 대승을 거두었고 위만의 손자인 우거왕이 1년간 항전
> - 2차 침입에 대신 성기(成己)가 항전하였으나, 고조선의 내분(주전파·주화파의 분열)으로 우거왕이 암살되고, 주화파의 항복으로 왕검성(평양성)이 함락됨(BC 108)

03 부여와 동예의 풍속

> **암기박사** (가) 우제점법 ⇒ 부여
> (나) 책화(責禍) ⇒ 동예

정답 ①

정답 해설

(가) 부여 / (나) 동예
(가) 부여는 점성술이 발달하여 소를 죽여 그 굽으로 길흉을 점치는 우제점법이 존재하였다. 부여는 왕 아래에 가축의 이름을 딴 마가(馬加)·우가(牛加)·저가(猪加)·구가(狗加) 등의 4가(加)가 있었으며, 각 제가(諸加)들이 별도로 사출도를 주관하였다. →왕이 직접 통치하는 중앙과 합쳐 5부를 구성 : 5부족 연맹체
(나) 동예는 대군장이 없이 후(候)·읍군·삼로가 하호를 통치하였고, 읍락 간의 경계를 중시하는 책화(責禍)가 있어서 부족의 영역을 엄격히 구분하였다. 또한 동성끼리는 결혼하지 않았다. → 족외혼(族外婚)

오답 해설

② 특산물 : 단궁, 과하마, 반어피 → 동예
동예는 토지가 비옥하고 해산물이 풍부하여 농경·어로 등 경제생활이 윤택하였으며, 특산물로 단궁, 과하마, 반어피 등이 유명하였다.

③ 제가 회의 : 귀족 회의체 → 고구려
제가 회의는 고구려의 귀족 회의체로, 국가의 중요 결정을 각 부의 귀족들로 구성된 회의체에서 행하였다.

④ 범금 8조 : 사회 질서 유지 법 → 고조선
범금 8조는 사회의 기본 규율을 정한 법으로 고조선 사회 전체에 해당하는 만민법이다. → 8개조 중 3개 조목의 내용만이 반고(班固)의 <한서지리지>에 전해짐

⑤ 천군 : 제사장, 소도 : 신성 지역 → 삼한
별읍의 신성 지역인 소도(蘇塗)는 천군이 의례를 주관하고 제사를 지내는 곳으로, 제정 분리에 따라 군장(법률)의 세력이 미치지 못하며 죄인이 이곳으로 도망을 하여도 잡아가지 못하였다.

> **핵심노트** ▶ 부여와 동예의 풍속
>
> | 부여 | 동예 |
> | --- | --- |
> | • 백의(白衣)를 숭상 | • 엄격한 족외혼 |
> | • 형사취수제(兄死娶嫂制) | • 책화(責禍)가 존재 |
> | • 순장·후장의 풍습 | • 점성술의 발달 |
> | • 우제점법(우제점복) | • 호랑이 토템 |
> | • 12월의 영고(迎鼓) | • 10월의 무천(舞天) |

제03회

04 가야 연맹의 재편

> 정답 ③
>
> **암기박사** 김해 : 금관가야 ⇒ 고령 : 대가야

정답 해설

고구려 광개토 대왕은 신라 내물왕의 요청을 받아 신라에 침입한 왜를 낙동강 유역에서 토벌하였으며(400), 이때 고구려군의 공격으로 김해의 금관가야가 몰락하면서 가야 연맹이 고령의 대가야를 중심으로 재편되었다. → 백제·왜·가야 연합군을 격파한 내용이 광개토대왕릉비에 기록

오답 해설

① 옥저 복속 → 고구려 : 태조왕
고구려 태조왕은 중앙 집권 체제를 확립하고 활발한 정복 전쟁으로 부전 고원을 넘어 옥저를 복속시켰다(1C).

② 고구려 평양성 공격 → 백제 : 근초고왕
백제 근초고왕은 고구려의 평양성을 공격하여 고국원왕을 전사시켰다(4C).

④ 신라 초기의 왕호 : 차차웅 → 신라 : 남해왕
차차웅은 신라 초기의 왕호로 신라 지배자의 칭호가 차차웅으로 바뀐 것은 제2대 남해왕 때이다(1C).

⑤ 대방군 축출 → 고구려 : 미천왕
고구려 미천왕은 낙랑군과 대방군을 축출하여 서로는 요하, 남으로는 한강에 이르는 영토를 확장하였다(4C).

핵심노트 ▶ 광개토 대왕(391~413)

- 소수림왕 때의 내정 개혁을 바탕으로 북으로 숙신(여진)·비려(거란)를 정복하는 등 만주에 대한 대규모의 정복 사업 단행으로 지배권 확대
- 남쪽으로 백제의 위례성을 공격하여 임진강·한강선까지 진출 → 64성 1,400촌 점령
- 서쪽으로 선비족의 후연(모용씨)을 격파하여 요동 지역 확보 → 요동을 포함한 만주 지역 지배권 확보
- 신라에 침입한 왜를 낙동강 유역에서 토벌(400)함으로써 한반도 남부에까지 영향력 행사
- 우리나라 최초로 '영락(永樂)'이라는 독자적 연호를 사용하여 중국과 대등함을 과시

05 가야 문화유산

> 정답 ③
>
> **암기박사** 판갑옷 ⇒ 가야 문화유산

정답 해설

김해 대성동은 김수로왕을 시조로 한 금관가야의 고분군이고, 고령 지산동은 이진아시왕을 시조로 한 대가야의 고분군이다. 판갑옷은 대표적인 가야의 문화유산으로, 당시 가야가 철의 나라라고 할 정도로 철이 많이 생산되었음을 알 수 있다.

오답 해설

① 산수 무늬 벽돌 → 백제 문화유산
충남 부여의 사비시대 절터에서 출토된 벽돌로, 불교적 요소와 도교적 요소를 함께 갖추고 있다. 산수 무늬의 화려한 장식은 당시 백제인들의 문화 수준과 이상적인 정신세계를 반영한다.

② 칠지도 → 백제 문화유산
칠지도는 백제 근초고왕이 왜왕에게 친선 외교의 목적으로 하사한 칼로서, 일본서기에 칠지도라 기록되어 있다.

④ 석수 → 백제 문화유산
백제의 무령왕릉에서 출토된 석수는 무덤을 수호하는 진묘수의 역할을 한 것으로 추정된다. → 무덤 수호를 목적으로 한 짐승 모양의 석상

⑤ 돌사자상 → 발해 문화유산
발해의 돌사자상은 정혜공주 무덤에서 출토된 두 개의 화강암 사자상이 대표적인데, 당나라의 돌사자상보다 크기가 작지만 강한 힘을 표현한 조각 수법이 돋보인다.

06 신라 진흥왕의 업적

> 정답 ②
>
> **암기박사** 화랑도를 국가 조직으로 개편 ⇒ 진흥왕

정답 해설

대화 내용 중 거칠부로 하여금 국사(國史)를 편찬하도록 한 왕은 신라의 진흥왕이다. 진흥왕은 국가적인 조직으로 화랑도(花郎徒)를 개편하였다. → 씨족 공동체의 전통을 가진 원화(源花)가 발전한 원시 청소년 집단

오답 해설

① 정전 지급 → 성덕왕
통일 신라의 성덕왕은 백성들에게 정전을 지급하여 농민에 대한 국가의 토지 지배력을 강화하였다.

③ 국학 설립 → 신문왕
통일 신라의 신문왕은 국학(國學)을 설립하여 유학 교육을 실시하고 유교 이념을 확립하였다.

④ 왕의 칭호 : 마립간 → 내물왕
신라 내물왕 때 김씨에 의한 왕위 계승권이 확립되고(형제 상속), 최고 지배자의 칭호도 대군장을 뜻하는 마립간으로 변경되었다.

⑤ 외사정 파견 : 지방관 감찰 → 문무왕
문무왕은 당을 축출하여 통일을 완수한 후 지방관 감찰을 위하여 외사정을 파견하였다.

핵심노트 ▶ 신라 진흥왕(540~576)의 업적

- 남한강 상류 지역인 단양 적성을 점령하여 단양 적성비를 설치(551)
- 백제 성왕과 연합하여 고구려가 점유하던 한강 상류 지역을 차지(551)
- 백제가 점유하던 한강 하류 지역 차지(553)
- 북한산비 설치(561)
- 고령의 대가야를 정복하는 등 낙동강 유역을 확보 → 창녕비, 561
- 원산만과 함흥평야 등을 점령하여 함경남도 진출 → 황초령비·마운령비, 568
- 화랑도를 공인(제도화)하고, 거칠부로 하여금 〈국사(國史)〉를 편찬하게 함 → 전하지 않음
- 황룡사·흥륜사를 건립하여 불교를 부흥하고, 불교 교단을 정비하여 주통·승통·군통제를 시행
- 최고 정무기관으로 품주(稟主)를 설치하여 국가기무와 재정을 담당하게 함

07 백제 부흥 운동

암기박사 흑치상지 : 임존성 전투 ⇒ 백제 부흥 운동

정답 ④

정답 해설

나·당 연합군이 황산벌 전투에서 백제를 멸망시킨 후 복신과 도침이 왕자 부여풍을 왕으로 추대하여 주류성(한산)에서 백제 부흥 운동을 전개하였고, 흑치상지와 지수신은 임존성(대흥)에서 소정방이 이끄는 당군을 격퇴하였다(660).

핵심노트 ▶ 백제 부흥 운동(660~663)

- 복신과 도침이 왕자 풍을 왕으로 추대하여 주류성(한산)에서 백제 부흥 운동 전개
- 흑치상지와 지수신은 임존성(대흥)에서 전개
- 왜에 원군을 요청하여 나·당 연합군과 백강에서 전투
- 지배층의 내분과 나·당 연합군의 공격으로 실패

08 백제의 마지막 왕 의자왕

암기박사 계백 : 황산벌 전투 ⇒ 백제 의자왕

정답 ⑤

정답 해설

사택지적비는 백제의 마지막 왕인 의자왕 때 사택지적이라는 사람이 세월의 덧없음을 한탄하며 만든 비이다. 신라의 김춘추가 당에 건너가 나·당 연합군을 결성하고 백제를 공격하자 의자왕은 계백의 결사대를 보내 신라군에 맞서 싸웠으나 패하여 멸망하였다(660).

오답 해설

① 익산 미륵사 창건 → 백제 무왕
   서동 설화의 주인공으로 알려진 백제 무왕은 삼국시대의 절 가운데 최대 규모인 익산 미륵사를 창건하였다(601).
② 사비 천도, 국호 : 남부여 → 백제 성왕
   백제 성왕은 웅진에서 사비로 천도하고 국호를 남부여로 변경하였다(538).
③ 수와 외교 관계 → 백제 무왕
   백제 무왕은 수에 사신을 보내 고구려 침공에 대해 대비하는 등 수와 외교 관계를 맺고 친선을 도모하였다(611).
④ 평양성 공격 : 고국원왕 전사 → 백제 근초고왕
   백제의 전성기를 이끈 근초고왕이 평양성을 공격하여 고구려의 고국원왕을 전사시켰다(371).

09 발해의 역사

암기박사 고구려 + 당 : 벽돌무덤 ⇒ 발해

정답 ⑤

정답 해설

대무예가 장문휴를 보내 당의 등주를 공격한 나라는 발해이다. 발해는 정혜 공주 무덤 등에서 볼 수 있는 것처럼 고구려와 당의 양식이 혼합된 벽돌무덤을 만들었다.

오답 해설

① 평양 : 서경 중시 → 고려 태조
   고려 태조는 평양을 서경으로 삼아 중시하고 북진 정책의 전진 기지로 삼았다.
② 후연 격파, 백제 공격 → 고구려 광개토 대왕
   고구려 광개토 대왕은 서쪽으로 선비족의 후연을 격파하여 요동 지역을 확보하였으며, 백제의 위례성을 공격하여 임진강·한강 선까지 진출하였다.
③ 22담로 : 왕족 파견 → 백제 무령왕
   백제 무령왕은 지방 통제를 강화하기 위해 지방의 주요 지점에 22담로를 설치하고 왕족을 파견하였다.
④ 완도 : 청해진 설치 → 통일 신라 장보고
   통일 신라의 장보고는 완도에 청해진을 설치해 해상 무역을 장악하였으며, 국제 무역의 거점으로 번성하였다.

핵심노트 ▶ 발해의 고구려 계승 근거

- 건국 주도 세력과 지배층, 사신의 대부분이 고구려인
- 일본과의 외교 문서에서 고려 및 고려국왕이라는 명칭 사용
- 고구려 문화의 계승 : 발해 성터, 수도 5경, 궁전의 온돌 장치, 천장의 모줄임 구조, 사원의 불상 양식, 와당의 연화문, 이불병좌상(법화 신앙), 정혜공주 무덤 양식 등

10 발해의 문화유산

암기박사 발해 석등 ⇒ 발해의 문화유산

정답 ③

정답 해설

효의황후와 순목황후의 묘는 모두 발해 공주의 묘이다. 발해의 수도였던 상경에 남아 있는 발해 석등은 발해의 문화유산으로, 8각의 기단 위에 볼록한 간석을 두고 연꽃을 조각하여 고구려의 영향을 받았으며, 발해 석조 미술의 대표로 꼽힌다.

오답 해설

① 연가 7년명 금동 여래 입상 → 고구려 문화유산
   두꺼운 의상과 긴 얼굴 모습에서 북조 양식을 따르고 있으나, 강인한 인상과 은은한 미소에는 고구려의 독창성이 보인다.
② 금동 대향로 → 백제 문화유산
   금동 대향로는 백제의 금속 공예 기술이 중국을 능가할 정도로 매우 뛰어났음을 보여 주는 걸작품으로, 불교와 도교의 요소를 반영하고 있다.
④ 쌍봉사 철감선사탑 → 통일 신라 문화유산
   전라남도 화순군의 쌍봉사에 있는 통일 신라의 승탑으로, 철감선사 도윤의 사리가 봉인되어 있다.
⑤ 장군총 → 고구려 문화유산
   만주 퉁거우 지역에 소재하고 있는 고구려의 대표적인 돌무지 무덤으로 장수왕릉으로 추정된다. 계단식으로 화강암을 7층으로 쌓아올렸으며, 일반적인 석총이 그렇듯이 내부에 벽화가 없는 것이 특징이다.

제03회

11 고려 시대의 역사

정답 ⑤

암기박사 왕규의 난(혜종) ⇒ 과거제 시행(광종) ⇒ 12목 설치(성종)

정답 해설

- (다) 왕규의 난(945) : 고려 혜종 때 왕위 계승을 둘러싸고 왕실의 외척인 왕규가 자신의 손자인 광주원군을 왕위에 옹립하기 위해 난을 일으켰다.
- (나) 과거제 시행(958) : 고려 광종 때 인재를 등용하기 위해 한림학사 쌍기를 지공거로 임명하고 과거 제도를 시행하였다.
- (가) 12목 설치(983) : 고려 성종은 시무 28조에 따라 전국의 주요 지역에 12목을 설치하고 지방관을 파견하였다.
  └→ 과거를 관장하는 시험관

12 궁예의 활동

정답 ⑤

암기박사 후고구려 : 궁예 ⇒ 국호 마진, 철원 천도

정답 해설

신라 왕족 출신의 궁예가 초적·도적 세력을 기반으로 반신라 감정을 자극하면서 세력을 확대한 후, 양길(梁吉)을 몰아내고 송악(개성)에서 후고구려를 건국하였다. 궁예는 국호를 마진(摩震)으로 고치고 철원으로 천도한 후 다시 국호를 태봉(泰封)으로 변경하였다.

오답 해설

① 김흠돌의 반란 진압 → 통일 신라 : 신문왕
  신문왕의 장인인 김흠돌 등이 반란을 일으켰으나 신문왕은 이를 진압하고 진골 세력을 숙청하여 전제 왕권을 강화하였다(681).
② 고창 전투에서 패배 → 후백제 : 견훤
  후백제의 견훤이 고창 전투에서 고려 태조 왕건이 이끄는 고려군에게 패하였다(930).
③ 신라 경애왕 살해 → 후백제 : 견훤
  견훤은 후백제를 건국한 후 신라의 수도인 금성을 습격하여 경애왕을 자결시켰다(927).
④ 고려 왕건에게 귀부 → 후백제 : 견훤
  왕위 계승 문제로 반란을 일으킨 견훤의 장남 신검에 의해 금산사에 유폐된 견훤이 탈출하여 왕건에게 귀부하였다(935).

핵심노트 ▶ 궁예의 후고구려 건국

- **건국** : 권력 투쟁에서 밀려난 신라 왕족 출신의 궁예가 초적·도적 세력을 기반으로 반신라 감정을 자극하면서 세력을 확대한 후, 양길(梁吉)을 몰아내고 송악(개성)에서 건국 → 북진·패강진의 군진 세력
- **영토 확장** : 한강 유역을 차지한 후 조령(鳥嶺)을 넘어 상주·영주 일대를 차지하는 등 옛 신라 땅의 절반 이상을 확보
- 국호를 마진(摩震)으로 고치고(904) 철원으로 천도(905), 다시 국호를 태봉(泰封)으로 변경(911)
- 골품제도를 대신할 새로운 신분 제도 모색
- 국정을 총괄하는 광평성(廣評省)을 비롯한 여러 관서를 설치하고, 9관등제를 실시

13 고려 시대의 관학 진흥 정책

정답 ③

암기박사 고려 시대 : 관학 진흥 정책 ⇒ 양현고, 7재

정답 해설

고려 중기 최충의 문헌공도를 비롯한 사학 12도의 융성으로 관학 교육이 위축되었다.

ㄴ. 고려 예종 때 관학의 재정 기반을 강화하기 위해 양현고를 설치하여 장학 기금을 마련하였다.
ㄷ. 고려 예종 때 관학 진흥을 위해 국자감에 전문 강좌인 7재(七齋)를 두어 운영하였다. → 여택재, 대빙재, 경덕재, 구인재, 복응재, 양정재, 강예재

오답 해설

ㄱ. 독서삼품과 실시 → 통일 신라 시대
  통일 신라의 원성왕은 독서삼품과를 실시하여 유교 경전의 이해 수준에 따라 3등급으로 구분해 인재를 등용하였다.
ㄹ. 4부 학당 : 유학 경전 교육 → 조선 시대 → 상품·중품·하품
  조선 시대에는 수도 한양에 중등 교육 기관인 4부 학당을 두어 유학 경전을 교육하였다.

핵심노트 ▶ 고려의 교육 제도

관학	• 국자감 : 개경에 국립대학인 국자감(국학)을 설치 • 향교 : 지방에 국립 중등교육기관인 향교(鄕校)가 설치되어, 지방 관리와 서민자제들의 교육 및 제사 기능을 수행 → 기술학부는 없고 유학만 교육
사학	사학 12도 : 문헌공도(최충), 홍문공도(정배걸), 광헌공도(노단), 남산도(김상빈), 정경공도(황영), 서원도(김무체), 문충공도(은정), 양신공도(김의진), 충평공도(유감), 정헌공도(문정), 서시랑도(서석), 귀산도(설립자 미상)

14 보조국사 지눌

정답 ⑤

암기박사 수선사 결사 : 돈오점수, 정혜쌍수 ⇒ 보조국사 지눌

정답 해설 → 인간의 마음이 곧 부처의 마음임을 깨닫고 그 뒤에 깨달음을 꾸준히 실천하는 것

순천의 송광사에서 불교계의 타락상을 비판하고 수선사 결사 운동을 전개한 인물은 보조국사 지눌이다. 조계종을 창시한 그는 돈오점수를 주장하며 수행 방법으로 정혜쌍수를 내세웠다.
  → 선정과 지혜를 같이 닦아야 한다는 것

오답 해설

① 무애가 : 불교 대중화 → 원효 → 모든 논쟁을 화합으로 바꾸려는 불교 사상
  원효는 일심과 화쟁 사상을 중심으로 몸소 아미타 신앙을 전개하고 무애가를 지어 불교 대중화에 노력하였다.
② 화엄일승법계도 : 화엄 사상 정리 → 의상
  의상은 해동 화엄사의 시조로서 화엄일승법계도를 지어 화엄 사상을 정리하였다.
③ 해동 천태종 개창 : 불교 교단 통합 → 의천
  대각국사 의천은 교종을 중심으로 선종을 통합하기 위하여 국청사를 창건하고 해동 천태종을 개창하였다.

④ **왕오천축국전 : 인도와 중앙아시아 기행 → 혜초**
왕오천축국전은 혜초가 인도와 중앙아시아의 풍물을 기록한 기행문으로 현재 프랑스 국립 도서관에 소장되어 있다.
→ 프랑스 학자 펠리오(Pelliot)가 간쑤성 둔황의 석굴에서 발견

핵심노트 ▶ 보조국사 지눌(1158~1210)

- **선·교 일치 사상의 완성** : 조계종을 창시해 선종을 중심으로 교종을 포용하여 선·교 일치 사상의 완성을 추구 → 최씨 무신 정권의 후원으로 조계종 발달
- **정혜쌍수** : 선정과 지혜를 같이 닦아야 한다는 것으로, 선과 교학이 근본에 있어 둘이 아니라는 사상 체계를 말함 → 철저한 수행의 선도
- **돈오점수** : 인간의 마음이 곧 부처의 마음임을 깨닫고(돈오) 그 뒤에 깨달음을 꾸준히 실천하는 것(점수)을 말함 → 꾸준한 수행으로 깨달음의 확인을 아울러 강조
- **수선사 결사 운동** : 명리에 집착하는 무신 집권기 당시 불교계의 타락상을 비판하고 승려 본연의 자세로 돌아가 독경과 선 수행 등에 고루 힘쓰자는 개혁 운동. 송광사를 중심으로 전개

15 고려 성종의 정책

암기박사 최승로 : 시무 28조 ⇒ 고려 성종

정답 ⑤

정답 해설

고려 태조 때의 빈민 구제 기관인 흑창을 계승하여 의창을 설치한 것은 고려 성종 때의 일이다. 고려 성종은 최승로의 시무 28조를 받아들여 통치 체제를 정비하고 유교 정치 이념을 확립하였다.

오답 해설

① **연호 : 천수 → 고려 태조**
궁예를 몰아내고 고려를 건국한 태조 왕건은 천수라는 독자적인 연호를 사용하였다.

② **관학 진흥 : 양현고 설치 → 고려 예종**
고려 예종은 국립 교육 기관인 국자감 내에 관학을 진흥하고자 교육 장학 재단인 양현고를 설치하였다.

③ **독서삼품과 실시 : 관리 채용 → 통일 신라 원성왕**
통일 신라의 원성왕은 독서삼품과를 실시하여 유교 경전의 이해 수준에 따라 3등급으로 구분해 관리를 채용하였다.

④ **쌍성총관부 공격 : 철령 이북 수복 → 고려 공민왕** → 상품·중품·하품
고려 공민왕 때 유인우, 이자춘 등이 쌍성총관부를 공격하여 원에 빼앗긴 철령 이북의 땅을 수복하였다.

핵심노트 ▶ 고려 성종의 업적

- 최승로의 시무 28조 수용
- 2성 6부 체제 확립
- 중추원, 삼사 설치
- 도병마사, 식목도감 설치
- 12목 설치, 지방관 파견
- 향리 제도 확립
- 국자감 개칭, 향교 설치
- 의창, 상평창 설치
- 건원중보 주조

16 강감찬의 귀주대첩

암기박사 거란의 3차 침입 : 강동 6주의 반환 요구 ⇒ 강감찬 : 귀주 대첩

정답 ④

정답 해설

강동 6주의 반환 등을 요구하며 10만 대군의 소배압이 이끄는 거란의 3차 침입에 맞서 강감찬은 귀주대첩에서 대승을 거두었다(1019). 이후 고려는 개경에 나성을 축조하고, 압록강에서 동해안의 도련포에 이르는 천리장성을 쌓아 국방을 강화하였다.

오답 해설

① **홍건적의 2차 침입 → 공민왕 : 최영·이성계**
홍건적의 2차 침입 때 개경이 함락되자 공민왕은 복주(안동)로 피란하였고 최영, 이성계 등이 격퇴하였다(1361).

② **몽골의 2차 침입 → 김윤후 : 처인성 전투**
몽골의 2차 침입 때 처인성 전투에서 김윤후가 이끄는 민병과 승병에 의해 적장 살리타가 사살되자 몽골은 퇴각하였다(1232).

③ **쌍성총관부 공격 → 공민왕 : 유인우**
고려 공민왕 때 유인우는 쌍성총관부를 공격하여 원에 빼앗긴 철령 이북의 땅을 수복하였다(1356).

⑤ **황산 대첩 : 왜구 격퇴 → 이성계**
고려 말 이성계는 내륙까지 쳐들어와 약탈하던 왜구를 황산 대첩에서 무찌르고 백성들의 지지를 얻었다(1380).

핵심노트 ▶ 거란의 침입

구분	원인	결과
1차 침입(성종 993)	송과의 단절 요구, 정안국의 존재	서희의 외교 담판 → 강동 6주 획득
2차 침입(현종 1010)	강조의 정변	양규의 귀주 전투
3차 침입(현종 1018)	현종의 입조 및 강동 6주 반환 거부	강감찬의 흥화진 전투 & 귀주대첩

17 고려 시대의 경제 상황

암기박사 경시서 : 시전 감독 ⇒ 고려 시대

정답 ②

정답 해설

고려 숙종 때에는 화폐 유통의 촉진을 도모하기 위해 주전도감을 설치하여 해동통보를 발행하였으나 널리 사용되지는 못하였다. 고려 시대에는 시전을 감독하기 위해 수도 개성에 경시서가 설치되었는데, 경시서에서는 물가를 조절하고 상품 종류를 통제하였다.
→ 관허 상설 상점 : 관수품 조달, 국고 잉여품 처분

오답 해설

① **부경(桴京) : 창고 → 고구려**
고구려의 대가들과 지배층인 형(兄)은 농사를 짓지 않는 좌식 계층으로, 집집마다 부경(桴京)이라는 창고를 두었다.

③ **감자, 고구마 : 구황 작물 재배 → 조선 후기**
조선 후기에는 일본에서 들여 온 고구마와 청에서 들여 온 감자 등의 구황 작물이 널리 재배되었다.
→ 기후가 불순한 흉년에도 비교적 안전한 수확을 얻을 수 있는 작물

제03회

④ 농가집성 : 모내기법 소개 → 조선 중기
　조선 중기 효종 때 신속이 농사직설을 증보하여 벼농사 중심의 모내기법 등을 소개한 농가집성을 편찬하였다.
⑤ 개시 무역, 후시 무역 → 조선 시대
　조선 후기에는 대청 무역이 활발해지면서 의주의 중강과 중국 봉황의 책문 등 국경 지대에서 개시 무역과 후시 무역이 이루어졌다. ← 공무역 / ← 사무역

핵심노트 ▶ 고려 시대의 상업 활동

- 상업 활동의 성격 : 주로 도시를 중심으로 하여 물물 교환의 형태로 이루어졌으며, 촌락의 상업 활동은 부진 → 관수품 조달, 군고 있어풍 처분
- 시전 설치 : 개경에 시전(관허 상설 상점)을 설치, 경시서에서 관리 · 감독
- 관영 상점 : 개경 · 서경 · 동경 등의 대도시에 주로 설치, 주점 · 다점 · 서적점 → 관청 수공업장의 생산품 판매
- 비정기적 시장 : 대도시에 형성되어 도시 거주민의 일용품을 매매
- 경시서(京市署) 설치 : 매점매석과 같은 상행위를 감독 → 조선의 평시서
- 상평창 설치 : 개경과 서경, 12목에 설치된 물가 조절 기관

18 대각국사 의천

암기박사 천태종 창시, 교관겸수 주장 ⇒ 대각국사 의천
정답 ⑤

정답 해설

고려 숙종의 동생인 대각국사 의천은 교종을 중심으로 선종을 통합하기 위하여 국청사를 창건하고 해동 천태종을 창시하였다. 이론 연마와 수행을 함께 강조하는 교관겸수(敎觀兼修)를 제창하고 지관(止觀)을 강조하였다.

오답 해설

① 법화 신앙 : 백련결사 주도 → 원묘국사 요세
　원묘국사 요세(了世)는 강진 만덕사(백련사)에서 법화 신앙을 중심으로 백련결사(白蓮結社)를 조직하고 불교 정화 운동을 전개하였다.
② 정혜사 결성 : 불교계 개혁 → 보조국사 지눌
　조계종을 창시한 보조국사 지눌은 정혜사를 결성하여 불교계를 개혁하고자 하였고, 돈오점수를 바탕으로 한 꾸준한 수행과 정혜쌍수를 그 수행 방법으로 내세웠다.
③ 유불 일치설 : 심성 도야 → 진각국사 혜심
　진각국사 혜심은 유불 일치설(儒佛一致說)을 주장하여 심성의 도야를 강조하였다.
④ 해동고승전 : 우리나라 최고(最古)의 승전 → 각훈
　각훈의 「해동고승전」은 삼국 시대의 승려 33명의 전기를 수록한 우리나라 최고(最古)의 승전으로, 우리 불교사를 중국과 대등한 입장에서 서술하고 교종의 입장에서 불교 역사와 사상을 정리하였다.

핵심노트 ▶ 대각국사 의천

해동 천태종의 개조로 문종의 넷째 아들이다. 문종과 어머니 인예왕후의 반대를 무릅쓰고 몰래 송으로 건너가 불법을 공부한 뒤 귀국하여 흥왕사의 주지가 되었다. 그는 그곳에 교장도감을 두고 송 · 요 · 일본 등지에서 수집해 온 불경 등을 교정 · 간행하였다. 교선일치를 주장하면서, 교종과 선종으로 갈라져 대립하던 고려의 불교를 융합하고자 하였다.

19 이제현의 활동상

암기박사 이제현 ⇒ 원의 만권당, 「사략」
정답 ③

정답 해설

충선왕 때 이제현은 원의 만권당에서 성리학에 대한 이해를 심화하였고, 귀국 후 이색 등에게 영향을 주어 성리학 전파에 이바지하였다. 이러한 성리학적 유교 사관에 입각하여 역사서인 「사략」을 저술하였다.

오답 해설

① 고려에 성리학을 최초로 소개 → 안향
　충렬왕 때 안향이 원으로부터 고려에 성리학을 최초로 소개하였다.
② 9재 학당 → 최충
　고려 시대에는 사학이 크게 발달하였는데, 최충의 9재 학당을 비롯하여 사학 12도가 융성하였다.
④ 양명학 연구 → 정제두 : 강화 학파
　조선 후기 정제두는 성리학을 비판하고 지행합일의 실천성을 강조하는 양명학을 연구하여 강화 학파를 형성하였다.
⑤ 성학십도 저술 → 이황
　성학십도는 퇴계 이황이 선조에게 올린 것으로 군왕의 도(道)에 관한 학문의 요체를 도식으로 설명하였다.

20 동지의 풍속

암기박사 작은설, 아세(亞歲), 팥죽 ⇒ 동지
정답 ②

정답 해설

24절기의 하나인 동지는 일 년 중 밤이 가장 긴 날로 작은설 또는 아세(亞歲)라고 부른다. 양력 12월 22일 경이며, 민가에서는 잡귀잡신의 침입을 막기 위해 새알심을 넣은 팥죽을 쑤어 먹었다.

오답 해설

① 송편 → 추석
　추석은 음력 8월 15일로 중추절, 한가위 등으로 불리며, 햅쌀로 송편을 빚고 햇과일 등의 음식을 장만하여 차례를 지낸다.
③ 화전 → 삼짇날
　삼짇날은 음력 3월 3일로 진달래가 피는 봄이면 찹쌀가루로 빚은 전 위에 진달래꽃을 올려 화전을 부쳐 먹는다.
④ 오곡밥 → 정월 대보름
　정월 대보름은 음력 1월 15일로 땅콩, 호두, 밤 등의 부럼을 깨물어 먹거나 쌀, 조, 수수, 팥, 콩 등을 섞은 오곡밥을 지어 먹는다.
⑤ 수리취떡 → 단옷날
　단옷날은 음력 5월 5일로 수레바퀴 모양의 떡살로 문양을 낸 수리취떡을 해먹고, 여자는 창포물에 머리를 감고 그네를 뛰며 남자는 씨름을 한다.

21 조선 태종 재위 시기의 사실

정답 ⑤

암기박사 혼일강리역대국도지도 ⇒ 조선 태종

정답 해설

하륜의 건의로 육조 직계제를 시행하여 의정부의 권한을 약화시키고 왕권을 강화한 왕은 조선 태종이다. 이 시기에 권근, 김사형, 이회 등이 세계 지도인 혼일강리역대국도지도를 제작하였는데 이는 현존하는 동양 최고(最古)의 세계 지도이다.

오답 해설

① 홍문관 설치 → 성종
조선 성종 때에는 집현전을 계승한 홍문관이 설치되었는데, 학술 · 언론 기관으로 경서 및 사적 관리, 왕의 정치적 고문 역할을 담당하였다. → 조선 시대의 삼사 : 사헌부·사간원·홍문관

② 동의보감 간행 → 광해군 : 허준
광해군 때에는 허준이 전통 한의학을 체계적으로 정리한 동의보감이 간행되어 의료 지식의 민간 보급에 기여하였다.

③ 측우기 제작 → 세종 : 장영실
조선 세종 때에는 장영실이 세계 최초로 측우기를 만들어 전국 각지의 강우량을 측정하였다.

④ 동국문헌비고 편찬 → 영조 : 홍봉한
조선 영조 때에는 홍봉한 등이 지리 · 정치 · 경제 · 문화 등을 체계적으로 정리한 한국학 백과사전인 동국문헌비고를 편찬하였다.

핵심노트 ▶ 조선 태종의 업적

- **국왕 중심의 통치 체제 정비** : 의정부 권한의 약화, 육조 직계제 채택, 사병 혁파, 언론 · 언관의 억제, 외척과 종친 견제
- **경제 기반의 안정** : 호패법 실시, 양전 사업 실시, 유향소 폐지, 노비변정도감 설치
- **억불숭유** : 사원 정리, 사원전 몰수, 서얼 차대법, 삼가 금지법
- **기타 업적** : 신문고 설치, 주자소 설치, 아악서 설치, 사섬서 설치, 5부 학당 설치
  → 계미자 등 동활자 주조   → 지폐인 저화 발행

22 법주사 팔상전

정답 ①

암기박사 현존 유일의 조선 시대 목탑 ⇒ 법주사 팔상전

정답 해설

국보 제55호인 법주사 팔상전은 현존하는 유일의 조선 시대 목탑으로 임진왜란 때 불타 없어지고 인조 때 다시 조성하였다. 충북 보은군 법주사에 있으며, 석가모니의 일생을 여덟 폭의 그림으로 나누어 그린 팔상도가 있어 팔상전이라고 한다.

오답 해설

② 김제 : 금산사 미륵전 → 한국의 유일한 법당
전북 김제시 금산사에 있는 조선 시대의 목조 건물로, 겉모양이 3층으로 된 한국의 유일한 법당이며 내부는 통층이다.

③ 구례 : 화엄사 각황전 → 현존하는 중층의 불전 중 가장 큰 규모
구례 화엄사의 각황전은 조선 숙종 때 계파대사가 중건한 중층의 대불전으로 현존하는 중층의 불전 중 규모가 가장 크다. 정면 7칸, 측면 5칸의 팔작지붕으로 2층의 다포식 건물이며 내부가 통층으로 되어 웅장감을 준다.

④ 부여 : 무량사 극락전 → 조선 중기의 중층 불전
충남 부여군 무량사에 있는 조선 중기의 중층 불전 건축물로, 외관상으로 보면 중층이나 내부는 상하층의 구분 없이 하나로 통해 있다.

⑤ 공주 : 마곡사 대웅보전 → 조선 후기의 중층 불전
충남 공주시 마곡사에 있는 조선 후기의 불전으로, 중층 건물이면서 하층 모서리칸을 모두 장방형으로 구성한 것과 고주를 생략하고 기둥을 배열한 결과 상하층의 평면과 기둥열이 다른 것이 특징이다.

23 조광조의 개혁 정치

정답 ②

암기박사 위훈 삭제, 소학 보급, 공납 개선 ⇒ 조광조

정답 해설

조선 중종 때 조광조는 현량과를 통해 사림을 대거 등용하고 소학의 보급과 공납의 개선을 주장하였으며 주자가례를 장려하고 유향소 철폐를 주장하는 등 개혁 정치를 추진하였다. 그러나 위훈 삭제(僞勳削除)를 요구하다 주초위왕(走肖爲王) 사건으로 축출되었다.
→ 주(走)와 초(肖)를 합치면 조(趙)가 되므로, 조씨 성을 가진 사람이 왕이 된다는 뜻

오답 해설

① 조의제문 : 무오사화의 발단 → 김종직
연산군 때에 김종직이 지은 〈조의제문〉을 김일손이 사초(史草)에 올린 일이 발단이 되어 김일손 등이 처형되는 무오사화가 발생하였다. → 항우에게 왕위를 빼앗기고 죽은 초나라 의제를 기리는 내용을 통해 단종에게서 왕위를 빼앗은 세조를 비난한 글

③ 기축봉사 : 명에 대한 의리 강조 → 송시열
송시열은 효종에게 장문의 상소인 기축봉사를 올려 명에 대한 의리를 강조하고 북벌론을 주장하였다.

④ 예안 향약 : 향촌 교화 → 이황
이황은 경북 안동 예안 지방에 중국 여씨 향약을 모체로 한 예안 향약을 시행하여 향촌 교화를 위해 노력하였다.

⑤ 사변록 : 주자의 경전 해석 비판 → 박세당
박세당은 사변록에서 유교 경전에 대한 독자적 해석을 시도하였으나, 주자의 경전 해석을 비판하다 사문난적으로 몰려 학계에서 배척되었다.

핵심노트 ▶ 조광조의 개혁 정치

- **현량과(천거과) 실시** : 천거제의 일종인 현량과를 통해 사림을 대거 등용
- **위훈 삭제(僞勳削除)** : 중종 반정의 공신 대다수가 거짓 공훈으로 공신에 올랐다 하여 그들의 관직을 박탈하려 함 → 훈구 세력의 불만을 야기해 기묘사화 발생
- **이조 전랑권 형성** : 이조 · 병조의 전랑에게 인사권과 후임자 추천권 부여
- **도학 정치를 위한 성학군주론 주장** → 경연 및 언론 활성화를 주장
- 공납제의 폐단을 지적하고 대공수미법 주장
- 균전론을 내세워 토지소유의 조정(분배) 및 1/10세를 제시
- 향촌 자치를 위해 향약의 전국적 시행을 추진
- **불교 · 도교 행사 금지** : 승과제도 및 소격서 폐지
- 〈주자가례〉를 장려하고 유교 윤리 · 의례의 보급을 추진
- 〈소학〉의 교육과 보급운동을 전개 → 이를 통해 유교적 가치를 강조하고 지주전호제를 옹호
- 언문청을 설치하여 한글 보급
- 유향소 철폐를 주장

220

24 조선 시대 향리

암기박사 단안(壇案)에 등재 ⇒ 향리

정답 ④

정답 해설

제시문의 「연조귀감」은 조선 정조 때 이진흥이 향리의 사적(事蹟)을 모아 정리한 것이다. 군현에서 향리를 임용할 때에는 이족(吏族) 명부인 단안(壇案)의 등재자 중에서 임명하였다.
→ 벼슬아치의 이름, 생년월일, 출신 등을 기록한 책

오답 해설

① 신량역천 → 법제적 : 양인, 사회적 : 천민
신량역천(身良役賤)은 법제적으로 양인이나 사회적으로 천민 취급을 받는 사회 계층을 말한다.

② 매매·상속·증여의 대상 → 노비
노비는 재산으로 간주되어 매매·상속·증여의 대상이 되었으며, 노비 문서 및 노비 범죄를 관장하는 기관인 장례원에서 관리하였다.

③ 고려 시대의 화척, 재인 : 평민 → 조선 시대의 백정 : 천민
고려 시대의 화척(도살꾼)과 재인(광대)을 조선 세종 때부터 백정(白丁)이라 부르기 시작했다.

⑤ 시전 운영 : 관허 상인 → 시전 상인
시전 상인은 관허 상인으로, 시전을 운영하며 왕실이나 관청의 수요품을 조달하였다.

25 조선 시대 대일 정책

암기박사 통신사 파견, 동평관 설치 ⇒ 대일 정책

정답 ①

정답 해설

조선 선조 때 임진왜란이 발발하자 홍의 장군 곽재우가 경상도 의령에서 최초로 의병을 일으켰고, 조헌은 전라도로 향하는 왜군을 막기 위해 금산에서 의병을 일으켰다(1592).

ㄱ. 통신사 파견 : 임진왜란 이후에도 막부의 국교 재개 요청으로 조선은 19세기 초까지 12회에 걸쳐 통신사를 파견하여 조선의 선진 문물을 일본에 전파하였다.

ㄴ. 동평관 설치 : 조선 태종은 일본 사신이 와서 머물던 숙소인 동평관을 한성에 설치하고 일본과의 무역을 허용하였다.

→ 정월 초하루에 보내는 사신
→ 황제의 탄신일에 보내는 사신
→ 동지에 보내는 사신

오답 해설

ㄷ. 하정사, 성절사, 동지사 → 명·청에 보낸 사절단
조선은 건국 직후부터 명·청에 매년 정기적 또는 부정기적으로 하정사, 성절사, 동지사 등으로 불리는 사절단을 파견하였다.

ㄹ. 어윤중 → 서북 경략사 → 청
고종은 어윤중을 서북 경략사로 임명하여 청과의 국경, 무역, 국방에 관한 사무를 관장토록 하였다.

핵심노트 ▶ 조선 시대 일본과의 관계

1419 (세종 1)	쓰시마 섬 정벌	이종무
1426 (세종 8)	3포 개항	• 부산포(동래), 제포(진해), 염포(울산) • 개항장에 왜관 설치, 제한된 범위의 교역 허가
1443 (세종 25)	계해약조	제한된 조공 무역 허락 → 세견선 50척, 세사미두 200석, 거류인 60명
1510 (중종 5)	3포 왜란, 임시 관청으로 비변사 설치	임신약조 체결(1512) → 제포만 개항, 계해약조와 비교했을 때 절반의 조건으로 무역 허락
1544 (중종 39)	사량진 왜변	무역 단절, 일본인 왕래 금지
1547 (명종 2)	정미약조	세견선 25척, 인원 제한 위반 시 벌칙 규정의 강화
1555 (명종 10)	을묘왜변	국교 단절, 제승방략 체제로 전환, 비변사의 상설 기구화
1592 (선조 25)	임진왜란, 정유재란(1597)	비변사의 최고 기구화 → 왕권 약화 및 의정부·육조의 유명무실화 초래
1607~1811	통신사 파견(12회)	국교 재개(1607), 조선의 선진 문화를 일본에 전파
1609 (광해군 2)	기유약조	국교 회복, 부산포에 왜관 설치 → 세견선 20척, 세사미두 100석

26 조선 정조의 업적

암기박사 농사직설 편찬 ⇒ 조선 세종

정답 ⑤

정답 해설

사도세자, 신해통공, 수원화성 등은 모두 조선 정조와 관련된 검색어이다. 한편, 우리 풍토에 맞는 농법을 소개한 농사직설은 조선 세종 때 편찬되었는데, 중국의 농업 기술을 수용하면서 우리의 실정에 맞는 독자적인 농법을 정리하였다.

오답 해설

① 장용영 설치 → 정조
장용영은 정조 때 설치된 왕의 친위 부대로 한양에는 내영, 수원 화성에는 외영을 두었다.

② 초계문신제 실시 → 정조
조선 정조는 신진 인물이나 중·하급 관리 가운데 능력 있는 자들을 재교육시키고 시험을 통해 승진시키는 초계문신제를 실시하였다.

③ 서얼 출신 규장각 검서관 기용 → 정조
정조 때 박제가, 이덕무, 유득공 등 서얼 출신의 학자들이 규장각 검서관에 기용되었다.
→ 규장각 각신의 보좌, 문서 필사 등의 업무를 맡은 관리

④ 금난전권 폐지 → 정조
정조는 육의전을 제외한 시전 상인의 금난전권을 폐지하는 신해통공을 실시하였다.
→ 명주, 종이, 어물, 모시와 베, 무명, 비단을 파는 점포
→ 시전 상인이 왕실이나 관청에 물품을 공급하는 대신 부여받은 독점 판매권으로, 난전을 단속할 수 있는 권한

핵심노트 ▶ 조선 정조의 업적

- **탕평 정치** : 진붕과 위붕의 구분, 남인(시파) 중용
- **왕권 강화** : 능력 인사 중용, 규장각의 설치·강화, 서얼 등용, 초계문신제 시행, 장용영 설치
- **수원 화성 건설** : 정치적·군사적 기능 부여, 정치적 이상 실현, 화성 행차
- **수령의 권한 강화** : 수령이 군현 단위의 향약을 직접 주관, 지방 사족의 향촌 지배력 억제, 국가의 통치력 강화
- **문물·제도 정비** : 민생 안정과 서얼·노비의 차별 완화, 청과 서양의 문물 수용, 실학 장려, 신해통공(1791), 문체 반정 운동
- **편찬** : 대전통편, 추관지·탁지지, 동문휘고, 증보문헌비고, 무예도보통지, 제언절목, 규장전운, 홍재전서·일득록
- **활자** : 정리자, 한구자, 생생재(목판) 등 주조

27 추사 김정희

암기박사 세한도 : 문인화의 대표작 ⇒ 추사 김정희 **정답** ⑤

정답 해설

세한도는 화가가 아닌 선비가 그린 문인화의 대표작으로, 조선 후기의 학자 추사 김정희가 제주도에서 유배 생활 중에 제자 이상적이 청에서 귀한 책들을 구해다 준 것에 대한 답례로 그려준 작품이다.

오답 해설

① **초충도 → 신사임당**
초충도는 율곡 이이의 어머니인 신사임당이 그린 작품으로 풀과 벌레를 소재로 그린 작품이다.

② **총석정도 → 김홍도**
총석정도는 조선 후기 풍속화가로 유명한 김홍도가 그린 진경산수화로, 먹의 농담이 잘 드러난 온화하고 서정적 화풍의 그림이다.

③ **영통골 입구도 → 강세황**
영통골 입구도는 조선 후기의 화가 강세황이 그린 작품으로, 원근법과 명암법 등 서양화 기법을 반영하여 더욱 실감나게 표현하였다.

④ **인왕제색도 → 정선**
인왕제색도는 조선 후기 진경산수화의 대가 겸재 정선의 작품으로, 비가 내린 뒤의 인왕산의 분위기를 적묵법(積墨法)으로 진하고 묵직하게 표현한 산수화이다.

28 천주교의 전래

암기박사 청 : 서학 ⇒ 천주교 **정답** ④

정답 해설

황사영 백서는 신유박해의 내용과 대응 방안을 적은 밀서로 중국 베이징의 구베아 주교에게 보내려고 하다 발각되어 황사영은 처형되고 천주교는 더욱 탄압을 받게 되었다. 천주교는 청 나라에 다녀온 사신들에 의해 서학으로 소개되었다.

오답 해설

① **초제 거행 → 도교**
도교는 신선 사상과 결합하여 불로장생을 추구하였으며, 궁중에서는 하늘에 제사를 지내는 초제가 성행하였다.

② **정감록 : 왕조 교체 예언 → 예언 사상**
조선 후기에는 비기, 도참과 같은 예언 사상이 유행하였고, 정감록을 통해 왕조 교체를 예언하면서 백성의 호응을 얻었다.

③·⑤ **인내천 사상, 유·불·선 + 민간 신앙 → 동학**
최제우가 창시한 동학은 인내천 사상을 내세워 인간의 평등을 주장하였고, 유·불·선을 바탕으로 민간 신앙의 요소까지 포함하였다.

핵심노트 ▶ 천주교의 전래 및 확장

- 17세기에 베이징을 방문하고 돌아온 사신들이 서학(학문적 대상)으로 소개
- 남인 계열의 실학자들이 천주교 서적인 〈천주실의〉를 읽고 신앙생활
- 이승훈이 영세를 받고 돌아와 활발한 신앙 활동 전개

29 성호 이익의 사상

암기박사 한전론 : 영업전 매매 금지 ⇒ 성호 이익 **정답** ④

정답 해설

성호사설, 곽우록 등을 저술하고 안정복을 비롯한 많은 제자들을 양성한 인물은 성호 이익이다. 이익은 영업전을 설정하여 매매를 금하고 나머지 토지만 매매를 허용한 한전론(限田論)을 제시하였다. (→ 한 가정이 생계를 유지할 수 있는 최소 규모의 토지)

오답 해설

① **양명학 연구 : 강화학파 → 정제두**
정제두는 성리학을 비판하고 지행합일의 실천성을 강조하는 양명학을 연구하여 강화학파를 형성하였다.

② **사변록 : 주자의 경전 해석 비판 → 박세당**
박세당은 양명학과 노장 사상의 영향을 받아 사변록(思辨錄)을 통해 주자의 경전 해석을 비판하다 사문난적으로 몰려 학계에서 배척되었다.

③ **목민심서 : 지방 행정의 개혁안 → 정약용**
정약용은 지방 행정의 개혁 및 지방관(목민관)의 도리에 대하여 쓴 목민심서를 저술하였다.

⑤ **발해고 : 고대사 시야 확장 → 유득공**
유득공은 발해고를 저술하여 발해사 연구를 심화하고 고대사 연구 시야를 만주 지방까지 넓혔다.

핵심노트 ▶ 이익의 한전론(限田論)

- **균전론 비판** : 급진적·비현실적이라 비판
- **대안으로 한전론을 제시** : 토지 매매의 하한선을 정함
- **영업전 설정 및 매매 금지** : 기본적인 생활 유지에 필요한 규모의 토지를 영업전으로 지정하여 법으로 매매를 금지하고 나머지 토지만 매매를 허용하여 점진적으로 토지 소유의 평등을 이룸

30 조선왕조실록

암기박사 조선왕조실록 ⇒ 조선 태조 ~ 철종까지의 역사 기록 **정답** ②

정답 해설

조선왕조실록은 왕의 사후 사초와 시정기(時政記) 등을 근거로 춘추관에 설치된 실록청에서 편찬한 사서로, 조선 태조 때부터 철종 때까지 472년의 역사를 편년체 형식으로 기록하였다. (→ 조선 시대 춘추관에서 각 관서들의 업무 기록을 종합하여 편찬한 국정 기록물)

제03회

오답 해설

① 편년체 형식 → 조선왕조실록
조선왕조실록은 조선 태조 때부터 철종 때까지 472년의 역사를 편년체 형식으로 서술하였다.
③ 유네스코 세계 기록 유산 → 조선왕조실록
조선왕조실록은 1997년에 유네스코 세계 기록 유산으로 등재되었다.
④ 춘추관의 실록청에서 편찬 → 조선왕조실록
조선왕조실록은 춘추관의 실록청 관원들이 편찬 업무에 참여하였다.
⑤ 4대 사고에 보관 → 조선왕조실록
조선왕조실록은 임진왜란 이전에는 춘추관과 충주, 전주, 성주 등 4대 사고(史庫)에 보관되었으나, 임진왜란 이후에는 춘추관과 마니산, 태백산, 묘향산, 오대산의 사고에 보관되었다.

31 개화기 외교 사절단

정답 ④

암기박사 민영익, 홍영식, 서광범 파견 ⇒ 보빙사

정답 해설

미국 공사의 부임에 대한 답례로 파견된 외교 사절단은 보빙사로 민영익, 홍영식, 서광범 등이 참여하였다. 보빙사는 서양에 파견된 최초의 사절단으로, 미국과 조·미 수호 통상 조약이 체결된 후 파견되었다.

오답 해설

① 기기창 설립 계기 → 영선사
영선사의 파견은 톈진 기기국에서 무기 제조법과 근대적 군사 훈련법을 습득하고 서울에 최초의 근대적 무기 제조 공장인 기기창 설립의 계기가 되었다.
② 사명대사 유정 파견 → 쇄환사
임진왜란 때 포로 송환을 위하여 사명대사 유정이 일본에 회답 겸 쇄환사로 파견되었다.
③ 김홍집 : 조선책략 소개 → 2차 수신사
김홍집은 2차 수신사로 일본에 갔다가 귀국할 때 황준헌이 쓴 조선책략을 국내에 처음으로 소개하였다.
⑤ 비밀리에 출국 → 조사 시찰단
박정양, 어윤중, 홍영식 등으로 구성된 조사 시찰단이 개화 반대 여론으로 인해 비밀리에 일본으로 출국하였다. → 신사 유람단

핵심노트 ▶ 개화기 외교 사절단

- 수신사
  - 제1차 수신사 김기수 : 일동기유에서 신문명을 조심스럽게 비판하고, 수신사 일기를 저술하여 일본의 신문물 소개
  - 제2차 수신사 김홍집 : 황준헌의 조선책략을 가지고 들어와 개화 정책에 영향을 미침
- 조사 시찰단(신사 유람단)(1881) : 박정양·어윤중·홍영식 등으로 구성, 일본의 발전상을 보고 돌아와 개화 정책의 추진을 뒷받침 → 박문국·전환국 설치의 계기
- 영선사(1881) : 김윤식을 단장으로 청에 파견하여 무기 제조법과 근대적 군사 훈련법을 배움 → 서울에 최초의 근대적 병기 공장인 기기창 설치
- 보빙사(1883) : 최초의 구미 사절단, 유길준이 미국에 남아 유학하고 유럽 여행 후 귀국

32 갑신정변

정답 ③

암기박사 국가 재정 : 호조로 일원화 ⇒ 갑신정변

정답 해설

김옥균, 박용효 등이 주도한 급진개혁파가 우정국 낙성 축하연을 이용해 사대당 요인을 살해하고 개화당 정부를 수립하였으나, 청의 무력 개입으로 3일 만에 실패로 끝나고 주동자들이 해외로 망명하였다. 갑신정변으로 개화당은 지조법을 개정하고 재정을 호조로 일원화하여 국가 재정을 충실히 하고자 하였다.

오답 해설

① 강화도 조약 : 문호 개방 → 수신사 김기수 파견
일본과의 강화도 조약 이후 고종은 문호를 개방하고 김기수를 일본에 (제1차) 수신사로 파견하여 메이지 유신 이후 발전된 일본의 문물을 시찰하도록 하였다.
② 대한 제국 : 구본신참 → 광무개혁
아관파천 후 러시아 공사관에서 돌아온 고종은 국호를 대한 제국으로 고치고 구본신참(舊本新參)에 입각한 광무개혁을 추진하였다. → 옛것을 근본으로 새로운 것을 참작한다
④ 통리기무아문 설치 → 개화 정책
고종은 개화 정책을 총괄하는 통리기무아문을 설치하고 그 아래 12사를 두어 외교·군사·산업 등의 업무를 분장하였다.
⑤ 홍범 14조 반포 → 제2차 갑오개혁
고종은 제2차 갑오개혁 때 종묘에 나가 독립 서고문을 바치고, 개혁의 기본 방향을 제시한 홍범 14조를 반포하였다.

핵심노트 ▶ 갑신정변의 개혁 내용

- 청에 대한 사대 외교(조공)를 폐지하고, 입헌 군주제로의 정치 개혁을 추구
- 지조법을 개정하고, 재정을 호조로 일원화하여 국가 재정을 충실히 함
- 혜상공국의 폐지와 각 도 상환미의 폐지 → 보부상을 보호하기 위한 기관
- 문벌을 폐지하여 인민 평등을 도모, 능력에 따른 인재 등용
- 군대(근위대)와 경찰(순사)을 설치

33 강화도 조약의 후속 조치

정답 ②

암기박사 강화도 조약(1876.2) ⇒ 조·일 무역 규칙(1876.7), 조·일 수호 조규 부록(1876.8)

정답 해설

ㄱ, ㄹ. 강화도 조약(조·일 수호 조규)의 후속 조치로 조선국 개항장에서 쌀과 잡곡의 수출입을 허용한 조·일 무역 규칙과 일본 화폐의 유통을 허용한 조·일 수호 조규 부록이 부속 조약으로 체결되었다.

오답 해설

ㄴ, ㄷ. 최혜국 대우, 거중조정 → 조·미 수호 통상 조약
조·미 수호 통상 조약은 청의 알선으로 서양 국가와 맺은 최초의 조약으로, 거중조정, 치외법권, 최혜국 대우 조항 등이 포함된 불평등 조약이었다(1882). → 상호 안전 보장

핵심노트 ▶ 조 · 일 무역 규칙 / 조 · 일 수호 조규 부록

조약	내용
조 · 일 무역 규칙 (1876. 7)	• 일본 수출입 상품 무관세 및 선박의 무항세(無港稅) • 조선 양곡 무제한 유출 허용 → 조선국 개항장에서 쌀과 잡곡 수출 허용
조 · 일 수호 조규 부록 (1876. 8)	• 일본 공사의 수도 상주 • 조선 국내에서 일본 외교관의 여행 자유 • 개항장에서의 일본 거류민의 거주 지역 설정 • 일본 화폐의 유통(사용) 허용

34 열강의 이권 침탈

암기박사 울릉도 삼림 채벌권 ⇒ 러시아

정답 ④

정답 해설

청 · 일 전쟁과 아관파천 이후 최혜국 대우 규정을 이용하여 철도 부설권, 금광 채굴권, 산림 채벌권 등 열강의 이권 침탈이 가속화 되었다. 울릉도 삼림 채벌권은 러시아가 침탈하였다.

오답 해설

① 운산 금광 채굴권 → 미국
② 당현 금광 채굴권 → 독일
③ 경부선 철도 부설권 → 일본
⑤ 경인선 철도 부설권 → 일본

핵심노트 ▶ 열강의 이권 침탈

• 러시아 : 경원 · 종성 광산 채굴권, 압록강 · 울릉도 삼림 채벌권, 조 · 러 은행 설치권
• 일본 : 경인선 철도 부설권(미국으로부터 인수), 경부선 · 경원선 철도 부설권, 직산 금광 채굴권
• 미국 : 서울 시내 전차 부설권, 서울 시내 전기 · 수도 시설권, 운산 금광 채굴권
• 프랑스 : 경의선 철도 부설권(일본에 양도), 창성 금광 채굴권, 평양 무연탄 채굴권
• 영국 : 은산 금광 채굴권
• 독일 : 당현 금광 채굴권
• 청 : 황해도 · 평안도 연안 어채권, 인천–한성–의주 전선 가설권, 서울–부산 전선 가설권

35 을미의병의 봉기

암기박사 을미사변, 단발령 ⇒ 을미의병

정답 ①

정답 해설

을미의병은 최초의 항일 의병으로, 명성황후 시해와 단발령의 시행에 반발하여 봉기하였다. 유인석 · 이소응 · 허위 등 위정척사 사상을 가진 유생들의 주도로 농민들과 동학 농민군의 잔여 세력이 가담하여 전국적으로 확대되었다.

오답 해설

② 민종식 : 홍주성 점령 → 을사의병
을사조약이 체결된 뒤 관리 출신의 민종식이 의병을 일으켜 홍주성(홍성)을 점령하였다.

③ · ④ 국제법상 교전 단체 승인 요청, 서울 진공 작전 → 정미의병 : 13도 창의군
정미의병이 확산되는 과정에서 의병 연합군인 13도 창의군이 서울 주재 각국 영사관에 국제법상의 교전 단체로 승인해 줄 것을 요구하며 서울 진공 작전을 전개하였다.

⑤ 국권 반환 요구서 → 독립 의군부
조선 총독부에 한국 침략의 부당성을 밝히고 국권 반환 요구서를 제출하고자 한 것은 독립 의군부이다. 독립 의군부는 고종의 밀명으로 임병찬 등을 중심으로 결성된 복벽주의 단체이다. → 나라를 되찾아 임금을 다시 세우겠다는 주장

핵심노트 ▶ 을미의병(1895)

• 원인 : 최초의 항일 의병으로, 명성황후 시해와 단발령을 계기로 발생
• 구성원과 활동 : 유인석 · 이소응 · 허위 등 위정척사 사상을 가진 유생들이 주도, 농민들과 동학 농민군의 잔여 세력이 가담하여 전국적으로 확대
• 해산 : 아관파천 후 단발령이 철회되고 고종의 해산 권고 조칙이 내려지자 대부분 자진 해산
• 활빈당의 활동 : 해산된 농민 일부가 활빈당을 조직하여 반봉건 · 반침략 운동을 계속함

36 대한매일신보

암기박사 을사늑약의 부당성 주장 ⇒ 대한매일신보

정답 ③

정답 해설

영국인 베델과 한말의 언론인이자 독립운동가인 양기탁이 공동으로 창간한 신문은 대한매일신보이다. 대한매일신보는 을사늑약이 강제로 체결되자 그 부당성을 주장하며 일제의 침략 행위를 비판하였다.

오답 해설

① 박문국 발간 → 한성순보
박문국은 김옥균, 서광범, 박영효 등의 노력으로 설치된 출판 기관으로 최초의 근대식 신문인 한성순보를 발간하였다.

② 최초의 상업 광고 → 한성주보
박문국이 재설치 된 후 최초의 상업 광고가 게재된 한성주보가 발행되었다.

④ 최초의 민간 신문 → 독립신문
독립신문은 서재필이 민중 계몽을 위해 창간한 신문으로, 우리나라 최초의 민간 신문이자 순한글 신문이다.

⑤ 일장기 말소 사건 → 동아일보
동아일보는 제11회 베를린 올림픽 마라톤 대회 우승자인 손기정 선수의 가슴에 있던 일장기를 삭제하고 게재하여 무기 정간을 당하였다.

제03회

👆 핵심노트 ▶ 개항기 발행 신문

언론기관	주요 활동
한성순보 (1883~1884)	• 박영효 등 개화파가 창간하여 박문국에서 발간한 최초의 신문, 관보 성격의 순한문판 신문으로, 10일 주기로 발간
한성주보 (1886~1888)	박문국 재설치 후 한성순보를 이어 속간, 최초의 국한문 혼용, 최초의 상업광고
독립신문 (1896~1899)	서재필이 발행한 독립 협회의 기관지, 최초의 민간지, 격일간지, 순한글판과 영문판 간행, 띄어쓰기 실시
매일신문 (1898~1899)	협성회의 회보를 발전시킨 최초의 순한글 일간지, 독립 협회 해산으로 폐간
황성신문 (1898~1910)	남궁억, 유근 등 개신유학자들이 발간, 국한문 혼용, 민족주의적 성격의 항일 신문, 보안회 지원, 장지연의 '시일야방성대곡'을 게재하고 을사조약을 폭로하여 80일간 정간
제국신문 (1898~1910)	이종일이 발행할 순한글의 계몽적 일간지 → 일반 대중과 부녀자 중심
대한매일신보 (1904~1910)	영국인 베델이 양기탁 등과 함께 창간, 국한문판·한글판·영문판 간행(최대 발행부수), 신민회 기관지, 국채 보상 운동에 주도적 참여, 총독부에 매수되어 일제 기관지(매일신보)로 속간
만세보 (1906~1907)	천도교의 후원을 받아 오세창이 창간한 천도교 기관지, 이인직의 혈의 누 연재
경향신문 (1906)	가톨릭 교회의 기관지, 주간지, 민족성 강조
대한민보 (1909~1910)	대한협회의 기관지로, 일진회의 기관지인 국민신보에 대항
경남일보 (1909)	최초의 지방지

37 안중근 의사

> 🏷️ 암기박사   단지 동맹, 이토 히로부미 사살 ⇒ 안중근
>
> 정답 ③

정답 해설

안중근 의사는 항일투사 11명과 함께 단지 동맹을 맺고 혈서로 '大韓獨立(대한독립)'이라 쓰며 의거를 다짐하였다. 안중근 의사는 하얼빈 역에서 일제의 침략 원흉인 이토 히로부미를 사살하고, 이듬해에 뤼순 감옥에서 순국하였다(1909).

오답 해설

① 동양 척식 주식회사 폭탄 투척 → 나석주
　나석주는 의열단 소속으로 일제의 대표적 수탈 기관인 동양 척식 주식회사에 폭탄을 투척하였다.
② 청산리 대첩 → 김좌진
　김좌진 장군은 간도의 청산리 대첩에서 일본군을 대파하여 독립군 사상 최대의 승리를 이끌었다.
④ 저항시 : 광야 → 이육사
　이육사는 본명이 이원록으로 일제 강점기 저항 시인이다. 이육사가 지은 광야는 항일 정신과 작가의 독립운동 정신이 잘 드러난 대표적인 저항시이다.
⑤ 의열단 조직 → 김원봉
　김원봉은 신채호의 조선 혁명 선언을 행동 강령으로 만주 길림성에서 의열단을 조직하였다.

👆 핵심노트 ▶ 독립운동가의 의거 활동

• 안중근(1909) : 하얼빈에서 이토 히로부미 사살
• 박재혁(1920) : 부산 경찰서에 폭탄 투척
• 강우규(1920) : 사이토 총독에게 폭탄 투척
• 김익상(1921) : 조선 총독부 폭탄 투척
• 김상옥(1923) : 종로 경찰서 폭탄 투척
• 김지섭(1924) : 일본 황궁에 폭탄 투척
• 나석주(1926) : 동양 척식 주식회사에 폭탄 투척
• 이봉창(1932) : 도쿄에서 일왕에 폭탄 투척
• 윤봉길(1932) : 훙커우 공원에서 일본군에 폭탄 투척

38 물산 장려 운동

> 🏷️ 암기박사   조선 물산 장려회, 자작회, 토산 애용 부인회 ⇒ 물산 장려 운동
>
> 정답 ①

정답 해설

일제가 일본 제품 배척 운동으로 간주하고 사회주의자들이 유산 계급의 이익을 위한 것이라고 주장한 운동은 물산 장려 운동이다.

ㄱ. 물산 장려 운동은 조만식 등의 주도로 평양에서 조선 물산 장려회가 발족되고 '조선 사람 조선의 것'이란 구호 아래 시작되었다.
ㄴ. 물산 장려 운동을 추진하기 위해 조선 물산 장려회 외에 자작회, 토산 애용 부인회, 토산 장려회, 청년회 등의 단체가 활동하였다.

오답 해설

ㄷ. 국채 보상 기성회 → 국채 보상 운동
　국채 보상 기성회를 중심으로 일본에게 진 빚을 국민의 힘으로 상환하여 국권을 회복하자는 국채 보상 운동이 전개되었다.
ㄹ. 일본, 프랑스 노동 단체 : 격려 전문 → 원산 총파업
　원산 총파업은 노동 조건 개선을 요구하며 전개한 1920년대 최대의 파업 투쟁으로 일본, 프랑스 등의 노동 단체로부터 격려 전문을 받았다.

👆 핵심노트 ▶ 물산 장려 운동

• 배경 : 회사령 철폐(1920)와 관세 철폐(1923) 등으로 일본 대기업의 한국 진출이 용이해지자 국내 기업의 위기감 고조
• 목적 : 민족 기업을 지원하고 민족 산업을 육성함으로써 민족 경제의 자립을 달성
• 발족 : 조선 물산 장려회(1920)가 조만식 등이 중심이 되어 평양에서 최초 발족
• 활동 : 일본 상품 배격, 국산품 애용 등을 강조
• 구호 : 내 살림 내 것으로, 조선 사람 조선 것, 우리가 만들어서 우리가 쓰자
• 확산 : 전국적 민족 운동으로 확산되면서 근검 절약, 생활 개선, 금주·단연 운동도 전개
• 문제점 : 상인, 자본가 중심으로 추진되어 상품 가격 상승 초래, 사회주의자들의 비판
• 결과 : 초기에는 전국적으로 확산되었으나, 일제의 탄압과 친일파의 개입, 사회주의 계열의 방해 등으로 큰 성과를 거두지 못함

39 부산 지역의 역사

정답 ②

암기박사 한국인 원폭 피해자 지원 조례 제정 ⇒ 부산

정답 해설

동삼동 패총 전시관, 정공단, 임시 수도 기념관, 백산 기념관은 모두 부산에 위치하고 있다. 일본 히로시마와 나가사키 원자폭탄 투하로 발생한 한국인 원폭 피해자를 지원하기 위한 조례가 제정된 곳도 부산이다.

오답 해설

① 제2차 미소 공동 위원회 개최 → 서울
임시 민주 정부 수립을 위해 서울의 덕수궁 석조전에서 제2차 미소 공동 위원회가 개최되었다.

③ 김광제 : 국채 보상 운동 → 대구
정부의 외채를 국민의 힘으로 상환하여 국권을 회복하고자 대구에서 개최한 국민 대회에서 김광제 등의 발의로 국채 보상 운동이 일어났다.

④ 을밀대 고공 농성 → 평양
노동자 강주룡이 평양 을밀대 지붕에서 임금 삭감에 저항하여 고공 농성을 전개하였다.

⑤ 조선 형평사 → 진주
이학찬을 중심으로 진주에서 백정에 대한 차별 철폐를 위해 조선 형평사가 창립되었다.

40 정우회 선언과 신간회 결성

정답 ④

암기박사 (가) 6·10 만세 운동 ⇒ 민족 유일당 운동 전개(1926)
• 사회주의 세력 : 정우회 선언 ⇒ 신간회 결성(1927)
(나) 광주 학생 항일 운동 ⇒ 신간회 : 진상 조사단 파견(1929)

정답 해설

(가) 6·10 만세 운동(1926) : 순종의 인산일을 계기로 천도교 계열과 사회주의 계열이 함께 6·10 만세 운동을 전개하였고, 이 운동을 계기로 민족주의 세력과 사회주의 세력이 연대하여 국내에서 민족 유일당 운동이 전개되었다.

• 정우회 선언(1927) : 사회주의 세력의 활동 방향을 밝힌 정우회 선언이 발표됨으로써 민족주의 세력과의 연합을 도모하고 민족 유일당인 신간회가 결성되었다(1927).

(나) 광주 학생 항일 운동(1929) : 광주에서 발생한 한·일 학생 간의 충돌을 일본 경찰이 편파적으로 처리한 것이 발단이 되어 광주 학생 항일 운동이 발생하였고, 이에 신간회 중앙 본부는 진상 조사단을 파견하였다.

오답 해설

① 의열단 : 김상옥 → 종로 경찰서에 폭탄 투척(1923)
의열단의 단원으로 활동한 김상옥은 종로 경찰서에 폭탄을 투척하였다.

② 동아일보사 : 문맹 퇴치 → 브나로드 운동(1931)
동아일보사에서 문맹 퇴치를 목적으로 '배우자 가르치자 다 함께 브나로드' 등의 구호를 내세우며 브나로드(Vnarod) 운동을 전개하였다. → 러시아어로 '민중 속으로'라는 의미

③ 농민운동 → 암태도 소작 쟁의(1923)
암태도 소작 쟁의는 전남 신안군 암태도의 소작농민들이 전개한 농민운동으로, 지주들의 고액 소작료에 반발하여 소작 쟁의가 발생하였다.

⑤ 105인 사건 → 신민회 해체(1911)
일제가 데라우치 총독 암살 미수 사건을 계기로 105인 사건을 날조하여 신민회가 해체되었다.

핵심노트 ▶ 신간회 결성과 활동

• 결성 : 민족주의 진영과 사회주의 진영이 민족 유일당 운동의 일환으로, 조선 민흥회(비타협 민족주의 계열)와 정우회(사회주의 계열)가 연합하여 결성(1927) → 회장 이상재·안재홍 등이 중심
• 조직 : 민족 운동계의 다수 세력이 참가하였으며, 전국에 약 140여 개소의 지회 설립, 일본과 만주에도 지회 설립이 시도됨
• 강령 : 민족의 단결, 정치·경제적 각성 촉진, 기회주의자 배격
• 활동 : 민중 계몽 활동, 노동 쟁의·소작 쟁의·동맹 휴학 등 대중 운동 지도, 광주 학생 항일 운동 시 조사단 파견

41 민족주의 사학자 박은식

정답 ①

암기박사 한국독립운동지혈사 저술 ⇒ 박은식

정답 해설

"나라는 형체이고 역사는 정신이다."라는 문구는 근대 이후 일본의 침략 과정을 서술한 박은식의 한국통사의 내용이다. 박은식은 한국독립운동지혈사에서 일제 침략에 대항하여 투쟁한 한민족의 독립 투쟁 과정을 서술하였다.

오답 해설

② 식민 사학의 정체성론 반박 → 백남운
백남운은 유물 사관을 토대로 〈조선사회경제사〉를 저술하고 일제 식민 사학의 정체성론을 반박하였다.

③ 진단 학회 창립 → 이병도, 손진태
이병도, 손진태 등은 청구학회를 중심으로 한 일본 어용학자들의 왜곡된 한국사 연구에 대항하여 진단 학회를 창립하여 실증주의 사학을 발전시켰다.

④ 독사신론 발표 → 신채호
신채호는 만주와 부여족 중심의 고대사를 서술한 독사신론을 발표하여 민족을 역사 서술의 중심에 두었다.

⑤ 조선학 운동 : 여유당전서 간행 → 정인보, 안재홍, 문일평
정인보, 안재홍, 문일평 등은 조선학 운동을 주도하였고, 다산 정약용의 서거 99주년을 기념하여 여유당전서를 간행하였다.

핵심노트 ▶ 민족주의 사학자 박은식

• 민족정신을 혼(魂)으로 파악하고, 혼이 담긴 민족사의 중요성을 강조
• 〈한국통사〉 : 근대 이후 일본의 침략 과정을 밝힘 → "나라는 형(形)이요, 역사는 신(神)이다."
• 〈한국독립운동지혈사〉 : 일제 침략에 대항하여 투쟁한 한민족의 독립 운동을 서술
• 유교구신론 : 양명학을 기초로 유교를 개혁하기 위해 저술
• 기타 : 〈천개소문전〉, 〈동명왕실기〉 등을 저술, 〈서사건국지〉 번역
• 서북학회(1908)의 기관지인 〈서북학회월보〉의 주필로 직접 잡지를 편집하고 다수의 애국계몽 논설을 게재
• 임시 정부의 대통령 지도제하에서 제2대 대통령을 지냄

42 민족 말살 통치기의 일제 정책

암기박사 조선 태형령 ⇒ 무단 통치기

정답 ⑤

정답 해설

일제가 중일 전쟁 이후 침략 전쟁을 확대하던 시기는 민족 말살 통치기이다. 한편, 일제는 무단 통치기에 한국인에 한하여 태형을 통해 형벌을 가하는 조선 태형령을 공포하였다(1912).

오답 해설

① 국민학교령 → 민족 말살 통치기
   일제는 민족 말살 통치기에 황국신민 양성이라는 일제 강점기의 초등 교육 정책을 반영한 국민학교령을 발표하였다(1941).

② 징병제 → 민족 말살 통치기
   일제는 민족 말살 통치기에 징병제를 실시하여 조선인들을 강제로 병력에 동원시켰다(1943).

③ 국민 징용령 → 민족 말살 통치기
   일제는 민족 말살 통치기에 조선인 근로자의 노동력을 착취하기 위해 국민 징용령을 공포하였다(1939).

④ 황국 신민 서사 암송 → 민족 말살 통치기
   일제는 민족 말살 통치기에 천황에게 충성을 맹세하는 황국 신민 서사를 암송하게 하였다(1937).

핵심노트 ▶ 민족 말살 통치기의 일제 정책

- 우리 말, 우리 역사 교육 금지
- 조선·동아일보 폐간
- 창씨개명
- 황국 신민 서사 암송
- 신사 참배, 궁성 요배 강요
- 조선 사상범 보호 관찰령
- 조선 사상범 예비 구금령
- 병참 기지화 정책
- 남면북양 정책
- 국가 총동원령, 국민 징용령, 여자 정신 근로령

43 대종교의 독립 활동

암기박사 항일 무장 단체 : 중광단 결성 ⇒ 대종교

정답 ①

정답 해설

검색창에 들어갈 인물은 무원 김교헌으로 나철, 서일과 함께 대종교의 3종사(宗師) 중 한 명이다. 대종교의 지도자들은 항일 무장 단체인 중광단을 결성하였고, 3·1 운동 직후 북로 군정서로 개편하여 청산리 대첩에 참여하였다.

오답 해설

② 경향신문 발행 → 천주교
   천주교(가톨릭교회)에서 기관지인 경향신문을 발행하여 민중 계몽에 기여하였다.

③ 배재 학당 설립 → 개신교
   미국의 개신교 선교사 아펜젤러가 선교를 목적으로 한양에 세운 학교로 신학문 보급에 기여하였다.

④ 의민단 조직 → 천주교
   만주에서 항일 운동 단체인 의민단을 조직하여 독립 전쟁을 전개하였다.

⑤ 소년 운동 → 천도교
   천도교 소년회는 '어린이'라는 말을 만들고 어린이날을 제정하였으며, 최초의 순수 아동 잡지인 어린이를 발간하여 소년 운동을 주도하였다.

핵심노트 ▶ 일제 강점기의 종교 활동

- **천도교** : 제2의 3·1 운동을 계획하여 자주 독립 선언문 발표, 〈개벽〉·〈어린이〉·〈학생〉 등의 잡지를 간행하여 민중의 자각과 근대 문물의 보급에 기여
- **개신교** : 천도교와 함께 3·1 운동에 적극 참여, 민중 계몽과 문화 사업을 활발하게 전개, 1930년대 후반에는 신사 참배를 거부하여 탄압을 받음
- **천주교** : 고아원·양로원 등 사회사업을 계속 확대하면서 〈경향〉 등의 잡지를 통해 민중 계몽에 이바지, 만주에서 항일 운동 단체인 의민단을 조직하여 항일 무장 투쟁 전개
- **대종교** : 지도자들은 항일 무장 단체인 중광단을 조직, 3·1 운동 직후 북로 군정서로 개편하여 청산리 대첩에 참여 → 천도교와 더불어 양대 민족 종교를 형성
- **불교** : 3·1 운동에 참여, 한용운 등의 승려들이 총독부의 정책에 맞서 민족 종교의 전통을 지키려 노력, 교육 기관을 설립하여 민족 교육 운동에 기여
- **원불교** : 박중빈이 창시(1916), 불교의 현대화와 생활화를 주창, 민족 역량 배양과 남녀평등, 허례허식의 폐지 등 생활 개선 및 새생활 운동에 앞장섬

44 신채호의 조선 혁명 선언

암기박사 의열단의 행동 강령 ⇒ 신채호 : 조선 혁명 선언

정답 ③

정답 해설

신채호의 조선 혁명 선언은 의열단의 행동 강령으로 의열단 단장인 김원봉의 요청으로 작성되었다. 조선 혁명 선언은 기존의 독립 운동 방법을 비판하고 무장 투쟁과 민중의 직접 혁명을 통한 독립 쟁취를 주장하였다(1923).

오답 해설

① 3·1 운동 → 민족 대표 33인 : 독립 선언서
   3·1 운동은 손병희·이승훈·한용운 등 민족 대표 33인의 이름으로 독립 선언서를 발표함으로써 전개되었다(1919).

② 대한민국 임시 정부의 건국 강령 → 조소앙 : 삼균 주의 → 최남선이 독립 선언서 작성
   대한민국 임시 정부는 조소앙의 삼균주의에 따라 정치·경제·교육의 균등을 주장한 대한민국 건국 강령을 제정하였다(1941).

④ 도쿄 일본 유학생 → 2·8 독립 선언문
   미국 대통령 윌슨이 제창한 민족 자결주의의 영향을 받아 일본 유학생들은 도쿄에서 2·8 독립 선언문을 발표하였다(1919).

⑤ 파리 강화 회의 → 김규식 : 독립 청원서
   신한 청년당의 김규식은 활발한 외교활동을 펼쳐 독립 청원서를 파리 강화 회의에 제출하였다(1918). → 3·1 운동과 임시정부 수립에 영향

45 충칭 임시 정부의 활동

암기박사 삼균주의 : 대한민국 건국 강령 ⇒ 충칭 임시 정부

정답 ⑤

정답 해설

제시된 자료는 충칭 임시 정부 때에 김구와 조소앙 명의로 발표된 대

227

일 선전 포고문이다. 충칭의 대한민국 임시 정부는 조소앙의 삼균주의를 기초로 하는 건국 강령을 선포하였다(1941).

오답 해설

① 좌우 합작 7원칙 발표 → 좌우 합작 위원회
　이승만의 정읍 발언 후 우익 측을 대표한 김규식과 좌익 측을 대표한 여운형이 좌우 합작 위원회를 구성하고 좌우 합작 7원칙을 발표하였다.

② 개벽, 신여성 등의 잡지 간행 → 천도교
　천도교에서는 개벽, 신여성 등의 잡지를 간행하여 민중의 자각과 근대 문물의 보급에 기여하였다.

③ 신채호 : 조선 혁명 선언 → 의열단
　김원봉의 의열단은 무장 투쟁과 민중의 직접 혁명을 주장한 신채호의 조선 혁명 선언을 활동 지침으로 삼았다.

④ 한글 맞춤법 통일안과 표준어 제정 → 조선어 학회
　조선어 학회는 한글 맞춤법 통일안과 표준어를 제정하였으나 일제의 조선어 학회 사건으로 해체되었다.

핵심노트 ▶ 대일 선전 포고문의 5개 조항

첫째, 한국민은 1개 전투단위가 되어 반침략 전선에 참가한다.
둘째, 1910년의 한일합방조약과 기타 일제의 불평등 조약을 무효화한다.
셋째, 왜구의 최후의 멸망까지 혈전한다.
넷째, 난징의 괴뢰정권은 인정하지 않는다.(일본이 중국난징에 수립한 정부)
다섯째, 한국 독립의 국제적 보장을 요구한다.

46 제3차 조선 교육령

정답 ②

암기박사 제3차 조선 교육령 : 조선어 선택 과목, 학교 명칭 통일 ⇒ 민족 말살 통치기

정답 해설

제시된 사료는 제3차 조선 교육령의 내용으로, 일제는 조선어를 수의(隨意) 과목(선택 과목)으로 바꾸었고 조선인 학교의 명칭을 일본인 학교와 동일하게 하였다(1938). 제3차 조선 교육령이 시행된 시기는 일제의 민족 말살 통치기이며, 한국인에 한하여 태형을 집행하는 조선 태형령은 1910년대의 무단 통치기에 해당된다.

오답 해설

① 국민 징용령 → 민족 말살 통치기
　일제는 민족 말살 통치기에 조선인 근로자의 노동력 동원을 위해 국민 징용령을 시행하였다(1939).

③ 농촌 진흥 운동 → 민족 말살 통치기
　민족 말살 통치기에 일제는 조선 농민을 회유·단속하기 위해 농민의 자력갱생을 내세운 농촌 진흥 운동을 실시하였다(1932).

④ 조선 사상범 보호 관찰령 → 민족 말살 통치기
　일제는 민족 말살 통치기에 독립운동 탄압을 위한 조선 사상범 보호 관찰령을 공포하였다(1936).

⑤ 국가 총동원법 → 민족 말살 통치기
　민족 말살 통치기에 일제는 국가 총동원법을 제정하여 인력과 물자를 강제 동원하였다(1938).

47 남강 이승훈

정답 ①

암기박사 신민회 : 오산 학교 설립 ⇒ 남강 이승훈

정답 해설

남강 이승훈은 비밀 결사 단체인 신민회에 가입하여 자기(磁器) 회사 설립과 태극 서관 경영을 주도하였고, 민족 교육을 위해 오산 학교를 설립하였다. 그러나 일제가 날조한 105인 사건에 연루되어 옥고를 치르기도 하였으며, 3·1 운동 당시 민족 대표 33인 중 기독교 측 대표로 참가하였다.

오답 해설

② 삼균주의 : 건국 강령 기초 → 조소앙
　조소앙은 새로운 국가 건설의 이념으로 삼균주의를 바탕으로 한 대한민국 임시 정부의 건국 강령을 기초하였다.

③ 서유견문 : 서양 근대 문물 소개 → 유길준
　미국에 보빙사의 일행으로 파견된 유길준은 유럽을 여행한 후 서유견문을 집필하여 서양 근대 문물을 소개하고 새로운 국·한문체의 보급에 공헌하였다.

④ 국문 연구소 설립 : 한글 연구 → 주시경, 지석영
　주시경·지석영 등은 국문 정리와 국어의 이해 체계 확립을 위해 국문 연구소를 설립하였으며, 〈국어문법〉을 편찬하였다.

⑤ 한인 비행 학교 설립 : 독립군 비행사 양성 → 노백린
　독립운동가인 노백린 장군은 미국 캘리포니아주에 독립군 비행사 양성을 위해 한인 비행 학교를 설립하였다.

48 박정희 정부의 외교 정책

정답 ⑤

암기박사 한·일 협정 체결 : 일본과 국교 정상화 ⇒ 박정희 정부

정답 해설

제시된 문서는 박정희 정부 때의 월남 파병과 관련된 브라운 각서로, 월남 파병을 조건으로 한국에 대한 군사 원조와 경제 원조의 내용이 포함되어 있다. 박정희 정부 때에는 일본과 한·일 협정을 체결하여 국교 정상화를 추진하였다.

일제 강점기에 대한 사죄와 과거사 청산 없이 굴욕적인 청구권 교섭을 한 것에 대한 분노로 6·3 시위가 촉발되었으나, 박정희 정부는 비상 계엄령을 선포하고 협정을 체결함

오답 해설

① 남북한 유엔 동시 가입 → 노태우 정부
　노태우 정부 때에는 제46차 UN 총회에서 개별 회원국으로 남북한 유엔 동시 가입이 이루어졌다(1991).

② 중화 인민 공화국과 국교 수립 → 노태우 정부
　노태우 정부 때에는 적극적 북방 정책으로 소련 및 동유럽 사회주의 국가들과 수교 후 중화 인민 공화국과 국교를 수립하였다(1992).

③ 경제 협력 개발 기구(OECD) 가입 → 김영삼 정부
　김영삼 정부 때에 선진국 진입의 관문인 경제 협력 개발 기구(OECD)에 29번째 회원국으로 가입하였다(1996).

④ 한·칠레 자유 무역 협정(FTA) → 노무현 정부
　노무현 정부 때에는 칠레와 자유 무역 협정(FTA)을 체결하였다(2004).

핵심노트 ▶ 브라운 각서(1966)

- 한국에 있는 대한민국 국군의 현대화 계획을 위하여 앞으로 수년 동안에 상당량의 장비를 제공한다.
- 월남 공화국에 파견되는 추가 병력에 필요한 장비를 제공하며 또한 파월 추가 병력에 따르는 일체의 추가적 원화 경비를 부담한다.
- 파월 대한민국 부대에 소요되는 보급 물자 용역 및 장비를 실행할 수 있는 한도까지 대한민국에서 구매하며 파월 미군과 월남군을 위한 물자 중 결정된 구매 품목을 한국에서 발주한다.
- 수출 진흥의 전반 부문에 있어서 대한민국에 대한 기술 협조를 강화한다.

49 5·18 민주화 운동

암기박사 신군부 세력의 쿠데타 ⇒ 5·18 민주화 운동

정답 ④

정답 해설

전두환·노태우 등의 신군부 세력이 쿠데타를 일으켜 권력을 장악하고 비상 계엄 확대와 무력 진압이 발생하자 이에 저항하여 5·18 광주 민주화 운동이 전개되었다(1980).

오답 해설

① 3·15 부정 선거 → 4·19 혁명
이승만 정권의 장기 독재와 자유당 정권의 3·15 부정 선거에 항거하여 4·19 혁명이 전국 각지에서 일어났다(1960).

② 베트남 파병 → 브라운 각서 체결
박정희 정부 때에 월남 파병을 조건으로 국군의 전력 증강과 차관 원조를 약속받은 브라운 각서가 체결되었다(1966).

③ 3선 개헌 → 3선 개헌 반대 시위
박정희 정부의 장기 집권 의도로 3선이 가능하도록 헌법이 개정되자, 학생들의 3선 개헌 반대 시위가 거세게 전개되고 여·야 국회의원들 사이에는 극심한 대립과 갈등이 발생하였다(1969).

⑤ 4·13 호헌 조치 → 6월 민주 항쟁
국민의 직선제 요구를 거부한 전두환 정부의 4·13 호헌 조치 발표로 호헌 철폐와 독재 타도 등을 외치며 6월 민주 항쟁이 촉발되었다(1987).

50 노태우 정부의 통일 정책

암기박사 남북 기본 합의서 교환 ⇒ 노태우 정부

정답 ①

정답 해설

남북한이 동시에 유엔에 가입한 시기는 노태우 정부 때의 일이다. 이 시기에 상호 화해와 불가침, 교류 및 협력 확대 등을 규정한 남북한 간 최초의 공식 합의서인 남북 기본 합의서를 교환하였다.

오답 해설

② 7·4 남북 공동 성명 발표 → 박정희 정부
박정희 정부 때에 7·4 남북 공동 성명을 발표하여 '자주·평화·민족 대단결'의 민족 통일 3대 원칙을 제시하였다.

③ 개성 공업 지구 조성 합의 → 김대중 정부
김대중 정부 때에 평양에서 최초로 남북 정상회담이 개최되었고 남북한의 교류 협력을 위한 개성 공업 지구 조성에 합의하였다.

④ 10·4 남북 공동 선언 채택 → 노무현 정부
노무현 정부 때에 제2차 남북 정상회담이 개최된 후 10·4 남북 공동 선언문이 채택되어 기본 8개 조항에 합의하였다.

⑤ 최초의 이산가족 고향 방문 → 전두환 정부
전두환 정부 때에는 최초로 이산가족의 고향 방문이 성사되어 평양에서 이산가족 고향 방문과 예술 공연단 교환을 실현하였다.

핵심노트 ▶ 노태우 정부의 통일 정책

- **7·7선언(1988)** : 북한을 적대의 대상이 아니라 상호 신뢰·화해·협력을 바탕으로 공동 번영을 추구하는 민족 공동체 일원으로 인식
- **한민족 공동체 통일 방안(1989)** : 자주·평화·민주의 원칙 아래 제시
- **남북 고위급 회담, 남북한 유엔 동시 가입(1991)** : 제46차 유엔 총회에서 남북한이 각각 별개의 의석을 가진 회원국으로 유엔에 가입
- **남북 기본 합의서 채택(1991. 12)·발효(1992)** : 상호 화해와 불가침, 교류 및 협력 확대 등을 규정
- **한반도 비핵화 공동 선언 채택(1991. 12)·발효(1992)** : 핵무기의 보유나 사용금지 등을 규정

제04회 심화대비 기출분석 예상문제 정답 및 해설

01 청동기 시대의 생활 모습

정답 ②

암기박사 고인돌 축조, 거푸집 사용 ⇒ 청동기 시대

정답 해설

여주 흔암리는 청동기 시대의 대표적인 유적지로 민무늬 토기와 반달 돌칼 등이 출토되었으며, 특히 토기 안에서는 불에 탄 볍씨(탄화미)가 발견되어 이 시대에 벼농사가 이루어졌음을 알 수 있다. 청동기 시대에는 청동 제품을 제작하던 틀인 거푸집(용범)을 사용하여 도구를 제작하였다.

오답 해설

① 슴베찌르개 → 구석기 시대
  슴베찌르개, 주먹도끼, 찍개 등의 도구를 이용하여 사냥을 한 시기는 구석기 시대이다.
③ 동굴, 막집 → 구석기 시대
  주로 동굴이나 강가의 막집에서 살면서 도구를 사용하여 사냥을 하거나 어로, 채집 생활을 한 시기는 구석기 시대이다.
④ 평등한 공동체 생활 → 청동기 시대 이전
  청동기 시대 이전에는 계급이 없는 평등한 공동체 생활을 영위하였으나, 청동기 시대부터 사유 재산 제도와 계급이 발생하였다.
⑤ 빗살무늬 토기 → 신석기 시대
  빗살무늬 토기를 이용하여 식량을 조리하거나 저장하던 시기는 신석기 시대이다.

핵심노트 ▶ 청동기 시대의 특징

- 우리나라의 경우 중국이 아닌 시베리아 등 북방 계통의 청동기가 전래
- 청동기 전래와 더불어 이전 시대의 석기(간석기)도 더욱 발달
- 벼농사가 시작되고 농업 생산력이 증가하는 등 생산 경제가 이전보다 발달
- 토지와 축적된 잉여 생산물을 두고 갈등이 생겨나면서 사유 재산 개념과 빈부의 차가 발생하고 계급·계층이 분화
- 정치 권력과 경제력을 가진 지배자(군장)의 등장 → 불평등 사회의 도래

02 부여의 풍속

정답 ②

암기박사 영고(迎鼓) : 12월 제천 행사 ⇒ 부여

정답 해설

제시된 『후한서』의 사료에 따르면 남쪽에 고구려가 있고 순장의 풍습이 있는 나라는 부여이다. 부여는 12월에 영고(迎鼓)라는 제천 행사를 열어 하늘에 제사를 지내고 노래와 춤을 즐겼다.

오답 해설

① 민며느리제 : 혼인 풍습 → 옥저
  옥저에는 혼인 풍습으로 민며느리제가 있었는데, 장래에 혼인할 것을 약속한 여자가 어렸을 때 남자의 집에 가서 지내다가 성장한 후에 남자가 예물을 치르고 혼인을 하는 일종의 매매혼이다.
③ 단궁, 과하마 : 특산물 → 동예
  동예는 토지가 비옥하고 해산물이 풍부하여 농경·어로 등 경제 생활이 윤택하였으며 단궁, 과하마 등의 특산물이 유명하였다.
④ 책화 : 읍락 간 경계 중시 → 동예
  동예에는 읍락 간의 경계를 중시하는 책화(責禍)가 있어서 부족의 영역을 엄격히 구분하며, 다른 부족의 생활권을 침범하면 노비와 소·말로 변상하게 하였다.
⑤ 제사장 : 천군, 신성 지역 : 소도 → 삼한
  삼한에서는 제정이 분리되어 제사장인 천군(天君)이 따로 존재하였으며, 별읍의 신성 지역인 소도(蘇塗)에서 의례를 주관하였다.

핵심노트 ▶ 부여의 영고(迎鼓)

- 수렵 사회의 전통을 보여 주는 제천 행사로, 매년 음력 12월에 개최
- 하늘에 제사를 지내고 노래와 춤을 즐기며, 죄수를 풀어 주기도 함
- 맞이굿이라고도하며, 〈삼국지 위지 동이전〉에서는 부여의 영고나 고구려의 동맹을 국중 대회라 함

03 신라 지증왕의 업적

정답 ①

암기박사 순장 금지, 우경 장려, 국호 신라, 이사부를 군주로 파견, 동시전 설치 ⇒ 신라 지증왕

정답 해설

신라 지증왕은 국호를 사로국에서 '신라'로, 왕의 칭호를 마립간에서 '왕'으로 고쳤다. 권농책으로 우경을 장려하였으며 순장을 금지하고 상복을 입도록 하였다. 또한 이사부를 실직주의 군주로 삼고, 시장을 관리하는 관청인 동시전(東市典)을 수도 경주에 설치하였다.

오답 해설

② 서안평 공격 → 고구려 동천왕
  고구려 동천왕 때에는 위·촉·오의 대립관계를 이용하여 오와 교류하고 위를 견제하면서 서안평을 공격하였다.
③ 전진의 순도 : 불교 수용 → 고구려 소수림왕
  소수림왕은 중국 전진(前秦)의 순도를 통하여 불교를 수용하였다.
④ 독자적 연호 : 건원 → 법흥왕
  신라 법흥왕은 건원(建元)이라는 연호를 사용함으로써 자주 국가로서의 위상을 높였다.
⑤ 천리장성 축조 → 고구려 영류왕 : 연개소문
  영류왕 때 연개소문은 대당 강경책을 추진하고, 당의 침입에 대비해 천리장성(부여성~비사성)을 축조하였다.

핵심노트 ▶ 지증왕(500~514)의 업적

- 국호를 사로국에서 신라로, 왕의 칭호를 마립간에서 왕으로 고침(503)
- 행정 구역을 개편하여 중국식 군현제를 도입하고, 소경제(小京制)를 설치 → 지방에 주군을 설치하고 주에 군주(軍主)를 파견
- 권농책으로 우경을 시작하고(502), 시장 관리기관으로 동시전을 설치(509)
- 이사부를 파견하여 우산국(울릉도)을 복속(512)
- 순장을 금지하고 상복(喪服)을 입도록 함 → 상복법 제정

04 고구려의 역사

정답 ⑤

암기박사 (가) 백제 근초고왕 ⇒ 고구려 평양성 공격 : 고국원왕 전사
(나) 고구려 장수왕 ⇒ 백제 한성 공격 : 개로왕 전사

정답 해설

(가) 백제의 전성기를 이끈 근초고왕이 고구려의 평양성을 공격하였

제04회

고, 고구려왕 사유(斯由)가 전사하였다(371) → 고국원왕
(나) 고구려왕 거련(巨璉)이 백제의 수도 한성을 함락하였고, 백제의 개로왕이 전사하였다(475). → 장수왕

장수왕은 수도를 통구에서 평양으로 천도(427)하여 안으로 귀족 세력을 억제하여 왕권을 강화하고 밖으로 백제와 신라를 압박하였다(남하 정책).

오답 해설

① 신라의 대야성 함락 → 백제 의자왕
백제 의자왕은 신라를 공격하여 대야성을 함락하고 40여 개의 성을 빼앗았다(642).

② 서안평 점령 → 고구려 미천왕
고구려 미천왕은 서안평을 점령하여 고조선의 옛 땅을 회복하였다(311).

③ 나·제 동맹 강화 → 백제 동성왕
백제 동성왕은 신라의 소지 마립간에 사신을 보내 혼인을 청하였고, 이에 소지 마립간은 이(벌)찬 비지의 딸을 백제로 보내 두 나라의 동맹 관계를 굳건히 하였다(493).

④ 한강 하류 지역 수복 → 백제 성왕
백제 성왕은 나·제 동맹으로 맺어진 신라의 진흥왕과 연합하여 고구려로부터 빼앗긴 한강 하류 지역을 수복하였다(551).

핵심노트 ▶ 장수왕의 남하 정책이 미친 영향

- 신라와 백제의 나·제 동맹 체결(433~553)
- 백제의 개로왕이 북위(후위)에 군사 원조를 요청(472)
- 백제가 수도를 한성에서 웅진(공주)으로 천도(475)
- 충북 중원 고구려비의 건립(5C 무렵)

05 가야의 문화유산

암기박사 판갑옷과 투구 ⇒ 대가야 : 이진아시왕

정답 ②

정답 해설

경북 고령 지산동 고분군은 대가야의 왕릉급 무덤으로, 이진아시왕을 시조로 후기 가야 연맹을 주도하였다. 판갑옷과 투구는 대가야의 문화유산이다.

오답 해설

① 연가 7년명 금동 여래 입상 → 고구려 문화유산
두꺼운 의상과 긴 얼굴 모습에서 북조 양식을 따르고 있으나, 강인한 인상과 은은한 미소에는 고구려의 독창성이 보인다.

③ 호우명 그릇 → 신라 문화유산
신라 호우총에서 발견된 호우명 그릇에는 그 밑바닥에 "을묘년국강상광개토지호태왕(乙卯年國岡上廣開土地好太王)"이라는 글씨가 새겨져 있어 당시에 신라가 광개토대왕을 기리는 내용임을 알 수 있다.

④ 석수 → 백제 문화유산
백제의 무령왕릉에서 출토된 석수는 무덤을 수호하는 진묘수(鎭墓獸)의 역할을 한 것으로 추정된다. ← 무덤 수호를 목적으로 한 짐승 모양의 신상(神像)

⑤ 천마도 → 신라 문화유산
경주 천마총에서 출토된 천마도는 마구에 그린 그림으로 신라의 힘찬 화풍을 보여준다.

핵심노트 ▶ 가야 연맹

- 전기 가야 연맹 : 김수로왕의 금관가야(김해) → 신라 법흥왕 때 멸망(532년)
- 후기 가야 연맹 : 이진아시왕의 대가야(고령) → 신라 진흥왕 때 멸망(562년)

06 의자왕 재위 시기의 사건

암기박사 계백 : 황산벌 전투 ⇒ 백제 의자왕

정답 ⑤

정답 해설

제시된 사료는 소정방이 이끄는 당군이 백강(금강) 하구로 침입한 내용이다. 신라의 김춘추가 당에 건너가 결성한 나·당 연합군이 백제를 공격하였고, 의자왕은 계백의 결사대를 보내 신라군에 맞서 싸웠으나 패하였다(660).

오답 해설

① 익산 미륵사 창건 → 백제 무왕
서동 설화의 주인공으로 알려진 백제 무왕은 삼국시대의 절 가운데 최대 규모인 익산 미륵사를 창건하였다(601).

② 사비 천도, 국호 : 남부여 → 백제 성왕
백제 성왕은 웅진에서 사비로 천도하고 국호를 남부여로 변경하였다(538).

③ 수와 외교 관계 → 백제 무왕
백제 무왕은 수에 사신을 보내 고구려 침공에 대비하는 등 수와 외교 관계를 맺고 친선을 도모하였다(611).

④ 평양성 공격 : 고국원왕 전사 → 백제 근초고왕
백제의 전성기를 이끈 근초고왕이 평양성을 공격하여 고구려의 고국원왕을 전사시켰다(371).

07 고구려 벽화

암기박사 밀양 박익 벽화묘 ⇒ 조선 전기 벽화

정답 ⑤

정답 해설

송은 박익 : 고려 말 문신
제시된 사료의 결혼 풍습은 고구려의 서옥제(데릴사위제)이다.
박익 벽화묘는 경남 밀양시 청도면 고법리에 있는 조선 전기의 벽화 무덤으로, 내부 석실의 사방에 벽화가 그려져 있어 조선 전기의 생활 풍습에 관한 자료로 가치가 높다.

오답 해설

① 통구 12호분 참수도 → 고구려 벽화
중국 길림성 집안현 대왕촌의 12호분에 있는 고구려 시대의 벽화로, 고구려 군의 전투 방식과 무장 모습을 보여주는 벽화이다.

② 각저총 씨름도 → 고구려 벽화
씨름도는 중국 길림성 집안현의 각저총에 있는 고구려 벽화로, 고구려인과 서역인으로 보이는 두 사람이 장례행사의 의례적 행위로 씨름을 하는 모습이 그려져 있다.

③ 무용총 접객도 → 고구려 벽화
접객도는 중국 길림성 집안현의 무용총에 있는 고구려 시대의 벽화로, 무덤 주인이 서역에서 온 듯한 손님을 접대하는 모습이 그려져 있어 당시 고구려가 서역과 교류했음을 알 수 있다.

④ 수산리 고분 교예도 → 고구려 벽화
   교예도는 평남 강서 수산리 고분에 있는 고구려 시대의 벽화로, 나무다리 위에서 춤추기, 바퀴 굴리기, 공던지기 등의 교예를 하고 있는 모습을 그린 벽화이다.

08 백제의 부흥 운동

정답 ③

암기박사 흑치상지 : 임존성 전투 ⇒ 백제 부흥 운동

정답 해설

나·당 연합군이 황산벌 전투에서 백제를 멸망시킨 후 복신과 도침이 왕자 부여풍을 왕으로 추대하여 주류성(한산)에서 백제 부흥 운동을 전개하였고, 흑치상지와 지수신은 임존성(대흥)에서 소정방이 이끄는 당군을 격퇴하였다(660).

오답 해설

① 거란의 침략 → 발해 멸망
   발해는 거란의 세력 확대와 내부 귀족들의 권력 투쟁 격화로 국력이 크게 쇠퇴한 후 거란의 침략을 받아 멸망하였다(926).
② 광개토 대왕, 장수왕 → 고구려의 영토 확장
   고구려는 광개토 대왕 때 만주에 대한 대규모 정복 사업과 장수왕 때 남하정책으로 한강 전 지역을 포함한 고구려 최대의 영토를 확보하였다(5세기).
④ 신라 법흥왕 : 이차돈 순교 → 불교 공인
   신라는 법흥왕 때 이차돈의 순교를 계기로 불교가 공인되었다 (527).
⑤ 고구려군의 공격 → 전기 가야 연맹 해체
   김수로왕을 시조로 한 전기 가야 연맹은 금관가야로, 법흥왕 때 신라를 후원하는 고구려군의 공격으로 해체되었다(532).

핵심노트 ▶ 백제 부흥 운동(660~663)
- 복신과 도침이 왕자 풍을 왕으로 추대하여 주류성(한산)에서 백제 부흥 운동 전개
- 흑치상지와 지수신은 임존성(대흥)에서 전개
- 왜에 원군을 요청하여 나·당 연합군과 백강에서 전투
- 지배층의 내분과 나·당 연합군의 공격으로 실패

09 발해 무왕의 업적

정답 ④

암기박사 흑수말갈 정벌, 당의 등주 공격 ⇒ 발해 무왕(대무예)

정답 해설

고왕(대조영)에 이어 왕위에 오른 무왕(대무예)은 동생 대문예를 보내 흑수말갈 정벌을 추진하였고, 장문휴의 수군으로 산동 지방(등주)을 공격하여 당과 대립하였다.

오답 해설

① 중앙 관제 : 3성 6부 → 발해 문왕(대흠무)
   발해 문왕(대흠무)은 대흥(大興)이라는 독자적인 연호를 사용하였으며, 당과 친선 관계를 맺고 당의 관제를 모방하여 3성 6부의 중앙 관제를 정비하였다.

② 상경 용천부로 천도 → 발해 문왕(대흠무)
   발해 문왕은 수도를 중경 현덕부에서 상경 용천부로 천도하여 지배 체제를 정비하였다. → 당의 수도인 장안성을 모방하여 상경 용천부를 건설
③ 발해 건국 → 발해 고왕(대조영)
   발해는 고구려 출신 대조영이 고구려 유민과 말갈 집단들을 규합하여 지린 성의 동모산 기슭에서 건국하였다.
⑤ 지방 행정 제도 : 5경 15부 62주 → 발해 선왕(대인수)
   발해 선왕(대인수)은 중흥기를 이루어 해동성국이라 불렸고, 5경 15부 62주의 지방 행정 제도를 확립하였다.

핵심노트 ▶ 발해 무왕(대무예, 719~737)
- 연호를 인안(仁安)으로 하고, 부자 상속제로 왕권 강화
- 동북방의 여러 세력을 복속하고 북만주 일대를 장악하여 동북아 세력의 균형 유지
- 일본과 외교 관계를 맺어 신라를 견제하고, 돌궐과 연결하여 당을 견제
- 동생 대문예로 하여금 흑수부 말갈 지역을 통합하여 영토 확장, 당이 이 지역과 직접 교류를 시도
- 무왕은 장문휴의 수군으로 산둥 지방(등주)을 공격하고 요서 지역에서 당과 격돌
- 당은 신라로 하여금 발해를 공격하게 하고, 이후 대동강 이남 지역을 신라의 통치 지역으로 인정

10 신라 승려들의 활동

정답 ③

암기박사 대승기신론소 저술 ⇒ 원효

정답 해설

원효는 대승기신론소를 저술하여 대승 불교의 중관파와 유식파의 대립 문제를 연구·비판하고 일심 사상을 체계화하였다.

오답 해설

① 세속 오계 → 원광
   원광은 공동체 사회 이념을 바탕으로 불교와 유교, 도교를 수용한 실천 윤리 사상인 세속 오계를 제시하였다.
② 풍수지리설 전래 → 도선 → 사군이충(事君以忠), 사친이효(事親以孝), 교우이신(交友以信), 임전무퇴(臨戰無退), 살생유택(殺生有擇)
   신라 말 도선 등의 선종 승려들은 중국에서 유행한 풍수지리설을 전래하였는데, 산세와 수세를 살펴 도읍·주택·묘지 등을 선정하는 인문지리적 학설이다.
④ 부석사 창건 → 의상
   의상은 화엄의 근본 도량이 된 부석사(浮石寺)를 창건하고, 화엄 사상을 바탕으로 교단을 형성하여 제자를 양성하고 불교문화의 폭을 확대하였다.
⑤ 황룡사 구층 목탑 건립 건의 → 자장
   황룡사 구층 목탑의 건립을 건의한 신라의 승려는 자장(慈藏)으로, 선덕여왕 때 건립되었으나 몽골의 침입으로 소실되었다.

핵심노트 ▶ 원효(元曉, 617~686)
- 모든 불교 서적을 폭넓게 이해하고 〈대승기신론소〉, 〈금강삼매경론〉, 〈십문화쟁론〉 등을 저술 → 불교의 사상적 이해 기준을 확립
- 〈대승기신론소〉에서 대승 불교의 중관파와 유식파의 대립 문제를 연구·비판하고 일심 사상으로 체계화
- '모든 것이 한마음에서 나온다'는 일심 사상(一心思想)을 바탕으로 종파들 간의 사상적 대립을 조화시키고, 여러 종파의 사상을 융합하는 화쟁 사상을 주창
- 파계하고 대중 속에 들어가 극락에 가고자 하는 아미타 신앙을 전도하며 정토종을 보급하여 불교 대중화의 길을 엶 → 고려 시대 의천과 지눌에 영향을 미침
- 경주 분황사에서 법성종(法性宗)을 개창

제04회

11 통일 신라의 군사 제도

암기박사 군사 제도 : 9서당 10정 ⇒ 통일 신라

정답 ①

정답 해설

통일 신라는 통일 전 5주 2소경을 9주 5소경 체제로 정비하여 중앙 집권 및 지방 통제력을 강화하였다. 또한 중앙군으로 9서당, 지방군으로 10정을 설치하여 9서당 10정의 군사 조직을 갖추었다.
→ 통일 전 : 5주 2소경
→ 통일 전 : 1서당 6정

오답 해설

② 장용영 : 왕의 친위 부대 → 조선 정조
  장용영은 조선 정조 때 설치된 왕의 친위 부대로 한양에는 내영, 수원 화성에는 외영을 두었다.

③ 양계 : 병마사 파견 → 고려 현종
  고려 현종은 5도 양계의 지방 제도를 확립하고 국경 지대인 양계(兩界)에 병마사를 파견하였다. → 북방 국경 지대의 군사 중심지인 동계·북계를 말함

④ 임진왜란 : 훈련도감 운영 → 조선 선조
  조선 선조 임진왜란 때 왜군의 조총에 대응하고 국방력을 강화하기 위해 삼수병으로 구성된 훈련도감을 운영하였다.

⑤ 최우 : 삼별초 조직 → 고려 고종   → 포수, 사수, 살수
  고려 고종 때 최우가 좌·우별초와 신의군으로 구성된 삼별초를 조직하고 몽골의 침입에 항쟁하였다. → 수도의 치안 유지를 담당하던 야별초
  → 귀환 포로

12 후백제의 견훤

암기박사 후당, 오월에 사신 파견 ⇒ 후백제 : 견훤

정답 ②

정답 해설

왕위 계승 문제로 반란을 일으킨 신검이 견훤을 금산사에 유폐하였으나 견훤은 탈출하여 고려 왕건에게 투항하였다(935). 후백제는 중국의 후당(後唐)과 오월(吳越)에 사신을 파견하였고, 거란과도 외교 관계를 형성하였다.

오답 해설

① 양길 축출 → 후고구려 : 궁예
  신라 왕족 출신의 궁예는 양길(梁吉)을 몰아내고 송악(개성)에서 후고구려를 건국하였다.

③ 일리천 전투 → 후백제 : 신검
  신검의 후백제군이 일리천 전투에서 왕건의 고려군에게 패배하여 후백제는 멸망하였다. → 견훤의 장남

④ 정계와 계백료서 → 고려 : 태조
  고려 태조는 정계(政戒)와 계백료서(誡百僚書)를 지어 임금에 대한 신하의 도리와 관리가 지켜야 할 규범을 제시하였다.

⑤ 완도 : 청해진 → 통일 신라 : 장보고
  통일 신라 때 장보고가 완도에 청해진을 설치하여 해상 무역을 전개하였으며 국제 무역의 거점으로 번성하였다.

핵심노트 ▶ 원효(元曉, 617~686)

• 건국 : 전라도 지방의 군사력과 호족 세력을 중심으로 완산주(전주)에서 견훤이 건국
• 영토 확장 : 차령 이남의 충청도와 전라도 지역을 차지하여 우수한 경제력과 군사적 우위를 확보

• 외교 관계 : 중국 오월(吳越)·후당(後唐)과 통교하였고, 거란과 외교 관계를 추구하였으며, 일본과 교류하였으나 일본의 소극적 태도로 큰 진전을 이루지 못함
• 한계 : 확실한 세력 기반이 없었고 신라의 군사 조직을 흡수하지 못하였으며, 당시의 상황 변화에 적응하지 못함

13 고려 시대의 지방 통치

암기박사 향·부곡·소 : 특수 행정 구역 ⇒ 고려 시대

정답 ②

정답 해설
→ 과거를 관장하는 시험관
한림학사 쌍기를 지공거(知貢擧)로 임명하고 과거 제도를 시행한 것은 고려 광종 때의 일이다. 고려 시대에는 특수 행정 구역으로 향·부곡·소가 있었는데, 향과 부곡에는 농민들이 주로 거주했고, 소(所)에는 국가가 필요로 하는 공납품을 만들어 바치는 공장(工匠)들이 거주했다.

오답 해설

① 5경 15부 62주 → 발해의 지방 제도
  발해의 선왕(대인수)은 중흥기를 이루어 해동성국이라 불렸고, 5경 15부 62주의 지방 행정 제도를 갖추었다.

③ 욕살, 처려근지 → 고구려의 지방관
  고구려는 각 지방의 성(城)이 군사적 요지로 개별적 방위망을 형성하였고, 욕살·처려근지 등의 지방관이 병권을 행사하였다.

④ 상수리 제도 → 통일 신라의 지방 세력 통제
  통일 신라는 지방 세력을 견제·통제하고 중앙 집권을 강화하기 위해 각 주 향리의 자제를 일정 기간 금성(경주)에서 볼모로 거주하게 하였다. → 통일 신라의 상수리 제도는 고려 시대의 기인제도와 조선 시대의 경주인(경저리)으로 이어졌다.

⑤ 5소경 → 통일 신라 수도의 편재성 보완 제도
  신라의 수도인 금성(경주)은 한반도 남동쪽에 치우쳐 있으므로 중앙 정부의 지배력이 수도에서 멀리 떨어진 곳까지 미치기 어려웠다. 이러한 지리적 단점을 보완하기 위해 신문왕은 통일 전 2소경을 통일 후 5소경 체제로 정비하였다.

14 고려 경종의 업적

암기박사 (가) 왕규의 난 ⇒ 고려 혜종(945)
(나) 최승로 : 외관(지방관) ⇒ 고려 성종(983)

정답 ④

정답 해설

왕식렴을 통해 왕규의 난을 진압하고 즉위한 경종은 모든 전·현직 관리를 대상으로 관품과 인품·세력을 반영하여 전지와 시지를 지급하였으며, 처음으로 직관(職官)·산관(散官) 각 품의 전시과를 제정하였다(976).

오답 해설

① 5도 양계 → 현종(1018)
  현종은 5도 양계의 지방 제도를 확립하였다. 5도는 경상도·전라도·양광도·교주도·서해도를 말하며 지방관으로 안찰사를 파견하였고, 양계(兩界)는 북방 국경 지대의 군사 중심지인 동계·북계를 말하며 병마사가 파견되었다.

② **흑창 설치 → 태조(918)**
태조는 민생 안정을 위해 흑창(黑倉)을 처음 설치하였는데, 흑창은 고구려의 진대법을 계승한 춘대추납의 빈민 구제 기관이다.

③ **12목 설치, 지방관 파견 → 성종(983)**
성종은 시무 28조에 따라 전국에 12목을 설치하고 지방관(목사)을 파견하였다. → 최승로가 성종에게 올린 정치 개혁 방안

⑤ **7재 개설 → 예종(1109)**
예종은 국자감(관학)을 재정비하여 전문 강좌인 7재(七齋)를 개설하였다. → 여택재, 대빙재, 경덕재, 구인재, 복응재, 양정재, 강예재

핵심노트 ▶ 경종(975~981)의 전시과 시행과 반동 정치

- **시정 전시과 시행** : 전국적 규모로 전·현직의 모든 관리에게 등급에 따라 토지를 차등 지급하였는데, 관품 이외의 인품도 고려한 점에서 역분전의 성격이 잔존
- **반동 정치** : 광종 때 개혁 정치의 주역들이 제거되고 공신 계열의 반동 정치가 행해짐

15 묘청의 서경 천도 운동

정답 ③

암기박사 묘청 : 서경 천도론 ⇒ 개경파 : 김부식이 진압

정답 해설

묘청의 서경파가 풍수지리설에 근거하여 서경(지금의 평양) 천도와 칭제 건원, 금국 정벌을 주장하며 반란을 일으켰으나 개경파 김부식이 이끄는 관군의 공격으로 진압되었다(1135).

오답 해설

① **이성계 : 최영 제거 → 위화도 회군**
우왕이 요동 정벌을 위해 이성계를 파견하였으나 이성계는 4불가론을 들어 요동 정벌을 반대하고 위화도에서 회군하여 최영을 제거하고 군사적·정치적 실권을 장악하였다(1388).

② **외척 정치 → 이자겸의 난**
왕실 외척인 이자겸이 금의 사대 요구를 수용하는 등 전권을 행사하자 인종이 이자겸을 제거하려 하였고, 이에 이자겸은 척준경과 함께 난을 일으켰다(1126).

④ **정중부 등 제거 도모 → 서경 유수 조위총의 난**
서북 지방민의 불만을 이용하여 정중부 등 무신정변의 주동자를 제거하고 나라를 바로잡는다는 명분으로 서경 유수 조위총이 군사를 일으켜 정중부 등의 제거를 도모하였다(1174).

⑤ **김치양 제거 : 목종 폐위 → 강조의 정변**
고려 목종 때 강조가 정변을 일으켜 김치양과 천추태후 일당을 제거한 후 목종까지 폐하고 대량군(현종)을 즉위시켰다(1009).

핵심노트 ▶ 묘청의 서경 천도 운동(인종 13, 1135)

- 이자겸의 난 이후 칭제 건원, 금국 정벌, 서경 천도 등을 두고 보수와 개혁 세력 간 대립 발생
- 서경 천도를 추진하여 서경에 대화궁을 건축, 칭제 건원과 금국 정벌 주장
- 서경에서 국호를 대위국, 연호를 천개, 군대를 천견충의군이라 하며 난을 일으킴
- 김부식이 이끈 관군의 공격으로 약 1년 만에 진압
- 서경의 분사 제도 및 삼경제 폐지
- 문신 우대·무신 멸시 풍조, 귀족 사회의 보수화 등 문벌 귀족 사회의 모순 심화 → 무신정변

16 「삼국유사」 / 「제왕운기」

정답 ⑤

암기박사 (가) 기사본말체 형식의 사서 ⇒ 일연 : 「삼국유사」
(나) 역사 서사시 ⇒ 이승휴 : 「제왕운기」

정답 해설

(가) 「삼국유사」 : 단군부터 고려 말까지의 불교사를 중심으로 서술한 기사본말체 형식의 사서이다. 단군을 우리 민족의 시조로 보아 단군의 건국 이야기를 수록하고 있으며 그 외에 가야에 대한 기록과 고대의 민간 설화나 전래 기록, 불교 설화, 향가 등을 수록하였다.

(나) 「제왕운기」 : 우리나라의 역사를 단군에서부터 서술하면서 우리 역사를 중국사와 대등하게 파악하는 자주성을 보여주었다. 합리주의적 인식을 바탕으로 하여 유교를 중심으로 다루면서도 불교·도교 문화까지 포괄하여 서술하였다. → 우리 역사를 단일 민족사로 이해

오답 해설

① **사초, 시정기 근거 → 실록청 : 「조선왕조실록」**
「조선왕조실록」은 왕의 사후 사초와 시정기 등을 토대로 춘추관에 설치된 실록청에서 편찬되었다. → 조선 태조 때부터 철종 때까지 472년의 역사를 편년체 형식으로 기록

② **현존 최고(最古)의 금속 활자본 → 「직지심체요절」**
현존하는 세계 최고(最古)의 금속 활자본으로 청주 흥덕사에서 간행되었다.

③ **유네스코 세계 기록 유산으로 등재 → 「조선왕조실록」, 「승정원일기」**
「삼국유사」와 「제왕운기」는 둘 다 유네스코 세계 기록 유산으로 등재되어 있지 않으며, 「조선왕조실록」과 「승정원일기」는 유네스코 세계 기록 유산으로 등재되어 있다.

④ **조선 왕조의 역사를 기사본말체로 서술 → 이긍익 : 「연려실기술」**
이긍익이 400여 종의 야사(野史)를 참고하여 조선 왕조의 정치·문화사를 객관적·실증적 입장에서 기사본말체 형식으로 서술하고, 우리나라 역대의 문화를 백과사전식으로 정리하였다.

핵심노트 ▶ 〈삼국유사〉와 〈제왕운기〉의 단군 기록

- **일연의 〈삼국유사〉** : 단군에 대한 최초의 기록이다. 환웅이 웅녀와 혼인하여 단군을 낳은 것으로 기록하여 원형에 충실한 서술을 하고 있으며, 고조선이라는 표현을 처음으로 사용하였다.
- **이승휴의 〈제왕운기〉** : 환웅의 손녀가 사람이 된 후 단군을 낳은 것으로 기록하여, 원형과 거리가 있다.

17 무신 정변의 발발

정답 ③

암기박사 무신 정변 ⇒ 정중부 : 의종 폐위, 명종 옹립

정답 해설

고려 의종이 문신들만 우대하고 무신들을 천대하자 정중부·이고·이의방 등의 무신들이 정변을 일으켜 다수의 문신들을 살해한 후 의종을 거제도로 추방하고 명종을 옹립하였다(1170).

핵심노트 ▶ 무신 간의 권력 쟁탈전

- 이의방(1171~1174) : 중방 강화
- 정중부(1174~1179) : 이의방을 제거하고 중방을 중심으로 정권을 독점
- 경대승(1179~1183) : 정중부를 제거하고 집권, 신변 보호를 위해 사병 집단인 도방을 설치
- 이의민(1183~1196) : 경대승의 병사 후 정권을 잡았으나 최씨 형제에게 피살
- 최충헌(1196~1219) : 이의민을 제거하고 무신 간의 권력 쟁탈전을 수습하여 강력한 독재 정권을 이룩 → 1196년부터 1258년까지 4대 60여 년간 최씨 무단 독재 정치

18 익산 지역의 역사적 사실

정답 ②

암기박사 안승 : 보덕국 ⇒ 전북 익산

정답 해설

고구려가 멸망한 후 신라의 지원을 받은 검모잠이 보장왕의 서자 안승을 왕으로 추대하여 고구려 부흥 운동을 전개하였으나, 안승이 검모잠을 죽이고 신라로 망명하여 금마저(익산)에서 고구려 왕(보덕국왕)으로 임명되었다.

오답 해설

① 유형원 : 반계수록 저술 → 전북 부안
  조선의 실학자 유형원은 사회 개혁을 뒷받침할 학문 연구를 위해 전북 부안에 내려가 반계수록을 저술하였다.

③ 직지심체요절 간행 → 청주 흥덕사
  현존 최고(最古)의 금속 활자본인 직지심체요절은 충북 청주의 흥덕사에서 간행되었다.

④ 황산벌 전투 → 충남 논산
  백제와 신라 사이에 황산벌 전투가 벌어졌던 곳은 충남 논산시 연산면 일대이다.

⑤ 전태일 분신 사건 → 서울
  서울 동대문 평화시장에서 피복공장 재단사로 일하던 노동운동가 전태일이 근로 기준법 준수를 외치며 분신하였다.

19 공민왕의 반원 자주 정책

정답 ①

암기박사 공민왕 : 반원 자주 정책 ⇒ 친원 세력 : 기철 숙청

정답 해설

제시된 사료는 고려 말 공민왕의 반원 자주 정책에 대한 대화 내용으로, 공민왕은 원의 연호를 폐지하고 격하된 관제를 복구하였다. 또한 내정을 간섭하던 정동행성 이문소를 폐지하고 대표적인 친원 세력인 기철을 숙청하였다(1356).

오답 해설

② 몽골의 2차 침입 → 김윤후 : 처인성 전투
  몽골의 2차 침입 때 처인성 전투에서 김윤후가 이끄는 민병과 승병이 적장 살리타를 사살하고 몽골군을 물리쳤다(1232).

③ 의종 폐위, 명종 옹립 → 정중부 : 무신 정변
  정중부 등의 무신들이 정변을 일으켜 다수의 문신들을 살해한 후 의종을 폐하고 명종을 옹립함으로써 권력을 장악하였다(1170).

④ 유학 교육 → 최충 : 9재 학당
  고려 시대에는 최초의 사학인 최충의 9재 학당(문헌공도)을 비롯한 사학 12도가 융성하여 유학을 교육하였다(1055). → 국자감의 관학 교육은 위축

⑤ 최씨 무신 집권기 → 만적의 난 : 노비 해방 운동
  개경에서 최충헌의 사노 만적을 비롯한 노비들이 신분 해방을 도모하였다(1198).

핵심노트 ▶ 공민왕의 반원 자주 정책

- 원의 연호를 폐지하고 기철 등 친원파 숙청
- 내정을 간섭하던 정동행성이문소 폐지, 원의 관제를 폐지하고 2성 6부의 관제를 복구
- 무력으로 쌍성총관부를 공격하여 철령 이북의 땅을 수복(유인우), 동녕부 요양을 정벌하여 옛 고구려의 영토를 수복(이성계)
- 원(나하추)의 침입을 이성계 등이 격퇴
- 친명 정책의 전개 → 사신 파견, 명의 연호 사용
- 몽골풍의 폐지 → 몽골풍의 의복과 체두변발 금지

20 홍문관의 기능

정답 ④

암기박사 집현전 계승, 왕의 경연 주관 ⇒ 홍문관(옥당)

정답 해설

홍문관은 조선 성종 때 집현전을 계승하여 설치된 학술·언론 기관으로 '옥당'이라는 별칭이 있다. 사헌부, 사간원과 함께 삼사를 구성하였으며, 왕에게 경서와 사서를 강론하는 경연을 주관하였다.

오답 해설

① 수도의 행정과 치안 담당 → 한성부
  한성부는 수도의 행정과 치안을 담당하였으며, 장은 판윤(정2품)이다.

② 고려 시대 : 삼사 → 조선 시대 : 호조 화폐와 곡식
  고려 시대의 삼사(三司)는 전곡(錢穀)의 출납에 대한 회계와 녹봉 관리를 담당하였는데, 조선 시대 호조가 이와 같은 기능을 수행하였다.

③ 실록 보관 및 관리 → 조선 시대 : 춘추관
  춘추관은 역사서를 편찬하고 실록을 보관 및 관리하는 업무를 관장하였다.

⑤ 국왕 직속의 사법 기구 → 의금부
  의금부는 국가의 큰 죄인을 다스리는 국왕 직속의 사법 기관으로 반역죄, 강상죄 등을 처결하였으며 장은 종1품의 판사이다.

핵심노트 ▶ 조선의 중앙 관제

의정부	최고 관부, 삼정승이 국정 총괄
승정원	왕명을 출납하는 비서 기관
의금부	국가의 큰 죄인을 다스리는 기관
사헌부	감찰 탄핵 기관
사간원	언관(言官)으로서 왕에 대한 간쟁
홍문관	경연 관장, 문필·학술 기관, 고문 역할
한성부	수도의 행정과 치안 담당
춘추관	역사서 편찬과 보관 담당
예문관	국왕의 교서 관리
성균관	최고 교육 기관(국립대학)

21 조선 전기 과학 기술의 발달

정답 ②

암기박사 무예도보통지 : 종합 무예서 ⇒ 조선 후기 : 정조

정답 해설

무예도보통지는 조선 후기 정조 때 이덕무·박제가·백동수 등이 왕명으로 편찬한 훈련 교범으로, 종합 무예와 무기 사용법을 다루고 있다.

오답 해설

① 화차와 신기전 제작 → 조선 전기
  조선 전기 때에는 화약과 화포 제조가 급속도로 발전하여 신무기인 신기전(神機箭)과 화차가 개발되었다.
③ 혼천의 제작 → 조선 전기 : 세종
  조선 전기 세종 때 천체의 운행을 관측하고 측정하는 혼의, 간의, 혼천의 등이 제작되었다.
④ 향약집성방 : 의학서 → 조선 전기
  조선 전기에 우리 풍토에 알맞은 약재 개발과 1천여 종의 병명 및 치료 방법을 개발·정리한 향약집성방이 간행되었다.
⑤ 금양잡록 : 농서 → 조선 전기 : 강희맹 ▸ 조선 의학의 학문적 체계화
  조선 전기 성종 때 강희맹이 자신의 금양(안양) 지방 농민들의 경험을 바탕으로 농서인 금양잡록을 저술하였다.
  ▸ 농사직설에 없는 내용만을 수록하는 것을 원칙으로 함

22 정도전의 활약상

정답 ④

암기박사 경제문감 : 재상 중심의 정치 ⇒ 정도전

정답 해설
       ▸ 정안군
제시된 사료는 태조 이성계가 방석을 세자로 책봉하고 정도전 등으로 보필하게 하자, 방원(태종)이 난을 일으켜 정도전, 남은, 심효생 등을 제거하고 왕위를 방과(정종)에게 양위한 내용이다. 정도전은 조선 초기의 개국공신으로 경제문감을 저술하여 재상 중심의 정치를 주장하였다.
                   ▸ 영안군

오답 해설

① 고려에 성리학을 최초로 소개 → 안향
  충렬왕 때 안향은 원으로부터 고려에 성리학을 처음 소개하였다.
② 만권당에서 원의 학자들과 교유 → 이제현
  충선왕 때 이제현은 만권당에서 원의 학자들과 교유하였고, 귀국 후 이색 등에게 영향을 주어 성리학 전파에 이바지하였다.
③ 황산 대첩에서 왜구와의 싸움에 승리 → 이성계
  고려 말 이성계는 황산 대첩에서 왜구와의 싸움을 승리로 이끌어 백성들의 지지를 얻었다.
⑤ 화통도감의 설치 건의 → 최무선
  고려 우왕 때 최무선은 화약과 화포 제작을 위해 화통도감의 설치를 건의하고, 화포를 사용하여 진포(금강 하구)에서 왜구를 격퇴하였다.

핵심노트 ▶ 정도전의 주요 저서

- 〈조선경국전〉: 조선의 정책 지침
- 〈경제문감〉: 재상 중심의 정치 주장
- 〈불씨잡변〉·〈심기리편〉: 불교 배척, 도교 비판, 성리학을 통치 이념으로 확립
- 〈고려국사〉: 고려 멸망의 당위성과 조선 건국의 정당성

23 독도와 관련된 역사적 사실

정답 ④

암기박사 안용복 : 조선의 영토임을 확인 ⇒ 독도

정답 해설

조선 숙종 때 동래의 어민인 안용복은 울릉도에 출몰하는 일본 어민들을 쫓아내고, 일본에 2차례 건너가 울릉도와 독도가 조선의 영토임을 확인받고 돌아왔다(1696).

오답 해설

① 병인양요 : 프랑스 → 강화도
  프랑스는 병인박해 때의 프랑스 신부 처형을 구실로 강화도를 공격하여 병인양요가 발발하였으나, 양헌수 부대의 항전으로 정족산성에서 프랑스 군을 격퇴하였다.
② 저탄소 설치 : 러시아 → 절영도 ▸ 지금의 부산 영도
  러시아가 저탄소 설치를 위해 절영도의 조차를 요구하자 독립 협회는 만민 공동회를 개최하여 러시아의 요구를 저지하였다.
③ 하멜 : 네덜란드 상인 → 제주도
  네덜란드 상인인 하멜 일행이 표류하여 제주도에 도착한 후 우리 나라에 서양 문물을 전파하였다.
⑤ 정약전 : 자산어보 → 흑산도
  정약전은 흑산도 귀양 중 근해의 해산물 등을 직접 채집·조사하여 155종의 해산물에 대한 명칭·분포·형태·습성 등을 기록한 자산어보(玆山魚譜)를 저술하였다.

핵심노트 ▶ 독도의 역사

- 우산국 복속 : 신라 지증왕은 이사부를 파견하여 우산국(울릉도)을 복속(512).
- 세종실록 지리지 : 우산(于山)과 무릉(武陵) 2섬이 울진현 정동(正東) 바다 가운데 있다고 하면서 울릉도와 독도를 조선 영토로 관리하고 있음을 보여줌(1454).
- 안용복의 일본 도해 : 조선 숙종 때 동래의 어민인 안용복은 울릉도에 출몰하는 일본 어민들을 쫓아내고, 일본에 2차례 건너가 울릉도와 독도가 조선의 영토임을 확인받고 돌아옴(1696).
- 동국문헌비고 : 조선 영조 때 홍봉한 등이 정리한 한국학 백과사전인 동국문헌비고에 울릉과 독도는 모두 우산국의 땅이라고 명확하게 기록됨(1770).
- 심흥택 보고서 : 울도 군수 심흥택이 독도가 울도군 관할이라는 내용이 들어간 문서를 정부에 보고함(1906)

24 세종의 대외 정책

정답 ⑤

암기박사 일본 : 계해약조 체결 ⇒ 조선 세종

정답 해설

전세를 토지의 비옥도에 따라 차등 부과하는 전분 6등법과 풍흉의 정도에 따라 차등 부과하는 연분 9등법을 시행한 왕은 조선 세종이다. 이 시기에 일본과 제한된 범위의 무역을 허용한 계해약조가 체결되었다(1443).

오답 해설

① 어영청 : 북벌 추진 → 효종
  효종은 총포병과 기병 위주로 어영청의 기능을 강화하고 북벌 운동을 추진하였다.
② 장용영 : 국왕의 친위 부대 → 정조

제04회

정조 때 국왕의 친위 부대인 장용영이 설치되어 한양에는 내영, 수원 화성에는 외영을 두었다.

③ 강홍립 : 사르후 전투 → 광해군
광해군 때에 명의 요청으로 강홍립 부대가 사르후 전투에 참전하였으나, 명과 후금 사이에서 중립 외교를 펼쳤다.

④ 일본 : 통신사 파견 → 광해군
임진왜란 이후 광해군 때 에도 막부의 국교 재개 요청에 따라 조선은 통신사를 파견하여 조선의 선진 문물을 일본에 전파하였다.

> **핵심노트** ▶ 세종의 대외 정책
>
> - 북방 개척 : 4군(최윤덕, 압록강 유역 확보), 6진(김종서, 두만강 유역 확보), 사민 정책
> - 쓰시마 섬 정벌 : 이종무로 하여금 정벌(1419), 계해약조 체결(1443)
> - 대명 자주 정책 : 금·은·공녀 진상을 폐지

25 조선 시대 붕당 정치

정답 ③

암기박사 이조전랑 임명권 ⇒ 사림의 붕당 : 동인 / 서인

정답 해설

사림이 언론 삼사 요직의 인사권과 추천권을 가진 이조 전랑 임명권을 둘러싼 대립으로 동인과 서인으로 나뉘며 붕당 정치가 시작되었다. 제시문에서 김효원을 지지한 (가)의 사람들은 동인으로, 선조 때 정여립 모반 사건이 계기가 되어 권력을 잡은 서인에 의해 기축옥사를 당하였다. ◀ 동인은 온건파인 남인과 급진파인 북인으로 분당

오답 해설

① 인조반정 : 광해군 축출 → 서인
인목대비 유폐와 영창대군 살해 사건을 계기로 인조반정을 주도한 서인은 광해군을 축출하고 정권을 장악하였다.

② 이이, 성혼 → 서인
서인은 이이와 성혼의 문인들이 가담함으로써 점진적·현실적 주기학파의 붕당 모습을 갖추었다.

④ 기해예송 : 기년복 주장 → 서인
효종 사망 시 자의대비의 복제를 두고 서인과 남인 간에 벌어진 기해예송에서 서인은 자의대비의 기년복을 주장하였다.

⑤ 정철 : 건저상소 사건 → 서인 ◀ 왕세자를 세우는 일
선조 때 왕세자 책봉 문제에 관한 정철의 건저(建儲) 상소 사건으로 서인은 실권을 잃고 정치적 입지가 약화되었다.

> **핵심노트** ▶ 동인과 서인
>
> | 동인(東人) | 서인(西人) |
> |---|---|
> | • 이황·조식·서경덕의 학문을 계승 ◀ 급진적·원칙적 주리학파 | • 이이와 성혼의 문인들이 가담함으로써 붕당의 모습을 갖춤 ▶ 점진적·현실적 주기학파 |
> | • 김효원, 우성전, 이산해, 이발 등 신진 세력의 참여로 먼저 붕당의 형세를 이룸 | • 심의겸, 박순, 윤두수, 윤근수, 정철 등 |
> | • 명종 때 정치에 참여하지 않은 신진 사림, 척신 정치 잔재의 청산에 적극적 | • 명종 때 정치에 참여했던 기성 사림, 척신 정치 잔재 청산에 소극적 |

26 훈련도감

정답 ②

암기박사 급료를 받는 상비군이 주축 ⇒ 훈련도감

정답 해설

훈련도감은 임진왜란 중 왜군의 조총에 대응하고 국방력을 강화하기 위해 유성룡의 건의에 따라 설치된 부대로, 포수·사수·살수의 삼수병으로 구성되어 있으며 급료를 받는 상비군이 주축을 이루고 있다.

오답 해설

① 최씨 무신 정권의 군사적 기반 → 삼별초 ◀ 좌·우별초
수도의 치안 유지를 담당하던 야별초에 신의군을 합쳐 편성한 삼별초는 최씨 무신 정권의 군사적 기반이었다. ◀ 귀환 포로

③ 국경 지역인 북계와 동계에 배치 → 주진군
국경 지역인 북계와 동계에 배치된 주진군은 고려 시대의 지방군으로 국경 수비를 전담하는 상비군이다.

④ 이종무 : 대마도 정벌 → 수군
대일 강경책의 일환으로 세종 때 조선 수군은 이종무의 지휘 아래 대마도 정벌에 참여하였다.

⑤ 국왕의 친위 부대 → 장용영
장용영은 정조 때 설치된 국왕의 친위 부대로 서울에는 내영, 수원 화성에는 외영이 배치되었다.

> **핵심노트** ▶ 훈련도감(1594)
>
> - 설치 : 임진왜란 중 왜군의 조총에 대응하고 국방력을 강화하기 위해 유성룡의 건의에 따라 용병제를 토대로 설치 → 조선 후기 군제의 근간이 됨
> - 편제 : 삼수병(포수·사수·살수)으로 편성
> - 성격 : 장기간 근무하며 일정 급료를 받는 장번급료병, 직업 군인의 성격(상비군)
> - 폐지 : 1881년에 별기군이 창설되어 신식 군대 체제가 이루어지자 그 다음해 폐지됨

27 조선 영조의 업적

정답 ④

암기박사 준천사 설치, 동국문헌비고 간행 ⇒ 영조

정답 해설

준천사(濬川司)를 설치해 청계천을 준설한 왕은 조선 영조이다. 이 때 홍봉한 등은 한국학 백과사전인 동국문헌비고를 간행하여 역대 문물을 정리하였다.

오답 해설

① 대동법의 전국 확대 → 숙종
대동법은 광해군 때 경기도에서 처음 시행되어 효종 때에는 충청도·전라도에서도 시행되었고 숙종 때에는 평안도와 함경도를 제외한 전국으로 확대 실시되었다.

② 왕의 친위 부대 : 장용영 설치 → 정조
장용영은 조선 정조 때 설치된 왕의 친위 부대로 한양에는 내영, 수원 화성에는 외영을 두었다.

③ 명과 후금 : 중립 외교 → 광해군
광해군과 북인은 명과 후금 사이에서 중립 외교를 펼쳐 명분보다는 국가적 실익을 도모하였다.

⑤ 나선 정벌 : 조총 부대 파견 → 효종

237

한국사능력검정시험 심화대비 기출분석 예상문제 · 정답및 해설

효종 때 러시아의 남하로 청과 러시아 간 국경 충돌이 발생하자 청의 원병 요청으로 조총 부대를 파견하여 러시아군을 격퇴하였다.

28 조선 후기의 사회 모습

> 암기박사 염포 : 왜관 설치 ⇒ 조선 전기

정답 ②

정답 해설

조선 후기의 실학자 이익은 성호사설에서 중국과의 무역으로 은이 중국으로 유출되어 동전 부족 현상이 발생하자 동전을 폐지하자는 폐전론을 주장하였다. 한편, 조선 전기 세종 때 염포(울산)를 비롯한 부산포(동래)와 제포(진해) 등의 3포가 개항되고 왜관이 설치되어 일본과 교역하였다.

오답 해설

① 담배 : 상품 작물 → 조선 후기
  조선 후기에는 담배를 비롯한 인삼, 약재, 면화, 삼 등 시장에서 매매하기 위한 상품 작물의 재배가 활발하였다.
③ 장시 : 탈춤 공연 → 조선 후기
  조선 후기에는 장시가 발달하여 보부상들이 물품을 판매 · 유통하거나 광대들이 탈춤 공연을 벌였다.
④ 중인 : 시사 조직 → 조선 후기
  조선 후기에는 중인들이 시사(詩社)를 조직하여 활발한 문예 활동을 전개하였다. ▶ 대표적인 시사 : 천수경의 옥계시사, 최경흠의 직하시사 등
⑤ 덕대 : 광산 경영 → 조선 후기
  조선 후기에는 덕대가 상인 물주에게 자본을 조달받고 채굴업자와 채굴 노동자 등을 고용하여 광산을 전문적으로 경영하였다.

> 핵심노트 ▶ 조선 후기의 경제

농업	• 이앙법(전국), 견종법 → 광작(경영형 부농, 몰락 농민) • 상품 작물의 재배(담배, 고추, 인삼 등) • 구황 작물의 재배(고구마, 감자) • 지대의 변화[타조법(관행) → 도조법(일부)]
상업	• 사상의 활동(경강 상인, 송상 등) • 공인의 활동 → 도고의 출현 • 화폐의 1차적 유통 → 전황 형상 발생 • 공 · 사무역의 발달(개시, 후시)
수공업	• 납포장 증가 • 선대제 수공업 : 17, 18세기의 보편적 양상
광업	• 7세기 설점수세제 → 18세기 자유로운 채굴 기능 · 불법적 잠채 성행

29 조선 후기 국학 연구

> 암기박사 정약용 : 아방강역고 ⇒ 조선 후기

정답 ④

정답 해설

조선 후기 정약용이 저술한 아방강역고는 우리나라의 역사 지리를 정리한 지리서로, 고조선에서 발해에 이르는 우리나라 강역의 역사를 각종 문헌에서 뽑아 고증하였다(1811).

오답 해설

① 신숙주 : 국조오례의(國朝五禮儀) → 조선 전기
  조선 전기 성종 때 신숙주 · 정척 등이 국가 왕실의 여러 행사에 필요한 의례를 정비 · 제정한 의례이다.
② 정도전 : 조선경국전 → 조선 전기
  조선의 헌법이라고 할 수 있는 책으로 정도전이 태조에게 올린 법전이다.
③ 양성지 : 팔도지리지 → 조선 전기
  팔도지리지는 조선 전기 세종 때 양성지가 8도의 지리 · 역사 · 정치 · 사회 · 경제 · 군사 · 교통 등의 내용을 수록한 최초의 인문지리서로, 세종실록에 수록되어 있다.
⑤ 서거정 : 동국통감 → 조선 전기
  동국통감은 조선 전기 세조 때 편찬에 착수하였다가 완성하지 못한 것을 성종 때 서거정이 왕명으로 편찬한 편년체 사서로, 단군 조선부터 고려까지의 역사를 기록한 최초의 통사이다.

> 핵심노트 ▶ 조선 후기 지리서

- 역사 지리서 : 한백겸의 〈동국지리지〉, 정약용의 〈아방강역고〉
- 인문 지리서 : 이중환의 〈택리지(팔역지)〉
- 기타 : 유형원의 〈여지지〉, 신경준의 〈강계고〉, 김정호의 〈대동지지〉

30 세도 정치기의 사회상

> 암기박사 안동 김씨 / 풍양 조씨 ⇒ 세도 정치기

정답 ④

정답 해설

안동 김씨와 풍양 조씨 등 일부 외척 가문이 집권한 시기는 세도 정치기로, 정치 기강이 문란해져 관직을 사고파는 매관매직이 성행하였고 수령과 아전들은 수탈을 일삼았으며 전정 · 군정 · 환곡 등 삼정의 문란이 극에 달하였다. 한편, 조선통보는 조선 시대 세종과 인조 때에 법화로 주조된 화폐이다.

오답 해설

① 이양선 출몰 → 세도 정치기
  세도 정치기에는 서양배인 이양선이 우리나라 연안에 자주 출몰하여 서구 열강의 접근이 시작되었다.
② 삼정의 문란 : 전정 · 군정 · 환곡 → 세도 정치기
  세도 정치기에는 수령 · 아전들의 수탈이 심하였고, 전정 · 군정 · 환곡의 삼정이 문란하여 농민의 불만이 극에 달하였다.
③ 삼정의 폐단 : 삼정이정청 설치 → 세도 정치기
  세도 정치기에 삼정의 폐단을 시정하기 위한 임시 관청인 삼정이정청이 설치되었지만 큰 효과는 거두지 못하였다.
⑤ 정감록 : 왕조 교체 예언 → 세도 정치기
  세도 정치기에는 비기, 도참과 같은 예언 사상이 유행하였고, 정감록을 통해 왕조 교체를 예언하였다.

> 핵심노트 ▶ 세도 정치기의 전개

- 순조(1800~1834) : 정순왕후의 수렴청정, 김조순의 안동 김씨 일파의 세도 정치 전개
- 헌종(1834~1849) : 헌종의 외척인 조만영 · 조인영 등의 풍양 조씨 가문이 득세
- 철종(1849~1863) : 김문근 등 안동 김씨 세력이 다시 권력 장악

238

제04회

31 13도 창의군의 활약

정답 ⑤

암기박사 헤이그 특사 파견 ⇒ 13도 창의군 결성 : 서울 진공 작전

정답 해설

고종은 을사늑약의 무효를 선언하고 헤이그 만국 평화 회의에 이준, 이상설, 이위종의 특사를 파견하자 일제는 고종을 강제 퇴위시키고 정미 7조약(한·일 신협약)을 체결하였다(1907). 이 조약에 따른 대한제국 군대의 강제 해산에 맞서 정미의병이 확산되어 의병 연합군이 13도 창의군을 조직하고 서울 진공 작전을 전개하였다(1908).

오답 해설

① 러·일 전쟁 직전 : 국외 중립 선언 → 한·일 의정서 체결
러·일 전쟁 발발 직전 고종이 국외 중립을 선언하였으나, 일본군은 한반도 내 전략상 필요한 지역을 마음대로 사용하기 위해 한·일 의정서를 체결하였다(1904).

② 김옥균 : 개화당 정부 수립 → 갑신정변
김옥균을 중심으로 한 급진개혁파가 우정총국 낙성 축하연을 이용해 사대당 요인을 살해하고 개화당 정부를 수립하였으나, 청의 무력 개입으로 실패로 끝났다(1884).

③ 군국기무처 설치 → 제1차 갑오개혁
군국기무처는 제1차 갑오개혁 당시 입법권을 가진 초정부적 개혁 추진 기구로, 정치·경제·사회 등 국가 주요 정책에 대한 개혁안을 심의하였다(1894).

④ 황무지 개간권 반대 운동 → 보안회
보안회는 일제의 황무지 개간권 요구에 대한 지속적인 반대 운동을 벌여 일제의 황무지 개간권 요구를 철회시켰다(1904).

핵심노트 ▶ 13도 창의군의 활약

- 유생 이인영을 총대장, 허위를 군사장으로 13도 연합 의병이 조직(1907)
- 외교 활동의 전개 : 서울 주재 각국 영사관에 의병을 국제법상의 교전 단체로 승인해 줄 것을 요구하여, 스스로 독립군임을 자처
- 서울 진공 작전 : 의병 연합 부대는 서울 근교까지 진격하였으나, 일본군의 반격으로 후퇴(1908)

32 개항기 발행 신문

정답 ②

암기박사 정부에서 발행한 순 한문 신문 ⇒ 한성순보

정답 해설

한성순보는 박영효 등 개화파가 창간하여 박문국에서 발간한 최초의 신문으로, 정부에서 발행하는 순 한문 신문이었다. 국가 정책 홍보와 서양의 근대 문물을 소개하고 있으며 열흘마다 발행하는 것이 원칙이었다.

오답 해설

① 최초의 상업 광고 → 한성주보
박문국이 재설치 된 후 최초의 상업 광고가 실린 한성주보가 발행되었다.

③ 국채 보상 운동 후원 → 대한매일신보
국채 보상 운동은 정부의 외채를 국민의 힘으로 상환하여 국권을 회복하자는 운동으로, 대한매일신보의 지원을 받아 전국으로 확산되었다.

④ 총독부의 기관지로 전락 → 경성일보, 매일신보
한성신보와 대동신보를 합병한 경성일보와 총독부가 대한매일신보를 매수해 발행한 매일신보는 국권 피탈 후 총독부의 기관지로 전락하였다.

⑤ 영문판 발행 → 독립신문, 대한매일신보
서재필이 민중 계몽을 위해 창간한 독립신문과 영국인 베델이 양기탁 등과 함께 창간한 대한매일신보 등은 외국인이 읽을 수 있도록 영문으로도 발행되었다.

핵심노트 ▶ 개항기 발행 신문

언론기관	주요 활동
한성순보 (1883~1884)	박영효 등 개화파가 창간하여 박문국에서 발간한 최초이 신문, 관보 성격의 순한문판 신문으로, 10일 주기로 발간
한성주보 (1886~1888)	박문국 재설치 후 〈한성순보〉를 이어 속간, 최초의 국한문 혼용, 최초의 상업광고
독립신문 (1896~1899)	서재필이 발행한 독립 협회의 기관지, 최초의 민간지, 격일간지, 순한글판과 영문판 간행, 띄어쓰기 실시
매일신문 (1898~1899)	협성회의 회보를 발전시킨 최초의 순한글 일간지, 독립 협회 해산으로 폐간
황성신문 (1898~1910)	남궁억, 유근 등 개신유학자들이 발간, 국한문 혼용, 민족주의적 성격의 항일 신문, 보안회 지원, 장지연의 '시일야방성대곡'을 게재하고 을사조약을 폭로하여 80일간 정간
제국신문 (1898~1910)	이종일이 발행할 순한글의 계몽적 일간지 → 일반 대중과 부녀자 중심
대한매일신보 (1904~1910)	영국인 베델이 양기탁 등과 함께 창간, 국한문판·한글판·영문판 간행(최대 발행부수), 신민회 기관지, 국채 보상 운동에 주도적 참여, 총독부에 매수되어 일제 기관지(매일신보)로 속간
만세보 (1906~1907)	천도교의 후원을 받아 오세창이 창간한 천도교 기관지, 이인직의 〈혈의 누〉 연재
경향신문(1906)	가톨릭 교회의 기관지, 주간지, 민족성 강조
대한민보 (1909~1910)	대한협회의 기관지로, 일진회의 기관지인 〈국민신보〉에 대항
경남일보(1909)	최초의 지방지

33 갑신정변의 결과

정답 ⑤

암기박사 갑신정변 ⇒ 청의 무력 개입 : 실패

정답 해설

김옥균을 중심으로 한 급진개혁파가 우정총국 낙성 축하연을 이용해 사대당 요인을 살해하고 개화당 정부를 수립하였으나, 청의 무력 개입으로 3일 만에 실패로 끝나 주동자들이 해외로 망명하였다(1884).

오답 해설

① 개화 정책 → 별기군 창설(1881)
일본과 강화도 조약을 체결한 이후 개화 정책의 일환으로 무위영 아래 별도로 신식 군대인 별기군이 창설되었다.

② 강화도 조약 : 문호 개방 → 수신사 김기수 파견(1876)
일본과의 강화도 조약 이후 김기수가 수신사로 일본에 파견되어 메이지 유신 이후 발전된 일본의 문물을 시찰하였다.

③ 김홍집 : 〈조선책략〉 유포 → 이만손 : 만인소(1881)
김홍집의 〈조선책략〉 유포에 반발하여 이만손 등의 영남 유생들이 만인소를 올리고 그의 처벌을 요구하였다.
④ 개화 정책 → 통리기무아문 설치(1880)
고종은 개화 정책 전담 기구인 통리기무아문을 설치하고 그 아래 12사를 두어 외교·군사·산업 등의 업무를 분장하였다.

핵심노트 ▶ 갑신정변의 결과
- 한성 조약(조·일) : 일본의 강요로 배상금 지불, 공사관 신축비 부담
- 텐진 조약(청·일) : 청·일 양국군은 조선에서 철수하고 장차 파병할 경우 상대국에 미리 알릴 것 → 일본은 청과 동등하게 조선에 대한 파병권 획득

34 13도 창의군의 활약

암기박사 13도 창의군 ⇒ 국제법상 교전 단체 승인 요구

정답 ④

정답 해설

정미의병이 확산되는 과정에서 유생 이인영을 총대장, 허위를 군사장으로 하는 13도 창의군이 조직되어 서울 진공 작전을 전개하였고, 서울 주재 각국 영사관에 국제법상의 교전 단체로 승인해 줄 것을 요구하였다.

오답 해설

① 단발령 시행 → 을미의병
을미의병은 최초의 항일 의병으로, 명성황후 시해와 단발령의 시행에 반발하여 봉기하였다.
② 고종 : 해산 권고 조칙 → 을미의병
명성황후 시해와 단발령을 계기로 일어난 을미의병은 아관파천 후 단발령이 철회되고 고종의 해산 권고 조칙에 따라 자진 해산하였다.
③ 민종식 : 홍주성 점령 → 을사의병
을사조약이 체결된 뒤 관리 출신의 민종식이 의병을 일으켜 홍주성(홍성)을 점령하였다.
⑤ 국권 반환 요구서 → 독립 의군부
조선 총독부에 한국 침략의 부당성을 밝히고 국권 반환 요구서를 제출하고자 한 것은 독립 의군부이다. 독립 의군부는 고종의 밀명으로 임병찬 등을 중심으로 결성된 복벽주의 단체이다.

핵심노트 ▶ 13도 창의군의 활약 → 나라를 되찾아 임금을 다시 세우겠다는 주장
- 유생 이인영을 총대장, 허위를 군사장으로 13도 연합 의병이 조직(1907)
- 외교 활동의 전개 : 서울 주재 각국 영사관에 의병을 국제법상 교전 단체로 승인해 줄 것을 요구하여, 스스로 독립군임을 자처
- 서울 진공 작전 : 의병 연합 부대는 서울 근교까지 진격하였으나, 일본군의 반격으로 후퇴(1908)

35 국채 보상 운동

암기박사 대한매일신보 후원 : 차관 상환 ⇒ 국채 보상 운동

정답 ②

정답 해설

ㄱ. 국채 보상 기성회가 서울 등 전국 각지로 확대되고 대한매일신보 등 여러 신문사들도 적극 후원하였다.
ㄹ. 금주·금연을 통한 차관 갚기 운동을 전개하여 국민의 힘으로 국권을 회복하자는 국채 보상 운동을 주도하였다.

오답 해설

ㄴ. 러시아의 절영도 조차 요구 저지 → 독립 협회 → 지금의 부산 영도
러시아가 저탄소 설치를 위해 절영도의 조차를 요구하자 독립 협회는 만민 공동회를 개최하여 러시아의 요구를 저지하였다.
ㄷ. 일제의 황무지 개간권 요구 철회 → 보안회
일제의 황무지 개간권 요구에 대한 지속적인 반대 운동을 벌여 일제의 황무지 개간권 요구를 철회시켰다.

핵심노트 ▶ 국채 보상 운동의 전개
- 서상돈·김광제 등이 대구에서 개최한 국민 대회를 계기로 전국으로 확산
- 국채 보상 기성회가 서울 등 전국 각지로 확대되고 대한매일신보 등 여러 신문사들도 적극 후원
- 부녀자들은 비녀와 가락지를 팔아서 호응하고, 여성 단체인 진명 부인회·대한 부인회 등은 보상금 모집소를 설치하여 적극적인 활동을 전개
- 일본까지 파급되어 800여 명의 유학생들도 참여

36 임병찬의 독립 의군부

암기박사 국권 반환 요구서 ⇒ 임병찬 : 독립 의군부

정답 ②

정답 해설 → 나라를 되찾아 임금을 다시 세우겠다는 주장

임병찬이 고종의 밀지를 받아 결성한 비밀 무장 단체인 독립 의군부는 고종의 복위 및 대한 제국의 재건을 목표로 활동한 복벽주의 단체이다. 독립 의군부는 국권 반환 요구서를 조선 총독에게 제출할 것을 계획하였다.

오답 해설

① 대성 학교 설립 → 안창호
안창호는 민족 교육을 위해 중등 교육기관인 대성 학교를 평양에 설립하였다.
③ 대한매일신보 창간 → 양기탁
한말의 언론인이자 독립운동가인 양기탁은 만민 공동회의 간부로 활약하다 영국인 베델과 제휴하여 대한매일신보를 창간하였다.
④ 헤이그 특사 → 이준, 이상설
이준, 이상설 등은 일제 침략의 부당성을 호소하고자 네덜란드의 헤이그에서 열린 만국 평화 회의에 특사로 파견되었다.
⑤ 중추원 관제 개편 추진 → 박정양
박정양은 만민 공동회에 참가한 후 독립 협회의 제안을 받아들여 중추원 관제 개편을 추진하였다.

37 대한제국기

암기박사 (가) 고종 : 황제 즉위식 거행 ⇒ 대한제국 수립(1897)
(나) 우리나라 최초의 철도 ⇒ 경인선 철도(1899)

정답 ③

정답 해설

(가) 대한제국 수립(1897) : 아관파천 후 환궁한 고종은 국호를 대한제국, 연호를 광무로 고치고 환구단에서 황제 즉위식을 거행하였다.

제04회

(나) 경인선 철도 개통(1899) : 서울과 인천을 연결하는 우리나라 최초의 철도인 경인선 철도가 개통되었다. → 노량진~제물포

서울의 시전 상인들은 상권 수호를 위해 황국 중앙 총상회를 조직하여 일제의 경제적 침탈에 적극적으로 대응하였다(1898).

오답 해설

① 박은식 : 조선 광문회 조직 → 1910년
  박은식 등이 조선 광문회를 조직하여 민족 고전을 정리·간행하였다.
② 안국선 : 금수회의록 집필 → 1908년
  안국선이 동물들을 통하여 인간 사회의 모순과 비리를 풍자한 신소설인 금수회의록을 집필하였다.
④ 이인직 : 원각사 건립 → 1908년
  이인직은 우리나라 최초의 서양식 극장인 원각사를 건립하여 은세계, 치악산 등의 신극을 공연하였다.
⑤ 주시경 : 국문 연구소 설립 → 1907년
  주시경이 국문 연구소를 세워 한글을 체계적으로 연구하였으며 〈국어문법〉을 편찬하였다.

38 조선 의용대

암기박사 김원봉 : 조선 의용대 창설 ⇒ 민족 말살 통치기

정답 해설

김원봉이 중·일 전쟁 발발 직후 중국 국민당 정부의 지원을 받아 한커우에서 조직한 단체는 조선 의용대이다(1938). 이 시기에 일제는 조선인 근로자의 노동력 동원을 위해 국민 징용령을 시행하였다(1939).

오답 해설

① 경성 제국 대학 설립 → 문화 통치기
  조선 교육회가 우리 손으로 대학을 설립하기 위해 조선 민립 대학 기성회를 설립하자 일제는 경성 제국 대학을 설립하였다(1924).
③ 조선 태형령 → 무단 통치기
  일제는 무단 통치기에 한국인에 한하여 태형을 통해 형벌을 가하는 조선 태형령을 공포하였다(1912).
④ 산미 증식 계획 → 문화 통치기
  일제는 문화 통치기에 고도성장과 공업화로 인한 식량 부족과 쌀값 폭등을 우리나라에서의 식량 수탈로 해결하려고 산미 증식 계획을 추진하였다(1920).
⑤ 회사령 → 무단 통치기
  일제는 무단 통치기에 회사 설립 시 총독의 허가를 받도록 하는 회사령을 제정하여 민족 기업의 설립을 방해하였다(1910).

39 소년 운동

암기박사 천도교 : 김기전, 방정환 등이 주도 ⇒ 소년 운동

정답 해설

ㄱ. 김기전, 방정환 등이 주도하여 천도교 소년회를 조직한 후 소년 운동을 전개하였다. 이들은 '어린이'라는 말을 만들고 어린이날을 제정하였으며 최초의 순수 아동 잡지인 〈어린이〉를 발행하였다.
ㄷ. 천도교를 중심으로 전국적인 조직체로서 조선 소년 연합회를 조직하여 체계적인 소년 운동을 전개하였다.

오답 해설

ㄴ. 발명 학회와 과학 문명 보급회 창립 → 김용관
  한국 최초로 과학의 날을 만든 김용관은 과학의 생활화와 공업지식의 보급을 위해 발명 학회와 과학 문명 보급회를 창립하였다.
ㄹ. 가갸날 제정, 〈한글〉 발행 → 조선어 연구회
  조선어 연구회는 3·1 운동 이후 이윤재·최현배 등이 국문 연구소의 전통을 이어 조직한 단체로, 가갸날을 제정하고 기관지인 〈한글〉을 발행하였다.

핵심노트 ▶ 소년 운동

① 인물 : 김기전, 방정환, 조철호
② 천도교 소년회(1921)
  • 천도교 청년회에서 독립하면서 소년 운동이 본격화, 전국적 확산
  • 어린이날 제정, 최초의 순수 아동 잡지 〈어린이〉 발행, '어린이'라는 말을 만듦
③ 조선 소년 연합회(1927) : 전국적 조직체로서 조직되어 체계적인 소년 운동 전개
④ 중단
  • 지도자들 간의 사상과 이념의 대립으로 분열
  • 일제는 중·일 전쟁 발발 후 한국의 청소년 운동을 일체 금지하고 단체를 해산

40 한국 독립군의 독립 투쟁

암기박사 지청천 : 한국 독립군 ⇒ 대전자령 전투

정답 해설

지청천은 한국 독립군을 이끌고 중국의 호로군과 한·중 연합군을 편성하여 쌍성보 전투(1932), 사도하자 전투(1933), 동경성 전투(1933), 대전자령 전투(1933)에서 일본군을 상대로 승리를 거두었다.

오답 해설

① 동북 인민 혁명군 → 동북 항일 연군
  만주에서 중국 공산당과 한인 사회주의자가 연합하여 결성한 동북 인민 혁명군이 동북 항일 연군으로 개편되어 유격전을 전개하였다.
③ 간도 참변 : 자유시 이동 → 대한 독립 군단
  봉오동·청산리 전투에서의 패배에 대한 일제의 보복인 간도 참변 이후 대한 독립 군단은 조직을 정비하고 자유시로 이동하였다.
④ 청산리 대첩 → 김좌진 : 북로 군정서군
  김좌진의 지휘 아래 북로 군정서군은 홍범도 부대와 연합하여 청산리에서 일본군과 교전하였다.
⑤ 조선 혁명당의 군사 조직 → 양세봉 : 조선 혁명군
  조선 혁명당의 군사 조직인 조선 혁명군은 양세봉이 결성하였으며, 남만주 지역에서 중국 의용군과 연합하여 활약하였다.

한국사능력검정시험 심화대비 기출분석 예상문제 · 정답및 해설

41 형평 운동의 전개

정답 ④

🏷️ **암기박사** 백정에 대한 사회적 차별 철폐 ⇒ 형평 운동

정답 해설

제시된 사칙(社則)은 조선 형평사 발기문의 내용으로, 갑오개혁 이후 이학찬을 중심으로 한 백정들은 진주에서 조선 형평사를 창립하고 백정에 대한 사회적 차별 철폐를 목표로 형평 운동을 전개하였다.

오답 해설

① 원불교 중심 → 새생활 운동
　박중빈이 창시한 원불교는 현대화와 생활화를 주창하여 민족 역량 배양과 남녀평등, 허례허식의 폐지 등 생활 개선 및 새생활 운동에 앞장섰다.
② 민족 자본의 보호와 육성 → 물산 장려 운동
　조만식 등이 중심이 되어 평양에서 조선 물산 장려회를 발족하고 민족 자본의 보호와 육성을 추구하였다.
③ 순성 여학교 설립 후원 → 찬양회
　한국 최초의 여성 운동 단체인 찬양회는 한국 최초의 여학교인 순성 여학교 설립을 통해 여성 교육에 매진하였다.
⑤ 동아일보사 → 브나로드 운동
　브나로드 운동은 동아일보사의 적극적인 지원을 받아 시작된 농촌 계몽 운동으로, 문맹퇴치를 목적으로 시행되었다.

👆 **핵심노트** ▶ 조선 형평사 운동(1923)

- 배경 : 백정들은 갑오개혁에 의해 법제적으로는 권리를 인정받았으나, 사회적으로는 오랜 관습 속에서 계속 차별
- 조직 : 이학찬을 중심으로 한 백정들은 진주에서 조선 형평사를 창립
- 전개 : 사회적으로 평등한 대우를 요구하는 형평 운동을 전개
- 변질 : 1930년대 중반 이후 경제적 이익 향상 운동으로 변질

42 청산리 대첩

정답 ④

🏷️ **암기박사** 김좌진 : 북로 군정서군 ⇒ 청산리 대첩

정답 해설

청산리 대첩은 김좌진의 북로 군정서군이 홍범도의 대한 독립군과 연합하여 간도의 청산리에서 일본군을 대파하여 독립군 사상 최대의 승리를 이끈 전투이다(1920).

오답 해설

① 김원봉 : 조선 의용대 → 태항산 전투
　김원봉의 조선 의용대는 중국 관내에서 결성된 최초의 한인 무장 부대로, 중국 화북 지방의 태항산 전투에 참가하여 일본군과 격전을 벌였다.
② 홍범도 : 대한 독립군 → 봉오동 전투
　홍범도의 대한 독립군이 중심이 되어 봉오동 전투에서 독립군 근거지를 소통하기 위해 간도 지역을 기습한 일본군 1개 대대 병력을 포위·공격하여 격파하였다.
③ 지청천 : 한국 독립군 → 대전자령 전투
　북만주의 한국 독립군은 지청천의 지휘 아래 중국군과 연합하여 호로군을 조직하고 쌍성보·사도하자·대전자령 전투 등에서 일본군에게 승리하였다.
⑤ 양세봉 : 조선 혁명군 → 영릉가 전투, 흥경성 전투
　양세봉의 조선 혁명군은 중국 의용군과 연합 작전을 펼쳐 영릉가 전투와 흥경성 전투에서 일본군에 대승을 거두었다.

43 제주도 관련 역사적 사실

정답 ⑤

🏷️ **암기박사** 항파두리 유적, 알뜨르 비행장, 송악산 해안 동굴 진지 ⇒ 제주도 유적지

정답 해설

→ 지금의 부산 영도
러시아가 저탄소 설치를 이유로 조차를 요구한 곳은 절영도이다. 독립 협회는 만민 공동회를 개최하여 러시아의 요구를 지지하였다.

오답 해설

① 김정희 : 세한도 → 제주도
　세한도는 화가가 아닌 선비가 그린 문인화의 대표작으로, 조선 후기의 학자 추사 김정희가 제주도에서 유배 생활 중에 제자 이상적이 청에서 귀한 책들을 구해다 준 것에 대한 답례로 그려준 작품이다.
② 하멜 표류 → 제주도
　네덜란드 상인인 하멜 일행이 표류하다 도착한 곳은 제주도로 우리나라에 서양 문물을 전파하였다.
③ 원 간섭기 : 탐라총관부 설치 → 제주도
　고려 시대 원 간섭기에 원은 삼별초의 항쟁을 진압한 뒤 제주도에 탐라총관부를 설치하고 목마장을 경영하였다.
④ 김만덕 : 빈민 구제 활동 → 제주도
　조선 정조 때의 제주도 거상 김만덕은 흉년으로 고통 받는 제주 도민에 대한 빈민 구제 활동을 펼쳤다.

44 6·10 만세 운동

정답 ④

🏷️ **암기박사** 6·10 만세 운동 ⇒ 민족 유일당 운동 전개

정답 해설

순종의 인산일을 기회로 삼아 천도교 계열과 사회주의 계열이 함께 준비한 운동은 6·10 만세 운동이다(1926). 이 운동을 계기로 민족주의 세력과 사회주의 세력이 연대하여 국내에서 민족 유일당 운동이 전개되었다.

오답 해설

① 만주 지역 독립군 체포 공조 → 미쓰야 협정
　미쓰야 협정은 총독부 경무국장 미쓰야와 만주의 봉천성 경무처장 우징 사이에 맺어진 협정으로, 만주 지역의 한국인 독립 운동가를 체포해 일본에 인계한다는 조약이다(1925).
② 신간회 : 조사단 파견 → 광주 학생 항일 운동
　광주에서 발생한 한·일 학생 간의 충돌을 일본 경찰이 편파적으로 처리한 것이 발단이 되어 광주 학생 항일 운동이 발생하였고, 이에 신간회가 조사단을 파견하여 지원하였다(1929).
③ 대한매일신보 후원 → 국채 보상 운동
　국채 보상 운동은 정부의 외채를 국민의 힘으로 상환하여 국권을

제04회

회복하자는 운동으로, 대한매일신보의 후원으로 전국적으로 확산되었다(1907).

⑤ 농촌 계몽 → 브나로드 운동
동아일보사에서 '배우자 가르치자 다 함께 브나로드' 구호를 내세우며 농촌 계몽 운동인 브나로드(Vnarod) 운동을 전개하였다(1931).
→ 러시아어로 '민중 속으로'라는 의미

 핵심노트 ▶ 6·10 만세 운동(1926)

- 배경 : 순종의 사망을 계기로 민족 감정 고조(제2의 3·1 운동), 일제의 수탈 정책과 식민지 교육에 대한 반발
- 준비 : 민족주의 계열(천도교)과 사회주의 계열이 연대하여 만세 시위 운동을 준비하였으나 사전에 발각
- 전개 : 조선 학생 과학 연구회(사회주의계)를 비롯한 전문학교와 고등보통학교 학생들이 주도
- 결과 : 200여 명의 학생이 검거됨
- 의의 : 민족주의계와 사회주의계가 연대하는 계기 마련 → 신간회 결성(1927)에 영향을 미침

45 일제의 조선 교육령

정답 ⑤

암기박사: 조선 교육령 ⇒ 수업 연한 4년(1차) → 수업 연한 6년(2차) → 조선어 선택 과목(3차)

정답 해설

(다) 1차 교육령(1911) → 수업 연한 4년, 보통·실업·전문 교육으로 한정
보통학교의 수업 연한을 4년으로 하고, 실업 교육을 위주로 하여 기능을 가르치는 데 목적을 두었다.

(가) 2차 교육령(1922) → 수업 연한 6년, 사범 학교와 대학 설치
보통학교의 수업 연한을 6년으로 하고, 사범 학교와 대학을 설치할 수 있게 하였다.

(나) 3차 교육령(1938) → 조선어 선택 과목, 학교 명칭 통일
조선어를 선택 과목으로 바꾸었고, 조선인 학교의 명칭을 일본인 학교와 동일하게 하였다.

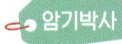 핵심노트 ▶ 일제의 조선 교육령

- 제1차(1911) : 무단정치에 적합한 충량한 국민을 양성하기 위한 교육
- 제2차(1922) : 한국인과 일본인의 공학 원칙, 동등 교육 및 교육상의 차별 철폐라는 명목상의 정책
- 제3차(1938) : 민족 말살 정책에 따른 내선일체와 황국 신민화 강조
- 제4차(1943) : 전시 체제에 따른 황국 신민화 교육 강화

46 4·19 혁명의 결과

정답 ③

암기박사: 3·15 부정선거 : 4·19 혁명 ⇒ 이승만 하야 : 장면 내각 출범

정답 해설

이승만 정권의 장기 독재와 자유당 정권의 3·15 부정선거에 항거하는 4·19 혁명이 전국 각지에서 전개되어 이승만 대통령이 하야하였다. 이후 실시한 총선거에서 민주당이 압승하여 장면 내각이 출범하고, 내각 책임제를 골자로 개정된 헌법에 따라 윤보선이 대통령으로 선출되었다.

오답 해설

① 한·일 회담 : 굴욕적인 대일 외교 → 6·3 시위
박정희 정부의 한·일 회담 진행 과정에서 굴욕적 대일 외교 반대를 주장하는 6·3 시위가 일어났다(1964).

② 유신 체제 반대 운동 → 3·1 민주 구국 선언
재야 정치인들과 가톨릭 신부, 개신교 목사, 대학 교수 등이 박정희 정부의 유신 체제에 항거하여 긴급 조치 철폐를 요구하는 3·1 민주 구국 선언이 발표되었다(1976).

④ 4·13 호헌 조치 철폐 → 6월 민주 항쟁
전두환 정부가 발표한 4·13 호헌 조치의 철폐를 요구하는 전 국민적 저항으로, 6월 민주 항쟁이 촉발되었다(1987).

⑤ 김영삼, 김대중 : 공동 의장 → 민주화 추진 협의회
신군부의 독재 정권에 저항하기 위해 김영삼과 김대중을 공동 의장으로 한 민주화 추진 협의회가 조직되었다(1984).

47 제헌 국회

정답 ④

암기박사: 반민족 행위 처벌법, 농지 개혁법 ⇒ 제헌 국회

정답 해설

제시된 법령은 제헌 국회에서 제정한 반민족 행위 처벌법에 대한 내용이다. 우리나라 최초의 보통 선거인 5·10 총선거를 통해 구성된 → 남한만의 단독 선거
제헌 국회에서는 반민족 행위자를 처벌할 수 있는 반민족 행위 처벌법과 유상 매수, 유상 분배 원칙의 농지 개혁법을 제정하였다(1949).

오답 해설

① 민의원, 참의원 : 양원제 국회 → 제5대 국회
4·19 혁명으로 이승만 대통령이 하야한 후 민의원과 참의원의 양원제 국회와 장면 내각이 출범하였다.

② 한·미 자유 무역 협정(FTA) 비준 → 제18대 국회
이명박 정부 때에 상품 및 서비스 무역에 있어서 관세 철폐 등에 관한 협정인 한·미 자유 무역 협정(FTA)을 비준하였다.

③ 초대 대통령에 한해 중임 제한 철폐 → 제3대 국회
이승만 정부는 권력을 계속 장악하기 위해 초대 대통령에 한해 중임 제한 규정을 철폐하는 개헌안을 제출하였으나, 1표 부족으로 부결되자 사사오입의 논리로 개헌안을 불법 통과시켰다.

⑤ 통일 주체 국민 회의에서 선출 → 제9·10대 국회
박정희 정부 때에 유신 헌법에 따라 국회의원 정수 3분의 1이 통일 주체 국민 회의에서 선출되었다.

48 6월 민주 항쟁

정답 ④

암기박사: 4·13 호헌 조치 ⇒ 6월 민주 항쟁 : 5년 단임의 대통령 직선제 개헌

정답 해설

박종철 고문치사와 국민들의 대통령 직선제 요구를 거부하는 전두환 정부의 4·13 호헌 조치 발표로 6월 민주 항쟁이 촉발되었고 시위 도중 이한열 열사가 사망하였다. 그 결과 노태우의 6·29 민주화 선언에 따라 5년 단임의 대통령 직선제 개헌이 이루어졌다.

오답 해설

① · ③ 비상계엄 확대 → 5 · 18 민주화 운동 : 유네스코 세계 기록유산 등재
신군부의 비상계엄 확대에 맞서 민주화를 열망하는 국민의 요구는 5 · 18 민주화 운동으로 이어졌는데, 계엄군의 무자비한 진압으로 많은 시민과 학생이 희생되었다. 5 · 18 민주화 운동 관련 기록물은 유네스코 세계 기록유산으로 등재되었다.

② · ⑤ 3 · 15 부정 선거 → 4 · 19 혁명 : 이승만 대통령 하야
자유당 정권의 3 · 15 부정선거 규탄 시위에 대한 유혈 진압에 항거하여 4 · 19 혁명이 발발하였으며, 국민들의 요구에 굴복하여 이승만 대통령이 하야하는 결과를 가져왔다(1960).

핵심노트 ▶ 6 · 29 민주화 선언

- 여야 합의 하에 조속히 대통령 직선제로 개헌하고 새 헌법에 의해 대통령 선거를 실시, 1988년 2월 평화적 정부 이양을 실현한다.
- 직선 제도의 변경뿐만 아니라 이를 민주적으로 실천하기 위해 대통령 선거법을 개정, 자유로운 출마와 공정한 선거를 보장하여 국민의 심판을 받도록 한다.
- 국민적 화해와 대동단결을 위해 김대중 씨를 사면 복권시키고, 자유 민주주의적 기본 질서를 부인한 반국가사범이나 살상 · 방화 · 파괴 등으로 국가를 흔들었던 소수를 제외한 모든 시국 관련 사정들을 석방한다.

49 광복 이후 현대사의 흐름

정답 ③

암기박사 제1차 미 · 소 공동 위원회 개최 ⇒ 좌 · 우 합작 위원회 활동 ⇒ 유엔 한국 임시 위원단 방한 ⇒ 김구의 남북 협상 참석

정답 해설

ㄴ. 제1차 미 · 소 공동 위원회 개최(1946. 3) : 모스크바 3상 회의에서 한국에 임시 민주 정부를 수립하기 위해 미 · 소 공동 위원회를 설치하고, 최고 5년 동안 미 · 영 · 중 · 소 4개국의 신탁 통치하에 두기로 결정하였다.

ㄱ. 좌 · 우 합작 위원회 활동(1946. 7) : 여운형 · 김규식 등이 좌 · 우 합작 위원회를 결성하고 남한만의 단독 정부 수립을 반대하는 좌 · 우 합작 운동을 전개하였다. → 이승만의 정읍 발언에 의한 남한만의 단독 정부 수립 반대

ㄹ. 유엔 한국 임시 위원단 방한(1948. 1) : 유엔 총회에서는 유엔 한국 임시 위원단을 파견하여 한반도에서 인구 비례에 따른 남북한 총선거 실시를 결의하였다.

ㄷ. 김구의 남북 협상 참석(1948. 4) : 김구, 김규식이 평양에서 개최된 남북 대표자 연석회의에 참석하여 단독 정부 수립 반대와 통일 정부 구성을 위해 김일성, 김두봉과 협상하였다.

핵심노트 ▶ 광복 이후의 현대사

8 · 15 광복(1945. 8) → 모스크바 3국 외상 회의 개최(1945. 12) → 제1차 미 · 소 공동 위원회 개최(1946. 3) → 좌 · 우 합작 위원회 구성(1946. 7) → 제2차 미 · 소 공동 위원회 개최(1947. 5) → 유엔 한국 임시 위원단 방한(1948. 1) → 김구의 남북 협상 참석(1948. 4) → 5 · 10 총선거 실시(1948. 5) → 대한 민국 헌법 공포(1948. 7) → 대한 민국 정부 수립(1948. 8)

50 김대중 정부의 통일 노력

정답 ④

암기박사 개성 공업 지구 건설 합의 ⇒ 김대중 정부

정답 해설

김대중 정부 때에 평양에서 최초로 남북 정상회담이 개최된 후 6 · 15 남북 공동 선언문이 채택되었다. 이 시기에 남북한의 교류 협력을 위한 개성 공업 지구 건설에 합의하였다.

오답 해설

① 10 · 4 남북 공동 선언 채택 → 노무현 정부
노무현 정부 때에 제2차 남북 정상회담이 개최된 후 10 · 4 남북 공동 선언문이 채택되어 기본 8개 조항에 합의하고 공동으로 서명하였다.

② 한반도 비핵화 공동 선언 → 노태우 정부
노태우 정부 때에는 한반도에서 핵무기의 보유나 사용금지 등을 규정한 한반도 비핵화 공동 선언에 서명하였다.

③ 남북 조절 위원회 설치 → 박정희 정부
박정희 정부 때에는 7 · 4 남북 공동 성명을 실천하기 위해 남북 조절 위원회를 설치하여 통일 방안을 논의하였다.

⑤ 최초의 이산가족 고향 방문 → 전두환 정부
전두환 정부 때에는 최초로 이산가족의 고향 방문이 성사되어 평양에서 이산가족 고향 방문과 예술 공연단 교환을 실현하였다.

핵심노트 ▶ 김대중 정부(국민의 정부, 1998.3 ~ 2003.2)

- 베를린 선언 : 남북 경협, 냉전 종식과 평화 공존, 남북한 당국 간 대화 추진
- 남북 정상 회담 개최 : 평양에서 최초로 남북 정상 회담 개최
- 6 · 15 남북 공동 선언 : 1국가 2체제 통일 방안 수용, 이산가족 방문단의 교환, 협력과 교류의 활성화 등
- 금강산 관광 시작(1998), 육로 관광은 2003년부터 시작
- 경의선 철도 연결 사업 → 2000년 9월 착공, 2003년 12월 완공
- 남북한의 교류 협력을 위한 개성 공업 지구 조성에 합의
- 금 모으기 운동, 노사정 위원회 구성, 신자유주의 경제 정책 추진
- 수출, 무역 흑자 증가, 벤처 기업 창업 등으로 외환위기 극복
- 중학교 의무 교육 실시, 만 5세 유아에 대한 무상 교육 · 보육 등 추진

제05회 심화대비 기출분석 예상문제 정답 및 해설

01 구석기 시대의 생활 모습
정답 ④

암기박사 연천 전곡리 유적 : 주먹도끼 ⇒ 구석기 시대

정답 해설

연천 전곡리 유적은 대표적인 구석기 시대의 유적지로, 이 시대에는 주로 동굴이나 강가의 막집에서 거주하면서 주먹도끼, 돌팔매, 찍개, 찌르개, 슴베찌르개 등의 도구를 사용하여 사냥을 하거나 어로 및 채집 생활을 영위하였다.

오답 해설

① 가락바퀴 → 신석기 시대
신석기 시대에는 가락바퀴(방추차)를 이용하여 실을 뽑아 뼈바늘(골침)로 옷을 지어 입었다.

② 고인돌 → 청동기 시대
청동기 시대에는 지배자(족장)의 무덤으로 고인돌을 만들어 당시 지배층의 권력을 반영하였다.

③ 거푸집 이용 : 도구 제작 → 청동기 시대
거푸집을 이용하여 도구를 제작한 시기는 청동기 시대이다. → 용범(鎔范) : 청동 제품을 제작하던 틀

⑤ 빗살무늬 토기 → 신석기 시대
신석기 시대에는 빗살무늬 토기를 사용하여 식량을 저장하였다.

핵심노트 ▶ 구석기 시대의 주요 유적지

단양 도담리 금굴, 단양 상시리 바위 그늘, 공주 석장리, 평남 상원 검은모루 동굴, 연천 전곡리, 제천 점말 동굴, 함북 웅기 굴포리, 청원 두루봉 동굴(흥수굴), 평남 덕천 승리산 동굴, 평양 만달리 동굴, 함북 종성 동관진, 단양 수양개, 제주 어음리 빌레못

02 고구려와 부여
정답 ③

암기박사 (가) 서옥제 ⇒ 고구려
(나) 예(濊)의 땅, 순장 ⇒ 부여

정답 해설

(가) 고구려 / (나) 부여

(가) 고구려에는 혼인을 정한 뒤 신랑이 신부 집의 뒤꼍에 조그만 집(서옥)을 짓고 거기서 자식을 낳아 기르며, 자식이 장성하면 가족이 함께 신랑 집으로 돌아가는 서옥제(데릴사위제)라는 혼인 풍속이 있었다.

(나) 현도의 북쪽 천 리 쯤에 있는 예(濊)의 땅이며 순장의 풍습이 있는 나라는 부여이다. 부여는 왕 아래에 가축의 이름을 딴 마가(馬加)·우가(牛加)·저가(豬加)·구가(狗加) 등의 4가(加)가 있었으며, 각 제가(諸加)들이 별도로 사출도를 주관하였다. → 왕이 직접 통치하는 중앙과 합쳐 5부를 구성 : 5부족 연맹체

오답 해설

① 무천 : 10월 제천 행사 → 동예
동예는 10월에 무천(舞天)이라는 제천 행사를 열어 하늘에 제사를 지내고 춤과 노래를 즐겼다.

② 책화 : 읍락 간의 경계 중시 → 동예
동예에는 읍락 간의 경계를 중시하는 책화(責禍)가 있어서 부족의 영역을 엄격히 구분하며, 다른 부족의 생활권을 침범하면 노비와 소·말로 변상하게 하였다.

④ 박, 석, 김의 3성이 왕위 계승 → 신라
진한의 소국 중 하나인 사로국에서 출발한 신라는 동해안으로 들어온 석탈해 집단이 등장하면서 박·석·김의 3성이 교대로 왕위를 계승하였다.

⑤ 제사장 : 천군, 신성 지역 : 소도 → 삼한
삼한에서는 제정이 분리되어 제사장인 천군(天君)이 따로 존재하였으며, 신성 지역인 소도(蘇塗)에서 의례를 주관하고 제사를 지냈다.

핵심노트 ▶ 부여와 고구려의 풍속

부여	고구려
• 백의(白衣)를 숭상	• 대가(大加)·책(幘), 소가·절풍(小骨)
• 형사취수제(兄死娶嫂制)	• 서옥제, 형사취수제
• 순장·후장의 풍습	• 수의(壽衣), 3년상, 후장제(厚葬制)
• 우제점법(우제점복)	• 10월의 동맹(東盟)
• 12월의 영고(迎鼓)	

03 금관가야
정답 ①

암기박사 김수로왕 ⇒ 김해 : 금관가야

정답 해설

김해 대성동 고분군은 금관가야의 왕릉으로, 금관가야는 김수로왕을 시조로 전기 가야 연맹을 주도하였으나 신라를 후원하는 고구려군의 공격으로 세력이 약화되어 신라 법흥왕 때 멸망하였다.

오답 해설

② 후기 가야 연맹 → 대가야
이진아시왕을 시조로 하는 고령의 대가야는 후기 가야 연맹을 주도하였다.

③ 신라 진흥왕 때 멸망 → 대가야
전기 가야 연맹의 금관가야는 신라 법흥왕 때 복속되었고(532), 후기 가야 연맹의 대가야는 신라 진흥왕 때 병합되었다(562).

④ 이사금(王) → 신라
초기 신라의 주요 집단들은 독자적인 세력 기반을 유지하였고, 유력 집단의 우두머리는 이사금(왕)으로 추대되었다.

⑤ 박, 석, 김의 3성이 왕위 계승 → 신라
진한의 소국 중 하나인 사로국에서 출발한 신라는 동해안으로 들어온 석탈해 집단이 등장하면서 박·석·김의 3성이 왕위를 교대로 차지하였다.

핵심노트 ▶ 가야 연맹

• 전기 가야 연맹 : 김수로왕의 금관가야(김해) → 신라 법흥왕 때 멸망(532년)
• 후기 가야 연맹 : 이진아시왕의 대가야(고령) → 신라 진흥왕 때 멸망(562년)

04 신라 진흥왕의 업적

암기박사 화랑도를 국가 조직으로 개편 ⇒ 진흥왕

정답 ②

정답 해설

거칠부로 하여금 국사(國史)를 편찬하도록 하고 황룡사를 창건한 신라 제24대 왕은 진흥왕이다. 진흥왕은 국가적인 조직으로 화랑도(花郎徒)를 개편하였다. ←씨족 공동체의 전통을 가진 원화(源花)가 발전한 원시 청소년 집단

오답 해설

① 정전 지급 → 성덕왕
 통일 신라의 성덕왕은 백성들에게 정전을 지급하여 농민에 대한 국가의 토지 지배력을 강화하였다.

③ 국학 설립 → 신문왕
 통일 신라의 신문왕은 국학(國學)을 설립하여 유학 교육을 실시하고 유교 이념을 확립하였다.

④ 왕의 칭호 : 마립간 → 내물왕
 신라 내물왕 때 김씨에 의한 왕위 계승권이 확립되고(형제 상속), 최고 지배자의 칭호도 대군장을 뜻하는 마립간으로 변경되었다.

⑤ 외사정 파견 : 지방관 감찰 → 문무왕
 문무왕은 당을 축출하여 통일을 완수한 후 지방관 감찰을 위하여 외사정을 파견하였다.

핵심노트 ▶ 신라 진흥왕(540~576)의 업적

- 남한강 상류 지역인 단양 적성을 점령하여 단양 적성비를 설치(551)
- 백제 성왕과 연합하여 고구려가 점유하던 한강 상류 지역을 차지(551)
- 백제가 점유하던 한강 하류 지역 차지(553)
- 북한산비 설치(561)
- 고령의 대가야를 정복하는 등 낙동강 유역을 확보 →창녕비, 561
- 원산만과 함흥평야 등을 점령하여 함경남도 진출 →황초령비·마운령비, 568
- 화랑도를 공인(제도화)하고, 거칠부로 하여금 〈국사(國史)〉를 편찬하게 함 →전하지 않음
- 황룡사 · 흥륜사를 건립하여 불교를 부흥하고, 불교 교단을 정비하여 주통 · 승통 · 군통제를 시행
- 최고 정무기관으로 품주(稟主)를 설치하여 국가기무와 재정을 담당하게 함

05 고구려 문화유산

암기박사 백제 석촌동 고분군, 고구려 장군총 ⇒ 돌무지 무덤 양식

정답 ①

정답 해설

중국 지안 지역의 국내성, 무용총, 각저총, 광개토 대왕릉비, 장군총 등은 모두 고구려의 문화유산이다. 백제의 문화유산인 서울 석촌동 고분군도 고구려 장군총과 유사한 돌무지 무덤 양식으로 백제의 건국 세력이 고구려계임을 짐작하게 한다.

오답 해설

② 김정희 : 금석과안록 → 진흥왕 순수비 고증
 김정희의 금석과안록에서 비의 설립 시기가 고증된 것은 광개토 대왕릉비가 아니라 진흥왕 순수비이다.

③ 돌무지덧널무덤 → 신라 무덤 양식
 돌무지덧널무덤은 나무로 덧널을 만들고 돌을 쌓은 후 봉분한 신라의 무덤 양식으로 다양한 껴묻거리가 출토되었다.

④ 씨름도 → 각저총
 고구려인과 서역인으로 보이는 두 사람이 장례행사의 의례적 행위로 씨름을 하는 모습이 그려져 있는 씨름도는 각저총에 있으며, 무용총에는 수렵도 등의 벽화가 남아 있다.

⑤ 계필하력 : 나 · 당 연합군의 공격 → 평양성
 고구려의 마지막 왕인 보장왕 때 당의 장수 계필하력이 이끄는 나 · 당 연합군이 고구려의 평양성을 공격하여 고구려를 멸망시켰다.

06 백제의 문화유산

암기박사 '백제의 미소' ⇒ 서산 용현리 마애여래삼존상

정답 ①

정답 해설

서산 용현리 마애여래삼존상은 충남 서산시 운산면 용현리에 있는 백제 시대의 불상으로 흔히 '백제의 미소'로 널리 알려져 있다. 이 마애불은 부처를 중심으로 좌우에 보살입상과 반가사유상이 배치된 특이한 삼존형식이다.

오답 해설

② 논산 관촉사 석조 미륵보살입상 → 고려 최대의 석불입상
 충남 논산에 있는 고려 시대 최대의 석불입상으로 은진미륵이라고도 불리며 규모가 거대하고 인체 비례가 불균형하다.

③ 서울 보타사 마애보살좌상 → 여말선초의 마애보살좌상
 서울 보타사 마애보살좌상은 서울 성북구 보타사에 있는 고려 말 조선 초의 마애보살좌상으로, 보타사 대웅전 뒤쪽 병풍처럼 둘러쳐진 암벽에 보살상이 새겨져 있다.

④ 파주 용미리 마애이불입상 → 고려 시대 2구의 거불 불상
 파주 용미리 마애이불입상은 경기도 파주시 광탄면 용미리에 있는 고려 시대의 불상으로, 천연암벽을 몸체로 삼아 그 위에 목, 머리, 갓 등을 따로 만들어 얹어놓은 2구의 거불이다.

⑤ 경주 배동 석조여래삼존입상 → 삼국 시대의 석조 삼존불입상
 경주 배동 석조여래삼존입상은 경북 경주시 배동 선방사곡 입구에 있는 삼국 시대의 석조 삼존불입상으로 아기 같은 짧은 체구와 얼굴, 묵중하고 단순화된 선 등에서 중국 북주(北周) 또는 수나라 불상과 유사한 양식을 보여준다.

07 해상왕 장보고

암기박사 청해진, 법화원 ⇒ 장보고

정답 ③

정답 해설

통일 신라 때 장보고는 완도에 청해진을 설치하여 해상 무역을 전개하였으며 항해의 안전을 기원하기 위해 산둥반도에 법화원을 건립하였다. ←신라원: 신라방에 세워진 사원

오답 해설

① 살수대첩 → 을지문덕
 고구려 영양왕 때 수 양제(煬帝)가 대규모 병력을 이끌고 고구려를 침략하였는데, 을지문덕은 살수에서 113만 대군을 전멸시켰다.

제05회

② 안시성 전투 → 양만춘
연개소문이 정변을 일으키자 당 태종(이세민)이 이를 빌미로 고구려를 공격하였고 양만춘이 안시성 전투에서 크게 승리하였다.

④ 천리장성 축조 → 연개소문
고구려 영류왕 때 연개소문은 대당 강경책을 추진하고, 당의 침입에 대비해 부여성에서 비사성에 이르는 천리장성을 축조하였다.

⑤ 왕오천축국전 저술 → 혜초
혜초는 인도와 중앙아시아를 여행하고 그 나라의 풍물을 기록한 왕오천축국전을 저술하였다.
→ 프랑스 학자 펠리오(Pelliot)가 간쑤성[甘肅省] 둔황[敦煌]의 석굴에서 발견

08 고구려 부흥 운동

암기박사 안승 : 보덕국왕 ⇒ 고구려 부흥 운동

정답 ④

정답 해설

나·당 연합군에 의해 고구려가 멸망한 후 신라의 지원을 받은 검모잠이 보장왕의 서자 안승을 왕으로 추대하여 고구려 부흥 운동을 전개하였으나, 안승이 검모잠을 죽이고 신라로 망명하여 금마저(익산)에서 보덕국왕으로 임명되었다(674).

09 원효와 의상의 활동

암기박사 (가) 일심 사상, 대승기신론소, 무애가 ⇒ 원효
(나) 화엄 사상, 화엄일승법계도, 부석사 창건 ⇒ 의상

정답 ②

정답 해설

'일심 사상'을 주장하고 「대승기신론소」를 통해 불교의 사상적 이해 기준을 확립한 인물은 신라의 승려 원효이다. '화엄 사상'을 정립하고 「화엄일승법계도」를 저술했으며, 부석사를 창건한 인물은 신라의 승려 의상이다. 원효는 불교 가요인 무애가를 지어 불교 대중화에 노력하였다.

오답 해설

① 황룡사 구층 목탑 건립 건의 → 자장
신라 선덕여왕 때 자장(慈藏)의 건의로 황룡사 구층 목탑이 경주에 건립되었으나 몽골의 침입으로 소실되었다.

③ 화랑도 규범 : 세속 5계 → 원광
원광은 화랑도의 규범으로 사군이충(事君以忠), 사친이효(事親以孝), 교우이신(交友以信), 임전무퇴(臨戰無退), 살생유택(殺生有擇)의 세속 5계를 제시하였다.

④ 국청사 창건 : 해동 천태종 개창 → 의천
대각국사 의천은 교종을 중심으로 선종을 통합하기 위하여 국청사를 창건하고 해동 천태종을 개창하였다.

⑤ 유불 일치설 : 심성 도야 → 혜심
진각국사 혜심은 유불 일치설(儒佛一致說)을 주장하여 심성의 도야를 강조하였다.

핵심노트 ▶ 원효와 의상

원효	• 「금강삼매경론」, 「대승기신론소」, 「십문화쟁론」 저술 • 불교의 이해 기준 마련 • 일심 사상 • 불교의 대중화(무애가)
의상	• 「화엄일승법계도」 저술 • 화엄 사상 정립 • 관음 신앙 • 부석사 창건

10 발해의 관제

암기박사 중앙 관제 : 3성 6부 / 지방 관제 : 5경 15부 62주 ⇒ 발해

정답 ①

정답 해설

발해의 중앙 관제는 정당성·선조성·중대성의 3성과 충·인·의·지·예·신부의 6부로 구성되어 있으며, 지방 관제는 상경·중경·남경·동경·서경의 5경과 15부 62주로 조직되어 있다.

오답 해설

② 외사정 파견 : 지방관 감찰 → 신라 : 문무왕
신라의 문무왕은 당을 축출하여 통일을 완수한 후 지방관을 감찰하기 위해 처음으로 외사정을 지방에 파견하였다.

③ 22담로 : 지방 행정 구역 → 백제
백제 무령왕은 지방 통제를 강화하기 위해 지방의 주요 지점에 22담로를 설치하고 왕자·왕족을 파견하였다.

④ 13부 : 중앙 행정 조직 → 통일 신라
통일 신라는 집사부 아래 관리 인사와 관등의 업무를 맡던 위화부를 비롯하여 13부를 두고 행정 업무를 분담하였다.

⑤ 상수리 제도 : 지방 세력 견제 → 통일 신라
통일 신라는 지방 세력을 견제하고 중앙 집권을 강화하기 위해 각 주 향리의 자제를 일정 기간 금성(경주)에서 볼모로 거주하게 하는 상수리 제도를 실시하였다.

핵심노트 ▶ 발해의 관제

① 중앙 관제(3성 6부)
• 왕(가독부) 아래 최고 권력 기구이자 귀족 합의 기구인 정당성을 둠
• 정당성은 왕명을 반포하는 선조성(좌상)과 왕명을 작성하는 중대성(우상)과 함께 3성을 구성, 충·인·의·지·예·신부의 6부를 두어 업무 분장
• 정당성의 장관인 대내상이 수상으로 국정 총괄, 그 아래의 좌사정이 충·인·의부를, 우사정이 지·예·신부를 각각 분장 → 2원적 통치 체제

② 지방 관제(5경 15부 62주)
• 5경(상경·중경·남경·동경·서경) : 군사 행정의 중심, 고구려 5부의 전통에 신라의 5소경과 당의 5경제를 모방
• 15부 : 지방 행정의 중심인 15부에는 도독을 둠
• 62주 : 주에는 자사를 파견하고 주 밑의 현에는 현승을 파견해 통치를 맡김 → 지방관은 고구려인을 임명

11 궁예와 견훤

암기박사 (가) 궁예 : 송악 ⇒ 후고구려 건국
(나) 견훤 : 완산주 ⇒ 후백제 건국

정답 ②

정답 해설

(가) 궁예 / (나) 견훤
양길(梁吉)을 몰아내고 송악에서 후고구려를 건국한 궁예는 국호를 마진(摩震)으로 바꾸고 철원으로 천도하였다가, 다시 국호를 태봉(泰

封)으로 변경하였다.

오답 해설

① 후백제 건국 : 완산주 도읍 → 견훤
상주 지방의 호족인 견훤이 전라도 지역의 군사력과 호족 세력을 중심으로 완산주(전주)에서 후백제를 건국하였다(900).

③ 후고구려 건국 : 송악 도읍 → 궁예
신라 왕족 출신의 궁예는 초적·도적 세력을 규합하여 세력을 확대한 후 송악을 도읍으로 정하고 후고구려를 건국하였다(901).

④ 서경 중시 : 북진정책 → 왕건
고려를 건국한 태조 왕건은 서경(지금의 평양)을 중시하여 북진정책의 전진 기지로 적극 개발하였다.

⑤ 황산 전투 : 후백제 멸망 → 신검
후백제는 신검이 선산 부근에서 왕건의 고려군에게 패배한 후 황산 전투에서 항복하여 멸망하였다(936). ↗ 견훤의 아들

핵심노트 ▶ 후고구려와 후백제

	후고구려	후백제
건국	궁예가 송악에 도읍(901)	견훤이 완산주를 근거로 건국(900)
발전	한강 유역을 차지한 후 세력을 확장, 나주 점령, 철원으로 국호를 옮기고 국호를 태봉으로 변경	전라도·충청도의 대부분을 차지, 라 효공왕 4년(900)에 후백제 왕을 칭하며 관직을 설치하고 국가 체제를 완비

12 고려 상감 청자

정답 ①

암기박사 청자 상감 운학문 매병 ⇒ 고려 상감 청자

정답 해설

고려의 상감 청자는 12세기 중엽에 독창적 기법인 상감법이 개발되어 13세기 중엽까지 주류를 이루다 원 간섭기 이후 퇴조하였다. 청자 상감 운학문 매병은 상감기법으로 표현한 대표적인 고려 상감 청자 매병이다.

오답 해설

② 토우 장식 장경호 → 신라 토기
경북 경주시 노동동 고분에서 출토된 신라의 토기로, 목과 어깨 부위에 토우가 장식되어 있다.

③ 백자 청화 매죽문 항아리 → 조선 전기 청화 백자 항아리
조선 전기에 제작된 청화 백자 항아리로 문양의 표현과 기법, 색·형태 면에서 아름다운 항아리이며 구도와 소재면에서 중국 명나라 청화 백자의 영향을 받았다.

④ 백자 철화 포도문 항아리 → 조선 후기 백자 항아리
철을 산화시켜 검은색을 띠게 된 철사 안료로 백자 표면에 포도무늬를 그린 백자 항아리로, 조선 시대 철화 백자 가운데 가장 뛰어난 예술품으로 평가받는다.

⑤ 청자 참외 모양 병 → 참외 모양을 본뜬 고려 시대 청자 병
참외 모양을 본뜬 고려 시대의 청자 병으로 맑고 투명한 비취색 자기이다.

핵심노트 ▶ 고려청자의 특징

- 비색의 아름다움
- 상감법의 발달
- 귀족적 예술성
- 다양한 종류와 형태

13 고려 광종의 업적

정답 ⑤

암기박사 연호 : 광덕·준풍, 과거제 시행 ⇒ 고려 광종

정답 해설
↗ 후주인 쌍기의 건의로 실시
과거제를 도입하고 승과를 통해 여러 승려들을 선발한 왕은 고려 광종이다. 광종은 국왕을 황제라 칭하고 광덕·준풍 등의 독자적 연호를 사용하였으며 개경을 황도라 하였다.

오답 해설

① 12목 설치 : 지방관 파견 → 고려 성종
고려 성종은 최승로의 시무 28조에 따라 전국에 12목을 처음으로 설치하고 지방관을 파견하였다.

② 신돈 : 전민변정도감 설치 → 고려 공민왕
고려 공민왕은 신돈을 등용하여 전민변정도감을 설치하고 권문세족에게 빼앗긴 토지와 노비를 본래의 소유주에게 돌려주거나 양민으로 해방시킴으로써 권문세족을 견제하였다.

③ 흑창 설치 : 민생 안정 → 고려 태조
흑창(黑倉)은 고구려의 진대법을 계승한 춘대추납의 빈민 구제 기관으로 민생 안정을 위해 고려 태조 때 처음 설치되었다.

④ 주전도감 : 해동통보 발행 → 고려 숙종
고려 숙종은 화폐 유통의 촉진을 도모하기 위해 주전도감을 설치하고 해동통보를 발행하였으나 널리 사용되지는 못하였다.

핵심노트 ▶ 고려 광종의 업적

- **개혁 주도 세력 강화** : 개국 공신 계열의 훈신 등을 숙청하고 군소 호족과 신진 관료 중용
- **군사 기반 마련** : 내군을 장위부로 개편하여 시위군을 강화
- **칭제 건원** : 국왕을 황제라 칭하고 광덕·준풍 등 독자적 연호를 사용, 개경을 황도라 함
- **노비안검법 실시(광종 7, 956)** : 양인이었다가 불법으로 노비가 된 자를 조사하여 해방시켜 줌으로써, 호족·공신 세력을 약화시키고 국가 재정 수입 기반을 확대
- **과거 제도의 실시(958)** : 후주인 쌍기의 건의로 실시, 유학을 익힌 신진 인사를 등용해 호족 세력을 누르고 신구 세력의 교체를 도모
- **백관의 공복 제정(960)** : 지배층의 위계질서 확립을 목적으로 제정, 4등급으로 구분
- **주현공부법(州縣貢賦法)** : 국가 수입 증대와 지방 호족 통제를 위해 주현 단위로 공물과 부역의 양을 정함
- **불교의 장려** : 왕사·국사 제도 제정(963), 불교 통합 정책

↗ 혜거를 최초의 국사로, 탄문을 왕사로 임명

14 고려 전기의 대외 관계

정답 ④

암기박사 서희 : 외교 담판 ⇒ 강감찬 : 귀주대첩 ⇒ 윤관 : 동북 9성 축조

정답 해설

(나) 서희의 외교 담판(993) : 거란의 1차 침입 때 고려는 청천강에서

거란의 침략을 저지하는 한편, 서희가 소손녕과 외교 담판을 벌여 강동 6주를 획득하였다.

(다) 강감찬의 귀주대첩(1019) : 강동 6주 반환을 요구하며 침략한 소배압이 이끄는 10만 대군에 맞서 고려의 강감찬은 귀주에서 거란군을 격퇴하였다.

(가) 윤관의 동북 9성 축조(1107) : 윤관은 별무반을 편성하여 여진을 정벌하고 동북 9성을 축조하였다. → 고려 숙종 때 여진 정벌을 위해 윤관의 건의로 조직된 특수 부대

15 무신 집권기 농민 봉기

정답 ④

암기박사 만적의 난 ⇒ 무신 집권기 농민 봉기

정답 해설

만적의 난은 무신 최충헌의 사노 만적이 신분 해방을 외치며 일으킨 반란이다(1198). 무신 집권기에는 무신정변으로 하층민에서 권력층이 된 자가 많아서 무신들 간의 대립과 지배 체제의 붕괴로 백성들에 대한 통제력이 약화되었고, 무신들의 농장 확대로 수탈이 강화되었다. 이에 백성들은 소극적 저항에서 벗어나 대규모의 봉기를 주도하였다.

오답 해설

① 고국천왕 : 빈민 구제책 → 진대법 실시
고구려 고국천왕은 빈민 구제책인 진대법을 실시하였다.

② 임술 농민 봉기 : 삼정의 문란 → 삼정이정청 설치
임술 농민 봉기 이후 삼정의 문란을 시정하기 위해 임시 관청인 삼정이정청이 설치되었다.

③ 고구려 · 고려 : 외적의 침입 → 천리장성 축조
고구려와 고려는 외적의 침입을 막기 위해 천리장성을 축조하였다(고구려 vs 당, 고려 vs 거란 · 여진).

⑤ 신라 말기 : 정치 기강 문란 → 호족 세력 성장
신라 말 중앙 통제가 약화되고 정치 기강이 문란해지자 호족 세력이 반독립적 세력으로 성장하였다.

핵심노트 ▶ 무신 집권기 대표적 민란

- 망이 · 망소이의 난(1176) : 공주 명학소(鳴鶴所)의 망이 · 망소이가 주동이 되어 일으킨 반란
- 전주 관노의 난(1182) : 경대승 집권기에 있었던 관노(官奴)들의 난으로 전주를 점령
- 김사미 · 효심의 난(1193) : 운문(청도)에서 김사미가, 초전(울산)에서 효심이 신분 해방 및 신라 부흥을 기치로 내걸고 일으킨 최대 규모의 농민 봉기
- 만적의 난(1198) : 개경에서 최충헌의 사노 만적이 신분 해방을 외치며 반란
- 진주 노비의 난(1200) : 진주 공 · 사노비의 반란군이 합주의 부곡 반란군과 연합

16 이제현의 활동상

정답 ③

암기박사 만권당 : 원의 연경에 세운 독서당 ⇒ 이제현

정답 해설

고려 충선왕 때 이제현은 학문 교류를 위해 원의 연경에 독서당인 만권당을 설립하여 성리학 전파에 이바지하였다. 귀국 후 이색 등에게 영향을 주어 성리학 전파에 힘썼으며, 저서로는 사략(史略), 고려국사, 역옹패설 등이 있다.

오답 해설

① 고려에 성리학을 최초로 소개 → 안향
충렬왕 때 안향이 원으로부터 고려에 성리학을 최초로 소개하였다.

② 9재 학당 → 최충
고려 시대에는 사학이 크게 발달하였는데, 최충의 9재 학당을 비롯하여 사학 12도가 융성하였다.

④ 양명학 연구 → 정제두 : 강화 학파
조선 후기 정제두는 성리학을 비판하고 지행합일의 실천성을 강조하는 양명학을 연구하여 강화 학파를 형성하였다.

⑤ 성학십도 저술 → 이황
성학십도는 퇴계 이황이 선조에게 올린 것으로 군왕의 도(道)에 관한 학문의 요체를 도식으로 설명하였다.

핵심노트 ▶ 만권당

고려 말 충선왕이 원의 연경에 세운 독서당을 일컫는다. 정치 개혁에 실패한 충선왕은 아들 충숙왕에게 왕위를 선양하고 충숙왕 1년(1314) 만권당을 세웠다. 그곳에서 중국의 고전 및 성리학을 연구하였고, 고려와 원 간 문화 교류의 중심지로서 학술 · 예술 등의 발전에 큰 영향을 미쳤다.

17 공민왕의 업적

정답 ④

암기박사 신돈 : 전민변정도감 ⇒ 공민왕

정답 해설

고려 제31대 왕으로, 원 · 명 교체기에 적극적인 개혁을 추진한 왕은 공민왕이다. 그는 신돈을 기용하고 전민변정도감을 설치하여 권문세족들에게 부당하게 빼앗은 토지와 노비를 본래의 소유주에게 돌려주거나 양민으로 해방시켰다. → 권문세족의 약화와 국가 재정 수입 확대를 추구

오답 해설

① 태조 : 발해 멸망 → 발해 유민 포용
고려 태조는 발해가 거란에 의해 멸망하자 발해 왕자 대광현 등 많은 발해의 유민을 포용하였다.

② 태조 : 빈민 구제 → 흑창 설치
고려 태조는 빈민 구제 기구로 흑창을 설치하였다.

③ 광종 : 과거제 실시 → 신진 세력 등용
고려 광종은 쌍기의 건의로 과거제를 실시하여 유학을 익힌 신진 세력을 등용하였다.

⑤ 광종 : 광덕 · 준풍 → 독자적 연호
고려 광종은 국왕의 권위 제고를 위해 국왕을 황제라 칭하고 광덕 · 준풍 등의 독자적 연호를 사용하였다.

핵심노트 ▶ 공민왕의 업적

- 몽골 풍속 금지 : 몽골풍 의상, 변발 · 호복 폐지 등
- 내정을 간섭하던 정동행성이문소 폐지
- 원의 연호 폐지, 친원 세력 숙청
- 쌍성총관부 공격, 철령 이북 땅 수복
- 정방 폐지, 전민변정도감 설치

한국사능력검정시험 심화대비 기출분석 예상문제 · **정답및 해설**

18 창덕궁의 역사

암기박사 태종 : 한양 재천도를 위해 건립 ⇒ 창덕궁

정답 ③

정답 해설

창덕궁은 조선 시대의 궁궐로, 조선 왕조의 도성인 한양 북쪽에 위치한 이궁이었다. 태종이 한양 재천도를 위하여 건립한 궁으로, 현재 유네스코 세계문화유산에 등재되어 있다. 주요 건물로는 인정전, 돈화문 등이 있고 건축사에 있어 조선 시대 궁궐의 한 전형을 보여 준다. 후원의 조경은 우리나라의 대표적인 왕실 정원으로서 가치가 높다.

오답 해설

① 고종 : 아관 파천 이후 환궁 → 덕수궁
 덕수궁은 고종이 아관 파천 이후에 환궁한 곳으로, 원래 명칭은 경운궁이었으나 순종이 즉위하면서 태상황이 된 고종이 궁호를 덕수궁으로 바꾸어 머물렀다.

② 북궐 → 경복궁
 북궐은 경복궁을 창덕궁과 경희궁에 상대하여 이르는 말로 도성 내 북쪽에 있어 북궐이라고 하였다.

④ 일제 : 창경원으로 격하 → 창경궁
 창경궁의 처음 이름은 수강궁으로 세종이 생존한 상왕인 태종을 모시기 위해 지은 궁이었으나, 일제에 의해 창경원으로 격하되고 동물원과 식물원 등이 설치되었다.

⑤ 정도전 : 명칭 결정 → 경복궁 *경복(景福) : '큰 복을 누리다'*
 태조 이성계가 한양으로 도읍을 천도할 때 정도전이 경복궁과 근정전 등 궁궐과 주요 전각의 명칭을 정하였다.
 → 근정(勤政) : '정사를 부지런히 돌보다'

19 조선 시대 수령의 역할

암기박사 조선 시대의 지방관 ⇒ 수령 : 수령 7사(七事)

정답 ③

정답 해설

제시된 대화내용은 조선 시대 지방관인 수령이 해야 할 7가지 업무를 서술한 수령 7사(七事)이다. 조선 시대의 지방관인 수령은 8도의 부, 목, 군, 현에 파견되어 행정 · 사법 · 군사권을 가지고 지방 대민 행정을 담당하였다.

오답 해설

① 직역이 대대로 세습 → 조선 시대 향리
 조선 시대의 향리는 수령을 보좌하는 세습적 아전으로 격하되었으며, 직역이 대대로 세습되었다.

③ 6조 직계제 실시 → 의정부 권한 약화
 태종과 세조 때 왕권 강화를 위해 6조 직계제를 실시하여 서무를 육조에 분담함으로써 의정부의 권한이 약화되었다.

④ 유향소의 우두머리 → 좌수
 조선 시대 유향소는 지방의 수령을 보좌하던 자문 기관으로 향리 감찰, 좌수 · 별감 선출, 정령 시달, 풍속 교정과 백성 교화, 자율적 규약, 향회를 소집하여 여론을 수렴하였다.

⑤ 호장, 기관, 장교, 통인 등으로 분류 → 향리
 조선 시대의 향리는 우두머리인 호장, 지방 관청의 아전인 기관, 하급 군관인 장교, 지방 관청의 실무를 담당하던 통인 등으로 분

류되었다.

핵심노트 ▶ 수령 7사

조선 시대 지방을 다스리던 수령의 7가지 의무 규정을 말한다. 수령의 업무 수행을 국가가 잘 관리할 수 있도록 만들어진 것으로, 수령의 역할 강도를 도모하였다.
1. 농사 및 양잠을 장려할 것
2. 호구를 증식할 것
3. 학교를 일으킬 것
4. 군사 업무를 바르게 할 것
5. 부역을 균등히 할 것
6. 재판을 바르게 할 것
7. 간사하고 교활한 자를 없앨 것

20 김육의 활동

암기박사 대동법 확대 건의, 시헌력 도입 ⇒ 김육

정답 ③

정답 해설

대동법은 광해군 때 경기도에서 처음 시행되었으며, 효종 때에는 김육이 충청도 지역까지 대동법의 확대 실시를 건의하였다. 인조 때 김육은 청으로부터 시헌력 도입을 건의하였는데, 시헌력은 서양의 수치와 계산 방법이 채택된 숭정역법을 교정한 것이다.

오답 해설

① 조선인 최초 세례 → 이승훈
 이승훈은 조선인 최초로 세례를 받고 돌아와 활발한 신앙 활동을 전개하였으나 신유박해 때 처형당했다.

② 연행록 : 사행 일기 → 김정중
 조선 정조 때 김정중이 북경에 다녀온 뒤 사행 일기인 연행록을 남겼다.

④ 동국지도 : 100리 척의 축척 사용 → 정상기
 조선 영조 때 정상기는 최초로 100리 척의 축척 개념을 사용한 동국지도를 제작하였다.

⑤ 흑산도 : 자산어보 저술 → 정약전
 정약전은 신유박해로 인한 흑산도 귀양 중 근해의 해산물 등을 직접 채집 · 조사하여 155종의 해산물에 대한 명칭 · 분포 · 형태 · 습성 등을 기록한 자산어보(玆山魚譜)를 저술하였다.

21 조선 성종 재위 기간의 사실

암기박사 경국대전 완성 ⇒ 조선 성종

정답 ②

정답 해설

악학궤범, 동국여지승람, 국조오례의 등의 문물이 편찬된 것은 조선 성종 때의 일이다. 이 시기에 조선의 기본 법전인 경국대전이 완성되어 국가의 통치 규범이 마련되었다.
→ 세조 때 편찬에 착수하여 성종 때 완성 · 반

오답 해설

① 조광조 : 현량과 실시 → 중종
 조선 중종 때 조광조는 천거제의 일종인 현량과를 실시하여 신진 사림을 등용하고자 하였다.

제05회

③ **폐모살제 사건 → 광해군**
조선 광해군 때 영창 대군이 사사되고 인목 대비가 유폐되는 폐모살제 사건이 일어났다.

④ **왕자의 난 → 태조**
조선 태조 때 왕위 계승을 둘러싸고 두 차례에 걸쳐 왕자의 난이 발생하여 정도전 등이 제거되고 태종(이방원)이 왕위에 올랐다.

⑤ **탕평비 건립 → 영조**
조선 영조는 붕당의 폐해를 경계하기 위해 성균관 입구에 탕평비를 건립하였다.

 핵심노트 ▶ 조선 성종(1469~1494)

- **사림 등용** : 김숙자 · 김종직 등의 사림을 등용하여 의정부의 대신들을 견제 → 훈구파와 사림의 균형을 추구
- **홍문관(옥당) 설치** : 학술 · 언론 기관(집현전 계승), 경서 및 사적관리, 문한의 처리 및 왕의 정치적 고문 역할
- **경연 중시** : 단순히 왕의 학문 연마를 위한 자리가 아니라 신하(정승, 관리)가 함께 모여 정책을 토론하고 심의
- **독서당(호당) 운영** : 관료의 학문 재충전을 위해 운영한 제도, 성종 때 마포의 남호 독서당, 중종 때 두모포에 동호 독서당이 대표적 → 교육 기관의 경비에 충당하기 위해 지급된 토지
- **관학의 진흥** : 성균관과 향교에 학전과 서적을 지급하고 관학을 진흥
- **유향소의 부활(1488)** : 유향소는 세조 때 이시애의 난으로 폐지(1488)되었으나 성종 때 사림 세력의 정치적 영향력 확대에 따라 부활됨
- **경국대전 반포(1485)** : 세조 때 착수해 성종 때 완성 · 반포
- **토지 제도** : 직전법 하에서 관수관급제를 실시해 양반관료의 토지 겸병과 세습, 수탈 방지
- **숭유억불책** : 도첩제 폐지 → 승려가 되는 길을 없앤 완전한 억불책
- **문물 정비와 편찬 사업** : 건국 이후 문물제도의 정비를 마무리하고, 경국대전, 삼국사절요, 고려사절요, 악학궤범, 동국통감, 동국여지승람, 동문선, 국조오례의 등을 편찬

22 유성룡의 활약

암기박사 임진왜란 : 징비록 ⇒ 유성룡

정답 ③

정답 해설

훈련도감은 임진왜란 중 왜군의 조총에 대응하고 국방력을 강화하기 위해 유성룡의 건의에 따라 설치된 군사 조직이다. 유성룡은 징비록을 통해 임진왜란 동안 경험한 전쟁의 참상을 기록하였다.

오답 해설

① **6두품 : 시무책 건의 → 최치원**
최치원은 6두품 출신으로 당의 빈공과(賓貢科)에 급제하고 귀국 후 진성 여왕에게 시무책 10여 조를 건의하였으나 수용되지 않았다.

② **절개와 의리를 지킨 고려 충신 → 정몽주**
고려 말 온건 개혁파의 정몽주는 절개와 의리를 지킨 고려의 충신으로 이방원 세력에 의해 개경의 선죽교에서 피살되었다.

④ **화포 사용 : 왜구 격퇴 → 최무선**
최무선은 화약과 화포 제작을 위해 화통도감의 설치를 건의하고, 화포를 사용하여 진포(군산 앞바다)에서 왜구를 격퇴하였다.

⑤ **동학 농민군 지도자 → 전봉준**
녹두장군 전봉준은 반봉건 · 반외세의 기치를 든 동학 농민군 지도자로, 공주 우금치 전투에 참여하여 관군 및 일본군과 격전하였다.

핵심노트 ▶ 훈련도감(1594)

- **설치** : 임진왜란 중 왜군의 조총에 대응하고 국방력을 강화하기 위해 유성룡의 건의에 따라 용병제를 토대로 설치 → 조선 후기 군제의 근간이 됨
- **편제** : 삼수병(포수 · 사수 · 살수)으로 편성
- **성격** : 장기간 근무하며 일정 급료를 받는 장번급료병, 직업 군인의 성격(상비군)
- **폐지** : 1881년에 별기군이 창설되어 신식 군대 체제가 이루어지자 그 다음해 폐지됨

23 조선왕조실록

암기박사 조선왕조실록 ⇒ 실록청 : 편년체 형식

정답 ①

정답 해설 → 조선 시대 춘추관에서 각 관서들의 업무 기록을 종합하여 편찬한 국정 기록물

조선왕조실록은 왕의 사후 사초와 시정기(時政記) 등을 근거로 춘추관에 설치된 실록청에서 편찬한 사서로, 조선 태조 때부터 철종 때까지 472년의 역사를 편년체 형식으로 기록하였다.

오답 해설

② **남북국이라는 용어 사용 → 유득공 : 발해고**
조선 후기 실학자 유득공은 발해고를 저술하여 발해를 북국, 신라를 남국으로 칭하며 한반도 중심의 협소한 사관을 극복하였다.

③ **국왕의 비서 기관에서 발행한 관보 → 조보**
국왕의 비서 기관에서 발행한 관보는 조보(朝報)로, 중종 때부터 고종 때까지 국가 차원에서 발행한 신문 성격의 문서이다.

④ **우리나라 최고(最古)의 역사서 → 김부식 : 삼국사기**
삼국사기는 고려 인종 때 김부식 등이 왕명을 받아 편찬한 현존하는 우리나라 최고(最古)의 역사서로, 유교 사관에 입각하여 기전체 형식으로 서술되었다.

⑤ **정조 : 세손 시절부터 쓴 일기 → 일성록**
조선의 역대 임금의 동정과 국정을 기록한 일기인 일성록은 조선 영조 때부터 기록되기 시작하였으며, 정조가 세손 시절부터 쓴 일기에서 유래하였다.

24 기사환국의 경과

암기박사 인현 왕후 폐위, 희빈 장씨 왕비 책봉 ⇒ 기사환국(숙종, 1689)

정답 ⑤

정답 해설 → 이름과 호

조선 숙종 때 희빈 장씨 소생의 원자 명호(名號) 문제로 기사환국이 발생하여 송시열을 비롯한 서인들이 유배 · 사사되었다. 또한 인현왕후가 폐위되고 희빈 장씨가 왕비로 책봉되어 남인이 권력을 장악하였다.

오답 해설

① **복상 문제 → 예송 논쟁(현종, 1659, 1674)** → 기해예송, 갑인예송
현종 때에는 자의 대비의 복상 문제로 서인과 남인 사이에 두 차례 예송(禮訟)이 전개되었다. → 예절에 관한 논쟁

② **정여립 모반 사건 → 기축옥사(선조, 1589)**
선조 때 정여립 모반 사건이 계기가 되어 권력을 잡은 서인은 동인에 대한 기축옥사를 주도하였다.
→ 동인은 온건파인 남인과 급진파인 북인으로 분당

③ **공신 책봉 문제 → 이괄의 난(인조, 1624)**
인조반정을 주도한 서인은 광해군을 축출하고 정권을 장악하였으나, 이때 공신 책봉에 불만을 품은 이괄이 난을 일으켜 한양이 점령되자 인조는 도성을 떠나 공산성으로 피란하였다.

④ **북인의 권력 장악 → 중립 외교(광해군, 1608~1623)**
광해군 때에 북인은 적극적 사회 · 경제 정책을 펴고 광해군의 중립 외교를 지지하여 서인과 남인을 배제하고 권력을 장악하였다.

핵심노트 ▶ 숙종의 환국 정치

경신환국 (1680)	서인이 허적(남인)의 서자 허견 등이 역모를 꾀했다 고발하여 남인을 대거 숙청 → 서인 집권
기사환국 (1689)	숙종이 희빈 장씨 소생인 연령군(경종)의 세자 책봉에 반대하는 서인을 유배 · 사사하고, 인현왕후를 폐비시킴 → 남인 재집권
갑술환국 (1694)	폐비 민씨 복위 운동을 저지하려던 남인이 실권하고 서인이 집권 → 서인 재집권

25 인조반정

암기박사 광해군 : 폐모살제 사건 ⇒ 인조반정

정답 ③

정답 해설
제시된 사료는 광해군이 인목대비를 유폐하고 영창대군을 살해하는 폐모살제(廢母殺弟) 사건이다(1613). 이 사건을 계기로 서인이 반정을 일으켜 정권을 장악하고 광해군과 북인을 축출하였다(1623).

핵심노트 ▶ 광해군의 정치와 인조반정

- 중립 외교 : 명과 후금 사이에서 중립 외교 전개, 전후 복구 사업 추진
- 북인의 독점 : 광해군의 지지 세력인 북인은 서인과 남인 등을 배제
- 인조반정(1623) : 폐모살제(廢母殺弟) 사건, 재정 악화, 민심 이탈 등을 계기로 발발한 인조반정으로 몰락 → 인목대비 유폐, 영창대군 살해

26 조선 정조의 업적

암기박사 화성 행차, 장용영 설치 ⇒ 조선 정조

정답 ①

정답 해설
정조는 사도 세자의 묘를 수원으로 옮기고 수원에 화성을 건설하여 정치적 · 군사적 기능을 부여하였다. 정조는 화성 행차 시 배다리를 이용하여 한강을 건넜다. 또한 왕권을 강화하기 위해 왕의 친위 부대인 장용영을 설치하였는데, 각 군영의 독립적 성격을 약화시키고 병권을 장악하였다.

오답 해설

② **백두산정계비 건립 → 숙종**
숙종은 청의 요구로 조선과 청의 경계를 정한 백두산정계비를 세워, 동쪽으로 토문강과 서쪽으로 압록강을 경계로 삼았다.

③ **동국문헌비고 편찬 → 영조**
영조 때에는 홍봉한 등이 지리 · 정치 · 경제 · 문화 등을 체계적으로 정리한 동국문헌비고를 편찬하여 역대 문물을 정리하였다.

④ **삼정이정청 설치 → 철종**

철종은 임술 농민 봉기가 발발하자 삼정의 문란을 해결하기 위해 안핵사 박규수의 건의로 삼정이정청을 설치하였다.

⑤ **탕평비 건립 : 붕당의 폐해 경계 → 영조**
영조는 붕당 정치의 폐해를 경계하기 위해 성균관 입구에 탕평비를 건립하였다.

핵심노트 ▶ 정조의 왕권 강화 정책

인사 관리	붕당의 입장을 떠나 의리와 명분에 합치되고 능력 있는 사람을 중용
규장각의 설치 · 강화	본래의 기능에 국왕 비서실, 문신 교육, 과거 시험 주관 등의 기능을 통합적으로 부여하여 권력과 정책을 뒷받침할 수 있는 강력한 정치 기구로 육성
문신의 재교육	초월적 군주로 군림하면서 스승의 입장에서 신하를 양성하고 재교육
초계문신제 (抄啓文臣制)	신진 인물이나 중 · 하급(당하관 이하) 관리 가운데 능력 있는 자들을 재교육시키고 시험을 통해 승진
장용영(壯勇營) 설치	친위 부대인 장용영을 설치하여 각 군영의 독립적 성격을 약화시키고 병권을 장악

27 중상학파 박제가

암기박사 서얼 출신 규장각 검서관, 북학의 저술 ⇒ 박제가

정답 ③

정답 해설
중상학파 박제가는 청나라의 풍속과 제도를 살펴보고 돌아와서 북학의를 저술하였는데, 적극적인 청 문물의 도입과 소비 촉진을 통한 생산력 증대 등을 주장하였다. 박제가는 조선 정조 때 이덕무, 유득공과 함께 서얼 출신으로 규장각 검서관에 등용되어 활동하였다.

오답 해설

① **양반전 : 양반의 허례와 무능 지적 → 박지원**
박지원은 〈양반전〉· 〈허생전〉· 〈호질〉· 〈민옹전〉 등을 통해 양반 사회의 모순과 부조리를 비판 · 풍자하고 양반의 허례와 무능을 지적하였다.

② **진흥왕 순수비를 처음으로 고증 → 김정희**
김정희는 북한산 신라 진흥왕 순수비를 처음으로 고증하고 「금석과안록」을 저술하였다.

④ **곽우록 : 한전론 제시 → 이익**
이익은 곽우록에서 자영농의 몰락을 막기 위해 토지 매매를 제한하는 한전론을 제시하였다.

⑤ **우서 : 사농공상의 직업적 평등과 전문화 → 유수원**
유수원은 우서(迂書)를 통해 사농공상의 직업적 평등과 전문화를 주장하였는데, 중국과 우리 문물을 비교하면서 정치 · 경제 · 사회 전반의 개혁을 제시하였다.

핵심노트 ▶ 초정 박제가(1750~1805)

- 청에 다녀온 후 〈북학의〉 저술
- 상공업의 육성, 청과의 통상 강화, 세계 무역에의 참여, 서양 기술의 습득을 주장
- 선박과 수레의 이용 증가 및 벽돌 이용 등을 강조
- 소비의 권장, 생산과 소비와의 관계를 우물물에 비유하면서 생산을 자극하기 위해서는 절약보다 소비를 권장해야 한다고 주장
- 신분 차별 타파, 양반의 상업 종사 등을 주장

제05회

28 조선 효종의 나선 정벌

정답 ①

암기박사 나선 정벌 : 조총 부대 파견 ⇒ 조선 효종

정답 해설

조선 효종 때 러시아의 남하로 청과 러시아 간 국경 충돌이 발생하자 청은 조선에 원병을 요청하였다. 이에 조선은 제1차 나선 정벌에서는 변급이, 제2차 나선 정벌에서는 신유가 조총 부대를 동원하여 러시아군대와 교전하였다(1654).

오답 해설

② 강홍립 부대의 파병 → 광해군
광해군 때에 명의 요청에 따라 강홍립이 이끄는 부대가 파병되었으나, 광해군은 명과 후금 사이에서 중립 외교 정책을 추진하여 강홍립을 후금에 투항하도록 하였다(1619).

③ 이괄의 난 → 인조
인조반정의 공신인 이괄이 후금의 침입에 대비하여 병마절도사로 평안도에 주둔하였지만, 공신 책봉에 불만을 품고 난을 일으켰다(1624).

④ 정묘호란 → 인조
인조 때 후금이 침입하여 정묘호란이 발발하자 용골산성에서 정봉수와 이립이 의병을 이끌고 항전하였다(1627).

⑤ 훈련도감 설치 → 선조
선조 때 왜군의 조총에 대응하고 국방력을 강화하기 위해 포수, 살수, 사수의 삼수병으로 구성된 훈련도감이 설치되었다(1594).

핵심노트 ▶ 나선 정벌(羅禪征伐)

- 배경 : 러시아의 남하로 청과 러시아 간 국경 충돌이 발생하자 청이 원병을 요청
- 제1차 나선 정벌(효종 5, 1654) : 헤이룽강(흑룡강) 유역에 침입한 러시아군을 변급이 격퇴
- 제2차 나선 정벌(효종 9, 1658) : 헤이룽강 유역에서 신유가 조총군을 이끌고 러시아군을 격퇴

29 홍경래의 난

정답 ④

암기박사 서북인에 대한 차별 ⇒ 홍경래의 난

정답 해설

1811년 12월부터 1812년 4월까지 평안도 일대에서 발생한 농민 봉기는 홍경래의 난으로, 세도 정치기의 수탈과 서북인에 대한 지역 차별에 반발하여 일어났다. → 평안도민

오답 해설

① 안핵사 : 박규수 파견 → 임술 농민 봉기
삼정의 문란과 백낙신의 탐학으로 임술 농민 봉기가 일어나자 사건 수습을 위해 박규수가 안핵사로 파견되었다.

② 고부 민란 : 조병갑 탐학 → 동학 농민 운동
고부 군수 조병갑의 탐학이 계기가 되어 전봉준이 농민들을 이끌고 고부 관아를 습격하면서 동학 농민 운동이 시작되었다.

③ 선혜청, 일본 공사관 공격 → 임오군란
신식 군대인 별기군과의 차별에 반발하여 구식 군대가 선혜청과 일본 공사관을 습격하는 임오군란을 일으켰다.

⑤ 남접과 북접이 연합 → 동학 농민 운동
동학 농민 운동은 남접(전봉준)과 북접(손병희)이 연합하여 논산에서 집결한 후 서울로 북진하는 등 조직적으로 전개되었다.

핵심노트 ▶ 홍경래 난(평안도 농민 전쟁, 순조 11, 1811)

- 의의 : 세도 정치기 당시 농민 봉기의 선구
- 중심 세력 : 몰락 양반인 홍경래의 지휘 하에 광산 노동자들이 중심적으로 참여하였고, 영세 농민·중소 상인·유량인·잔반 등 다양한 세력이 합세
- 원인
  - 서북인(평안도민)에 대한 차별 및 가혹한 수취
  - 서울 특권 상인 등의 이권 보호를 위해 평안도 지역 상공인과 광산 경영인을 탄압·차별하고 상공업 활동을 억압
  - 세도 정치로 인한 관기 문란, 계속되는 가뭄·흉작으로 인한 민심 이반
- 경과 : 가산 다복동에서 발발하여 한때 청천강 이북의 7개 고을을 점령하였으나 5개월 만에 평정
- 영향 : 이후 각지의 농민 봉기 발생에 영향을 미침 → 관리들의 부정과 탐학은 시정되지 않음

30 동학 농민 운동의 전개 과정

정답 ③

암기박사 조병갑의 탐학 ⇒ 전봉준 : 고부 민란

정답 해설

동학 농민군이 군수 조병갑의 탐학에 저항하여 농민 봉기를 일으킨 지역은 고부이다. 녹두 장군으로 유명한 전봉준이 농민들을 이끌고 고부 관아를 습격하였다.

오답 해설

① 남접과 북접 → 논산 집결
전봉준이 이끈 남접과 손병희가 이끈 북접이 서울로 진격하기 위해 논산에 집결하여 연합하였다.

② 집강소 설치 → 전주 화약
동학 농민군은 전주에서 정부와 전주 화약을 체결하고 치안과 행정을 담당하는 기관인 집강소를 설치하였다.

④ 동학 농민군 패배 → 공주 우금치 전투
동학 농민군은 공주 우금치에서 관군과 민보군, 일본군을 상대로 항전하였으나 패하였다.

⑤ 동학 농민군 승리 → 황토현 전투
동학 농민군 최대의 승리인 황토현 전투에서 관군을 물리치고, 정읍·고창·함평·장성 등을 공략하였다. → 전라 감영의 지방 관군

핵심노트 ▶ 동학 농민 운동의 전개

고부 민란 → 백산 재봉기 → 황토현 전투 → 장성 황룡촌 전투 → 청·일 개입 → 전주 화약 → 집강소 설치와 폐정 개혁안 → 남접과 북접의 연합 → 공주 우금치 혈전

31 육영 공원

정답 ⑤

암기박사 헐버트, 길모어 등 외국인 교사 초빙 ⇒ 육영 공원

정답 해설
→ 조선에서 최초로 미국 등 서방 세계에 파견된 외교 사절단

육영 공원은 보빙사 민영익의 건의로 설립된 최초의 근대식 관립 학교로, 헐버트·길모어 등 외국인 교사를 초빙하여 상류층의 자제들에게 근대 학문 교육을 실시하였다(1886).

한국사능력검정시험 심화대비 기출분석 예상문제 · 정답 및 해설

오답 해설

① 안창호 : 평양 설립 → 대성 학교(1907)
안창호는 민족 교육을 위해 평양에 중등 교육기관인 대성 학교를 설립하였다.

② 개신교 선교 목적 → 배재 학당(1885)
미국의 개신교 선교사 아펜젤러가 선교를 목적으로 한양에 세운 학교로, 신학문 보급에 기여하였다.

③ 교육 입국 조서 반포 → 한성 사범 학교(1895)
갑오개혁 이후 고종의 교육 입국 조서 발표에 따라 세워진 교원 양성 학교이다.

④ 덕원 지방 관민들이 설립 → 원산 학사(1883)
함경도 덕원부사 정현석과 주민들이 개화파 인물들의 권유로 설립한 최초의 근대적 사립학교로, 외국어 · 자연 과학 등 근대 학문과 무술을 가르쳤다.

32 통리기무아문의 추진 정책

암기박사 통리기무아문 ⇒ 청에 영선사 파견 : 근대식 무기 제조 기술 도입

정답 ⑤

정답 해설

고종은 통리기무아문을 설치하고 그 아래 12사를 두어 신문물 수용과 부국강병 도모 등의 개화 정책을 추진하였다. 그 일환으로 김윤식을 단장으로 청에 영선사를 파견하여 근대식 무기 제조 기술을 도입하고자 하였다. → 서울에 최초의 근대적 병기 공장인 기기창 설치

오답 해설

① 한성 사범 학교 → 갑오개혁
갑오개혁 이후 고종의 교육 입국 조서 발표에 따라 세워진 교원 양성 학교이다.

② 구미 위원부 → 대한민국 임시 정부
대한민국 임시 정부는 미국에 구미 위원부를 두어 국제 연맹과 워싱턴 회의에 우리 민족의 독립 열망을 전달하였다.

③ 홍범 14조 반포 → 제2차 갑오개혁
고종은 제2차 갑오개혁 시 종묘에 나가 독립 서고문을 바치고 개혁의 기본 방향을 제시한 홍범 14조를 반포하였다.

④ 제일은행권 교환 → 화폐 정리 사업
재정 고문 메가타의 주도로 조선의 상평통보나 구(舊) 백동화를 일본 제일 은행에서 만든 새 화폐로 교환하는 화폐 정리 사업이 시행되었다.

33 이회영의 독립 활동

암기박사 신흥 강습소 설립 : 독립군 양성 ⇒ 이회영

정답 ②

정답 해설

신민회의 일원인 이회영은 삼원보에 경학사를 조직하고 신흥 강습소를 설립하여 독립군을 양성하였다. → 신흥 강습소는 이후 신흥 무관 학교로 발전

오답 해설

① 의열단 창설 → 김원봉

김원봉은 신채호의 조선 혁명 선언을 행동 강령으로 하여 만주 길림성에서 의열단을 창설하여 무장 투쟁을 전개하였다.

③ 한국 광복군 : 국내 진공 작전 → 이범석
이범석은 한국 광복군의 지휘관으로 미군과 연계하여 국내 진공 작전을 계획하였으나 일제의 패망으로 실현하지는 못했다.

④ 한국 독립군 : 대전자령 전투 → 지청천
지청천의 한국 독립군은 중국군과 연합하여 호로군을 조직하고 쌍성보 · 사도하자 · 대전자령 전투 등에서 일본군에게 승리하였다.

⑤ 조선 혁명군 : 흥경성 전투 → 양세봉
양세봉의 조선 혁명군은 중국 의용군과 연합하여 영릉가 전투와 흥경성 전투에서 일본군에 대승을 거두었다.

34 황성신문

암기박사 장지연 : 시일야방성대곡 ⇒ 황성신문

정답 ②

정답 해설

제시된 사료는 을사늑약의 부당성을 알리기 위해 황성신문에 게재한 장지연의 시일야방성대곡이다. 황성신문은 남궁억, 유근 등 개신 유학자들에 의해 발간된 국한문 혼용체 신문이다.

오답 해설

① 천도교 기관지 → 만세보
만세보는 천도교의 후원을 받아 오세창이 창간한 천도교 기관지이다.

③ 국채 보상 운동 후원 → 대한매일신보
국채 보상 운동은 정부의 외채를 국민의 힘으로 상환하여 국권을 회복하자는 운동으로, 대한매일신보의 지원을 받아 전국으로 확산되었다. → 신민회의 기관지

④ 한글판, 영문판으로 발행 → 독립신문
독립신문은 서재필이 민중 계몽을 위해 창간한 신문으로, 최초의 민간 신문이자 순한글 신문이다. 한글판과 영문판을 분리하여 2개의 신문으로 발행되었다.

⑤ 순 한문 신문, 열흘마다 발행 → 한성순보
한성순보는 정부에서 발행하는 순 한문 신문으로 국가 정책 홍보와 서양의 근대 문물을 소개하고 있으며 열흘마다 발행하는 것이 원칙이었다.

핵심노트 ▶ 개항기 발행 신문

언론기관	주요 활동
한성순보 (1883~1884)	박영효 등 개화파가 창간하여 박문국에서 발간한 최초의 신문, 관보 성격의 순한문판 신문으로, 10일 주기로 발간
한성주보 (1886~1888)	박문국 재설치 후 〈한성순보〉를 이어 속간, 최초의 국한문 혼용, 최초의 상업광고
독립신문 (1896~1899)	서재필이 발행한 독립 협회의 기관지, 최초의 민간지, 격일간지, 순한글판과 영문판 간행, 띄어쓰기 실시
매일신문 (1898~1899)	협성회의 회보를 발전시킨 최초의 순한글 일간지, 독립 협회 해산으로 폐간
황성신문 (1898~1910)	남궁억, 유근 등 개신유학자들이 발간, 국한문 혼용, 민족주의적 성격의 항일 신문, 보안회 지원, 장지연의 '시일야방성대곡'을 게재하고 을사조약을 폭로하여 80일간 정간
제국신문 (1898~1910)	이종일이 발행할 순한글의 계몽적 일간지 → 일반 대중과 부녀자 중심

제05회

대한매일신보 (1904~1910)	영국인 베델이 양기탁 등과 함께 창간, 국한문판·한글판·영문판 간행(최대 발행부수), 신민회 기관지, 국채 보상 운동에 주도적 참여, 총독부에 매수되어 일제 기관지(매일신보)로 속간
만세보 (1906~1907)	천도교의 후원을 받아 오세창이 창간한 천도교 기관지, 이인직의 〈혈의 누〉 연재
경향신문(1906)	가톨릭 교회의 기관지, 주간지, 민족성 강조
대한민보 (1909~1910)	대한협회의 기관지로, 일진회의 기관지인 〈국민신보〉에 대항
경남일보(1909)	최초의 지방지

35 고종의 강제 퇴위

정답 ①

암기박사 헤이그 특사 파견 ⇒ 고종의 강제 퇴위

정답 해설

고종은 을사늑약의 무효를 선언하고 헤이그 만국 평화 회의에 특사를 파견해 일제 침략의 부당성을 호소하였는데, 이 일로 일제는 고종을 강제 퇴위시키고 순종을 즉위시켰다(1907).

오답 해설

② 13도 창의군 → 서울 진공 작전
  정미의병이 확산되는 과정에서 의병 연합군인 13도 창의군이 서울 진공 작전을 전개하였다(1908).
③ 독립 협회 : 중추원 개편 → 의회 설립 추진
  서재필을 중심으로 창립된 독립 협회는 중추원 개편을 통한 의회 설립을 추진하였다(1898).
④ 구식 군대의 차별 → 임오군란
  신식 군대인 별기군과 차별을 받던 구식 군대가 난을 일으켜 일본 공사관을 습격하였다(1882).
⑤ 영국 : 러시아의 남하 견제 → 거문도 사건
  갑신정변 이후 조·러 수호 통상 조약이 체결되자 영국은 러시아의 남하를 견제하기 위해 거문도를 불법으로 점령하였다(1885).

36 위정척사 운동의 전개

정답 ③

암기박사 (가) 이만손 ⇒ 영남 만인소
(나) 최익현 ⇒ 왜양 일체론
(다) 이항로·기정진 ⇒ 척화 주전론

정답 해설

단발령과 을미사변에 반발하여 일어난 사건은 을미의병으로, 유생 출신 유인석이 이끄는 의병이 충주성을 점령하였다.

오답 해설

① 김홍집 : 조선책략 유포 → 이만손 : 영남 만인소
  이만손을 비롯한 영남 유생들은 조선책략 유포에 반발하여 만인소를 올리고, 김홍집의 처벌을 요구하였다.
② 강화도 조약 체결 반대 → 최익현 : 왜양 일체론
  일본이 조선에 개항을 요구하자 최익현 등의 유생들은 일본이 서양 세력과 다를 것이 없다는 왜양 일체론을 주장하며 강화도 조약의 체결에 반대하였다.
④·⑤ 서양의 무력 침략에 저항 → 이항로·기정진 : 척화 주전론
  이항로와 기정진 등을 중심으로 한 유생들은 서양 세력의 무력 침략에 맞서 싸우자는 척화 주전론을 내세웠으며, 이는 흥선 대원군의 통상 수교 거부 정책을 뒷받침하였다.

핵심노트 ▶ 위정척사 운동의 전개

- 1860년대(통상 반대 운동) : 척화 주전론(이항로, 기정진), 통상 수교 거부 정책을 뒷받침
- 1870년대(개항 반대 운동) : 왜양 일체론(최익현), 개항 불가론
- 1880년대(개화 반대 운동) : 영남 만인소(이만손), 만언척사소(홍재학)
- 1890년대(항일 의병 운동) : 항일 투쟁(유인석, 이소응)

37 의열단의 독립 운동

정답 ④

암기박사 활동 지침 : 신채호의 조선 혁명 선언 ⇒ 의열단

정답 해설

나석주는 의열단 소속으로 일제의 대표적 수탈 기관인 동양 척식 주식회사에 폭탄을 투척하였다. 김원봉이 만주 길림성에서 조직한 의열단은 신채호의 조선 혁명 선언을 활동 지침으로 하여 무장 투쟁과 민중의 직접 혁명을 통한 독립 쟁취를 주장하였다.

오답 해설

① 김구 : 상하이에서 결성 → 한인 애국단
  한인 애국단은 임시정부의 위기 타개책으로 김구에 의해 상하이에서 결성되었다.
② 일제의 황무지 개간권 요구 저지 → 보안회
  보안회는 일제의 황무지 개간권 요구에 대한 지속적인 반대 운동을 벌여 일제의 황무지 개간권 요구를 저지하였다.
③ 고종의 강제 퇴위 반대 시위 → 대한 자강회
  일제가 고종을 강제 퇴위시키고 순종을 즉위시킨 후 한·일 신협약(정미 7조약)을 체결하자 대한 자강회는 고종의 강제 퇴위 반대 시위를 주도하였다.
⑤ 105인 사건으로 해체 → 신민회
  신민회는 국권 회복과 공화정체의 국민 국가 건설을 목적으로 안창호와 양기탁이 중심이 되어 조직된 비밀 결사 단체로, 일제가 조작한 105인 사건으로 해체되었다.

핵심노트 ▶ 의열단의 독립 운동

- 박재혁의 부산 경찰서 폭탄 투척(1920)
- 김익상의 조선 총독부 폭탄 투척(1921)
- 김상옥의 종로 경찰서 폭탄 투척(1923)
- 김지섭의 일본 황궁 침입 시도(1923)
- 나석주의 동양 척식 주식회사 폭탄 투척(1926)

38 대한 광복회의 활동

암기박사 박상진 : 대한 광복회 ⇒ 3·1 운동 이전 조직

정답 ①

정답 해설

박상진이 주도한 대한 광복회는 3·1 운동 이전에 조직된 단체로, 풍기의 대한광복단과 대구의 조선 국권 회복단의 일부 인사가 모여 군대식으로 결성되었다(1915). 대한 광복회는 공화정체의 국가 건설을 지향하며, 군자금을 모아 만주에 독립 사관학교를 설립하고 독립군을 양성하여 친일파를 처단하였다.

오답 해설

② 대한민국 임시 정부 산하 군대 → 한국 광복군
대한민국 임시 정부의 김구와 지청천 등이 한국 광복군을 창설하고 군사력을 증강하여 무장항전을 주도하였다.

③ 봉오동 전투 → 대한 독립군
홍범도의 대한 독립군은 대한 국민회군과 연합하여 봉오동에서 간도 지역을 기습한 일본군을 상대로 승리를 거두었다.

④ 구미 위원부 설치 → 대한민국 임시 정부
대한민국 임시 정부는 미국에 구미 위원부를 설치하여 국제 연맹과 워싱턴 회의에 우리 민족의 독립 열망을 전달하는 외교 활동을 전개하였다.

⑤ 영릉가 전투 → 조선 혁명군
양세봉의 조선 혁명군은 중국 의용군과 함께 영릉가 전투에서 일본군에 큰 전과를 올렸다.

핵심노트 ▶ 대한 광복회(1915~1918)

- **조직** : 풍기의 대한 광복단과 대구의 조선 국권 회복단의 일부 인사가 모여 군대식으로 조직·결성, 각 도와 만주에 지부 설치, 박상진(총사령)·김좌진(부사령)·채기중
- **활동** : 군자금을 모아 만주에 독립 사관학교 설립, 연해주에서 무기 구입, 독립 전쟁을 통한 국권 회복을 목표로 함 → 1910년대 항일 결사 중에서 가장 활발한 활동 전개

39 무장 독립 전쟁의 전개

암기박사 청산리 대첩(1920) ⇒ 자유시 이동(1921) ⇒ 미쓰야 협정(1925)

정답 ④

정답 해설

(나) 청산리 대첩(1920) : 김좌진의 지휘 아래 북로 군정서군은 홍범도의 대한 독립군과 연합하여 간도의 청산리에서 일본과 교전하여 독립군 사상 최대의 승리를 이끌었다.

(다) 자유시 이동(1921) : 청산리 전투에서의 패배에 대한 일제의 보복인 간도 참변으로 무차별 공격을 받은 독립군은 전열을 정비하기 위해 자유시로 이동하였다.

(가) 미쓰야 협정(1925) : 총독부 경무국장 미쓰야와 만주의 봉천성 경무처장 우징 사이에 맺어진 협정으로, 만주 지역의 한국인 독립 운동가를 체포해 일본에 인계한다는 조약이다.

40 1920년대의 사회 모습

암기박사 조선 관세령 폐지 / 카프(KAPF) 조직 ⇒ 1920년대

정답 ①

정답 해설

조선 총독부가 조선 관세령 폐지를 발표한 것은 1920년대의 일이다(1923). 이 시기에 사회주의 사상이 지식인 사이에 퍼지면서 카프(KAPF)가 조직되고 문학의 사회적 실천을 강조한 신경향파가 등장하였다(1925). ← 조선 프롤레타리아 예술가 동맹

오답 해설

② 최초의 서양식 극장 → 원각사(1908)
이인직이 설립한 최초의 서양식 극장인 원각사에서 은세계, 치악산 등의 신극이 공연되었다.

③ 헐버트, 길모어 등 초빙 → 육영 공원(1886)
육영 공원은 정부가 보빙사 민영익의 건의로 설립한 최초의 근대식 관립 학교로 헐버트, 길모어 등이 교사로 초빙되었다.

④ 한국 최초의 전기 회사 → 한성 전기 회사 설립(1898)
황실과 미국인 콜브란의 합자로 한국 최초의 전기 회사인 한성 전기 주식회사가 설립되어 발전소를 건설하고 서대문과 청량리 간에 최초로 전차를 운행하였다.

⑤ 손기정 → 베를린 올림픽 마라톤 대회 우승(1936)
손기정 선수는 제11회 베를린 올림픽 마라톤 대회에 참가하여 당시 올림픽 신기록으로 우승하였다.

핵심노트 ▶ 1920년대 중반의 문학 사조

- **신경향파 문학의 대두** : 사회주의 문학, 1920년대 사회주의 사상이 지식인 사이에 퍼지면서 현실 비판 의식이 더욱 강화됨, 1925년 카프(KAPF, 조선 프롤레타리아 예술가 동맹)를 결성
- **프로 문학의 대두** : 신경향파 문학 이후 등장하여 극단적인 계급 노선을 추구
- **국민 문학 운동의 전개** : 민족주의 계열이 계급주의에 반대하고 문학을 통해 민족주의 이념을 전개 → 동반 작가라고 불림, 염상섭과 현진건 등이 대표적

41 원산 총파업

암기박사 1920년대 최대의 파업 투쟁 ⇒ 원산 총파업

정답 ③

정답 해설

원산 총파업은 원산 노동 연합회의 소속 노동자와 일반 노동자들이 합세하여 노동 조건 개선을 요구하며 전개한 1920년대 최대의 파업 투쟁이다(1929). 이후 노동자 강주룡이 을밀대 지붕에서 고공 농성을 전개한 평양 고무 공장 파업(1931)이 일어났다.

오답 해설

① 조선 노·농 총동맹 → 조선 노동 총동맹과 조선 농민 총동맹으로 분리(1927)
사회주의자를 중심으로 결성된 조선 노·농 총동맹이 분리되어 조선 노동 총동맹과 조선 농민 총동맹이 성립되었다.

② 최초의 여성 노동자 연대 파업 → 경성 고무 여자 직공 조합(1923)
경성 고무 여자 직공 조합이 아사(餓死) 동맹을 결성하고 최초의 여성 노동자 연대 파업을 전개하였다.

제05회

④ 최초의 대중적 노동단체 → 조선 노동 공제회(1920)
  최초의 대중적 노동단체로써 전국 단위의 노동 운동 단체인 조선 노동 공제회가 조직되었다.
⑤ 백정에 대한 차별 철폐 → 조선 형평사 창립(1923)
  이학찬을 중심으로 진주에서 백정에 대한 차별 철폐를 요구하는 조선 형평사가 창립되었다.

 핵심노트 ▶ 일제 강점기 대표적 노동 운동

- 조선 노동 공제회 조직(1920) : 최초의 대중적 노동단체, 전국 단위의 노동 운동 단체
- 부산 부두 노동자 파업(1921) : 최초의 대규모 연대파업, 임금 인상 요구
- 서울 고무 공장 여자 노동자 파업(1923) : 최초의 여성 노동자 연대 파업
- 원산 총파업(1929) : 원산 노동 연합회 노동자 주도, 1920년대 최대의 파업투쟁
- 평양 고무 공장 파업(1931) : 노동자 강주룡이 을밀대 지붕에서 전개한 최초의 고공 농성 운동

42 신간회의 활동

정답 ①

암기박사 민족 유일당 운동 ⇒ 신간회

정답 해설

광주에서 발생한 한 · 일 학생 간의 충돌을 일본 경찰이 편파적으로 처리하여 광주 학생 항일 운동이 발생하자 진상 조사단을 파견하여 지원한 단체는 신간회이다. 신간회는 민족주의 진영과 사회주의 진영의 연대에 의한 민족 유일당 운동의 일환으로 결성되었다(1927).

오답 해설

② 이상설, 이동휘 : 정 · 부통령 → 대한 광복군 정부
  연해주에 수립된 대한 광복군 정부는 이상설, 이동휘를 정 · 부통령에 선임하고 무장 독립 전쟁을 준비하였다.
③ 105인 사건으로 해체 → 신민회
  신민회는 국권 회복과 공화정체의 국민 국가 건설을 목적으로 안창호와 양기탁이 중심이 되어 조직된 비밀 결사 단체로, 일제가 조작한 105인 사건으로 해체되었다.
④ 국권 반환 요구서 → 독립 의군부
  독립 의군부는 고종의 밀명으로 임병찬 등을 중심으로 결성된 복벽주의 단체로, 조선 총독부에 한국 침략의 부당성을 밝히고 국권 반환 요구서를 발송하려 하였다.
⑤ 오산 학교, 대성 학교 설립 → 신민회
  신민회는 민족 교육을 실시하기 위해 대성 학교와 오산 학교를 설립하고 교육 활동을 전개하였다.

핵심노트 ▶ 신간회 결성과 활동

- 결성 : 민족주의 진영과 사회주의 진영이 민족 유일당 운동의 일환으로, 조선 민흥회(비타협 민족주의 계열)와 정우회(사회주의 계열)가 연합하여 결성(1927) → 회장 이상재·안재홍 등이 중심
- 조직 : 민족 운동계의 다수 세력이 참여하였으며, 전국에 약 140여 개소의 지회 설립, 일본과 만주에도 지회 설립이 시도됨
- 강령 : 민족의 단결, 정치 · 경제적 각성 촉진, 기회주의자 배격
- 활동 : 민중 계몽 활동, 노동 쟁의 · 소작 쟁의 · 동맹 휴학 등 대중 운동 지도, 광주 학생 항일 운동 시 조사단 파견

43 근우회

정답 ①

암기박사 여성계 민족 유일당 ⇒ 근우회

정답 해설

1927년에 조선 여성의 단결 및 지위 향상을 목적으로 하여 신간회의 자매단체로 설립된 단체는 근우회이다. 김활란 등을 중심으로 여성계의 민족 유일당으로 조직되었으며, 여성 노동자의 권익 옹호와 생활 개선을 행동 강령으로 삼았다. 또한 국내외에 60여 개의 지회를 설치하고 잡지 근우를 발간하였다.

오답 해설

② 소년 운동 : 김기전, 방정환 → 천도교 소년회
  김기전, 방정환 등이 주도하여 천도교 소년회를 조직한 후 소년 운동을 전개하였다.
③ 발명 학회와 과학 문명 보급회 창립 → 김용관
  한국 최초로 과학의 날을 만든 김용관은 과학의 생활화와 공업지식의 보급을 위해 발명 학회와 과학 문명 보급회를 창립하였다.
④ 가갸날 제정, 〈한글〉 발행 → 조선어 연구회
  조선어 연구회는 3 · 1 운동 이후 이윤재 · 최현배 등이 국문 연구소의 전통을 이어 조직한 단체로, 가갸날을 제정하고 기관지인 〈한글〉을 발행하였다.
⑤ 대성 학교, 오산 학교 설립 → 신민회
  신민회는 국권 회복과 공화정체의 국민 국가 건설을 목적으로 안창호와 양기탁이 중심이 되어 조직된 비밀 결사 단체로, 대성 학교와 오산 학교를 설립하여 민족 교육을 실시하였다.

핵심노트 ▶ 근우회의 행동 강령

- 여성에 대한 사회적 · 법률적 일체 차별 철폐
- 일체 봉건적인 인습과 미신 타파
- 조혼(早婚) 방지 및 결혼의 자유
- 인신 매매 및 공창(公娼) 폐지
- 농촌 부인의 경제적 이익 옹호
- 부인 노동의 임금 차별 철폐 및 산전 · 산후 임금 지불
- 부인 및 소년공의 위험 노동 및 야업(夜業) 폐지

44 한국 광복군의 독립 투쟁

정답 ②

암기박사 국내 진공 작전 계획 ⇒ 한국 광복군

정답 해설

제시된 자료에서 조선인을 징용한 '이 전쟁'은 태평양 전쟁으로, 한국 광복군은 연합군의 일원으로 태평양 전쟁에 참가한 후 영국군의 요청으로 인도 · 미얀마 전선에 투입되었다. 대한민국 임시 정부 산하의 한국 광복군은 미국 전략정보처(OSS)의 지원 하에 미군과 연계하여 국내 진공 작전을 계획하였으나 일제의 패망으로 실현하지는 못했다.

오답 해설

① 자유시 참변 → 대한 독립군단
  간도 참변으로 인해 자유시로 이동한 대한 독립 군단은 적색군의 무장 해제 요구에 저항하다 공격을 받아 큰 타격을 입었다.

③ 신흥 무관 학교의 설립 → 신민회
신민회는 서간도 삼원보의 경학사에 독립군을 양성하기 위해 군사 교육 기관인 신흥 강습소를 설립하였고 이후 신흥 무관 학교로 발전하였다.

④ 중국 관내에서 결성된 최초의 한인 무장 부대 → 조선 의용대
김원봉의 조선 의용대는 중국 관내(關內)에서 결성된 최초의 한인 무장 부대로 포로 심문, 요인 사살, 첩보 작전을 수행하였다.

⑤ 중국 호로군과 연합 → 한국 독립군
지청천의 한국 독립군은 중국군과 연합하여 호로군을 조직하고 쌍성보·사도하자·대전자령 전투 등에서 일본군에게 승리하였다.

핵심노트 ▶ 한국 광복군의 활동
- 대일 선전 포고(1941)
- 영국군과 연합 작전 전개(1943) → 인도, 미얀마 전선
- 국내 진입 작전(1945) → 미국 전략정보처(OSS)의 지원과 국내 정진군 특수 훈련

45 몽양 여운형

암기박사 조선 건국 동맹 결성 ⇒ 여운형   **정답** ⑤

정답 해설 민족연합전선 형태, 좌우 합작 성격, 불언(不言)·불문(不問)·불명(不名)의 3불 원칙 제시
몽양 여운형은 일제의 패망과 광복에 대비하여 조선 건국 동맹을 결성하였고 조선 건국 준비 위원회의 위원장을 맡아 완전한 독립 국가 건설을 위해 노력하였다. 또한 우익 측을 대표한 김규식과 함께 좌익 측을 대표하여 좌우 합작 위원회의 주축이 되었다.

오답 해설

① 대조선 국민 군단 조직 → 박용만
박용만은 하와이에 독립군 사관을 양성할 목적으로 대조선 국민 군단을 조직하고 군사 훈련을 실시하였다.

② 한국광복군 : 부사령관 → 김원봉
의열단 단장인 김원봉은 조선의용대 일부를 이끌고 한국광복군에 합류한 후 한국광복군 부사령관으로 활약하였다.

③ 이토 히로부미 사살 → 안중근
안중근 의사는 하얼빈 역에서 일제의 침략 원흉인 이토 히로부미를 사살하고, 이듬해 뤼순 감옥에서 순국하였다.

④ 한국 독립군 : 쌍성보 전투 → 지청천
지청천은 한국 독립군을 이끌고 중국군과 연합하여 쌍성보 전투에서 일본군에게 승리하였다.

46 광복 이후의 현대사

암기박사 대한민국 정부 수립 ⇒ 반민족 행위 특별법 ⇒ 인천 상륙 작전   **정답** ②

정답 해설
대한민국 정부 수립은 1948년 8월, 인천 상륙 작전은 1950년 9월이다. 이 사이의 시기에 있었던 사실은 1948년 9월에 제정된 이승만 정부 시기의 반민족 행위 처벌법이다.

오답 해설

① 통일 주체 국민 회의 → 박정희 정부
박정희 정부 때 유신 헌법에 따라 중임 제한을 철폐하고 통일 주체 국민 회의의 대의원 간접선거로 대통령을 선출하였다.   ▶ 임기 6년

③ 새마을 운동 → 박정희 정부
박정희 정부 때에 농촌 근대화를 표방한 범국민적 지역사회 개발 운동인 새마을 운동이 전개되었다.

④ 삼청 교육대 → 전두환 정부
전두환 정부 때 비상계엄이 발령된 직후 국가보위비상대책위원회가 사회 정화를 명분으로 전국 각지의 군부대 내에 삼청 교육대를 설치하였다.

⑤ 서독에 광부 파견 → 박정희 정부
박정희 정부 때에 외화벌이를 위해 한·독 정부 간의 협정에 따라 서독으로 광부가 파견되었다.

47 일제의 민족 말살 통치

암기박사 국민 징용령, 창씨개명 ⇒ 민족 말살 통치기   **정답** ⑤

정답 해설
일제가 조선인 근로자의 노동력을 착취하기 위해 국민 징용령을 공포한 시기는 민족 말살 통치기이다(1939). 이 시기에 일제는 조선민사령을 개정하여 조선인의 성명제를 폐지하고 한국인의 성과 이름을 일본식으로 바꾸도록 창씨개명을 강요하였다.

오답 해설

① 일본군의 보복 → 간도 참변(1920)
봉오동 전투와 청산리 전투에서 패배한 일본군의 보복으로, 간도의 한인 촌락을 습격하여 무차별 학살과 방화를 저지른 간도 참변이 발생하였다.

② 미쓰야와 우징 사이에 맺은 협정 → 미쓰야 협정(1925)
미쓰야 협정은 총독부 경무국장 미쓰야와 만주의 봉천성 경무처장 우징 사이에 맺어진 협정으로, 만주 지역의 한국인 독립 운동가를 체포해 일본에 인계한다는 조약이다.

③ 농촌 계몽 → 브나로드 운동(1931)
동아일보사에서 문맹 퇴치를 목적으로 '배우자 가르치자 다 함께 브나로드' 등의 구호를 내세우며 농촌 계몽 운동인 브나로드(Vnarod) 운동을 전개하였다.   ▶ 러시아어로 '민중 속으로'라는 의미

④ 지청천 : 한국 독립군 → 대전자령 전투(1933)
북만주의 한국 독립군은 지청천의 지휘 아래 중국군과 연합하여 호로군을 조직하고 대전자령 전투 등에서 일본군을 격퇴하였다.

핵심노트 ▶ 민족 말살 통치기의 일제 정책
- 우리 말, 우리 역사 교육 금지
- 조선·동아일보 폐간
- 창씨개명
- 황국 신민 서사 암송
- 신사 참배, 궁성 요배 강요
- 조선 사상범 보호 관찰령
- 조선 사상범 예비 구금령
- 병참 기지화 정책
- 남면북양 정책
- 국가 총동원령, 국민 징용령, 여자 정신 근로령

제05회

48 박정희 정부 시기의 사회 모습

암기박사 서독 광부 파견, 미니 스커트 단속 ⇒ 박정희 정부

정답 ④

정답 해설

외화벌이를 위해 한·독 정부 간의 협정에 따라 서독으로 광부와 간호사가 파견된 것은 박정희 정부 때의 일이다. 이 시기에 긴급 조치를 발동하여 금지곡을 선정하거나 미니 스커트를 단속하는 등 국민의 자유와 권리를 무제한 제약하였다.

오답 해설

① 프로 축구 개막 → 전두환 정부
  전두환 정부 때에 2개의 프로팀과 3개의 실업팀으로 구성된 프로 축구가 개막되었다.

② 개성 공단 건설 → 김대중 정부
  김대중 정부 때에 남북 정상회담이 최초로 개최되고, 남북 간 경제 교류 활성화를 위한 개성 공단이 건설되었다.

③ 금융 실명제 → 김영삼 정부
  김영삼 정부 때에 금융 거래의 투명성을 확보하고자 대통령의 긴급 명령으로 금융 실명제가 실시되었다.

⑤ 금 모으기 운동 → 김대중 정부
  김대중 정부 때에 IMF의 외환 위기 극복을 위해 금 모으기 운동이 전개되었다.

49 6월 민주 항쟁

암기박사 4·13 호헌 조치 : 6월 민주 항쟁 ⇒ 6·29 민주화 선언 : 5년 단임 대통령 직선제 개헌

정답 ②

정답 해설

박종철 고문치사와 전두환 정부의 4·13 호헌 조치 발표로 호헌 철폐와 독재 타도 등의 구호를 내세운 6월 민주 항쟁이 촉발되었고, 그 결과 노태우의 6·29 민주화 선언에 따라 5년 단임의 대통령 직선제 개헌을 이끌어 냈다.

오답 해설

①·④ 3·15 부정 선거 : 4·19 혁명 → 장면 내각 출범
  이승만 정권의 장기 독재와 자유당 정권의 3·15 부정선거로 4·19 혁명이 발발하였고, 그 결과 이승만 대통령이 하야하고 양원제 국회와 장면 내각이 출범하는 배경이 되었다.

③ 신군부의 계엄령 확대 → 5·18 민주화 운동
  전두환·노태우 등의 신군부 세력이 쿠데타를 일으켜 권력을 장악하고 비상 계엄 확대와 무력 진압이 발생하자 이에 저항하여 5·18 민주화 운동이 전개되었다.

⑤ 긴급 조치 철폐 → 3·1 민주 구국 선언
  박정희 정부의 유신 체제에 항거하여 긴급 조치 철폐 등을 주장하며 재야 정치인들과 가톨릭 신부, 개신교 목사, 대학 교수 등이 3·1 민주 구국 선언문을 발표하였다.

핵심노트 ▶ 4·19 혁명과 6월 민주 항쟁 비교

	4·19 혁명	6월 민주 항쟁
원인	3·15 부정 선거	4·13 호헌 조치
전개 과정	김주열 사망 → 전국적 시위 · 계엄령 발동	박종철·이한열 사망 → 전국적 시위 · 계엄령 발동 안 함
결과	• 내각 책임제 • 정권 교체(장면 내각)	• 대통령 직선제 • 정권 교체 실패(노태우 정부)

50 노태우 정부의 통일 정책

암기박사 남북 기본 합의서 채택 ⇒ 노태우 정부

정답 ①

정답 해설

서울 올림픽이 개최되고 남북한 유엔 동시 가입이 이루어진 것은 노태우 정부 때의 일이다. 이 시기에 상호 화해와 불가침, 교류 및 협력 확대 등을 규정한 남북한 간 최초의 공식 합의서인 남북 기본 합의서가 채택되었다.

오답 해설

②·③ 금강산 관광 사업, 경의선 복원 공사 → 김대중 정부
  김대중 정부 때에 평양에서 최초로 남북 정상회담이 개최되었고, 햇볕 정책의 일환으로 금강산 관광 사업과 경의선 복원 공사가 시작되었다.

④ 남북 조절 위원회 설치 → 박정희 정부
  박정희 정부 때에는 7·4 남북 공동 선언문 발표 이후 통일 문제 협의를 위해 남북 조절 위원회가 설치되고 남북 직통 전화가 개설되었다.

⑤ 제2차 남북 정상 회담 → 노무현 정부
  노무현 정부 때에 제2차 남북 정상회담이 개최되어 남북 정상 선언문이 발표되었고, 그 해 개성 관광 사업이 시작되었다.

핵심노트 ▶ 노태우 정부의 통일 정책

• 7·7선언(1988) : 북한을 적대의 대상이 아니라 상호 신뢰·화해·협력을 바탕으로 공동 번영을 추구하는 민족 공동체 일원으로 인식
• 한민족 공동체 통일 방안(1989) : 자주·평화·민주의 원칙 아래 제시
• 남북 고위급 회담, 남북한 유엔 동시 가입(1991) : 제46차 유엔 총회에서 남북한이 각각 별개의 의석을 가진 회원국으로 유엔에 가입
• 남북 기본 합의서 채택(1991. 12)·발효(1992) : 상호 화해와 불가침, 교류 및 협력 확대 등을 규정
• 한반도 비핵화 공동 선언 채택(1991. 12)·발효(1992) : 핵무기의 보유나 사용금지 등을 규정

제06회 심화대비 기출분석 예상문제 정답 및 해설

01 신석기 시대의 유물

정답 ①

🏷️ **암기박사** 갈돌과 갈판, 가락바퀴 ⇒ 신석기 시대의 유물

정답 해설

제주 한경면 고산리 유적은 신석기 시대의 유적지 중 가장 오래된 유적지로 고산리식 이른 민무늬 토기가 출토되었다.

ㄱ. **갈돌과 갈판**
  신석기인들은 갈판 위에 곡식을 올려놓고 갈돌로 갈아서 음식을 만들어 먹었다.
ㄴ. **가락바퀴**
  신석기인들은 가락바퀴(방추차)로 실을 뽑아 뼈바늘(골침)로 옷을 지어 입었다.

오답 해설

ㄷ. **미송리식 토기 → 청동기 시대**
  청동기 시대의 토기로, 밑이 납작한 항아리 양쪽에 손잡이가 하나씩 달리고 표면에 접선 무늬가 있는 것이 특징이다.
ㄹ. **비파형 동검 → 청동기 시대**
  청동기 시대 초기의 동검으로 청동기 시대 후기(초기 철기)에 한국식 동검인 세형 동검으로 변화·발전하였다.

02 부여의 풍속

정답 ②

🏷️ **암기박사** 사출도 : 4가(加)의 행정 구역 / 영고 : 제천 행사 ⇒ 부여

정답 해설

→ 마가(馬加)·우가(牛加)·저가(猪加)·구가(狗加)

부여는 4가(加)가 각기 행정 구획인 사출도(四出道)를 다스리고 있어서, 왕이 직접 통치하는 중앙과 합쳐 5부를 구성하였다. 12월에는 영고(迎鼓)라는 제천 행사를 개최하여 하늘에 제사를 지내고 노래와 춤을 즐겼다.

오답 해설

① **민며느리제 : 혼인 풍습 → 옥저**
  옥저에는 혼인 풍습으로 민며느리제가 있었는데, 장래에 혼인할 것을 약속한 여자가 어렸을 때 남자의 집에 가서 지내다가 성장한 후에 남자가 예물을 치르고 혼인을 하는 일종의 매매혼이다.
③ **소도 : 신성 지역 → 삼한**
  삼한에는 신성 지역인 소도(蘇塗)가 존재하였으며, 군장의 세력이 미치지 못하여 죄인이 이곳으로 도망치면 잡아가지 못하였다.
④ **사자, 조의, 선인 : 관리 → 고구려**
  고구려는 5부족 연맹체로 왕 아래 상가, 대로, 패자, 고추가 등의 대가(大加)들이 존재하였으며, 대가들은 각기 사자·조의·선인 등의 관리를 거느렸다.
⑤ **범금 8조 : 사회 질서 유지 법 → 고조선**
  범금 8조는 사회의 기본 규율을 정한 법으로 고조선 사회 전체에 해당하는 만민법이다.

👆 **핵심노트 ▶ 부여의 정치**

- 왕 아래에 가축의 이름을 딴 마가(馬加)·우가(牛加)·저가(猪加)·구가(狗加)와 대사자·사자 등의 관리를 둠
- 4가(加)는 각기 행정 구획인 사출도(四出道)를 다스리고 있어서, 왕이 직접 통치하는 중앙과 합쳐 5부를 구성 → 5부족 연맹체
- 가(加)들은 왕을 제가 회의에서 추대하기도 하였고, 수해나 한해를 입어 오곡이 잘 익지 않으면 책임을 물어 왕을 교체 → 초기에는 왕권이 약하여 문책당하기도 사형당하기도 함
- 왕이 나온 대표 부족의 세력은 매우 강해서, 궁궐·성책·감옥·창고 등의 시설을 갖추고 부족장들이 통제

03 금관 가야의 문화유산

정답 ①

🏷️ **암기박사** 판갑옷 ⇒ 금관 가야의 문화유산

정답 해설

제시된 사료에서 호계사의 파사석탑(婆娑石塔)은 금관 가야 김수로 왕의 왕비로 알려진 허황옥이 서역 아유타국에서 싣고 온 것이다. 금관 가야의 문화유산으로는 대성동 고분군에서 출토된 판갑옷이 있는데, 당시 금관 가야에서 철이 많이 생산되었음을 알 수 있다.

오답 해설

② **발해 석등 → 발해의 문화유산**
  발해의 수도였던 상경에서 발굴된 발해 석등은 8각의 기단 위에 볼록한 간석을 두고 연꽃을 조각하여 고구려의 영향을 받았으며, 발해 석조 미술의 대표로 꼽힌다.
③ **연가 7년명 금동 여래 입상 → 고구려 문화유산**
  두꺼운 의상과 긴 얼굴 모습에서 북조 양식을 따르고 있으나, 강인한 인상과 은은한 미소에는 고구려의 독창성이 보인다.
④ **도기 기마인물형 명기 → 신라의 문화유산**
  도기 기마인물형 명기는 경북 경주시 금령총에서 출토된 신라 시대의 토기로, 당시의 복식, 무기, 말갖춤의 착장 상태, 공예 의장 등을 파악할 수 있다.
⑤ **석수 → 백제의 문화유산**
  백제의 무령왕릉에서 출토된 석수는 무덤을 수호하는 진묘수(鎭墓獸)의 역할을 한 것으로 추정된다.
  → 무덤 수호를 목적으로 한 짐승 모양의 신상(神像)

04 여·수 전쟁

정답 ②

🏷️ **암기박사** (가) 아차산 전투 : 온달 전사(590)
         (나) 연개소문 정변(642)

정답 해설

(가) 아차산 전투(590) : 온달은 고구려의 장수로 신라에 빼앗긴 한강 유역의 영토를 회복하기 위해 출정하였다가 아차산 전투에서 전사하였다(590). → 아차성(阿旦城)
(나) 연개소문의 정변(642) : 연개소문이 정변을 일으켜 영류왕을 죽이고 보장왕을 옹립하여 권력을 장악한 후 스스로 막리지가 되었다(642).

- 수 양제의 침입(612) : 수 양제의 113만 대군이 침입하였으나 을지문덕이 이끄는 고구려군에게 살수에서 대패하였다.

제06회

오답 해설

① 고구려 멸망 → 나·당 연합군
나·당 연합군이 백제를 멸망시킨 후 고구려의 평양성을 공격하여 고구려도 멸망시켰다(668).

③ 위(魏)의 관구검 침략 → 동천왕 : 밀우·유유
고구려 동천왕 때 위(魏)의 관구검의 침략으로 한때 수도인 환도성(丸都城)이 함락되었으나 밀우(密友)·유유(紐由)의 결사 항쟁으로 극복하였다(246).

④ 양만춘 : 안시성 전투 → 여·당 전쟁
연개소문이 정변을 일으키자 당 태종(이세민)이 이를 빌미로 고구려를 공격하였고, 양만춘이 안시성 전투에서 당의 군대를 격퇴하였다(645).

⑤ 당의 안동도호부를 요동으로 축출 → 나·당 전쟁
신라 문무왕은 매소성(매초성) 전투와 기벌포 해전에서 당의 대군을 섬멸하고, 평양에 설치된 당의 안동도호부를 요동의 신성으로 축출하였다(676).

핵심노트 ▶ 여·수 전쟁

- 원인 : 수의 압박으로 돌궐이 약화되고 신라가 친수 정책을 취하자 이에 위기의식을 느낀 고구려가 먼저 중국의 요서 지방을 공격
- 제1차 침입(영양왕, 598) : 수 문제의 30만 대군이 침입했으나 장마와 전염병으로 실패
- 제2차 침입(영양왕, 612) : 수 양제의 113만 대군이 침입했으나 을지문덕이 이끄는 고구려군에게 살수에서 대패(살수 대첩)
- 제3·4차 침입(영양왕, 613·614) : 수 양제가 침입했으나 모두 실패
- 결과 : 수가 멸망(618)하는 원인으로 작용

05 고구려 진대법

암기박사 고구려 빈민 구제 제도 : 을파소 건의 ⇒ 진대법

정답 ②

정답 해설

진대법(賑貸法)은 고구려 고국천왕 때 을파소의 건의로 실시된 빈민 구제 제도로 백성들에게 곡식을 빌려주는 춘대추납의 빈민 구제 제도이다. 진대법은 고려 시대의 흑창(태조)과 의창(성종), 조선 시대의 의창과 사창 등으로 계승·발전되었다.

오답 해설

① 혜민국 : 국립 의료 기관 → 고려 예종
고려 예종 때 의약을 전담하기 위해 혜민국을 설치하고 전염병이 퍼지는 것을 막고 백성에게 약을 무료로 나눠주었다.

③ 호패법 : 호구 파악 → 조선 태종
조선 태종 때 16세 이상의 남자들에게 호패를 발급하여 호구 및 인정 수를 파악하는 호패법을 시행하였다.

④ 노비안검법 : 불법 노비 구제법 → 고려 광종
고려 광종 때 노비안검법을 실시하여 양인이었다가 불법으로 노비가 된 자를 조사하여 해방시켜 주었다.

⑤ 제위보 : 빈민 구제 기관 → 고려 광종
고려 광종 때에는 기금을 모아 그 이자로 빈민을 구제하는 제위보를 운영하였다.

핵심노트 ▶ 고구려 진대법

- 고구려 고국천왕 때 을파소의 건의로 실시된 빈민 구제 제도
- 관곡을 대여하는 제도로서, 일반 백성들이 채무 노비로 전락하는 것을 막고자 함
- 고려 시대의 흑창(태조)과 의창(성종), 조선 시대의 의창과 사창 등으로 계승·발전

06 백제 성왕의 업적

암기박사 사비 천도 : 국호 남부여 ⇒ 백제 성왕

정답 ③

정답 해설

백제 무령왕의 아들인 성왕은 웅진에서 사비로 천도하고 국호를 남부여로 변경하였다. 이후 나·제 동맹을 깨고 신라 진흥왕이 백제가 차지한 한강 하류 지역을 점령하자 이에 분노하여 신라를 공격하다 관산성 전투에서 전사하였다.

오답 해설

① 안승 : 보덕국왕 → 신라 문무왕
고구려가 멸망한 뒤 신라의 문무왕은 당의 세력을 축출하기 위해 안승을 금마저(익산)에서 보덕국왕으로 임명하였다.

② 신라 대야성 점령 → 백제 의자왕
백제의 의자왕은 신라를 공격하여 대야성을 함락시키고 40여 개의 성을 빼앗았다.

④ 백제 한성 공격 : 개로왕 전사 → 고구려 장수왕
고구려 장수왕은 수도를 국내성에서 평양성으로 천도한 뒤 남하 정책을 통해 백제의 수도 한성을 공격하고 개로왕을 전사시켰다.

⑤ 천리장성 축조 → 고구려 영류왕 : 연개소문
영류왕 때 연개소문은 대당 강경책을 추진하고, 당의 침입에 대비해 천리장성(부여성~비사성)을 축조하였다.

핵심노트 ▶ 백제 성왕의 업적(523~554)

- 사비(부여)로 도읍을 옮기고(538), 국호를 남부여로 고침
- 중앙 관청을 22부로 확대하고, 행정 조직을 5부(수도) 5방(지방)으로 정비
- 겸익을 등용하여 불교 진흥, 노리사치계를 통해 일본에 불교 전파(552)
- 중국의 남조와 활발하게 교류 및 문물 수입
- 신라 진흥왕과 연합하여 한강 일부 지역 수복
- 나·제 동맹 결렬 후 신라를 공격하다 관산성 전투에서 전사(554)

07 신라 진흥왕의 업적

암기박사 북한산 순수비, 단양 적성비, 창녕비 ⇒ 신라 진흥왕

정답 ③

정답 해설

제시된 자료는 신라 진흥왕이 고구려의 영토였던 남한강 상류 지역인 단양 적성을 점령하고 세운 단양 적성비(551)와 백제가 점유하던 한강 하류 지역을 차지하고 세운 북한산비(561)의 비문 내용이다. 신라는 진흥왕 때 화랑도를 공인하고 거칠부로 하여금 〈국사(國史)〉를 편찬하게 하였다.

오답 해설

① 걸사표 → 신라 진평왕 : 원광

신라 진평왕은 고구려가 신라 변경을 침범했을 때 원광에게 수나라에 군사적 도움을 청하는 걸사표(乞師表)를 짓게 하였다(608).

② 우산국 복속 → 신라 지증왕 : 이사부 *황제에게 군사를 내달라고 요청하는 글*
신라 지증왕은 이사부를 파견하여 우산국(울릉도)을 복속시켰다(512).

④ 집사부 설치 : 수상은 중시 → 신라 진덕 여왕
신라의 진덕 여왕은 행정 실무를 담당하는 집사부를 설치하고, 그 수상인 중시에게 기밀 사무를 처리하도록 하였다(651).

⑤ 국호 : 신라, '왕'의 칭호 사용 → 신라 지증왕
신라 지증왕은 국호를 사로국에서 '신라'로 바꾸고, 왕의 칭호를 마립간에서 '왕'으로 고쳤다(503).

핵심노트 ▶ 신라 진흥왕의 영토 확장

- 남한강 상류 지역인 단양 적성을 점령 → *단양 적성비*
- 백제가 점유하던 한강 하류 지역 차지 → *북한산비*
- 고령의 대가야를 정복하는 등 낙동강 유역을 확보 → *창녕비*
- 원산만과 함흥평야 등을 점령하여 함경남도 진출 → *황초령비·마운령비*

08 통일 신라 토지 제도의 변천

정답 ③

암기박사 통일 신라 토지 제도의 변천 ⇒ 관료전 지급 → 녹읍 폐지 → 정전 지급 → 녹읍 부활

정답 해설

(나) 관료전 지급 : 신문왕(687)
신문왕은 귀족 세력의 억압을 위해 수조권만을 부여하는 관료전을 지급하였다.

(라) 녹읍 폐지 : 신문왕(689)
신문왕은 귀족의 경제 기반이었던 녹읍을 폐지하였다.

(가) 정전 지급 : 성덕왕(722)
성덕왕은 백성들에게 정전을 지급하여 농민에 대한 국가의 토지 지배력을 강화하였다.

(다) 녹읍 부활 : 경덕왕(757)
경덕왕은 중앙과 지방의 여러 관리들에게 매달 주던 녹봉을 없애고 다시 녹읍을 주었다.

09 신라 하대의 역사

정답 ④

암기박사 원종과 애노의 난 ⇒ 신라 하대

정답 해설

제시된 사료는 신라 하대의 혼란한 사회상을 기록한 최치원의 〈해인사 묘길상탑기〉의 내용이다. 신라 하대에는 중앙 정부의 기강이 극도로 문란해져 사벌주(상주)의 원종과 애노의 난을 시작으로 농민의 항쟁이 전국적으로 확산되었다.

오답 해설

① 김흠돌의 반란 → 신라 중대 : 신문왕
통일 신라의 신문왕 때 장인인 김흠돌이 반란을 일으켰으나, 이를 진압하고 진골 세력을 숙청하여 전제 왕권을 강화하였다.

② 최승로 : 시무 28조 → 고려 성종
고려 성종 때 최승로가 시무 28조를 올려 통치 체제를 정비하고

유교 정치 이념을 확립하였다.

③ 원광 : 세속 5계 → 신라 상대 : 진평왕 → *사군이충(事君以忠), 사친이효(事親以孝), 교우이신(交友以信), 임전무퇴(臨戰無退), 살생유택(殺生有擇)*
신라 진평왕 때 원광은 공동체 사회 이념을 바탕으로 불교와 유교, 도교를 수용한 실천 윤리 사상인 세속 5계를 제시하였다.

⑤ 최초의 진골 출신 왕 → 신라 중대 : 무열왕
진골 귀족 출신 중 최초로 김춘추가 왕위에 올라 무열왕이 되었다.

핵심노트 ▶ 신라 하대의 정치적 변동

- 왕위 쟁탈전의 전개 : 진골 귀족들은 경제 기반을 확대하여 사병을 거느렸으며, 이러한 군사력과 경제력을 토대로 왕위 쟁탈전 전개 → *진골 귀족 내부의 분열을 의미하며, 이로 인해 신라 하대 155년 간 20명의 왕이 교체됨*
- 왕권의 약화 : 왕권이 약화되고 귀족 연합적인 정치가 운영되었으며, 집사부 시중보다 상대등의 권력이 다시 강대해짐 → *상대등 중심의 족당 정치 전개*
- 지방 통제력의 약화 : 김헌창의 난(822)은 중앙 정부의 지방 통제력이 더욱 약화되는 계기로 작용
- 새로운 세력의 성장 : 골품제로 정치적 출세가 제한된 6두품 세력과 반독립적 지방 호족 세력이 결탁하여 성장함

10 단오의 세시 풍속

정답 ③

암기박사 수릿날, 수리취떡, 앵두 화채, 창포물, 그네뛰기, 씨름, 단오선 ⇒ 단오의 세시 풍속

정답 해설

단오는 음력 5월 5일로 수레바퀴 모양의 떡살로 문양을 내는 수리취떡을 해먹고, 여자는 창포물에 머리를 감고 그네를 뛰며 남자는 씨름을 하였다. 또한 앵두로 화채를 만들어 먹었고, 임금은 신하들에게 단오선(端午扇)이란 부채를 나누어 주었다. 들판에 쥐불을 놓으며 풍년을 기원한 쥐불놀이는 정월 대보름의 세시 풍속이다.

11 발해의 역사

정답 ⑤

암기박사 연화문 와당, 온돌 : 고구려 문화 계승 ⇒ 발해

정답 해설

고구려의 영향을 받은 연화문 와당과 온돌이 발굴된 러시아 연해주의 크라스키노 성은 발해의 유적지이다. 한편, 지방 세력의 통제를 위해 상수리 제도를 실시한 나라는 통일 신라로, 각 주 향리의 자제를 일정 기간 금성(경주)에서 볼모로 거주하게 하였다.

오답 해설

① 선왕(대인수) : 해동성국 → 발해
발해는 선왕 때 대부분의 말갈족을 복속시켜 요동 지역을 지배하였으며, 남쪽으로는 신라와 국경을 접하여 최대의 영토를 형성하고 해동성국이라 불렸다.

② 고려 국왕 표방, 일본과 교류 → 발해
발해는 일본에 보낸 국서에 '고려' 또는 '고려 국왕'이라는 명칭을 사용한 사실과 문화의 유사성 등으로 보아 고구려를 계승하고 있다.

③ 대내상 : 국정 총괄 → 발해
발해는 정당성의 장관인 대내상이 수상으로 국정을 총괄하였고 그 아래의 좌사정이 충·인·의부를, 우사정이 지·예·신부를 각각 관할하였다.

④ 지방 행정 제도 : 5경 15부 62주 → 발해

발해는 3성 6부의 중앙 관제와 5경 15부 62주의 지방 행정 제도를 갖추었다.

> **핵심노트 ▶ 발해의 고구려 계승 근거**
>
> - 건국 주도 세력과 지배층, 사신의 대부분이 고구려인
> - 일본과의 외교 문서에서 고려 및 고려국왕이라는 명칭 사용
> - 고구려 문화의 계승 : 발해 성터, 수도 5경, 궁전의 온돌 장치, 천장의 모줄임 구조, 사원의 불상 양식, 외당의 연화문, 이불병좌상(법화 신앙), 정혜공주 무덤 양식 등

12 이불 병좌상

정답 ①

암기박사 이불 병좌상 ⇒ 발해의 문화유산

정답 해설

이불병좌상(二佛竝坐像)은 흙을 구워 만든 것으로 두 부처가 나란히 앉아 있는 모습을 나타내며, 자신의 행동을 진정으로 참회하는 법화 신앙과 관련이 있다. 발해의 수도였던 동경 용원부 유적지에서 발굴되었으며, 고구려 양식을 계승하였다.

오답 해설

② 금동 관음보살 좌상 → 고려말 ~ 조선초
  윤왕좌(輪王坐)의 관음보살상은 중국의 송·원대에 크게 유행하였으나, 우리나라에서는 고려말~조선초의 불화(佛畵)에서 확인할 수 있으며 조각으로 남아 있는 예는 드물다.

③ 하남 하사창동 철조 석가여래 좌상 → 고려시대
  경기도 하남시 하사창동에 있는 고려 전기의 폐사지인 천왕사지에서 출토된 철불이다.

④ 금동 미륵보살 반가사유상 → 삼국 시대
  금동 미륵보살 반가사유상은 풍부한 조형성과 함께 뛰어난 주조 기술을 선보여 동양 조각사에 있어 걸작으로 평가되는 삼국 시대의 대표적인 금동 불상이다.

⑤ 연가 7년명 금동 여래 입상 → 고구려
  두꺼운 의상과 긴 얼굴 모습에서 북조 양식을 따르고 있으나, 강인한 인상과 은은한 미소에는 고구려의 독창성이 보인다.

13 평양의 역사적 사실

정답 ③

암기박사 송상의 근거지 ⇒ 개성

정답 해설

제시된 사료는 태조 왕건이 자신의 사후 후대 왕들이 지켜야 할 정책 방향을 제시한 훈요 10조로 밑줄 친 이곳은 평양이다. 조선 후기 송상은 개성을 근거지로 전국에 송방이라는 지점을 설치하고 청과 일본 사이의 중계 무역으로 부를 축적하였다.

오답 해설

① 묘청의 난 → 서경 천도 운동 ▶ 지금의 평양
  고려 인종 때 묘청이 풍수지리설에 근거하여 서경 천도를 주장하며 난을 일으켰으나, 개경파의 김부식이 이끄는 관군의 공격으로 진압되었다.

② 조·명 연합군 : 임진왜란 → 평양성 전투
  임진왜란 때 명나라는 일본의 정명가도에 대한 자위책으로 참전하였고, 조·명 연합군이 왜군으로부터 평양성을 탈환하였다.

④ 당나라 : 안동도호부 설치 → 평양
  나·당 연합군이 고구려를 멸망시킨 후 당나라는 한반도의 지배 야욕을 보이며 평양에 안동도호부를 설치하였다.

⑤ 조선 물산 장려회 → 평양에서 발족
  일제 강점기에 조만식 등의 주도로 평양에서 조선 물산 장려회가 발족되고 '조선 사람 조선의 것'이란 구호 아래 물산 장려 운동이 시작되었다.

14 사심관과 기인 제도

정답 ⑤

암기박사 (가) 지방 호족과 향리의 자제를 개경에 볼모로 삼음 ⇒ 기인 제도
(나) 중앙의 고관을 출신지 사심관으로 임명 ⇒ 사심관 제도

정답 해설

중앙의 고관을 출신지 사심관으로 임명하여 향리를 감독하는 사심관 제도와 지방 호족과 향리의 자제를 인질로 뽑아 중앙에 머무르게 하는 기인 제도 모두 지방 세력에 대한 통제를 목적으로 실시되었다.

오답 해설

① 후주인 쌍기의 건의 → 고려 광종 : 과거 제도
  과거 제도는 고려 광종 때 후주 출신 쌍기의 건의로 도입되었는데, 유학을 익힌 신진 인사를 등용해 호족 세력을 누르고 신구 세력의 교체를 도모하였다(958).

② 좌수와 별감 : 향촌 자치 기구 → 조선 시대 : 유향소
  조선 시대의 유향소(留鄕所)는 좌수와 별감을 중심으로 운영되던 향촌 자치 기구로, 지방의 수령을 보좌하고 향리를 감찰하였다.

③ 5품 이상의 관료에게 지급된 토지 → 고려 문종 : 공음전
  고려 문종 때 관리에게 보수로 주던 과전과 달리 5품 이상의 관료에게 지급된 세습 가능한 토지로 공음전을 지급하였다(1049). ▶ 음서제와 함께 문벌 귀족의 지위를 유지해 나갈 수 있는 기반이 됨

④ 유능한 관리의 재교육 → 조선 정조 : 초계문신제
  초계문신제(抄啓文臣制)는 조선 정조 때 신진 인물이나 중·하급(당하관 이하) 관리 가운데 젊고 유능한 관리를 재교육시키고 시험을 통해 승진시키기 위해 시행되었다(1781).

> **핵심노트 ▶ 사심관 제도와 기인 제도**
>
> - **사심관 제도** : 중앙의 고관을 출신지 사심관으로 임명하고 그 지방의 부호장 이하 관리의 임명권을 지니도록 하여 향리 감독, 풍속 교정, 부역 조달 등의 임무와 지방의 치안·행정에 책임을 지도록 한 것이다. 신라의 마지막 왕인 경순왕을 경주의 사심관에 임명한 것이 시초였다.
> - **기인 제도** : 지방 호족과 향리의 자제를 인질로 뽑아 중앙에 머무르게 한 것으로, 지방 세력을 견제하고 왕권을 강화하기 위한 제도라 할 수 있다. 신라의 상수리 제도를 계승한 것으로 볼 수 있다.

15 고려 시대의 중앙 정치 조직

암기박사 군사 기밀과 왕명 출납 ⇒ 고려 : 중추원

정답 ④

정답 해설
→ 군사 기밀 → 왕명의 출납

2품 이상의 추신(추밀)과 3품 이하의 승선으로 구성되어 있는 고려 시대의 중앙 정치 기구는 중추원이다. 중추원은 군사 기밀을 담당하고 왕명을 출납하는 고려의 중앙 정치 기구로, 추신은 중서문하성의 재신과 함께 도병마사에 참여하여 국가의 중대사를 논의하였다.

오답 해설
① 국방 문제 담당 → 도병마사
도병마사는 국방 문제를 담당하는 임시 기구로, 성종 때 처음 시행되었다가 원 간섭기에 도평의사사로 개편되었다.

② 관리의 부정과 비리 감찰 → 어사대
어사대는 정치의 잘잘못을 논하고 관리들의 비리를 감찰하였으며, 관리 임명에 대한 서경권(署經權)을 행사하였다.

③ 국정 총괄 → 중서문하성 → 인사 이동이나 법률 제정 등에서 대간의 서명을 받는 제도 : 왕권 견제
중서문하성은 국정을 총괄하는 최고 중앙 관서로 국가의 중요한 정책을 결정하였다. 수상 : 문하시중

⑤ 재정 출납과 회계 업무 → 삼사
삼사(三司)는 재정의 출납과 회계 업무 및 녹봉 관리를 담당하였다.

핵심노트 ▶ 고려 시대 중앙 정치 조직

16 고려 시대의 불교사

암기박사 법화 신앙 : 백련결사 ⇒ 원묘국사 요세

정답 ②

정답 해설
원묘국사 요세(了世)는 강진의 만덕산에 위치한 백련사에서 법화 신앙을 중심으로 백련결사(白蓮結社)를 조직하고 불교 정화 운동을 전개하였다.

오답 해설
① 국청사 창건 → 대각국사 의천
대각국사 의천은 교종을 중심으로 선종을 통합하기 위하여 국청사를 창건하고 해동 천태종을 개창하였다.

③ 정혜사 결성 → 보조국사 지눌
보조국사 지눌은 조계종을 창시해 선종을 중심으로 교종을 포용하고 정혜사를 결성하여 불교 개혁 운동을 전개하였다.

④ 해동고승전 저술 → 각훈
각훈은 화엄종의 대가로 우리나라 최고(最古)의 승전인 해동고승전을 저술하여 삼국 시대 승려 33명의 전기를 기록하였다.

⑤ 삼국유사 집필 → 일연
일연은 단군부터 고려 말까지의 불교사를 중심으로 서술한 기사본말체 형식의 사서인 삼국유사를 집필하여 불교 중심의 설화, 야사 등을 정리하였다.

핵심노트 ▶ 신앙 결사 운동

고려 중기 이후 개경 중심의 귀족 불교의 타락에 반발하여 불교계를 비판하고 불자의 각성을 촉구하는 운동이다.
- 조계종 : 지눌의 수선사 중심(정혜 결사문), 지방의 지식인층을 주된 대상으로 하여 상당수의 유학자 출신을 포함 → 성리학 수용의 사상적 기반이 됨
- 천태종 : 요세의 백련사 중심, 기층 민중과 지방 호족(호장층)의 지지를 받음

17 토지 제도의 변천

암기박사 토지 제도의 변천 ⇒ 녹읍 부활 → 시정 전시과 → 과전법 → 직전법

정답 ⑤

정답 해설
(라) 녹읍 부활 → 통일 신라 경덕왕(757)
통일 신라 신문왕 때 폐지되었던 녹읍을 경덕왕 때 중앙과 지방의 여러 관리들에게 매달 주던 녹봉을 없애고 다시 주었다.

(다) 시정(始定) 전시과 → 고려 경종(976)
고려 경종 때 모든 전·현직 관리를 대상으로 관품과 인품·세력을 반영하여 전지와 시지를 지급하였으며, 처음으로 직관(職官)·산관(散官) 각 품의 전시과를 제정하였다.

(나) 과전법 → 고려 공양왕(1391)
고려 공양왕 때 과전법(科田法)을 시행하여 신진 사대부들의 경제적 기반을 확대하고 농민의 지지를 확보하였다.

(가) 직전법 → 조선 세조(1466)
기존의 과전법은 전·현직 관리 모두에게 지급되었고 수신전과 휼양전 등으로 세습까지 되어 지급할 토지가 부족해지자 조선 세조 때 직전법을 시행하여 현직 관리에게만 과전을 지급하였다.

18 정도전의 업적

암기박사 불씨잡변 : 불교 비판 ⇒ 정도전

정답 ①

정답 해설
정도전은 건국 초창기에 도성 축조와 경복궁 건설 등 문물제도 형성에 크게 공헌하였으며, 조선의 헌법이라고 할 수 있는 조선경국전을 편찬하였다. 또한 불씨잡변(佛氏雜辨)을 지어 불교를 비판하고 성리학을 통치 이념으로 확립하였다.

오답 해설
② 계유정난 → 수양대군(세조)
수양대군(세조)은 정인지·권람·한명회 등과 함께 계유정난을 일으켜 정권을 장악하고 김종서·황보인 등의 중신과 안평대군을 축출하였다.

③ 해동제국기 편찬 → 신숙주
신숙주는 계해약조 당시 일본에 다녀와서 일본의 지세와 국정 등을 기록한 해동제국기를 편찬하였다.

④ 기축봉사 → 송시열
송시열은 효종에게 장문의 상소인 기축봉사를 올려 명에 대한 의

264

리와 북벌론을 주장하였다.
⑤ 성학십도 → 이황
이황은 성학십도를 선조에게 올려 군주의 도(道)에 관한 학문의 요체를 도식으로 설명하였다.

> **핵심노트 ▶ 정도전의 업적**
> - 건국 초창기의 문물제도 형성에 크게 공헌
> - 재상 중심의 정치를 강조하고 민본적 통치 규범을 마련
> - 〈불씨잡변(佛氏雜辨)〉을 통하여 불교를 비판하고 성리학을 통치 이념으로 확립
> - 주요 저서 : 〈조선경국전〉→ 왕도 정치 추구, 신권 정치와 민본 정치 강조, 〈경제문감〉, 〈경제육전〉→ 조례의 수집 편찬, 〈불씨잡변〉·〈심기리편〉→ 불교 배척, 도교 비판, 〈고려국사〉 등
> - 제1차 왕자의 난(1398)으로 제거됨

19 세종대왕 재위 기간의 사실

정답 ④

암기박사 정초·변효문 : 농사직설 ⇒ 세종대왕

정답 해설

흠경각에서 장영실이 옥루, 혼의, 앙부일구 등을 제작한 것은 조선 세종 때의 일이다. 이 시기에 정초와 변효문은 우리 풍토에 맞는 농법을 소개한 농사직설을 간행하였다.
→ 물시계 → 천문 관측기구
→ 해시계
→ 우리나라 최초의 농서

오답 해설

① 무예도보통지 : 훈련 교범 → 정조 : 이덕무·박제가·백동수
무예도보통지는 조선 후기 정조 때 이덕무·박제가·백동수 등이 왕명으로 편찬한 훈련 교범으로, 종합 무예와 무기 사용법을 다루고 있다.

② 동의보감 : 전통 한의학 정리 → 광해군 : 허준
광해군 때 허준은 전통 한의학을 체계적으로 정리하고 의료 지식의 민간 보급에 기여한 동의보감을 간행하였다.

③ 동국지도 : 100리 척의 축척 → 영조 : 정상기
영조 때 정상기는 최초로 100리 척의 축척 개념을 사용한 동국지도를 제작하였다.

⑤ 동국여지승람 : 각 도의 지리, 풍속 수록 → 성종 : 서거정
성종 때 서거정은 팔도지리지를 보완하여 각 도의 지리, 풍속 등이 수록된 동국여지승람을 편찬하였다.

> **핵심노트 ▶ 세종(1418~1450)의 문화 발전**
> - 활자 주조 : 경자자, 갑인자, 병진자, 경오자
> - 한글 서적 : 용비어천가, 동국정운 → 음운서, 석보상절 → 불경 언해서, 월인천강지곡 → 불교찬가
> - 고려사, 육전등록, 치평요람, 역대병요, 팔도지리지, 효행록, 삼강행실도, 농사직설, 칠정산 내외편, 사시찬요, 총통등록, 의방유취, 향약집성방, 향약채취월령, 태산요록
> - 관습도감 설치 : 박연으로 하여금 아악·당악·향악을 정리하게 함
> - 불교 정책 : 5교 양종을 선교 양종으로 통합, 궁중에 내불당 건립
> - 역법 개정 : 원의 수시력과 명의 대통력을 참고로 하여 칠정산 내편을 만들고 아라비아 회회력을 참조하여 칠정산 외편을 만듦 → 독자성
> - 과학 기구 발명 : 측우기, 자격루(물시계), 앙부일구(해시계), 혼천의(천체 운행 측정기)

20 기묘사화

정답 ②

암기박사 조광조 : 위훈 삭제 ⇒ 기묘사화

정답 해설
→ 주(走)와 초(肖)를 합치면 조(趙)가 되므로, 조씨 성을 가진 사람이 왕이 된다는 뜻

조선 중종 때 위훈 삭제 등 조광조의 급격한 개혁에 반발하여 훈구파가 주초위왕(走肖爲王)의 모략을 꾸며 조광조 등 사림파를 제거한 기묘사화가 발생하였다(1519).

오답 해설

① 정여립 모반 사건 → 기축옥사
선조 때 정여립 모반 사건이 계기가 되어 권력을 잡은 서인은 동인에 대한 기축옥사를 주도하였다. → 동인은 온건파인 남인과 급진파인 북인으로 분당

③ 이언적 유배 → 양재역 벽서사건
명종 때 소윤인 윤원형 일파가 대윤인 윤임 일파의 남은 세력을 없애기 위해 벽서를 조작한 양재역 벽서 사건으로 이언적 등이 화를 입었다.

④ 조의제문이 발단 → 무오사화
→ 항우에게 왕위를 빼앗기고 죽은 초나라 의제를 기리는 내용을 통해 단종에게서 왕위를 빼앗은 세조를 비난한 글
연산군 때에 김종직이 지은 조의제문을 김일손이 사초(史草)에 올린 일이 발단이 되어 김일손 등이 처형되는 무오사화가 발생하였다.

⑤ 인조반정 : 공신 책봉에 불만 → 이괄의 난
인조반정을 주도한 서인은 광해군을 축출하고 정권을 장악하였으나, 이때 공신 책봉에 불만을 품고 이괄이 반란을 일으켰다.

> **핵심노트 ▶ 조광조의 개혁 정치**
> - 현량과(천거과) 실시 : 천거제의 일종인 현량과를 통해 사림을 대거 등용
> - 위훈 삭제(僞勳削除) : 중종 반정의 공신 대다수가 거짓 공훈으로 공신에 올랐다 하여 그들의 관직을 박탈하려 함 → 훈구 세력의 불만을 야기해 기묘사화 발생
> - 이조 전랑권 형성 : 이조·병조의 전랑에게 인사권과 후임자 추천권 부여
> - 도학 정치를 위한 성학군주론 주장 → 경연 및 언론 활성화를 주장
> - 공납제의 폐단을 지적하고 대공수미법 주장
> - 균전론을 내세워 토지소유의 조정(분배)과 1/10세를 제시
> - 향촌 자치를 위해 향약의 전국적 시행을 추진
> - 불교·도교 행사 금지 : 승과제도 및 소격서 폐지
> - 〈주자가례〉를 장려하고 유교 윤리·의례의 보급을 추진
> - 〈소학〉의 교육과 보급운동을 전개 → 이를 통해 유교적 가치를 강조하고 지주전호제를 옹호
> - 언문청을 설치하여 한글 보급
> - 유향소 철폐를 주장

21 인조반정

정답 ①

암기박사 광해군 : 폐모살제 사건 ⇒ 인조반정

정답 해설

광해군이 인목대비를 유폐하고 영창대군을 살해하는 폐모살제(廢母殺弟) 사건을 계기로 서인이 반정을 일으켜 정권을 장악하고 광해군과 북인을 축출하였다.

오답 해설

② 외척 간의 갈등 → 을사사화
명종을 옹립한 소윤파 윤원로·윤원형 형제가 인종의 외척 세력인 대윤파 윤임 등을 축출하면서 외척 간의 갈등인 을사사화가 일

어났다.
③ 폐비 윤씨 사사 사건 → 갑자사화
연산군의 친모인 폐비 윤씨의 사사 사건의 전말이 알려지면서 갑자사화가 발생하여 관련자들이 화를 입었다.
④ 연산군 폐위 → 중종반정
두 차례의 사화와 폭정으로 중종반정이 일어나 연산군이 폐위되고 진성대군(중종)이 왕위에 올랐다.
⑤ 동인과 서인의 대립 → 이조 전랑 임명권
선조 때에는 언론 삼사 요직의 인사권과 추천권을 가진 이조 전랑 임명권을 둘러싼 대립으로 동인인 김효원과 서인인 심의겸이 대립하였다.

22 병자호란의 이해

암기박사 강화도 : 김상용 순절 ⇒ 병자호란

정답 ①

정답 해설

심양일기는 병자호란으로 소현세자 일행이 청의 심양에 볼모로 잡혀가 있을 때의 상황을 정리한 일기이다. 병자호란 때 김상용은 봉림대군과 인평대군을 수행해 강화도에 피난을 하였으나 청에 의해 강화성이 함락되자 남문루에서 순절하였다.

오답 해설

② 정문부 : 길주 전투 → 임진왜란
임진왜란 때 전직 관료 출신인 정문부가 길주 전투에서 의병을 이끌었다.
③ 조 · 명 연합군 : 평양성 탈환 → 임진왜란
임진왜란 때 명나라는 일본의 정명가도에 대한 자위책으로 참전하였고, 조 · 명 연합군이 평양성을 탈환하였다.
④ 정봉수와 이립 : 용골산성 항전 → 정묘호란
인조 때 후금이 침입하여 정묘호란이 발발하자 정봉수와 이립이 의병을 이끌고 용골산성에서 항전하였다.
⑤ 훈련도감 설치 → 임진왜란
임진왜란 때 왜군의 조총에 대응하고 국방력을 강화하기 위해 포수, 사수, 살수로 구성된 훈련도감이 설치되었다.

핵심노트 ▶ 병자호란(인조 14, 1636)

원인	• 청의 건국 : 후금은 세력을 계속 확장하여 국호를 청으로 바꾸고 심양을 수도로 건국 • 인조의 계속적인 반청 정책 • 청의 군신 관계 요구에 대해 주화론과 주전론(척화론, 전쟁 불사)이 대립
경과	• 대세가 주전론으로 기울자 청은 다시 대군을 이끌고 침입 • 인조는 남한산성으로 피난, 45일간 항전하다 주화파 최명길 등이 청과 강화 → 삼전도에서 굴욕적인 강화
결과	• 조선은 청과 군신 관계를 맺고, 명과의 외교를 단절 • 두 왕자와 강경 척화론자(김상헌, 홍익한 · 윤집 · 오달제의 삼학사)들이 인질로 잡혀감

23 붕당 정치의 전개 과정

암기박사 예송 논쟁 ⇒ 경신환국 ⇒ 탕평비 건립

정답 ④

정답 해설

(나) 예송 논쟁(1659, 1674) : 현종 때 효종의 왕위 계승에 대한 정통성과 관련하여 두 차례에 걸쳐 기해예송과 갑인예송이 발생하였다. 이로 인해 서인과 남인의 대립이 격화되었다.
(다) 경신환국(1680) : 갑인예송의 결과 남인은 서인을 몰아내고 정권을 잡았으나, 경신환국을 통해 대거 실각하여 정권에서 물러나고 다시 서인이 득세하게 되었다.
(가) 탕평비 건립(1742) : 조선 영조는 붕당 정치의 폐해를 경계하고 능력에 따라 인재를 등용하기 위하여 탕평책을 실시하고 탕평비를 건립하였다.

핵심노트 ▶ 붕당 정치의 전개

24 조선 숙종의 정책

암기박사 백두산정계비 건립 ⇒ 조선 숙종

정답 ②

정답 해설

경신환국 등 여러 차례 환국을 통해서 정국을 주도하였고, 대동법을 황해도까지 확대 시행한 왕은 조선 숙종이다. 숙종 때 청의 요구로 조선과 청의 경계를 정한 백두산정계비가 건립되었다. → 나중에 토문강의 위치에 대한 해석상의 차이 때문에 간도 귀속 문제 발생

오답 해설

① 나선 정벌 : 조총 부대 파견 → 효종
효종 때 러시아의 남하로 청과 러시아 간 국경 충돌이 발생하자 청의 원병 요청으로 신유가 이끄는 조총 부대를 파견하여 러시아군을 격퇴하였다.
③ 초계문신제 : 문신 재교육 → 정조
정조는 신진 인물이나 중 · 하급(당하관 이하) 관리 가운데 능력 있는 자들을 재교육시키고 시험을 통해 승진시키는 초계문신제를 시행하였다.
④ 신해통공 : 금난전권 폐지 → 정조
금난전권은 시전 상인이 왕실이나 관청에 물품을 공급하는 대신 부여받은 독점 판매권인데, 정조의 신해통공 실시로 육의전을 제외한 금난전권은 폐지되었다.

제06회

⑤ 탕평비 건립 : 붕당의 폐해 경계 → 영조
영조는 붕당 정치의 폐해를 경계하기 위해 성균관 입구에 탕평비를 건립하였다.

핵심노트 ▶ 5군영(중앙군)의 설치

- 훈련도감(1594) : 임진왜란 중 왜군의 조총에 대응하고 국방력을 강화하기 위해 유성룡의 건의에 따라 용병제를 토대로 설치 → 조선 후기 군제의 근간이 됨
- 총융청(1624) : 이괄의 난을 진압한 직후에 설치, 북한산성 및 경기 일대의 수비 담당, 경기도 속오군에 배치, 경비는 스스로 부담
- 수어청(1626) : 남한산성의 수비 군대, 경기도 속오군에 배치, 경비는 스스로 부담
- 어영청(1628) : 처음에는 어영군으로 편제하였으나 인조 때 어영청을 설치하고 효종의 북벌 운동 전개 시 기능 강화, 총포병과 기병 위주
- 금위영(1682) : 기병으로 구성되어 궁궐 수비 담당, 번상병, 비용은 보로 충당(급료병)

25 시전 상인의 활동

암기박사 금난전권 : 사상 억압 ⇒ 시전 상인

정답 ⑤

정답 해설

명주, 종이, 어물, 모시와 베, 무명, 비단을 파는 점포

육의전 상인으로 대표되는 시전 상인은 서울 종로에서 조선 왕실과 관청에 물품을 공급하던 특권 상인이다. 시전 상인들은 난전을 단속할 수 있는 권한인 금난전권을 행사하여 사상(私商)을 억압하였다.

오답 해설

① 혜상공국을 통해 보호 → 보부상
혜상공국은 보부상이 중심이 되어 조직된 상인조합으로, 보부상의 상인은 혜상공국을 통해 정부의 보호를 받았다.

② 왜관 중심 → 내상
동래의 내상은 주로 왜관을 중심으로 일본과의 해상 무역을 주도하였다.

③ 송방 설치 → 송상
개성의 송상은 전국에 송방이라는 지점을 설치하고 청과 일본 사이의 중계 무역으로 부를 축적하였다.

④ 책문 후시 : 대청 무역 → 만상
의주의 만상은 책문 후시를 통해 청과의 무역을 주도하며 많은 부를 축적하였다. → 사무역, 밀무역

시전 상인이 왕실이나 관청에 물품을 공급하는 대신 부여받은 독점 판매권이다. 금난전권의 '난전'은 전안(시전의 상행위자에 대해 등록한 대장으로 숙종 32년에 실시)에 등록되지 않은 자의 상행위 또는 판매 허가를 받지 않은 상품을 성안에서 판매하는 행위를 말하는데, 난전으로 상권이 침해된 시전 상인들은 이의 금지를 정부에 요청하였다. 이에 정부가 시전 상인들에게 한양 도성 안과 도성 및 10리 안에서의 금난전권을 부여함으로써 시전 상인들은 상권을 독점할 수 있게 되었다. 육의전을 제외한 금난전권은 정조 15년(1791) 신해통공으로 폐지되었다.

26 조선 후기 실학자

암기박사 색경 : 상품 작물 재배법 소개 ⇒ 박세당

정답 ⑤

정답 해설

박제가는 청에 다녀온 후 북학의를 저술하고 생산과 소비의 관계를 우물물에 비유하면서 절약보다 적절한 소비를 강조하였다. 한편, 농사 해설서인 색경에서 담배, 수박 등의 상품 작물 재배법을 소개한 인물은 박세당이다.

오답 해설

① 양반전 : 양반의 위선과 무능 풍자 → 박지원
박지원은 양반전에서 양반 사회의 모순과 부조리를 비판·풍자하고 양반의 허례와 무능을 지적하였다.

② 반계수록 : 균전론 → 유형원
유형원은 반계수록에서 자영농 육성을 위해 신분에 따른 토지의 차등 분배를 주장한 균전론(均田論)을 제안하였다.

③ 경세유표 : 국가 제도의 개혁 방향 제시 → 정약용
정약용은 신유박해 때 전라도 강진에서 유배 중 국가 제도의 개혁 방향을 제시한 경세유표를 저술하였다.

④ 우서 : 사농공상의 직업적 평등과 전문화 → 유수원
유수원은 우서(迂書)에서 사농공상의 직업적 평등과 전문화를 주장하였고, 중국과 우리 문물을 비교하면서 정치·경제·사회 전반의 개혁을 제시하였다.

27 일성록의 이해

암기박사 정조 일기, 유네스코 세계 기록 유산 ⇒ 일성록

정답 ④

정답 해설

조선의 역대 임금의 동정과 국정을 기록한 일기인 일성록은 정조가 세손 시절부터 쓴 일기에서 유래하였으며 조선 영조 때부터 기록되기 시작하였다. 현재 유네스코 세계 기록 유산으로 등재되어 있다.

오답 해설

① 광해군 때(X) / 영조 때(○) → 일성록
일성록은 광해군 때부터가 아닌 영조 때부터 기록되기 시작하였다.

② 춘추관에서 편찬 → 조선왕조실록
→ 조선 시대 춘추관에서 각 관서들의 업무 기록을 종합하여 편찬한 국정 기록물
조선왕조실록은 왕의 사후 사초(史草)와 시정기(時政記) 등을 토대로 춘추관에 설치된 실록청의 관원들에 의해 편찬되었다.
→ 사관이 매일 기록한 역사 편찬의 자료

③ 우리나라 최고(最古)의 역사서 → 삼국사기
삼국사기는 고려 인종 때 김부식 등이 왕명을 받아 편찬한 현존하는 우리나라 최고(最古)의 역사서로, 유교 사관에 입각하여 기전체 형식으로 서술되었다.

⑤ 왕명 출납 등을 기록한 책 → 승정원일기
승정원일기는 조선시대 국왕의 비서 기관인 승정원에서 왕명의 출납 등을 기록한 책이다.

핵심노트 ▶ 일성록

일성록은 1760년(영조36)에서 1910년(융희4)까지 151년 동안의 국정 운영 내용을 매일매일 일기체로 정리한 국왕의 일기이다. 필사본으로 한 질만 편찬된 유일본으로 서울대 규장각에서 소장하고 있으며, 총 2,329책으로 구성되어 있고 21개월분을 제외한 전질이 남아있다.

267

28 도심 속 문화유산

암기박사 역대 국왕과 왕비의 신주를 모신 사당 ⇒ 종묘

정답 ②

정답 해설

종묘(宗廟)는 조선 시대 역대 국왕과 왕비의 신주가 모셔져 있는 사당으로, 왕이 국가와 백성의 안위를 기원하기 위해 문무백관과 함께 정기적으로 제사에 참여한 공간이다. 현재 유네스코 세계유산으로 등재되어 있다.

오답 해설

① **관우를 제사지내는 사당 → 동관왕묘**
촉의 장수인 관우를 제사지내는 사당은 동관왕묘로, 임진왜란 때 관우의 신령이 조선과 명의 군대를 도왔다고 하여 선조 때 만세덕이 건립하였다.

③ **신농씨와 후직씨에게 풍년 기원 → 선농단**
선농단은 농사짓는 법을 가르쳤다고 하는 고대 중국의 제왕인 신농씨와 후직씨에게 풍년을 기원하며 제사지내던 곳이다.

④ **토지와 곡식의 신에게 제사 → 사직단**
사직단은 토지신인 국사신(國社神)과 곡물신인 국직신(國稷神)의 두 신에게 제사를 지내기 위해 쌓은 단이다.

⑤ **일제 : 조선 총독부 청사 건립 → 경복궁**
일제는 조선을 무력으로 통치하기 위해 최고의 식민지배 통치기구인 조선 총독부 청사를 경복궁 경내에 건립하였다.

29 제주도 지역의 역사

암기박사 제주도 거상 : 빈민 구제 활동 ⇒ 김만덕

정답 ④

정답 해설

조선 정조 때 제주도에서 상업으로 막대한 부를 축적한 제주도 거상 김만덕은 흉년으로 고통 받는 제주 도민에 대한 빈민 구제 활동을 펼쳤다.

오답 해설

① **삼별초 : 대몽 항쟁 → 강화도**
몽골과의 강화가 성립된 후 고려 정부의 개경 환도에 반대하여 배중손이 이끄는 삼별초는 강화도에서 반몽 정권을 수립하였다.

② **정약전 : 자산어보 → 흑산도** ← 고려 최씨 무신 정권 때의 특수 군대
정약전이 자산어보(玆山魚譜)를 저술한 섬은 흑산도로, 흑산도 귀양 중 근해의 해산물 등을 직접 채집·조사하여 155종의 해산물에 대한 명칭·분포·형태·습성 등을 기록하였다.

③ **양헌수 : 프랑스군 격퇴 → 강화도**
프랑스는 병인박해 때의 프랑스 신부 처형을 구실로 7척의 군함을 파병하였으나, 양헌수 부대가 강화도 정족산성에서 프랑스 군을 격퇴하였다.

⑤ **대한 제국 칙령 제41호 → 독도**
대한 제국은 "독도의 두 섬인 죽도, 석도를 울릉군에서 관리한다."는 칙령 제41호를 통해 울릉도를 군으로 승격시키고 독도를 관할하게 하였다.

30 곤여만국전도

암기박사 마테오 리치, 세계 지도 ⇒ 곤여만국전도

정답 ⑤

정답 해설

곤여만국전도는 1602년(선조 35)에 이탈리아인 선교사 마테오 리치가 북경에서 제작한 것을 1708년(숙종 34) 조선에서 모사한 세계지도이다. 이 지도는 조선인들로 하여금 세계의 중심이 중국이라는 중화사상에서 벗어나 더 넓은 세계가 있음을 발견하는 세계관을 가지도록 하였다.

오답 해설

① **동양 최고(最古)의 세계 지도 → 혼일강리역대국도지도**
혼일강리역대국도지도는 현존하는 동양 최고(最古)의 세계 지도로, 조선 태종 때 권근·김사형·이회 등이 제작하였다.

② **김정호가 판각한 동서양반구도 → 지구전도**
청의 장정부가 제작한 지구도를 최한기가 목판으로 중간하고, 김정호가 판각한 동서양반구도로 다른 하나는 지구후도이다.

③ **중국 중심의 세계관을 표현한 관념도 → 천하도**
천하도는 중국 중심의 세계관을 표현한 작자 미상의 관념도로, 조선 중기 이후 여러 종류가 제작되어 민간에서 사용되었다.

④ **서구식 세계지도 → 여지전도**
여지전도는 서구식 세계지도를 바탕으로 조선에서 새롭게 편집하여 제작된 목판인쇄 세계지도이다.

핵심노트 ▶ 곤여만국전도의 영향

우리나라 사람들의 세계관이 확대될 수 있는 계기가 되었다. 즉, 중국 중심의 세계관을 탈피하는 데 영향을 미쳤다.

31 조선의 근대적 조약

암기박사 강화도 조약, 조·미 수호 통상 조약 ⇒ 치외 법권

정답 ④

정답 해설

(가) **강화도 조약** : 일본과 맺은 최초의 근대적 조약이자 불평등 조약으로, 해안 측량권과 치외 법권을 허락하였다.
(나) **조·미 수호 통상 조약** : 서양과 맺은 최초의 조약으로, 치외 법권과 최혜국 대우 등의 내용이 포함되어 있다.

오답 해설

① **조·일 무역 규칙 : 강화도 조약의 부록 → 무관세 조항**
조·일 무역 규칙은 강화도 조약의 부록으로 체결된 것으로, 무관세 조항을 담고 있다.

② **조·미 수호 통상 조약 → 조선책략 원인**
조·미 수호 통상 조약은 조선책략이 유포됨에 따라 미국과 맺게 된 근대적 조약이다.

③ **임오군란 : 제물포 조약 → 일본군 주둔 허용**
임오군란 이후 체결된 제물포 조약으로 일본군의 주둔을 허용하게 되었다.

⑤ 조·미 수호 통상 조약 → 최혜국 대우 규정

조·미 수호 통상 조약은 상대국에 대한 최혜국 대우를 인정하는 불평등 조약이다.

핵심노트 ▶ 조·미 수호 통상 조약

배경	· 조선이 일본과 조약을 맺자 미국은 일본에 알선을 요청 · 러시아 남하에 대응해 미국과 연합해야 한다는 〈조선책략〉이 지식층에 유포
체결	러시아와 일본 세력을 견제하고, 조선에 대한 종주권을 승인받을 기회를 노리던 청의 알선으로 체결, 신헌과 슈펠트가 대표로 체결
내용	거중조정(상호 안전 보장), 치외법권, 최혜국 대우(최초), 협정 관세율 적용(최초), 조차지 설정의 승인 등
의의	서양과 맺은 최초의 조약으로 처음으로 최혜국 대우를 규정, 불평등 조약(치외법권, 최혜국 대우, 조차지 설정 등), 청의 종주권 저지

32 을미개혁

암기박사 연호 : 건양(建陽) ⇒ 을미개혁

정답 ①

정답 해설

제시된 자료는 명성황후 시해 사건인 을미사변에 관한 내용이다. 을미사변 후 김홍집 친일 내각은 을미개혁을 추진하여 단발령을 시행하고 태양력을 사용하였으며 건양(建陽)이라는 연호를 제정하였다(1895).

오답 해설

② 전국 8도를 23부로 개편 → 제2차 갑오개혁

고종은 제2차 갑오개혁 때 지방 행정 구역을 8도에서 23부 337군으로 개편하였다.

③ 원수부 설치 → 광무개혁

광무개혁 때 고종 황제는 군 통수권을 장악하기 위해 황제 직속의 원수부를 설치하였다.

④ 한성순보 발간 → 박문국

박문국은 김옥균, 서광범, 박영효 등의 노력으로 설치된 출판 기관으로 최초의 근대식 신문인 한성순보를 발행하였다.

⑤ 공사 노비법 혁파, 과거제 폐지 → 제1차 갑오개혁

제1차 갑오개혁 때 행정 기구를 6조에서 8아문으로 개편하고 공사 노비법을 혁파하였으며 과거제를 폐지하였다.

핵심노트 ▶ 을미개혁의 내용

· 종두법 실시
· 소학교 설립
· 태양력 사용
· 우편 제도 실시
· 연호 건양(建陽) 사용
· 단발령 실시
· 군제의 개편 → 훈련대 폐지, 중앙군(친위대 2개)·지방군(친위대) 설치

33 유길준의 활동

암기박사 서유견문 : 서양 근대 문명 소개 ⇒ 유길준

정답 ②

정답 해설

유길준은 최초의 구미 사절단인 보빙사의 일원으로, 미국에 남아 유학하고 유럽 여행 후 귀국하여 서양 근대 문명을 소개한 서유견문을 집필하였다. 또한 갑신정변 이후 독일 부영사 부들러와 함께 조선 중립화론을 제기하였다.

오답 해설

① 여유당전서 간행 : 조선학 운동 → 정인보, 안재홍

정인보, 안재홍 등은 다산 정약용의 서거 99주년을 기념하여 여유당전서 간행 사업을 시작하면서 조선학 운동을 전개하였다.

③ 한국독립운동지혈사 : 독립 투쟁 과정 → 박은식

박은식은 일제 침략에 대항하여 투쟁한 한민족의 독립 운동을 서술한 한국독립운동지혈사를 저술하였다.

④ 독사신론 : 민족주의 사관 → 신채호

신채호는 만주와 부여족 중심의 고대사를 서술한 독사신론을 저술하여 민족주의 사관의 기초를 마련하였다.

⑤ 조선사회경제사 : 식민주의 사학의 정체성 이론 반박 → 백남운

백남운은 사적 유물론을 도입하여 조선사회경제사를 저술하고, 일제의 식민주의 사학의 정체성 이론을 반박하였다.

핵심노트 ▶ 유길준

한말의 개화운동가이자, 최초의 국비유학생으로 미국에서 공부하였다. 귀국 후 7년 동안 감금되어 서유견문을 집필하였고, 새로운 국·한문체의 보급에 크게 공헌하였다. 이후 국민교육과 계몽사업에 힘썼다.

34 대한매일신보

암기박사 국채 보상 운동 후원 ⇒ 대한매일신보

정답 ③

정답 해설

영국인 베델과 양기탁이 함께 창간한 대한매일신보는 신민회의 기관지로 국채 보상 운동의 확산에 기여하였다.
→ 정부의 외채를 국민의 힘으로 상환하여 국권을 회복하자는 운동

오답 해설

① 천도교 기관지 → 만세보

만세보는 천도교의 후원을 받아 오세창이 창간한 천도교 기관지이다.

② 최초의 상업 광고 → 한성주보

박문국이 재설치 된 후 최초의 상업 광고가 게재된 한성주보가 발행되었다.

④ 브나로드 운동 → 동아일보

동아일보사에서 농촌 계몽을 위해 '배우자 가르치자 다 함께 브나로드' 등의 구호를 내세우며 브나로드(Vnarod) 운동을 전개하였다.

⑤ 순 한문 신문, 열흘마다 발행 → 한성순보 → 러시아어로 '민중 속으로'라는 의미

한성순보는 정부에서 발행하는 순 한문 신문으로 국가 정책 홍보와 서양의 근대 문물을 소개하고 있으며 열흘마다 발행하는 것이 원칙이다.

핵심노트 ▶ 개항기 발행 신문

언론기관	주요 활동
한성순보 (1883~1884)	박영효 등 개화파가 창간하여 박문국에서 발간한 최초의 신문, 관보 성격의 순한문 신문으로, 10일 주기로 발간
한성주보 (1886~1888)	박문국 재설치 후 <한성순보>를 이어 속간, 최초의 국한문 혼용, 최초의 상업광고
독립신문 (1896~1899)	서재필이 발행한 독립 협회의 기관지, 최초의 민간지, 격일간지, 순한글판과 영문판 간행, 띄어쓰기 실시
매일신문 (1898~1899)	협성회의 회보를 발전시킨 최초의 순한글 일간지, 독립 협회 해산으로 폐간
황성신문 (1898~1910)	남궁억, 유근 등 개신유학자들이 발간, 국한문 혼용, 민족주의적 성격의 항일 신문, 보안회 지원, 장지연의 '시일야방성대곡'을 게재하고 을사조약을 폭로하여 80일간 정간
제국신문 (1898~1910)	이종일이 발행할 순한글의 계몽적 일간지 → 일반 대중과 부녀자 중심
대한매일신보 (1904~1910)	영국인 베델이 양기탁 등과 함께 창간, 국한문판·한글판·영문판 간행(최대 발행부수), 신민회 기관지, 국채 보상 운동에 주도적 참여, 총독부에 매수되어 일제 기관지(매일신보)로 속간
만세보 (1906~1907)	천도교의 후원을 받아 오세창이 창간한 천도교 기관지, 이인직의 <혈의 누> 연재
경향신문(1906)	가톨릭 교회의 기관지, 주간지, 민족성 강조
대한민보 (1909~1910)	대한협회의 기관지로, 일진회의 기관지인 <국민신보>에 대항
경남일보(1909)	최초의 지방지

35 갑신정변

암기박사 서재필 : 개화당 ⇒ 갑신정변 : 청군 개입

정답 ①

정답 해설
서재필은 개화당의 급진 개화파 인물로 정부의 소극적 개화 정책에 불만을 품고 박영효·서광범·김옥균 등과 함께 우정국 개국 축하연을 계기로 갑신정변을 일으켰다. 그러나 이는 청군의 개입으로 3일 만에 실패하였다(1884). → 청의 내정 간섭이 더욱 강화되는 결과를 초래

오답 해설
② **보국안민, 제폭구민 → 동학 농민 운동** → 나라 일을 돕고 백성을 편안하게 한다.
동학 농민 운동은 전봉준의 주도 아래, 보국안민과 제폭구민을 기치로 내세운 동학계 혁명운동이다. → 폭도를 제거하고 백성을 구한다.

③ **제물포 조약 체결 원인 → 임오군란**
임오군란 이후 조선은 일제와 제물포 조약을 체결하고 배상금 지불과 군란 주동자 처벌을 약속하였다.

④ **개화 정책 : 신식 군대 → 별기군 창설**
강화도조약 체결 이후, 개화 정책의 일환으로 신식 군대인 별기군을 창설하였다.

⑤ **개화 정책 : 근대 문물 시찰 → 영선사 파견**
개화 정책의 일환으로 청나라에 영선사를 파견하여 근대 문물을 시찰하도록 하였다. → 근대 무기 제조기술과 군사훈련법 습득

핵심노트 ▶ 갑신정변의 개혁 내용

- 청에 대한 사대 외교(조공)을 폐지하고, 입헌 군주제의 정치 개혁 추구
- 지조법을 개정하고, 재정을 호조로 일원화하여 국가 재정을 충실히 함
- 혜상공국의 폐지와 각 도 상환미의 폐지
- 문벌을 폐지하여 인민 평등을 도모, 능력에 따른 인재 등용
- 군대(근위대)와 경찰(순사)을 설치 → 보부상을 보호하기 위한 기관

36 교정청과 아관파천

암기박사 교정청 설치(1894) ⇒ 삼국 간섭(1895) ⇒ 아관파천(1896)

정답 ④

정답 해설
(가)의 교정청 설치와 (나)의 아관파천 사이에 있었던 사건은 삼국 간섭이다. 일본이 청·일 전쟁에서 승리한 후 체결한 시모노세키 조약에 따라 청으로부터 요동반도를 할양받았으나, 러·프·독의 삼국간섭으로 일본은 요동반도를 반환하였다(1895).

오답 해설
① **미국 → 조·미 수호 통상 조약(1882)**
조·미 수호 통상 조약은 청의 알선으로 조선과 미국이 체결한 조약으로, 이 조약으로 미국이 조선으로부터 최혜국 대우를 보장받았다.

② **영국 → 거문도 사건(1885)**
영국이 러시아의 남하를 견제하고자 거문도를 불법으로 점령하였다.

③ **13도 창의군 → 서울 진공 작전(1908)**
정미의병이 확산되는 과정에서 의병 연합군인 13도 창의군이 서울 진공 작전을 전개하였다.

⑤ **고종 → 대한제국 수립(1897)**
아관파천 후 환궁한 고종이 국호를 대한 제국, 연호를 광무로 고치고 환구단에서 황제 즉위식을 거행하였다.

37 경인선 철도 개통 시기

암기박사 우리나라 최초의 철도 ⇒ 경인선 철도 개통(1899)

정답 ③

정답 해설
노량진에서 제물포를 잇는 우리나라 최초의 철도인 경인선은 갑오개혁(1894)과 러·일 전쟁(1904) 사이인 1899년에 개통되었다.

38 일제의 화폐 정리 사업

암기박사 화폐 정리 사업 ⇒ 일본 화폐로 교환 : 재정 고문 메가타 주도

정답 ②

정답 해설
화폐 정리 사업은 조선의 상평통보나 백동화 등을 일본 제일 은행에서 만든 새 화폐로 교환하도록 한 사업으로, 재정 고문 메가타의 주도로 시행되었다(1905). → 금본위 화폐 제도, 민족 은행 몰락, 국내 중소 상인 몰락, 화폐 가치 상승

270

제06회

오답 해설

① 전환국 → 근대식 화폐 발행 기구
  종래 사용하던 상평통보를 대체할 새 화폐 발행을 위해 전환국이 설치되었다(1883).

③ 제1차 갑오개혁 → 은본위 화폐 제도 채택
  제1차 갑오개혁 때 신식화폐발행장정을 발표하여 은본위 화폐 제도를 채택하고 조세의 금납제를 시행하였다(1894).

④ 황국 중앙 총상회 → 시전 상인 : 상권 수호 운동
  시전 상인들이 일본 상인들로부터 서울의 상권을 지키기 위해 황국 중앙 총상회를 만들어 상권 수호 운동을 전개하였다(1898).

⑤ 방곡령 → 일본으로의 곡물 유출 경계
  일본 상인의 농촌 시장 침투와 지나친 곡물 반출을 막기 위해 함경도 관찰사 조병식이 방곡령을 선포하였다(1889).

핵심노트 ▶ 화폐 정리 사업(1905, 재정 고문 메가타)

- 일본의 제일 은행이 대한 제국의 화폐 발행권, 국고 출납권 장악
- 금 본위 화폐 제도
- 영향 : 민족 은행 몰락, 국내 중소 상인 몰락, 화폐 가치 상승

39 무단 통치기의 일제 정책

암기박사 조선 태형령, 범죄 즉결례 ⇒ 무단 통치기

정답 ②

정답 해설

제시된 자료는 1912년 무단 통치기에 발표된 조선 태형령에 관한 내용이다. 이 시기에 일제는 일정한 범죄나 법규 위반 행위에 대해 재판을 거치지 않고 바로 처벌하도록 규정한 범죄 즉결례에 의해 한국인을 처벌하였다.

오답 해설

① 제2차 조선 교육령 시행 → 문화 통치기
  문화 통치기에 일제는 한국인과 일본인의 공학 원칙, 동등 교육 및 교육상의 차별 철폐라는 제2차 조선 교육령을 시행하였다.

③ 조선 사상범 예비 구금령 → 민족 말살 통치기
  민족 말살 통치기에 일제는 조선 사상범 보호 관찰령과 조선 사상범 예비 구금령을 제정하여 독립 운동을 탄압하였다.

④ 농촌 진흥 운동 → 민족 말살 통치기
  민족 말살 통치기에 일제는 조선 농민을 회유·단속하기 위해 농민의 자력갱생을 내세운 농촌 진흥 운동을 실시하였다.

⑤ 국가 총동원법 → 민족 말살 통치기
  민족 말살 통치기에 일제는 국가 총동원법을 제정하여 인력과 물자를 강제 동원하였다.

핵심노트 ▶ 무단 통치기의 일제 정책

- 헌병 경찰제 : 헌병의 경찰 업무 대행, 헌병 경찰의 즉결 처분권 행사, 체포 및 구금(영장 불요)
- 태형 처벌 : 조선 태형령 시행
- 토지 조사 사업(1912~1918) : 토지 조사령 발표(1912), 토지를 약탈하고 지주층을 회유하여 식민지화에 필요한 재정 수입원을 마련함
- 회사령(1910) : 회사 설립 허가제를 통해 민족 기업의 성장 억제 및 일제의 상품 시장화
- 자원 약탈 및 경제활동 통제 : 산림령(1911), 어업령(1911), 광업령(1915), 임야조사령(1918)
- 범죄 즉결례(1910) : 일정한 범죄나 법규 위반 행위에 대해 재판을 거치지 않고 바로 처벌하도록 제정한 법령

40 만해 한용운

암기박사 님의 침묵, 조선 불교 유신론 ⇒ 한용운

정답 ⑤

정답 해설

한용운은 조선 불교 유신론을 저술하여 불교 개혁 운동을 주도하였고, 민족 대표 33인 중 한 명으로 3·1 운동에 참여하였다. 대표적인 저항시인 님의 침묵을 남겼다.

오답 해설

① 광야 : 대표적 저항시 → 이육사
  이육사는 본명이 이원록으로 일제 강점기 저항 시인이다. 이육사가 지은 광야는 항일 정신과 작가의 독립운동 정신이 잘 드러난 대표적인 저항시이다.

② 자신회 : 을사오적 처단 → 나철
  대종교를 창시하여 단군 숭배 사상을 전파한 나철은 을사오적을 처단하기 위해 자신회를 결성하였다.

③ 독사신론 : 민족주의 사관 → 신채호
  신채호는 만주와 부여족 중심의 고대사를 서술한 독사신론을 저술하였다.

④ 한국독립운동지혈사 : 독립 투쟁 과정 정리 → 박은식
  박은식은 일제 강점기 대표적인 민족주의 사학자로 일제 침략에 대항하여 독립 투쟁 과정을 정리한 한국독립운동지혈사를 저술하였다.

41 일제 강점기 종교계의 저항

암기박사 의민단 조직 ⇒ 천주교

정답 ①

정답 해설

천주교는 만주에서 항일 운동 단체인 의민단을 조직하여 무장 투쟁을 전개하였다.

오답 해설

② 잡지 개벽 발행 → 천도교
  천도교에서는 잡지 개벽을 발행하여 민족 의식을 고취하고 민중의 자각과 근대 문물의 보급에 기여하였다.

③ 경향신문 발간 → 천주교
  천주교에서 기관지인 경향신문을 발간하여 민중 계몽을 위해 노력하였다.

④ 배재 학당 설립 → 개신교
  미국의 개신교 선교사 아펜젤러가 선교를 목적으로 한양에 배재 학당을 세워 신학문 보급에 기여하였다.

⑤ 나철 : 자신회 조직 → 대종교
  나철, 오기호 등은 을사오적을 처단하기 위해 5적 암살단인 자신회를 결성하였으며, 이후 나철은 대종교를 창시하였다.

> **핵심노트** ▶ 일제 강점기의 종교 활동

- **천도교** : 제2의 3·1 운동을 계획하여 자주 독립 선언문 발표, 〈개벽〉·〈어린이〉·〈학생〉 등의 잡지를 간행하여 민중의 자각과 근대 문물의 보급에 기여
- **개신교** : 천도교와 함께 3·1 운동에 적극 참여, 민중 계몽과 문화 사업을 활발하게 전개, 1930년대 후반에는 신사 참배를 거부하여 탄압을 받음
- **천주교** : 고아원·양로원 등 사회사업을 계속 확대하면서 〈경향〉 등의 잡지를 통해 민중 계몽에 이바지, 만주에서 항일 운동 단체인 의민단을 조직하여 항일 무장 투쟁 전개
- **대종교** : 지도자들은 항일 무장 단체인 중광단을 조직, 3·1 운동 직후 북로 군정서로 개편하여 청산리 대첩에 참여 → 천도교와 더불어 양대 민족 종교를 형성
- **불교** : 3·1 운동에 참여, 한용운 등의 승려들이 총독부의 정책에 맞서 민족 종교의 전통을 지키려 노력, 교육 기관을 설립하여 민족 교육 운동에 기여
- **원불교** : 박중빈이 창시(1916), 불교의 현대화와 생활화를 주창, 민족 역량 배양과 남녀평등, 허례허식의 폐지 등 생활 개선 및 새생활 운동에 앞장섬

42 1920년대의 사회 모습

정답 ①

암기박사 원산 총파업 / 카프(KAPF) : 신경향파 ⇒ 1920년대

정답 해설

원산 총파업은 원산 노동 연합회의 소속 노동자와 일반 노동자들이 합세하여 노동 조건 개선을 요구하며 전개한 1920년대 최대의 파업 투쟁이다. 이 시기에 사회주의 사상이 지식인 사이에 퍼지면서 카프(KAPF)가 조직되고 문학의 사회적 실천을 강조한 신경향파가 등장하였다. → 조선 프롤레타리아 예술가 동맹

오답 해설

② 최초의 서양식 극장 → 원각사(1908)
이인직이 설립한 최초의 서양식 극장인 원각사에서 은세계, 치악산 등의 신극이 공연되었다.

③ 헐버트, 길모어 등 초빙 → 육영 공원(1886)
육영 공원은 정부가 보빙사 민영익의 건의로 설립한 최초의 근대식 관립 학교로 헐버트, 길모어 등이 교사로 초빙되었다.

④ 한국 최초의 전기 회사 → 한성 전기 회사 설립(1898)
황실과 미국인 콜브란의 합자로 한국 최초의 전기 회사인 한성 전기 주식회사가 설립되어 발전소를 건설하고 서대문과 청량리 간에 최초로 전차를 운행하였다.

⑤ 손기정 → 베를린 올림픽 마라톤 대회 우승(1936)
손기정 선수는 제11회 베를린 올림픽 마라톤 대회에 참가하여 당시 올림픽 신기록으로 우승하였다.

> **핵심노트** ▶ 1920년대 중반의 문학 사조

- **신경향파 문학의 대두** : 사회주의 문학, 1920년대 사회주의 사상이 지식인 사이에 퍼지면서 현실 비판 의식이 더욱 강화됨, 1925년 카프(KAPF, 조선 프롤레타리아 예술가 동맹)를 결성
- **프로 문학의 대두** : 신경향파 문학 이후 등장하여 극단적인 계급 노선을 추구
- **국민 문학 운동의 전개** : 민족주의 계열이 계급주의에 반대하고 문학을 통해 민족주의 이념을 전개 → 동반 작가라고 불림, 염상섭과 현진건 등이 대표적

43 조선 혁명군

정답 ①

암기박사 중국 의용군과 연합 ⇒ 양세봉 : 조선 혁명군

정답 해설

조선 혁명당의 군사 조직인 조선 혁명군은 양세봉이 결성하였으며, 남만주에서 중국 의용군과 연합 작전을 전개하여 영릉가와 흥경성 전투에서 일본군을 대파하였다.

오답 해설

② 인도·미얀마 전선에 파견 → 한국 광복군
대한민국 임시 정부 산하의 한국 광복군은 연합군의 일원으로 태평양 전쟁에 참가하여 인도·미얀마 전선에 파견되었다.

③ 간도 참변 : 자유시로 이동 → 대한 독립 군단
대한 독립 군단은 봉오동·청산리 전투에서의 패배에 대한 일제의 보복인 간도 참변 이후 조직을 정비하고 자유시로 이동하였다.

④ 중국 관내에 결성된 최초의 한인 무장 부대 → 조선 의용대
조선 의용대는 중국 관내(關內)에 결성된 최초의 한인 무장 부대로, 중국 국민당과 연합하여 포로 심문, 요인 사살, 첩보 작전을 수행하였다.

⑤ 청산리 대첩 → 북로 군정서군
김좌진의 북로 군정서군은 홍범도의 대한 독립군과 연합하여 간도의 청산리에서 일본과 교전하여 독립군 사상 최대의 승리를 이끌었다.

> **핵심노트** ▶ 한·중 연합 작전

한국 독립군과 조선 혁명군을 중심으로 1930년대 중반까지 전개됨
- **한국 독립군** : 지청천이 인솔하며, 중국의 호로군과 한·중 연합군을 편성하여 쌍성보 전투(1932)·사도하자 전투(1933)·동경성 전투(1933)·대전자령 전투(1933)에서 승리
- **조선 혁명군** : 양세봉의 지휘로 중국 의용군과 연합, 영릉가 전투(1932)·흥경성 전투(1933)에서 대승

44 신탁 통치안과 좌·우 세력의 대립

정답 ①

암기박사 좌·우 세력의 대립 ⇒ 좌·우 합작 7원칙

정답 해설

(상) **우익의 주장** : 김구와 이승만, 조만식 등의 우익 세력과 민족주의 세력은 적극적인 반탁 운동을 전개하였다.

(하) **좌익의 주장** : 박헌영·김일성 등 좌익 세력들은 처음에 신탁 통치를 반대하다 나중에 신탁 통치 결정을 수용하였다.

제1차 미·소 공동 위원회가 개최되었으나 결렬되고 이승만의 정읍 발언 이후 남한만의 단독 정부 수립운동이 일어나자, 우익 측을 대표한 김규식과 좌익 측을 대표한 여운형이 양측의 주장을 절충하여 좌·우 합작 7원칙을 발표하였다(1946).

오답 해설

② 건국 작업 → 조선 건국 준비 위원회
일제의 패망과 광복에 대비하여 건국 작업을 진행하기 위해 여운형을 중심으로 조선 건국 준비 위원회가 결성되었다(1945).

③ 모스크바 3상 회의 → 8·15 광복 직후
모스크바 3상 회의에서 한국에 임시 민주 정부를 수립하기 위하여 미·소 공동 위원회를 설치하고, 최고 5년 동안 미·영·중·

소 4개국의 신탁 통치하에 두기로 결정하였다(1945).
④ 반민족 행위 특별 조사 위원회 → 이승만 정부
 이승만 정부 때 제헌 국회에서 일제 강점기 친일 행위를 한 사람들을 처벌하고 공민권을 제한하기 위해 반민족 행위 특별 조사 위원회가 구성되었다(1948).
⑤ 농지 개혁법 → 이승만 정부
 이승만 정부는 소작제를 철폐하고 자영농을 육성하고자 유상 매수, 유상 분배 원칙의 농지 개혁법을 제정하였다(1949).

핵심노트 ▶ 좌·우 합작 7원칙

1. 모스크바 3상 회의 결정에 의해 좌·우 합작으로 임시 정부 수립
2. 미·소 공동 위원회의 속개를 요청하는 공동 성명 발표
3. 몰수·유조건(有條件) 몰수 등으로 농민에게 토지 무상 분여 및 중요 산업의 국유화
4. 친일파 및 민족 반역자 처리 문제는 장차 구성될 입법 기구에서 처리
5. 정치범의 석방과 테러적 행동의 중단
6. 합작 위원회에 의한 입법 기구의 구성
7. 언론·집회·결사·출판·교통·투표 등의 자유 절대 보장

45 이승만 정부

암기박사 사사오입 개헌(1954) ⇒ 조봉암 사건(1958) ⇒ 4·19 혁명(1960) 정답 ③

정답 해설

(가) 사사오입 개헌(1954) : 자유당의 이승만 정부는 권력을 계속 장악하기 위해 초대 대통령에 한해 중임 제한 규정을 철폐하는 개헌안을 제출하였으나, 1표 부족으로 부결되자 사사오입의 논리로 개헌안을 불법 통과시켰다.
• 진보당사건(1958) : 이승만 정부 때 평화 통일론을 주장한 진보당의 조봉암이 구속되어 간첩 혐의로 처형당했다.
(나) 4·19 혁명(1960) : 이승만 정권의 장기 독재와 자유당 정권의 3·15 부정 선거에 항거하여 4·19 혁명이 전국 각지에서 일어났다.

오답 해설

① 허정 과도 정부 → 내각 책임제
 4·19 혁명 후의 혼란 수습을 위해 허정 과도 정부가 수립되고, 대통령 중심제에서 내각 책임제와 양원제 국회로 헌법이 개정되었다(1960).
② 박정희 정부 → 유신 헌법 공포
 박정희 정부 때 장기 독재를 가능하게 한 유신 헌법이 공포되어 대통령 권한이 극대화 되었다(1972).
④ 이승만 정부 → 부산 : 대통령 직선제 개헌
 이승만 정부와 자유당은 6·25 전쟁 중 임시 수도 부산에서 대통령 직선제 개헌을 토론 없이 기립 투표로 통과시켰다(1952).
⑤ 반민 특위 소속 국회위원 구속 → 국회 프락치 사건
 반공을 우선시하던 이승만 정부와 경찰이 공산당과 내통했다는 구실로 반민 특위 소속 국회위원들을 구속하였다(1949).

46 장준하의 활동

암기박사 유신 체제 반대 운동 ⇒ 민청학련 사건 정답 ④

정답 해설

언론인 겸 정치가인 장준하는 박정희 정부의 유신 체제 반대 운동을 주도하던 중 의문의 등산 사고로 사망하였다(1975). 장준하 사망 전 박정희 정부가 긴급조치를 발동하여 정부 전복 및 4단계 혁명을 통한 공산정권 수립 기도 혐의로 전국민주청년학생총연맹 관련자를 구속 기소하는 민청학련 사건이 발발하였다(1974).

오답 해설

① 부정 선거 항거 → 4·19 혁명(1960)
 자유당 정권의 3·15 부정선거 규탄 시위에 대한 유혈 진압에 항거하여 4·19 혁명이 발발하였으며 그 결과 이승만 대통령이 하야하였다.
② 4·13 호헌 조치 → 6월 민주 항쟁(1987)
 박종철 고문치사와 국민들의 대통령 직선제 요구를 거부하는 전두환 정부의 4·13 호헌 조치 발표로 6월 민주 항쟁이 촉발되었고, 그 결과 노태우의 6·29 민주화 선언에 따라 5년 단임의 대통령 직선제 개헌이 이루어졌다.
③ 신군부 세력의 쿠데타 → 5·18 민주화 운동(1980)
 전두환·노태우 등의 신군부 세력이 쿠데타로 통치권을 장악하고 비상계엄을 확대하자 5·18 민주화 운동이 발발하였으며, 계엄군의 무력 진압으로 많은 광주 시민과 학생들이 희생되었다.
⑤ 신민당 당사의 YH 사건 → 부·마 민주 항쟁(1979)
 신민당 당사에서 YH 사건이 일어나자 박정희 정부는 김영삼을 국회의원에서 제명하였고, 이에 부산과 마산에서 유신 철폐와 독재 타도를 외치며 민주 항쟁이 발발하였다.

47 삼짇날의 풍속

암기박사 진달래꽃 화전 ⇒ 삼짇날 정답 ③

정답 해설

삼짇날은 음력 3월 3일로 답청절(踏靑節)이라고 하는데, 진달래가 피는 봄이면 찹쌀가루로 빚은 전 위에 진달래꽃을 올려 화전을 부쳐 먹고, 여자 아이들은 지랑풀이나 각시풀 같은 풀을 가지고 각시 인형을 만들고 놀았다.

오답 해설

① 송편 → 추석
 추석은 음력 8월 15일로 중추절, 한가위 등으로 불리며, 햅쌀로 송편을 빚고 햇과일 등의 음식을 장만하여 차례를 지낸다.
② 팥죽 → 동지
 24절기의 하나인 동지는 일 년 중 밤이 가장 긴 날로 양력 12월 22일 경이며, 민가에서는 잡귀잡신의 침입을 막기 위해 새알심을 넣은 팥죽을 쑤어 먹었다.
④ 오곡밥 → 정월 대보름
 정월 대보름은 음력 1월 15일로 땅콩, 호두, 밤 등의 부럼을 깨물어 먹거나 쌀, 조, 수수, 팥, 콩 등을 섞은 오곡밥을 지어 먹는다.

⑤ 수리취떡 → 단옷날
단옷날은 음력 5월 5일로 수레바퀴 모양의 떡살로 문양을 낸 수리취떡을 해먹고, 여자는 창포물에 머리를 감고 그네를 뛰며 남자는 씨름을 한다.

48 5·18 민주화 운동

암기박사 시민군의 저항 ⇒ 5·18 민주화 운동

정답 ①

정답 해설
신군부의 비상계엄 확대에 맞서 민주화를 열망하는 국민의 요구는 5·18 민주화 운동으로 이어졌는데, 시민군이 조직되어 계엄군의 무자비한 진압에 대항하였다.

오답 해설
② 한·일 국교 정상화 → 6·3 시위
박정희 정부의 한·일 회담 진행 과정에서 일제 강점기에 대한 사죄와 과거사 청산이라는 본질이 굴욕적인 청구권 교섭에 밀려 훼손된 것에 대한 분노로 촉발되었다(1964).

③ 4·13 호헌 조치 → 6월 민주 항쟁
박종철 고문치사와 국민들의 대통령 직선제 요구를 거부하는 전두환 정부의 4·13 호헌 조치 발표로 6월 민주 항쟁이 촉발되었다(1987). → 노태우의 6·29 민주화 선언 발표(대통령 직선제, 평화적 정권 이양, 기본권 보장 약속)

④ 3·15 부정 선거 → 4·19 혁명
자유당 정권의 3·15 부정선거 규탄 시위에 대한 유혈 진압에 항거하여 4·19 혁명이 발발하였으며 그 결과 이승만 대통령이 하야하였다(1960).

⑤ 긴급 조치 철폐 → 3·1 민주 구국 선언
박정희 정부의 유신 체제에 항거하여 긴급 조치 철폐 등을 주장하며 재야 정치인들과 가톨릭 신부, 개신교 목사, 대학 교수 등이 3·1 민주 구국 선언문을 발표하였다(1976).

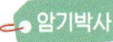 **핵심노트** ▶ 4·19 혁명과 6월 민주 항쟁 비교

	4·19 혁명	6월 민주 항쟁
원인	3·15 부정 선거	4·13 호헌 조치
전개 과정	김주열 사망 → 전국적 시위 → 계엄령 발동	박종철·이한열 사망 → 전국적 시위·계엄령 발동 안 함
결과	• 내각 책임제 • 정권 교체(장면 내각)	• 대통령 직선제 • 정권 교체 실패(노태우 정부)

49 민주화 운동 선언문

암기박사 (가) 박종철 고문 치사, 4·13 호헌 조치 ⇒ 6월 민주 항쟁 선언문
(나) 유신 체제 항거, 긴급 조치 철폐 ⇒ 3·1 민주 구국 선언문
(다) 박정희 대통령의 3선 개헌 ⇒ 3선 개헌 반대 선언문

정답 ⑤

정답 해설
(다) 3선 개헌 반대 선언문(1969) : 장기 집권을 위한 박정희 대통령의 3선 개헌이 강행되자 학생들의 시위가 거세게 전개되고, 여·야 국회의원들 사이에는 극심한 대립과 갈등이 발생하였다.

(나) 3·1 민주 구국 선언문(1976) : 박정희 정부의 유신 체제에 항거하여 긴급 조치 철폐 등을 주장하며 재야 정치인들과 가톨릭 신부, 개신교 목사, 대학 교수 등이 3·1 민주 구국 선언문을 발표하였다.

(가) 6월 민주 항쟁 선언문(1987) : 박종철 고문치사와 전두환 정부의 4·13 호헌 조치 발표로 호헌 철폐와 독재 타도 등을 외치며 6월 민주 항쟁이 촉발되었다.

50 노무현 정부의 통일 노력

암기박사 제2차 남북 정상 회담 : 10·4 남북 공동 선언 채택 ⇒ 노무현 정부

정답 ⑤

정답 해설
개성 공단 착공식이 개최된 것은 노무현 정부 때의 일이다. 이 시기에 제2차 남북 정상 회담을 개최하고 10·4 남북 공동 선언문을 발표하였다. → 기본 8개 조항에 합의하고 공동으로 서명

오답 해설
① 서울 올림픽 대회 개최 → 노태우 정부
노태우 정부 때에 동서 양 진영 160개국이 참가한 제24회 서울 올림픽 대회가 개최되었다.

② 정주영 북한 방문 → 김대중 정부
김대중 정부 때에 정주영 현대그룹 명예회장이 소떼를 몰고 2차례에 걸쳐 북한을 방문하였다.

③ 7·4 남북 공동 성명 발표 → 박정희 정부
박정희 정부 때에 7·4 남북 공동 성명을 발표하여 '자주·평화·민족 대단결'의 민족 통일 3대 원칙을 제시하였다.

④ 남북 학생 회담 요구 집회 → 4·19 혁명 이후
4·19 혁명 이후 '가자 북으로 오라 남으로'라는 구호를 외치며 남북 학생 회담 요구 집회가 열렸다.

핵심노트 ▶ 2007 남북 정상 선언문(10·4 선언)

- 6·15 남북 공동 선언의 구현
- 남북 관계의 상호 존중과 신뢰
- 군사적 적대관계 종식
- 한반도 긴장 완화와 평화 보장을 위한 협력
- 다자간 협력
- 경제 협력 사업의 활성화 및 확대
- 각 분야의 교류와 협력
- 인도주의 협력 사업의 적극 추진

제07회 심화대비 기출분석 예상문제 정답 및 해설

01 구석기 시대의 생활 모습
정답 ③

> **암기박사** 충북 단양 수양개 유적 : 슴베찌르개 ⇒ 구석기 시대

정답 해설

구석기 시대에는 주로 동굴이나 강가의 막집에서 살면서 주먹도끼, 돌팔매, 찍개, 찌르개, 슴베찌르개 등의 도구를 사용하여 사냥을 하거나 어로, 채집 생활을 영위하였다.
→ 슴베는 '자루'를 의미하며 주로 창날이나 화살촉으로 사용

오답 해설

① 빗살무늬 토기 제작 → 신석기 시대
  신석기 시대에는 빗살무늬 토기의 사용으로 음식물의 조리 및 저장이 보다 용이해졌다.

② 가락바퀴 이용 → 신석기 시대
  신석기 시대에는 가락바퀴(방추차)와 뼈바늘(골침)을 이용하여 옷을 지어 입었다.

④ 고인돌 축조 → 청동기 시대
  청동기 시대에는 지배층(족장)의 무덤으로 고인돌을 축조하여 당시 계급의 분화 및 지배층의 권력을 반영하였다.

⑤ 반달 돌칼 사용 → 청동기 시대
  청동기 시대에는 벼농사가 시작되고 반달 돌칼을 사용하여 곡물을 수확하였다.

> **핵심노트** ▶ 용도에 따른 구석기 시대 도구의 구분
> - 사냥 도구 : 주먹도끼, 돌팔매, 찍개, 찌르개, 슴베찌르개
> - 조리 도구 : 긁개, 밀개, 자르개
> - 공구용 도구 : 뚜르개, 새기개

02 고구려의 정치
정답 ⑤

> **암기박사** 관리 : 사자, 조의, 선인 ⇒ 고구려

정답 해설

매년 10월 동맹(東盟)이라는 제천 행사를 국중대회(國中大會)로서 성대하게 거행한 나라는 고구려이다. 고구려는 왕 아래 대가(大加)들이 존재하였으며, 대가들은 각기 사자·조의·선인 등의 관리를 거느리고 자치권을 유지하였다.
→ 상가, 대로, 패자, 고추가 등

오답 해설

① 소도 : 신성 지역 → 삼한
  삼한에는 제사장인 천군이 의례를 주관하던 소도(蘇塗)라고 불리는 신성 지역이 있었다.

② 책화 : 읍락 간의 경계 중시 → 동예
  동예에는 읍락 간의 경계를 중시하는 책화(責禍)가 있어서 부족의 영역을 엄격히 구분하였다. → 다른 부족의 생활권을 침범하면 노비와 소·말로 변상

③ 화백 회의 : 나라의 중대사 결정 → 신라
  신라는 만장일치제인 화백 회의에서 나라의 중대사를 결정하였다.

④ 범금 8조 : 사회 질서 유지 → 고조선
  고조선은 사회 질서를 유지하기 위해 범금 8조를 만들어 살인·절도 등의 죄를 다스렸다.

> **핵심노트** ▶ 고구려의 정치
> - 계루부, 소노부, 절노부, 순노부, 관노부의 5부족 연맹체로 구성
> - 왕 아래 상가, 대로, 패자, 고추가 등의 대가(大加)들이 존재
> - 각 대가들은 각기 사자·조의·선인 등의 관리를 거느리고 자치권을 유지

03 고조선의 변천사
정답 ④

> **암기박사** 부왕에서 준왕으로 왕위 세습 : 강력한 왕권 형성 ⇒ 고조선

정답 해설

(가)는 부왕(否王) 때 고조선과 연나라의 대립 관계를 설명하고 있고, (나)는 준왕(準王) 때 위만이 고조선에 투항한 후 신임을 얻어 서쪽 변경의 수비를 맡았던 일을 설명하고 있다. 고조선은 부왕·준왕과 같은 강력한 왕이 등장하여 왕위를 세습하였다.

오답 해설

① 진번과 임둔 복속 → 위만
  위만은 예(濊)·진번·임둔 등을 편입하고 옥저·동예를 복속하는 등 우세한 무력을 바탕으로 세력을 확장하였다.

② 한(漢) 무제 : 왕검성 공격 → 우거왕
  고조선의 세력이 강해지자 한나라 무제가 사신 섭하의 살해를 빌미로 군대를 보내 왕검성을 공격하였다.

③ 한(漢)과 진국(辰國) : 중계 무역 → 위만
  준왕을 몰아내고 고조선의 왕의 된 위만은 한(漢)과 진국(辰國) 사이에서 중계 무역을 독점하고 세력을 확장하였다.

⑤ 역계경 : 진국으로 남하 → 우거왕
  조선상(朝鮮相) 역계경이 무리를 이끌고 진국(辰國)으로 남하하였고, 우거왕은 한 무제의 침략으로 피살되어 고조선은 멸망하였다.
  → 고조선의 관직명

04 신라의 화랑도
정답 ③

> **암기박사** 풍월도, 국선도 ⇒ 화랑도 : 진흥왕 때 국가 조직으로 공인·발전

정답 해설

화랑도(花郞徒)는 씨족 공동체의 전통을 가진 원화(源花)가 발전한 원시 청소년 집단으로, 정복 활동을 강화하던 진흥왕 때 국가 조직으로 공인·발전되었다.

오답 해설

① 독서삼품과 → 통일 신라의 관리 등용 제도
  국학 내에 설치된 독서삼품과는 원성왕 때 시행한 관리 등용 제도로, 유교 경전의 이해 수준에 따라 3등급으로 구분해 관리를 등용하였다. → 상품·중품·하품

② 경당 → 고구려의 지방 교육 기관
  장수왕 때 지방 청소년의 무예·한학 교육을 위해 경당을 설치하였다.
  → 우리나라 최초의 사학(私學)

④ 화백 회의 → 신라의 귀족 회의체
  국가의 중요 결정을 귀족들로 구성된 회의체에서 결정하는 신라의 화백 회의는 만장일치제로 운영되었다.

⑤ **박사와 조교 → 태학의 유교 경전 교육 관직**
경덕왕 때 국학을 태학이라 고치고 박사와 조교를 두어 〈논어〉와 〈효경〉 등의 유교 경전을 교육하였다.

핵심노트 ▶ 화랑정신

- 최치원의 난랑비문 : 유·불·선 3교의 현묘한 도를 일컬어 화랑도라 함
- 원광의 세속 5계 : 공동체 사회 이념을 바탕으로 불교와 유교, 도교를 수용한 실천 윤리 사상으로, 마음가짐과 행동의 규범을 제시 → 화랑도 정신의 바탕
- 임신서기석(壬申誓記石) : 두 화랑이 학문(유교 경전의 학습)과 인격 도야, 국가에 대한 충성 등을 맹세한 비문

05 여·수 전쟁

정답 ①

암기박사 을지문덕 : 살수대첩 ⇒ 여·수 전쟁 : 수나라 멸망

정답 해설

ㄱ. 수 양제(煬帝)가 113만 대군을 이끌고 고구려를 침입했으나 을지문덕이 이끄는 고구려 군에게 살수에서 대패하였다(612).
ㄴ. 여·수 전쟁은 수나라가 멸망하는 원인 중 하나가 되었다(618).

오답 해설

ㄷ. **양만춘 : 안시성 전투 → 여·당 전쟁**
연개소문이 정변을 일으키자 당 태종(이세민)이 이를 빌미로 고구려를 공격하였고, 양만춘이 안시성 전투에서 당의 군대를 격퇴하였다(645).

ㄹ. **당의 안동도호부를 요동으로 축출 → 나·당 전쟁**
신라 문무왕은 매소성(매초성) 전투와 기벌포 해전에서 당의 대군을 섬멸하고, 평양에 설치된 당의 안동도호부를 요동의 신성으로 축출하였다(676).

핵심노트 ▶ 여·수 전쟁

- 제1차 침입(영양왕, 598) : 수 문제(文帝)의 30만 대군이 침입했으나 장마와 전염병으로 실패
- 제2차 침입(영양왕, 612) : 수 양제(煬帝)의 113만 대군이 침입했으나 을지문덕이 이끄는 고구려군에게 살수에서 대패(살수 대첩)
- 제3·4차 침입(영양왕, 613·614) : 수 양제(煬帝)가 침입했으나 모두 실패

06 금관가야의 멸망

정답 ②

암기박사 (가) 고구려 장수왕 ⇒ 백제 한성 공격 : 개로왕 전사
(나) 신라와 백제 : 관산성 전투 ⇒ 백제 성왕 전사

정답 해설

(가) 고구려 장수왕은 수도를 국내성에서 평양성으로 천도한 뒤 남하 정책을 통해 백제의 수도 한성을 함락하고 개로왕을 전사시켰다 (475).
(나) 신라와 백제가 나·제 동맹을 맺고 고구려에 대항하여 한강 유역을 수복하였으나, 신라 진흥왕이 백제가 차지한 지역을 점령하자 백제 성왕이 신라를 공격하다 관산성 전투에서 전사하였다 (554).

금관가야는 김해를 중심으로 한 낙동강 유역 일대에서 김수로에 의

해 건국되었는데, 신라 법흥왕 때 멸망하였고 일부 왕족이 멸망 후 신라의 진골로 편입되었다(532).

오답 해설

① **낙랑군 축출 → 고구려 미천왕**
고구려 미천왕은 낙랑군과 대방군을 축출하여 서로는 요하, 남으로는 한강에 이르는 발판을 마련하였다(313~314).

③ **매소성 전투 → 신라 문무왕**
신라 문무왕은 매소성(매초성) 전투와 기벌포 해전에서 당의 대군을 섬멸하고 나·당 전쟁에서 승리함으로써 삼국 통일을 이룩하였다(676).

④ **광개토 대왕 → 백제 공격**
영락(永樂)이라는 독자적인 연호를 사용한 광개토 대왕은 영락 6년 친히 군대를 이끌고 백제를 토벌하였다(400).

⑤ **여제 동맹 → 신라에 대항**
신라가 한강 유역을 차지하자 백제와 고구려가 동맹을 맺고 신라의 팽창과 당나라와의 연결을 막았다(642).

07 신라 지증왕의 업적

정답 ⑤

암기박사 국호 : 신라, '왕'의 칭호 사용 ⇒ 신라 지증왕

정답 해설

신라 지증왕 때 권농책으로 우경에 의한 깊이갈이(심경법)가 시작되었고, 이사부를 파견하여 우산국(울릉도)을 복속시켰다. 또한 국호를 사로국에서 '신라'로 바꾸고 왕의 칭호를 마립간에서 '왕'으로 고쳤다.

오답 해설

① **병부와 상대등 설치 → 신라 법흥왕**
신라 법흥왕은 병부와 상대등을 설치하여 관등을 정비하고 율령 반포와 공복을 제정하여 통치 질서를 확립하였다.

② **독서삼품과 실시 → 통일 신라 : 원성왕**
통일 신라 때 원성왕은 독서삼품과를 마련하여 유교 경전의 이해 수준에 따라 3등급으로 구분해 관리를 등용하였다.

③ **불국사 삼층 석탑 건립 → 통일 신라 경덕왕**
불국사 삼층 석탑은 통일 신라 경덕왕 때 김대성이 창건한 경주 불국사에 있는 석탑으로, 석가탑 또는 무영탑으로 불리며 신라의 전형적인 석탑 양식을 대표한다.

④ **외사정 파견 : 지방관 감찰 → 통일 신라 문무왕**
통일 신라 문무왕 때 지방관 감찰을 목적으로 주·군에 외사정이 파견되었다.

핵심노트 ▶ 지증왕(500~514)의 업적

- 국호를 사로국에서 신라로, 왕의 칭호를 마립간에서 왕으로 고침(503)
- 행정 구역을 개편하여 중국식 군현제를 도입하고, 소경제(小京制)를 설치 → 지방에 주군을 설치하고 주에 군주(軍主)를 파견
- 권농책으로 우경을 시작하고(502), 시장 관리기관으로 동시전을 설치(509)
- 이사부를 파견하여 우산국(울릉도)을 복속(512)
- 순장을 금지하고 상복(喪服)을 입도록 함 → 상복법 제정

08 통일 신라의 민정 문서

정답 ③

암기박사 민정 문서(신라장적) : 촌락에 대한 기록 문서 ⇒ 통일 신라

정답 해설

민정 문서(신라장적)는 매년 자연촌을 단위로 변동사항을 조사하던 촌락에 대한 기록 문서이다. 신라는 5세기 말 소지왕 때 경주에 시장을 열고 물품을 매매하는 동시를 설치하였으며(490), 6세기 초 지증왕 때 시장을 감독하는 관청인 동시전(東市典)을 두었다(509).

오답 해설

① 모내기법의 전국 확산 → 조선 후기
모내기법(이앙법)과 이모작은 고려 말에서 조선 초에 보급되기 시작하였지만, 전국적인 확대 보급은 조선 후기이다.

② 진대법 실시 → 고구려 : 고국천왕
진대법은 고구려 고국천왕 때 을파소의 건의로 실시된 빈민 구제 제도이다. → 고려 시대의 흑창(태조)과 의창(성종), 조선 시대의 의창과 사창 등으로 계승발전

④ 구황 작물 재배 → 조선 후기
고구마(18세기, 일본), 감자(19세기, 청) 등의 구황 작물이 재배되기 시작한 것은 조선 후기이다.

⑤ 농사직설 편찬 → 조선 세종 : 정초
농사직설은 세종 때 정초 등이 우리 풍토에 맞는 농법을 기록한 우리나라 최초의 농서이다.

핵심노트 ▶ 민정문서(신라장적)

- 발견 시기 및 장소 : 1933년 일본 나라현 동대사(東大寺) 정창원(正倉院)에서 발견
- 조사 및 작성 : 경덕왕 14년(755)부터 매년 자연촌을 단위로 변동 사항을 조사, 촌주가 3년마다 다시 작성
- 작성 목적 : 농민에 대한 요역(徭役)과 세원(稅源)의 확보 및 기준 마련 → 노동력·자원의 파악 관리
- 대상지역 : 서원경(西原京, 청주) 일대의 4개 촌락
- 촌락의 구성 및 성격 : 10호 정도의 혈연집단으로 구성된 자연촌을 기준으로 편성되었으며, 3~4개의 자연촌이 하나의 지역촌을 형성 → 촌주가 관장하는 행정촌
- 조사 내용 : 촌락의 토지 면적 및 종류, 인구 수, 호구, 가축(소·말), 토산물, 유실수(뽕·잣·대추) 등을 파악 기록
- 의의 : 자원과 노동력을 철저히 편제하여 조세수취와 노동력 징발의 기준을 정하기 위한 것으로, 율령 정치(律令政治)의 발달을 엿볼 수 있음

09 발해의 문화유산

정답 ①

암기박사 장백 : 영광탑 ⇒ 발해의 문화유산

정답 해설

장백 영광탑은 중국 길림성 장백진 북서쪽 탑산에 있는 발해 시대의 누각식 전탑으로 장방형, 규형, 다각형의 벽돌로 쌓은 5층의 벽돌탑이다. 청나라 관리가 공자 사당의 영광전처럼 오랜 세월에도 의연히 남아 있다고 하여 영광탑이라는 이름을 붙였다.

오답 해설

② '백제를 정벌한 기념탑' → 부여 : 정림사지 오층 석탑 → 당나라 장수 소정방이 백제를 정복한 후 '백제를 정벌한 기념탑'이라는 글귀가 새겨져 있음
충남 부여의 정림사지에 있는 오층 석탑은 목탑의 구조와 비슷하지만 돌의 특성을 살려 전체적인 형태가 매우 우아하고 아름다운 백제의 탑이다.

③ 우리나라에서 가장 큰 전탑 → 안동 : 법흥사지 칠층 전탑
경북 안동시 법흥사지에 있는 통일 신라 시대의 전탑으로 우리나라에서 가장 큰 전탑이다.

④ 현존 신라 최고(最古)의 석탑 → 경주 : 분황사 모전 석탑
경북 경주의 분황사에 있는 모전 석탑은 석재를 벽돌 모양으로 만들어 쌓은 탑으로, 현존하는 신라 석탑 중 가장 오래된 석탑이다.

⑤ 김대성이 건립한 석탑 → 경주 : 불국사 다보탑
경북 경주의 불국사에 있는 다보탑은 신라 경덕왕 때 김대성이 건립한 석탑으로, 한국의 석탑 중 일반형을 따르지 않고 특이한 형태를 가진 걸작이다.

10 발해의 경제 상황

정답 ②

암기박사 솔빈부의 지역 특산물 : 말 ⇒ 발해

정답 해설

동경 용원부에서 출토된 삼존불상은 발해의 문화유산이다. 발해는 전성기 때 해동성국이라고 불렸고, 15부의 지방 행정 구역 중 하나인 솔빈부는 특산품으로 말이 유명하였다.

오답 해설

① 울산항 : 국제 무역항 → 통일 신라
통일 신라 시대에는 대당 무역이 발달하여 당항성, 영암과 함께 울산항이 국제 무역항으로 번성하였다.

③ 장보고 : 청해진 → 통일 신라 → 최대의 교역항
통일신라 때 장보고는 완도에 청해진을 설치하여 해상 무역을 전개하고 국제 무역의 거점으로 번성하였다.

④ 건원중보 발행 → 고려 성종
고려 성종 때 철전(鐵錢)인 건원중보를 발행하여 화폐 유통을 추진하였으나 널리 유통되지는 못하였다. → 우리나라 최초의 화폐

⑤ 동시전 설치 → 신라 지증왕
신라 지증왕 때 시장을 감독하는 관청인 동시전(東市典)이 수도 경주에 설치되었다.

핵심노트 ▶ 발해의 경제

- 농업 : 기후의 한계로 콩·조·보리 등의 밭농사 중심이었으나, 철제 농기구가 널리 사용되고 수리 시설이 확충되면서 일부 지역에서 벼농사를 지음
- 목축업과 어업 : 9세기 사회 안정과 함께 농업·수공업·상업이 발달하였고, 목축·수렵도 함께 발달
- 수공업 : 금속 가공업, 비단·삼베 등의 직물업, 도자기업 등 다양한 수공업이 발달
- 상업 : 수도인 상경 용천부 등 도시와 교통 요충지에서 상업이 발달하고 상품매매에는 현물 화폐를 주로 썼으나 외국의 화폐도 널리 유통됨
- 무역로 : 해로(서안평 → 덩저우, 발해관 설치), 육로(요동성 → 진저우)
- 수출품 : 말·모피·인삼 등 토산물과 불상·자기·금은세공 등 수공업품 → 솔빈부의 말(馬)은 주요한 수출품
- 수입품 : 귀족들의 수요품인 비단·책 등

11 고려 태조의 업적

정답 ②

암기박사 서경 : 북진 정책 ⇒ 고려 태조

정답 해설

제시된 자료는 거란의 침략으로 발해가 멸망하자 발해 왕자 대광현이 고려 태조 왕건에게 귀부(歸附)한 내용이다. (스스로 와서 복종함) 태조 왕건은 신라를 병합하고 후백제를 정벌하여 후삼국을 통일하였으며, 서경(지금의 평양)을 중시하여 북진 정책의 전진 기지로 삼았다.

오답 해설

① 12목 설치 : 지방관 파견 → 고려 성종
  고려 성종은 최승로의 시무 28조에 따라 전국에 12목을 설치하고 지방관(목사)을 파견하였다(983).
③ 국자감 : 7재 개설 → 고려 예종
  고려 예종은 국자감(관학)을 재정비하여 전문 강좌인 7재(七齋)를 개설하였다(1109).
④ 과거제 : 쌍기의 건의 → 고려 광종
  고려 광종은 인재를 등용하기 위해 후주 출신 쌍기의 건의로 과거제를 시행하였다(958).
⑤ 노비안검법 실시 → 고려 광종
  고려 광종은 노비안검법을 실시하여 양인이었다가 불법으로 노비가 된 자를 조사하여 해방시켜 줌으로써, 호족과 공신 세력을 견제하였다(956).

핵심노트 ▶ 고려 태조의 정책

- **민족 융합 정책** : 호족 세력의 포섭 · 통합, 통혼 정책(정략적 결혼), 사성(賜姓) 정책(성씨의 하사), 사심관 제도와 기인 제도, 역분전 지급, 본관제, 〈정계(政戒)〉와 〈계백료서(誡百僚書)〉, 훈요 10조
- **민생 안정책** : 취민유도, 조세 경감, 흑창(黑倉) 설치, 노비 해방, 민심의 수습
- **숭불 정책** : 불교 중시, 연등회 · 팔관회, 사찰의 건립(법왕사, 왕수사, 흥국사, 개태사 등), 승록사(僧錄司) 설치
- **북진 정책** : 고구려 계승 및 발해 유민 포용, 서경 중시, 거란에 대한 강경 외교(국교 단절, 만부교 사건), 여진족 축출

12 대각국사 의천

정답 ①

암기박사 국청사 : 해동 천태종 창시 ⇒ 대각국사 의천

정답 해설

문종의 넷째 아들인 대각국사 의천은 교종을 중심으로 선종을 통합하기 위하여 국청사를 창건하고 해동 천태종을 창시하였다.

오답 해설

② 법화 신앙 : 백련결사 주도 → 원묘국사 요세
  원묘국사 요세(了世)는 강진 만덕사(백련사)에서 법화 신앙을 중심으로 백련결사(白蓮結社)를 조직하고 불교 정화 운동을 전개하였다.
③ 정혜사 결성 : 불교계 개혁 → 보조국사 지눌
  조계종을 창시한 보조국사 지눌은 정혜사를 결성하여 불교계를 개혁하고자 하였으며, 돈오점수를 바탕으로 한 꾸준한 수행과 정혜 쌍수를 그 수행 방법으로 내세웠다.

④ 유불 일치설 : 심성 도야 → 진각국사 혜심
  진각국사 혜심은 유불 일치설(儒佛一致說)을 주장하여 심성의 도야를 강조하였다.
⑤ 해동고승전 : 우리나라 최고(最古)의 승전 → 각훈
  각훈의 「해동고승전」은 삼국 시대의 승려 33명의 전기를 수록한 우리나라 최고(最古)의 승전으로, 우리 불교사를 중국과 대등한 입장에서 서술하고 교종의 입장에서 불교 역사와 사상을 정리하였다.

핵심노트 ▶ 대각국사 의천

해동 천태종의 개조로 문종의 넷째 아들이다. 문종과 어머니 인예왕후의 반대를 무릅쓰고 몰래 송으로 건너가 불법을 공부한 뒤 귀국하여 흥왕사의 주지가 되었다. 그는 그곳에 교장도감을 두고 송 · 요 · 일본 등지에서 수집해 온 불경 등을 교정 · 간행하였다. 교선일치를 주장하면서, 교종과 선종으로 갈라져 대립하던 고려의 불교를 융합하고자 하였다.

13 고려 시대의 관학 진흥 정책

정답 ①

암기박사 고려 시대 : 관학 진흥 정책 ⇒ 7재, 양현고, 청연각과 보문각, 경사 6학

정답 해설

고려 중기 최충의 문헌공도를 비롯한 사학 12도의 융성으로 관학 교육이 위축되었다. 이에 예종 때는 국자감에 전문 강좌인 7재를 두었고 장학기금 마련을 위해 양현고를 설치하였으며 궁중에 청연각과 보문각을 설치하여 학문 연구를 장려하였다. 또한 인종 때에는 경사 6학을 중심으로 교육 제도를 정비하였다. 4부 학당은 조선 시대 한양에 설립된 중등 교육 기관으로 태종 때의 5부 학당이 세종 때 북부 학당의 폐지로 4부 학당으로 운영되었다.

핵심노트 ▶ 고려의 교육 제도

관학	• 국자감 : 개경에 국립대학인 국자감(국학)을 설치 • 향교 : 지방에 국립 중등교육기관인 향교(鄕校)가 설치되어, 지방 관리와 서민자제들의 교육 및 제사 기능을 수행 → 기술학부는 없고 유학만 교육
사학	사학 12도 : 문헌공도(최충), 홍문공도(정배걸), 광헌공도(노단), 남산도(김상빈), 정경공도(황영), 서원도(김무체), 문충공도(은정), 양신공도(김의진), 충평공도(유감), 정헌공도(문정), 서시랑도(서석), 귀산도(설립자 미상)

14 묘청의 서경 천도 운동

정답 ③

암기박사 이자겸의 난(1126) ⇒ 묘청의 난(1135)

정답 해설

칭제 건원과 서경 천도를 주장하며 묘청 등이 일으킨 난은 묘청의 난이다. 이들은 서경 천도 운동을 전개하다가 김부식이 이끄는 관군의 공격으로 약 1년 만에 진압되었다. 묘청의 난(1135)은 이자겸의 난(1126) 이후 보수와 개혁 세력 간의 대립으로 발생하였다.

> **핵심노트** ▶ 개경파와 서경파의 대립

구분	개경(開京) 중심 세력	서경(西京) 중심 세력
대표자	김부식 · 김인존 등	묘청 · 정지상 등
특징 및 주장	• 왕권 견제, 신라 계승, 보수적 · 사대적 · 합리주의적 유교 사상 • 정권 유지를 위해 금과의 사대 관계 주장 • 문벌 귀족 신분	• 왕권의 강화, 고구려 계승, 풍수지리설에 근거한 자주적 · 진취적 전통 사상 • 서경 천도론과 길지론(吉地論), 금국 정벌론 주장 • 개경의 문벌 귀족을 붕괴시키고 새로운 혁신 정치를 도모

15 최영의 요동 정벌

> **암기박사** 명 : 철령위 설치 ⇒ 최영 : 요동 정벌 추진

정답 ④

정답 해설

제시된 사료에서 (가) 인물은 고려 말의 명장이자 충신인 최영이다. 고려 우왕의 친원 정책에 명이 쌍성총관부가 있던 철령 이북의 땅에 철령위 설치를 통보하자 최영을 중심으로 요동 정벌을 추진하였다 (1388).

오답 해설

① **별무반 : 동북 9성 축조 → 윤관**
고려 예종 때 윤관은 별무반을 이끌고 여진을 정벌하고 동북 9성을 축조하였다.

② **나성 축조 : 거란 침입 대비 → 강감찬**
강감찬은 귀주 대첩에서 승리한 후 개경에 나성을 쌓아 거란의 침입에 대비하였다.

③ **화통도감 : 화약과 화포 제작 → 최무선**
고려 우왕 때 최무선은 화약과 화포 제작을 위해 화통도감을 설치하고 화포를 사용하여 진포(금강 하구)에서 왜구를 격퇴하였다.

⑤ **쌍성총관부 공격 → 유인우, 이자춘**
고려 공민왕 때 유인우, 이자춘 등이 쌍성총관부를 공격하여 원에 빼앗긴 철령 이북의 땅을 수복하였다.

16 관촉사 석조 미륵보살입상

> **암기박사** 관촉사 석조 미륵보살입상 ⇒ 고려 최대의 석불입상

정답 ②

정답 해설

충남 논산의 관촉사에 있는 석조 미륵보살입상은 고려 시대 최대의 석불입상으로, 은진미륵이라고도 불리며 규모가 거대하고 인체 비례가 불균형하다.

오답 해설

① **서산 용현리 마애여래삼존상 → '백제의 미소'**
서산 용현리 마애여래삼존상은 충남 서산시 운산면 용현리에 있는 백제 시대의 불상으로 흔히 '백제의 미소'로 널리 알려져 있다. 이 마애불은 부처를 중심으로 좌우에 보살입상과 반가사유상이 배치된 특이한 삼존형식이다.

③ **합천 치인리 마애여래입상 → 통일 신라 시대의 마애여래상**
합천 치인리 마애여래입상은 경상남도 합천군 가야면 해인사길에 있는 통일 신라 시대의 불상으로, 전체적으로 경직된 느낌과 법의 자락이 선각(線刻)화되는 경향이 없지 않으나 힘이 넘치고 당당하다.

④ **파주 용미리 마애이불입상 → 고려 시대 2구의 거불 불상**
파주 용미리 마애이불입상은 경기도 파주시 광탄면 용미리에 있는 고려 시대의 불상으로, 천연암벽을 몸체로 삼아 그 위에 목, 머리, 갓 등을 따로 만들어 얹어놓은 2구의 거불이다.

⑤ **경주 배동 석조여래삼존입상 → 삼국 시대의 석조 삼존 불입상**
경주 배동 석조여래삼존입상은 경북 경주시 배동 선방사곡 입구에 있는 삼국 시대의 석조 삼존불입상으로 아기 같은 짧은 체구와 얼굴, 묵중하고 단순화된 선 등에서 중국 북주(北周) 또는 수나라 불상과 유사한 양식을 보여준다.

17 태조 이성계의 업적

> **암기박사** 한양 천도 : 경복궁 창건 ⇒ 태조 이성계

정답 ②

정답 해설

제시문은 요동 정벌을 반대하고 위화도에서 회군하여 조선을 건국한 태조 이성계의 4불가론이다. 경복궁과 근정전은 태조 이성계가 한양으로 도읍을 천도하면서 처음 지어졌고, 이후 임진왜란 당시 불타 소실된 것을 흥선 대원군이 재건하였다.

오답 해설

① **집현전 설치 → 세종**
세종 때 학문 연구 기관인 집현전이 설치되어 인재를 육성하고 편찬 사업을 추진하였다.

③ **국조오례의 완성 → 성종 : 신숙주, 정척** ← 길례·흉례·가례·군례·빈례
성종 때 신숙주, 정척 등에 의해 국가의 의례를 정비한 국조오례의(國朝五禮儀)가 완성되었다.

④ **호패법 실시 → 태종**
태종 때 백성의 유망을 막기 위하여 16세 이상의 남자들에게 호패를 발급하는 호패법이 실시되었다.

⑤ **당백전 발행 → 고종 : 흥선 대원군**
고종 때 흥선 대원군에 의해 궁궐(경복궁)의 공사비 마련을 위하여 당백전이 발행되었다.

18 계유정난

> **암기박사** 계유정난 ⇒ 세조 : 한명회

정답 ①

정답 해설

조선 전기의 문신 한명회는 수양대군(세조)을 도와 김종서·황보인 등의 중신과 안평대군을 축출한 계유정난을 통해 정치적 실권을 장악하였다.

오답 해설

② **불씨잡변 저술 → 정도전**
정도전은 불씨잡변(佛氏雜辨)을 간행하여 불교를 비판하고 성리학을 통치 이념으로 확립하였다.

한국사능력검정시험 심화대비 기출분석 예상문제 · 정답 및 해설

③ 금위영 설치 → 조선 숙종
조선 숙종 때 궁궐 수비를 담당하는 기병으로 구성된 금위영을 설치하여 5군영 체제를 완성하였다. → 5군영의 설치 순서: 훈련도감 → 총융청 → 수어청 → 어영청 → 금위영

④ 제1차, 제2차 왕자의 난 → 조선 태종
조선 태종(이방원)은 두 차례 왕자의 난을 통해 정도전, 남은, 심효생 등의 반대파를 제거하고 정권을 장악하였다.

⑤ 삼군부 부활 → 흥선 대원군
흥선 대원군은 왕권 강화의 일환으로 비변사를 혁파하고 의정부의 권한을 강화하였으며 삼군부를 부활시켜 군국 기무를 전담하게 하였다.

핵심노트 ▶ 계유정난

1453년 수양 대군(후에 세조)이 단종을 몰아내고 왕이 되는 사건. 세종의 큰아들 문종은 병약하여 단명하고 문종의 어린 아들 단종이 왕위를 계승하였다. 수양 대군은 김종서 등 반대 세력을 제거하고 동생인 안평 대군도 죽인 뒤 단종을 영월로 귀양 보낸 후 사약을 내려 죽이고 왕이 되었다. 단종을 복위시키려는 사육신 등을 처형하고 정난에 공이 큰 한명회, 신숙주, 권람, 홍달손 등을 공신에 책봉하였다. 성리학적 명분론을 신봉하는 사림인 김종직은 조의제문(弔義帝文, 초나라 왕인 의제의 죽음을 슬퍼하는 글)을 지어 이 사건을 비난함으로써 무오사화가 일어났다.

19 세종대왕의 업적

암기박사 갑인자, 농사직설 ⇒ 세종대왕

정답 ①

정답 해설

농사직설은 세종 때 정초 · 변효문 등이 편찬한 우리나라 최초의 농서로, 중국의 농업 기술을 수용하면서 우리의 실정에 맞는 독자적인 농법을 정리하였다. 이 시기에 개량된 금속 활자인 갑인자가 주조되어 활자 인쇄술이 발전되었다. → 정교하고 수려한 조선 활자의 걸작

오답 해설

② 경국대전 반포 → 성종
조선의 기본 법전인 경국대전은 세조 때 편찬을 착수하여 성종 때 완성 · 반포하였다.

③ 악학궤범 편찬 → 성종
성종 때 성현은 음악의 원리와 역사 · 악기 · 무용 · 의상 및 소도구까지 망라하여 궁중 음악을 집대성한 악학궤범을 편찬하였다.

④ 균역법 실시 → 영조
영조 때 종전의 군적수포제에서 군포 2필을 부담하던 것을 1년에 군포 1필로 경감하는 균역법을 실시하여 군역의 부담을 줄이고자 하였다.

⑤ 직전법 실시 → 세조
세조 때에는 과전이 부족하여 현직 관리에게만 수조권을 지급하는 직전법을 실시하였다.

핵심노트 ▶ 세종(1418~1450)의 문화 발전

- 활자 주조 : 경자자, 갑인자, 병진자, 경오자
- 한글 서적 : 용비어천가, 동국정운 → 음운서, 석보상절 → 불경 언해서, 월인천강지곡 → 불교 찬가
- 고려사, 육전등록, 치평요람, 역대병요, 팔도지리지, 효행록, 삼강행실도, 농사직설, 칠정산 내외편, 사시찬요, 총통등록, 의방유취, 향약집성방, 향약채취월령, 태산요록
- 관습도감 설치 : 박연으로 하여금 아악 · 당악 · 향악을 정리하게 함

- **불교 정책** : 5교 양종을 선교 양종으로 통합, 궁중에 내불당 건립
- **역법 개정** : 원의 수시력과 명의 대통력을 참고로 하여 칠정산 내편을 만들고 아라비아 회회력을 참조하여 칠정산 외편을 만듦 → 독자성
- **과학 기구 발명** : 측우기, 자격루(물시계), 앙부일구(해시계), 혼천의(천체 운행 측정기)

20 기축옥사

암기박사 정여립 모반 사건 ⇒ 기축옥사(선조, 1589)

정답 ②

정답 해설

성학집요는 이이가 사서(四書)와 육경(六經)에 있는 도(道)의 개략을 뽑아 간략하게 정리하여 선조에게 바친 책으로, 군주가 수양해야 할 덕목이 제시되어 있다. 선조 때 정여립 모반 사건이 계기가 되어 권력을 잡은 서인은 동인에 대한 기축옥사를 주도하였다. → 동인은 온건파인 남인과 급진파인 북인으로 분당

오답 해설

① 공신 책봉 문제 → 이괄의 난(인조, 1624)
인조반정을 주도한 서인은 광해군을 축출하고 정권을 장악하였으나, 이때 공신 책봉에 불만을 품은 이괄이 난을 일으켜 한양이 점령되자 인조는 도성을 떠나 공산성으로 피란하였다.

③ 남인들이 대거 축출 → 경신환국(숙종, 1680)
서인이 허적의 서자 허견 등이 역모를 꾀했다 고발하여 허적과 윤휴 등 남인들이 대거 축출되고 서인이 집권하였다.

④ 북인의 권력 장악 → 중립 외교(광해군, 1608~1623)
광해군 때에 북인은 적극적 사회 · 경제 정책을 펴고 광해군의 중립 외교를 지지하여 서인과 남인을 배제하고 권력을 장악하였다.

⑤ 인현 왕후 폐위, 희빈 장씨 왕비 책봉 → 기사환국(숙종, 1689)
조선 숙종 때 희빈 장씨 소생의 원자 책봉 문제로 기사환국이 발생하여 인현 왕후가 폐위되고 희빈 장씨가 왕비로 책봉되었다.

21 일연의 삼국유사

암기박사 일연 : 삼국유사 집필 ⇒ 군위 인각사

정답 ④

정답 해설

일연의 삼국유사는 단군부터 고려 말까지의 불교사를 중심으로 서술한 기사본말체 형식의 사서로 군위 인각사에서 집필되었다.

오답 해설

① 직지심체요절 → 청주 흥덕사
직지심체요절은 현존하는 세계 최고(最古)의 금속 활자본으로 청주 흥덕사에서 간행되었다.

② 태조 왕건의 국찰 → 논산 개태사
논산 개태사는 태조 왕건이 후백제를 평정하고 국찰로 창건한 국립 개국 사찰이다.

③ 팔만대장경 → 합천 해인사
팔만대장경은 몽고의 침입으로 초조대장경이 소실된 후 부처의 힘으로 이를 극복하고자 간행된 것으로 현재 합천 해인사에 보관되어 있다.

⑤ 극락전 → 안동 봉정사

280

극락전은 경북 안동시 봉정사에 있는 고려 시대 주심포 양식의 건축물로, 현존하는 가장 오래된 목조 건축물이다. → 공포(栱包)가 기둥 위에만 있는 양식

22 조선 통신사

암기박사 조선과 에도 막부를 잇는 사절단 ⇒ 조선 통신사

정답 ⑤

정답 해설

임진왜란 이후 에도 막부의 국교 재개 요청으로 조선은 19세기 초까지 12회에 걸쳐 통신사(通信使)를 파견하여 조선의 선진 문물을 일본에 전파하는 문화 교류의 역할을 담당하였다.

오답 해설

① 조선 통신사 → 비정기적 파견
조선 통신사는 일본의 요청이 있을 때마다 비정기적으로 파견되었다.

② 김정중 : 연행록 → 청나라 사행일기
조선 정조 때 김정중이 청나라에 다녀온 뒤 사행 일기인 연행록을 남겼다.

③ 하정사, 성절사, 천추사 → 명에 보낸 사절단
조선은 건국 직후부터 명과 친선을 유지하여 매년 정기적 · 부정기적으로 하정사, 성절사, 천추사 등으로 불리는 사절단을 파견하였다. → 정월 초하루 → 황제의 탄신일 → 황태자의 탄신일

④ 북평관 → 여진족 사신을 위한 숙소
조선 세종 때 여진족과의 사절 왕래를 위하여 여진족 사신을 위한 숙소인 북평관이 개설되었다.

 **핵심노트** ▶ 통신사 파견

조선의 왕이 막부의 장군(쇼군)에게 파견하던 사절이다. 실제로 일본에 건너가 통신사로서의 임무를 수행한 것은 세종 11년(1429) 교토에 파견된 정사 박서생의 사절단이 최초이다. 조선 후기의 통신사는 막부의 장군이 있는 에도(도쿄)를 목적지로 파견되었는데, 그곳까지 가는 도중에 통신사가 묵는 객사는 한시문과 학술의 필담창화라고 하는 문화 교류의 장이 되었다.

23 임진왜란의 전개 과정

암기박사 부산진 전투 ⇒ 탄금대 전투 ⇒ 한산도 대첩 ⇒ 진주성 혈전 ⇒ 행주 대첩

정답 ③

정답 해설

임진왜란 당시 조선의 도공 이삼평은 일본에 끌려가 백자를 만들어 일본 도자기 기술 발전에 기여하였다. 임진왜란 최초의 전투인 부산진 전투에서 첨사 정발이 분전하였으나 부산 일대가 왜군에 의해 함락되었다(1592. 4).

오답 해설

① 김시민 → 진주성 혈전(1592. 10)
진주 목사 김시민이 3,800명의 조선군과 함께 약 2만에 달하는 왜군에 맞서 진주성을 지켜냈다.

② 권율 → 행주 대첩(1593. 2)
벽제관에서의 승리로 사기가 충천해 있던 왜군에 대항하여 권율이 행주산성을 지켜낸 싸움으로, 부녀자들까지 동원되어 돌을 날랐다는 이야기로 유명하다.

④ 이순신 → 한산도 대첩(1592. 7)
이순신의 한산도 대첩은 왜군의 수륙 병진 정책을 좌절시킨 싸움으로, 지형적 특징과 학익진을 이용하여 왜군을 섬멸하였다.

⑤ 신립 → 탄금대 전투(1592. 4)
임진왜란 때 부산에 상륙한 왜군이 파죽지세로 쳐들어오자 도순변사 신립이 충주 탄금대에서 배수의 진을 치고 항전하였다.

핵심노트 ▶ 임진왜란의 3대첩

- 이순신의 한산도 대첩 : 왜군의 수륙 병진 정책을 좌절시킨 싸움이다. 지형적 특징과 학익진을 이용하여 왜군을 섬멸하였다.
- 김시민의 진주성 혈전 : 진주 목사 김시민과 3,800명의 조선군이 약 2만에 달하는 왜군에 맞서 진주성을 지켜낸 싸움이다. 이 싸움에서의 승리로 조선은 경상도 지역을 보존할 수 있었고 왜군은 호남을 넘보지 못하게 되었다.
- 권율의 행주대첩 : 벽제관에서의 승리로 사기가 충천해 있던 왜군에 대항하여 행주산성을 지켜낸 싸움이다. 부녀자들까지 동원되어 돌을 날랐다는 이야기로 유명하다.

24 신임사화(신임옥사)

암기박사 연잉군(영조) ⇒ 신임사화(신임옥사)

정답 ②

정답 해설

조선 숙종 때 병약한 세자(경종)를 대신해 노론의 지지를 얻은 연잉군(영조)이 왕세자로 책봉된 것에 대한 소론의 반발로 신임사화(신임옥사)가 발생하였다. 이후 왕위에 오른 영조는 붕당 정치의 폐해를 경계하기 위해 성균관 입구에 탕평비를 건립하였다.

오답 해설

① 폐비 윤씨 사사 사건 : 갑자사화 → 연산군
연산군의 친모인 폐비 윤씨의 사사 사건의 전말이 알려지면서 갑자사화가 발생하여 관련자들이 화를 입었다.

③ 자의대비의 복상 문제 : 기해예송 → 현종
효종 사망 시 자의대비의 복상 문제로 서인과 남인 사이에 기해예송이 전개되었다.

④ 외척 간의 세력 다툼 : 을사사화 → 명종
명종을 옹립한 윤원형의 소윤파와 인종의 외척 세력인 윤임의 대윤파간 대립으로 을사사화가 일어났다.

⑤ 희빈 장씨 소생의 원자 책봉 : 기사환국 → 숙종
희빈 장씨 소생의 원자 책봉 문제로 기사환국이 발생하여 숙종은 서인을 유배 · 사사하고 인현왕후를 폐위시켰다. → 남인 재집권

25 병자호란의 영향

암기박사 병자호란 : 삼전도 굴욕 ⇒ 북벌론 전개

정답 ③

정답 해설

제시된 대화는 청의 군신 관계 요구에 대한 주화파와 주전파의 대립을 보여주고 있다. 이와 관련 있는 전쟁은 병자호란이다. 병자호란은 청과의 전쟁이 불사하다는 주전론의 입장이 대세론으로 떠오르면서 청의 군신 관계 요구를 거절하면서 발생되었다. 이후 효종이 즉위하고 노론의 영수 송시열 등은 조선을 도운 명에 대한 의리를 내세우며

청에 당한 치욕을 갚자는 북벌론을 주장하였다(1649).

오답 해설

① **4군 6진 개척 → 세종**
조선 세종 때 여진족을 몰아내고 최윤덕은 압록강 유역에 4군(1443)을, 김종서는 두만강 유역에 6진(1449)을 설치하여 북방 영토를 개척하였다.

② **이종무 → 대마도 정벌**
조선 세종 때 이종무에 의해 왜구의 소굴인 대마도가 정벌되었다(1419).

④ **계해약조 체결 → 세종**
세종 때 쓰시마 도주의 간청으로 부산포·제포·염포의 3포를 개항하고 계해약조가 체결되어 세견선의 입항이 허가되었다(1443).

⑤ **비변사 설치 → 중종**
조선 중종 때 외적에 대비하기 위해 비변사가 처음으로 설치되었다(1517).

핵심노트 ▶ 북벌론(北伐論)

- **의미** : 오랑캐에게 당한 수치를 씻고, 조선을 도운 명에 대한 의리를 지킴
- **형식적 외교** : 군신 관계를 맺은 후 청에 사대하는 형식의 외교를 추진하나, 내심으로는 은밀하게 국방에 힘을 기울이면서 청에 대한 북벌을 준비
- **실질적 배경** : 왕권 강화와 서인 정권 유지를 위한 수단
- **북벌론 초기** : 효종은 청에 반대하는 송시열·송준길·이완 등을 중용하여 군대를 양성(어영청 등)하고 성곽을 수리
- **북벌론 후기** : 숙종 때 윤휴를 중심으로 북벌의 움직임이 제기됨
- **경과** : 효종의 요절 등으로 북벌은 큰 성과를 거두지 못하고 쇠퇴하다 18세기 후반부터 청의 선진 문물을 배우자는 북학론이 대두

26 순조 재위 기간의 사실

암기박사 공노비 해방, 신유박해 ⇒ 조선 순조

정답 ①

정답 해설

각 궁방과 중앙 관서의 공노비를 해방시키고 노비안을 불태운 것은 조선 순조 때의 일이다. 이 시기에 신유박해로 다수의 천주교도가 처형되거나 유배되었다.

오답 해설

② **박규수 : 삼정이정청 설치 → 철종**
철종은 임술 농민 봉기가 발발하자 삼정의 문란을 해결하기 위해 안핵사 박규수의 건의로 삼정이정청을 설치하였다.

③ **명의 요청 : 강홍립 부대 파견 → 광해군**
광해군 때에 명의 요청에 따라 강홍립이 이끄는 부대가 파견되었으나, 광해군은 명과 후금 사이에서 중립 외교 정책을 추진하여 강홍립을 후금에 투항하도록 하였다.

④ **붕당의 폐해 경계 : 탕평비 건립 → 영조**
영조는 붕당 정치의 폐해를 경계하기 위해 성균관 입구에 탕평비를 건립하였다.

⑤ **대전회통 편찬 → 고종 : 흥선 대원군**
고종 때 흥선 대원군은 〈경국대전〉·〈속대전〉·〈대전통편〉 등을 보완한 대전회통을 편찬하여 통치 체제를 정비하였다.

핵심노트 ▶ 신유박해(순조 1, 1801)

- 벽파(노론 강경파)가 시파를 축출하기 위한 정치적 박해 → 시파 세력의 위축·실학의 쇠퇴
- 이승훈·이가환·정약종·주문모 신부 등 3백여 명 처형
- 정약용·정약전 등이 강진과 흑산도로 유배됨
- 황사영 백서(帛書) 사건 발생

27 조선 후기 사상(私商)

암기박사 한강 : 세곡 운송 ⇒ 경강상인(강상)

정답 ④

정답 해설

경강상인(강상)은 한강과 서남 해안을 무대로 활동하던 상인으로, 선박을 이용한 세곡 운송에 종사하면서 거상으로 성장하였다.
→ 대동미 운송

오답 해설

① **(가) 의주 → 만상**
의주 만상은 청과의 밀무역인 책문 후시를 통해 금·은·인삼·소가죽 등을 가지고 가 청의 비단·약재·보석류 등과 거래하였다. 영조 때에는 만상에게만 책문 무역이 허용되었으며, 이들의 대청 무역은 개항까지 계속되었다.

② **(나) 평양 → 유상**
평양의 다른 이름이 유경이었기 때문에 유상으로 불리며, 주로 의주 만상과 개성의 송상을 연결하는 역할을 하였다.

③ **(다) 개성 → 송상**
개성의 송상은 전국에 송방이라는 지점을 설치하고 청과 일본 사이의 중계 무역으로 부를 축적하였는데, 사개치부법이라는 독자적인 회계법을 창안하였다.

⑤ **(마) 동래 → 내상**
동래의 내상은 주로 왜관을 중심으로 일본과의 해상 무역을 주도하였다.

28 홍경래의 난

암기박사 서북민(평안도민)에 대한 차별 ⇒ 홍경래의 난

정답 ⑤

정답 해설

가산 다복동에서 봉기하여 청천강 이북 지역을 점령했던 반란군이 정주성에서 관군에게 진압된 것은 홍경래의 난이다. 홍경래의 난은 서북인에 대한 차별에 반발하여 일어났다(1811).
→ 평안도민

오답 해설

① **척왜양창의 → 동학 농민 운동**
척왜양창의는 일본과 서양 세력을 배척하여 의병을 일으킨다는 뜻으로 동학 교도들은 보은집회에서 척왜양창의를 기치로 내걸었다.

② **몰락 양반 유계춘의 주도 → 임술 농민 봉기**
임술 농민 봉기는 삼정의 문란과 백낙신의 탐학이 발단이 되어 진주 지역 농민들이 몰락 양반 유계춘의 주도로 진주성을 점령하며 일어났다.

③ **청군 파병 → 동학 농민 운동**
동학의 농민군이 전주성을 점령하자 조선 정부는 청에게 원군을

제07회

요청하여 청군이 파병되었고 전주화약이 체결되었다.
④ 남접과 북접이 연합 → 동학 농민 운동
남접(전봉준)과 북접(손병희)이 연합하여 서울로 북진하다 공주 우금치에서 관군과 민보군, 일본군을 상대로 격전하였다.

핵심노트 ▶ 홍경래 난(평안도 농민 전쟁, 순조 11, 1811)

- 의의 : 세도 정치기 당시 농민 봉기의 선구
- 중심 세력 : 몰락 양반인 홍경래의 지휘 하에 광산 노동자들이 중심적으로 참여하였고, 영세 농민·중소 상인·유랑인·잔반 등 다양한 세력이 합세
- 원인
  - 서북인(평안도민)에 대한 차별 및 가혹한 수취
  - 서울 특권 상인 등의 이권 보호를 위해 평안도 지역 상공인과 광산 경영인을 탄압·차별하고 상공업 활동을 억압
  - 세도 정치로 인한 관기 문란, 계속되는 가뭄·흉작으로 인한 민심 이반
- 경과 : 가산 다복동에서 발발하여 한때 청천강 이북의 7개 고을을 점령하였으나 5개월 만에 평정
- 영향 : 이후 각지의 농민 봉기 발생에 영향을 미침 → 관리들의 부정과 탐학은 시정되지 않음

29 동학 사상

암기박사 시천주, 사인여천, 인내천 ⇒ 동학 사상

정답 ④

정답 해설

최제우가 창시한 동학은 마음속에 한울님을 모시는 시천주(侍天主)를 강조하였고, 그 외 사인여천(事人如天), 인내천(人乃天) 사상을 강조해 인간 평등을 반영하였다. 제사와 신주를 모시는 문제로 정부의 탄압을 받은 종교는 천주교이다.

오답 해설

① 경전 : 동경대전, 용담유사 → 동학
동학은 최제우가 지은 동경대전(東經大全)과 포고용 가사집인 용담유사(龍潭遺詞)를 경전으로 삼았다.
② 인내천 사상 → 동학
동학은 '사람이 곧 하늘'이라는 인내천(人乃天) 사상을 내세워 인간의 평등을 주장하였다.
③ 시천주 강조 → 동학
동학은 마음속에서 한울님을 모시는 시천주(侍天主)를 강조하였다.
⑤ 유·불·선 + 민간 신앙 → 동학
동학은 성리학·불교·서학 등을 배척하면서도 교리에는 유·불·선의 주요 내용과 장점을 종합하였으며 샤머니즘, 주문과 부적 등 민간 신앙 요소도 결합하였다.

핵심노트 ▶ 동학의 성격

- 성리학, 불교, 서학 등을 배척하면서도 교리에는 유·불·선의 주요 내용과 장점을 종합
- 샤머니즘, 주문과 부적 등 민간 신앙 요소도 결합되어 있으며, 현세구복적 성격
- 시천주(侍天主), 사인여천(事人如天), 인내천(人乃天) 사상을 강조해 인간 평등을 반영
- 운수 사상과 혁명 사상(조선 왕조를 부정)을 담고 있음
- 혁명적·반제국주의적 성격을 띠며, 사회 모순을 극복하고 외세의 침략을 막아내자는 주장을 전개
- 반봉건적 성격을 토대로 반상의 철폐, 노비 제도 폐지, 여성과 어린이의 인격 존중 등을 강조

30 유형원의 반계수록

암기박사 반계수록 : 균전론 ⇒ 유형원

정답 ①

정답 해설

유형원은 반계수록에서 자영농 육성을 위해 신분에 따른 토지의 차등 분배를 주장한 균전론(均田論)을 제안하였다.

오답 해설

② 여전론 → 정약용
정약용은 한 마을(1여)을 단위로 하여 토지를 공동으로 소유하고 공동으로 경작하여 수확량을 노동량에 따라 분배하는 여전론(閭田論)을 주장하였다.
③ 우서 → 유수원
유수원은 중국과 우리 문물을 비교하면서 정치·경제·사회 전반의 개혁을 제시하였는데, 우서(迂書)에서 사농공상의 직업적 평등과 전문화를 강조하였다.
④ 곽우록 → 이익
이익은 곽우록에서 자영농 몰락을 막기 위해 영업전을 설정하여 매매를 금하고 나머지 토지만 매매를 허용한 한전론(限田論)을 주장하였다. → 한 가정이 생계를 유지할 수 있는 최소 규모의 토지
⑤ 북학의 → 박제가
박제가는 북학의에서 재물을 우물에 비유하여 절약보다 적절한 소비를 권장하였다.

핵심노트 ▶ 유형원의 균전론

농부 한 사람이 1경(40마지기)의 토지를 받으며 법에 따라 조세를 내고 4경마다 군인 1명을 내게 한다. 사(士)로서 처음 학교에 입학한 자는 2경의 토지를 받고, 현직 관료는 9품부터 7품까지는 6경, 그리고 정2품의 12경에 이르기까지 조금씩 더해 준다. 병역 의무는 모두 면제해 주며, 현직에 근무할 때는 녹을 별도로 받는다. 퇴직하였을 때는 받은 토지로 생계를 유지한다.

– 반계수록 –

31 만동묘 철폐

암기박사 만동묘 철폐 ⇒ 흥선 대원군

정답 ⑤

정답 해설

만동묘는 임진왜란 때 조선을 도와준 명나라에 대한 보답으로 지은 사당으로, 노론의 소굴이 되어 상소와 비판을 올리고 양민을 수탈하는 등 폐해가 심해 흥선 대원군 때 철폐되었다.

오답 해설

① 역대 국왕과 왕비의 신주를 모신 사당 → 종묘
역대 국왕과 왕비의 신주를 모신 사당은 종묘로, 왕이 국가와 백성의 안위를 기원하기 위해 문무백관과 함께 정기적으로 제사에 참여한 공간이다.
② 관우를 제사지내는 사당 → 동관왕묘
촉의 장수인 관우를 제사지내는 사당은 동관왕묘로, 임진왜란 때 관우의 신령이 조선과 명의 군대를 도왔다고 하여 선조 때 만세덕이 건립하였다.
③ 토지와 곡식의 신에게 제사 → 사직단

사직단은 토지신인 국사신(國社神)과 곡물신인 국직신(國稷神)의 두 신에게 제사를 지내기 위해 쌓은 단이다.

④ 신농, 후직에게 풍년 기원 → 선농단

선농단은 국왕이 농사짓는 법을 가르쳤다고 하는 고대 중국의 제왕인 신농씨와 후직씨에게 풍년을 기원하며 제사지내던 곳이다.

32 병인양요

암기박사 양헌수, 정족산성, 외규장각 도서 약탈 ⇒ 병인양요

정답 ②

정답 해설

ㄱ. 프랑스는 병인박해 때의 프랑스 신부 처형을 구실로 로즈 제독의 함대가 양화진을 침입하여 병인양요를 일으켰고, 양헌수 부대가 정족산성에서 프랑스군을 격퇴하였다.

ㄹ. 프랑스는 철군 시 문화재에 불을 지르고 외규장각 도서를 국외로 약탈하였다.

오답 해설

ㄴ. 러시아 : 절영도 조차 요구 → 독립 협회 저지 (지금의 부산 영도)

러시아가 저탄소 설치를 위해 절영도의 조차를 요구하자 독립 협회는 만민 공동회를 개최하여 러시아의 요구를 저지하였다 (1898).

ㄷ. 어재연 : 광성보 전투 → 신미양요

미국이 제너럴셔먼호 사건을 구실로 강화도를 공격하여 신미양요가 발발하자 어재연 부대가 광성보에서 결사 항전하였다 (1871).

핵심노트 ▶ 병인양요(1866)

- 프랑스는 병인박해 때의 프랑스 신부 처형을 구실로 로즈 제독이 이끄는 7척의 군함을 파병하여 강화도 침략
- 대원군의 굳은 항전 의지와 양헌수 · 한성근 부대의 항전으로 문수산성과 정족산성에서 프랑스 군을 격퇴
- 프랑스는 철군 시 문화재에 불을 지르고 외규장각에 보관된 유물 3600여 점을 약탈. 이 중 도서 3000여 권은 2011년에 반환됨

33 김홍집의 조선책략 유포

암기박사 황준헌의 조선책략 유포 ⇒ 2차 수신사 : 김홍집

정답 ⑤

정답 해설

제시된 상소는 이만손을 비롯한 영남 유생들이 김홍집의 조선책략 유포에 반발하여 올린 만인소이다. 김홍집은 제2차 수신사로 일본에 갔다가 귀국할 때 황준헌의 조선책략을 가지고 들어와 개화 정책에 영향을 미쳤다.

오답 해설

① 청에 파견 → 영선사 단장 : 김윤식

김윤식을 단장으로 하는 영선사가 청에 파견되어 톈진 기기국에서 무기 제조법과 근대적 군사 훈련법을 습득하였다.

② 미국에 파견 → 보빙사 전권 대사 : 민영익

보빙사는 서양에 파견된 최초의 사절단으로, 미국과 조 · 미 수호 통상 조약이 체결된 후 미국 공사의 서울 부임에 답하여 전권 대사 민영익 및 홍영식, 서광범 등이 미국에 파견되었다.

③ 해동제국기 편찬 → 통신사 : 신숙주

신숙주는 계해약조 당시 통신사로 일본에 다녀와 일본의 지세와 국정 등 보고 들은 내용을 해동제국기로 남겼다.

④ 해국도지, 영환지략 도입 → 역관 : 오경석 (세계 지리서)

역관 오경석은 청나라로부터 해국도지, 영환지략을 들여와 국내에 소개하였으며, 개화파 형성에 영향을 미쳤다.

핵심노트 ▶ 조선책략(朝鮮策略)

- 도입 : 청의 주일 참사관인 황쭌셴(황준헌)이 지은 책으로, 김홍집(2차 수신사)이 도입
- 내용 : 조선의 당면 외교 정책으로 친중(親中) · 결일(結日) · 연미(聯美)를 주장
- 목적 : 일본 견제, 청의 종주권을 국제적으로 승인
- 영향 : 미국 · 영국 · 독일 등과의 수교 알선 계기, 개화론 자극, 위정척사론의 격화 요인

34 신민회의 활동

암기박사 오산 학교, 대성 학교 설립 ⇒ 신민회

정답 ⑤

정답 해설

신민회는 국권 회복과 공화정체의 국민 국가 건설을 목적으로 안창호와 양기탁이 중심이 되어 조직된 비밀 결사 단체로, 일제가 꾸며낸 105인 사건으로 해체되었다. 신민회는 민족 교육을 실시하기 위해 오산 학교와 대성 학교를 설립하고 교육 활동을 전개하였다.

오답 해설

① 만세보 발행 → 천도교

천도교의 후원을 받아 오세창이 발간한 만세보는 천도교의 기관지로 민중 계몽에 힘쓰고 일진회의 국민신보에 대항하였다.

② 황무지 개간권 요구 저지 → 보안회

보안회는 일제의 황무지 개간권 요구에 대한 지속적인 반대 운동을 벌여 토지 약탈 음모를 분쇄하였다.

③ 중추원 개편 : 의회 설립 추진 → 독립 협회

서재필을 중심으로 창립된 독립 협회는 중추원 개편을 통한 의회 설립을 추진하였다.

④ 독립 공채 발행 → 대한민국 임시 정부

대한민국 임시 정부는 국외 거주 동포들에게 독립 공채를 발행하거나 국민의 의연금으로 독립운동에 필요한 군자금을 마련하였다.

핵심노트 ▶ 신민회의 활동

- 문화적 · 경제적 실력 양성 운동 : 자기 회사 설립(평양), 태극서관 설립(대구), 대성 학교 · 오산 학교 · 점진 학교 설립 등
- 양기탁 등이 경영하던 대한매일신보를 기관지로 활용했고, 1908년 최남선의 주도하에 〈소년〉을 기관 잡지로 창간
- 군사적 실력 양성 운동 : 이상룡 · 이시영이 남만주에 삼원보, 이승희 · 이상설이 밀산부에 한흥동을 각각 건설하여 항일 의병 운동에 이어 무장 독립 운동의 터전이 됨

35 임오군란의 결과

정답 ①

🏷️ **암기박사** 임오군란 : 구식 군대의 차별 ⇒ 제물포 조약 체결

정답 해설

신식 군대인 별기군과 차별을 받던 구식 군대가 임오군란을 일으켜 포도청과 의금부를 습격하고 일본 공사관을 불태웠다. 이로 인해 조선은 일본과 제물포 조약을 체결하여 배상금을 지불하고 군란 주동자의 처벌을 약속하였다(1882).

오답 해설

② 조·러 수호 통상 조약 체결 → 영국 : 거문도 사건
  갑신정변 이후 조·러 수호 통상 조약이 체결되자 영국은 러시아의 남하를 견제하기 위해 거문도를 불법으로 점령하였다(1885).
③ 을미사변 → 고종 : 아관파천
  고종이 을미사변으로 신변에 위협을 느끼자 러시아 공사 베베르가 친러파와 모의하여 고종을 러시아 공사관으로 파천시켜 1년간 머물게 하였다(1896).
④ 전봉준의 동학 농민군 : 장성 전투 → 전주성 점령
  전봉준이 이끄는 동학 농민군은 장성 전투에서 홍계훈의 관군(중앙군)을 격퇴하고 전주성을 점령하였다(1894).
⑤ 김옥균 : 개화당 → 갑신정변
  김옥균을 중심으로 한 급진개화파가 우정국 개국 축하연을 이용해 사대당 요인을 살해하고 개화당 정부를 수립하여 14개조의 개혁 요강을 마련하였다(1884).

📝 **핵심노트** ▶ 임오군란으로 인한 조약 체결

- 제물포 조약(1882. 7) : 일본과 제물포 조약을 체결하여 배상금을 지불하고 군란 주동자의 처벌을 약속, 일본 공사관의 경비병 주둔을 인정 → 일본군의 주둔 허용
- 조·청 상민 수륙 무역 장정(1882. 8) : 청의 속국 인정, 치외법권, 서울과 양화진 개방, 내지 통상권, 연안 무역·어업권, 청 군함 항행권 등 → 청 상인의 통상 특권이 넓게 허용되어 조선 상인들의 피해 증가

36 의열단의 독립 운동

정답 ③

🏷️ **암기박사** 강우규 : 사이토 총독에 폭탄 투척 ⇒ 대한 노인단

정답 해설

강우규는 대한 노인단 소속으로, 제3대 총독으로 부임하는 사이토 마코토 마차에 폭탄을 투척하였으나 뜻을 이루지 못하고 체포되어 사형을 당했다.

오답 해설

① 김원봉 : 만주에서 조직 → 의열단
  의열단은 김원봉이 만주 길림성에서 조직한 단체로, 무장 투쟁과 민중의 직접 혁명을 통한 독립 쟁취를 주장하였다.
② 김지섭 : 일본 황궁 침입 시도 → 의열단
  의열단 소속의 김지섭이 도쿄에서 일본 황궁의 침입을 시도하였다.
④ 신채호 : 조선 혁명 선언 → 의열단 활동 지침
  김원봉의 의열단은 무장 투쟁과 민중의 직접 혁명을 주장한 신채호의 조선 혁명 선언을 활동 지침으로 삼았다.
⑤ 나석주 : 동양 척식 주식회사에 폭탄 투척 → 의열단

나석주는 의열단 소속으로 일제의 대표적 수탈 기관인 동양 척식 주식회사에 폭탄을 투척하였다.

📝 **핵심노트** ▶ 의열단의 독립 운동

- 박재혁의 부산 경찰서 폭탄 투척(1920)
- 김익상의 조선 총독부 폭탄 투척(1921)
- 김상옥의 종로 경찰서 폭탄 투척(1923)
- 김지섭의 일본 황궁 침입 시도(1923)
- 나석주의 동양 척식 주식회사 폭탄 투척(1926)

37 대한매일신보

정답 ⑤

🏷️ **암기박사** 국채 보상 운동 후원 ⇒ 대한매일신보

정답 해설

국채 보상 운동은 정부의 외채를 국민의 힘으로 상환하여 국권을 회복하자는 운동으로, 대한매일신보의 지원을 받아 전국으로 확산되었다. 대한매일신보는 영국인 베델과 양기탁이 함께 창간한 신민회의 기관지이다.

오답 해설

① 천도교 기관지 → 만세보
  만세보는 천도교의 후원을 받아 오세창이 창간한 천도교 기관지로, 사회진보주의를 제창하고 일진회의 국민신보에 대항하였으며 이인직의 〈혈의 누〉를 연재하였다.
② 정부 발행 순한문 신문 → 한성순보
  한성순보는 정부가 발행한 순한문 신문으로, 박영효 등 개화파가 창간하여 박문국에서 발간한 최초의 근대적 신문이다.
③ 신문지법으로 폐간 → 황성신문, 제국신문
  황성신문과 제국신문 등은 일제가 언론을 탄압하기 위해 제정한 신문지법의 적용을 받아 폐간되었다.
④ 시일야방성대곡 게재 → 황성신문
  을사늑약의 부당성을 알리기 위한 장지연의 시일야방성대곡이 황성신문에 게재되었다.

📝 **핵심노트** ▶ 개항기 발행 신문

언론기관	주요 활동
한성순보 (1883~1884)	박영효 등 개화파가 창간하여 박문국에서 발간한 최초의 신문, 관보 성격의 순한문 신문으로, 10일 주기로 발간
한성주보 (1886~1888)	박문국 재설치 후 〈한성순보〉를 이어 속간, 최초의 국한문 혼용, 최초의 상업광고
독립신문 (1896~1899)	서재필이 발행한 독립 협회의 기관지, 최초의 민간지, 격일간지, 순한글판과 영문판 간행, 띄어쓰기 실시
매일신문 (1898~1899)	협성회의 회보를 발전시킨 최초의 순한글 일간지, 독립 협회 해산으로 폐간
황성신문 (1898~1910)	남궁억, 유근 등 개신유학자들이 발간, 국한문 혼용, 민족주의적 성격의 항일 신문, 보안회 지원, 장지연의 '시일야방성대곡'을 게재하고 을사조약을 폭로하여 80일간 정간
제국신문 (1898~1910)	이종일이 발행할 순한글의 계몽적 일간지 → 일반 대중과 부녀자 중심
대한매일신보 (1904~1910)	영국인 베델이 양기탁 등과 함께 창간, 국한문판·한글판·영문판 간행(최대 발행부수), 신민회 기관지, 국채 보상 운동에 주도적 참여, 총독부에 매수되어 일제 기관지(매일신보)로 속간

만세보 (1906~1907)	천도교의 후원을 받아 오세창이 창간한 천도교 기관지, 이인 직의 〈혈의 누〉 연재
경향신문(1906)	가톨릭 교회의 기관지, 주간지, 민족성 강조
대한민보 (1909~1910)	대한협회의 기관지로, 일진회의 기관지인 〈국민신보〉에 대항
경남일보(1909)	최초의 지방지

38 러시아의 절영도 조차 요구

암기박사 러시아 : 절영도 조차 요구 ⇒ 영도   **정답** ⑤

정답 해설

러시아가 저탄소 설치를 명분으로 조차를 요구한 곳은 절영도로 지금의 부산 영도이다. 독립 협회는 만민 공동회를 개최하여 러시아의 요구를 저지하였다.

오답 해설

① 6 · 25 전쟁 : 포로 수용소 → 거제도
   6 · 25 전쟁 때 인천상륙작전으로 많은 포로가 생기자 거제도에 가장 큰 포로 수용소가 설치되었다.
② 삼별초 : 용장성 구축 → 진도
   삼별초가 개경환도에 반대하여 진도에서 용장성을 쌓고 저항했으나 여 · 몽 연합군의 공격으로 함락되었다.
③ 장보고 : 청해진 설치 → 완도
   통일 신라 때 장보고가 완도에 청해진을 설치하여 해상 무역을 전개하였으며 국제 무역의 거점으로 번성하였다.
④ 러시아의 남하 견제 : 영국 → 거문도
   갑신정변 이후 조 · 러 수호 통상 조약이 체결되자 영국은 러시아의 남하를 견제하기 위해 거문도를 불법으로 점령하였다.

39 독립운동가 조소앙

암기박사 대한민국 건국 강령 발표, 동제사 조직 ⇒ 조소앙   **정답** ③

정답 해설

제시된 사료는 중국 충칭에서 발표된 대한민국 건국 강령이다. 대한민국 임시 정부는 조소앙의 삼균주의에 따라 정치 · 경제 · 교육의 균등을 주장한 건국 강령을 제정하였다. 조소앙은 신규식, 박은식 등과 함께 상하이에 비밀 결사 조직인 동제사를 조직하고, 박달학원을 설립하여 청년 교육에 주력하였다.

오답 해설

① 숭무 학교 설립 → 이근영
   이근영은 멕시코 메리다 중심지에 한인 무관 양성 학교인 숭무 학교를 설립하고 무장 투쟁을 준비하였다.
② 대조선 국민 군단 조직 → 박용만
   박용만은 하와이에 독립군 사관을 양성할 목적으로 대조선 국민 군단을 조직하고 군사 훈련을 실시하였다.
④ 중광단 : 북로 군정서 개편 → 나철
   나철이 조직한 대종교는 항일 무장 단체인 중광단을 결성하였고,

3 · 1 운동 직후 만주 지역의 북로 군정서로 개편하여 청산리 대첩에 참여하였다.
⑤ 조선 혁명 선언 집필 → 신채호
   신채호는 의열단의 행동 강령으로 민중의 직접 혁명을 주장한 조선 혁명 선언을 집필하였다.

40 문화 통치기의 일제 정책

암기박사 산미 증식 계획 ⇒ 문화 통치기   **정답** ③

정답 해설

문화 통치기에 조선 교육회는 우리 손으로 대학을 설립하고자 조선 민립 대학 기성회를 중심으로 모금 운동을 전개하였으나 일제가 경성 제국 대학을 설립하면서 중단되었다. 이 시기에 일제는 쌀 수탈을 목적으로 하는 산미 증식 계획을 실시하였다(1920).

오답 해설

① 국민 징용령 → 민족 말살 통치기
   일제는 민족 말살 통치기에 조선인 근로자의 노동력 동원을 위해 국민 징용령을 시행하였다(1939).
② 조선 태형령 → 무단 통치기
   일제는 무단 통치기에 한국인에 한하여 태형을 통해 형벌을 가하는 조선 태형령을 공포하였다(1912).
④ 조선 사상범 보호 관찰령 → 민족 말살 통치기
   일제는 민족 말살 통치기에 독립운동 탄압을 위한 조선 사상범 보호 관찰령을 공포하였다(1936).
⑤ 회사령 → 무단 통치기
   일제는 무단 통치기에 회사 설립 시 총독의 허가를 받도록 하는 회사령을 제정하여 민족 기업의 설립을 방해하였다(1910).

41 독립군의 어머니 남자현

암기박사 독립군의 어머니 ⇒ 남자현   **정답** ①

정답 해설

독립군의 어머니로 불리는 남자현은 일제 강점기 만주에서 군사기관과 농어촌을 순회하며 독립정신을 고취시킨 독립 운동가이다. 남자현은 흰 수건에 '조선독립원'이라는 혈서를 써서 독립을 호소하였고 일본 외교관을 죽이려다 하얼빈에서 체포되었다.

오답 해설

② 우리나라 최초의 여성 비행사 → 권기옥
   권기옥은 비밀결사대인 송죽회에 가입하여 독립운동을 전개한 후 임시 정부의 추천으로 항공학교에 입학하여 우리나라 최초의 여성 비행사로 활동하였다.
③ 우리나라 최초의 여성 서양화가 → 나혜석
   나혜석은 우리나라 최초의 여성 서양화가이자 근대적 여권론을 펼친 여성 계몽 운동가로, 3 · 1 운동에 여학생의 조직적 참가를 논의하다 일본 경찰에 체포되었다.
④ 3 · 1 만세 운동에 참여한 여교사 → 박애순
   광주에서 여교사로 재직 중 학생들을 규합하여 3 · 1 만세 운동에

참여한 여성 독립 운동가이다.
⑤ 우리나라 최초의 여성 의병 지도자 → 윤희순
윤희순은 우리나라 최초의 여성 의병 지도자로 의병들의 사기 진작을 위해 의병가 8편을 만들었다. 또한 중국으로 망명하여 항일 인재 양성을 위한 노학당을 설립하고 항일 투쟁을 위해 조선독립단을 조직하였다.

42 일제 강점기 천도교의 활동

암기박사 개벽, 신여성 등의 잡지 발행 ⇒ 천도교 **정답** ①

정답 해설

'어린이'라는 말을 만들고 어린이날을 제정하였으며, 최초의 순수 아동 잡지인 〈어린이〉를 발간하여 소년 운동을 주도한 단체는 천도교 소년회이다. 천도교에서는 개벽, 신여성 등의 잡지를 발행하여 민중의 자각과 근대 문물의 보급에 기여하였다.

오답 해설

② 초제 거행 → 도교
도교는 신선 사상과 결합하여 불로장생을 추구하였으며, 궁중에서는 하늘에 제사 지내는 초제를 거행하였다.

③ 경전 : 동경대전, 용담유사 → 동학
동학은 최제우가 지은 동경대전(東經大全)과 포고용 가사집인 용담유사(龍潭遺詞)를 경전으로 삼았다.

④ 박중빈 : 새생활 운동 → 원불교
박중빈이 창시한 원불교는 현대화와 생활화를 주창하여 민족 역량 배양과 남녀평등, 허례허식의 폐지 등 생활 개선 및 새생활 운동을 추진하였다.

⑤ 의민단 조직 → 천주교
천주교는 만주에서 항일 운동 단체인 의민단을 조직하여 독립 전쟁을 전개하였다.

핵심노트 ▶ 일제 강점기의 종교 활동

- 천도교 : 제2의 3·1 운동을 계획하여 자주 독립 선언문 발표, 〈개벽〉·〈어린이〉·〈학생〉 등의 잡지를 간행하여 민중의 자각과 근대 문물의 보급에 기여
- 개신교 : 천도교와 함께 3·1 운동에 적극 참여, 민중 계몽과 문화 사업을 활발하게 전개, 1930년대 후반에는 신사 참배를 거부하여 탄압을 받음
- 천주교 : 고아원·양로원 등 사회사업을 계속 확대하면서 〈경향〉 등의 잡지를 통해 민중 계몽에 이바지, 만주에서 항일 운동 단체인 의민단을 조직하여 항일 무장 투쟁 전개
- 대종교 : 지도자들은 항일 무장 단체인 중광단을 조직, 3·1 운동 직후 북로 군정서로 개편하여 청산리 대첩에 참여 → 천도교와 더불어 양대 민족 종교를 형성
- 불교 : 3·1 운동에 참여, 한용운 등의 승려들이 총독부의 정책에 맞서 민족 종교의 전통을 지키려 노력, 교육 기관을 설립하여 민족 교육 운동에 기여
- 원불교 : 박중빈이 창시(1916), 불교의 현대화와 생활화를 주창, 민족 역량 배양과 남녀평등, 허례허식의 폐지 등 생활 개선 및 새생활 운동에 앞장섬

43 민족 운동 지도자 이상재

암기박사 조선 민립 대학 기성회 조직 ⇒ 이상재 **정답** ⑤

정답 해설

신간회는 민족주의 진영과 사회주의 진영이 민족 유일당, 민족 협동 전선의 기치 아래 창립 대회를 개최하고 이상재를 회장으로 추대하였다. 이상재는 조선 민립 대학 기성회를 조직하고 이를 중심으로 모금 운동을 전개하였다.

오답 해설

① 대한민국 임시 정부 대통령 → 이승만(1대), 박은식(2대)
중국 상하이에 설립된 대한민국 임시 정부는 이승만이 제1대 대통령으로 활동한 후 미국에 대한 위임 통치건을 이유로 이승만이 탄핵되고 박은식을 2대 대통령으로 추대하였다.

② 한국통사 저술 → 박은식
박은식은 근대 이후 일본의 침략 과정을 서술한 한국통사를 저술하였다(1915). → "나라는 형(形)이요, 역사는 신(神)이다."

③ 대한민국 건국 강령 : 삼균주의 → 조소앙
조소앙은 새로운 국가 건설의 이념으로 삼균주의를 주창하였고, 대한민국 임시 정부는 조소앙의 삼균주의에 따라 정치·경제·교육의 균등을 주장한 대한민국 건국 강령을 제정하였다(1941).

④ 조선 건국 동맹 결성 → 여운형
여운형은 일제의 패망과 광복에 대비하여 일제 타도와 민주국가 건설을 목표로 조선 건국 동맹을 결성하였다(1944). → 민족연합전선 형태, 좌우 합작 성격, 불언(不言)·불문(不問)·불명(不名)의 3불 원칙 제시

44 연해주 지역의 독립 활동

암기박사 해조신문 발간 ⇒ 연해주 **정답** ②

정답 해설

연해주에는 이주 한인들이 중심이 되어 신한촌을 건설하고 대한 광복군 정부를 수립하여 무장 독립 투쟁을 준비하였다. 해조신문은 해외에서 발행된 한인 최초의 한글 신문으로, 최봉준이 연해주에서 발간하여 국권 회복에 힘썼다.

오답 해설

① 신흥 강습소 설립 → 남만주
신민회는 남만주 삼원보의 경학사에 신흥 강습소를 세워 독립군을 양성하였고, 이후 신흥 무관 학교로 발전하였다.

③ 서전서숙 설립 → 북간도
이상설 등은 북간도에 최초의 신문학 민족 교육기관인 서전서숙을 설립하여 민족 교육을 실시하였다.

④ 대한인 국민회 조직 → 미국
미주 지역에서는 하와이의 한인협성협회와 미국 샌프란시스코에 있던 안창호의 대한인 공립협회가 통합된 대한인 국민회를 중심으로 외교 활동이 전개되었다.

⑤ 조선 독립 동맹 결성 → 중국 화북 지방 → 김두봉, 김무정 등
중국 화북 지방의 사회주의 세력이 조선 의용대원을 흡수하고 조선 독립 동맹을 결성하여 대일 항전을 준비하였다.

핵심노트 ▶ 연해주 지역의 독립 활동

블라디보스토크 신한촌을 중심으로 13도 의군(1910), 성명회(1910), 권업회(1911), 대한 광복군정부(1914), 한인 사회당(1918), 대한 국민 의회(1919, 3·1 운동 이후) 등이 활동

45 한국 광복군

암기박사 국내 진공 작전 계획 ⇒ 한국 광복군

정답 ②

정답 해설

제시된 사료는 대한민국 임시 정부가 발표한 대일 선전 포고문으로, 일본이 미국이 주둔하고 있던 진주만을 공격하여 태평양 전쟁이 발발하자 충칭으로 옮긴 임시 정부는 일본에 선전 포고를 하고 산하 부대인 한국 광복군을 창설하였다. 한국 광복군은 미국 전략정보처(OSS)의 지원 하에 미군과 연계하여 국내 진공 작전을 계획하였으나 일제의 패망으로 실현하지는 못했다.

오답 해설

① 영릉가 전투 → 조선 혁명군
양세봉의 조선 혁명군은 중국 의용군과 연합하여 영릉가 전투에서 일본군에게 승리하였다.

③ 동북 인민 혁명군 → 동북 항일 연군
만주에서 중국 공산당과 한인 사회주의자가 연합하여 결성한 동북 인민 혁명군이 동북 항일 연군으로 개편되어 유격전을 펼쳤다.

④ 중국 호로군과 연합 → 한국 독립군
지청천의 한국 독립군은 쌍성보에서 중국 호로군과 연합 작전을 전개하여 일본군에게 승리하였다.

⑤ 중국 관내에 결성된 최초의 한인 무장 부대 → 조선 의용대
조선 의용대는 중국 관내(關內)에 결성된 최초의 한인 무장 부대로, 중국 국민당과 연합하여 포로 심문, 요인 사살, 첩보 작전을 수행하였다.

핵심노트 ▶ 한국 광복군의 활동

- 대일 선전 포고(1941)
- 영국군과 연합 작전 전개(1943) → 인도, 미얀마 전선
- 국내 진입 작전(1945) → 미국 전략정보처(OSS)의 지원과 국내 정진군 특수 훈련

46 6·10 만세 운동

암기박사 천도교 계열 + 사회주의 계열 ⇒ 6·10 만세 운동

정답 ②

정답 해설

순종의 인산일을 계기로 천도교 계열과 사회주의 계열이 함께 6·10 만세 운동을 전개하였고, 이 운동을 계기로 민족주의 세력과 사회주의 세력이 연대하여 국내에서 민족 유일당 운동이 전개되었다(1926). → 신간회 창립 : 민족주의 + 사회주의, 민족 유일당

핵심노트 ▶ 6·10 만세 운동(1926)

- 배경 : 순종의 사망을 계기로 민족 감정 고조(제2의 3·1 운동), 일제의 수탈 정책과 식민지 교육에 대한 반발
- 준비 : 민족주의 계열(천도교)과 사회주의 계열이 연대하여 만세 시위 운동을 준비하였으나 사전에 발각
- 전개 : 조선 학생 과학 연구회(사회주의계)를 비롯한 전문학교와 고등보통학교 학생들이 주도
- 결과 : 200여 명의 학생이 검거됨
- 의의 : 민족주의계와 사회주의계가 연대하는 계기 마련 → 신간회 결성(1927)에 영향을 미침

47 제헌 국회

암기박사 대통령 선출 : 간선제, 임기 4년, 재선에 한하여 1차 중임 ⇒ 제헌 헌법

정답 ⑤

정답 해설

제시된 사료는 대통령과 부통령의 임기가 4년으로 제한된 제헌 헌법의 내용이다. 남한에서 5·10 총선거가 실시되어 제헌 국회를 구성하고 헌법을 제정·공포 하였으며, 국회에서 간접 선거 방식으로 이승만을 대통령, 이시영을 부통령으로 선출하여 대한민국의 수립을 국내외에 선포하였다(1948). 초대 대통령에 한해 중임 제한을 폐지하는 내용의 개헌안은 제3대 국회에서 통과되었다. → 사사오입 개헌

오답 해설

① 최초의 보통 선거로 구성 → 제헌 국회
제헌 국회는 남한에서 우리나라 최초의 보통 선거인 5·10 총선거를 통해 구성되었다.

② 대통령을 행정 수반으로 규정 → 제헌 국회
제헌 국회는 이승만 대통령을 행정부 수반으로 규정한 헌법을 제정하였다.

③ 유상 매수, 유상 분배의 농지 개혁법 → 제헌 국회
제헌 국회에서는 소작제를 철폐하고 자영농을 육성하고자 유상 매수, 유상 분배 원칙의 농지 개혁법을 통과시켰다.

④ 귀속 재산 처리법 제정 → 제헌 국회
제헌 국회에서는 일제가 남긴 재산을 민간인 연고자에게 분배하는 귀속 재산 처리법을 제정하였다.

핵심노트 ▶ 대한민국의 수립

- 총선거 실시(1948. 5. 10) : 남한에서 5·10 총선거가 실시되어 제헌 국회 구성
- 헌법 제정·공포(1948. 7. 17) : 제헌 국회는 임시 정부의 법통을 계승한 민주 공화국 체제의 헌법 제정·공포
- 정부 수립(1948. 8. 15) : 이승만을 대통령으로, 이시영을 부통령으로 선출하여 대한민국의 수립을 국내외에 선포하였고, 유엔 총회에서 한반도의 유일한 합법 정부로 승인받음

48 민주화 운동

암기박사 민주화 운동 ⇒ 4·19 혁명 → 부·마 민주 항쟁 → 5·18 민주화 운동 → 6월 민주 항쟁

정답 ⑤

정답 해설

(다) 4·19 혁명(1960) : 자유당 정권의 3·15 부정선거 규탄 시위에 대한 유혈 진압에 항거하여 4·19 혁명이 발발하였으며 그 결과 이승만 대통령이 하야하였다.

(나) 부·마 민주 항쟁(1979) : 신민당 당사에서 YH 사건이 일어나자 박정희 정부는 김영삼을 국회의원에서 제명하였고, 이에 부산과 마산에서 유신 철폐와 독재 타도를 외치며 민주 항쟁이 발발하였다.

(가) 5·18 민주화 운동(1980) : 전두환·노태우 등의 신군부 세력이 쿠데타로 통치권을 장악하고 비상계엄을 확대하자 5·18 민주화 운동이 발발하였고, 계엄군의 무력 진압으로 많은 광주 시민과 학생들이 희생되었다.

(라) **6월 민주 항쟁(1987)** : 박종철 고문치사와 국민들의 대통령 직선제 요구를 거부하는 전두환 정부의 4 · 13 호헌 조치 발표로 6월 민주 항쟁이 촉발되었고, 그 결과 노태우의 6 · 29 민주화 선언에 따라 5년 단임의 대통령 직선제 개헌이 이루어졌다.

49 이승만 정부

암기박사 한 · 일 회담 : 6 · 3 시위 ⇒ 박정희 정부

정답 ②

정답 해설

한 · 일 국교 정상화를 위해 김종필과 오히라 간에 회담이 진행되자 일제 강점기에 대한 사죄와 과거사 청산 없이 굴욕적인 청구권 교섭을 한 것에 대한 분노로 6 · 3 시위가 촉발되었고, 박정희 정부는 계엄령과 위수령, 휴교령을 선포하여 국민적 저항을 억압하고 협정을 체결하였다(1965).

오답 해설

① **한 · 미 상호 방위 조약 체결 → 이승만 정부**
이승만 정부 때에 한 · 미 상호 방위 조약이 체결되어 한반도에서 무력 충돌이 일어날 경우 유엔의 결정 없이 미국이 즉각 개입할 수 있게 되었다(1953).

③ **진보당 사건 : 조봉암 구속 → 이승만 정부**
진보당 사건 당시 평화 통일론을 주장한 진보당의 당수 조봉암이 구속된 후 간첩 혐의로 처형되었다(1958).

④ **사사오입 개헌 → 이승만 정부**
자유당의 이승만 정부는 권력을 계속 장악하기 위해 초대 대통령에 한해 중임 제한 규정을 철폐하는 개헌안을 제출하였으나, 1표 부족으로 부결되자 사사오입의 논리로 개헌안을 불법 통과시켰다(1954).

⑤ **3 · 15 부정선거 → 이승만 정부**
이승만 정부 때 여당 부통령 후보 당선을 위한 3 · 15 부정 선거가 자행되어 4 · 19 혁명이 촉발되었다(1960)

50 노무현 정부

암기박사 호주제 폐지 ⇒ 노무현 정부

정답 ①

정답 해설

질병 관리 본부 출범, 아시아 · 태평양 경제 협력체(APEC) 정상 회의 주최, 행정 중심 복합 도시 건설은 모두 노무현 정부 때의 일이다. 노무현 정부 때에 양성평등의 실현을 위해 남성 중심의 가부장제를 상징했던 호주제가 폐지되었다.

오답 해설

② **다문화 가족 지원법 시행 → 이명박 정부**
이명박 정부는 다문화 가족 구성원이 안정적인 가족 생활을 영위할 수 있도록 사회 통합을 위한 다문화 가족 지원법을 시행하였다.

③ **공직자 재산 등록 의무화 → 문재인 정부**
문재인 정부 때에 공직자 윤리법을 개정하여 부동산 관련 공직자의 부동산 재산 등록을 의무화하였다.

④ **언론 기본법 제정 → 전두환 정부**
전두환 정부 때에 언론 규제의 제도적 장치를 마련하기 위해 언론의 통폐합이 강제로 단행되고 언론 기본법이 제정되었다.

⑤ **국민 기초 생활 보장법 실시 → 김대중 정부**
김대중 정부 때에 생활이 어려운 사람에게 최저 생활을 보장하고 자활을 조성할 목적으로 국민 기초 생활 보장법이 실시되었다.

01 청동기 시대의 사회 모습

암기박사 고인돌 축조 ⇒ 청동기 시대

정답 ④

정답 해설

강원도 평창군 평창읍 하리 유적에서 발견된 비파형 동검은 청동기 시대의 유물이다. 청동기 시대에는 많은 인력이 지배자(족장)의 무덤인 고인돌 축조에 동원되었다.
→ 후에 한국식 동검인 세형 동검으로 발전

오답 해설

① 우경 보급 → 신라 지증왕
6세기 초 신라 지증왕 때 권농책으로 우경(牛耕)이 널리 보급되었다.
→ 소를 이용해 농사를 짓는 것

② 동굴, 막집 → 구석기 시대
구석기 시대에는 주로 동굴이나 강가의 막집에서 살면서 사냥을 하거나 어로·채집 생활을 하였다.

③ 평등한 공동체 생활 → 청동기 시대 이전
청동기 시대 이전에는 계급이 없는 평등한 공동체 생활을 영위하였으나, 청동기 시대부터 사유 재산 제도와 계급이 발생하였다.

⑤ 농경과 목축 → 신석기 시대
신석기 시대에는 신석기 혁명이 일어나 농경과 목축을 통한 식량 생산이 시작되었다.

핵심노트 ▶ 고인돌(지석묘)
- 우리나라 전역에 분포하는 청동기 시대의 대표적인 무덤으로, 지배층(족장)의 무덤
- 북방식(탁자식)과 남방식(기반식·바둑판식)이 있는데, 굄돌을 세우고 그 위에 거대하고 평평한 덮개돌을 얹은 북방식이 일반적인 형태
- 건립에 막대한 노동력이 필요하다는 점에서 당시 계급의 분화 및 지배층의 정치 권력·경제력을 반영

02 삼한의 사회 모습

암기박사 대군장 : 신지 / 소군장 : 읍차 ⇒ 삼한

정답 ②

정답 해설

한반도 남부에 위치하며 신성 지역인 소도(蘇塗)에서 의례를 주관하는 천군이라는 제사장이 존재했던 나라는 삼한이다. 삼한에는 대군장인 신지와 소군장인 읍차 등의 지배자가 있었다.

오답 해설

① 서옥제 : 혼인 풍습 → 고구려
고구려에는 혼인을 정한 뒤 신랑이 신부 집의 뒤꼍에 조그만 집(서옥)을 짓고 거기서 자식을 낳아 기르는 서옥제라는 혼인 풍속이 있었다.
→ 데릴사위제

③ 영고 : 제천 행사 → 부여
부여는 음력 12월에 영고(迎鼓)라는 제천 행사를 열어 하늘에 제사를 지내고 노래와 춤을 즐겼다.

④ 특산물 : 단궁, 과하마, 반어피 → 동예
동예는 토지가 비옥하고 해산물이 풍부하여 농경·어로 등 경제 생활이 윤택하였으며, 특산물로 단궁, 과하마, 반어피가 있었다.

⑤ 가족공동묘 : 매장 풍습 → 옥저

옥저에는 가족의 유골을 한 목곽에 모아 두는 매장 풍습이 있었다.
→ 세골장제, 두벌 묻기

핵심노트 ▶ 삼한의 제정 분리
- 정치적 지배자의 권력·지배력이 강화되면서, 이와 분리하여 제사장인 천군(天君)이 따로 존재 → 고조선이나 부여 등의 제정 일치 사회보다 지화
- 국읍의 천군은 제천의식을, 별읍의 천군은 농경과 종교적 의례를 주관
- 별읍의 신성 지역인 소도(蘇塗)는 천군이 의례를 주관하고 제사를 지내는 곳으로, 제정 분리에 따라 군장(법률)의 세력이 미치지 못하며 죄인이 이곳으로 도망을 하여도 잡아가지 못함 → 신성 지역은 솟대를 세워 표시함

03 신라 지증왕의 업적

암기박사 순장 금지, 우경 장려, 국호 신라, 이사부를 군주로 파견, 동시전 설치 ⇒ 신라 지증왕

정답 ⑤

정답 해설

신라 지증왕은 국호를 사로국에서 '신라'로, 왕의 칭호를 마립간에서 '왕'으로 고쳤다. 권농책으로 우경을 장려하였으며 순장을 금지하고 상복을 입도록 하였다. 또한 이사부를 실직주의 군주로 삼고, 시장을 관리하는 관청인 동시전(東市典)을 수도 경주에 설치하였다.

오답 해설

① 독서삼품과 실시 → 통일 신라 : 원성왕
통일 신라 때 원성왕은 독서삼품과를 마련하여 유교 경전의 이해 수준에 따라 3등급으로 구분해 관리를 등용하였다.

② 관료전 지급, 녹읍 폐지 → 통일 신라 신문왕
통일 신라 때 신문왕은 관리에게 관료전을 지급하고 귀족의 경제 기반이었던 녹읍을 폐지하였다.

③ 김씨에 의한 왕위 계승권 확립 → 신라 내물왕
신라 내물왕 때 김씨에 의한 왕위 계승권을 확립(형제 상속)하고 왕의 칭호도 대군장을 뜻하는 마립간으로 변경하였다. → 왕권 안정 및 중앙 정부의 통제력 강화

④ 율령 반포, 공복 제정 → 신라 법흥왕
신라 법흥왕 때 병부와 상대등을 설치하고 율령 반포와 공복을 제정하여 통치 체제를 정비하였다.

핵심노트 ▶ 지증왕(500~514)의 업적
- 국호를 사로국에서 신라로, 왕의 칭호를 마립간에서 왕으로 고침(503)
- 행정 구역을 개편하여 중국식 군현제를 도입하고, 소경제(小京制)를 설치 → 지방에 주군을 설치하고 주에 군주(軍主)를 파견
- 권농책으로 우경을 시작하고(502), 시장 관리기관으로 동시전을 설치(509)
- 이사부를 파견하여 우산국(울릉도)을 복속(512)
- 순장을 금지하고 상복(喪服)을 입도록 함 → 상복법 제정

04 나·제 동맹의 결렬

암기박사 신라 진흥왕 : 한강 하류 지역 점령 ⇒ 나·제 동맹 결렬

정답 ②

정답 해설

고구려 장수왕이 수도를 국내성에서 평양성으로 옮겨 신라와 백제를 위협하자, 백제의 비유왕과 신라의 눌지왕이 나·제 동맹을 체결하

였다. 이후 나·제 동맹으로 맺어진 백제 성왕과 신라의 진흥왕이 연합하여 고구려로부터 빼앗긴 한강 하류 지역을 수복하였으나, 신라 진흥왕이 나·제 동맹을 깨고 백제가 차지한 한강 하류 지역을 점령하였다.

오답 해설

① 22담로 → 백제 무령왕
백제 무령왕은 지방의 주요 지점에 22담로를 설치하고 왕자·왕족을 파견하여 지방 통제를 강화하였다.

③ 남진 정책 : 평양 천도 → 고구려 장수왕
고구려 장수왕은 수도를 국내성에서 평양으로 옮기고 백제와 신라를 압박하는 남진 정책을 본격화하였다.

④ 보장왕 옹립 → 고구려 연개소문
고구려의 연개소문은 정변을 일으켜 영류왕을 죽이고 보장왕을 옹립하여 권력을 장악하였다.

⑤ 병부 설치 → 신라 법흥왕
신라 법흥왕은 병부를 설치하여 군사력을 강화하고, 율령 반포와 공복을 제정하여 통치 질서를 확립하였다.

05 연개소문의 정변

정답 ②

암기박사 고구려 : 연개소문의 정변 ⇒ 백제 : 신라 대야성 점령

정답 해설

천리장성(부여성~비사성)을 축조하여 세력을 키운 연개소문은 정변을 일으켜 영류왕을 죽이고 보장왕을 옹립하였으며 권력을 장악한 후 스스로 막리지가 되었다(642). 이 시기에 백제의 의자왕은 윤충을 보내 신라를 공격하고 대야성을 비롯한 40여 개의 성을 함락하였다(642).

오답 해설

① 대가야 병합 → 신라 진흥왕
신라 진흥왕은 고령의 대가야를 정복하고 낙동강 유역을 확보하였다(562).

③ 백제 수도 한성 함락 → 고구려 장수왕
고구려 장수왕은 수도를 평양으로 천도한 후 백제의 수도 한성을 공격하여 함락하였다(475).

④ 백제 멸망 : 계백의 황산벌 전투 → 신라 무열왕
김유신의 신라군에 맞서 계백이 이끄는 백제의 군대가 황산벌에서 결사 항전하였으나 패하였다(660).

⑤ 평양성 공격 : 고국원왕 전사 → 백제 근초고왕
백제의 전성기를 이끈 근초고왕이 평양성을 공격하여 고국원왕을 전사시켰다(371).

핵심노트 ▶ 연개소문의 정변(642)

연개소문은 고구려 말기의 장군이자 재상이다. 그는 천리장성을 축조하면서 세력을 키웠는데, 그에 두려움을 느낀 사람들이 영류왕과 상의하여 그를 죽이려 하였다. 그것을 안 연개소문은 거짓으로 열병식을 꾸며 대신들을 초대한 뒤 모두 죽였다. 그리고 궁궐로 가 영류왕을 죽이고 그 동생인 장(보장왕)을 옹립하였다.

06 신라 6두품

정답 ⑤

암기박사 최치원 : 6두품 ⇒ 신라 하대 : 호족 세력과 연계

정답 해설

낭혜화상 탑비의 비문은 6두품 출신으로 당의 빈공과(賓貢科)에 급제하고 귀국한 최치원이 지었다. 신라의 6두품(득난)은 진골 아래 있는 두품 중 최고 상급층으로, 진골에 비해 관직 진출이나 신분상 제약이 컸다. 최고 6관등 아찬까지 오를 수 있었으며, 신라 말기 호족과 연계하여 반신라 세력으로 사회 개혁을 추구하기도 하였다.

오답 해설

① 담로에 파견 → 백제 : 왕자·왕족
백제 무령왕은 지방의 주요 지점에 22담로를 설치하고 왕사·왕족을 파견하여 지방 통제를 강화하였다.

② 성리학 수용, 불교의 폐단 비판 → 고려 : 신진 사대부
고려 말 신진 사대부들은 진취적 성향으로 권문세족과 대립하였고, 성리학을 바탕으로 불교의 폐단을 비판하였다.

③ 화백 회의 → 신라 : 진골 귀족
신라의 진골 귀족들은 만장일치제로 운영되는 화백 회의에 참여하여 국가의 중대사를 결정하였다.

④ 경당 : 지방 교육 기관 → 고구려 : 평민 자제
고구려의 평민 자제들은 어려서부터 지방 교육 기관인 경당에 들어가 유학과 활쏘기를 배웠다. → 고구려 장수왕 때 설치됨

핵심노트 ▶ 신라의 골품 제도

등급	관등명	공복	진골	6두품	5두품	4두품
1	이벌찬	자색	자색			
2	이찬	자색	자색			
3	잡찬	자색	자색			
4	파진찬	자색	자색			
5	대아찬	자색	자색			
6	아찬	비색	비색	비색		
7	일길찬	비색	비색	비색		
8	사찬	비색	비색	비색		
9	급벌찬	비색	비색	비색		
10	대나마	청색	청색	청색	청색	
11	나마	청색	청색	청색	청색	
12	대사	황색	황색	황색	황색	황색
13	사지	황색	황색	황색	황색	황색
14	길사	황색	황색	황색	황색	황색
15	대오	황색	황색	황색	황색	황색
16	소오	황색	황색	황색	황색	황색
17	조위	황색	황색	황색	황색	황색

07 신라 하대의 역사

암기박사 6두품 세력 진출 ⇒ 신라 하대

정답 ④

정답 해설

장보고가 완도의 청해진에서 해상 무역을 전개할 때 항해의 안전을 기원하기 위해 산둥반도에 법화원을 건립한 것은 신라 하대의 일이다. 이 시기에 골품제로 정치적 출세가 제한된 6두품 세력이 당의 빈공과에 급제한 후 귀국하여 정계에 진출하였다.

→ 신라원 : 신라방에 세워진 사원

오답 해설

① 이암 : 농상집요 소개 → 고려 시대
고려 충정왕 때 이암이 중국 화북 지방의 농법을 정리한 농상집요를 소개하였다.

② 이제현 : 만권당 → 고려 시대
고려 충선왕 때 이제현은 학문 교류를 위해 원의 연경에 독서당인 만권당을 설립하여 성리학 전파에 이바지하였다.

③ 문무왕 : 매소성 전투 → 신라 중대
신라 문무왕은 매소성(매초성) 전투와 기벌포 해전에서 당의 대군을 섬멸하고 나·당 전쟁에서 승리하였다.

⑤ 복신, 도침 : 백제 부흥 운동 → 신라 중대
백제가 멸망한 후 복신과 도침이 왕자 풍을 왕으로 추대하여 주류성(한산)에서 백제 부흥 운동을 전개하였다.

핵심노트 ▶ 신라 하대의 정치적 변동

- **왕위 쟁탈전의 전개** : 진골 귀족들은 경제 기반을 확대하여 사병을 거느렸으며, 이러한 군사력과 경제력을 토대로 왕위 쟁탈전 전개 → 진골 귀족 내부의 분열을 의미하며, 이로 인해 신라 하대 155년 간 20명의 왕이 교체됨
- **왕권의 약화** : 왕권이 약화되고 귀족 연합적인 정치가 운영되었으며, 집사부 시중보다 상대등의 권력이 다시 강대해짐 → 상대등 중심의 족단 정치 전개
- **지방 통제력의 약화** : 김헌창의 난(822)은 중앙 정부의 지방 통제력이 더욱 약화되는 계기로 작용
- **새로운 세력의 성장** : 골품제로 정치적 출세가 제한된 6두품 세력과 반독립적 지방 호족 세력이 결탁하여 성장함

08 금동 미륵보살 반가 사유상

암기박사 금동 미륵보살 반가 사유상 ⇒ 삼국 시대

정답 ②

정답 해설

국보 제83호의 금동 미륵보살 반가사유상은 국내에서 가장 큰 금동 반가 사유상으로 머리에 3면이 둥근 산 모양의 관(冠)을 쓰고 있어서 '삼산반가사유상'이라고도 불린다. 정교하게 다듬어진 조각품으로서의 완벽한 주조 기술을 보여주며, 일본 교토 고류사의 불상과 모습이 매우 비슷하여 한·일 고대 불교 조각의 교류 연구에 큰 주목을 받았다.

오답 해설

① 연가 7년명 금동 여래 입상 → 고구려
두꺼운 의상과 긴 얼굴 모습에서 북조 양식을 따르고 있으나, 강인한 인상과 은은한 미소에는 고구려의 독창성이 보인다.

③ 이불 병좌상 → 발해
이불병좌상(二佛竝坐象)은 흙을 구워 만든 것으로, 두 부처가 나

란히 앉아 있는 모습을 나타낸다. 발해의 수도였던 동경 용원부 유적지에서 발굴되었으며, 고구려 양식을 계승하였다.

④ 영주 부석사 소조 여래 좌상 → 고려 시대
경북 영주시의 부석사 무량수전에 봉안되어 있던 고려 시대의 불상으로, 우리나라에 남아 있는 소조 불상 중 가장 크고 오래된 것이다.

⑤ 하남 하사창동 철조 석가여래 좌상 → 고려 시대
경기도 하남시 하사창동에 있는 고려 전기의 폐사지인 천왕사지에서 출토된 철불이다.

09 발해의 역사

암기박사 수도 : 상경성, 주작대로 ⇒ 발해

정답 ④

정답 해설

상경성이 수도인 나라는 발해로, 당의 문물을 수용하고 장안성을 모방하여 주작대로를 건설하였다. 한편, 지방관의 감찰을 위하여 주·군에 감찰 기관인 외사정(감찰관)을 파견한 것은 통일신라이다.

오답 해설

① 해동성국 → 발해 선왕(대인수)
발해는 9세기 초 선왕 때 대부분의 말갈족을 복속시키고 요동 지역을 지배했으며, 남쪽으로는 신라와 국경을 접하여 발해 최대의 영토를 형성, 해동성국이라고도 불렸다.

② 3성 6부 → 발해의 중앙 관제
발해는 당의 제도를 수용하였지만, 중앙 6부(충·인·의·지·예·신부)의 유교적 명칭과 이원적 운영은 발해의 독자성을 반영하고 있다. → 정당성의 장관인 대내상이 수상으로 국정 총괄, 그 아래의 좌사정이 충·인·의부를, 우사정이 지·예·신부를 각각 분장

③ 인안, 대흥 → 발해의 독자적 연호
발해의 무왕(대무예)은 인안, 문왕(대흠무)은 대흥이라는 독자적 연호를 사용하였다.

⑤ 5경 15부 62주 → 발해 선왕(대인수)
발해는 선왕 때 중흥기를 이루었고, 5경 15부 62주의 지방 행정 제도를 갖추었다.

10 발해의 문화유산

암기박사 장백 : 영광탑 ⇒ 발해의 문화유산

정답 ③

정답 해설

정효 공주는 발해 문왕의 넷째 딸이고, 대흥은 발해 문왕 때의 연호인 점을 통해 '이 나라'가 발해임을 알 수 있다. 장백 영광탑은 중국 길림성 장백진 북서쪽 탑산에 있는 발해 시대의 누각식 전탑으로 장방형, 규형, 다각형의 벽돌로 쌓은 5층의 벽돌탑이다.

오답 해설

① 부여 : 정림사지 5층 석탑 → 백제의 문화유산
충남 부여의 정림사지에 있는 5층 석탑은 목탑의 구조와 비슷하지만 돌의 특성을 살려 전체적인 형태가 매우 우아하고 아름다운 백제의 탑이다.

→ 당나라 장수 소정방이 백제를 정복한 후 '백제를 정벌한 기념탑'이라는 글귀가 새겨져 있음

② 경주 : 불국사 다보탑 → 신라의 문화유산
경북 경주의 불국사에 있는 다보탑은 신라 경덕왕 때 김대성이 건립한 석탑으로, 한국의 석탑 중 일반형을 따르지 않고 특이한 형태를 가진 걸작이다.
④ 개성 : 경천사지 10층 석탑 → 고려의 문화유산
고려 후기 충목왕 때 개성의 경천사지에 조성된 석탑으로 원의 영향을 받아 기존의 신라계 석탑과는 양식을 달리하는 가장 특이하고 정련한 기교를 보이는 탑이다.
⑤ 서울 : 원각사지 10층 석탑 → 조선의 문화유산
서울 탑골공원에 있는 원각사지 10층 석탑은 조선 전기의 석탑으로, 원나라 탑 양식의 영향을 받아 화려한 조각이 돋보이는 석탑이다.

11 후백제 멸망

정답 ③

암기박사 일리천 전투 : 신검 〈 왕건 ⇒ 후백제 멸망

정답 해설

왕위 계승 문제로 반란을 일으킨 첫째 왕자 신검이 견훤을 금산사에 유폐하였으나 견훤은 탈출하여 고려 왕건에게 투항하였다(935). 이후 신검이 일리천 전투에서 왕건이 이끄는 고려군에 패배하여 후백제는 멸망하게 되었다(936). ←견훤의 장남

오답 해설

① 후당, 오월에 사신 파견 → 견훤
후백제를 세운 견훤은 중국의 후당(後唐)과 오월(吳越)에 사신을 파견하였고, 거란과도 외교 관계를 형성하였다.
② 광평성 : 국정 총괄 → 궁예
후고구려를 건국한 궁예는 국정을 총괄하는 광평성(廣評省) 등 각종 정치 기구를 마련하고 9관등제를 실시하였다.
④ 고려 태조에게 항복 → 경순왕(김부)
신라의 마지막 왕인 경순왕(김부)은 고려 태조에게 항복하고 경주의 사심관이 되었다.
⑤ 정계와 계백료서 → 왕건
고려를 건국한 태조 왕건은 정계(政戒)와 계백료서(誡百僚書)를 지어 관리의 규범을 제시하였다.

12 고려 시대의 사회 제도

정답 ②

암기박사 빈민 구제 기관 ⇒ 제위보

정답 해설

고려 광종 때 빈민을 구휼할 목적으로 기금을 모아 그 이자로 빈민을 구제하는 제위보를 조성하였다.

오답 해설

① 물가 조절 → 상평창
고려 성종 때 물가 조절을 위해 개경과 서경 및 각 12목에 물가 조절 기관인 상평창이 설치되었다.
③ 질병 확산 대처 → 구제도감
고려 예종 때 질병 확산에 대처하고자 구제도감을 운영하였다.
④ 흉년 : 빈민 구제 → 의창
고려 성종 때에는 태조 때의 흑창을 확대 개편하여 봄에 곡식을 빌려주고 가을에 갚도록 하는 춘대추납의 의창을 만들었다.
⑤ 의약품 제공 → 혜민국
고려 예종 때 백성들에게 약을 제공하고 의약을 전담하기 위해 혜민국을 설치하였다.

핵심노트 ▶ 고려 시대 사회 제도

- **의창(성종)** : 평시에 곡물을 비치하였다가 흉년에 빈민을 구제하는 춘대추납 기관
- **상평창(성종)** : 물가 조절을 위해 개경과 서경 및 각 12목에 설치
- **대비원(정종)** : 개경에 동·서 대비원을 설치하여 환자 진료 및 빈민 구휼을 담당
- **혜민국(예종)** : 의약을 전담하기 위해 예종 때 설치, 빈민에게 약을 조제해 줌
- **구제도감·구급도감** : 재해 발생 시 구제도감(예종)이나 구급도감을 임시 기관으로 설치
- **제위보(광종)** : 기금을 마련한 뒤 이자로 빈민을 구제

13 거란의 고려 침입

정답 ④

암기박사 강조의 정변 : 거란 침입 ⇒ 초조대장경 간행

정답 해설

고려 목종 때 강조가 정변을 일으켜 김치양과 천추태후 일당을 제거한 후 목종까지 폐하고 대량군(현종)을 즉위시켰다(1009). 강조의 정변을 구실로 강동 6주를 넘겨줄 것을 요구하며 거란의 침입을 받은 고려는 대구 부인사에서 초조대장경을 간행하여 부처의 힘으로 적을 물리치기를 기원하였다.

오답 해설

① 윤관의 별무반 → 여진 정벌 : 동북 9성 축조
별무반은 숙종 때 여진 정벌을 위해 윤관의 건의로 조직된 특수부대로, 윤관은 예종 때 별무반을 이끌고 천리장성을 넘어 동북 9성을 축조하였다.
② 몽골의 2차 침입 → 김윤후 : 처인성에서 살리타 사살
몽골의 2차 침입 때 처인성 전투에서 김윤후가 이끄는 민병과 승병에 의해 적장 살리타가 사살되자 몽골은 퇴각하였다.
③ 최무선의 화포 → 진포 대첩 : 왜구 격퇴
최무선은 화약과 화포 제작을 위해 화통도감의 설치를 건의하고, 화포를 사용하여 진포(금강 하구)에서 왜구를 격퇴하였다.
⑤ 유인우 : 쌍성총관부 공격 → 철령 이북 땅 수복
고려 공민왕 때 유인우는 쌍성총관부를 공격하여 원에 빼앗긴 철령 이북의 땅을 수복하였다.

핵심노트 ▶ 거란의 침입

구분	원인	결과
1차 침입(성종 993)	송과의 단절 요구, 정안국의 존재	서희의 외교 담판 → 강동 6주 획득
2차 침입(현종 1010)	강조의 정변	양규의 흥화진 전투
3차 침입(현종 1018)	현종의 입조 및 강동 6주 반환 거부	강감찬의 흥화진 전투 & 귀주대첩

14 묘청의 서경 천도 운동

암기박사 묘청 : 서경 천도 운동 ⇒ 고려 인종

정답 ③

정답 해설

삼국사기는 김부식 등이 왕명을 받아 편찬한 현존하는 우리나라 최고(最古)의 역사서로 고려 인종 때 편찬되었다(1145). 이 시기에 묘청이 풍수지리설에 근거하여 서경(지금의 평양) 천도를 주장하며 난을 일으켰으나, 개경파의 김부식이 이끄는 관군의 공격으로 진압되었다(1135).

오답 해설

① 정방 폐지 → 고려 창왕
  고려 공민왕 때 인사 행정을 담당하여 신진 사대부의 등용을 억제하였던 정방이 혁파되고 이어 창왕 때 폐지되었다(1388).

② 만적의 난 → 고려 신종
  최충헌의 사노 만적이 개경에서 신분 해방을 도모하며 반란을 일으켰다(1198).

④ 정중부 : 무신 정변 → 고려 의종
  고려 의종이 문신들만 우대하고 무신들을 천대하자 정중부 등의 무신들이 정변을 일으켜 권력을 장악하였다(1170).

⑤ 황룡사 구층 목탑 소실 → 고려 고종
  신라 선덕여왕 때 자장(慈藏)의 건의로 황룡사 구층 목탑이 경주에 건립되었으나 몽골의 침입 때 소실되었다(1238).

15 최무선의 활동

암기박사 최무선 : 화포 사용 ⇒ 진포대첩 : 왜구 격퇴

정답 ⑤

정답 해설

고려 말에 최무선은 왜구의 침입을 격퇴하기 위해 중국의 화약 제조 기술을 습득하였다. 정부는 화통도감을 설치하고 최무선을 중심으로 화약과 화포를 제작하였으며, 화포를 이용하여 진포(금강 하구) 싸움에서 왜구를 격퇴하였다. → 진포대첩(1380)

오답 해설

① 세종 : 최윤덕, 김종서 → 4군 6진
  조선 세종 때 최윤덕과 김종서는 각각 4군과 6진을 개척하여 영토를 확장하였고 오늘날의 국경선이 획정되었다.

② 이성계 : 요동 정벌 반대 → 위화도 회군
  이성계는 4불가론을 들어 요동 정벌을 반대하고 위화도에서 회군하였다.

③ 효종 : 조총 부대 파견 → 나선 정벌
  러시아의 남하로 청과 러시아 간 국경 충돌이 발생하여 청이 원병 요청을 하자, 효종은 조총 부대를 파견하여 나선 정벌에 참여하였다.

④ 김윤후 : 처인성 전투 → 살리타 사살
  고려 때 몽골의 2차 침략 당시 김윤후는 처인성 전투에서 살리타를 사살하였다.

핵심노트 ▶ 최무선

- 화통도감 설치 : 화약무기를 생산하고 관리하는 국가기관
- 화약무기 제조 : 주화, 대장군포 등
- 진포대첩 : 세계 최초의 함포대첩, 100여척의 배로 500척의 왜구를 상대로 대승을 거둠

16 보조국사 지눌

암기박사 수선사 결사 : 돈오점수, 정혜쌍수 ⇒ 보조국사 지눌

정답 ⑤

정답 해설

조계종을 창시한 보조국사 지눌은 순천 송광사를 중심으로 수선사 결사를 제창하여 불교계의 개혁 운동을 주도하였고, 돈오점수(頓悟漸修)를 주장하며 수행 방법으로 정혜쌍수(定慧雙修)를 내세웠다.

오답 해설

① 무애가 : 불교 대중화 → 원효 → 모든 논쟁을 화합으로 바꾸려는 불교 사상
  원효는 일심과 화쟁 사상을 중심으로 몸소 아미타 신앙을 전개하고 무애가를 지어 불교 대중화에 노력하였다.

② 화엄일승법계도 : 화엄 사상 정리 → 의상
  의상은 해동 화엄사의 시조로서 화엄일승법계도를 지어 화엄 사상을 정리하였다.

③ 해동 천태종 개창 : 불교 교단 통합 → 대각국사 의천
  대각국사 의천은 교종을 중심으로 선종을 통합하기 위하여 국청사를 창건하고 해동 천태종을 개창하였다.

④ 왕오천축국전 : 인도와 중앙아시아 기행 → 혜초
  왕오천축국전(往五天竺國傳)은 혜초가 인도와 중앙아시아의 풍물을 기록한 기행문으로 현재 프랑스 국립 도서관에 소장되어 있다.
  → 프랑스 학자 펠리오(Pelliot)가 간쑤성[甘肅省] 둔황[敦煌]의 석굴에서 발견

핵심노트 ▶ 보조국사 지눌(1158~1210)

- 선·교 일치 사상의 완성 : 조계종을 창시해 선종을 중심으로 교종을 포용하여 선·교 일치 사상의 완성을 추구 → 최씨 무신 정권의 후원으로 조계종 발달
- 정혜쌍수(定慧雙修) : 선정과 지혜를 같이 닦아야 한다는 것으로, 선과 교학이 근본에 있어 둘이 아니라는 사상 체계를 말함 → 철저한 수행을 선도
- 돈오점수(頓悟漸修) : 인간의 마음이 곧 부처의 마음임을 깨닫고(돈오) 그 뒤에 깨달음을 꾸준히 실천하는 것(점수)을 말함 → 꾸준한 수행으로 깨달음의 확인을 아울러 강조
- 수선사 결사 운동 : 명리에 집착하는 무신 집권기 당시 불교계의 타락상을 비판하고 승려 본연의 자세로 돌아가 독경과 선 수행 등에 고루 힘쓰자는 개혁 운동, 송광사를 중심으로 전개

17 고려 숙종의 경제 정책

암기박사 주전도감 : 해동통보 주조 ⇒ 고려 숙종

정답 ①

정답 해설

우리나라의 지형을 본떠 만든 은병은 고려 숙종 때 발행된 화폐로, 은 1근의 무게를 기준으로 하였고 윗부분의 입구가 커서 활구(闊口)라고도 불렸다. 숙종 때에 화폐 유통의 촉진을 도모하기 위해 주전도감에서 해동통보가 주조되어 유통되었으나 널리 사용되지는 못하였다.

오답 해설

② **전환국 : 백동화 발행 → 개화기**
전환국은 근대식 화폐 발행 기구로, 종래 사용하던 상평통보를 대체하기 위해 백동화가 발행되었다.

③ **명도전, 반량전 → 철기 시대** ─ 중국 춘추 전국 시대에 연과 제에서 사용한 청동 화폐
철기 시대에 중국 화폐인 명도전, 반량전이 널리 사용되어 중국과의 활발한 교역 관계를 알 수 있다. ─ BC 3세기 무렵 진에서 사용한 청동 화폐

④ **공인 : 상평통보 → 조선 후기**
조선 후기에는 관청에서 필요한 물품을 납부하는 공인(貢人)이 등장하였으며, 상평통보를 사용하여 물품을 조달하였다.

⑤ **당백전 발행 → 고종 : 흥선 대원군**
고종 때 흥선 대원군은 궁궐 중건 비용을 마련하기 위해 당백전을 발행하였다. ─ 경복궁

> **핵심노트** ▶ 고려 시대의 화폐 주조
>
> - 성종 : 건원중보
> - 숙종 : 삼한통보, 해동통보, 해동중보, 동국통보, 활구(은병)
> - 충렬왕 : 쇄은
> - 충혜왕 : 소은병
> - 공양왕 : 저화

18 칠정산 내편의 이해

정답 ④

암기박사 한양 기준 역법서 ⇒ 정인지 : 칠정산 내편

정답 해설

(가)에 들어갈 책은 칠정산 내편이다. 칠정산 내편은 세종 때 정인지, 정초 등이 중국의 수시력과 아라비아의 회회력을 참고하여 편찬한 역법서로, 한양을 기준으로 천체 운동을 정확하게 계산하였다.

오답 해설

① **우리나라 최초의 농서 → 정초 : 농사직설**
농사직설은 조선 세종 때 정초 등이 편찬한 우리나라 최초의 농서로서, 중국의 농업 기술을 수용하면서 우리 실정에 맞는 독자적인 농법을 정리하였다.

② **전통 한의학 정리 → 허준 : 동의보감**
광해군 때 허준은 전통 한의학을 체계적으로 정리하고 의료 지식의 민간 보급에 기여한 동의보감을 간행하였다.

③ **육조 관아 행정법규 및 사례 편집 → 육전조례**
육전조례는 조선 후기 육조 각 관아의 행정법규 및 사례를 편집한 행정법전이다.

⑤ **현존 세계 최고(最古)의 금속 활자 본 → 직지심체요절**
직지심체요절은 현존하는 세계 최고(最古)의 금속 활자본이다. → 2001년 유네스코 세계 기록 유산에 등재

> **핵심노트** ▶ 역법 발전 과정
>
> - 통일 신라 ~ 고려 초기 : 당의 선명력
> - 고려 후기 : 원의 수시력
> - 고려 말기 : 명의 대통력
> - 조선 초기 : 독자적인 칠정산(세종)
> - 조선 중기 : 서양식 태음력(효종 이후)
> - 을미개혁 : 서양의 태양력

19 태종의 정책

정답 ②

암기박사 신문고, 호패법, 6조 직계제 ⇒ 태종

정답 해설

조선 태종은 백성들의 억울함을 풀어주기 위해 신문고를 설치하고 왕권을 강화하기 위해 6조 직계제를 시행하였다. 또한 백성의 유망을 막기 위하여 16세 이상의 남자들에게 호패를 발급하는 호패법을 시행하였다.

오답 해설

① **경복궁 중건 : 당백전 발행 → 흥선 대원군**
흥선 대원군은 임진왜란 때 불에 탄 경복궁을 중건하기 위해 원납전을 강제로 징수하고 고액의 화폐인 당백전을 남발하였다.

③ **대동법 : 방납의 폐단 시정 → 광해군**
광해군은 농민들의 토지 이탈이 가속화되는 방납의 폐해를 막고자 대동법을 시행하였다.

④ **균역법 : 결작 부과 → 영조**
영조는 균역법의 시행으로 감소된 재정을 보충하기 위해 지주에게 토지 1결당 쌀 2두의 결작을 부과하였다.

⑤ **임술 농민 봉기 : 삼정이정청 설치 → 철종**
철종 때 임술 농민 봉기의 원인인 삼정의 폐단을 시정하기 위해 임시 관청인 삼정이정청을 설치하였다.

> **핵심노트** ▶ 조선 태종의 업적
>
> - 국왕 중심의 통치 체제 정비 : 의정부 권한의 약화, 육조 직계제(六曹直啓制) 채택, 사병 혁파, 언론 · 언관의 억제, 외척과 종친 견제
> - 경제 기반의 안정 : 호패법 실시, 양전(量田) 사업 실시, 유향소 폐지, 노비변정도감 설치
> - 억불숭유 : 사원 정리, 사원전 몰수, 서얼 차대법, 삼가 금지법
> - 기타 업적 : 신문고 설치, 주자소 설치, 아악서 설치, 사섬서 설치, 5부 학당 설치

20 병자호란

정답 ②

암기박사 강화도 : 김상용 순절 ⇒ 병자호란

정답 해설

김준룡 장군이 남한산성으로 피란한 인조를 구하기 위해 근왕병을 이끌고 누르하치의 사위인 적장을 사살한 전쟁은 병자호란이다. 이 시기에 김상용은 봉림대군과 인평대군을 수행해 강화도에 피난을 하였으나 청에 의해 강화성이 함락되자 남문루에서 순절하였다.

오답 해설

① **정발 : 부산진성 전투 → 임진왜란**
임진왜란 초기 부산진 첨사 정발이 부산진성 전투에서 전사하고 부산 일대가 왜구에 의해 함락되었다.

③ **정봉수와 이립 : 용골산성 항전 → 정묘호란**
인조 때 후금이 침입하여 정묘호란이 발발하자 정봉수와 이립이 의병을 이끌고 용골산성에서 항전하였다.

④ **광해군 : 강홍립 부대 파병 → 중립 외교**
광해군 때에 명의 요청에 따라 강홍립이 이끄는 부대가 파병되었으나, 광해군은 명과 후금 사이에서 중립 외교 정책을 추진하여 강홍립을 후금에 투항하도록 하였다.

⑤ 이순신 : 명량대첩 → 정유재란

정유재란 때 이순신 장군이 이끄는 조선의 수군이 명량 해협에서 일본의 수군을 크게 격파하였다.

> **핵심노트** ▶ 병자호란(인조 14, 1636)
>
> - 후금은 세력을 계속 확장하여 국호를 청으로 바꾸고 심양을 수도로 건국
> - 인조의 계속적인 반청 정책 ← 최명길, 이귀 : 외교적 교섭
> - 청의 군신 관계 요구에 대해 주화론과 주전론이 대립
> - 대세가 주전론으로 기울자 청은 다시 대군을 이끌고 침입
> - 인조는 남한산성으로 피난, 45일간 항전하다 주화파 최명길 등과 함께 삼전도에서 굴욕적인 강화를 맺음 ← 김상헌, 윤집, 오달제, 홍익한 : 청과 전쟁 불사
> - 조선은 청과 군신 관계를 맺고, 명과의 외교를 단절
> - 두 왕자와 강경 척화론자(김상헌 · 홍익한 · 윤집 · 오달제의 삼학사)들이 인질로 잡혀감

21 시전 상인의 활동

정답 ②

암기박사 육의전, 금난전권 ⇒ 시전 상인

정답 해설

시전 상인은 관허 상인으로 종로 거리에 상점가를 만들어 점포세와 상세를 거두었다. 육의전 상인이 대표적이며, 왕실이나 관청에 물품을 공급하는 대신에 특정 상품에 대한 독점 판매권인 금난전권이라는 특권을 부여받았다.
← 명주, 종이, 어물, 모시와 베, 무명, 비단을 파는 점포

오답 해설

① 혜상공국을 통해 보호 → 보부상
혜상공국은 보부상이 중심이 되어 조직된 상인조합으로, 보부상의 상인은 혜상공국을 통해 보호받았다.

③ 송방 설치 → 송상
개성의 송상은 전국에 송방이라는 지점을 설치하고 청과 일본 사이의 중계 무역으로 부를 축적하였다.

④ 책문 후시 : 대청 무역 주도 → 만상
조선 후기 상업의 발달로 사상(私商)이 등장하였고, 의주의 만상은 책문 후시를 통해 대청 무역을 주도하였다.

⑤ 포구에서의 중개 · 금융 · 숙박업 → 선상 · 객주 · 여각
선상(船商) · 객주(客主) · 여각(旅閣) 등이 포구를 거점으로 상행위를 전개하며 포구에서의 중개 · 금융 · 숙박업 등에 주력하였다.

> **핵심노트** ▶ 금난전권
>
> 시전 상인이 왕실이나 관청에 물품을 공급하는 대신 부여받은 독점 판매권이다. 금난전권의 '난전'은 전안(시전의 상행위자에 대해 등록한 대장으로 숙종 32년에 실시)에 등록되지 않은 자의 상행위 또는 판매 허가를 받지 않은 상품을 성 안에서 판매하는 행위를 말하는데, 난전으로 상권이 침해된 시전 상인들은 이의 금지를 정부에 요청하였다. 이에 정부가 시전 상인들에게 한양 도성 안과 도성 및 10리 안에서의 금난전권을 부여함으로써 시전 상인들은 상권을 독점할 수 있게 되었다. 육의전을 제외한 금난전권은 정조 15년(1791) 신해통공으로 폐지되었다.

22 광해군 재위 기간의 사건

정답 ②

암기박사 에도 막부 요청 : 통신사 파견 ⇒ 광해군

정답 해설

토지 결수에 따라 공물을 쌀로 대신 납부하게 하는 대동법이 선혜법이라는 이름으로 경기도에서 처음 시행된 것은 광해군 때의 일이다. 이 시기에 일본 에도 막부의 국교 재개 요청에 따라 통신사를 파견하여 조선의 선진 문물을 일본에 전파하였다.

오답 해설

① 남이장군 처형 → 예종
예종은 역모를 꾀했다는 유자광의 고변을 계기로 남이 장군을 처형하였다.

③ 나선 정벌 : 변급, 신류 파견 → 효종
효종은 러시아의 남하로 청과 러시아 간 국경 충돌이 발생하자 청의 원병 요청으로 변급, 신류 등을 파견하여 나선 정벌을 단행하였다.

④ 이시애의 난 : 유향소 폐지 → 세조
세조는 북도인 차별정책에 반대하여 반란을 일으킨 이시애의 난을 진압하고, 당시 유향소의 일부가 가담한 사실이 드러나자 전국의 유향소를 폐지하였다.

⑤ 초계문신제 : 인재 양성 → 정조
정조는 신진 인물이나 중 · 하급(당하관 이하) 관리 가운데 젊고 유능한 인재를 양성하기 위해 초계문신제(抄啓文臣制)를 시행하였다.

23 김종직의 조의제문

정답 ③

암기박사 무오사화의 발단 : 조의제문 ⇒ 김종직

정답 해설

김굉필은 김종직의 제자이다. 연산군 때에 김종직이 지은 조의제문을 김일손이 사초(史草)에 올린 일을 문제 삼아 유자광 · 윤필상 등의 훈구파가 김일손 · 김굉필 등의 사림파를 제거하는 무오사화가 발생하였다.

오답 해설

① 갑술환국 → 남인 축출
조선 숙종 때 폐비 민씨의 복위 운동을 저지하려던 남인이 축출되고 서인의 노론과 소론이 정국을 주도하는 갑술환국이 전개되었다.

② 위훈 삭제 주장 → 조광조
조선 중종 때 조광조는 반정 공신의 위훈 삭제(僞勳削除)를 주장하다 주초위왕(走肖爲王) 사건으로 축출되었다. ← 주(走)와 초(肖)를 합치면 조(趙)가 되므로, 조씨 성을 가진 사람이 왕이 된다는 뜻

④ 색경 : 농사 해설서 → 박세당
박세당은 농사 전반에 걸친 해설서로, 농가집성을 비판 · 보완한 색경을 저술하여 농업 기술 발전에 이바지하였다.

⑤ 양명학 연구 : 강화 학파 형성 → 정제두
정제두는 성리학을 비판하고 지행합일의 실천성을 강조하는 양명학을 연구하여 강화 학파 형성의 기초를 마련하였다.

> **핵심노트** ▶ 조의제문(弔義帝文)
>
> 김종직이 항우에게 왕위를 빼앗기고 죽은 초나라 의제를 기리는 내용을 통해 단종에게서 왕위를 빼앗은 세조를 비난한 글

24 조선 후기의 경제 상황

정답 ②

암기박사 과전법 실시 ⇒ 고려 말 : 공양왕

정답 해설

제시된 사료는 조선 후기 실학자 이중환이 지은 택리지로 담배, 생강, 모시 등의 작물 재배가 활발한 조선 후기의 경제 상황을 나타낸 것이다. 경기 지역에 한하여 과전법이 실시된 것은 고려 말 공양왕 때로 신진 사대부들의 경제적 기반을 확대하고 농민의 지지를 확보하였다.

오답 해설

① 상품 작물 : 담배, 면화 → 조선 후기
  조선 후기에는 담배, 면화 등 시장에서 판매할 목적으로 재배되는 농작물인 상품 작물이 활발하게 재배되었다.
③ 개시 무역, 후시 무역 → 조선 후기
  조선 후기에는 대청 무역이 활발해지면서 의주의 중강과 중국 봉황의 책문 등 국경 지대에서 개시 무역과 후시 무역이 이루어졌다. (공무역 / 사무역)
④ 모내기법 확대 : 이모작 성행 → 조선 후기
  조선 후기에는 직파법에서 이앙법으로 모내기법이 확대되면서 벼와 보리의 이모작이 성행하였다.
⑤ 설점수세제 : 민간 광산 개발 허용 → 조선 후기
  조선 후기에 설점수세제를 시행하여 민간의 광산 개발이 허용되었고, 정부에서는 별장을 파견하여 수세를 독점하였다.

25 혜경궁 홍씨의 시대적 상황

정답 ①

암기박사 혜경궁 홍씨, 벽파와 시파 대립 ⇒ 정조

정답 해설

혜경궁 홍씨는 사도 세자의 부인이자 정조의 어머니로, 혜경궁 홍씨가 살았던 영 · 정조 때에는 벽파와 시파의 대립이 심화되었다. 정조의 아버지인 사도세자와 관련된 국론 분열은 영조 때부터 존재해 왔다. 이로 인한 대립은 정조 즉위 후 심화되었는데 이 때 정조에게 동의한 무리를 시파, 반대한 무리를 벽파라고 한다.

오답 해설

② 흥선 대원군 : 왕권 강화 → 비변사 혁파
  흥선 대원군은 왕권 강화를 위해 비변사를 혁파하였다.
③ 현종 : 자의대비의 복제 → 예송 논쟁
  현종 때 효종 사망 시 자의대비의 복제 기간을 두고 서인과 남인이 논쟁하는 예송 논쟁이 발생하였다.
④ 김일손 : 조의제문 → 무오사화
  연산군 때 김일손이 올린 김종직의 조의제문을 문제 삼아 훈구파가 사림파를 제거하는 무오사화가 발생하였다.
⑤ 선조 : 이조 전랑 임명 → 동인 · 서인
  선조 때 이조 전랑 임명권을 두고 동인과 서인으로 나뉘어 붕당이 형성되었다.

핵심노트 ▶ 정조의 탕평 정치

- **추진 방향** : 사도세자의 죽음을 둘러싼 시파와 벽파 간의 갈등을 경험한 정조는 영조 때보다 더욱 강력한 탕평책을 추진하고 이를 통해 왕권 강화
- **진붕(眞朋)과 위붕(僞朋)의 구분** : 각 붕당의 주장이 옳은지 그른지를 명백히 가리는 적극적인 탕평(준론탕평)을 추진하여 영조 때 권세를 키워 온 척신 · 환관 등을 제거
- **남인(시파) 중용** : 노론(벽파) 외에 소론의 일부 세력과 그 동안 정치에서 배제되었던 남인 계열이 중용됨

26 정조의 업적

정답 ②

암기박사 규장각 : 서얼 출신 검서관 기용 ⇒ 조선 정조

정답 해설

제시된 자료는 왕실이나 관청에 물품을 공급하는 대신에 특정 상품에 대한 독점 판매권을 부여받는 금난전권의 문제점을 건의한 글이다. 이에 대해 정조는 금난전권을 철폐하는 신해통공을 실시하였다. 정조는 능력 있는 서얼 출신의 학자들을 규장각 검서관에 기용하였는데, 초대 검서관에는 이덕무, 유득공, 박제가 등이 임명되었다.

오답 해설

① 홍문관 : 왕의 자문 기관 → 조선 성종
  조선 성종 때에는 집현전을 계승한 홍문관이 설치되었는데, 홍문관은 사헌부 · 사간원과 함께 삼사를 구성하였으며, 학술 기관으로 왕의 자문과 경연을 관장하였다.
③ 현량과 : 신진 사림 등용 → 조선 중종
  조선 중종 때 조광조는 새로운 인사의 등용을 위해 천거제의 일종인 현량과를 실시하여 신진 사림을 대거 등용하였다.
④ 만권당 : 원의 연경에 세운 독서당 → 고려 충선왕
  만권당은 고려 충선왕 때 원의 연경에 세운 독서당으로, 이제현은 만권당에서 원의 학자들과 교유하여 성리학 전파에 이바지하였다.
⑤ 7재 : 관학 진흥 → 고려 예종
  고려 예종은 관학 진흥을 위해 국자감에 7재(七齋)라는 전문 강좌를 개설하였다. (여택재, 대빙재, 경덕재, 구인재, 복응재, 양정재, 강예재)

핵심노트 ▶ 정조의 규장각 설치 · 강화

- **설치** : 본래 역대 왕의 글과 책을 수집 · 보관하기 위한 왕실 도서관의 기능
- **기능 강화** : 본래의 기능에 국왕 비서실, 문신 교육, 과거 시험 주관 등의 기능을 통합적으로 부여하여 권력과 정책을 뒷받침할 수 있는 강력한 정치 기구로 육성
- **서얼 등용** : 능력 있는 서얼을 등용하여 규장각 검서관 등으로 임명

27 조선 후기의 회화

정답 ⑤

암기박사 안견 : 몽유도원도 ⇒ 조선 전기

정답 해설

제시된 그림은 조선 후기의 대표적인 풍속 화가 혜원 신윤복이 그린 월하정인으로, 늦은 밤 인적이 드문 뒷골목에서 남녀 간의 연애를 소재로 한 그림이다. 안견의 몽유도원도는 안평대군의 꿈 이야기를 듣고 표현한 그림으로 조선 전기의 작품에 해당한다.

오답 해설

① 김홍도 : 춤추는 아이 → 조선 후기
김홍도의 '춤추는 아이'는 악사들의 장단에 맞추어 춤을 추는 무동(舞童)의 춤사위를 익살과 해학으로 화폭에 담고 있다.

② 정선 : 인왕제색도 → 조선 후기
인왕제색도는 조선 후기 진경산수화의 대가 겸재 정선의 작품으로, 비가 내린 뒤의 인왕산의 분위기를 적묵법(積墨法)으로 진하고 묵직하게 표현한 산수화이다.

③ 김득신 : 파적도 → 조선 후기 ▶ 궁정화가
파적도는 조선 후기의 관인 화가 김득신이 그린 풍속화로, 병아리를 물고 달아나는 고양이를 쫓는 농촌 부부의 모습을 재미있게 묘사하고 있다.

④ 김정희 : 세한도 → 조선 후기
세한도는 조선 후기의 학자 추사 김정희가 그린 작품으로, 화가가 아닌 선비가 그린 문인화의 대표작이다.

28 백운동 서원

정답 ⑤

암기박사 주세붕 : 백운동 서원 ⇒ 최초의 사액 서원

정답 해설

제시된 자료는 흥선 대원군의 서원 철폐 정책과 관련한 내용이다. 서원은 조선 시대의 사립 교육 기관으로 중종 때 풍기 군수 주세붕이 설립한 백운동 서원이 시초이다. 백운동 서원은 안향의 봉사를 위해 설립된 최초의 사액 서원으로, 국왕으로부터 편액과 함께 서적 등을 받기도 하였다.

오답 해설

① 입학 자격 : 생원, 진사 → 조선 시대 : 성균관
조선 시대의 국립대학인 성균관의 입학 자격은 소과 합격자인 생원과 진사를 원칙으로 하였다.

② · ③ 지방의 국립 중등교육기관 → 조선시대 : 향교
향교(鄕校)는 조선 시대 지방의 국립 중등교육기관으로 지방의 부·목·군·현에 하나씩 설립되었으며, 중앙에서 교수와 훈도가 파견되어 지방 관리와 서민의 자제들을 교육하였다.

④ 유학, 율학, 서학, 산학 교육 → 고려 시대 : 국자감
고려 시대 유학 교육을 위해 설립된 국립대학인 국자감에서는 유학을 비롯하여 율학, 서학, 산학을 교육하였다.

핵심노트 ▶ 서원

- **기원** : 중종 38년(1543)에 풍기 군수 주세붕이 안향의 봉사를 위해 설립한 백운동 서원
- **운영의 독자성** : 독자적인 규정을 통한 교육 및 연구
- **사액 서원의 특권** : 면세·면역, 국가로부터 서적·토지·노비 등을 받음
- **보급** : 사화로 인해 향촌에서 은거하던 사림의 활동 기반으로서 임진왜란 이후 급속히 발전
- **공헌** : 학문 발달과 지방 문화 발전에 기여
- **폐단** : 사림들의 농민 수탈 기구로 전락, 붕당 결속의 온상지 → 정쟁을 격화

29 담헌 홍대용

정답 ①

암기박사 의산문답 : 지전설과 무한우주론 주장 ⇒ 홍대용

정답 해설

혼천의는 조선 세종 때 장영실이 제작한 이후 계속 만들어지고 개량되었는데, 조선 후기의 실학자 홍대용이 만든 혼천의는 서구 문물의 영향을 받아 더 과학적으로 제작되었다. 담헌 홍대용은 의산문답을 통해 지전설과 무한 우주론을 주장하며 중국 중심의 세계관을 비판하였다.

오답 해설

② 발해고 : 남북국이라는 용어 처음 사용 → 유득공
조선 후기의 실학자 유득공은 발해고에서 발해를 북국, 신라를 남국으로 칭하며 남북국이라는 용어를 처음 사용하였다.

③ 금석과안록 : 진흥왕 순수비 고증 → 김정희
추사 김정희는 금석과안록을 저술하여 북한산비가 진흥왕 순수비임을 고증하였다.

④ 서얼 출신 : 규장각 검서관 → 박제가, 이덕무, 유득공
박제가, 이덕무, 유득공 등은 서얼 출신으로 정조 때 규장각 검서관에 등용되었다. ▶ 규장각 각신의 보좌, 문서 필사 등의 업무를 맡은 관리

⑤ 여전론 : 마을 단위 토지 분배와 공동 경작 → 정약용
정약용은 여전론(閭田論)을 통해 마을 단위 토지 분배와 공동 경작을 주장하였다.

핵심노트 ▶ 홍대용(1731~1783)

- **저술** : 〈임하경륜〉·〈의산문답〉·〈연기(燕記)〉 등이 〈담헌서〉에 전해짐, 수학 관계 저술로 〈주해수용〉이 있음 ▶ 우리나라, 중국, 서양 수학의 연구 성과를 정리
- **농업(토지) 개혁론**으로 균전론을 주장 → 결부제를 그대로 인정한 위에서, 1호당 평균 2결씩의 농지를 배분
- **임하경륜(부국론)** : 기술의 혁신, 신분제 개혁 주장, 병농일치의 군대 조직, 교육 기회의 균등을 강조, 성리학의 극복이 부국강병의 근본이라 주장
- **의산문답** : 김석문의 지구 회전설을 계승해 지전설을 주장하여 화이관 비판
▶ 김석문, 홍대용, 이익, 정약용 등

30 흥선 대원군의 쇄국 정책

정답 ⑤

암기박사 오페르트 도굴 사건 ⇒ 흥선 대원군 : 척화비 건립

정답 해설

자료에 제시된 사건은 독일 상인 오페르트가 통상을 거부당하자 충청남도 덕산에 있는 남연군의 묘를 도굴하다가 발각된 오페르트 도굴 사건이다(1868). 이 사건 이후 신미양요가 발생하였고, 흥선 대원군은 전국에 척사교서를 내리고 척화비를 건립하여 서양과의 수교 거부를 천명하였다.

오답 해설

① 중종 : 임시기구 → 비변사 설치
중종 때 왜란과 호란을 대비한 임시기구인 비변사가 설치되었고, 이는 을묘왜변 이후 상설 기구화 되었다(1510).

② 병인양요 : 프랑스 → 외규장각 약탈
병인양요 당시 프랑스 군대는 문화재에 불을 지르고 외규장각 도서를 약탈하였다(1866).

③ 미국의 통상 요구 → 제너럴 셔먼호 사건
대동강에 침입하여 통상을 요구하며 행패를 부리던 미국 상선 제너럴 셔먼호를 박규수와 평양 관민들이 불태웠다(1866).

④ 천주교 탄압 : 병인박해 → 병인양요
천주교 탄압 사건인 병인박해 이후 병인양요가 발생하여 프랑스군이 강화도의 양화진을 침범하였다(1866).

핵심노트 ▶ 척화비의 내용(1871)

> 洋夷侵犯(양이침범) 非戰則和(비전즉화) 主和賣國(주화매국) 戒我萬年子孫(계아만년자손) 丙寅作(병인작) 辛未立(신미립)
> 서양의 오랑캐가 침범함에 싸우지 않음은 곧 화의하는 것이요, 화의를 주장함은 나라를 파는 것이다. 우리들의 만대자손에게 경계하노라. 병인년에 만들고 신미년에 세운다.

31 군국기무처

암기박사 공사 노비법 폐지 ⇒ 군국기무처

정답 ①

정답 해설

제1차 갑오개혁 때 김홍집 친일 내각은 초정부적 정책 의결 기구인 군국기무처를 설치하여 개혁을 추진하였는데, 사회 개혁으로 공사 노비법의 폐지를 결정하였다.

오답 해설

② 임술 농민 봉기 → 박규수 : 삼정이정청
임술 농민 봉기가 발발하자 삼정의 폐단을 시정하기 위해 안핵사 박규수의 건의로 임시 관청인 삼정이정청이 설치되었다.

③ 사림의 건의로 폐지 → 소격서
소격서(昭格署)는 국가적 제사를 주관하기 위해 설치된 도교 기관으로, 조광조를 비롯한 사림의 건의로 중종 때 혁파되었다.

④ 임진왜란 : 국정 최고 기구 → 비변사
조선 중종 때 외적에 대비하기 위해 비변사가 처음으로 설치되었으며, 임진왜란을 거치면서 국정 최고 기구로 자리 잡았다.

⑤ 12사 : 교린사, 군무사, 통상사 등 → 통리기무아문
고종은 개화 정책을 총괄하는 통리기무아문을 설치하고 소속 부서로 교린사, 군무사, 통상사 등의 12사를 두어 외교·군사·산업 등의 업무를 분장하였다.

 핵심노트 ▶ 제1차 갑오개혁 : 군국기무처

정치	연호 개국, 왕실과 정부 사무 분리, 6조를 80문으로 개편, 과거제 폐지
경제	재정 일원화로 탁지아문이 관장, 은 본위 화폐 제도, 조세 금납제, 도량형 통일
사회	신분제 철폐, 공·사 노비제 폐지, 조혼 금지, 과부 개가 허용, 인신매매 금지, 고문과 연좌법의 폐지

32 평양 지역의 역사

암기박사 1920년대 최대 파업 투쟁 ⇒ 원산 총파업

정답 ⑤

정답 해설

원산 총파업은 원산 노동 연합회의 소속 노동자와 일반 노동자들이 합세하여 노동 조건 개선을 요구하며 전개한 1920년대 최대의 파업 투쟁이다(1929).

오답 해설

① 묘청 : 서경 천도 운동 → 평양
묘청의 서경파가 풍수지리설에 근거하여 서경(지금의 평양) 천도와 칭제 건원, 금국 정벌을 주장하며 반란을 일으켰으나 김부식이 이끄는 관군의 공격으로 진압되었다.

② 안창호 : 대성 학교 설립 → 평양
안창호는 민족 교육을 위해 중등 교육기관인 대성 학교를 평양에 설립하였다.

③ 박규수 : 제너럴 셔먼호 사건 → 평양
대동강에 침입하여 통상을 요구하며 행패를 부리던 미국 상선 제너럴 셔먼호가 박규수와 평양 관민들에 의해 불태워졌다.

④ 김구 : 남북 협상 참여 → 평양
김구는 단독 정부 수립 반대와 통일 정부 구성을 위해 김규식과 함께 평양에서 개최된 남북 대표자 연석회의에 참석하였다.

33 대한 제국 군대

암기박사 정미 7조약 : 강제 해산 ⇒ 대한 제국 군대

정답 ②

정답 해설

일제는 고종의 헤이그 특사 사건을 빌미로 정미 7조약(한·일 신협약)을 체결한 후 대한 제국 군대를 강제로 해산시켰다(1907). 대한제국 군대의 강제 해산에 맞서 정미의병이 확산되었고, 이 과정에서 유생 이인영을 총대장, 허위를 군사장으로 하는 13도 창의군이 조직되어 서울 진공 작전을 전개하였다(1908).

오답 해설

① 국왕의 친위 부대 → 장용영
장용영은 조선 정조 때 설치된 국왕의 친위 부대로 한양에는 내영, 수원 화성에는 외영을 두었다(1793).

③ 삼수병 : 포수·사수·살수 → 훈련도감
훈련도감은 유성룡의 건의로 임진왜란 중 왜군의 조총에 대응하고 국방력을 강화하기 위해 설치되었으며, 포수·사수·살수의 삼수병으로 편제되었다(1594).

④ 대마도 정벌 → 이종무 : 정벌군
조선 세종 때 이종무의 지휘 아래 경상·전라·충청도에서 징발된 정벌군이 왜구의 소굴인 대마도를 정벌하였다(1419).

⑤ 양인개병, 의무병 → 중앙군 : 5위
조선 전기 중앙군의 핵심 조직인 5위는 양인개병(良人皆兵)의 원칙에 따라 의무병으로 구성되었다.
↳ 16세 이상 60세 이하의 모든 양인 남자가 군역의 의무를 지는 것

 핵심노트 ▶ 정미 7조약(한·일 신협약)의 내용

> 제1조 한국 정부는 시정 개선에 관하여 통감의 지도를 받을 것
> 제2조 한국 정부는 법령 제정 및 중요한 행정상의 처분은 미리 통감의 승인을 거칠 것
> 제3조 한국의 사법 사무는 보통 행정 사무와 이를 구분할 것
> 제4조 한국 고등 관리의 임명은 통감의 동의로써 이를 행할 것

제5조 한국 정부는 통감이 추천하는 일본인을 한국 관리에 용빙할 것
제6조 한국 정부는 통감의 동의 없이 외국인을 한국 관리에 임명하지 말 것
제7조 1904년 8월 22일 조인한 한국인 고문 용빙에 관한 협정서 제항은 폐지할 것

34 독립 운동가 양기탁

정답 ②

암기박사 대한매일신보 창간, 신민회 조직 ⇒ 양기탁

정답 해설

한말의 언론인이자 독립운동가인 양기탁은 만민 공동회의 간부로 활약하다 영국인 베델과 제휴하여 대한매일신보를 창간하였고, 안창호와 조국 광복을 도모하기 위해 비밀 결사 단체인 신민회를 조직하였다.

오답 해설

① 조선어 학회 사건 → 최현배, 이윤재 등
  일제는 조선어 학회가 독립 운동 단체라는 거짓 자백을 근거로 회원들을 검거하고 강제 해산시켰다.
③ 흥사단 조직 → 안창호
  신민회에서 활동한 안창호는 미국 샌프란시스코로 건너가 민족 운동 단체인 흥사단을 조직하였다.
④ 독립 의군부 조직 → 임병찬
  임병찬이 고종의 밀지를 받아 조직한 독립 의군부는 고종의 복위 및 대한 제국의 재건을 목표로 활동한 복벽주의 단체이다.
⑤ 조선 혁명 선언 : 의열단 강령 → 신채호
  신채호는 의열단의 행동 강령인 조선 혁명 선언을 집필하였다.

핵심노트 ▶ 대한매일신보(1904~1910)

- 영국인 베델이 양기탁 등과 함께 창간, 국한문판·한글판·영문판 간행(최대 발행 부수)
- 신민회 기관지로 활용, 국채 보상 운동에 주도적으로 참여
- 영·일동맹으로 검열이 면제, 서양문물 소개
- 의병활동, 친일 내각과 일진회의 매국행위 폭로·규탄 등 일제침략을 상세히 보도한 반일 신문으로, 항일운동의 전국적 확산에 기여
- 1910년 고종의 '을사조약부인친서'를 보도하다 총독부에 매수되어 일제 기관지(매일신보)로 속간

35 독립 협회의 활동

정답 ③

암기박사 중추원 개편 : 의회 설립 추진 ⇒ 독립 협회

정답 해설

독립 협회는 만민 공동회와 관민 공동회 개최 후 헌의 6조를 결의하였으며, 황국 협회의 습격으로 해산되었다. 서재필을 중심으로 창립된 독립 협회는 중추원 개편을 통한 의회 설립을 추진하였다.

오답 해설

① 고종의 강제 퇴위 반대 운동 → 대한 자강회
  일제가 고종을 강제 퇴위시키고 순종을 즉위시킨 후 한·일 신협약(정미 7조약)을 체결하자 대한 자강회는 고종의 강제 퇴위 반대 운동을 주도하였다.

② 일제의 황무지 개간권 요구 저지 → 보안회
  보안회는 일제의 황무지 개간권 요구에 대한 지속적인 반대 운동을 벌여 일제의 황무지 개간권 요구를 저지시켰다.
④ 태극 서관 설립 → 신민회
  신민회는 국권 회복과 공화정체의 국민 국가 건설을 목적으로 안창호와 양기탁이 중심이 되어 조직된 비밀 결사 단체로, 민중 계몽을 위해 태극 서관을 설립하고 계몽 서적을 보급하였다.
⑤ 한·일 관계 사료집 편찬, 독립신문 발행 → 대한민국 임시 정부
  대한민국 임시 정부는 임시 사료 편찬 위원회를 설치하여 한·일 관계 사료집을 편찬하고 독립신문을 발행하였다.

핵심노트 ▶ 독립 협회의 활동

- 이권 수호 운동 : 러시아의 절영도 조차 요구 규탄, 한·러 은행 폐쇄
- 독립 기념물의 건립 : 자주 독립의 상징인 독립문을 세우고, 모화관을 독립관으로 개수
- 민중의 계도 : 강연회·토론회 개최, 독립신문의 발간 등을 통해 근대적 지식과 국권·민권 사상을 고취
- 만민 공동회 개최 : 우리나라 최초의 근대적 민중 대회 → 외국의 내정 간섭·이권 요구·토지 조사 요구 등에 대항하여 반환을 요구
- 관민 공동회 개최 : 만민 공동회의 규탄을 받던 보수 정부가 무너지고 개혁파 박정양이 정권을 장악하자, 정부 관료와 각계각층의 시민 등 만여 명이 참여하여 개최
- 의회 설립 추진 : 의회식 중추원 신관제를 반포하여 최초로 국회 설립 단계까지 진행(1898. 11)
- 헌의 6조 : 헌의 6조를 결의하고 국왕의 재가를 받음 → 실현되지는 못함

36 경제적 구국 운동

정답 ①

암기박사 (가) 러시아 절영도 조차 요구 저지 ⇒ 독립 협회
(나) 상권 수호 운동 ⇒ 황국 중앙 총상회
(다) 일제의 황무지 개간권 요구 저지 ⇒ 보안회
(라) 국채 보상 운동 ⇒ 국채 보상 기성회

정답 해설

지금의 부산 영도 ← 족외혼(族外婚)

(가) **독립 협회** : 러시아가 저탄소 설치를 위해 절영도의 조차를 요구하자 독립 협회는 만민 공동회를 개최하여 러시아의 요구를 저지하였다.
(나) **황국 중앙 총상회** : 서울의 시전 상인들은 황국 중앙 총상회를 만들어 상권 수호 운동을 전개함으로써 일제의 경제적 침탈에 적극적으로 대응하였다.
(다) **보안회** : 보안회는 일제의 황무지 개간권 요구에 대한 지속적인 반대 운동을 벌여 일제의 황무지 개간권 요구를 저지하였다.
(라) **국채 보상 기성회** : 국채 보상 기성회를 중심으로 일본에게 진 빚을 국민의 힘으로 상환하여 국권을 회복하자는 국채 보상 운동이 전개되었다.

37 헤이그 특사 이준

정답 ⑤

암기박사 을사늑약의 불법성 폭로 ⇒ 헤이그 특사 : 이준

정답 해설

이준은 이상설, 이위종과 함께 네덜란드 헤이그에서 열린 만국 평화 회의에 특사로 파견되어 을사늑약 체결의 불법성을 폭로하였다.

300

오답 해설

① 대종교 창시 → 나철
대종교를 창시한 나철은 단군 숭배 사상을 전파하여 민족 의식을 고취하였다.

② 영남 만인소 주도 → 이만손
이만손은 김홍집의 조선책략 유포에 반발하여 영남 만인소를 주도하고 그의 처벌을 요구하였다.

③ 한국독립운동지혈사 저술 → 박은식
박은식은 일제 침략에 대항하여 독립 투쟁 과정을 정리한 한국독립운동지혈사를 저술하였다.

④ 스티븐스 사살 → 장인환, 전명운
장인환과 전명운은 미국 샌프란시스코에서 대한 제국의 외교 고문이었던 친일 미국인 스티븐스를 사살하였다.

38 간도 지역의 역사

암기박사 일본 : 청의 영토로 귀속 ⇒ 간도

정답 ⑤

정답 해설

청산리 전투에서 패배한 일본이 그 보복으로 간도의 한인 촌락을 습격하여 무차별 학살과 방화를 저지른 사건은 간도 참변이다. 간도는 청과 일본 사이에 체결된 간도 협약에 따라 일본이 안봉선 철도 부설권을 얻는 대가로 청의 영토로 귀속된 곳이다(1909).

오답 해설

① 병인양요 : 프랑스 → 강화도
프랑스는 병인박해 때의 프랑스 신부 처형을 구실로 강화도를 공격하여 병인양요가 발발하였으나, 양헌수 부대의 항전으로 정족산성에서 프랑스 군을 격퇴하였다(1866).

② 러시아의 남하 견제 : 영국 → 거문도
갑신정변 이후 조·러 수호 통상 조약이 체결되자 영국은 러시아의 남하를 견제하기 위해 거문도를 불법으로 점령하였다(1885).

③ 러·일 전쟁 : 일제의 불법 편입 → 독도
러·일 전쟁 중에 일본은 독도를 무주지(無主地)라고 하여 시네마 현에 불법적으로 편입시켰다(1905).

④ 저탄소 설치 : 러시아 → 절영도
러시아가 저탄소 설치를 위해 절영도의 조차를 요구하자 독립 협회는 만민 공동회를 개최하여 러시아의 요구를 저지하였다(1898).

39 1920년대 사회 운동

암기박사 (가) 1920년대 농민 운동 ⇒ 암태도 소작쟁의
(나) 1920년대 노동자 운동 ⇒ 원산 총파업

정답 ④

정답 해설

(가) 암태도 소작 쟁의 : 전남 신안군 암태도의 소작농민들이 전개한 농민운동으로, 지주들의 소작료 인상률 저지와 1920년대 각지의 소작운동에 큰 영향을 미쳤다(1923).

(나) 원산 총파업 : 원산 노동 연합회의 소속 노동자와 일반 노동자들이 합세하여 노동 조건 개선을 요구하며 전개한 1920년대 최대의 파업 투쟁으로 일본, 프랑스 등의 노동 단체로부터 격려 전문을 받았다(1929).

오답 해설

① 노동 운동 → 조선 노동 총동맹
조선 노·농 총동맹에서 분리된 조선 노동 총동맹의 주도로 임금 인상과 노동 조건의 개선 등을 요구하는 노동 운동이 추진되었다.

② 혁명적 노동 조합 → 1930년대 노동 운동
1930년대 이후 노동 운동은 비합법적인 혁명적 노동 조합을 중심으로 펼쳐졌다.

③ 강주룡 : 고공 농성 → 평양 고무 공장 파업
노동자 강주룡이 을밀대 지붕에서 고공 농성을 전개한 평양 고무 공장 파업이 일어나 임금 삭감 반대와 노동 조건 개선을 주장하였다.

⑤ 일제의 문화 통치 실시 배경 → 3·1운동
3·1운동으로 인해 국제 여론이 악화되자 일제는 통치 방식을 무단 통치에서 문화 통치로 바꾸었다.

핵심노트 ▶ 일제 강점기 대표적 노동 운동

- 조선 노동 공제회 조직(1920) : 최초의 대중적 노동단체, 전국 단위의 노동 운동 단체
- 부산 부두 노동자 파업(1921) : 최초의 대규모 연대파업, 임금 인상 요구
- 서울 고무 공장 여자 노동자 파업(1923) : 최초의 여성 노동자 연대 파업
- 원산 총파업(1929) : 원산 노동 연합회 노동자 주도, 1920년대 최대의 파업투쟁
- 평양 고무 공장 파업(1931) : 노동자 강주룡이 을밀대 지붕에서 전개한 최초의 고공 농성 운동

40 서양식 극장 원각사

암기박사 이인직 : 원각사 건립 / 안국선 : 금수회의록 집필 ⇒ 1908년

정답 ②

정답 해설

이인직이 건립한 우리나라 최초의 서양식 극장인 원각사는 1908~1909년의 기간 동안 운영되었으며, 은세계, 치악산 등의 신극을 공연하였다. 같은 시기에 안국선은 동물들을 통하여 인간 사회의 모순과 비리를 풍자한 신소설인 금수회의록을 집필하였다(1908).

오답 해설

① 박은식 : 조선 광문회 조직 → 1910년
박은식 등이 조선 광문회를 조직하여 민족 고전을 정리·간행하였다.

③ 나운규 : 영화 아리랑 개봉 → 1926년
나운규가 제작한 영화 아리랑이 단성사에서 처음 개봉되어 한국 영화를 획기적으로 도약시키는 계기가 되었다.

④ 오세창 : 만세보 발행 → 1906년
만세보는 천도교의 후원을 받아 오세창이 창간한 천도교 기관지로, 사회진보주의를 제창하여 신지식 개발과 신문화 보급 운동 등 민중 계몽에 힘썼다.

⑤ 주시경 : 국문 연구소 설립 → 1907년
주시경이 국문 연구소를 세워 한글을 체계적으로 연구하였으며 〈국어문법〉을 편찬하였다.

41 브나로드 운동

암기박사 동아일보사 : 문맹 퇴치 ⇒ 브나로드 운동

정답 ④

정답 해설

동아일보사에서 '배우자 가르치자 다 함께 브나로드' 구호를 내세우며 농촌 계몽 운동인 브나로드(Vnarod) 운동을 전개하였다(1931).
→ 러시아어로 '민중 속으로'라는 의미

오답 해설

① 천도교 소년회 → 소년 운동
  천도교 소년회에서 소년 운동이 본격화 되어 어린이날을 제정하였으며, 조선 소년 연합회에서는 전국적 조직체로서 체계적인 소년 운동을 전개하였다.

② 조선 형평사 중심 → 조선 형평사 운동
  이학찬이 조직한 조선 형평사를 중심으로 백정들이 진주에서 평등대우를 주장하며 형평 운동을 전개하였다.

③ 김광제, 서상돈 발의 → 국채 보상 운동
  국채 보상 운동은 정부의 외채를 국민의 힘으로 상환하여 국권을 회복하자는 운동으로, 대구에서 개최한 국민 대회에서 김광제, 서상돈 등의 발의로 본격화되었다.

⑤ 조만식 : 조선 물산 장려회 → 물산 장려 운동
  민족 기업을 지원하고 민족 산업을 육성함으로써 민족 경제의 자립을 달성하자는 목적 하에 조만식 등이 중심이 되어 평양에서 조선 물산 장려회를 발족하였다.

42 국민 대표 회의 소집

암기박사 이승만 : 위임 통치 청원 ⇒ 신채호, 박용만 : 국민 대표 회의 소집

정답 ②

정답 해설

→ 이승만이 미국 대통령 윌슨에게 위임 통치 청원서 제출

임시 정부의 대통령인 이승만은 외교 활동을 통해 강대국의 도움을 받아 독립을 이루자고 주장하며, 국제 연맹에 위임 통치 청원을 시도하였다. 이에 신채호, 박용만 등 외교 중심 노선에 비판적인 인사들의 요구로 상하이에서 국민 대표 회의가 소집되었다(1923).

오답 해설

① 미·소 공동 위원회 : 신탁 통치 결정 → 반탁 운동
  미·소 공동 위원회의 신탁 통치 결정에 김구와 이승만, 조만식 등의 우익 세력과 민족주의 세력은 신탁 통치에 반대하는 적극적인 반탁 운동을 전개하였다.

③ 단독 정부 수립 운동 → 중도파 : 좌우 합작 위원회 조직
  이승만의 정읍 발언 이후 단독 정부 수립 운동이 일어나자, 이에 분단을 우려한 여운형·김규식 등의 중도파가 중심이 되어 좌우 합작 위원회를 조직하였다.

④ 임시 정부의 위기 → 한인 애국단 결성
  김구는 상해에서 임시정부의 위기 타개책으로 한인 애국단을 조직하였고, 한인 애국단 소속의 이봉창과 윤봉길은 항일 의거 활동을 전개하였다.

⑤ 분단 위기 → 남북 대표자 연석회의
  김구는 김규식과 함께 평양에서 개최된 남북 대표자 연석회의에 참석하여 분단을 막기 위해 김일성, 김두봉과 회담하였다.

핵심노트 ▶ 국민 대표 회의 소집(1923)

- 독립 운동 방법론을 둘러싼 임시 정부의 대립과 침체
- 외교론의 성과에 대한 독립운동 세력의 불신과 비판 → 위임 통치 청원서 사건(이승만)에 대한 불만 고조
- 임시 정부 개편의 필요성 제기 → 레닌 정부가 한국 독립운동 지원을 약속하며 임시 정부 개조를 요구
- 신채호, 박용만 등 외교 중심 노선에 비판적인 인사들의 요구로 회의 소집
- 창조파는 새 정부(韓 정부)를 조직하고 연해주로 이동하였으나 소련의 지원을 얻지 못해 힘을 잃음 → 일부는 무정부주의 운동에, 일부는 중국 공산당에 가담
- 임시 정부는 이승만을 위임 통치건을 이유로 탄핵하고 박은식을 2대 대통령으로 추대, 제2차·제3차 개헌을 추진하며 체제를 정비

43 민족 말살 통치기의 일제 정책

암기박사 도 평의회, 부·면 협의회 ⇒ 문화 통치기

정답 ②

정답 해설

제시된 사료는 조선 농지령으로 일제는 민족 말살 통치기에 지주의 소작권을 제한하여 소작인을 보호한다는 명목하에 조선 농지령을 공포하였다(1934). 한편, 일제는 문화 통치기에 도 평의회, 부·면 협의회 등의 자문 기구를 설치하였지만 오늘날의 지방 의회와 같은 의결권은 없었다.

오답 해설

① 국민 징용령 → 민족 말살 통치기
  일제는 민족 말살 통치기에 조선인 근로자의 노동력 동원을 위해 국민 징용령을 시행하였다(1939).

③ 농촌 진흥 운동 → 민족 말살 통치기
  민족 말살 통치기에 일제는 조선 농민을 회유·단속하기 위해 농민의 자력갱생을 내세운 농촌 진흥 운동을 실시하였다(1932).

④ 국가 총동원법 → 민족 말살 통치기
  일제는 민족 말살 통치기에 국가 총동원법을 제정하여 미곡과 금속제의 전쟁 물자를 공출하고 근로, 징용, 위안부 등으로 인적 자원을 수탈하였다(1938).

⑤ 조선 사상범 보호 관찰령 → 민족 말살 통치기
  일제는 민족 말살 통치기에 독립운동 탄압을 위한 조선 사상범 보호 관찰령을 공포하였다(1936).

핵심노트 ▶ 민족 말살 통치기의 일제 정책

- 우리 말·우리 역사 교육 금지
- 조선·동아일보 폐간
- 창씨개명
- 황국 신민 서사 암송
- 신사 참배, 궁성 요배 강요
- 조선 사상범 보호 관찰령
- 조선 사상범 예비 구금령
- 병참 기지화 정책
- 남면북양 정책
- 국가 총동원령, 징용령, 여자 정신 근로령

44 일본에서의 독립 운동

암기박사 조선 청년 독립단 : 2·8 독립 선언서 발표 ⇒ 일본

정답 ⑤

302

정답 해설

미국 대통령 윌슨이 제창한 민족 자결주의의 영향을 받아 일본 도쿄 유학생들은 조선 청년 독립단을 중심으로 2·8 독립 선언서를 발표하였다. 이는 민족적 저항 운동인 3·1 운동과 대한민국 임시 정부 수립에 영향을 미쳤다.

오답 해설

① **권업신문 발간 → 연해주**
연해주에서는 권업회를 조직하고 권업신문을 발간하여 민족 의식을 고취하였다.

② **숭무 학교 설립 → 멕시코**
멕시코로 이주한 한인들이 이근영을 중심으로 멕시코 메리다 중심지에 한인 무관 양성 학교인 숭무 학교를 설립하고 독립군을 양성하였다.

③ **대한인 국민회 → 하와이**
하와이에서는 한인협성협회와 미국 샌프란시스코에 있던 안창호의 대한인 공립협회가 통합되어 조직된 대한인 국민회를 중심으로 독립운동이 전개되었다.

④ **신한청년당 결성 → 상하이**
상하이에서 결성된 신한청년당은 파리 강화 회의에 김규식을 대표로 파견하여 독립 청원서를 제출하였다.

45 이봉창 의거

암기박사 일본 국왕에 폭탄 투척 ⇒ 한인 애국단 : 이봉창

정답 ③

정답 해설

김구는 상하이에서 임시 정부의 위기 타개책으로 한인 애국단을 조직하였고(1931), 이 단체 소속의 이봉창은 도쿄에서 일왕의 행렬에 폭탄을 투척하였다(1932).

핵심노트 ▶ 한인 애국단

- 1931년 상해에서 김구가 임시 정부의 위기 타개책으로 조직
- 이봉창 의거(1932. 1. 8) : 도쿄에서 일왕의 행렬에 폭탄 투척
- 윤봉길 의거(1932. 4. 29) : 상하이 홍커우 공원에서 열린 일본국 축하 기념식에서 폭탄 투척

- 임시 정부 인사들이 중국 군관학교에서 훈련할 수 있게 되어 한국 광복군의 탄생의 계기가 됨
- 한반도 문제에 대한 국제적 관심 고조, 독립 운동의 의기 고양
- 중국 국민당(장개석) 정부의 임시 정부 지원 계기 → 한국 광복군 창설(1940)

46 김원봉의 독립 운동 단체

암기박사 의열단, 조선 민족 혁명당, 조선 의용대 ⇒ 김원봉

정답 ⑤

정답 해설

김원봉은 신채호의 조선 혁명 선언을 행동 강령으로 하여 만주 길림성에서 의열단을 조직하였고(1919), 이후 황포 군관 학교에 입학하여 군사 훈련을 받았다. 또한 조선 민족 혁명당을 결성하여(1935) 여러 독립 운동 세력을 통합하기 위해 노력하였으며, 중국 우한에서 군사 조직인 조선 의용대를 창설하여(1938) 포로 심문, 요인 사살, 첩보 작전을 수행하였다.

오답 해설

① **대조선 국민 군단 조직 → 박용만**
박용만은 하와이에 독립군 사관을 양성할 목적으로 대조선 국민 군단을 조직하고 군사 훈련을 실시하였다(1914).

② **명동 학교 설립 → 김약연**
김약연 등은 중국 북만주 명동촌에 민족의식 고취를 위해 명동 학교를 설립하였다(1908).

③ **훙커우 공원에서 폭탄 투척 → 윤봉길**
한인 애국단 소속의 윤봉길은 상하이 훙커우 공원에서 열린 일본군 축하 기념식에서 폭탄을 투척하여 일본군 장성과 고관을 처단하였다(1932).

④ **조선 혁명군, 영릉가 전투 → 양세봉**
양세봉은 조선 혁명군을 이끌고 중국 의용군과 연합하여 영릉가 전투(1932)와 흥경성 전투(1933)에서 일본군에 대승을 거두었다.

47 대한민국 헌법의 변천 과정

암기박사 통일 주체 국민 회의에서 대통령 선출 ⇒ 유신 헌법 (제7차 개헌, 1972)

정답 ④

정답 해설

박정희 정부 때 유신 헌법에 따라 중임 제한을 철폐하고 통일 주체 국민회의에서 대통령(임기 6년)을 선출하였다.

오답 해설

① **7년 단임제 → 제5공화국(제8차 개헌, 1980)**
전두환·노태우의 신군부 세력은 선거인단에서 대통령을 선출하고, 임기를 7년 단임제로 하는 8차 개헌을 단행하였다.

② **내각 책임제와 양원제 국회 → 허정 과도 내각(제3차 개헌, 1960)**
4·19 혁명 후의 혼란 수습을 위해 허정 과도 내각이 출범되고, 내각 책임제를 기본으로 하여 민의원과 참의원의 양원제 국회로 헌법을 개정하였다(1960).

③ **대통령 3선 연임 허용, 직선제 → (제6차 개헌, 1969)**
박정희 정부의 장기 집권 의도로 3선 개헌이 강행되어 연임이 허용되고, 대통령 선출 방식으로 직선제가 유지되었다.

⑤ **초대 대통령에 한해 중임 제한 철폐 → 사사오입 개헌(제2차 개헌, 1954)**
자유당의 이승만 정부는 권력을 계속 장악하기 위해 초대 대통령에 한해 중임 제한 규정을 철폐하는 개헌안을 제출하였으나, 1표 부족으로 부결되자 사사오입의 논리로 개헌안을 불법 통과시켰다.

48 안재홍의 조선학 운동

암기박사 여유당전서 간행 : 조선학 운동 ⇒ 안재홍

정답 ②

정답 해설

제시된 사료는 여운형과 안재홍 등이 건국 작업을 진행하기 위해 조

직한 조선 건국 준비 위원회의 건국 강령이다(1944). 안재홍은 정인보, 문일평 등과 함께 다산 정약용의 서거 99주년을 기념하여 여유당전서를 간행하고 조선학 운동을 주도하였다.

오답 해설

① 진단 학회 창립 → 이병도, 손진태
이병도, 손진태 등은 청구학회를 중심으로 한 일본 어용학자들의 왜곡된 한국사 연구에 대항하여 진단 학회를 창립하고 진단 학보를 발행하였다.

③ 한국독립운동지혈사 저술 → 박은식
박은식은 일제 침략에 대항하여 독립 투쟁 과정을 정리한 한국독립운동지혈사를 저술하였다.

④ 독사신론 : 민족주의 사관 → 신채호
신채호는 만주와 부여족 중심의 고대사를 서술한 독사신론을 저술하여 민족주의 사관의 기초를 마련하였다.

⑤ 조선사회경제사 : 식민 사학 반박 → 백남운
백남운은 사적 유물론을 도입하여 조선사회경제사를 저술하고, 일제 식민 사학의 정체성 이론을 반박하였다.

핵심노트 ▶ 조선학 운동

- **정인보** : 양명학과 실학사상을 주로 연구, 신채호를 계승하여 고대사 연구에 치중, 광개토대왕비를 새롭게 해석, '얼' 사상으로 1930년대 조선학 운동 전개
- **안재홍** : 〈조선 상고사감〉 저술, 민족 정기를 강조, 신민족주의자로서 1930년대 조선학 운동 전개
- **문일평** : 〈한·미 50년사〉, 〈호암 전집〉 저술, 개항 후의 근대사 연구에 역점, 조선심(朝鮮心)으로 1930년대 조선학 운동 전개

49 6월 민주 항쟁의 결과

정답 ②

암기박사 6월 민주 항쟁 ⇒ 6·29 민주화 선언 : 5년 단임의 대통령 직선제 개헌

정답 해설

호헌 철폐와 독재 타도 등의 구호를 내세운 6월 민주 항쟁으로 노태우의 6·29 민주화 선언이 발표되었다. 그 결과 국민의 손으로 대통령을 직접 뽑을 수 있는 5년 단임의 대통령 직선제 개헌안이 발표되었다.

오답 해설

① 3당 합당 : 민주 자유당 창당 → 노태우 정부
노태우 정부 때에 민주 정의당(노태우), 통일 민주당(김영삼), 신민주 공화당(김종필)의 3당 합당으로 민주 자유당이 창당되었다(1990).

③ IMF 구제 금융 지원 → 김영삼 정부
김영삼 정부 때 외환 위기로 인해 국제 통화 기금(IMF)으로부터 구제 금융을 지원 받았다(1997).

④ 발췌 개헌 → 이승만 정부
이승만 정부와 자유당은 6·25 전쟁 중 부산에서 계엄령을 선포한 가운데 발췌 개헌안을 통과시켰다(1952).

⑤ 3·15 부정선거 → 이승만 정부
이승만 정부 때 여당 부통령 후보 당선을 위한 3·15 부정 선거가 자행되어 4·19 혁명이 촉발되었다(1960).

핵심노트 ▶ 6·29 민주화 선언

- 여야 합의 하에 조속히 대통령 직선제로 개헌하고 새 헌법에 의한 대통령 선거를 실시, 1988년 2월 평화적 정부 이양을 실현한다.
- 직선 제도의 변경뿐만 아니라 이를 민주적으로 실천하기 위해 대통령 선거법을 개정, 자유로운 출마와 공정한 선거를 보장하여 국민의 심판을 받도록 한다.
- 국민적 화해와 대동단결을 위해 김대중 씨를 사면 복권시키고, 자유 민주주의적 기본 질서를 부인한 반국가사범이나 살상·방화·파괴 등으로 국가를 흔들었던 소수를 제외한 모든 시국 관련 사범들을 석방한다.

50 김영삼 정부

정답 ⑤

암기박사 OECD 가입, 금융 실명제 ⇒ 김영삼 정부

정답 해설

선진국 진입의 관문인 경제 협력 개발 기구(OECD)에 29번째 회원국으로 가입한 것은 김영삼 정부 때의 일이다. 이 시기에 금융 거래의 투명성을 확보하고자 대통령의 긴급 명령으로 금융 실명제가 전격 실시되었다.

오답 해설

① 프로 야구단 창단 → 전두환 정부
전두환 정부 때에 6개의 프로 야구단이 창단되어 프로 야구가 정식으로 출범되었다.

② 금강산 해로 관광 사업 → 김대중 정부
김대중 정부 때에는 평양에서 최초로 남북 정상회담이 개최되었고, 남북 교류 협력이 확대되면서 금강산 해로 관광 사업이 시작되었다.

③ 제1차 경제 개발 5개년 계획 → 박정희 정부
박정희 정부 때에 기간산업, 사회 간접 자본 확충, 경공업 중심의 수출 산업 육성을 위한 제1차 경제 개발 5개년 계획이 추진되었다.

④ 금 모으기 운동 → 김대중 정부
김대중 정부 때에 IMF의 외환 위기 극복을 위해 금 모으기 운동이 전개되었다.

핵심노트 ▶ 김영삼 정부(문민 정부, 1993.3 ~ 1998.2)

- **성립** : 1992년 12월 김영삼 대통령 당선 → 5·16 군사 정변 이후 30여 년만의 민간인 출신 대통령
- **주요 정책** : 공직자 재산 등록, 금융 실명제, 지방 자치제 전면 실시, 역사 바로 세우기 운동 → 전두환, 노태우 구속
- **외환위기** : 집권 말기 국제 통화 기금(IMF)의 구제 금융 지원 요청

제09회 심화대비 기출분석 예상문제 정답 및 해설

01 신석기 시대의 생활 모습

암기박사 서울 암사동 ⇒ 신석기 시대 유적 : 가락바퀴

정답 ④

정답 해설

서울 암사동은 신석기 시대의 대표적인 유적지로 빗살무늬 토기가 출토되었다. 신석기 시대에는 가락바퀴를 사용하여 실을 뽑고 뼈바늘로 옷을 지어 입었다.
→ 방추차   → 골침

오답 해설

① 철제 농기구 → 철기 시대
철기 시대에는 기존의 석기나 목기 외에 쟁기, 쇠스랑 등의 철제 농기구를 이용하여 농사를 지었다.

② 거친무늬 거울 → 청동기 시대
청동기 시대에는 청동 거울로 거친무늬 거울을 사용하였다. → 철기 시대에 잔무늬 거울로 그 형태가 변화됨

③ 우경 보급 → 신라 지증왕
6세기 초 신라 지증왕 때부터 권농책의 일환으로 소를 이용하여 농사를 짓는 우경(牛耕)이 널리 보급되었다.

⑤ 고인돌 : 지배층(족장)의 무덤 → 청동기 시대
고인돌은 청동기 시대의 대표적인 지배층(족장)의 무덤으로, 건립에 막대한 노동력이 필요하다는 점에서 당시 계급의 분화 및 지배층의 정치 권력·경제력을 반영한다.

핵심노트 ▶ 신석기 시대의 생활 모습

- 경제 : 농경의 시작(신석기 혁명, 조피·수수 중심, 벼는 재배 안 됨), 사냥·채집·어로 시작, 원시 수공업 발달 → 가락바퀴와 뼈바늘로 옷, 그물 농기구 등 제작
- 주거 : 해안이나 강가에 움집을 짓고 생활
- 사회 : 씨족단위로 정착 → 족외혼을 통해 부족으로 발전, 평등사회

02 고조선

암기박사 범금 8조 : 사회 질서 유지법 ⇒ 고조선

정답 ④

정답 해설

제시된 사료는 고조선부터 충렬왕 때까지의 역사를 서사시로 정리한 제왕운기로, (가) 인물은 고조선을 통치한 단군이다. 고조선은 살인·절도 등의 죄를 다스리기 위해 범금 8조를 만들어 사회 질서를 유지하였다.

오답 해설

① 영고 : 제천 행사 → 부여
부여는 음력 12월에 영고(迎鼓)라는 제천 행사를 열어 하늘에 제사를 지내고 노래와 춤을 즐겼다.

② 국내성 천도 → 고구려
고구려는 주몽에 의해 졸본 지역에서 건국된 후 2대 유리왕 때 국내성으로 도읍을 옮겼다.

③ 지방 행정 제도 : 5경 15부 62주 → 발해
발해의 선왕(대인수)은 중흥기를 이루어 해동성국이라 불렸고, 전국을 5경 15부 62주로 나누어 다스렸다.

⑤ 화백 회의 : 국가 중대사 결정 → 신라
신라는 만장일치제인 화백 회의에서 국가의 중대사를 결정하였다.

핵심노트 ▶ 고조선 범금 8조의 내용

- 살인죄 : 사람을 죽인 자는 사형에 처함(相殺以當時殺)
- 상해죄 : 상해를 입힌 자는 곡식으로 배상함(相傷以穀償)
- 절도죄 : 도둑질한 자는 그 주인의 노비로 삼되(相盜者男沒入爲其家奴 女子爲婢) 자속하려면 1인당 50만 전을 내야하며, 비록 속전(贖錢)하여 자유인이 되었어도 이를 부끄럽게 여겨 결혼상대로 하지 않았는데, 이로 인해 도둑이 없어 문을 닫는 일이 없었음(無門戶之閉)
- 간음죄 : 부인들은 정신하여 편벽되고 음란치 않았다(婦人貞信不淫僻)고 한 것으로 보아, 처벌 규정은 없으나 간음이나 질투 등을 금지하는 또 하나의 규정이 있었을 것이라 짐작됨

03 고구려 / 삼한

암기박사 (가) 동맹, 서옥제 ⇒ 고구려
(나) 5월 수릿날, 10월 계절제 ⇒ 삼한

정답 ④

정답 해설
→ 하늘에 제사를 지내던 고구려의 도읍 동쪽에 있는 큰 동굴

(가) 고구려 : 10월에 추수 감사제인 동맹(東盟)을 국동대혈(國東大穴)에서 성대하게 거행하였다. 고구려에는 혼인을 정한 뒤 신랑이 신부 집의 뒤꼍에 조그만 집(서옥)을 짓고 거기서 자식을 낳아 기르는 서옥제(데릴사위제)라는 혼인 풍속이 있었다.

(나) 삼한 : 씨를 뿌리고 난 뒤인 5월의 수릿날과 가을 곡식을 거두어들이는 10월에 계절제를 열어 하늘에 제사를 지냈다. 삼한에는 신성 지역인 소도(蘇塗)가 존재하였으며, 군장의 세력이 미치지 못하여 죄인이 이곳으로 도망치면 잡아가지 못하였다.

오답 해설

① 사출도 : 4가(加)의 행정 구획 → 부여
부여는 왕 아래에 가축의 이름을 딴 마가(馬加)·우가(牛加)·저가(豬加)·구가(狗加) 등의 4가(加)들이 각기 행정 구획인 사출도(四出道)를 주관하였다.

② 낙랑군과 왜에 철을 수출 → 삼한 : 변한
낙동강 유역(김해, 마산)을 중심으로 발전한 변한은 철이 많이 생산되어 낙랑군과 왜에 수출하였다. → 철을 교역에서 화폐처럼 사용

③ 책화 : 읍락 간 경계 중시 → 동예
동예에는 읍락 간의 경계를 중시하는 책화(責禍)가 있어서 부족의 영역을 엄격히 구분하며, 다른 부족의 생활권을 침범하면 노비와 소·말로 변상하게 하였다.

⑤ 1책 12법 → 부여와 고구려
부여와 고구려에는 남의 물건을 훔쳤을 때 도둑질한 자에게 물건 값의 12배를 변상하게 하는 1책 12법이 존재하였다.

핵심노트 ▶ 초기 국가의 제천 행사

- 부여 : 12월의 영고
- 고구려 : 10월의 동맹
- 동예 : 10월의 무천
- 삼한 : 5월의 수릿날, 10월의 계절제

04 신라 내물왕의 업적

암기박사 김씨에 의한 왕위 계승권 확립 ⇒ 신라 내물왕

정답 ③

정답 해설

중원 고구려비는 고구려 장수왕이 아버지인 광개토 대왕의 치적을 칭송하기 위해 세운 비로, 비문의 '매금(寐錦)'은 신라 최고의 지배자인 '마립간'을 뜻한다. 고구려 광개토 대왕은 신라 내물왕의 요청을 받아 신라에 침입한 왜를 낙동강 유역에서 토벌하였다. 신라 내물왕 때 김씨에 의한 왕위 계승권을 확립(형제 상속)하고 왕의 칭호도 대군장을 뜻하는 마립간으로 변경하였다. → 왕권 안정 및 중앙 정부의 통제력 강화

오답 해설

① 독서삼품과 실시 → 통일 신라 : 원성왕
통일 신라 때 원성왕은 독서삼품과를 마련하여 유교 경전의 이해 수준에 따라 3등급으로 구분해 관리를 등용하였다.

② 관료전 지급, 녹읍 폐지 → 통일 신라 신문왕
통일 신라 신문왕 때 관리에게 관료전을 지급하고 귀족의 경제 기반이었던 녹읍을 폐지하였다.

④ 율령 반포, 공복 제정 → 신라 법흥왕
신라 법흥왕 때 병부와 상대등을 설치하고 율령 반포와 공복을 제정하여 통치 체제를 정비하였다.

⑤ 국호 : 신라, '왕'의 칭호 사용 → 신라 지증왕
신라 지증왕 때 국호를 사로국에서 '신라'로 바꾸고 왕의 칭호를 마립간에서 '왕'으로 고쳤다.

05 고구려 소수림왕

암기박사 불교 수용, 태학 설립 ⇒ 고구려 소수림왕

정답 ①

정답 해설

고국원왕이 전사한 후 즉위한 고구려 제17대 왕은 소수림왕으로, 순도를 통해 중국 전진(前秦)으로부터 불교를 수용하고 국립 교육 기관인 태학을 설립하여 인재를 양성하였다.

오답 해설

② 을파소 : 진대법 → 고구려 고국천왕
고구려는 고국천왕 때 을파소의 건의로 빈민을 구제하기 위한 진대법이 실시되었다.

③ 거칠부 : 국사 편찬 → 신라 진흥왕
신라 진흥왕은 거칠부로 하여금 국사(國史)를 편찬하게 하였으나 현재 전하지는 않는다.

④ 연호 : 건원 → 신라 법흥왕
신라 법흥왕은 건원(建元)이라는 독자적인 연호를 사용함으로써 자주 국가로서의 위상을 높였다.

⑤ 동진의 마라난타 : 불교 수용 → 백제 침류왕
백제의 침류왕은 동진에서 온 마라난타를 통해 불교를 수용하였다.

핵심노트 ▶ 지증왕(500~514)의 업적

- 국호를 사로국에서 신라로, 왕의 칭호를 마립간에서 왕으로 고침(503)
- 행정 구역을 개편하여 중국식 군현제를 도입하고, 소경제(小京制)를 설치 → 지방
  에 주군을 설치하고 주에 군주(軍主)를 파견
- 권농책으로 우경을 시작하고(502), 시장 관리기관으로 동시전을 설치(509)
- 이사부를 파견하여 우산국(울릉도)을 복속(512)
- 순장을 금지하고 상복(喪服)을 입도록 함 → 상복법 제정

06 대가야 문화유산

암기박사 금동관 ⇒ 대가야 문화유산

정답 ①

정답 해설

경북 고령 지산동 고분군은 대가야의 왕릉급 무덤으로, 이진아시왕을 시조로 후기 가야 연맹을 주도하였다. 지산동 고분군에서 출토된 금동관은 대가야의 문화유산으로, 신라의 관과 구별되는 독특한 형식적 특징을 보인다.

오답 해설

② 창왕명 석조 사리감 → 백제 문화유산
능산리 절터의 중앙부에 자리한 목탑에서 발견된 백제 시대의 사리 보관용 용기이다.

③ 천마도 → 신라 문화유산
경주 천마총에서 출토된 천마도는 마구에 그린 그림으로 신라의 힘찬 화풍을 보여 준다.

④ 연가 7년명 금동 여래 입상 → 고구려 문화유산
두꺼운 의상과 긴 얼굴 모습에서 북조 양식을 따르고 있으나, 강인한 인상과 은은한 미소에는 고구려의 독창성이 보인다.

⑤ 돌사자상 → 발해 문화유산
발해의 돌사자상은 정혜공주 무덤에서 출토된 두 개의 화강암 사자상이 대표적인데, 당나라의 돌사자상보다 크기가 작지만 강한 힘을 표현한 조각 수법이 돋보인다.

07 고구려 전성기

암기박사 (가) 백제 토벌 ⇒ 광개토 대왕(400년)
(나) 개로왕 전사 ⇒ 장수왕(475)

정답 ④

정답 해설

(가) 광개토 대왕은 영락(永樂)이라는 독자적인 연호를 사용하였으며, 신라 내물왕의 요청을 받아 신라에 침입한 왜를 토벌하였다(400).
- 고구려 장수왕은 수도를 국내성에서 평양성으로 천도한 뒤 남하 정책을 통해 신라와 백제를 압박하였다. 이에 백제 개로왕은 고구려를 견제하고자 북위에 국서를 보내 도움을 요청하였다(472).
(나) 고구려 장수왕이 백제를 침략하여 수도 한성을 함락하고 백제왕 부여경을 죽였다(475). → 개로왕

오답 해설

① 윤충 : 신라 대야성 점령 → 백제 의자왕
백제의 의자왕은 윤충을 보내 신라를 공격하고 대야성을 비롯한 40여 개의 성을 함락하였다(642).

② 화랑도를 국가 조직으로 개편 → 신라 진흥왕
화랑도(花郎徒)는 정복 활동을 강화하던 진흥왕 때 국가 조직으로 공인·발전되었다(576).

③ 태학 설립, 율령 반포 → 고구려 소수림왕

고구려 소수림왕은 유학 교육 기관인 태학을 설립하고 율령을 반포하였다(372).

⑤ 고구려 고국원왕 전사 → 백제 근초고왕

백제의 전성기를 이끈 근초고왕의 공격으로 고구려 고국원왕이 평양성에서 전사하였다(371).

핵심노트 ▶ 고구려 장수왕의 남하 정책이 미친 영향

- 신라와 백제의 나·제 동맹 체결(433~553)
- 백제의 개로왕이 북위(후위)에 군사 원조를 요청(472)
- 백제가 수도를 한성에서 웅진(공주)으로 천도(475)
- 충북 중원 고구려비의 건립(5C 무렵)

08 백제 성왕의 업적

암기박사 신라와 백제 : 관산성 전투 ⇒ 백제 성왕 전사

정답 ②

정답 해설

백제 무령왕의 아들인 성왕은 웅진에서 사비로 천도하고 국호를 남부여로 변경하였다. 이후 신라와 백제가 나·제 동맹을 맺고 고구려에 대항하여 한강 유역을 수복하였으나, 신라 진흥왕이 백제가 차지한 지역을 점령하자 백제 성왕이 신라를 공격하다 관산성 전투에서 전사하였다.

오답 해설

① 신라 : 임신서기석 → 유교 경전의 학습

임신서기석(진평왕, 612)은 신라 시대 두 화랑이 학문(유교 경전의 학습)과 인격 도야, 국가에 대한 충성 등을 맹세한 비문이다.

③ 통일신라 : 장보고 → 청해진 설치

8세기 이후 장보고는 완도에 청해진을 설치하여 해상무역권을 장악하였다.

④ 백제 : 칠지도 → 근초고왕이 왜왕에게 하사

칠지도는 백제 근초고왕이 왜왕에게 친선 외교의 목적으로 하사한 칼로서, 〈일본서기(日本書紀)〉에는 칠지도(七支刀)라 기록되어 있다.

⑤ 위만 조선 → 한(漢)과 진국(辰國) 사이에서 중계 무역 독점

준왕을 몰아내고 고조선의 왕이 된 위만은 한(漢)과 진국(辰國) 사이에서 중계 무역을 독점하고 세력을 확장하였다.

핵심노트 ▶ 백제 성왕의 업적(523~554)

- 사비(부여)로 도읍을 옮기고(538), 국호를 남부여로 고침
- 중앙 관청을 22부로 확대하고, 행정 조직을 5부(수도) 5방(지방)으로 정비
- 겸익을 등용하여 불교 진흥, 노리사치계를 통해 일본에 불교 전파(552)
- 중국의 남조와 활발하게 교류 및 문물 수입
- 신라 진흥왕과 연합하여 한강 일부 지역 수복
- 나·제 동맹 결렬 후 신라를 공격하다 관산성 전투에서 전사(554)

09 무구정광대다라니경

암기박사 무구정광대다라니경 발견 ⇒ 불국사 삼층 석탑

정답 ⑤

정답 해설

무구정광대다라니경은 현존하는 세계 최고(最古)의 목판 인쇄물로, 경주에 있는 불국사 삼층 석탑을 보수하는 과정에서 발견되었다.

오답 해설

① 충신·효자·열녀 관련 윤리서 → 삼강행실도

삼강행실도는 조선 세종 때 모범적인 충신·효자·열녀 등의 행적을 글과 그림으로 설명한 윤리서이다.

② 혜초 : 인도와 중앙아시아 기행 → 왕오천축국전 → 프랑스 학자 펠리오(Pelliot)가 간쑤성(甘肅省) 둔황(敦煌)의 석굴에서 발견

왕오천축국전(往五天竺國傳)은 혜초가 인도와 중앙아시아의 풍물을 기록한 기행문으로 현재 프랑스 국립 도서관에 소장되어 있다.

③ 현존 최고(最古)의 금속 활자본 → 직지심체요절

현존하는 세계 최고(最古)의 금속 활자본으로 청주 흥덕사에서 간행되었다.

④ 화성성곽 축조 경위 기록 → 화성성역의궤

화성성역의궤는 조선시대 화성성곽 축조에 관한 경위와 제도·의식 등을 기록한 책이다.

핵심노트 ▶ 무구정광대다라니경

국보 제126호로 목판으로 인쇄된 불경이다. 불국사 3층 석탑(석가탑)의 해체·복원 공사가 진행되던 1966년 탑신부 제2층에 안치된 사리함 속에서 다른 유물들과 함께 발견되었다. 출간 연대의 상한과 하한은 700년대 초~751년인데, 이는 이전까지 가장 오래된 인경으로 알려진 일본의 백만탑 다라니경(770년에 인쇄)보다 앞선 것이다.

10 발해의 역사

암기박사 군사 제도 : 9서당 10정 ⇒ 통일 신라

정답 ①

정답 해설

지도를 살펴보면 중국의 등주부터 서경, 중경을 거쳐 상경까지의 경로가 표시되어 있다. 상경은 발해의 수도였으므로, 지도에 해당하는 나라는 발해임을 알 수 있다.
중앙군으로 9서당을 편성한 것은 통일 신라로, 신문왕은 중앙군으로 9서당, 지방군으로 10정을 설치하여 9서당 10정의 군사 조직을 갖추었다.

오답 해설

② 중정대 : 관리 감찰 → 발해

발해는 중정대를 두어 관리들의 비위를 감찰하였다.

③·⑤ 해동성국, 5경 15부 62주 → 발해

발해의 선왕(대인수)은 발해 최대의 영토를 형성하고 중흥기를 이루어 해동성국이라 불렸으며, 5경 15부 62주의 지방 행정 제도를 갖추었다.

④ 연호 : 인안, 대흥 → 발해

발해의 무왕(대무예)은 인안, 문왕(대흠무)은 대흥이라는 독자적 연호를 사용하여 중국과 대등한 지위를 갖추었다.

> **핵심노트** ▶ 발해의 중앙 관제
>
> - **3성 6부** : 3성(정당성·선조성·중대성) 6부(인·의·지·예·신부), 정당성의 장관인 대내상이 국정 총괄
> - **중정대** : 관리들의 비위(非違)를 감찰하는 감찰 기관
> - **문적원** : 서적의 관리 담당(도서관)
> - **주자감** : 중앙의 최고 교육 기관(국립대학)으로 귀족의 자제 교육

11 고려 태조의 업적

암기박사 사성 정책, 서경 중시 ⇒ 고려 태조

정답 ②

정답 해설

제시된 사료는 호족들에게 관직과 토지를 주고, 성씨를 내려주는 사성 정책과 멸망한 발해의 왕자 대광현이 고려에 귀부(歸附)한 내용이다. 태조 왕건은 서경(지금의 평양)을 중시하여 북진 정책의 전진 기지로 삼았다. ←스스로 와서 복종함

오답 해설

① **12목 설치 : 지방관 파견 → 고려 성종**
  고려 성종은 최승로의 시무 28조에 따라 전국의 주요 지역에 12목을 설치하고 지방관(목사)을 파견하였다.

③ **후주인 쌍기의 건의 : 과거 제도 → 고려 광종**
  고려 광종은 후주 출신 쌍기의 건의로 과거제를 도입하여 신진 인사를 대거 등용하였다.

④ **전시과 제도 : 모든 전·현직 관리 → 고려 경종**
  고려 경종 때에는 (시정) 전시과 제도를 마련하여 모든 전·현직 관리를 대상으로 관품과 인품·세력을 반영하여 토지(전지와 시지)를 지급하였다.

⑤ **전민변정도감 : 권문세족 견제 → 고려 공민왕**
  고려 공민왕 때 신돈을 등용하여 전민변정도감을 설치하고, 권문세족에게 빼앗긴 토지와 노비를 본래의 소유주에게 돌려주거나 양민으로 해방시켰다.

> **핵심노트** ▶ 고려 태조의 정책
>
> - **민족 융합 정책** : 호족 세력의 포섭·통합, 통혼 정책(정략적 결혼), 사성(賜姓) 정책(성씨의 하사), 사심관 제도와 기인 제도, 역분전 지급, 본관제, 〈정계(政誡)〉와 〈계백료서(誡百僚書)〉, 훈요 10조
> - **민생 안정책** : 취민유도, 조세 경감, 흑창(黑倉), 노비 해방, 민심의 수습
> - **숭불 정책** : 불교 중시, 연등회·팔관회, 사찰의 건립(법왕사, 왕수사, 흥국사, 개태사 등), 승록사(僧錄司) 설치
> - **북진 정책** : 고구려 계승 및 발해 유민 포용, 서경 중시, 거란에 대한 강경 외교(국교 단절, 만부교 사건), 여진족 축출

12 윤관의 별무반

암기박사 윤관의 별무반 ⇒ 여진 정벌 : 동북 9성 축조

정답 ②

정답 해설

별무반은 숙종 때 여진 정벌을 위해 윤관의 건의로 조직된 특수 부대이다. 윤관은 예종 때 별무반을 이끌고 천리장성을 넘어 동북 지방 일대에 9성을 축조하였다.

오답 해설

① **왜구 격퇴 → 최무선 : 진포 대첩**
  최무선은 화약과 화포 제작을 위해 화통도감의 설치를 건의하고, 화포를 사용하여 진포(금강 하구)에서 왜구를 격퇴하였다.

③ **거란의 침입 → 강감찬 : 나성 축조**
  고려 현종 때 거란의 3차 침입에 맞서 강감찬은 귀주에서 대승을 거둔 후 개경에 나성을 축조하였다.

④ **대마도 정벌 → 세종 : 이종무**
  조선 세종 때 이종무로 하여금 왜구의 소굴인 쓰시마 섬을 토벌하여 근거지를 정벌하게 하였다.

⑤ **몽골의 침입 → 최우 : 강화도로 천도**
  몽골의 무리한 조공 요구와 내정 간섭에 반발한 최우는 다루가치를 사살하고 강화도로 천도하여 방비를 강화하였다.

> **핵심노트** ▶ 별무반(別武班)의 여진 정벌과 동북 9성
>
> 고려는 여진에게 패배한 원인을 첫째, 여진이 기병 중심인 데 반해 고려는 보병 중심인 점, 둘째, 6위가 약화되었다는 점에서 찾았다. 이에 윤관은 숙종에게 신기군(기병), 신보군(보병), 항마군(승병)으로 구성된 별무반을 건의하였다. 예종 2년, 윤관은 별무반을 이끌고 출전하여 갈라전 일대를 점령하고 동북 9성을 축조하였다. 그러나 이어진 여진의 무력 항쟁으로 불리해진 고려는 9성을 환부하고 여진과 화친을 맺었다. 여기에는 장기간 계속된 전쟁 준비로 물자 및 인명 피해가 컸다는 점과, 개경과 9성 사이의 거리가 너무 멀다는 점, 지형 조건상 9성을 지키기 어려웠다는 점도 작용하였다.

13 대각국사 의천

암기박사 신편제종교장총록 편찬 ⇒ 대각국사 의천

정답 ②

정답 해설

문종의 넷째 아들인 대각국사 의천은 교종을 중심으로 선종을 통합하기 위하여 국청사를 창건하고 해동 천태종을 창시하였다. 또한 송·요·일본 등 동아시아 각지의 불교 서적을 수집하여 그 목록을 정리한 신편제종교장총록(新編諸宗敎藏總錄)을 편찬하였다.

오답 해설

① **금강삼매경론 저술 → 원효**
  원효는 불교의 여러 설과 교리를 모아 엮은 경전인 금강삼매경에 대한 주석서인 금강삼매경론을 저술하였다.

③ **돈오점수, 정혜쌍수 → 지눌**
  조계종을 창시한 보조국사 지눌은 수선사 결사 운동을 전개하였고, 돈오점수를 주장하며 수행 방법으로 정혜쌍수를 내세웠다.

④ **법화 신앙 : 백련결사 조직 → 요세**
  원묘국사 요세(了世)는 강진 백련사에서 법화 신앙을 바탕으로 백련결사(白蓮結社)를 조직하고 신앙 결사 운동을 전개하였다.

⑤ **화엄일승법계도 : 화엄 사상 정리 → 의상**
  의상은 해동 화엄사의 시조로서 화엄일승법계도를 지어 화엄 사상을 정리하였다.

> **핵심노트** ▶ 의천의 교단 통합 운동
>
> - 흥왕사를 근거지로 삼아 화엄종을 중심으로 교종 통합을 추구 → 불완전한 교단상의 통합, 형식적 통합
> - 선종을 통합하기 위하여 국청사를 창건하고 천태종을 창시 → 교종의 입장에서 선종을 통합

- 국청사를 중심으로 이론의 연마와 실천을 아울러 강조하는 교관겸수(敎觀兼修)를 제창, 지관(止觀)을 강조
- 관념적인 화엄학을 비판하고, 원효의 화쟁 사상을 중시
- 불교의 폐단을 시정하는 대책이 뒤따르지 않아 의천 사후 교단은 다시 분열 → 의천파와 균여파로 분열

14 고려 인종 때의 사건

정답 ⑤

암기박사 묘청 : 서경 천도 운동 ⇒ 고려 인종

정답 해설

제시된 사료는 김부식이 우리나라 최고의 역사서인 삼국사기를 펴낸 소감을 고려 인종에게 올린 글이다. 인종 재위 기간에 묘청이 풍수지리설에 근거하여 서경 천도를 주장하며 난을 일으켰으나, 개경파의 김부식이 이끄는 관군의 공격으로 진압되었다(1135).
→ 지금의 평양

오답 해설

① **최충헌 : 봉사10조 → 고려 명종**
이의민을 제거하고 무신 간의 권력 쟁탈전을 수습하여 강력한 독재 정권을 이룩한 최충헌은 사회 개혁책인 봉사 10조를 올려 시정 개혁을 제안하였다(1196).

② **망이 · 망소이의 난 → 고려 명종**
무신 정변 이후 가혹한 수탈에 저항하여 공주 명학소(鳴鶴所)의 망이 · 망소이가 봉기하였다(1176).
→ 행정구역인 소(所)의 한 지역, '명학'은 마을 이름

③ **최무선 : 화통도감 설치 → 고려 우왕**
고려 우왕 때 화약과 화포 제작을 위해 최무선의 건의로 화통도감이 설치되었다(1377).

④ **강조의 정변 : 김치양 제거 → 고려 목종**
고려 목종 때 강조가 정변을 일으켜 김치양과 천추태후 일당을 제거한 후 목종까지 폐하고 대량군(현종)을 즉위시켰다(1009).

핵심노트 ▶ 묘청의 서경 천도 운동(인종 13, 1135)

- 이자겸의 난 이후 칭제 건원, 금국 정벌, 서경 천도 등을 두고 보수와 개혁 세력 간 대립 발생
- 서경 천도를 추진하여 서경에 대화궁을 건축, 칭제 건원과 금국 정벌 주장
- 서경에서 국호를 대위국, 연호를 천개, 군대를 천견충의군이라 하며 난을 일으킴
- 김부식이 이끈 관군의 공격으로 약 1년 만에 진압
- 서경의 분사 제도 및 삼경제 폐지
- 문신 우대 · 무신 멸시 풍조, 귀족 사회의 보수화 등 문벌 귀족 사회의 모순 심화 → 무신정변

15 월정사 팔각 구층 석탑

정답 ④

암기박사 고려 : 월정사 팔각 구층 석탑 ⇒ 다각 다층 석탑

정답 해설

월정사 팔각 구층 석탑은 강원도 평창의 월정사 대웅전 앞뜰에 있는 다각 다층 석탑으로, 당시 불교문화 특유의 화려하고 귀족적인 면모가 잘 나타난 고려 전기의 석탑이다.

오답 해설

① **통일 신라 : 경주 감은사지 3층 석탑 → 동서 양쪽의 대칭형 석탑**
경북 경주의 감은사지에 있는 통일 신라의 석탑으로, 금당을 중심부에 두고 동서 양쪽에 대칭형으로 똑같은 탑을 배치하여 경주 감은사지 동서 3층 석탑으로도 불린다.

② **통일 신라 : 경주 불국사 다보탑 → 특이한 석탑 양식**
경북 경주의 불국사에 있는 다보탑은 신라 경덕왕 때 김대성이 건립한 석탑으로 다보여래의 사리를 모셔 두고 있다. 한국의 석탑 중 일반형을 따르지 않고 특이한 형태를 가진 걸작이다.

③ **신라 : 경주 분황사 모전 석탑 → 현존 신라의 최고(最古) 석탑**
경북 경주의 분황사에 있는 모전 석탑은 석재를 벽돌 모양으로 만들어 쌓은 탑으로, 현존하는 신라 석탑 중 가장 오래된 석탑이다.

⑤ **백제 : 익산 미륵사지 석탑 → 우리나라에서 가장 오래된 탑**
전북 익산에 있는 미륵사지 석탑은 백제 시대의 석탑으로, 목탑 양식을 계승한 우리나라에서 가장 오래된 탑이다.
→ 석탑 보수 과정에서 금제 사리 봉안기가 발견됨

16 무신 집권기 최충헌의 활동

정답 ②

암기박사 이의민 제거, 봉사 10조, 교정별감 ⇒ 최충헌

정답 해설

이의민을 제거하고 무신 간의 권력 쟁탈전을 수습하여 강력한 독재 정권을 이룩한 최충헌은 사회 개혁책인 봉사 10조를 제시하였으며, 교정별감이 되어 국정 전반을 장악하였다.
→ 교정도감의 수장

오답 해설

① **정방 설치 : 인사권 장악 → 최우**
최우는 자신의 집에 정방(政房)을 설치하였는데, 이는 교정도감에서 인사 행정 기능을 분리한 것으로 문무 관직에 대한 인사권을 장악하였다.

③ **몽골의 2차 침입 : 처인성에서 살리타 사살 → 김윤후**
몽골의 2차 침입 때 김윤후가 이끄는 민병과 승병은 처인성 전투에서 몽골 장수 살리타를 사살하였다.

④ **전민변정도감 설치 → 공민왕 : 신돈**
고려 공민왕 때 신돈은 전민변정도감을 통해 의욕적으로 개혁을 추진하였으며, 민중으로부터 큰 지지를 받았다.

⑤ **거란의 침입 대비 : 나성 축조 → 강감찬**
강감찬은 귀주 대첩에서 승리한 후 거란의 침입에 대비하기 위하여 개경에 나성을 축조하였다.

핵심노트 ▶ 최충헌의 집권(1196~1219)

- **정권 획득** : 조위총의 난을 진압하고 실력으로 집권, 2왕을 폐하고 4왕을 옹립
- **사회 개혁책 제시** : 봉사 10조
- **권력 기반의 마련** : 교정도감 설치, 교정별감 세습, 흥령부를 사저에 설치, 재추 회의 소집
- **경제 기반 마련** : 대규모 농장과 노비를 차지, 진주 지방을 식읍으로 받고 진강후로 봉작됨
- **도방 확대** : 많은 사병을 양성하고, 사병 기관인 도방을 확대하여 신변을 경호
- 선종 계통의 조계종 후원(교종 탄압), 신분 해방 운동 진압

17 일연의 삼국유사

암기박사 단군왕검의 건국 이야기 ⇒ 일연 : 삼국유사

정답 ⑤

정답 해설

일연의 삼국유사는 단군부터 고려 말까지의 불교사를 중심으로 서술한 기사본말체 형식의 사서로 단군왕검의 건국 이야기가 기록되어 있다.
→ 사건별로 나누어 기록하는 역사 서술 방식

오답 해설

① **우리나라 최고(最古)의 역사서, 기전체 형식 → 김부식 : 삼국사기**
삼국사기는 고려 인종 때 김부식 등이 왕명을 받아 편찬한 현존하는 우리나라 최고(最古)의 역사서로, 유교 사관에 입각하여 기전체 형식으로 서술되었다.

② **조선 건국의 정통성 강조 → 정도전 : 고려국사**
정도전은 조선 건국 초기 고려 멸망의 당위성과 조선 건국의 정통성을 강조하기 위해 고려국사를 저술하였다. →전하지 않음

③ **남북국이라는 용어 최초 사용 → 유득공 : 발해고**
발해고는 조선 후기 실학자 유득공이 저술한 역사서로 발해를 북국, 신라를 남국으로 칭하며 남북국이라는 용어를 처음 사용하였다.

④ **사초, 시정기 바탕 → 조선왕조실록** ← 사관이 매일 기록한 역사 편찬의 자료
조선왕조실록은 왕의 사후 사초(史草)와 시정기(時政記) 등을 바탕으로 춘추관에서 편찬되었다.
→ 조선 시대 춘추관에서 각 관서들의 업무 기록을 종합하여 편찬한 국정 기록물

핵심노트 ▶ 삼국사기와 삼국유사

구분	삼국사기(三國史記)	삼국유사(三國遺事)
시기 및 저자	고려 중기 인종 23년(1145)에 김부식이 편찬	원 간섭기인 충렬왕 11년(1285)에 일연이 편찬
사관	유교적·도덕적·합리주의	불교적·자주적·신이적(神異的)
체제	기전체의 정사체, 총50권	기사본말체, 총 9권
내용	• 고조선 및 삼한을 기록하지 않고, 삼국사(신라 중심)만의 단대사(單代史)를 편찬 • 삼국을 모두 대등하게 다루어 각각 본기로 구성하고 본기에서 각 국가를 我(우리)라고 칭함	• 단군~고려 말 충렬왕 때까지 기록, 신라 관계 기록이 다수 수록됨 • 단군 조선과 가야 등의 기록, 수많은 민간 전승과 불교 설화 및 향가 등 수록 • 단군을 민족 시조로 인식해 단군 신화를 소개했으나 이에 대한 체계화는 미흡

18 공민왕의 반원 정책

암기박사 유인우, 이자춘 : 쌍성총관부 수복 ⇒ 고려 공민왕

정답 ①

정답 해설

노국 대장 공주는 원나라와의 정략 결혼으로 혼인하게 된 공민왕의 왕비로, 이 시기에 유인우, 이자춘 등이 쌍성총관부를 수복하여 원에 빼앗긴 철령 이북의 땅을 되찾았다.

오답 해설

② **진포 대첩 : 왜구 격퇴 → 고려 우왕**
고려 우왕 때 나세, 심덕부 등은 최무선이 만든 화약과 화포를 실전에서 처음으로 사용하여 진포에서 왜구를 격퇴하였다.

③ **삼별초 조직 → 최우**
좌·우별초와 신의군으로 조직된 삼별초는 고려 최씨 무신 정권 때의 특수 군대로, 최우의 집권시 설치하여 몽골의 침입 때 항쟁하였다.

④ **서희의 담판 : 강동 6주 획득 → 고려 성종**
고려 성종 때 거란이 침입하자 고려는 청천강에서 거란의 침략을 저지하는 한편, 서희가 거란의 소손녕과 협상하여 강동 6주를 획득하였다.

⑤ **명 : 철령위 설치 → 고려 우왕**
고려 우왕의 친원 정책에 명이 쌍성총관부가 있던 철령 이북의 땅에 철령위 설치를 통보하자 요동 정벌이 추진되었다.

핵심노트 ▶ 공민왕의 반원 자주 정책

• 원의 연호를 폐지하고 기철 등 친원파 숙청
• 내정을 간섭하던 정동행성이문소 폐지, 원의 관제를 폐지하고 2성 6부의 관제를 복구
• 무력으로 쌍성총관부를 공격하여 철령 이북의 땅을 수복(유인우), 동녕부 요양을 정벌하여 옛 고구려의 영토를 수복(이성계)
• 원(나하추)의 침입을 이성계 등이 격퇴
• 친명 정책의 전개 → 사신 파견, 명의 연호 사용
• 몽골풍의 폐지 → 몽골풍의 의복과 체두변발 금지

19 조선 성종의 업적

암기박사 서거정 : 동국여지승람 ⇒ 조선 성종

정답 ⑤

정답 해설

조선 시대 국가 행정을 체계화하기 위해 국가 조직, 재정, 의례, 군사 제도 등 통치 전반에 걸친 법령을 종합하여 만든 법전은 경국대전으로 조선 성종 때 반포되었다. 성종 때 서거정은 팔도지리지를 보완하여 각 도의 지리, 풍속 등이 수록된 동국여지승람을 편찬하였다.

오답 해설

① **허준 : 동의보감 간행 → 광해군**
광해군 때 허준이 동의보감을 간행하여 전통 한의학을 체계적으로 정리하였고 의료 지식의 민간 보급에 기여하였다.

② **문하부 낭사 분리 : 사간원 독립 → 태종**
태종은 문하부 낭사를 분리하여 언론 기관인 사간원으로 독립시키고 대신들을 견제하였다.

③ **탕평비 건립 → 영조**
영조는 붕당 정치의 폐해를 극복하고자 성균관 입구에 탕평비를 건립하였다.

④ **칠정산 내편 편찬 → 세종**
세종 때 중국의 수시력과 아라비아의 회회력을 참고로, 한양을 기준으로 한 역법서인 칠정산 내편을 편찬하였다.

핵심노트 ▶ 조선 성종(1469~1494)의 업적

• 사림(士林) 등용 : 김숙자·김종직 등의 사림을 등용하여 의정부의 대신들을 견제 → 훈구와 사림의 균형을 추구
• 홍문관(옥당) 설치 : 학술·언론 기관(집현전 계승), 경서(經書) 및 사적(史籍)관리, 문한의 처리 및 왕의 정치적 고문 역할

310

- **경연 중시** : 단순히 왕의 학문 연마를 위한 자리가 아니라 신하(정승, 관리)가 함께 모여 정책을 토론하고 심의
- **독서당(호당) 운영** : 관료의 학문 재충전을 위해 운영한 제도, 성종 때 마포의 남호 독서당, 중종 때 두모포에 동호 독서당이 대표적
- **관학의 진흥** : 성균관과 향교에 학전(學田)과 서적을 지급하고 관학을 진흥
- **유향소의 부활(1488)** : 유향소는 세조 때 이시애의 난으로 폐지(1488)되었으나 성종 때 사림 세력의 정치적 영향력 확대에 따라 부활됨 교육 기관의 경비에 충당하기 위해 지급된 토지
- **《경국대전》 반포(1485)** : 세조 때 착수해 성종 때 완성·반포
- **토지 제도** : 직전법 하에서 관수관급제를 실시해 양반관료의 토지 겸병과 세습, 수탈 방지
- **숭유억불책** : 도첩제 폐지 → 승려가 되는 길을 없앤 완전한 억불책
- **문물 정비와 편찬 사업** : 건국 이후 문물제도의 정비를 마무리하고, 《경국대전》, 《삼국사절요》, 《고려사절요》, 《악학궤범》, 《동국통감》, 《동국여지승람》, 《동문선》, 《국조오례의》 등을 편찬

20 임진왜란

암기박사 호남 의병장 : 고경명, 김천일 ⇒ 임진왜란

정답 ⑤

정답 해설

조헌, 영규 등의 의병이 왜군과 혈전을 벌인 것은 임진왜란 때의 일이다. 고경명, 김천일도 임진왜란 시기의 대표적인 의병장으로 호남에서 거병하였다.

오답 해설

① **강화도 : 김상용 순절 → 병자호란**
   병자호란 때 김상용은 봉림대군과 인평대군을 수행해 강화도에 피난을 하였으나 청에 의해 강화성이 함락되자 남문루에서 순절하였다.

② **원적, 한온 전사 → 을묘왜변**
   을묘왜변 때 왜구가 전라남도 연안 지방을 습격하자 이를 막던 전라병사 원적과 장흥부사 한온이 전사하였다.

③ **변급, 신유 : 조총부대 → 나선 정벌**
   효종은 러시아의 남하로 청과 러시아 간 국경 충돌이 발생하자 청의 원병 요청으로 변급, 신유 등을 파견하여 나선 정벌을 단행하였다.

④ **정봉수, 이립 : 용골산성 항전 → 정묘호란**
   인조 때 후금이 침입하여 정묘호란이 발발하자 정봉수와 이립이 의병을 이끌고 용골산성에서 항전하였다.

21 조선의 관직 제도

암기박사 관리의 비리 감찰 ⇒ 사헌부 : 대사헌

정답 ③

정답 해설

대사헌은 감찰 탄핵 기관인 사헌부의 장관으로, 시정에 대한 탄핵, 백관에 대한 규찰 등 관리의 비리 감찰 및 관원 자격 심사의 임무를 수행하였다.

오답 해설

① **영의정 : 3정승 → 국정 전반 총괄**
   영의정은 조선시대 최고의 중앙 관직으로, 좌의정, 우의정과 함께 3정승에 속하여 국정 전반을 총괄하였다.

② **좌부승지 : 승정원 → 왕명 출납**
   좌부승지는 승정원의 정3품 당상관직으로, 왕명 출납을 담당하였다.

④ **강원도 관찰사 : 도의 책임자 → 군현의 수령 감독**
   관찰사는 도(道)의 책임자로, 군현의 수령을 감독하였다.

⑤ **형조판서 : 6조 → 법과 형벌**
   형조판서는 조선시대 6조 판서 중 하나로, 법과 형벌에 관한 일을 주관하였다.

핵심노트 ▶ 조선시대의 관직 제도

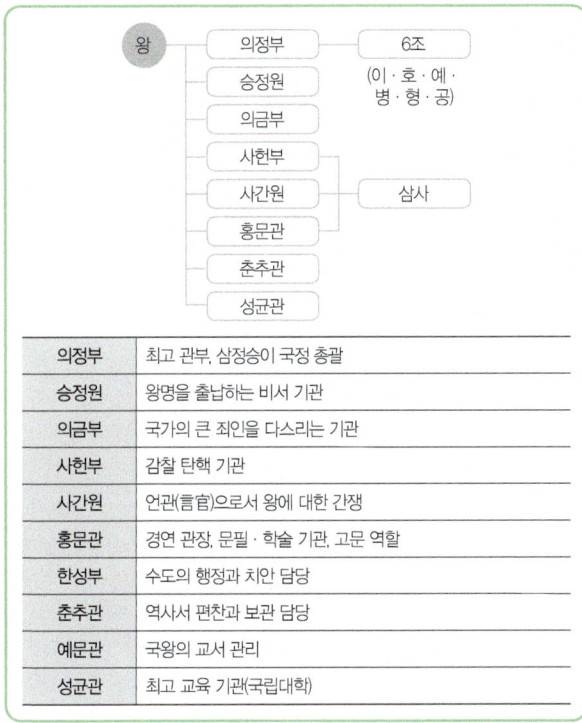

의정부	최고 관부, 삼정승이 국정 총괄
승정원	왕명을 출납하는 비서 기관
의금부	국가의 큰 죄인을 다스리는 기관
사헌부	감찰 탄핵 기관
사간원	언관(言官)으로서 왕에 대한 간쟁
홍문관	경연 관장, 문필·학술 기관, 고문 역할
한성부	수도의 행정과 치안 담당
춘추관	역사서 편찬과 보관 담당
예문관	국왕의 교서 관리
성균관	최고 교육 기관(국립대학)

22 비변사의 기능 변화

암기박사 을묘왜변 : 상설 기구화 / 세도 정치기 : 외척의 세력 기반 ⇒ 비변사

정답 ②

정답 해설

ㄱ. 비변사는 왜구와 여진족을 대비한 임시 기구였으나, 명종 때 을묘왜변을 계기로 상설 기구화 되어 군사 문제를 처리하였다.
ㄷ. 세도 정치기에는 비변사가 외척 세력의 권력 기반으로 변질되어 정치적 기능이 강화된 비변사를 거의 독점적으로 장악하였다.

오답 해설

ㄴ. **조광조 : 혁파 → 소격서**
   소격서(昭格署)는 국가적 제사를 주관하기 위해 설치된 도교 기관으로, 조광조를 비롯한 사림의 건의로 혁파되었다.

ㄹ. **어사대 관원 + 중서문하성 낭사 → 대간**
   어사대의 관원과 중서문하성의 낭사로 구성된 것은 고려 시대의 대간(臺諫)으로, 간쟁·봉박권·서경권을 갖는다.

> 핵심노트 ▶ 비변사의 기능 변화
>
> - 설치 : 3포 왜란(중종 5, 1510)을 계기로 여진족과 왜구에 대비하기 위하여 설치
> - 상설 : 을묘왜변(명종 10, 1555)을 계기로 상설 기구화 되어 군사 문제를 처리
> - 강화 : 임진왜란을 계기로 기능 및 구성원이 확대
> - 변질 : 19세기 세도 가문의 권력 유지 기반으로서 세도 정치의 중심 기구로 작용
> - 폐지 : 1865년 흥선 대원군의 개혁 정책으로 비변사는 폐지되고, 일반 정무는 의정부가, 국방 문제는 삼군부가 담당

23 농사직설의 이해

 정초·변효문 : 우리 풍토에 맞는 농법 정리 ⇒ 농사직설

정답 ③

정답 해설

농사직설은 세종 때 정초·변효문 등이 편찬한 우리나라 최초의 농서로, 중국의 농업 기술을 수용하면서 우리의 실정에 맞는 독자적인 농법을 정리하였다.

오답 해설

① 이중환 : 우리나라 지리서 → 택리지
  조선 후기 실학자 이중환은 현지답사를 기초로 하여 우리나라 지리서인 택리지를 저술하였다.
② 신속 : 벼농사 중심의 농법 소개 → 농가집성
  조선 중기 문신인 신속은 농가집성을 저술하여 벼농사 중심의 농법을 소개하고 이앙법을 권장하였다.
④ 고종 : 사무 처리 법령 → 육전조례
  조선 말기 고종 때 육조 각 관아의 사무 처리에 필요한 법령을 수록한 육전조례가 편찬되었다. → 1865년 12월부터 1866년 사이에 각 관아에서 시행하던 모든 조례와 대전회통에서 빠진 여러 시행규정을 모아 유전으로 분류하여 편집
⑤ 홍만선 : 농업·일상생활 → 산림경제
  조선 숙종 때 실학자 홍만선은 농업과 일상생활에 관한 광범위한 사항을 기술한 산림경제를 저술하였다.

> 핵심노트 ▶ 농서의 편찬
>
> - 농사직설
>   - 세종 때 정초가 편찬
>   - 중국 농업 기술 수용, 우리 실정 참고
>   - 우리나라의 풍토에 맞는 농사기술 정리
>   - 씨앗의 저장법, 토질의 개량법, 모내기법 등
> - 금양잡록 : 세조 때 강희맹이 편찬, 금양 지방 농경 방법 기술
> - 사시찬요 : 세조 때 강희맹이 편찬, 계절에 따른 농사기술을 설명
> - 농가집성 : 효종 때 신속이 편찬, 이앙법 권장, 주곡(主穀)에 관한 재배법 기록

24 명종 재위 기간의 시대 상황

암기박사 을사사화, 임꺽정의 난 ⇒ 명종

정답 ②

정답 해설

명종을 옹립한 소윤파 윤원로·윤원형 형제가 인종의 외척 세력인 대윤파 윤임 등을 축출하면서 외척 간의 권력 다툼인 을사사화가 발생하였다(1545). 이후 왕실 외척인 윤원형이 권력을 독점하면서 많은 폐단이 발생하였고 임꺽정과 같은 도적이 증가하였다.

오답 해설

① 예송 논쟁 : 기해예송, 갑인예송 → 현종
  현종 때에는 효종과 효종비의 사망 시 자의 대비의 복상 문제로 서인과 남인 사이에 두 차례에 걸쳐 예송 논쟁이 벌어졌다.
③ 김종직 등 사림 세력 등용 → 성종
  성종 때에는 김종직 등의 사림을 등용하여 훈구파 세력을 견제하였다.
④ 이조 전랑 임명권 : 사림의 붕당 → 선조
  선조 때에는 사림이 언론 삼사 직의 인사권과 추천권을 가진 이조 전랑 임명권을 둘러싼 대립으로 동인과 서인으로 나뉘며 붕당 정치가 시작되었다.
⑤ 폐비 윤씨 사사 사건 : 갑자사화 → 연산군
  연산군의 친모인 폐비 윤씨의 사사 사건의 전말이 알려지면서 갑자사화가 발생하여 관련자들이 화를 입었다.

> 핵심노트 ▶ 을사사화(명종 1, 1545)
>
> 명종을 옹립한 소윤파 윤원로·윤원형 형제가 인종의 외척 세력인 대윤파 윤임 등을 축출하면서 대윤파에 동조하던 사림파를 함께 숙청한 사건

25 영조의 업적

암기박사 속대전 편찬, 준천사 설치, 탕평비 건립 ⇒ 영조

정답 ①

정답 해설

속대전을 편찬하여 통치 체제를 정비한 왕은 조선 영조이다.

ㄱ. 영조는 청계천을 준설하기 위해 준천사(濬川司)를 설치하였다.
ㄴ. 영조는 붕당 정치의 폐해를 경계하기 위해 성균관 입구에 탕평비를 건립하였다.

오답 해설

ㄷ. 경복궁 중건 → 흥선 대원군
  흥선 대원군은 왕실의 권위를 세우고 국가 위신의 제고를 위해 경복궁을 중건하였다.
ㄹ. 신해통공 : 금난전권 폐지 → 정조
  정조는 신해통공으로 시전 상인의 특권을 축소하였는데, 신해통공의 실시로 육의전을 제외한 금난전권은 폐지되었다. → 명주, 종이, 어물, 모시와 베, 무명, 비단을 파는 점포 → 시전 상인이 왕실이나 관청에 물품을 공급하는 대신 부여받은 독점 판매권으로, 난전을 단속할 수 있는 권한

26 신유박해

암기박사 신유박해 ⇒ 황사영 백서(帛書) 사건

정답 ①

정답 해설

황사영 백서(帛書) 사건은 황사영이 신유박해의 내용과 대응 방안을 적은 밀서를 중국 베이징의 구베아 주교에게 보내려고 하다 발각된 사건으로, 이 사건으로 황사영은 처형되고 천주교는 더욱 탄압을 받게 되었다(1801).

오답 해설

② 프랑스 신부, 남종삼 등 처형 → 병인박해

프랑스 신부와 남종삼 등 8천여 명이 처형된 것은 천주교 최대의 박해인 병인박해로 병인양요의 원인이 되었다.

③ 척사윤음(斥邪綸音) 반포 → 기해박해

헌종이 천주교의 폐해를 막기 위해 백성들에게 척사윤음(斥邪綸音)을 반포한 것은 기해박해 때이다.

④ 김대건 신부 처형 → 병오박해

한국 최초의 천주교 신부인 김대건 신부가 처형당한 것은 병오박해 때이다.

⑤ 윤지충 : 신주 소각 → 신해박해

전라도 진산의 양반 윤지충 등이 신주를 소각하고 모친상을 천주교식으로 지내다 발각되어 처형된 것은 신해박해 때이다.

> 핵심노트 ▶ 박해 사건

- 추조 적발 사건(정조 9, 1785) : 이벽, 이승훈, 정약용 등이 김범우의 집에서 미사를 올리다 발각
- 반회 사건(정조 11, 1787) : 이승훈, 정약용, 이가환 등이 김석대의 집에서 성경 강습
- 신해박해(정조 15, 1791) : 전라도 진산의 양반 윤지충 등이 신주를 소각하고 모친상을 천주교식으로 지냄
- 신유박해(순조 1, 1801) : 벽파(노론 강경파)가 시파를 축출하기 위한 정치적 박해, 정약용·정약전 등이 강진과 흑산도로 유배, 황사영 백서(帛書) 사건 발생
- 기해박해(헌종 5, 1839) : 안동 김씨와 풍양 조씨의 세도 쟁탈전 성격, 척사윤음(斥邪綸音) 반포, 오가작통법을 이용하여 박해
- 병오박해(헌종 12, 1846) : 김대건 신부 처형
- 병인박해(고종 3, 1866) : 대왕대비교령으로 천주교 금압령, 최대의 박해, 프랑스 신부와 남종삼 등 8천여 명 처형, 병인양요 발생 원인

27 유수원의 활동상

정답 ④

암기박사 우서 : 사농공상의 직업적 평등 주장 ⇒ 유수원

정답 해설

유수원은 중국과 우리 문물을 비교하면서 정치·경제·사회 전반의 개혁을 제시하였는데, 우서(迂書)에서 사농공상의 직업적 평등과 전문화를 주장하였다.

오답 해설

① 양반전 : 양반의 위선과 무능 풍자 → 박지원

연암 박지원은 양반전에서 양반의 위선과 무능을 풍자하고 양반 사회의 모순과 부조리를 비판·풍자하였다.

② 북학의 : 적절한 소비 강조 → 박제가

박제가는 청에 다녀온 후 북학의를 저술하고 생산과 소비의 관계를 우물물에 비유하면서 절약보다 적절한 소비를 강조하였다.

③ 곽우록 : 한전론 제시 → 이익

이익은 곽우록에서 자영농의 몰락을 막기 위해 토지 매매를 제한하는 한전론을 제시하였다.

⑤ 색경 : 상품 작물 재배법 소개 → 박세당

박세당은 농사 해설서인 색경에서 담배, 수박 등의 상품 작물 재배법을 소개하는 등 농업 기술 발전에 이바지하였다.

> 핵심노트 ▶ 유수원(1694~1755)의 개혁론

- 농업의 전문화·상업화, 기술 혁신을 통해 생산력 증강
- 농업에만 의존해서는 안 되며 상공업을 함께 진흥 → 상공업 진흥과 기술 혁신 강조
- 사·농·공·상의 직업적 평등과 전문화를 주장 → 신분 차별의 철폐
- 상인 간의 합자를 통한 경영 규모의 확대

- 상인이 생산자를 고용하여 생산·판매 주관 → 선대제 수공업 등
- 대상인의 지역 사회 개발 참여 및 학교 건립·교량 건설·방위 시설 구축 등에 대한 공헌
- 국가의 상업 활동 통제를 통한 물자 낭비·가격 조작 방지, 사상의 횡포 견제

28 철종 재위 기간의 사건

정답 ②

암기박사 박규수 : 삼정이정청 설치 ⇒ 철종

정답 해설

안동 김씨 세력이 비변사의 요직을 독점하여 권력을 장악하던 시기는 세도 정치기인 철종 때이다. 이 시기에 임술 농민 봉기가 발발하자 삼정의 문란을 해결하기 위해 안핵사 박규수의 건의로 삼정이정청이 설치되었다. → 조선 후기 지방에서 사건이 발생하였을 때 처리를 위해 파견한 임시 직책

오답 해설

① 경신환국 : 남인 축출 → 숙종

숙종 때 서인이 허적의 서자 허견 등이 역모를 꾀했다 고발하여 허적과 윤휴 등 남인들이 대거 축출되고 서인이 집권하였다.

③ 예송 논쟁 : 자의 대비의 복상 문제 → 현종

현종 때에는 자의 대비의 복상 문제를 둘러싸고 서인과 남인 사이에 두 차례에 걸쳐 예송이 전개되었다.

④ 탕평비 건립 : 붕당의 폐해 경계 → 영조 → 기해예송, 갑인예송

영조는 붕당 정치의 폐해를 경계하기 위해 성균관 입구에 탕평비를 건립하였다.

⑤ 대전통편 편찬 : 통치 규범 재정비 → 정조

정조 때에는 경국대전을 원전으로 왕조의 통치 규범을 재정비한 대전통편을 편찬하였다.

29 조선 후기의 경제 모습

정답 ③

암기박사 대청 무역 : 개시 무역, 후시 무역 ⇒ 조선 후기

정답 해설

연경은 청나라의 수도로 조선 후기에는 대청 무역이 활발해지면서 의주의 중강과 중국 봉황의 책문 등 국경 지대를 중심으로 개시(공무역)와 후시(사무역)가 성행하였다. → 관료 사망 후 그의 처에게 세습되는 과전

수조권(收租權)이 세습되는 수신전, 휼양전이 있었던 시기는 조선 전기로 세조 때 과전이 부족해지자 직전법을 실시하면서 폐지되었다.

→ 토지로부터 조세를 거둘 수 있는 권리 → 관료 사망 후 그의 자녀가 고아일 때 세습되는 과전

오답 해설

① 덕대 : 광산 경영 → 조선 후기

조선 후기에는 덕대가 상인 물주에게 자본을 조달받고 채굴업자와 채굴 노동자 등을 고용하여 광산을 전문적으로 경영하였다.

② 상품 작물의 재배 → 조선 후기

조선 후기에는 인삼, 담배, 약재, 면화, 삼 등 시장에서 매매하기 위한 상품 작물의 재배가 활발해졌다.

④ 송상, 만상 : 대청 무역 → 조선 후기

조선 후기 상업의 발달로 사상(私商)이 등장하였고, 송상과 만상이 대청 무역으로 부를 축적하였다.

⑤ 개시 무역, 후시 무역 → 조선 후기

왜관에서 공무역인 개시(開市) 무역과 사무역인 후시(後市) 무역이 이루어졌다.

30 을미개혁의 내용

암기박사 종두법, 우편 제도 시행 ⇒ 을미개혁

정답 ③

정답 해설

을미사변 후 김홍집 친일 내각은 을미개혁을 추진하여 단발령을 시행하고 태양력을 사용하였으며 건양(建陽)이라는 연호를 제정하였다. 또한 종두법을 시행하고 우체사를 설치하여 우편 제도를 실시하였다(1895).

오답 해설

① 조·미 수호 통상 조약 체결 → 미국에 보빙사 파견
서양과 맺은 최초의 조약인 조·미 수호 통상 조약의 체결로 민영익, 홍영식을 중심으로 한 보빙사가 미국에 파견되었다(1883).

② 개화 정책 → 별기군 창설
일본과 강화도 조약을 체결한 이후 개화 정책의 일환으로 신식 군대 양성을 위해 무위영 아래 별도로 별기군을 창설하였다(1881).

④ 박문국 : 출판 기관 → 한성순보 발간
김옥균, 서광범, 박영효 등의 노력으로 설치된 출판 기관으로 최초의 근대식 신문인 한성순보를 발간하였다(1883). 갑신정변의 실패로 폐지되었다가 통리교섭통상아문의 건의에 따라 재설치되었다.

⑤ 조·청 상민 수륙 무역 장정 → 청의 종주권 인정
임오군란 이후 청의 내정 간섭이 강화된 상황에서 조선과 청이 양국 상인의 통상에 대해 맺은 규정이다. 서두에 조선에 대한 청의 종주권을 명시하고 있으며, 조선의 비준도 생략되었다(1882).

핵심노트 ▶ 을미개혁의 내용

- 종두법 실시
- 소학교 설립
- 태양력 사용
- 우편 제도 실시
- 연호 건양(建陽) 사용
- 단발령 실시
- 군제의 개편 → 훈련대 폐지, 중앙군(친위대 2개)·지방군(친위대) 설치

31 병인양요가 일어난 배경

암기박사 병인박해 : 프랑스 신부 처형 ⇒ 병인양요

정답 ③

정답 해설

흥선 대원군이 유생들의 강력한 요구 등으로 천주교에 대한 최대의 박해인 병인박해를 일으키자, 프랑스는 병인박해 때의 프랑스 신부 처형을 구실로 7척의 군함을 파병하여 병인양요를 일으켰다(1866).

오답 해설

① 운요호 사건 → 강화도 조약 체결
일본 군함 운요호가 연안을 탐색하다 강화도 초지진에서 조선 측의 포격을 받은 사건으로 강화도 조약 체결의 빌미가 되었다(1875).

② 오페르트 도굴사건 → 흥선 대원군 : 쇄국 정책
독일 상인 오페르트가 통상을 거부당하자 충청남도 덕산에 있는 남연군의 묘를 도굴하다가 발각되었고, 이로 인해 흥선 대원군의 쇄국 의지는 더욱 강화되었다(1868).

④ 조·일 통상 장정 → 방곡령 선포
조선 양곡의 무제한 유출을 허용한 조·일 통상 장정으로 일본으로의 지나친 곡물 반출을 막기 위해 함경도 관찰사 조병식이 방곡령을 선포하였다(1889).

⑤ 조·러 수호 통상 조약 체결 → 거문도 사건
갑신정변 이후 조·러 수호 통상 조약이 체결되자 영국은 러시아의 남하를 견제하기 위해 거문도를 불법으로 점령하였다(1885).

핵심노트 ▶ 병인양요(1866)

- 프랑스는 병인박해 때의 프랑스 신부 처형을 구실로 로즈 제독이 이끄는 7척의 군함을 파병하여 강화도 침략
- 대원군의 군은 항전 의지와 양헌수·한성근 부대의 항전으로 문수산성과 정족산성에서 프랑스 군을 격퇴
- 프랑스는 철군 시 문화재에 불을 지르고 외규장각에 보관된 유물 360여 점을 약탈. 이 중 도서 300여 권은 2011년에 반환됨

32 대한 제국 시기의 사건

암기박사 러시아 : 용암포 사건 ⇒ 대한 제국

정답 ④

정답 해설

이범윤이 간도에 거주하는 조선인의 생명과 재산을 보호하도록 간도 관리사로 임명된 것은 고종 광무개혁 당시이다(1902). 이 시기에 러시아가 용암포를 점령하고 조차를 요구하였다(1903).
→ 조약에 의해 다른 나라로부터 유상 또는 무상으로 영토를 빌림

오답 해설

① 김홍집 : 조선책략 유포 → 이만손 : 영남 만인소(1881)
이만손을 비롯한 영남 유생들이 김홍집의 조선책략 유포에 반발하여 만인소를 올리고 그의 처벌을 요구하였다.

② 박문국 : 출판기관 → 한성순보 발간(1883)
박문국은 김옥균, 서광범, 박영효 등의 노력으로 설치된 출판 기관으로 최초의 근대식 신문인 한성순보를 발간하였다.

③ 백정에 대한 차별 철폐 → 이학찬 : 조선 형평사 창립 대회(1923)
이학찬을 중심으로 진주에서 백정에 대한 차별 철폐를 요구하는 조선 형평사 창립 대회가 개최되었다.

⑤ 미국 : 강화도 침략 → 신미양요(1871)
제너럴셔먼호 사건을 구실로 미국의 로저스 제독이 5척의 군함을 이끌고 강화도를 침략하였다.

33 김홍집의 활동

암기박사 황준헌의 조선책략 유포 ⇒ 김홍집

정답 ④

정답 해설

갑오개혁 때 초정부적 정책 의결 기구인 군국기무처의 총재로 개혁을 주도한 인물은 김홍집이다. 그는 제2차 수신사로 일본에 갔다가 귀국할 때 황준헌의 조선책략을 가지고 들어와 개화 정책에 영향을 미쳤다.

오답 해설

① 을사늑약 : 을사의병 → 최익현
   을사늑약이 체결되자 최익현은 을사늑약의 폐기와 친일 내각 타도를 주장하며 을사의병을 일으켰다.
② 갑신정변 : 입헌 군주제 → 김옥균
   우정국 개국 축하연에서 김옥균은 사대당 요인을 살해하고 입헌 군주제로의 정치 개혁을 추구하며 갑신정변을 일으켰다.
③ 동학 농민 운동 : 우금치 전투 → 전봉준
   동학 농민군의 2차 봉기 때 녹두 장군 전봉준이 반침략 기치를 들고 공주 우금치 전투에 참여하여 관군 및 일본군과 격전하였다.
⑤ 평민 의병장, 대한 독립군 총사령관 → 홍범도
   홍범도는 을사의병의 평민 의병장에서 북간도에서 조직된 항일 무장 단체인 대한 독립군의 총사령관으로 활약하였다.

핵심노트 ▶ 조선책략(朝鮮策略)

- 도입 : 청의 주일 참사관인 황쭌셴(황준헌)이 지은 책으로, 김홍집(2차 수신사)이 도입
- 내용 : 조선의 당면 외교 정책으로 친중(親中) · 결일(結日) · 연미(聯美)를 주장
- 목적 : 일본 견제, 청의 종주권을 국제적으로 승인
- 영향 : 미국 · 영국 · 독일 등과의 수교 알선 계기, 개화론 자극, 위정척사론의 격화 요인

34 갑신정변

정답 ①

암기박사 갑신정변(1884) ⇒ 거문도 사건(1885)

정답 해설

김옥균을 중심으로 한 급진개혁파가 우정국 낙성 축하연을 이용해 사대당 요인을 살해하고 개화당 정부를 수립하였으나, 청의 무력 개입으로 3일 만에 실패로 끝났다(1884). 갑신정변 이후 조 · 러 수호 통상 조약이 체결되자 영국은 러시아의 남하를 견제하기 위해 거문도를 불법으로 점령하였다(1885).

오답 해설

② 일본 : 청 · 일 전쟁에서 승리 → 시모노세키 조약
   일본이 청 · 일 전쟁에서 승리한 후 체결한 시모노세키 조약에 따라 청으로부터 요동반도를 할양받았다(1895).
③ 구식 군인에 대한 차별 → 임오군란
   신식 군대인 별기군과 차별을 받던 구식 군대가 임오군란을 일으켜 포도청과 의금부를 습격하고 일본 공사관을 불태웠다(1882).
④ 상권 침탈 → 시전 상인 : 철시 투쟁
   청국과 일본 상인들의 상권 침탈에 반대하여 상권 수호 운동의 일환으로 서울의 시전 상인들이 철시(撤市) 투쟁을 전개하였다(1898). ▶ 시장, 가게 따위가 문을 닫고 영업을 하지 않음
⑤ 일본 : 운요호 사건 → 강화도 조약
   일본 군함 운요호가 연안을 탐색하다 강화도 초지진에서 조선 측의 포격을 받자 이를 구실로 불평등 조약인 강화도 조약이 체결되었다(1876).

핵심노트 ▶ 갑신정변의 개혁 내용

- 청에 대한 사대 외교(조공)를 폐지하고, 입헌 군주제로의 정치 개혁을 추구
- 지조법을 개정하고, 재정을 호조로 일원화하여 국가 재정을 충실히 함
- 혜상공국의 폐지와 각 도 상환미의 폐지 ▶ 보부상을 보호하기 위한 기관
- 문벌을 폐지하여 인민 평등을 도모, 능력에 따른 인재 등용
- 군대(근위대)와 경찰(순사)을 설치

35 주시경의 국문 연구소

정답 ③

암기박사 주시경 : 국문 연구소 설립 ⇒ 1907년

정답 해설

국문 연구소는 학부 대신 이재곤의 요청으로 한글을 연구하기 위해 최초로 설립된 국가 기관이다(1907). 백천 주시경은 국문 연구소에서 한글 연구를 체계화하였으며, 우리글에 '한민족의 크고 바르고 으뜸가는 글'이라는 뜻의 '한글'이라는 이름을 붙였다.
한편, 나운규가 제작한 영화 아리랑이 단성사에서 처음 개봉된 것은 1926년이다.

오답 해설

① 박은식 : 조선 광문회 조직 → 1910년
   박은식 등이 조선 광문회를 조직하여 민족 고전을 정리 · 간행하였다.
② 안국선 : 금수회의록 집필 → 1908년
   안국선이 동물들을 통하여 인간 사회의 모순과 비리를 풍자한 신소설인 금수회의록을 집필하였다.
④ 이인직 : 원각사 건립 → 1908년
   이인직은 우리나라 최초의 서양식 극장인 원각사를 건립하여 은세계, 치악산 등의 신극을 공연하였다.
⑤ 김약연 : 명동 학교 설립 → 1908년
   김약연 등은 중국 북만주 명동촌에 민족의식 고취를 위해 명동 학교를 설립하였다.

핵심노트 ▶ 주시경

우리글에 '한민족의 크고 으뜸가는 글'이라는 뜻의 '한글'이라는 이름을 붙인 주시경은 당시 근대 학문을 배운 지식인으로서 후진을 양성하고 민족정신을 고양시키기 위해 활발한 활동을 펼쳤다. 또한 그는 우리말의 문법을 최초로 정립하였으며, 표음주의 철자법과 한자어 순화 등 혁신적인 주장을 하였다. 〈국어문법〉, 〈말의 소리〉 등의 저서를 남겼다.

36 물산 장려 운동

정답 ④

암기박사 조선 사람 조선 것 ⇒ 물산 장려 운동

정답 해설

산업 장려, 토산품 애용 등을 내세운 물산 장려 운동은 '조선 사람 조선 것'이라는 구호 아래 조만식, 이상재 등의 주도로 평양에서 조선 물산 장려회가 발족된 후 전국으로 확산되었다(1920).

오답 해설

① 조선 노동 총동맹 → 노동 운동

한국사능력검정시험 심화대비 기출분석 예상문제 · **정답및 해설**

조선 노·농 총동맹에서 분리된 조선 노동 총동맹의 주도로 임금 인상과 노동 조건의 개선 등을 요구하는 노동 운동이 추진되었다.

② 진주 : 조선 형평사 → 형평 운동
이학찬을 중심으로 한 백정들이 조선 형평사를 조직하고 전개한 형평 운동은 진주에서 시작되어 전국으로 확산되었다.

③ 국민 성금 : 국채 상환 → 국채 보상 운동
정부의 외채를 국민의 힘으로 상환하여 국권을 회복하자는 국채 보상 운동은 국민의 성금을 모아 국채를 갚고자 하였다.

⑤ 조선 농민 총동맹 → 농민 운동
조선 농민 총동맹과 같은 농민 단체를 결성하여 지주를 상대로 소작 쟁의를 전개하였다.

핵심노트 ▶ 물산 장려 운동

- 배경 : 회사령 철폐(1920)와 관세 철폐(1923) 등으로 일본 대기업의 한국 진출이 용이해지자 국내 기업의 위기감 고조
- 목적 : 민족 기업을 지원하고 민족 산업을 육성함으로써 민족 경제의 자립을 달성
- 발족 : 조선 물산 장려회(1920)가 조만식 등이 중심이 되어 평양에서 최초 발족
- 활동 : 일본 상품 배격, 국산품 애용 등을 강조
- 구호 : 내 살림 내 것으로, 조선 사람 조선 것, 우리가 만들어서 우리가 쓰자
- 확산 : 전국적 민족 운동으로 확산되면서 근검 절약, 생활 개선, 금주·단연 운동도 전개
- 문제점 : 상인, 자본가 중심으로 추진되어 상품 가격 상승 초래, 사회주의자들의 비판
- 결과 : 초기에는 전국적으로 확산되었으나, 일제의 탄압과 친일파의 개입, 사회주의 계열의 방해 등으로 큰 성과를 거두지 못함

37 최익현의 활동

암기박사 위정 척사 운동, 왜양일체론, 을사의병 ⇒ 최익현

정답 ③

정답 해설

최익현은 흥선 대원군의 하야를 요구하는 탄핵 상소를 올렸고, 왜양 일체론을 내세워 강화도 조약 체결에 반대하였다. 또한 을사늑약 체결에 반대하여 태인에서 의병 활동을 전개하다 체포되었고, 이후 쓰시마 섬으로 유배되어 결국 순국하였다.

오답 해설

① 한국독립운동지혈사 → 박은식
박은식은 일제 침략에 대항하여 투쟁한 한민족의 독립 운동을 서술한 한국독립운동지혈사를 저술하였다.

② 독립 의군부 조직 → 임병찬
임병찬은 고종의 밀지를 받아 고종의 복위 및 대한 제국의 재건을 목표로 독립 의군부를 조직하였다.

④ 13도 창의군 : 서울 진공 작전 → 이인영, 허위
정미의병이 확산되는 과정에서 유생 이인영을 총대장, 허위를 군사장으로 하는 13도 창의군이 조직되어 서울 진공 작전을 전개하였다.

⑤ 동학 농민 운동 → 전봉준, 손병희
녹두 장군 전봉준(남접)과 손병희(북접)의 연합군이 서울로 북진하다 보국안민을 내세우며 우금치에서 관군 및 일본군에 맞서 싸웠으나, 전봉준 등 지도자들은 체포되고 동학 농민 운동은 실패로 끝났다. → 나라 일을 돕고 백성을 편안하게 함

핵심노트 ▶ 동학 농민 운동의 전개

구분	중심 세력	활동 내용	성격
1차 봉기(고부 민란~전주 화약)	남접(전봉준, 김개남, 손화중 등)	• 황토현 전투 • 집강소 설치, 폐정 개혁안	반봉건적 사회 개혁 운동
2차 봉기	남접(전봉준) + 북접(손병희)	공주 우금치 전투	반외세, 항일 구국 운동

38 독립 협회의 활동

암기박사 러시아 : 절영도 조차 요구 ⇒ 독립 협회 저지

정답 ②

정답 해설

서재필의 주도로 창립된 독립 협회는 만민 공동회를 개최하여 저탄소 설치를 위한 러시아의 절영도 조차 요구에 반대하였다(1898).
→ 지금의 부산 영도 → 조약에 의해 다른 나라로부터 유상 또는 무상으로 영토를 빌림

오답 해설

① 황무지 개간권 반대 운동 → 보안회
보안회는 일제의 황무지 개간권 요구에 대한 지속적인 반대 운동을 벌여 일본의 황무지 개간권 요구를 저지하였다.

③ 고종의 강제 퇴위 반대 운동 → 대한 자강회 → 정미 7조약
일제가 고종을 강제 퇴위시키고 순종을 즉위시킨 후 한·일 신협약을 체결하자 대한 자강회는 고종의 강제 퇴위 반대 운동을 전개하였다.

④ 태극 서관 : 계몽 서적 보급 → 신민회
신민회는 국권 회복과 공화정체의 국민 국가 건설을 목적으로 조직된 비밀 결사 단체로, 계몽 서적을 출판하기 위해 태극 서관을 설립하였다.

⑤ 국채 보상 운동 → 국채 보상 기성회
국채 보상 기성회가 서울 등 전국 각지로 확대되고 일본에게 진 빚을 갚자는 국채 보상 운동을 주도하였다.

핵심노트 ▶ 독립 협회의 활동

- 이권 수호 운동 : 러시아의 절영도 조차 요구 규탄, 한·러 은행 폐쇄
- 독립 기념물의 건립 : 자주 독립의 상징인 독립문을 세우고, 모화관을 독립관으로 개수
- 민중의 계도 : 강연회·토론회 개최, 독립신문의 발간 등을 통해 근대적 지식과 국권·민권 사상을 고취
- 만민 공동회 개최 : 우리나라 최초의 근대적 민중 대회 → 외국의 내정 간섭·이권 요구·토지 조사 요구 등에 대항하여 반환을 요구
- 관민 공동회 개최 : 만민 공동회의 규탄을 받던 보수 정부가 무너지고 개혁파 박정양이 정권을 장악하자, 정부 관료와 각계각층의 시민 등 만여 명이 참여하여 개최
- 의회 설립 추진 : 의회식 중추원 신관제를 반포하여 최초로 국회 설립 단계까지 진행(1898, 11)
- 헌의 6조 : 헌의 6조를 결의하고 국왕의 재가를 받음 → 실현되지는 못함

39 제2차 갑오개혁

정답 ④

암기박사 홍범 14조, 교육 입국 조서 ⇒ 제2차 갑오개혁

정답 해설

제시된 사료는 제2차 갑오개혁 때 고종이 반포한 교육 입국 조서의 내용이다. 고종은 제2차 갑오개혁 때 종묘에 나가 독립 서고문을 바치고, 개혁의 기본 방향을 제시한 홍범 14조를 반포하였다.

오답 해설

① 강화도 조약 : 문호 개방 → 수신사 김기수 파견
   일본과의 강화도 조약 이후 고종은 문호를 개방하고 김기수를 일본에 (제1차) 수신사로 파견하여 메이지 유신 이후 발전된 일본의 문물을 시찰하도록 하였다.

② 대한 제국 : 구본신참 → 광무개혁
   아관파천 후 러시아 공사관에서 돌아온 고종은 국호를 대한 제국으로 고치고 구본신참(舊本新參)에 입각한 광무개혁을 추진하였다. ─ 옛것을 근본으로 새로운 것을 참작한다.

③ 통리기무아문 설치 → 개화 정책
   고종은 개화 정책을 총괄하는 통리기무아문을 설치하고 그 아래 12사를 두어 외교·군사·산업 등의 업무를 분장하였다.

⑤ 김옥균 : 개화당 → 갑신정변
   김옥균을 중심으로 한 급진개혁파가 우정국 개국 축하연을 이용해 사대당 요인을 살해하고 개화당 정부를 수립하여 14개조의 개혁 요강을 마련하였다.

핵심노트 ▶ 제2차 갑오개혁의 내용(1894. 12~1895. 7)

정치	• 의정부 80문을 7부로 개편 • 지방관제를 8도에서 23부 337군으로 개편 → 종래의 도·부·목·군·현의 대소 행정구역 통폐합, 소지역주의 채택 • 내각과 분리된 궁내부 관제를 대폭 축소 • 지방관의 사법권·군사권 박탈 → 행정권만을 가짐 • 사법권과 행정권 분리(사법부 독립)와 재판소 설치(1심·2심 재판소 분리·설치)를 위해 〈재판소구성법〉과 〈법관양성소규정〉 등을 공포
교육	• 교육입국조서 발표(근대적 학제 등) • 신교육 실시, 한성사범학교 설립
군사 경찰	훈련대·시위대 설치, 근대적 군사·경찰제도 확립을 위한 〈군부관제〉, 〈경무청관제〉 등을 제정

40 조선학 운동

정답 ③

암기박사 정인보, 안재홍, 문일평 : 여유당전서 간행 ⇒ 조선학 운동

정답 해설

자료에 제시된 '그'는 정약용이다. 정약용은 유배지에서 지방 행정의 개혁 및 목민관(지방관)의 도리에 대해서 쓴 목민심서를 저술하였다. 1930년대 정인보, 안재홍, 문일평 등은 다산 정약용의 서거 99주년을 기념하여 여유당전서 간행 사업을 시작하면서 조선학 운동을 전개하였다.

오답 해설

① 정우회 선언 → 신간회 결성
   사회주의 세력이 정우회 선언을 발표함으로써 민족주의 계열인 조선 민흥회와 연합하여 민족 유일당인 신간회를 결성하였다.

② 청년회 역량 결집 → 조선 청년 연합회
   3·1 운동을 계기로 각지에서 설립된 청년 단체를 망라하여 역량을 결집하고 민족운동의 동력으로 활용하기 위해 조선 청년 연합회가 결성되었다.

④ 실력 양성과 무장 투쟁 → 신민회
   신민회는 국권 회복과 공화정체의 국민 국가 건설을 목적으로 안창호와 양기탁이 중심이 되어 조직된 비밀 결사 단체로, 실력 양성과 무장 투쟁을 함께 추구한다.

⑤ 임시 정부의 노선 갈등 해결 → 국민 대표 회의
   임시 정부의 대통령인 이승만의 위임 통치 청원이 알려지면서 임시 정부의 노선 갈등을 해결하기 위해 신채호, 박용만 등의 요구로 국민 대표 회의가 상하이에서 소집되었다.

핵심노트 ▶ 조선학 운동

- 정인보 : 양명학과 실학사상을 주로 연구, 신채호를 계승하여 고대사 연구에 치중, 광개토대왕비를 새롭게 해석, '얼' 사상으로 1930년대 조선학 운동 전개
- 안재홍 : 〈조선 상고사감〉 저술, 민족 정기를 강조, 신민족주의자로서 1930년대 조선학 운동 전개
- 문일평 : 〈한·미 50년사〉, 〈호암 전집〉 저술, 개항 후의 근대사 연구에 역점, 조선심(朝鮮心)으로 1930년대 조선학 운동 전개

41 근·현대사의 서울 건축물

정답 ②

암기박사 일제 : 경성부 청사 ⇒ 서울 도서관(구 서울시 청사)

정답 해설

서울 도서관(구 서울시 청사)은 일제 때 경성부 청사로 사용되었고, 광복 이후에도 서울 시청으로 사용되었다.

오답 해설

① 아관파천 → 구 러시아 공사관
   구 러시아 공사관은 을미사변 이후 신변에 위협을 느낀 고종이 피신한 곳(아관파천)으로, 한·러 수호 조약 체결 후 준공된 르네상스 양식의 건축물이다.

③ 일제 : 동물원, 식물원 설치 → 창경궁
   창경궁의 처음 이름은 수강궁으로 세종이 생존한 상왕인 태종을 모시기 위해 지은 궁이었다. 일제에 의해 창경원으로 격하되고 동물원과 식물원 등이 설치되었다.

④ 6월 민주 항쟁 : 시위대 농성 → 명동 성당
   명동 성당은 한국 천주교를 대변하는 중세 고딕 양식의 대성당으로, 6월 민주 항쟁 당시 시위대가 농성한 한국 민주화 운동의 성지이다.

⑤ 제1차 미·소 공동 위원회 개최 → 덕수궁 석조전
   덕수궁 석조전은 덕수궁 안에 지어진 최초의 서양식 석조 건물로, 르네상스식 건물로 지어졌으며 제1차 미·소 공동 위원회가 개최되었다.

42 6·10 만세 운동

정답 ⑤

암기박사 순종의 인산일 : 6·10 만세 운동 ⇒ 민족 유일당 운동 전개

정답 해설

순종의 인산일을 계기로 일어난 6·10 만세 운동으로, 조선 공산당을 중심으로 한 사회주의 세력과 천도교를 중심으로 한 민족주의 세력이 연대하여 국내에서 민족 유일당 운동이 전개되는 계기가 되었다(1926). → 신간회 창립 : 민족 유일당(민족주의 + 사회주의)

오답 해설

① · ④ 광주 학생 항일 운동 → 신간회 : 진상 조사단 파견
　광주에서 발생한 한·일 학생 간의 충돌을 일본 경찰이 편파적으로 처리하여 광주 학생 항일 운동이 발생하자 신간회 중앙 본부가 진상 조사단을 파견하여 지원하였다(1929).

② · ③ 3·1 운동 → 일제의 문화 통치 전환, 대한민국 임시 정부 수립 계기
　고종의 인산일(因山日)에 민족 대표 33인의 이름으로 독립 선언서를 발표함으로써 전개된 3·1 운동은 대한민국 임시 정부의 수립에 영향을 주었으며, 국제 여론이 악화된 일제가 통치 방식을 무단 통치에서 문화 통치로 바꾸는 계기가 되었다(1919).

 **핵심노트** ▶ 6·10 만세 운동(1926)

- 배경 : 순종의 사망을 계기로 민족 감정 고조(제2의 3·1 운동), 일제의 수탈 정책과 식민지 교육에 대한 반발
- 준비 : 민족주의 계열(천도교)와 사회주의 계열이 연대하여 만세 시위 운동을 준비하였으나 사전에 발각
- 전개 : 조선 학생 과학 연구회(사회주의계)를 비롯한 전문학교와 고등보통학교 학생들이 주도
- 결과 : 200여 명의 학생이 검거됨
- 의의 : 민족주의계와 사회주의계가 연대하는 계기 마련 → 신간회 결성(1927)에 영향을 미침

43 일제의 교육 정책 변화

정답 ④

암기박사 제1차 조선 교육령 ⇒ 경성 제국 대학 설립 ⇒ 제3차 조선 교육령

정답 해설

(나) 제1차 조선 교육령(1911) : 통감부의 간섭으로 소학교의 명칭이 보통학교로 바뀌고 수업 연한이 단축되었다.
(다) 경성 제국 대학 설립(1924) : 경성 제국 대학을 설립하여 한국인의 민립 대학 설립 운동을 무마하였다.
(가) 제3차 조선 교육령(1938) : 조선어 과목을 선택 과목으로 바꾸고 황국 신민 교육을 강화하였다.

핵심노트 ▶ 일제의 조선 교육령

- 제1차(1911) : 무단정치에 적합한 충량한 국민을 양성하기 위한 교육
- 제2차(1922) : 한국인과 일본인의 공학 원칙, 동등 교육 및 교육상의 차별 철폐라는 명목상의 정책
- 제3차(1938) : 민족 말살 정책에 따른 내선일체와 황국 신민화 강조
- 제4차(1943) : 전시 체제에 따른 황국 신민화 교육 강화

44 지청천의 독립 활동

정답 ②

암기박사 쌍성보 전투 : 한·중 연합작전 ⇒ 한국 독립군 : 지청천

정답 해설

지청천을 총사령관으로 하는 북만주의 한국 독립군은 중국군과 연합하여 호로군을 조직하고 쌍성보·사도하자·대전자령 전투 등에서 한·중 연합 작전을 전개하였다.

오답 해설

① 숭무 학교 설립 → 이근영
　이근영은 멕시코 메리다 중심지에 한인 무관 양성 학교인 숭무 학교를 설립하여 독립군을 양성하였다.

③ 한인 비행 학교 설립 → 노백린
　독립운동가인 노백린 장군은 미국 캘리포니아주에 독립군 비행사 육성을 위해 한인 비행 학교를 세웠다.

④ 청산리 전투 → 김좌진
　김좌진은 독립군 연합 부대를 이끌고 청산리 전투에서 일본군을 대파하여 독립군 사상 최대의 승리를 이끌었다.

⑤ 조선 건국 동맹 결성 → 여운형
　여운형은 일제의 패망과 광복에 대비하여 일제 타도와 민주국가 건설을 목표로 조선 건국 동맹을 결성하였다. → 민족연합전선 형태, 좌우합작 성격, 불언(不言)·불문(不問)·불명(不名)의 3불 원칙 제시

45 해외 이주 동포들의 민족 운동

정답 ④

암기박사 (가) 서간도 ⇒ 경학사, 신흥 강습소 설립
　　　　　(나) 북간도 ⇒ 서전서숙, 명동 학교 건립
　　　　　(다) 연해주 ⇒ 해조 신문, 권업회, 대한 광복군 정부

정답 해설

미주 지역에서는 하와이의 한인협성협회와 미국 샌프란시스코에 있던 안창호의 대한인 공립협회가 통합된 대한인 국민회를 중심으로 외교 활동이 전개되었다.

오답 해설

① 경학사 결성 → 서간도
　신민회는 서간도의 삼원보에 한인 자치 기구인 경학사를 결성하였다.

② 신흥 강습소 설립 → 서간도
　신민회는 서간도 삼원보의 경학사에 독립군을 양성하기 위해 군사 교육 기관인 신흥 강습소를 설립하였고 이후 신흥 무관 학교로 발전하였다.

③ 서전서숙, 명동학교 건립 → 북간도
　북간도에는 민족 교육을 위해 이상설 등이 최초의 신문학 민족 교육기관인 서전서숙을, 김약연 등이 명동 학교를 건립하였다.

⑤ 대한 광복군 정부 수립 → 연해주
　연해주에서는 권업회를 조직하고 권업신문을 발간하여 민족 의식을 고취하였으며, 대한 광복군 정부를 수립하여 무장 독립 전쟁을 준비하였다.

46 민족주의 사학자 박은식

암기박사 한국독립운동지혈사 ⇒ 박은식

정답 ③

정답 해설

제시된 대한민국 임시 정부 공보는 이승만을 탄핵하고 박은식을 2대 대통령으로 추대한다는 내용이다(1925). 박은식은 일제 침략에 대항하여 한민족의 독립 투쟁 과정을 서술한 한국독립운동지혈사를 저술하였다.

오답 해설

① 식민 사학 기관 : 조선사 발간 → 조선사 편수회
일제는 한국사의 자율성·독창성을 부인하고, 식민 통치를 합리화하기 위해 식민 사학 기관인 조선사편수회를 설립하여 조선사를 발간하였다.

② 진단 학회 : 진단 학보 발간 → 이병도·손진태
이병도·손진태 등은 청구학회를 중심으로 한 일본 어용학자들의 왜곡된 한국사 연구에 대항하여 진단 학회를 조직하고 진단 학보를 발간하였다.

④ 독사신론 : 민족 중심의 역사 서술 → 신채호
신채호는 만주와 부여족 중심의 고대사를 서술한 독사신론을 집필하여 근대 민족주의 역사학의 초석을 다졌다.

⑤ 조선사회경제사 : 식민주의 사학의 정체성 이론 반박 → 백남운
백남운은 사적 유물론을 도입하여 조선사회경제사를 저술하고, 일제의 식민주의 사학의 정체성 이론을 반박하였다.

핵심노트 ▶ 민족주의 사학자 박은식

- 민족정신을 혼(魂)으로 파악하고, 혼이 담긴 민족사의 중요성을 강조
- 〈한국통사〉: 근대 이후 일본의 침략 과정을 밝힘 → "나라는 형(形)이요, 역사는 신(神)이다."
- 〈한국독립운동지혈사〉: 일제 침략에 대항하여 투쟁한 한민족의 독립 운동을 서술
- 유교구신론 : 양명학을 기초로 유교를 개혁하기 위해 저술
- 기타 : 〈천개소문전〉, 〈동명왕실기〉 등을 저술, 〈서사건국지〉 번역
- 서북학회(1908)의 기관지인 〈서북학회월보〉의 주필로 직접 잡지를 편집하고 다수의 애국계몽 논설을 게재
- 임시 정부의 대통령 지도제하에서 제2대 대통령을 지냄

47 반민족 행위 처벌법 제정

암기박사 반민족 행위 처벌법 제정 ⇒ 제헌 국회

정답 ⑤

정답 해설

(가) 법령은 제헌 국회에서 제정한 반민족 행위 처벌법이다. 반민족 행위 처벌법은 일제 강점기에 친일 행위를 한 사람들을 처벌하고 공민권을 제한하기 위해 제정된 법이다(1948). 초대 대통령에 한해 중임 제한을 폐지하는 내용의 개헌안은 제3대 국회에서 통과되었다. → 사사오입 개헌

오답 해설

① 최초의 보통 선거로 구성 → 제헌 국회
제헌 국회는 남한에서 우리나라 최초의 보통 선거인 5·10 총선거를 통해 구성되었다.

② 대통령을 행정 수반으로 규정 → 제헌 국회
제헌 국회는 이승만 대통령을 행정부 수반으로 규정한 헌법을 제정하였다.

③ 유상 매수, 유상 분배의 농지 개혁법 → 제헌 국회
제헌 국회에서는 소작제를 철폐하고 자영농을 육성하고자 유상 매수, 유상 분배 원칙의 농지 개혁법을 통과시켰다.

④ 귀속 재산 처리법 제정 → 제헌 국회
제헌 국회에서는 일제가 남긴 재산을 민간인 연고자에게 분배하는 귀속 재산 처리법을 제정하였다.

핵심노트 ▶ 반민족 행위 처벌법(1948. 9)

- 목적 : 일제 잔재를 청산하기 위하여 제헌 국회에서 제정
- 내용 : 일제 강점기 친일 행위를 한 사람들을 처벌하고 공민권을 제한
- 반민 특위의 활동 : 반민족 행위 처벌법에 의거하여 국회의원 10명으로 구성된 반민족 행위 특별 조사 위원회에서 친일 주요 인사들을 조사
- 결과 : 반공을 우선시하던 이승만 정부의 방해로 친일파 처벌이 좌절됨
  - 친일파들은 법 제정 바로 다음 날 반공 구국 궐기 대회(1948. 9. 23)를 열었고, 이승만 정부는 이 대회를 적극 지원
  - 국론 분열과 혼란을 구실로 반민특위를 공개적으로 반대 → 국회 프락치 사건(1949. 5)과 반민 특위 습격 사건(1949. 6)
  - 법을 개정하여 2년으로 명시된 반민법의 시효를 1년으로 줄이고 특위 활동을 종료시킴

48 6월 민주 항쟁

암기박사 박종철 고문치사, 4·13 호헌 조치 ⇒ 6월 민주 항쟁

정답 ④

정답 해설

박종철 고문치사와 전두환 정부의 4·13 호헌 조치 발표로 호헌 철폐와 독재 타도 등의 구호를 내세운 6월 민주 항쟁이 촉발되었다(1987). → 노태우의 6·29 민주화 선언에 따라 5년 단임의 대통령 직선제로 개헌됨

오답 해설

① 한·일 회담 : 굴욕적인 대일 외교 → 6·3 시위
박정희 정부의 한·일 회담 진행 과정에서 굴욕적 대일 외교 반대를 주장하는 6·3 시위가 일어났다(1964).

② 긴급 조치 철폐 요구 → 3·1 민주 구국 선언
재야 정치인들과 가톨릭 신부, 개신교 목사, 대학 교수 등이 박정희 정부의 유신 체제에 항거하여 긴급 조치 철폐를 요구하는 3·1 민주 구국 선언이 발표되었다(1976).

③ 3·15 부정선거에 항거 → 4·19 혁명
이승만 정권의 장기 독재와 자유당 정권의 3·15 부정선거에 항거하는 4·19 혁명이 전국 각지에서 전개되었다(1960).

⑤ 김영삼, 김대중 : 공동 의장 → 민주화 추진 협의회
신군부의 독재 정권에 저항하기 위해 김영삼과 김대중을 공동 의장으로 한 민주화 추진 협의회가 조직되었다(1984).

핵심노트 ▶ 6월 민주 항쟁

- 배경 : 전두환 정권의 독재 정치, 박종철 고문 치사(1987. 1. 14)
- 전개 : 직선제 요구 시위, 4·13 호헌 조치
- 항쟁 : 박종철 고문 치사 규탄 및 호헌 철폐 국민 대회(1987. 6. 10)
- 결과 : 노태우의 6·29 민주화 선언 발표 → 대통령 직선제, 평화적 정권 이양, 기본권 보장 약속

49 대한민국의 경제 발전

정답 ③

암기박사 대한민국 경제 발전 ⇒ 제1차 석유 파동 → 3저 호황 → 외환 위기 → 자유 무역 협정(FTA) 체결

정답 해설

(나) 제1·2차 석유 파동 → 1970년대
1974년 제1차 석유 파동에 이어 1978년 제2차 석유 파동이 발생함으로써 석유의 공급 부족과 가격 폭등으로 경제 위기를 맞았다.

(다) 3저 호황 : 고도성장 → 1980년대
1980년대에 저금리, 저유가, 저달러의 '3저 호황'으로 물가가 안정되고 수출이 증가하면서 연 10%가 넘는 고도성장을 이룩하였다.

(가) 외환 위기 : IMF에 구제 금융 지원 요청 → 1990년대
1997년 외환 위기로 인해 국제 통화 기금(IMF)에 구제 금융 지원을 요청하였으며, 이를 극복하기 위해 금 모으기 운동 등을 전개하였다.

(라) 자유 무역 협정(FTA) 체결 → 2000년대
2000년대에 들어서 관세 인하와 무역제한 철폐를 위한 자유 무역 협정이 논의되고 칠레, 유럽 연합(EU), 미국 등과 자유 무역 협정(FTA)을 체결하였다.

50 노태우 정부

정답 ③

암기박사 경실련 창립 대회 개최 ⇒ 노태우 정부

정답 해설

88 서울 올림픽이 개최되고 남북한 유엔 동시 가입이 이루어진 시기는 노태우 정부 때의 일이다. 이 시기에 공정한 소득 분배에 기초한 경제 정의를 실현하려는 취지로 발족한 경실련 창립 대회가 개최되었다.
→ 경제 정의 실천 시민 연합

오답 해설

① 전국 민주 노동조합 총연맹 창립 → 김영삼 정부
김영삼 정부 때에 한국노총과 더불어 대한민국 노동조합의 양대 조직인 전국 민주 노동조합 총연맹(민노총)이 창립되었다.

② 국제 통화 기금(IMF)의 채무 조기 상환 → 김대중 정부
김대중 정부 때에 외환 위기로 지원받은 국제 통화 기금(IMF)의 구제 금융 채무를 조기 상환하였다.

④ 중학교 입시 제도 폐지 : 추첨제 실시 → 박정희 정부
박정희 정부 때에 문교부에서 중학교 입시 제도를 폐지하고 무시험 추첨제를 실시한다는 새로운 중학교 입시 제도를 발표하였다.

⑤ 과거사 정리 위원회 출범 → 노무현 정부
노무현 정부 때에 반민주적·반인권적 사건의 진상 규명을 위해 진실·화해를 위한 과거사 정리 위원회가 처음으로 출범하였다.

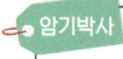 **핵심노트** ▶ 노태우 정부의 통일 정책

- 7·7선언(1988) : 북한을 적대의 대상이 아니라 상호 신뢰·화해·협력을 바탕으로 공동 번영을 추구하는 민족 공동체 일원으로 인식
- 한민족 공동체 통일 방안(1989) : 자주·평화·민주의 원칙 아래 제시
- 남북 고위급 회담, 남북한 유엔 동시 가입(1991) : 제46차 유엔 총회에서 남북한이 각각 별개의 의석을 가진 회원국으로 유엔에 가입
- 남북 기본 합의서 채택(1991. 12)·발효(1992) : 상호 화해와 불가침, 교류 및 협력 확대 등을 규정
- 한반도 비핵화 공동 선언 채택(1991. 12)·발효(1992) : 핵무기의 보유나 사용금지 등을 규정

제10회 심화대비 기출분석 예상문제 정답 및 해설

01 신석기 시대의 생활 모습

정답 ⑤

암기박사 제주 고산리 유적 ⇒ 최고(最古)의 신석기 유적지

정답 해설

제주 한경면 고산리 유적은 신석기 시대의 유적지 중 가장 오래된 유적지로 고산리식 이른 민무늬 토기가 출토되었다. 신석기 인들은 정착 생활이 시작되면서 주로 해안이나 강가에 움집을 짓고 농경과 사냥·채집·어로 생활을 하였다.

오답 해설

① 군장 등장 → 청동기 시대
청동기 시대에는 정치 권력과 경제력을 가진 군장이 백성을 다스렸으며, 사유 재산 제도와 계급이 발생하였다.

② 깊이갈이(심경법) → 고려 시대
소를 이용하여 이랑과 고랑의 높이 차이를 크게 하는 깊이갈이(심경법)가 일반화된 것은 고려 시대이다.

③ 반량전, 명도전 사용 → 철기 시대
반량전, 명도전 등의 중국 화폐를 사용한 것은 철기 시대로, 중국과의 활발한 교역 관계를 반영한다.

④ 고인돌 축조 → 청동기 시대
많은 인력을 동원하여 지배층(족장)의 무덤인 고인돌을 축조한 시기는 청동기 시대로 당시 계급의 분화 및 지배층의 권력을 반영한다.

핵심노트 ▶ 신석기 유적지의 특징

유적지	특징
제주 고산리	• 최고(最古)의 유적지 → 기원전 8천년 무렵의 유적 • 고산리식 이른 민무늬 토기, 덧무늬 토기 출토
강원 양양 오산리	• 최고(最古)의 집터 유적지 • 흙으로 빚어 구운 안면상, 조개더미
부산 동삼동	조개더미 유적으로, 패면(조개껍데기 가면), 이른 민무늬 토기, 덧무늬 토기, 바다 동물의 뼈 등이 출토
서울 암사동	빗살무늬 토기 출토
황해도 봉산 지탑리	• 빗살무늬 토기 출토 • 탄화된 좁쌀 → 농경의 시작

02 고조선의 이해

정답 ③

암기박사 단군왕검 : 범금8조 ⇒ 고조선

정답 해설

제시된 사료에서 '인간을 널리 이롭게 할 만한지라', '단군왕검' 등의 내용을 통해 고조선의 건국 이야기임을 알 수 있다. 고조선은 사회 질서를 유지하기 위해 범금 8조를 두었는데, 살인·절도 등의 죄를 다스린 고조선의 만민법으로, 8개조 중 3개 조목의 내용만이 반고(班固)의 〈한서지리지〉에 전해지고 있다.

오답 해설

① 고국천왕 : 진대법 실시 → 빈민 구제 → 빈민에게 관곡을 대여해주는 제도
고구려 고국천왕은 을파소의 건의로 진대법을 실시하여 빈민 구제에 힘썼다.

② 무령왕 : 22담로 설치 → 지방 통치 강화
백제 무령왕은 지방의 주요 지점에 22담로를 설치하고 왕자·왕족을 파견하여 지방 통치를 강화하였다.

④ 온조 : 하남 위례성 도읍 → 백제 건국
온조는 하남 위례성에 도읍을 정하고 백제를 건국하였다.

⑤ 고구려 : 제천 행사 → 동맹
고구려는 매년 10월에 제천 행사인 동맹을 개최하였다.

핵심노트 ▶ 고조선의 범금 8조

• 1조. 사람을 죽인 자는 사형에 처한다.
• 2조. 남을 다치게 한 자는 곡식으로 갚는다.
• 3조. 도둑질한 자는 노비로 삼는다.

03 고구려의 경제 생활

정답 ③

암기박사 부경(桴京) ⇒ 고구려의 창고

정답 해설

제시된 사료는 고구려의 제천행사인 동맹(東盟)에 대한 설명이다. 고구려는 농사를 짓지 않는 좌식 계층인 대가들과 지배층인 형(兄)이 저마다 부경(桴京)이란 창고를 두었다. → 좌식 계층이 1만여 가구에 이름

오답 해설

① 동시전 설치 → 신라 : 지증왕
신라 지증왕 때 시장을 감독하는 관청인 동시전(東市典)을 수도에 설치하였다.

② 낙랑, 왜 등과 교역 → 금관가야
김수로왕을 시조로 한 김해의 금관가야는 철이 많이 생산되어 낙랑, 왜 등과 활발하게 교역하였다.

④ 맥포(貊布) → 옥저
옥저는 고구려에 조공을 보내기 위해 맥포(貊布)라는 삼베를 거두어들였다.

⑤ 단궁, 과하마, 반어피 → 동예의 특산물
동예는 토지가 비옥하고 해산물이 풍부하여 농경·어로 등 경제 생활이 윤택하였으며, 단궁, 과하마, 반어피 등의 특산물이 있었다.

04 삼국의 발전

정답 ⑤

암기박사 (가) 고구려 소수림왕 ⇒ 순도 : 불교 수용, 태학 설립
(나) 고구려 광개토 대왕 ⇒ 신라에 원병 : 왜 격퇴

정답 해설

(가) 소수림왕은 순도를 통해 중국 전진(前秦)으로부터 불교를 수용하고 유학 교육기관인 태학을 설립하여 인재를 양성하였다(372).
• 백제의 침류왕은 동진에서 온 마라난타를 통해 불교를 수용하였다(384).
(나) 광개토 대왕은 신라 내물왕의 요청을 받아 신라에 침입한 왜를 낙동강 유역에서 토벌하였다(400).

한국사능력검정시험 심화대비 기출분석 예상문제 · **정답 및 해설**

오답 해설

① **고구려 연개소문 → 정변 : 보장왕 옹립**
연개소문이 정변을 일으켜 영류왕을 죽이고 보장왕을 옹립하여 권력을 장악하였다(642).

② **고구려 영양왕 → 이문진 : 신집(新集) 편찬**
고구려 영양왕 때 이문진이 국초의 유기(留記)를 간추려 신집(新集) 5권을 편찬하였다(600).

③ **고구려 동천왕 → 위(魏)의 관구검 침략**
고구려 동천왕 때 위(魏)의 관구검의 침략으로 한때 수도 환도성(丸都城)이 함락되었으나 밀우(密友)·유유(紐由)의 결사 항쟁으로 극복하였다(246).

④ **고구려 장수왕 → 평양 천도 : 남하 정책**
장수왕은 수도를 국내성에서 평양으로 옮기고 백제와 신라를 압박하는 남진 정책을 펼쳤다(427).

05 고구려의 문화유산

암기박사 연가 7년명 금동 여래 입상 ⇒ 고구려 문화유산

정답 ①

정답 해설

무용총 벽화는 고구려의 문화유산이다. 연가 7년명 금동 여래 입상 또한 고구려의 문화유산으로 두꺼운 의상과 긴 얼굴 모습에서 북조 양식을 따르고 있으나, 강인한 인상과 은은한 미소에는 고구려의 독창성이 보인다.

오답 해설

② **금동 대향로 → 백제 문화유산**
부여의 능산리 절터에서 발견된 금동 대향로는 백제의 금속 공예 기술이 중국을 능가할 정도로 매우 뛰어났음을 보여 주는 걸작품으로, 불교와 도교의 요소를 반영하고 있다.

③ **광개토 대왕명 호우 → 신라 문화유산**
일명 호우명 그릇이라 불리는 광개토 대왕명 호우는 경주 호우총에서 발견되었는데, 그릇 밑바닥에 신라가 광개토대왕을 기리는 내용의 "을묘년국강상광개토지호태왕(乙卯年國岡上廣開土地好太王)"이라는 글씨가 새겨져 있어 당시에 신라와 고구려의 관계를 유추해볼 수 있다.

④ **칠지도 → 백제 문화유산** 〈일본서기(日本書紀)〉에 칠지도(七支刀)라 기록되어 있음
칠지도(七支刀)는 백제 근초고왕이 왜왕에게 친선 외교의 목적으로 하사한 칼로 금으로 상감한 글씨가 새겨져 있다.

⑤ **판갑옷 → 금관가야의 문화유산**
대성동 고분군에서 출토된 판갑옷은 금관가야의 유물로, 당시 금관가야에서 철이 많이 생산되었음을 알 수 있다.

06 삼국의 항쟁

암기박사 고구려의 원병 요청 거부(642) ⇒ 천리장성 축조(647) ⇒ 백강 전투(663)

정답 ⑤

정답 해설

(가) **고구려의 원병 요청 거부** : 백제의 의자왕이 신라를 공격하여 대야성을 점령하고 40여 개의 성을 빼앗자 신라의 김춘추는 고구려를 직접 찾아가 원병을 요청하였으나 거절당하였다(642).

• 고구려 영류왕 때 연개소문은 대당 강경책을 추진하고, 당의 침입에 대비해 부여성에서 비사성에 이르는 천리장성을 축조하였다(647).

(나) **백강 전투** : 백제가 멸망한 후 백제 부흥군은 왜에 원군을 요청하였으나 나·당 연합군이 백강에서 왜군을 물리쳐 백제 부흥 운동은 실패로 돌아갔다(663).

오답 해설

①·③ **매소성 전투, 안동도호부 축출 → 문무왕 : 삼국 통일**
신라 문무왕은 매소성(매초성) 전투와 기벌포 해전에서 당의 대군을 섬멸하고 나·당 전쟁에서 승리한 후 당의 안동도호부를 요동으로 몰아내고 삼국 통일을 이룩하였다(676).

② **을지문덕 : 살수 대첩 → 여·수 전쟁**
수 양제(煬帝)가 113만 대군을 이끌고 고구려를 침입하였으나 을지문덕 장군이 퇴각하는 수의 대군을 살수에서 크게 물리쳤다(612).

④ **고구려 : 안승 → 보덕국왕**
고구려가 멸망한 뒤 신라의 문무왕은 당의 세력을 축출하기 위해 안승을 금마저(익산)에서 보덕국왕으로 임명하였다(674).

핵심노트 ▶ 신라의 삼국 통일

• 당은 한반도 전체를 장악하고자 신라와 연합한 것으로, 백제의 옛 땅에 웅진도독부를, 고구려의 옛 땅에 안동도호부를 두어 지배 야욕을 보임
• 신라의 경주에도 계림도독부를 두고 문무왕을 계림 도독으로 칭하였으며, 신라 귀족의 분열을 획책함
• 고구려 부흥 운동 세력을 후원하고 백제 땅의 웅진 도독부를 탈환하여 소부리주를 설치(671)
• 마전·적성에서 당군을 물리치고, 이어 당의 대군을 매소성(매초성)에서 격파(676)
• 금강 하구의 기벌포에서 당의 수군을 섬멸(676)하고, 안동도호부를 요동성으로 밀어내는 데 성공함으로써 삼국 통일을 달성(676)

07 신라의 골품 제도

암기박사 신라 : 신분 제도 ⇒ 골품 제도

정답 ⑤

정답 해설

설계두는 골품제에 불만을 품고 당에 건너간 6두품 집안의 자손이다. 신라의 골품제는 혈연에 따라 사회적 제약이 가해지는 폐쇄적 신분 제도로, 골품에 따라 관등 승진에 제한을 두었을 뿐만 아니라 집과 수레의 크기 등 일상생활까지 규제하였다.

오답 해설

① **고구려 고국천왕 : 빈민 구제 → 진대법**
고구려는 고국천왕 때 을파소의 건의로 빈민을 구제하기 위해 진대법을 시행하였다(194).

② **통일 신라 원성왕 : 인재 등용 → 독서삼품**
통일 신라의 원성왕은 독서삼품과를 실시하여 유교 경전의 이해 수준에 따라 3등급으로 구분해 인재를 등용하였다(788).

③ **고려 광종 : 후주 출신 쌍기의 건의 → 과거제** 상품·중품·하품
고려 광종은 인재를 등용하기 위해 후주 출신 쌍기의 건의로 과거 제도를 시행하였다(958).

제10회

④ 고려 공민왕 : 권문세족 견제 → 전민변정도감
고려 공민왕은 신돈을 등용하여 전민변정도감을 설치하고 권문세족에게 빼앗긴 토지와 노비를 본래의 소유주에게 돌려주거나 양민으로 해방시킴으로써 권문세족을 견제하였다(1366).

핵심노트 ▶ 골품제(骨品制)의 성격

- 왕권을 강화하면서 혈연에 따라 사회적 제약이 가해지는 폐쇄적 신분 제도
- 개인의 사회 활동과 정치 활동의 범위까지 엄격히 제한
- 관등 승진의 상한선이 골품에 따라 정해져 불만 세력 발생
- 가옥의 규모와 장식물, 복색, 수레 등 일상생활까지 규제하는 기준

08 신라 경덕왕의 업적

정답 ⑤

암기박사 (상) : 녹읍의 부활 ⇒ 전제 왕권의 동요
(하) : 한화(漢化) 정책 ⇒ 왕권 강화 도모

정답 해설

신라 경덕왕 때 신문왕에 의해 폐지된 녹읍이 귀족들의 반발로 부활되었고, 통치 기구와 지방 군현의 명칭을 중국식으로 바꾸는 한화(漢化) 정책으로 왕권 강화를 도모하였다. 또한 국학을 태학감으로 변경하여 유교 교육을 강화하고, 박사와 조교를 두어 논어와 효경 등의 유교 경전을 교육하였다.

오답 해설

① 연호 : 건원(建元) → 법흥왕
신라 법흥왕은 건원(建元)이라는 연호를 사용함으로써 자주 국가로서의 위상을 높였다.

② 독서삼품과 실시 → 원성왕
원성왕은 국학 내에 독서삼품과를 설치하여 유교 경전의 이해 수준에 따라 3등급으로 구분해 관리를 채용하였다.

③ 지방 행정 제도 : 9주 5소경 → 신문왕
신문왕은 통일 전 5주 2소경의 지방 행정 제도를 9주 5소경 체제로 정비하여 지방 통제력을 강화하였다.

④ 성덕 대왕 신종 완성 → 혜공왕
성덕 대왕 신종은 봉덕사 종 또는 에밀레 종이라 하며, 경덕왕이 아버지인 성덕왕을 기리기 위해 만든 종으로 혜공왕 때 완성하여 봉덕사에 안치하였다.

핵심노트 ▶ 경덕왕(742~765)

- 집사부의 중시를 시중으로 격상하고, 통치 기구와 지방 군현의 명칭을 중국식으로 바꾸어(한화(漢化) 정책) 왕권 강화를 도모
- 국학을 태학감으로 바꾸고 박사 · 교수를 두어 유교 교육을 강화
- 석굴암 · 불국사 창건(751), 석가탑에 무구정광 대다라니경 보관
- 귀족의 반발로 녹읍이 부활(757)하고 사원의 면세전이 증가 → 전제 왕권의 동요
- 귀족의 사치와 향락으로 인해 농민 부담이 가중

09 발해의 역사

정답 ④

암기박사 솔빈부의 지역 특산물 : 말 ⇒ 발해

정답 해설

중대성, 정당성은 선조성과 함께 발해의 3성에 해당되며, 3성 6부(충 · 인 · 의 · 지 · 예 · 신부)의 중앙 관제를 구성한다. 발해는 특산품으로 솔빈부의 말[馬]이 유명하다.
→ 발해의 지방 행정 구역인 15부 중의 하나

오답 해설

① 신문왕 : 녹읍 폐지 → 통일 신라
통일 신라의 신문왕은 귀족의 경제 기반이었던 녹읍을 폐지하고 관료전을 지급하였다.

② 백강 전투 : 백제 부흥 운동 → 백제
백제 부흥군은 왜에 원군을 요청하였으나 나 · 당 연합군의 공격에 왜의 수군이 백강 전투에서 패배하여 백제 부흥 운동은 실패로 돌아갔다.

③ 장보고 : 청해진 → 통일 신라
통일 신라 때 장보고가 완도에 청해진을 설치하여 해상 무역을 전개하였으며 국제 무역의 거점으로 번성하였다.

⑤ 22담로 : 지방 행정 구역 → 백제
백제 무령왕은 지방 통제를 강화하기 위해 지방의 주요 지점에 22담로를 설치하고 왕자 · 왕족을 파견하였다.

핵심노트 ▶ 발해의 대외무역

- 무역로 : 해로(서안평 → 덩저우, 발해관 설치), 육로(요동성 → 진저우)
- 수출품 : 말 · 모피 · 인삼 등 토산물과 불상 · 자기 · 금은세공 등 수공업품 → 솔빈부의 말(馬)은 주요한 수출품
- 수입품 : 귀족들의 수요품인 비단 · 책 등

10 후백제 견훤 / 고려 광종

정답 ①

암기박사 (가) 고려 태조 ⇒ 후백제 견훤 토벌
(나) 쌍기의 건의 : 과거제 시행 ⇒ 고려 광종

정답 해설

(가) 제시된 사료에서 고려 태조가 토벌한 인물은 견훤이다. 후백제를 세운 견훤은 중국의 후당(後唐)과 오월(吳越)에 사신을 파견하여 외교 관계를 형성하였다.
(나) 쌍기가 온 이후로 문사(文士)를 존숭한 왕은 고려 광종으로, 고려 광종은 쌍기의 건의로 과거 제도를 시행하여 호족 세력을 누르고 신진 인사를 등용하였다.
→ 광종 때 고려에 귀화한 후주(後周) 사람

오답 해설

② 광평성 설치 → 후고구려 궁예
후고구려의 궁예는 국정을 총괄하는 광평성(廣評省) 등 각종 정치 기구를 마련하고 9관등제를 실시하였다.

③ 흑창 설치 : 민생 안정 → 고려 태조
흑창(黑倉)은 고구려의 진대법을 계승한 춘대추납의 빈민 구제 기관으로 민생 안정을 위해 고려 태조 때 처음 설치되었다.

④ 주전도감 : 해동통보 발행 → 고려 숙종
고려 숙종은 화폐 유통의 촉진을 도모하기 위해 주전도감을 설치하고 해동통보를 발행하였으나 널리 사용되지는 못하였다.

⑤ 전시과 제도 : 전지와 시지 지급 → 고려 경종
고려 경종 때에는 전시과 제도를 마련하여 모든 전 · 현직 관리를 대상으로 관품과 인품 · 세력을 반영하여 전지와 시지를 지급하였다.

> **핵심노트** ▶ 견훤의 후백제
>
> • **건국** : 전라도 지방의 군사력과 호족 세력을 중심으로 완산주(전주)에서 견훤이 건국
> • **영토 확장** : 차령 이남의 충청도와 전라도 지역을 차지하여 우수한 경제력과 군사적 우위를 확보
> • **외교 관계** : 중국 오월(吳越)·후당(後唐)과 통교하였고, 거란과 외교 관계를 추구하였으며, 일본과 교류하였으나 일본의 소극적 태도로 큰 진전을 이루지 못함
> • **한계** : 확실한 세력 기반이 없었고 신라의 군사 조직을 흡수하지 못하였으며, 당시의 상황 변화에 적응하지 못함

11 도병마사의 이해

정답 ②

암기박사 고려의 독자적 정치 기구 : 도병마사 → 고려 말 : 도평의사사로 개칭

정답 해설

도병마사는 고려의 독자적 정치 기구로, 중서문하성과 중추원의 고위관리들이 모여 국방 및 군사 문제 등을 논의하였다. 도병마사는 고려 말에 도평의사사(도당)로 개칭되면서 구성원이 확대되고 국정 전반의 중요 사항을 합의·집행하는 최고 상설 정무 기구로 발전하였다.

오답 해설

① **원 간섭기 : 중서문하성 + 상서성 → 첨의부로 격하**
원 간섭기에 중서문하성과 상서성이 통합되어 첨의부로 격하되었다. ← 고려 말 → 원 간섭기 충렬왕 때

③ **소속 관원이 낭사와 함께 대간으로 불림 → 어사대**
어사대의 소속 관원은 중서문하성의 낭사와 함께 대간(臺諫)으로 불렸으며 간쟁, 봉박권, 서경권을 행사하였다.

④ **공민왕 : 내정 개혁 → 신돈 : 전민변정도감**
전민변정도감은 고려 후기 권세가에게 빼앗긴 토지를 원래 주인에게 되찾아 주고 노비로 전락한 양인을 바로잡기 위해 설치된 임시 개혁 기관이다. 공민왕 때 내정 개혁의 일환으로 운영되었으며 신돈을 등용하여 설치하였다.

⑤ **최씨 무신 정권의 최고 권력 기구 → 교정도감**
인재 천거, 조세 징수, 감찰, 재판 등 최고 집정부 역할을 하는 교정도감은 최씨 무신 정권의 최고 권력 기구로 활용되었다.
← 수장 : 교정별감

> **핵심노트** ▶ 도병마사(都兵馬使)
>
> • 국방 문제를 담당하는 임시 기구로, 성종 때 처음 시행
> • 무신정변 후 중추원(추신)과 중서문하성(재신)이 참여하여 국방 문제를 심의하는 재추 합의 기구(군정 기구)로 발전
> • 고려 후기 원 간섭기(충렬왕)에 도평의사사(도당)로 개편되면서 구성원이 확대되고 국정 전반의 중요 사항을 합의·집행하는 최고 상설 정무 기구로 발전 → 조선 정종 때 혁파

12 고려 성종의 업적

정답 ②

암기박사 국자감 설립 ⇒ 고려 성종

정답 해설

고려 성종은 최승로의 시무 28조를 받아들여 통치 체제를 정비하고 유교 정치 이념을 확립하였으며, 개경에 국립대학인 국자감을 설립하여 유학 교육의 진흥에 힘썼다.

오답 해설

① **흑창 설치 → 고려 태조**
흑창(黑倉)은 고구려의 진대법을 계승한 춘대추납의 빈민 구제 기관으로 민생 안정을 위해 고려 태조 때 처음 설치되었다.

③ **노비안검법 시행 → 고려 광종**
고려 광종은 양인이었다가 불법으로 노비가 된 자를 해방시켜 주는 노비안검법을 시행하여 호족 세력을 견제하였다.

④ **정계와 계백료서 → 고려 태조**
고려 태조는 정계(政戒)와 계백료서(誡百僚書) 등을 통해 신하의 임금에 대한 도리를 강조하였다.

⑤ **전시과 제도 → 고려 경종**
고려 경종 때에는 (시정) 전시과 제도를 마련하여 모든 전·현직 관리를 대상으로 관품과 인품·세력을 반영하여 토지(전지와 시지)를 지급하였다. → 시정 전시과 : 경종, 개정 전시과 : 목종

> **핵심노트** ▶ 고려 성종의 유학 교육 진흥 정책
>
> • 개경에 국립대학인 국자감을 개설하고 도서관으로 비서원(개경)과 수서원(서경) 설치
> • 지방에 경학 박사와 의학 박사를 파견하여 지방 호족 자제를 교육
> • 유학 진흥을 위해 문신월과법(文臣月課法)을 실시 → 문신의 자질을 향상시키기 위해 매월 문신들에게 시부를 지어 바치게 한 제도
> • 과거 제도를 정비하고 교육 장려 교서를 내림

13 거란의 1차 침입

정답 ①

암기박사 거란의 1차 침입 : 소손녕 ⇒ 서희의 외교 담판

정답 해설

제시된 시나리오는 거란의 1차 침입 때 소손녕이 고구려의 옛 땅을 내놓을 것과, 송과 단절하고 자신들과 교류할 것을 요구하며 80만 대군을 이끌고 침략한 내용이다. 이에 서희는 거란의 소손녕과 협상하여 강동 6주를 획득하였다(993).

> **핵심노트** ▶ 거란의 침입
>
> | 구분 | 원인 | 결과 |
> |---|---|---|
> | 강동 6주 획득 | 송과의 단절 요구, 정안국의 존재 | 서희의 외교 담판 → 강동 6주 획득 |
> | 2차 침입(현종 1009) | 강조의 정변 | 양규의 귀주 전투 |
> | 3차 침입(현종 1018) | 현종의 입조 및 강동 6주 반환 거부 | 강감찬의 흥화진 전투 & 귀주대첩 |

14 고려 시대의 난

정답 ③

암기박사 이자겸의 난 ⇒ 묘청의 난 ⇒ 무신정변

정답 해설

(가) **이자겸의 난(1126)** : 이자겸이 척준경과 더불어 반란을 일으켜 궁궐을 불태우고, 왕의 측근 세력들을 제거한 후 왕을 감금하였다.

제10회

- 묘청의 난(1135) : 금국을 정벌하자고 주장하던 묘청이 서경 천도가 어려워지자 국호를 대위, 연호를 천개라 하며 서경에서 난을 일으켰다.
- (나) 무신정변(1170) : 고려 의종이 문신들만 우대하고 무신들을 천대하자 정중부 등의 무신들이 정변을 일으켜 권력을 장악하였다.

오답 해설

① 임경업 : 백마산성 항전 → 병자호란
임경업 장군은 병자호란 당시 청나라 군사의 침입을 막기 위해 민병대를 훈련시키고 백마산성에서 항전하였다(1636).

② 만적의 난 → 최씨 무신 집권기
최충헌의 사노 만적이 개경에서 신분 해방을 도모하며 반란을 일으켰다(1198).

④ 홍경래의 난 → 세도 정치기
평안도민
순조 때 서북민에 대한 차별과 가혹한 수취에 반발하여 홍경래 등이 봉기하여 정주성을 점령하였다(1811).

⑤ 황룡사 구층 목탑 소실 → 몽골 침략기
신라 선덕여왕 때 자장(慈藏)의 건의로 황룡사 구층 목탑이 경주에 건립되었으나 몽골의 침입 때 소실되었다(1238).

핵심노트 ▶ 묘청의 서경 천도 운동(인종 13, 1135)

- 이자겸의 난 이후 칭제 건원, 금국 정벌, 서경 천도 등을 두고 보수와 개혁 세력 간 대립 발생
- 서경 천도를 추진하여 서경에 대화궁을 건축, 칭제 건원과 금국 정벌 주장
- 서경에서 국호를 대위국, 연호를 천개, 군대를 천견충의군이라 하며 난을 일으킴
- 김부식이 이끈 관군의 공격으로 약 1년 만에 진압
- 서경의 분사 제도 및 삼경제 폐지
- 문신 우대·무신 멸시 풍조, 귀족 사회의 보수화 등 문벌 귀족 사회의 모순 심화 → 무신정변

15 김윤후의 활약

암기박사 처인성 전투, 충주성 전투 ⇒ 김윤후

정답 ⑤

정답 해설

몽골의 2차 침입 때 김윤후는 처인성 전투에서 적장 살리타를 사살하였다. 또한 몽골의 5차 침입 때는 노비를 비롯한 하층민들과 충주성 전투에서 적군을 물리쳤다.

오답 해설

① 별무반 : 동북 9성 개척 → 윤관
윤관은 고려 숙종 때 여진 정벌을 위해 별무반의 편성을 건의하였고, 예종 때 별무반을 이끌고 여진을 정벌하여 동북 9성을 개척하였다.

② 거란의 침입 대비 : 천리장성 축조 → 강감찬
강감찬은 귀주 대첩에서 승리한 후 거란의 침입에 대비하기 위하여 압록강에서 동해안 도련포에 이르는 천리장성을 축조하였다.

③ 화통도감 : 화약과 화포 제조 → 최무선
고려 우왕 때 최무선은 화약과 화포 제작을 위해 화통도감을 설치하고 화포를 사용하여 진포(금강 하구)에서 왜구를 격퇴하였다.

④ 쌍성총관부 공격 → 유인우, 이자춘
고려 공민왕 때 유인우, 이자춘 등이 쌍성총관부를 공격하여 원에 빼앗긴 철령 이북의 땅을 수복하였다.

핵심노트 ▶ 몽골의 침입 과정

1차 침입	• 최우 : 강화 천도 및 청야 전술 지시 • 몽골 : 개경 포위 • 고려 : 몽골의 요구 수용
2차 침입	• 강화도로 도읍 이동 • 처인성 전투 : 살리타 사살 – 김윤후
3차 침입	• 황룡사 9층 목탑 소실 • 팔만대장경 각판 시작
4차 침입	• 원 황제의 죽음으로 몽골군 철수 • 대장경 완성
5차 침입	충주성 전투 – 김윤후

16 고려 시대의 불교 문화

암기박사 모란과 들국화를 그린 대웅전 벽화 ⇒ 예산 수덕사

정답 ③

정답 해설

모란이나 들국화를 그린 대웅전 벽화가 유명한 곳은 충남 예산군에 있는 수덕사이다. 수덕사의 대웅전은 고려 시대의 주심포 양식의 건축물이다.
→ 공포(栱包)가 기둥 위에만 있는 양식
안동 봉정사에는 현존하는 가장 오래된 목조 건축물인 극락전이 있다.

오답 해설

① 석조 미륵보살 입상 → 논산 관촉사
논산 관촉사에 있는 석조 미륵보살 입상은 고려 시대 최대의 석불 입상으로, 은진미륵이라고도 불리며 규모가 거대하고 인체 비례가 불균형하다.

② 지눌 : 수선사 결사 운동 → 순천 송광사
보조국사 지눌은 순천 송광사를 중심으로 명리에 집착하는 불교계의 타락상을 비판하고, 승려 본연의 자세로 돌아가 독경과 선 수행 등에 힘쓰자는 수선사 결사 운동을 전개하였다.

④ 무량수전 → 영주 부석사
경북 영주시 부석사에 있는 무량수전은 고려 중기의 건물로 신라 문무왕 때 의상대사가 창건하였다. 배흘림기둥과 주심포 양식의 신라 양식을 계승한 고려 최고의 목조 건축물이다.

⑤ 요세 : 신앙 결사 운동 → 강진 백련사
원묘국사 요세(了世)는 강진 백련사에서 법화 신앙을 바탕으로 백련결사(白蓮結社)를 조직하고 신앙 결사 운동을 전개하였다.

17 원 간섭기의 사회 문화

암기박사 이제현 : 만권당 설립 ⇒ 원 간섭기

정답 ②

정답 해설

고려 원 간섭기에는 왕이 원의 공주와 결혼하여 원의 부마국으로 전락하였는데, 제국 대장 공주는 충렬왕의 왕비이다. 이 시기에 이제현은 학문 교류를 위해 원의 연경에 독서당인 만권당을 설립하여 성리학 전파에 이바지하였다(1314).

오답 해설

① 과거 제도 : 쌍기의 건의 → 광종
광종은 인재를 등용하기 위해 후주 출신 쌍기의 건의로 과거 제도를 시행하였다(958).

③ 최충 : 9재 학당 → 문종
문종 때 최충이 최초의 사학인 9재 학당을 설립하여 유학을 교육하였다(1055). → 문헌공도

④ 망이 · 망소이의 난 → 명종 → 행정구역인 소(所)의 한 지역, '명학'은 마을 이름
무신 정권기인 명종 때 공주 명학소(鳴鶴所)에서 망이 · 망소이가 가혹한 수탈에 저항하여 봉기하였다(1176).

⑤ 의천 : 천태종 개창 → 숙종
숙종 때 대각국사 의천이 불교 교단의 통합을 위해 국청사를 창건하고 해동 천태종을 개창하였다(1097).

핵심노트 ▶ 만권당

고려 말 충선왕이 원의 연경에 세운 독서당을 일컫는다. 정치 개혁에 실패한 충선왕은 아들 충숙왕에게 왕위를 선양하고 충숙왕 1년(1314) 만권당을 세웠다. 그곳에서 중국의 고전 및 성리학을 연구하였고, 고려와 원 간 문화 교류의 중심지로서 학술 · 예술 등의 발전에 큰 영향을 미쳤다.

18 고려 시대의 경제 상황

암기박사 서적점, 다점 : 관영 상점 ⇒ 고려 시대 | **정답** ②

정답 해설

→ 은 1근으로 만든 병 모양의 은화(銀貨)
고려 숙종 때에는 주전도감에서 해동통보 외에 삼한통보, 해동중보 등의 동전과 은병(銀瓶)을 발행하여 금속 화폐의 통용을 추진하였으나 널리 유통되지는 못하였다. 고려 시대에는 개경 · 서경 · 동경 등의 대도시에 서적점, 다점 등의 관영 상점이 운영되었다.

오답 해설

① 부경(桴京) : 창고 → 고구려
고구려의 대가들과 지배층인 형(兄)은 농사를 짓지 않는 좌식 계층으로, 집집마다 부경(桴京)이라는 창고가 있었다.

③ 장보고 : 청해진 → 통일 신라
통일 신라 시대의 장보고는 완도에 청해진을 설치하여 해상 무역을 전개하였으며 국제 무역의 거점으로 번성하였다.

④ 감자, 고구마 : 구황 작물 재배 → 조선 후기
조선 후기에는 일본에서 들어 온 고구마와 청에서 들어 온 감자 등의 구황 작물이 널리 재배되었다. → 기후가 불순한 흉년에도 비교적 안전한 수확을 얻을 수 있는 작물

⑤ 세종 : 계해약조 → 조선 전기
조선 세종 때 쓰시마 도주의 간청으로 부산포 · 제포 · 염포의 3포를 개항한 후, 제한된 범위의 무역을 허용한 계해약조가 체결되었다.

핵심노트 ▶ 고려 시대의 상업 활동

• 상업 활동의 성격 : 주로 도시를 중심으로 하여 물물 교환의 형태로 이루어졌으며, 촌락의 상업 활동은 부진 → 관습풍 조당, 궁고 잉여품 처분
• 시전 설치 : 개경에 시전(관허 상설 상점)을 설치, 경시서에서 관리 · 감독
• 관영 상점 : 개경 · 서경 · 동경 등의 대도시에 주로 설치, 주점 · 다점 · 서적점 → 관청 수공업장의 생산품 판매
• 비정기적 시장 : 대도시에 형성되어 도시 거주민의 일용품을 매매

• 경시서(京市署) 설치 : 매점매석과 같은 상행위를 감독 → 조선의 평시서
• 상평창 설치 : 개경과 서경, 12목에 설치된 물가 조절 기관

19 원 간섭기의 문화유산

암기박사 개성 경천사지 10층 석탑 ⇒ 원의 영향을 받은 고려 시대 석탑 | **정답** ③

정답 해설

원 간섭기인 충렬왕 때 일연의 삼국유사(1285)와 이승휴의 제왕운기(1287)가 저술되었다. 개성 경천사지 10층 석탑은 원의 영향을 받아 고려 후기 충목왕 때 조성된 석탑으로, 기존의 신라계 석탑과는 양식을 달리하는 가장 특이하고 정련한 기교를 보이는 탑이다.

오답 해설

① 석굴암 → 통일 신라
석굴암은 통일 신라 때 인공으로 축조한 석굴 사원으로, 정밀한 기하학 기법을 응용한 배치와 조화미를 추구하고 있다.

② 무인상 → 통일신라
통일 신라의 왕릉인 원성왕릉 앞에 세워진 무인상은 이국적인 얼굴과 복식을 한 서역인의 모습으로, 당시 신라가 아라비아 등 서역과 활발하게 교류하였음을 보여준다.

④ 정토사 홍법국사 실상탑 → 고려
정토사 홍법국사 실상탑은 고려 목종 때의 승려인 홍법국사의 부도로, 탑신부가 일반 승탑과 달리 공모양의 원구형인 것이 특징이다.

⑤ 곤여만국전도 → 조선
천주교의 전도를 위해 중국에 온 이탈리아 선교사 마테오 리치가 제작한 세계지도를 조선에서 모사(模寫)한 지도이다.

20 세종의 업적

암기박사 앙부일구, 갑인자, 칠정산 ⇒ 조선 세종 | **정답** ⑤

정답 해설

조선 세종 때에는 시간을 측정하기 위해 해시계인 앙부일구를 제작하였고, 개량된 금속 활자인 갑인자를 주조하여 활자 인쇄술을 발전시켰다. 또한 중국의 수시력과 아라비아의 회회력을 참고로, 한양을 기준으로 한 역법서인 칠정산을 편찬하였다.

오답 해설

① 비격진천뢰 : 폭탄의 일종 → 선조 : 이장손
선조 때 이장손은 폭탄의 일종인 비격진천뢰를 발명하였으며 임진왜란 때 실전에서 사용하였다.

② 거중기 설계 : 기기도설 참고 → 정조 : 정약용
정조 때 정약용은 기기도설을 참고하여 거중기를 설계하였고, 수원 화성 축조 시 거중기와 활차를 이용한 서양식 건축 기술을 도입하였다.

③ 동국지도 : 100리 척의 축척 → 영조 : 정상기
영조 때 정상기는 최초로 100리 척의 축척 개념을 사용한 동국지도를 제작하였다.

④ 동의수세보원 : 사상 의학 정립 → 고종 : 이제마

고종 때 이제마는 동의수세보원(東醫壽世保元)을 저술하여 사람의 체질을 구분하여 치료하는 사상의학을 정립하였다.

핵심노트 ▶ 세종(1418~1450)의 문화 발전

- 활자 주조 : 경자자, 갑인자, 병진자, 경오자
- 한글 서적 : 〈용비어천가〉, 〈동국정운〉→운서, 〈석보상절〉→불경 언해서, 〈월인천강지곡〉→불교 찬가
- 〈고려사〉, 〈육전등록〉, 〈치평요람〉, 〈역대병요〉, 〈팔도지리지〉, 〈효행록〉, 〈삼강행실도〉, 〈농사직설〉, 〈칠정산 내외편〉, 〈사시찬요〉, 〈총통등록〉, 〈의방유취〉, 〈향약집성방〉, 〈향약채취월령〉, 〈태산요록〉
- 관습도감 설치 : 박연으로 하여금 아악·당악·향악을 정리하게 함
- 불교 정책 : 5교 양종을 선교 양종으로 통합, 궁중에 내불당 건립
- 역법 개정 : 원의 수시력과 명의 대통력을 참고로 하여 칠정산 내편을 만들고 아라비아 회회력을 참조하여 칠정산 외편을 만듦 →독자성
- 과학 기구 발명 : 측우기, 자격루(물시계), 앙부일구(해시계), 혼천의(천체 운행 측정기)

21 율곡 이이의 활동 시기

정답 ②

암기박사 이이 : 격몽요결 / 붕당 : 동인과 서인 ⇒ 선조

정답 해설

격몽요결은 선조 10년 율곡 이이가 성리학을 처음 배우는 학도들의 입문서로 저술한 것이다(1577). 선조 때에는 언론 삼사 요직의 인사권과 추천권을 가진 이조 전랑 임명권을 둘러싼 대립으로 사림이 동인과 서인으로 나뉘며 붕당 정치가 시작되었다.

오답 해설

① 신유박해 : 천주교 박해 → 순조
순조 때 신유박해로 신부를 포함한 수많은 천주교인들이 처형되거나 유배되었다.

③ 홍경래의 난 : 정주성 점령 → 순조 평안도민
순조 때 서북민에 대한 차별과 가혹한 수취에 반발하여 홍경래 등이 봉기하여 정주성을 점령하였다.

④ 을사사화 : 외척 간의 대립 → 명종
명종을 옹립한 소윤파 윤원로·윤원형 형제가 인종의 외척 세력인 대윤파 윤임 등을 축출하면서 외척 간의 권력 다툼인 을사사화가 발생하였다.

⑤ 예송 논쟁 : 자의대비의 복상 문제 → 현종
현종 때에는 자의대비의 복상 문제를 둘러싸고 서인과 남인 사이에 두 차례에 걸쳐 예송이 전개되었다.
→기해예송, 갑인예송

핵심노트 ▶ 학파의 형성과 분화

- 학파의 형성 : 서경덕 학파, 이황 학파, 조식 학파가 동인을 형성하고 이이 학파, 성혼 학파가 서인을 형성
- 동인은 정여립 모반 사건 등을 계기로 이황 학파의 남인과, 서경덕 학파와 조식 학파의 북인으로 분화
- 서인은 송시열, 이이 등의 노론과 윤증, 성혼 등의 소론으로 분화

22 조선 태종의 업적

정답 ⑤

암기박사 승정원 개편, 6조 직계제 실시 ⇒ 조선 태종

정답 해설

승정원은 조선 태종 때 독립된 기구로 개편된 국왕의 직속 기관으로, 왕명의 출납을 맡은 왕의 비서 기관이다. 두 차례에 걸친 왕자의 난을 통해 왕위에 오른 태종(이방원)은 왕권을 강화시키기 위해 의정부의 권한을 약화시키고 6조 직계제를 실시하였다.

오답 해설

① 어영청 : 북벌 추진 → 효종
효종은 총포병과 기병 위주로 어영청의 기능을 강화하고 북벌 운동을 추진하였다.

② 경국대전 완성 → 성종
성종은 세조 때 편찬을 착수한 경국대전을 완성하여 법령을 정비하였다.
→조선 사회의 통치 방향과 이념을 제시한 조선의 기본 법전

③ 백두산정계비 건립 → 숙종
숙종은 청의 요구로 조선과 청의 경계를 정한 백두산정계비를 세워, 동쪽으로 토문강과 서쪽으로 압록강을 경계로 삼았다.

④ 초계문신제 : 문신 재교육 → 정조
정조는 신진 인물이나 중·하급(당하관 이하) 관리 가운데 능력 있는 자들을 재교육시키고 시험을 통해 승진시키는 초계문신제(抄啓文臣制)를 시행하였다.

핵심노트 ▶ 조선 태종의 업적

- 국왕 중심의 통치 체제 정비 : 의정부 권한의 약화, 육조 직계제(六曹直啓制) 채택, 사병 혁파, 언론·언관의 억제, 외척과 종친 견제
- 경제 기반의 안정 : 호패법 실시, 양전(量田) 사업 실시, 유향소 폐지, 노비변정도감 설치
- 억불숭유 : 사원 정리, 사원전 몰수, 서얼 차대법, 삼가 금지법
- 기타 업적 : 신문고 설치, 주자소 설치, 아악서 설치, 사섬서 설치, 5부 학당 설치
  →계미자 등 동활자 주조   →지폐인 저화(楮貨) 발행

23 향약의 기능

정답 ⑤

암기박사 풍속 교화와 향촌 자치 ⇒ 향약

정답 해설

조선 중종 때 조광조에 의하여 처음 보급되고 16세기 이후에 전국적으로 확산된 향약은 향촌 자치 규약으로 풍속 교화와 향촌 자치의 기능을 담당하였다.

오답 해설

① 좌수, 별감을 두어 운영 → 유향소
조선 시대의 유향소(留鄕所)는 좌수와 별감을 중심으로 운영되던 향촌 자치 기구로, 지방의 수령을 보좌하고 향리를 감찰하였다.

② 문묘를 세워 선현에 제사 → 성균관, 향교
조선 시대 최고 교육기관인 성균관과 지방 교육기관인 향교에서는 문묘(文廟)를 세워 선현에 제사를 지냈다.
→선현의 위패(位牌)를 모신 사당

③ 유향소 통제 → 경재소
조선 시대의 경재소(京在所)는 현직 관료로 하여금 연고지의 유향소를 통제하게 하는 제도로, 중앙과 지방 간의 연락 업무를 담당

하였다.
④ 흥선 대원군 때 철폐 → 서원
흥선 대원군은 국가 재정을 좀먹고 백성을 수탈하며 붕당의 온상이던 서원을 정리하여, 600여 개소의 서원 가운데 47개소만 남기고 모두 철폐하였다.

핵심노트 ▶ 향약
- 사림의 성장에 따라 16세기 이후 전통적 향촌 규약과 조직체가 향약으로 대체
- 지방 사족은 향촌 사회 운영 질서를 강구하고 면리제와 병행된 향약 조직을 형성
- 중종 때 조광조에 의하여 처음 보급, 16세기 이후에 전국적으로 확산
- 향촌 사회의 자치 규약

24 대동법의 시행 결과

암기박사 대동법 ⇒ 공인 등장 : 관청에 물품 납부   정답 ⑤

정답 해설

대동법은 광해군 때 이원익의 건의로 선혜청을 설치하고 경기도에서 처음 시행되었으며, 효종 때에는 김육의 주장으로 충청도·전라도에서도 실시되었다. 대동법의 실시로 조선 후기에는 관청에서 필요한 물품을 납부하는 공인(貢人)이 등장하였다.
→ 대동법의 관리·운영과 재정 수입을 담당
→ 관허 상인

오답 해설

① 양반에게도 군포 징수 → 흥선 대원군 : 호포법
흥선 대원군은 군정의 문란을 개혁하기 위하여 양반에게도 군포를 납부하게 하는 호포법을 실시하였다.
② 풍흉에 따라 9등급 부과 → 세종 : 연분 9등법
조선 세종 때 풍흉의 정도에 따라 9등급(상상년~하하년)으로 구분하여 1결당 최고 20두(상상년)에서 최하 4두(하하년)를 내도록 하는 연분 9등법을 시행하였다.
③ 잡세 : 어장세, 염전세, 선박세 → 영조 : 균역법
조선 영조 때 종전의 군적수포제에서 군포 2필을 부담하던 것을 1년에 군포 1필로 경감하는 균역법을 시행하였고 어장세, 염전세, 선박세 등의 잡세를 거두어 군사비로 충당하였다.
④ 결작 징수 → 영조 : 균역법
조선 영조 때 균역법의 시행으로 인한 재정 부족 문제를 해결하기 위하여 지주에게 결작을 징수하였다.

핵심노트 ▶ 대동법의 시행 결과
- 농민 부담 경감 : 부과가 종전 가호 단위에서 전세(토지 결수) 단위로 바뀌어, 토지 1결당 미곡 12두만을 납부
- 공납의 전세화 : 공물 대신 토지 결수에 따라 쌀 차등 과세
- 조세의 금납화 : 종래 현물 징수에서 쌀(대동미)·베(대동포)·동전(대동전)으로 납부
- 국가 재정의 회복 : 과세 기준의 변경으로 지주 부담이 늘고, 대동법의 관리·운영과 재정 수입을 선혜청에서 담당하게 되면서 국가 재정은 어느 정도 회복됨
- 공인(貢人) : 대동법이 실시되면서 등장한 관허 상인으로 이들의 활발한 활동은 상품 화폐 경제의 발달을 촉진
- 상품 화폐 경제의 발달 : 상품 수요가 증가하고 시장이 활성화, 상품 구매력의 증가로 자급자족에서 유통 경제로 변화

25 도자기의 시대별 제작 순서

암기박사 제작 순서 ⇒ 토기 → 청자 → 분청사기 → 백자   정답 ④

정답 해설

(나) 도기 기마인물형 뿔잔 → 가야
경남 김해시 대동면 덕산리에서 출토된 가야 시대의 토기이다 (국보 제275호).
(라) 청자 상감운학문 매병 → 고려
상감기법으로 표현한 대표적인 고려청자 매병이다(국보 제68호).
(가) 분청사기 음각어문 편병 → 조선 전기
음각기법을 써서 물고기 무늬를 새긴 조선시대 분청사기 편병이다(국보 제178호).
(다) 백자 철화포도원숭이문 항아리 → 조선 후기
포도덩굴과 원숭이를 그려 넣은 조선 시대의 대표적인 백자 항아리이다(국보 제93호).

26 광해군 재위 기간의 사건

암기박사 허준 : 동의보감 ⇒ 조선 광해군   정답 ④

정답 해설

광해군 때에 명의 요청에 따라 강홍립이 이끄는 부대가 파병되었으나, 광해군은 명과 후금 사이에서 중립 외교 정책을 추진하여 강홍립을 후금에 투항하도록 하였다(1619). 이 시기에 허준이 전통 한의학을 체계적으로 정리한 동의보감을 편찬하여 의료 지식의 민간 보급에 기여하였다.

오답 해설

① 나선 정벌 : 조총 부대 파견 → 효종
조선 효종 때 러시아의 남하로 청과 러시아 간 국경 충돌이 발생하자 청의 원병 요청으로 나선 정벌에 조총 부대를 파견하여 러시아군을 격퇴하였다.
② 장용영 설치 → 정조
조선 정조 때 왕권 강화를 위해 국왕의 친위 부대인 장용영이 설치되어 서울에는 내영, 수원 화성에는 외영이 배치되었다.
③ 백두산정계비 건립 → 숙종
조선 숙종 때 청의 요구로 조선과 청의 경계를 정한 백두산정계비가 건립되어, 동쪽으로는 토문강 서쪽으로는 압록강을 경계로 삼았다.
⑤ 칠정산 : 역법서 → 세종
조선 세종 때 중국의 수시력과 아라비아의 회회력을 참고로, 한양을 기준으로 한 역법서인 칠정산을 만들었다.

핵심노트 ▶ 광해군의 정치와 인조반정
- 중립 외교 : 명과 후금 사이에서 중립 외교 전개, 전후 복구 사업 추진
- 북인의 독점 : 광해군의 지지 세력인 북인은 서인과 남인 등을 배제
- 인조반정(1623) : 폐모살제(廢母殺弟) 사건, 재정 악화, 민심 이탈 등을 계기로 발발한 인조반정으로 몰락 → 인목대비 유폐, 영창대군 살해

328

27 조선 후기의 회화

암기박사 고사관수도 : 강희안 ⇒ 조선 전기

정답 ①

정답 해설

조선 후기의 화가 김득신은 관인 화가(궁정 화가)로 풍속화에 능했으며, 대표작으로는 파적도 · 야공도 등이 있다. 고사관수도는 조선 전기의 사대부 화가 인재 강희안의 작품으로, 무념무상에 빠진 선비의 모습을 담고 있으며 세부 묘사는 생략하고 간결하고 과감한 필치로 인물의 내면세계를 표현하였다.

오답 해설

② **금강전도 : 정선 → 조선 후기**
 금강전도는 조선 후기 진경산수화의 대가 겸재 정선의 작품으로, 금강내산을 부감(俯瞰) 형식의 원형 구도로 그린 진경산수화이다.

③ **영통골 입구도 : 강세황 → 조선 후기**
 영통골 입구도는 조선 후기의 화가 강세황이 그린 작품으로, 원근법과 명암법 등 서양화 기법을 반영하여 더욱 실감나게 표현하였다.

④ **단오도 : 신윤복 → 조선 후기**
 단오도는 조선 후기의 풍속 화가 혜원 신윤복이 그린 작품으로, 단옷날 그네타기 놀이와 냇물에 몸을 씻는 아낙네들의 풍속을 묘사하고 있다.

⑤ **세한도 : 김정희 → 조선 후기**
 세한도는 조선 후기의 학자 추사 김정희가 그린 작품으로, 화가가 아닌 선비가 그린 문인화의 대표작이다.

28 조선 영조의 업적

암기박사 초계문신제 시행 ⇒ 정조

정답 ②

정답 해설

제시된 신문 기사에서 사도세자에 대한 정조의 효심에 감동하여 은 도장을 하사한 왕은 영조이다. 한편, 정조는 초계문신제(抄啓文臣制)를 실시하여 문신들을 재교육하였고, 신진 인물이나 중 · 하급(당하관 이하) 관리 가운데 능력 있는 자들을 시험을 통해 승진시켰다.

오답 해설

① **속대전 편찬 : 통치 체제 정비 → 영조**
 영조는 〈경국대전〉 시행 이후에 공포된 법령 중에서 시행할 만한 법령을 추려 속대전을 편찬하여 통치 체제를 정비하였다.

③ **동국문헌비고 간행 → 영조 : 홍봉한**
 영조 때 홍봉한 등은 한국학 백과사전인 동국문헌비고를 간행하여 역대 문물을 정리하였다.

④ **균역법 실시 : 군역 부담 경감 → 영조**
 영조 때 종전의 군적수포제에서 군포 2필을 부담하던 것을 1년에 군포 1필로 경감하는 균역법을 실시하여 군역의 부담을 줄이고자 하였다.

⑤ **탕평비 건립 : 붕당의 폐해 경계 → 영조**
 영조는 성균관 입구에 탕평비를 건립하여 붕당의 폐해를 경계하고자 하였다.

핵심노트 ▶ 영조의 업적

- **완론 탕평** : 각 붕당의 타협적 인물들 등용
- **탕평파 육성** : 탕평파를 육성하고 탕평비를 건립
- **산림 부정, 서원 정리** : 붕당의 뿌리를 제거하기 위해 공론의 주재자로 인식되던 산림을 부정, 붕당의 본거지인 서원 대폭 정리
- **이조 전랑 권한 약화** : 붕당의 이익을 대변하던 이조 전랑의 권한을 약화
- **균역법** : 군역 부담 경감을 위해 군포를 2필에서 1필로 경감
- **가혹한 형벌 폐지** : 심한 고문, 형벌 등 폐지
- **서적 간행** : 속오례의, 속대전, 동국문헌비고 등

29 조선 후기의 사회 모습

암기박사 설점, 잠채, 덕대 : 광산의 민영화 ⇒ 조선 후기

정답 ⑤

정답 해설

조선 후기에는 민영 광산을 허용하여 세금을 걷기 위해 설점(設店)을 설치하였고, 농민이 광산에 몰리는 것을 막기 위해 공개적 채취를 금하자 잠채(潛採)가 성행하였다. 한편, 과전이 부족하여 현직 관리에게만 수조권을 지급한 직전법은 조선 전기 세조 때에 실시되었다.

오답 해설

① **이앙법의 전국 확산 → 조선 후기**
 조선 후기에 벼농사를 짓는데 이앙법이 전국으로 확산되면서 노동력 절감과 생산량 증대에 공헌하였다.

② **상평통보의 전국 유통 → 조선 후기**
 상평통보는 조선 후기 숙종 때 허적 · 권대운 등의 주장으로 다시 주조되어 서울과 서북 일대에서 유통되었으며, 이후 전국적으로 확산되었다.

③ **공명첩 발행 증가 → 조선 후기**
 공명첩(空名帖)은 나라의 재정을 보충하기 위하여 부유층에게 돈이나 곡식을 받고 팔았던 명예직 임명장으로, 조선 후기에는 공명첩을 통해 면역의 혜택을 받은 자가 늘어났다.

④ **경강상인 → 조선 후기**
 경강상인(강상)은 조선 후기에 한강과 서남 해안을 무대로 활동하던 상인으로, 운송업(대동미 운송)에 종사하면서 거상으로 성장하였다.

30 임술 농민 봉기

암기박사 유계춘 : 임술 농민 봉기 ⇒ 안핵사 박규수 파견

정답 ⑤

정답 해설

삼정의 문란과 백낙신의 탐학이 발단이 되어 진주 지역 농민들이 몰락 양반 유계춘의 지휘 아래 임술 농민 봉기를 일으켰다. 이를 계기로 농민 봉기가 삼남 지방으로 확산되었고 사건의 수습을 위해 박규수가 안핵사로 파견되었다(1862).

오답 해설

① **청의 군대에 의해 진압 → 임오군란, 갑신정변**
 구식 군대의 차별로 일어난 임오군란은 명성황후 일파가 청에 군대 파견을 요청하여 진압되었고(1882), 급진개혁파의 개화당 정부

수립을 위한 갑신정변은 청의 무력 개입으로 3일 만에 실패로 끝났다(1884).

② 천주교(서학) 세력 확대 → 최제우 : 동학 창시

세도 정치와 사회적 혼란, 서양의 통상 요구와 천주교(서학) 세력의 확대로 인한 위기의식이 최제우가 동학을 창시하는 계기가 되었다(1860).

③ 인조 : 공산성 피란 → 이괄의 난

공신 책봉에 불만은 품은 이괄이 난을 일으켜 한양이 점령되자 인조는 도성을 떠나 공산성으로 피란하였다(1624).

④ 남접과 북접이 연합 → 동학 농민 운동

남접(전봉준)과 북접(손병희)이 연합하여 서울로 북진하다 공주 우금치에서 관군과 민보군, 일본군을 상대로 격전하였다(1894).

핵심노트 ▶ 임술 농민 봉기(진주 민란 · 백건당의 난, 철종 13, 1862)

- 삼남 일대에서 민란이 잇달아 촉발되어 농민 봉기의 전국적 확대 계기
- 진주 지역 포악한 관리(백낙신 · 홍병원 등)의 탐학
- 몰락 양반 유계춘의 지휘 하에 농민들이 진주성을 점령
- 정부는 박규수를 안핵사로 파견하여 탐관오리를 파직하고 난의 주동자를 처형
- 수습책으로 삼정의 폐단을 시정하기 위한 임시 관청인 삼정이정청이 설치되었지만 큰 효과는 거두지 못함

31 서얼의 신분 상승

암기박사 통청 운동 전개 ⇒ 서얼

정답 ③

정답 해설

서얼은 양반의 자손 가운데 첩의 소생을 이르는 말로 양첩의 자제는 서자, 천첩의 자제는 얼자라고 하였다. 조선 후기 서얼은 청요직 진출을 요구하는 집단 상소를 올려 통청 운동을 전개하였다. → 중인과 같은 신분적 차우를 받았으므로 중서라고도 불림

오답 해설

① 화척, 양수척 → 백정

화척은 도축업에 종사하는 사람이고, 양수척은 짐승 가죽으로 공예품을 만드는 사람으로 모두 고려 시대의 백정을 의미한다.

② 신량역천 → 법제적 : 양인, 사회적 : 천민

법제적으로 양인이나 사회적으로 천민 취급을 받는 계층으로 조졸(뱃사공), 수릉군(묘지기), 생선간(어부), 목자간(목축인), 봉화간(봉화 올리는 사람), 철간(광부), 염간(소금 굽는 사람), 화척(도살꾼), 재인(광대) 등을 말한다.

④ 장례원에서 관리 → 노비

장례원은 노비 문서 및 노비 범죄를 관장하는 기관으로, 이를 통해 노비가 국가의 관리를 받았다.

⑤ 조선 형평사 조직 → 백정

백정들은 갑오개혁에 의해 법제적으로는 권리를 인정받았으나, 사회적으로는 오랜 관습 속에서 계속 차별을 받았다. 이에 이학찬을 중심으로 한 백정들은 진주에서 차별 철폐를 위해 조선 형평사를 조직하였다.

핵심노트 ▶ 서얼의 신분 상승

- **제약의 완화** : 임진왜란 이후 정부의 납속책 · 공명첩 등으로 서얼의 관직 진출 증가
- **허통(許通) 운동** : 신분 상승을 요구하는 서얼의 상소 운동으로 18~19세기에 활발히 전개
  - 통청윤음(영조 48, 1772)으로 서얼의 삼사 청요직 임명이 가능하게 됨
  - 정유절목(정조 1, 1777)에 따라 허통의 범위가 크게 확대 → 유득공, 박제가, 이덕무 등이 규장각 검서관으로 등용되기도 함
  - 신해허통(철종 2, 1851)으로 완전한 청요직 허통이 이루어짐
- **영향** : 기술직 중인에게 자극을 주어 통청 운동이 전개됨

32 천주교의 독립 활동

암기박사 황사영 백서 사건, 의민단 조직 ⇒ 천주교

정답 ④

정답 해설

황사영 백서에는 천주교에 대한 정부의 탄압 상황과 신앙의 자유를 얻기 위해 외국 군대의 출병을 요청하는 내용 등이 쓰여 있다(1801). 천주교는 만주에서 항일 운동 단체인 의민단을 조직하여 독립 전쟁을 전개하였다.

오답 해설

① 개벽, 신여성 등의 잡지 발행 → 천도교

천도교에서는 제2의 3 · 1 운동을 계획하여 자주 독립 선언문을 발표하였고, 개벽, 신여성 등의 잡지를 발행하여 민중의 자각과 근대 문물의 보급에 기여하였다.

② 항일 무장 단체 : 중광단 결성 → 대종교 → 대종교의 3종사(宗師) : 나철, 김교헌, 서일

나철이 조직한 대종교는 천도교와 더불어 양대 민족 종교를 형성하였고 항일 무장 단체인 중광단을 결성하였다. 3 · 1 운동 직후 북로 군정서로 개편하여 청산리 대첩에 참여하였다.

③ 배재 학당 설립 → 개신교

미국의 개신교 선교사 아펜젤러가 배재 학당을 세워 신학문 보급에 기여하였다.

⑤ 소년 운동 → 천도교

천도교 소년회는 '어린이'라는 말을 만들고 어린이날을 제정하였으며, 최초의 순수 아동 잡지인 〈어린이〉를 발간하여 소년 운동을 주도하였다.

핵심노트 ▶ 일제 강점기의 종교 활동

- **천도교** : 제2의 3 · 1 운동을 계획하여 자주 독립 선언문 발표, 〈개벽〉· 〈어린이〉· 〈학생〉 등의 잡지를 간행하여 민중의 자각과 근대 문물의 보급에 기여
- **개신교** : 천도교와 함께 3 · 1 운동에 적극 참여, 민중 계몽과 문화 사업을 활발하게 전개, 1930년대 후반에는 신사 참배를 거부하여 탄압을 받음
- **천주교** : 고아원 · 양로원 등 사회사업을 계속 확대하면서 〈경향〉 등의 잡지를 통해 민중 계몽에 이바지, 만주에서 항일 운동 단체인 의민단을 조직하여 항일 무장 투쟁 전개
- **대종교** : 지도자들은 항일 무장 단체인 중광단을 조직, 3 · 1 운동 직후 북로 군정서로 개편하여 청산리 대첩에 참여 → 천도교와 더불어 양대 민족 종교를 형성
- **불교** : 3 · 1 운동에 참여, 한용운 등의 승려들이 총독부의 정책에 맞서 민족 종교의 전통을 지키려 노력, 교육 기관을 설립하여 민족 교육 운동에 기여
- **원불교** : 박중빈이 창시(1916), 불교의 현대화와 생활화를 주창, 민족 역량 배양과 남녀평등, 허례허식의 폐지 등 생활 개선 및 새생활 운동에 앞장섬

제10회

33 오페르트 도굴 사건

정답 ②

암기박사 병인양요 ⇒ 오페르트 도굴 사건 ⇒ 신미양요

정답 해설

- **병인양요(1866)** : 프랑스가 병인박해 때의 프랑스 신부 처형을 구실로 로즈 제독이 이끄는 7척의 군함을 파병하여 강화도를 공격하였다.
- **오페르트 도굴 사건(1868)** : 독일 상인 오페르트가 통상을 거부당하자 충청남도 덕산에 있는 흥선 대원군의 아버지인 남연군의 묘를 도굴하다가 발각되었다.
- **신미양요(1871)** : 제너럴셔먼호 사건을 구실로 미국의 로저스 제독이 5척의 군함을 이끌고 강화도를 공격하자 어재연 등이 이끄는 조선의 수비대가 광성보와 갑곶 등지에서 항전하였다.

34 영남 만인소

정답 ①

암기박사 영남 만인소(1881) ⇒ 조·미 수호 통상 조약(1882)

정답 해설

제시된 상소는 황준헌의 조선책략을 김홍집이 유포하자 이만손을 비롯한 영남 유생들이 김홍집의 처벌을 요구하며 올린 만인소의 내용이다(1881). 영남 만인소 이후 거중조정(상호 안전 보장), 치외법권, 최혜국 대우 등이 포함된 조·미 수호 통상 조약이 체결되었다(1882). → 서양 국가와 맺은 최초의 조약

오답 해설

② 어재연 : 광성보 전투 → 신미양요(1871)
 미국이 제너럴셔먼호 사건을 구실로 강화도를 공격하여 신미양요가 발발하자 어재연 부대가 광성보에서 결사 항전하였다.

③ 강화도 초지진 공격 → 운요호 사건(1875)
 운요호가 연안을 탐색하다 강화도 초지진에서 조선 측의 포격을 받자 일본은 보복으로 영종도를 점령·약탈하였다(1875). → 강화도 조약체결의 원인

④ 외규장각 도서 약탈 → 병인양요(1866)
 프랑스는 병인박해 때의 프랑스 신부 처형을 구실로 강화도를 공격하여 병인양요를 일으켰고, 철군 시 프랑스군이 외규장각 도서를 약탈하였다.

⑤ 제2차 수신사 김홍집 → 〈조선책략〉 반입(1880)
 제2차 수신사 김홍집이 일본에 갔다가 황준헌의 〈조선책략〉을 가지고 들어와 개화 정책에 영향을 미쳤다.

핵심노트 ▶ 조선책략(朝鮮策略)

- **도입** : 청의 주일 참사관인 황쭌셴(황준헌)이 지은 책으로, 김홍집(2차 수신사)이 도입
- **내용** : 조선의 당면 외교 정책으로 친중(親中)·결일(結日)·연미(聯美)를 주장
- **목적** : 일본 견제, 청의 종주권을 국제적으로 승인
- **영향** : 미국·영국·독일 등과의 수교 알선 계기, 개화론 자극, 위정척사론의 격화 요인

35 열강의 이권 침탈

정답 ③

암기박사 서울 시내 전차 부설권 ⇒ 미국

정답 해설

청·일 전쟁과 아관파천 이후 최혜국 대우 규정을 이용하여 철도 부설권, 금광 채굴권, 삼림 채벌권 등 열강의 이권 침탈이 가속화 되었다. 서울 시내 전차 부설권은 영국이 아니라 미국이 차지하였다.

오답 해설

① 운산 금광 채굴권 → 미국
 서울 시내 전차 부설권, 서울 시내 전기·수도 시설권, 운산 금광 채굴권은 미국이 차지하였다.

② 경부선 철도 부설권 → 일본
 직산 금광 채굴권, 경인선 철도 부설권(미국으로부터 인수), 경부선·경원선 철도 부설권은 일본이 차지하였다.

④ 한성과 의주를 연결하는 전신 가설권 → 중국
 황해도·평안도 연안 어채권, 인천–한성–의주 전선 가설권, 서울–부산 전선 가설권은 중국이 차지하였다.

⑤ 두만강 유역과 울릉도의 삼림 채벌권 → 러시아
 경원·종성 광산 채굴권, 압록강·두만강·울릉도 삼림 채벌권, 조·러 은행 설치권은 러시아가 차지하였다.

핵심노트 ▶ 열강의 이권 침탈

- **러시아** : 경원·종성 광산 채굴권, 압록강·두만강·울릉도 삼림 채벌권, 조·러 은행 설치권
- **일본** : 경인선 철도 부설권(미국으로부터 인수), 경부선·경원선 철도 부설권, 직산 금광 채굴권
- **미국** : 서울 시내 전차 부설권, 서울 시내 전기·수도 시설권, 운산 금광 채굴권
- **프랑스** : 경의선 철도 부설권(일본에 양도), 창성 금광 채굴권, 평양 무연탄 채굴권
- **영국** : 은산 금광 채굴권
- **독일** : 당현 금광 채굴권
- **청** : 황해도·평안도 연안 어채권, 인천–한성–의주 전선 가설권, 서울–부산 전선 가설권

36 폐정 개혁 12조

정답 ③

암기박사 동학 농민 운동 ⇒ 집강소 : 폐정 개혁 12조

정답 해설

동학 농민 운동의 봉기로 청·일군이 개입하자 정부는 농민군에 휴전을 제의해 전주 화약이 성립하였으며, 농민군은 전라도 일대에 집강소를 설치하고 폐정 개혁 12개조를 요구하였다. 국가의 모든 재정을 호조에서 관할하자는 내용은 갑신정변 이후 발표된 정강 14개조의 내용이다.

오답 해설

①·②·④·⑤ 동학 농민 운동 → 폐정 개혁 12조
 횡포한 부호들을 엄징할 것, 노비 문서를 불태워 버릴 것, 탐관오리는 그 죄목을 조사하여 엄징할 것, 칠반천인의 대우를 개선하고 평량갓을 없앨 것 등은 모두 동학 농민군이 요구한 폐정 개혁 12개조의 내용에 해당된다.

> **핵심노트** ▶ 폐정 개혁 12조
>
> 1. 동학도와 정부 사이에 원한을 씻어 버리고 모든 행정을 협력할 것
> 2. 탐관오리는 그 죄목을 조사하여 엄징할 것
> 3. 횡포한 부호들을 엄징할 것
> 4. 불량한 양반과 유림을 징벌할 것
> 5. 노비 문서를 불태워 버릴 것
> 6. 칠반천인의 대우를 개선하고 평량갓을 없앨 것
> 7. 과부의 재혼을 허락할 것
> 8. 무명잡세를 모두 폐지할 것
> 9. 관리 채용 시 지벌을 타파할 것
> 10. 왜적과 내통하는 자는 엄징할 것
> 11. 공사채는 물론이고 기왕의 것을 무효로 돌릴 것
> 12. 토지는 평균으로 분작할 것

37 대미 사절단 보빙사

정답 ⑤

암기박사 보빙사 : 민영익 ⇒ 육영 공원

정답 해설

우정총국은 보빙사의 일원으로 미국을 방문한 홍영식이 미국의 우편 제도를 보고 돌아와 임금께 건의하여 만들어진 기구이다. 보빙사 민영익의 건의로 서양식 근대 교육 기관인 육영 공원을 설립하였는데, 미국인 헐버트와 길모어 등을 교사로 초빙하여 상류층의 자제들에게 근대 학문을 교육하였다(1886).

오답 해설

① 해동제국기 편찬 → 통신사 : 신숙주
  해동제국기는 조선 세종 때 신숙주가 계해약조 당시 일본에 다녀와서 일본의 지세와 국정 등을 기록한 책이다(1471).
② 대한 제국 선포 → 고종 : 연호 광무
  아관파천 후 환궁한 고종이 연호를 광무로 고친 후 국호를 대한 제국으로 선포하였다(1897).
③ 일본에 파견된 조사 시찰단 → 신사유람단
  고종은 개화 반대 여론으로 인해 박정양·어윤중·홍영식 등으로 구성된 조사 시찰단(신사유람단)을 암행어사의 형태로 비밀리에 일본에 파견하였다(1881).
④ 청의 무기 제조 기술 습득 → 영선사
  김윤식을 단장으로 하는 영선사가 청에 파견되어 톈진 기기국에서 무기 제조법과 근대적 군사 훈련법을 습득하였다(1881).

38 임시 정부의 조직 개편

정답 ②

암기박사 대한민국 임시 정부의 5차 개헌 ⇒ 주석·부주석제

정답 해설

충칭의 대한민국 임시 정부는 제5차 개헌 때 한국 독립당의 김구를 주석, 조선 민족 혁명당의 김규식을 부주석으로 하는 주석·부주석제로 개헌하였다(1944). 충칭의 대한민국 임시 정부는 조소앙의 삼균주의에 바탕을 둔 건국 강령을 발표하여 정치·경제·교육의 균등을 주장하였다(1941).

오답 해설

① 김규식 : 독립 청원서 제출 → 신한 청년당
  신한 청년당의 김규식은 활발한 외교활동을 펼쳐 파리 강화 회의에 독립 청원서를 제출하였다(1918).
③ 육군 주만 참의부 → 임시 정부의 직할 부대
  독립군은 무장 투쟁을 위해 대한민국 임시 정부의 직할 부대로 육군 주만 참의부를 조직하였다(1923).
④ 이승만 : 위임 통치 청원 → 국민 대표 회의
  이승만의 위임 통치 청원을 이유로 신채호, 박용만 등 외교 중심 노선에 비판적인 인사들이 상하이에서 국민 대표 회의를 열어 독립운동의 방향을 논의하였다(1923).
⑤ 임시 사료 편찬 위원회 → 한·일 관계 사료집 간행
  대한민국 임시 정부는 임시 사료 편찬 위원회를 두어 한·일 관계 사료집을 간행하였다(1919).

> **핵심노트** ▶ 대한민국 임시정부의 변화
>
> | 제정 및 개헌 | 시기 | 체제 |
> | --- | --- | --- |
> | 임시 헌장 제정 | 1919. 4 | 임시 의정원(의장 이동녕, 국무총리 이승만) 중심으로 헌법 제정 |
> | 제1차 개헌 | 1919. 9 | 대통령 지도제(1대 대통령 이승만, 2대 대통령 박은식, 국무총리 이동휘) |
> | 제2차 개헌 | 1925 | 국무령 중심제(내각 책임 지도제, 국무령 김구), 사법 조항 폐지 |
> | 제3차 개헌 | 1927 | 국무 위원 중심제(집단 지도 체제, 김구·이동녕 등 10여 명) |
> | 제4차 개헌 | 1940 | 주석제(주석 김구) |
> | 제5차 개헌 | 1944 | 주석·부주석제(주석 김구, 부주석 김규식), 심판원 조항(사법 조항) 규정 |

39 신채호의 저술 활동과 사상

정답 ④

암기박사 독사신론 : 민족 중심의 역사 서술 ⇒ 신채호

정답 해설

신채호는 조선상고사에서 역사를 '아(我)와 비아(非我)의 투쟁'으로 보고, 북방 세력을 제압한 광개토 대왕의 정복 활동을 긍정적으로 평가하였다. 또한 만주와 부여족 중심의 고대사를 서술한 독사신론을 발표하여 민족을 역사 서술의 중심에 두었다.

오답 해설

① 여유당전서 간행 : 조선학 운동 → 정인보, 안재홍
  정인보, 안재홍 등은 다산 정약용의 서거 99주년을 기념하여 여유당전서 간행 사업을 시작하면서 조선학 운동을 전개하였다.
② 진단 학회 창립 → 이병도, 손진태
  이병도, 손진태 등은 청구학회를 중심으로 한 일본 어용학자들의 왜곡된 한국사 연구에 대항하여 진단 학회를 창립하여 실증주의 사학을 발전시켰다.
③ 한국독립운동지혈사 : 독립 투쟁 과정 → 박은식
  박은식은 일제 침략에 대항하여 투쟁한 한민족의 독립 운동을 서술한 한국독립운동지혈사를 저술하였다.
⑤ 조선사회경제사 : 식민 사학의 정체성론 반박 → 백남운

제10회

백남운은 사적 유물론을 도입하여 조선사회경제사를 저술하고, 일제의 식민주의 사학의 정체성 이론을 반박하였다.

핵심노트 ▶ 민족주의 사학자 신채호

- 조선 상고사 : 역사는 아(我)와 비아(非我)의 투쟁의 기록
- 조선사 연구초 : 낭가 사상을 강조하여 묘청의 서경 천도 운동을 '조선 1천년래 제일대 사건'으로 높이 평가
- 조선 상고 문화사 : 조선 상고사에서 다루지 못한 상고사 관련 부분과 우리 민족의 전통적 풍속, 문화 등을 다룸 → 대종교와 연결되는 전통적 민간신앙에 관심을 보임
- 독사신론 : 일제 식민사관에 기초한 일부 국사교과서를 비판하기 위해 〈대한 매일 신보〉에 연재, 만주와 부여족 중심의 고대사 서술로 근대 민족주의 역사학의 초석을 다짐
- 조선 혁명 선언(한국 독립 선언서, 의열단 선언) : 무장투쟁과 민중 혁명을 강조한 민중 봉기를 주장 → 의열단의 요청으로 집필

40 문화 통치기의 일제 정책

정답 ②

암기박사 치안 유지법 제정 ⇒ 문화 통치기

정답 해설

제시된 사료의 사이토 마코토는 3·1운동 이후 부임한 조선 총독으로, 일제는 3·1운동으로 인해 국제 여론이 악화되자 통치 방식을 무단 통치에서 문화 통치로 바꾸었다. 이 시기에 일제는 사회주의 운동을 탄압하기 위해 치안 유지법을 제정하였다(1925).

오답 해설

① 조선 태형령 → 무단 통치기
일제는 무단 통치기에 한국인에 한하여 태형을 통해 형벌을 가하는 조선 태형령을 공포하였다(1912).

③ 토지 조사령 → 무단 통치기
일제는 무단 통치기에 토지 약탈과 식민지화에 필요한 재정 수입원을 마련하기 위해 기한 내에 토지를 신고하게 하는 토지 조사령을 제정하였다(1912).

④ 경무총감부 → 무단 통치기
일제는 무단 통치기에 헌병대 사령관이 치안을 총괄하는 경무총감부를 신설하여 수많은 독립투사를 고문하였다(1910).

⑤ 회사령 → 무단 통치기
일제는 무단 통치기에 회사 설립 시 총독의 허가를 받도록 하는 회사령을 제정하여 민족 기업의 설립을 방해하였다(1910).

41 광주 학생 항일 운동

정답 ⑤

암기박사 동맹 휴학의 도화선 ⇒ 광주 학생 항일 운동

정답 해설

광주에서 발생한 한·일 학생 간의 충돌을 일본 경찰이 편파적으로 처리하여 광주 학생 항일 운동이 촉발되었고, 전국 각지에서 일어난 동맹 휴학의 도화선이 되었다(1929).

오답 해설

① 순종의 인산일 → 6·10 만세 운동
순종의 인산일을 계기로 6·10 만세 운동이 일어나 격문 살포와 시위 운동이 전개되었다(1926).

② 일제 : 무단 통치 완화 배경 → 3·1 운동
3·1 운동에서 나타난 민족적 저항과 국제적 여론 악화는 일제의 무단 통치를 완화시키고 문화 통치를 실시하는 배경이 되었다(1919).

③ 대한민국 임시 정부 수립 계기 → 3·1 운동
고종의 인산일(因山日)에 민족 대표 33인의 이름으로 독립 선언서를 발표함으로써 전개된 3·1 운동은 대한민국 임시 정부가 수립되는 계기가 되었다(1919).

④ 대한매일신보의 후원 → 국채 보상 운동
국채 보상 운동은 정부의 외채를 국민의 힘으로 상환하여 국권을 회복하자는 운동으로, 대한매일신보의 후원 속에 전국적으로 확산되었다(1907).

핵심노트 ▶ 광주 학생 항일 운동(1929)

- 배경 : 청년·학생들의 민족 자주 의식이 커지고, 스스로 민족 독립 투쟁의 중요한 존재임을 자각
- 발단 : 광주에서 발생한 한·일 학생 간의 충돌을 일본 경찰이 편파적으로 처리
- 전개 : 일반 국민들이 가세하여 전국적인 규모의 항일 투쟁으로 확대되었고, 만주 지역의 학생들과 일본 유학생들까지 궐기
- 조사 : 신간회 중앙 본부가 진상 조사단을 파견하여 조사
- 의의 : 약 5개월 동안 전국의 학생 54,000여 명이 참여함으로써 3·1 운동 이후 최대의 민족 운동으로 발전

42 하와이 독립 운동

정답 ③

암기박사 대한인 국민회 ⇒ 하와이

정답 해설

미국 하와이 농장주들이 대한 제국 정부에 한국 농민의 이민을 요청하면서 우리나라 최초의 하와이 노동 이민이 공식적으로 시작되었다(1902). 하와이에서는 한인협성협회와 미국 샌프란시스코에 있던 안창호의 대한인 공립협회가 통합되어 조직된 대한인 국민회를 중심으로 독립운동이 전개되었다.

오답 해설

① 권업회 조직, 권업 신문 발행 → 연해주
연해주에서는 자치 조직인 권업회를 조직하여 권업신문을 발행하고, 학교·도서관 등을 건립하였다. → 대한 광복군 정부 수립

② 경학사 설치 → 서간도
신민회는 서간도의 삼원보에 한인 자치 기구인 경학사를 설치하였다.

④ 서전서숙, 명동 학교 건립 → 북간도
북간도에는 민족 교육을 위해 이상설 등이 최초의 신문학 민족 교육기관인 서전서숙을, 김약연 등이 명동 학교를 건립하였다.

⑤ 조선 청년 독립단 : 2·8 독립 선언서 발표 → 일본
미국 대통령 윌슨이 제창한 민족 자결주의의 영향을 받아 일본 도쿄 유학생들은 조선 청년 독립단을 조직하고 2·8 독립 선언서를 발표하였다.

한국사능력검정시험 심화대비 기출분석 예상문제 · 정답및 해설

43 조선어 학회

암기박사 한글 맞춤법 통일안과 표준어 제정 ⇒ 조선어 학회

정답 ②

정답 해설

제시된 기사 내용에서 장산사 사장 정세권씨가 후원한 단체는 조선어 학회이다. 이윤재 등이 설립한 조선어 학회는 한글 맞춤법 통일안과 표준어를 제정하고 조선말 큰사전 편찬을 주도하였다.

오답 해설

① 정인보, 안재홍, 문일평 : 여유당전서 간행 → 조선학 운동
정인보, 안재홍, 문일평 등은 다산 정약용의 서거 99주년을 기념하여 여유당전서를 간행하고 조선학 운동을 주도하였다.
③ 주시경 : 국어의 이해 체계 확립 → 국문 연구소
주시경은 국어의 이해 체계 확립을 위해 국문 연구소를 세웠고, 〈국어문법〉을 편찬하였다.
④ 개벽, 신여성 등의 잡지 발행 → 천도교
천도교에서는 개벽, 신여성 등의 잡지를 간행하여 민족의식을 높이고 근대 문물의 보급에 기여하였다.
⑤ 민립 대학 설립 운동 → 조선 민립 대학 기성회
총독부가 대학 설립 요구를 묵살하자 조선 교육회는 우리 손으로 대학을 설립하고자 조선 민립 대학 기성회를 중심으로 모금 운동을 전개하였다.

44 민족 말살 통치기의 일제 정책

암기박사 황국 신민 서사 암송 ⇒ 민족 말살 통치기

정답 ⑤

정답 해설

일제가 조선인 근로자의 노동력을 착취하기 위해 국민 징용령을 공포(1939)한 시기는 민족 말살 통치기이다. 이 시기에 일제는 천황에게 충성을 맹세하는 황국 신민 서사를 암송하게 하였다.

오답 해설

① 원각사 → 은세계 공연
이인직이 설립한 최초의 서양식 극장인 원각사에서 은세계, 치악산 등의 신극이 공연되었다(1908).
② 보안회 → 일제의 황무지 개간권 요구 저지
보안회는 일제의 황무지 개간권 요구를 저지하고 토지 약탈 음모를 분쇄하였다(1904).
③ 삼례 집회 → 교조 신원 운동
동학의 창시자로 처형된 최제우의 억울함을 풀고 포교의 자유를 인정받고자 동학교도들이 삼례에서 교조 신원 운동을 전개하였다(1892).
④ 국채 보상 기성회 → 국채 보상 운동
국채 보상 기성회가 서울 등 전국 각지로 확대되고 일본에게 진 빚을 국민의 힘으로 상환하여 국권을 회복하자는 국채 보상 운동을 주도하였다(1907).

핵심노트 ▶ 민족 말살 정책의 내용

- 내선일체(內鮮一體) : 내(內)는 내지인 일본을, 선(鮮)은 조선을 가리키며, 일본과 조선은 한 몸이라는 뜻으로 한국인을 일본인으로 동화시키고자 하였다.
- 일선동조론(日鮮同祖論) : 일본인과 조선인은 조상이 같다는 이론으로, 한국인의 민족정신을 근원적으로 말살하기 위한 이론이다.
- 황국신민서사(皇國臣民誓詞) : "우리들은 대일본 제국의 신민이다. 우리들은 마음을 합하여 천황 폐하에게 충의를 다한다."를 요지로 한다.

45 보재 이상설

암기박사 이상설 ⇒ 연해주 : 권업회 조직, 대한 광복군 정부 수립

정답 ③

정답 해설

보재 이상설은 일제의 황무지 개간권 요구에 맞서 이를 철회시키고 을사늑약 체결에 반대하여 상소 투쟁을 펼쳤으며 헤이그에 특사로 파견되어 한국의 독립을 호소하였다. 또한 연해주에서 권업회를 조직하고 대한 광복군 정부를 수립하여 독립 운동을 전개하였다.

오답 해설

① 이근영 → 멕시코 : 숭무 학교 설립
이근영은 멕시코 메리다 중심지에 한인 무관 양성 학교인 숭무 학교를 설립하고 무장 투쟁을 준비하였다.
② 김구 → 상해 : 한인 애국단 결성
김구는 상해에서 임시 정부의 위기 타개책으로 한인 애국단을 조직하였고, 한인 애국단 소속의 이봉창과 윤봉길은 항일 의거 활동을 전개하였다.
④ 김구 → 충칭 : 한국 광복군 창설
임시 정부의 김구와 지청천 등이 한국 광복군을 창설하고 미국 전략정보처(OSS)의 지원으로 국내 정진군 특수 훈련을 준비하였다.
⑤ 신채호 → 상해 : 국민 대표 회의 소집 요구
이승만의 위임 통치 청원을 이유로 신채호, 박용만 등 외교 중심 노선에 비판적인 인사들이 상해에서 국민 대표 회의를 소집하였으나 창조파와 개조파의 대립으로 분열되었다.

46 김구의 남북 협상

암기박사 좌 · 우 합작 7원칙(1946) ⇒ 남북 협상(1948)

정답 ①

정답 해설

제시된 사료는 남한만의 단독 정부 수립 운동이 일어나자 평양에서 개최된 남북 대표자 연석회의에 참석하기 위해 출반 전 발표한 김구의 담화 내용이다(1948). 이승만의 정읍 발언 이후 남한만의 단독 정부 수립운동이 일어나자, 우익 측을 대표한 김규식과 좌익 측을 대표한 여운형이 양측의 주장을 절충하여 좌 · 우 합작 7원칙을 발표하였다(1946).

오답 해설

② 건국 작업 → 조선 건국 준비 위원회
일제의 패망과 광복에 대비하여 건국 작업을 진행하기 위해 여운형을 중심으로 조선 건국 준비 위원회가 결성되었다(1945).

334

제10회

③ 모스크바 3상 회의 → 8·15 광복 직후
모스크바 3상 회의에서 한국에 임시 민주 정부를 수립하기 위하여 미·소 공동 위원회를 설치하고, 최고 5년 동안 미·영·중·소 4개국의 신탁 통치하에 두기로 결정하였다(1945).

④ 반민족 행위 특별 조사 위원회 → 이승만 정부
이승만 정부 때 제헌 국회에서 일제 강점기 친일 행위를 한 사람들을 처벌하고 공민권을 제한하기 위해 반민족 행위 특별 조사 위원회가 구성되었다(1948).

⑤ 농지 개혁법 → 이승만 정부
이승만 정부는 소작제를 철폐하고 자영농을 육성하고자 유상 매수, 유상 분배 원칙의 농지 개혁법을 제정하였다(1949).

핵심노트 ▶ 좌·우 합작 7원칙

1. 모스크바 3상 회의 결정에 의해 좌·우 합작으로 임시 정부 수립
2. 미·소 공동 위원회의 속개를 요청하는 공동 성명 발표
3. 몰수·유조건(有條件) 몰수 등으로 농민에게 토지 무상 분여 및 중요 산업의 국유화
4. 친일파 및 민족 반역자 처리 문제는 장차 구성될 입법 기구에서 처리
5. 정치범의 석방과 테러적 행동의 중단
6. 합작 위원회에 의한 입법 기구의 구성
7. 언론·집회·결사·출판·교통·투표 등의 자유 절대 보장

47 6·25 전쟁 중의 사건

정답 ③

암기박사 발췌 개헌 : 정·부통령 직접 선거 ⇒ 6·25 전쟁 중

정답 해설
이승만 정부와 자유당은 6·25 전쟁 중 부산에서 계엄령을 선포한 가운데 정·부통령 직접 선거를 주 내용으로 하는 발췌 개헌을 통과시켰다(1952).

오답 해설
① 박정희 정부 → 한·일 회담 개최(1962)
박정희 정부 때에 국교 정상화를 위해 김종필과 오히라 간에 한·일 회담이 개최되었다.

② 이승만 정부 → 반민 특위 습격 사건(1949)
반민족 행위 처벌법에 의거하여 친일 주요 인사들을 조사하기 위해 반민족 행위 특별 조사 위원회를 구성하였으나, 반공을 우선시하던 이승만 정부와 경찰이 반민족 행위 특별 조사 위원회를 습격하였다.

④ 남한만의 단독 정부 수립 반대 → 전조선 정당 사회 단체 지도자 협의회(1948)
5·10 총선거에 의한 남한만의 단독 정부 수립을 반대하고 통일 민주국가 수립을 위한 대책을 논의할 목적으로 전조선 정당 사회 단체 지도자 협의회가 성명서를 발표하였다.

⑤ 이승만 정부 → 귀속 재산 처리법 제정(1949)
이승만 정부는 일제가 남긴 재산을 민간인 연고자에게 분배하는 귀속 재산 처리법을 제정하였다.

48 박정희 정부 시기의 사회 모습

정답 ④

암기박사 경부 고속 도로 준공, 미니 스커트 단속 ⇒ 박정희 정부

정답 해설
서울과 부산을 잇는 4차선 고속도로인 경부 고속 도로는 1968년에 착공되어 1970년에 준공되었다. 이는 박정희 정부(1962~1979) 시기에 있었던 일이다. 이 시기에 긴급 조치를 발동하여 금지곡을 선정하거나 미니 스커트를 단속하는 등 국민의 자유와 권리를 무제한 제약하였다.

오답 해설
① 프로 축구 개막 → 전두환 정부
전두환 정부 때에 2개의 프로팀과 3개의 실업팀으로 구성된 프로 축구가 개막되었다.

② 개성 공단 건설 → 김대중 정부
김대중 정부 때에 남북 정상회담이 최초로 개최되고, 남북 간 경제 교류 활성화를 위한 개성 공단이 건설되었다.

③ 금융 실명제 → 김영삼 정부
김영삼 정부 때에 금융 거래의 투명성을 확보하고자 대통령의 긴급 명령으로 금융 실명제가 실시되었다.

⑤ 금 모으기 운동 → 김대중 정부
김대중 정부 때에 IMF의 외환 위기 극복을 위해 금 모으기 운동이 전개되었다.

49 5·18 민주화 운동

정답 ②

암기박사 5·18 민주화 운동 ⇒ 유네스코 세계 기록유산 등재

정답 해설
전두환·노태우 등의 신군부 세력이 쿠데타를 일으켜 권력을 장악하고 비상 계엄 확대와 무력 진압이 발생하자 이에 저항하여 5·18 민주화 운동이 전개되었다(1980). 5·18 민주화 운동 관련 기록물은 유네스코 세계 기록유산으로 등재되었다(2011).

오답 해설
① 한·일 국교 정상화 → 6·3 시위
박정희 정부 때에 한·일 회담에 따른 굴욕적인 한·일 국교 정상화에 반대하여 6·3 시위가 일어났다(1964).

③ 대통령 중심제에서 의원 내각제 변경 → 4·19 혁명
4·19 혁명 후의 혼란 수습을 위해 허정 과도 내각이 출범되어 대통령 중심제에서 의원 내각제로 바뀌는 계기가 되었다(1960).

④ 긴급 조치 철폐 → 3·1 민주 구국 선언
박정희 정부의 유신 체제에 항거하여 재야 정치인들과 가톨릭 신부, 개신교 목사, 대학 교수 등이 3·1 민주 구국 선언을 통해 긴급 조치 철폐 등을 요구하였다(1976).

⑤ 4·13 호헌 조치 → 6월 민주 항쟁
박종철 고문치사와 전두환 정부의 4·13 호헌 조치 발표로 호헌 철폐와 독재 타도 등을 외치며 6월 민주 항쟁이 촉발되었다(1987).

> **핵심노트** ▶ 5·18 민주화 운동(1980)
>
> • 과정 : 민주화를 열망하는 국민의 요구는 5·18 민주화 운동으로 이어졌는데, 계엄군의 무자비한 진압으로 많은 시민과 학생이 희생됨
> • 의의 : 신군부의 도덕성 상실, 1980년대 민족 민주 운동의 토대, 학생 운동의 새로운 전환점

50 김대중 정부의 통일 노력

정답 ③

암기박사 남북 정상회담 : 6·15 남북 공동 선언 ⇒ 김대중 정부

정답 해설

김대중 대통령은 한반도의 평화와 화해를 위해 노력한 점을 인정받아 한국인 최초로 노벨 평화상을 수상하였다. 이 시기에 햇볕정책의 일환으로 평양에서 최초로 남북 정상회담이 개최되었고, 6·15 남북 공동 선언문이 채택되었다.

오답 해설

① 남북한 유엔 동시 가입 → 노태우 정부
  노태우 정부 때에는 제46차 UN 총회에서 개별 회원국으로 남북한 유엔 동시 가입이 이루어졌다.
② 7·4 남북 공동 성명 발표 → 박정희 정부
  박정희 정부 때에 7·4 남북 공동 성명을 발표하여 '자주·평화·민족 대단결'의 민족 통일 3대 원칙을 제시하였다.
④ 한반도 비핵화 공동 선언 → 노태우 정부
  노태우 정부 때에는 한반도에서 핵무기의 보유나 사용금지 등을 규정한 한반도 비핵화 공동 선언에 서명하였다.
⑤ 최초의 이산가족 고향 방문 → 전두환 정부
  전두환 정부 때에는 최초로 이산가족의 고향 방문이 성사되어 평양에서 이산가족 고향 방문과 예술 공연단 교환을 실현하였다.

> **핵심노트** ▶ 김대중 정부(국민의 정부, 1998.3 ~ 2003.2)
>
> • 베를린 선언 : 남북 경협, 냉전 종식과 평화 공존, 남북한 당국 간 대화 추진
> • 남북 정상 회담 개최 : 평양에서 최초로 남북 정상 회담 개최
> • 6·15 남북 공동 선언 : 1국가 2체제 통일 방안 수용, 이산가족 방문단의 교환, 협력과 교류의 활성화 등
> • 금강산 관광 시작(1998), 육로 관광은 2003년부터 시작
> • 경의선 철도 연결 사업 → 2000년 9월 착공, 2003년 12월 완료
> • 남북한의 교류 협력을 위한 개성 공업 지구 조성에 합의
> • 중학교 의무 교육 실시, 만 5세 유아에 대한 무상 교육·보육 등 추진

대한민국 헌법의 변천 과정

개헌 정부	개헌 회차	개헌 연도	개헌 내용
이승만 정부	제1차 개헌 [발췌 개헌]	1952	• 대통령 직선제(이승만 재선 목적) • 국회 양원제(시행 안 됨) • 국회의 국무위원 불신임 제도
이승만 정부	제2차 개헌 [사사오입 개헌]	1954	• 자유당의 사사오입 논리로 개헌안 통과 • 초대 대통령에 한해 중임 제한 철폐(이승만 3선 목적)
허정 과도 정부	제3차 개헌	1960. 6	• 국회에서 대통령 선출 • 의원 내각제(장면 내각 출범) • 양원제(민의원·참의원)
장면 내각	제4차 개헌	1960. 11	• 3·15 부정 선거 관련자 처벌 • 특별 재판소 및 검찰부 설치
박정희 군정	제5차 개헌	1962	• 5·16 군사 정변(공화당 정권) • 대통령 중심제(직선제) • 단원제 국회
박정희 정부	제6차 개헌 [3선 개헌]	1969	• 대통령 직선제 • 대통령 3선 연임 허용 • 국회의원의 국무위원 겸직 허용
박정희 정부	제7차 개헌 [유신 헌법]	1972	• 대통령 간선제(통일 주체 국민 회의에서 선출) • 대통령 임기 6년(중임 및 연임 제한 규정 철폐) • 대통령 권한 확대(국회의원 1/3 추천권, 긴급 조치권, 국회 해산권 등)
전두환 정부	제8차 개헌	1980	• 전두환 신군부의 비상계엄 확대(12·12 사태) • 7년 단임의 대통령 간선제(대통령 선거인단에서 선출)
전두환 정부	제9차 개헌 [현행 헌법]	1987	• 노태우의 6·29 민주화 선언 • 5년 단임의 대통령 직선제

시스컴은 여러분을 응원합니다

www.siscom.co.kr